X Edizione

W0301713

Testbusters TOLC-MED

Preparazione ai test di ammissione

Medicina TOLC-MED
Odontoiatria TOLC-MED
Veterinaria TOLC-VET

Eserciziario commentato

Eserciziario Commentato
Test di Ammissione Area Medica

X edizione

Copyright © 2023 TestBusters S.r.l
Via Marco Ulpio Traiano, 17, 20149 Milano MI, Italia
www.testbusters.it

Tutti i diritti sono riservati a norma di legge e a norma delle convenzioni internazionali.
Qualsiasi riproduzione, parziale o totale, anche a uso interno o a scopo didattico, priva di autorizzazione scritta da parte di TestBusters S.r.l., sarà perseguita ai sensi di legge.

Scrivere un libro è un'operazione complessa, ci scusiamo per tutti i refusi che doveste incontrare.

Per fare una segnalazione, inquadra il QR code e lasciaci un messaggio.
Grazie per la collaborazione

INDICE

Introduzione alla 10ª Edizione

Dopo più di 10 anni siamo arrivati alla decima edizione dell'Eserciziario commentato, il nostro primo libro, un manuale che al momento della sua nascita (correva l'anno 2013) ha rappresentato una rivoluzione "piccola in pagine, ma grande in contenuto".
Nonostante sia passato tanto tempo, il suo scopo fondamentale è rimasto lo stesso: essere un punto di riferimento per tutti gli studenti che dovranno affrontare il test di **Medicina e Odontoiatria** e **Veterinaria**, e questo obiettivo lo abbiamo raggiunto basando la stesura di questo testo sui nostri due valori cardine per la didattica:

1. **pratica > teoria** → con questo non si intende che il test si può passare solo svolgendo esercizi (non è il test della patente!), ma si vuole sottolineare che la teoria rappresenta solo le fondamenta dello studio, il 30% del lavoro senza il quale non è possibile costruire con la pratica il restante 70% della propria preparazione.
   Il test di Medicina è un test di competenze, oltre che di conoscenze;

2. **lavora su livelli di difficoltà più alti del test d'ingresso** → non siamo cattivi! Svolgere esercizi più complessi vi permette di essere pronti a qualsiasi tipo di test, da quello più banale a quello impossibile!

Il test di Medicina e Odontoiatria è sempre stato un po' come le scale nei film di Harry Potter: a lui piace cambiare (e in modo inaspettato). Per questo motivo il nostro eserciziario è sempre stato sottoposto a copiosi rimaneggiamenti e quest'anno non è stato da meno; considerando il nuovo **decreto TOLC Medicina, Odontoiatria e Veterinaria 2023**, gli aggiornamenti e le aggiunte sono state moltissime. Abbiamo creato una fonte che sia il più affidabile e attinente possibile rispetto a quello che dovrete affrontare durante il giorno del test.

Sappiamo bene quanto sia difficile affrontare questo lungo percorso e per questo diamo costantemente il massimo per facilitare il più possibile il vostro apprendimento. A tal proposito, in questa edizione abbiamo reso ancora più intimo il rapporto fra il nostro manuale di teoria e il nostro eserciziario, così da permettervi una più agevole trasposizione dei concetti teorici studiati verso gli esercizi che dovrete risolvere.

Ciò che vorremmo trasmettere da ogni pagina di questo eserciziario è tutto l'impegno che abbiamo messo per realizzarlo.
Adesso tocca a te. Dai il massimo per raggiungere il tuo sogno!

Buono studio,
Team Testbusters

Guida all'uso del manuale

Uno dei motti fondamentali di noi Testbusters è sempre stato "**pratica batte teoria**", ma allo stesso tempo sottolineiamo sempre con forza come "**non esista alcuna pratica senza una buona teoria**". Il binomio teoria-pratica rimane dunque inscindibile ed è necessario sviluppare le proprie abilità e conoscenze per il test d'ingresso tenendo bene a mente quanto sopra detto.
Questo eserciziario è stato costruito in modo da rispettare fedelmente il binomio sopracitato, suddividendo tutti gli esercizi argomento per argomento (in perfetta simbiosi con l'indice del nostro **manuale di teoria**) e associando a ognuno di essi un commento dettagliato: quest'ultimo rappresenta il punto di forza fondamentale del nostro manuale, dal momento che permette di comprendere pienamente le motivazioni di un eventuale errore aumentando notevolmente l'efficienza e la qualità del proprio studio.

Come posso organizzare al meglio lo svolgimento degli esercizi?

Fare esercizi non permette soltanto di analizzare i possibili problemi che possono presentarsi al test d'ingresso, ma permette anche di poter monitorare il proprio andamento nel tempo e autovalutarsi.
Il punto di partenza è semplicissimo! Una volta studiato un capitolo dal nostro *manuale di teoria* è necessario svolgere tutti gli esercizi presenti sul rispettivo capitolo di questo eserciziario. Una volta terminati, per ottimizzare la qualità del lavoro, bisogna rivederli tutti, attenzionando gli esercizi corretti (non sia mai che vi portate un'indecisione a cui avete risposto correttamente fino al giorno del test) e, soprattutto, gli esercizi sbagliati.
"**Lode all'errore!**", così afferma un nostro caro collaboratore siculo: sbagliare esercizi, analizzare le correzioni commentate e comprendere il perché dell'errore permette di progredire e migliorare il proprio punteggio nelle simulazioni. Per questo motivo i nostri esercizi sono settati su livelli di difficoltà più elevati, per permetterti di sbagliare ponendo il tuo livello di preparazione su piani più alti del test d'ingresso. Vogliamo renderti pronto a qualunque tipo di test, dal più facile al più difficile. Vogliamo farti diventare una vera macchina da test.

Quanti esercizi fare al giorno?

L'approccio quantitativo ideale si può sintetizzare in una frase: "**più fai, più impari**". Più esercizi vengono svolti, maggiore è la casistica che si riesce a coprire, più elevato sarà il punteggio che potenzialmente riuscirai a ottenere il giorno del test. Per questo, una volta terminato questo manuale ti offriamo la possibilità di non fermarti, grazie al nostro **TB Training**, dove potrai svolgere più di 1000 esercizi con correzione commentata e con più di 200 video-correzioni commentate, per poter puntare a coprire il più possibile il mare infinito di esercizi che potranno presentarsi il giorno del test.

Ovviamente questo è solo il nostro punto di vista che ti permetterà di avere una bussola in questo immenso mare di confusione. Spetta a te trovare il giusto percorso più adatto alle tue esigenze.

Istruzioni di attivazione dell'Eserciziario in versione digitale

Se hai acquistato questo **manuale**, hai diritto gratuitamente anche alla sua versione digitale, per esercitarti dove e quando vuoi.

Nel caso in cui tu abbia effettuato l'acquisto **online sul sito Testbusters**, il tuo pacchetto è stato già attivato. Ti basterà accedere al Simulatore utilizzando le stesse credenziali con cui hai effettuato l'acquisto: troverai la versione digitale dei quesiti contenuti nel manuale nella sezione "Eserciziario Commentato" del Simulatore online.

Se hai acquistato il libro **in libreria**, **su Amazon o su altre piattaforme online** e desideri accedere alle esercitazioni online sul Simulatore, segui questi passaggi:

1. Registrati sul sito *www.testbusters.it*;
   Inquadra il QR Code che trovi di seguito:

https://www.testbusters.it/attiva-eserciziario-commentato-online

3. Aggiungi al carrello il prodotto visualizzato nella pagina che si aprirà;
4. Nella voce "Codice del Buono Sconto", inserisci il codice alfanumerico che trovi nella parte inferiore dell'interno della copertina del manuale:
5. Clicca su "Applica coupon" e completa l'ordine senza alcun costo (0 euro).

Una volta completato l'acquisto, accedi al **Simulatore online** sul sito **simulazioni.testbusters.it** utilizzando le stesse credenziali con cui ti sei registrato/a sul sito.
Seleziona "Eserciziario commentato" e visualizzerai le esercitazioni contenenti gli stessi quesiti del manuale cartaceo.

In questo modo potrai svolgere gli esercizi anche dal tuo cellulare o computer!

In bocca al lupo!

Informazioni generali sul test d'ingresso

Le modalità e i contenuti della prova di ammissione a Medicina, Odontoiatria e Veterinaria sono definiti da un decreto emanato annualmente dal MUR (Ministero dell'Università e della Ricerca). Da diversi anni le prove di Medicina e Odontoiatria sono state unificate, al contrario di Veterinaria per la quale è necessario sostenere una prova separata.

A partire dal 2023 la prova di ammissione si svolgerà mediante l'utilizzo di postazioni informatiche predisposte dagli atenei universitari.
Sia la prova di Medicina e Odontoiatria, che quella di Veterinaria saranno composte da 50 domande con 5 possibilità di risposta, da svolgere in **90 minuti**. Le domande saranno così ripartite:

Medicina e Odontoiatria	Veterinaria
- 7 di comprensione del testo, conoscenze acquisite negli studi	- 7 di comprensione del testo, conoscenze acquisite negli studi
- 15 biologia	- 12 biologia
- 15 di chimica e fisica	- 18 di chimica e fisica
- 13 di matematica e ragionamento	- 13 di matematica e ragionamento

Il punteggio assegnato a ciascun candidato sarà il risultato del punteggio ottenuto ponderato sulla difficoltà delle domande, detto "punteggio equalizzato". Tale punteggio si ottiene dalla somma di due parametri:

1. **punteggio non equalizzato**
   Punteggio conseguito con le risposte fornite ai quesiti, secondo i seguenti criteri:
   - + 1,00 punti per ogni risposta esatta;
   - - 0,25 punti per ogni risposta errata;
   - 0 punti per ogni risposta omessa;
2. **coefficiente di equalizzazione della prova**
   Numero che misura la difficoltà della prova. Tale coefficiente è calcolato secondo un'apposita equazione (vedi D.M. 1107 allegato 2).

Sia per Medicina e Odontoiatria che per Veterinaria verrà stilata una graduatoria nazionale. Il punteggio minimo per entrare in graduatoria è stato fissato a **10 punti**, questo punteggio è tuttavia molto più basso rispetto ai punteggi necessari per accedere alle diverse sedi d'Italia. Infatti, il punteggio dell'ultimo prenotato in prima assegnazione nell'anno 2022 è stato di 33,4 per Medicina a Messina MedBioTec e 32,3 per Odontoiatria a Messina.

La posizione in graduatoria ti verrà assegnata in base al punteggio ottenuto, in caso di parità si terrà conto dei punteggi totalizzati nelle singole sezioni.
Per quanto riguarda Medicina e Odontoiatria, in ordine decrescente si dà la priorità a: biologia, chimica e fisica, matematica e ragionamento, comprensione testo e conoscenze acquisite negli studi. Per la graduatoria di veterinaria prevale, in ordine decrescente, il punteggio ottenuto nei quesiti relativi a chimica e fisica, matematica e ragionamento, biologia, comprensione testo e conoscenze acquisite negli studi. In caso di parità anche nella materia prevale il candidato anagraficamente più giovane.

Informazioni su sedi e graduatorie

Dal 2013 la graduatoria del test di Medicina e Odontoiatria, così come quella di Veterinaria, ha assunto carattere nazionale. Con questo si intende che ogni candidato, al di là di dove sostenga la prova, può concorrere per una qualsiasi sede in tutta Italia.

Le sedi in tutta Italia sono 51 per Medicina e 33 per Odontoiatria. 13 invece sono le sedi di Veterinaria. Di anno in anno, il Ministero tendenzialmente modifica il numero di posti a disposizione e le eventuali nuove sedi, di conseguenza per avere maggiori informazioni riguardo all'effettivo numero di posti previsti per il prossimo anno sarà necessario attendere la pubblicazione del nuovo bando.

L'iscrizione al test deve essere perfezionata tramite la piattaforma **www.cisiaonline.it** e le prove verranno svolte nelle diverse sedi universitarie in due periodi di erogazione, secondo le tempistiche e le modalità che verranno comunicate dalla Direzione Generale del Ministero.

Con la nuova modalità, ogni candidato potrà svolgere ogni test fino a un massimo di **due volte l'anno**, a seconda di quello che sarà l'anno di immatricolazione presso l'università. Nello specifico:

- al fine dell'immatricolazione all'anno accademico 2023/2024 verrà utilizzato il miglior dei risultati ottenuti nell'anno solare 2023;
- al fine dell'immatricolazione all'anno accademico 2024/2025 verrà utilizzato il miglior dei risultati ottenuti negli anni solari 2023 e 2024.

I termini verranno meglio definiti da provvedimenti ufficiali non ancora emanati al momento della pubblicazione del nostro manuale.

La graduatoria

Rispetto agli anni passati, in cui la graduatoria nazionale veniva pubblicata a circa un mese dalla prova, nell'area riservata di Universitaly, per il 2023 la definizione delle modalità di pubblicazione della graduatoria non sono ancora note al momento di pubblicazione del presente manuale.

In assenza di informazioni ufficiali riportiamo quanto è stato valido negli anni passati.

La graduatoria verrà stilata tenendo conto del punteggio totalizzato da ciascun candidato eleggibile per l'anno corrente (dunque in possesso di diploma di maturità). Partendo dal candidato con il punteggio più alto, il sistema collocherà ogni candidato nella sede più in alto tra le preferenze espresse. Ogni sede ha un numero di posti limitati, di conseguenza i candidati più in alto in graduatoria otterranno un posto tra le loro scelte più alte nel loro ordine delle preferenze. Scendendo nella graduatoria sarà più facile incorrere nella saturazione di alcune sedi.

Di conseguenza il sistema esaminerà le successive sedi in ordine di preferenza. Per i candidati che hanno partecipato alle sessioni TOLC ma devono ancora affrontare l'ultimo anno di scuola superiore, sarà possibile partecipare alle graduatoria dell'anno successivo - una volta ottenuto il diploma.

La graduatoria usa una terminologia specifica per indicare la situazione di ogni candidato:

Assegnato
Un candidato assegnato non può migliorare la propria situazione, ovvero ha ottenuto **un posto nella sede, ancora aperta, più alta possibile fra le sue preferenze** (inizialmente, prima che le sedi comincino a chiudere, l'assegnato è colui che ha raggiunto la propria prima scelta).
Questi candidati hanno **4 giorni lavorativi per immatricolarsi** all'università in cui sono assegnati, in caso contrario verrà perso definitivamente il proprio posto e la propria posizione in graduatoria.

Prenotato
Un candidato prenotato ha ottenuto **un posto in una sede del suo elenco, ma non negli atenei che in quel momento risultano essere più in alto tra le sue preferenze e che non hanno già esaurito i posti.** In questo caso, si ha la possibilità di attendere gli scorrimenti al fine di ottenere un posto in una sede che sia più alta tra le proprie preferenze. Ricordiamo infatti che si ha solo la possibilità di accedere alle sedi più in alto tra le proprie preferenze, mai il contrario.
Questi candidati hanno **4 giorni lavorativi per immatricolarsi all'università in cui sono prenotati oppure possono decidere di aspettare gli scorrimenti** successivi.
Se decidono di aspettare devono "**confermare l'interesse**" a rimanere in graduatoria **entro 4 giorni lavorativi**; la conferma dell'interesse avviene tramite un apposito tasto su Universitaly.

Lo status di prenotato in una determinata sede non viene mai perso, a patto di continuare a confermare l'interesse a rimanere in graduatoria. L'unica possibilità di perdere lo status di prenotato nella sede in questione è quella di salire in graduatoria risultando prenotati (o assegnati) in una sede più alta tra le proprie preferenze espresse.

Attesa
Un candidato in attesa **non ha ottenuto il posto in nessuna delle sedi fra le sue preferenze** (che ricordiamo essere le uniche per cui può concorrere), ma si trova in una posizione in graduatoria più alta dell'ultimo prenotato nazionale.
Non può far altro che **confermare l'interesse** a rimanere in graduatoria (entro 4 giorni lavorativi tramite il pulsante citato prima) o **rinunciare** e abbandonarla definitivamente.

Fine posti
È una situazione simile all'attesa, ma il candidato ha una posizione in graduatoria inferiore a quella dell'ultimo prenotato in Italia.
Anche in questo caso si può solo confermare l'interesse e aspettare o uscire dalla graduatoria.

Gli scorrimenti
Anche in questo caso, in assenza di informazioni ufficiali, riportiamo quanto è stato valido negli anni passati.
Gli scorrimenti avvengono con cadenza settimanale a partire dalla settimana successiva alla prima assegnazione.

Dopo la prima assegnazione ogni candidato si trova davanti a una scelta:
- immatricolarsi nella sede in cui è assegnato o prenotato;
- aspettare ulteriori scorrimenti, nella speranza di risultato prenotato (o assegnato) in una sede più in alto tra le proprie preferenze, o proprio prenotato nel caso in cui fosse nello stato di attesa/fine posti;
- rinunciare e uscire dalla graduatoria;

Nel momento in cui ci si immatricola, non sarà più necessario confermare l'interesse a rimanere in graduatoria, a quel punto Universitaly rimarrà solo un brutto ricordo.

I candidati che rinunciano, se assegnati o prenotati in qualche sede, liberano i posti da loro precedentemente occupati.
Questi posti vengono **rimessi a disposizione** e distribuiti secondo gli stessi meccanismi sopra descritti.

Note pratiche

1. La graduatoria si basa sulla **posizione**, non sul punteggio. I punteggi minimi per entrare in ogni sede cambiano ogni anno in base al numero di candidati, alla difficoltà del test e al numero di posti disponibili in ogni sede. Di conseguenza, risulta sbagliato prendere per verità assoluta i punteggi minimi di accesso ai singoli Atenei.
2. La graduatoria cerca di mettere ogni candidato nella sede che ha indicato più in alto fra le sue preferenze. Le sedi quindi **vanno messe in ordine di preferenza**. Questo perché la graduatoria consente solo di **salire** fra le proprie preferenze. Una volta che si risulta prenotati in una sede tutte le altre sedi in posizione inferiore nell'ordine di preferenza del candidato sono bruciate e non sarà più possibile raggiungerle.
3. La graduatoria **protegge la posizione più alta**. Prendiamo per esempio due persone in posizione 1000 e 1001, che hanno Bologna rispettivamente come terza e prima scelta. Se il candidato in posizione 1000 non trova posto nella sua prima e seconda scelta, avrà diritto a entrare a Bologna prima del candidato 1001. Questo spiega anche il motivo per cui inserire una sede più in alto nel proprio elenco di preferenze non ci dà maggiori probabilità di accesso (tutto dipende dalla propria posizione).
4. Per queste ragioni è **ALTAMENTE SCONSIGLIATO ordinare le preferenze mettendo in alto sedi con un punteggio più basso**. Un falso mito molto diffuso dice che mettere in alto fra le proprie preferenze sedi con un punteggio minimo di accesso storicamente più basso aiuta a entrare a Medicina, **FALSO**. L'unico risultato è che, se si dovesse entrare in quella sede (punteggio permettendo), si perderebbe la possibilità di un posto in tutte le altre sotto.

[illegible] posizione [illegible]

[illegible] di preferenza del candidato [illegible] bruciate e non sarà più [illegible]

[illegible] protegge la posizione più alta. [illegible]

[illegible] ALTAMENTE SCONSIGLIATO ordinare le preferenze [illegible] un punteggio sul basso. [illegible] FALSO. [illegible]

LOGICA

Logica è una materia spesso difficile da approcciare, è raro trovare delle linee guida univoche ed esercizi ben fatti. Questa parte del nostro eserciziario contiene esercizi organizzati secondo la classificazione che trovi nel libro di teoria. A fronte del decreto di settembre 2022, con cui il test di Medicina diventa di tipo TOLC, abbiamo confrontato il programma ministeriale con il contenuto dei nostri manuali e rimosso le tipologie che non ci aspettiamo più si presentino, mentre abbiamo integrato questo e gli altri manuali con altre tipologie che prima affrontavamo solo nella preparazione dei test TOLC.
Il capitolo è diviso in una parte dedicata alle **competenze di lettura** e una seconda parte comprensiva di tutto il **ragionamento logico**, in cui troverai tipologie di **logica verbale** e **logica matematica**. Lo scopo di questo lavoro non è fornire regole fisse, ma darti uno strumento da utilizzare durante la preparazione che possa aiutarti a elaborare un tuo metodo.
Logica è forse la materia in cui il vantaggio dato dalle competenze pratiche supera di gran lunga quello delle conoscenze teoriche: l'unico modo per arrivare pronti e sicuri di sé è fare molti quiz, non c'è nulla come l'esercizio per apprendere e fare tuoi i meccanismi dietro ogni quesito.
Non farti spaventare da esercizi complicati o brani troppo lunghi: tutti, credici, possono imparare a risolvere i quiz di logica, e tu non sei certo da meno!

Buon lavoro
Team Testbusters

1. COMPETENZE DI LETTURA

Novità del decreto di luglio 2022, confermata nel decreto di settembre 2022, questa sezione consiste adesso in sette esercizi di comprensione del testo, su brevi "testi di saggistica scientifica o di narrativa classica e contemporanea, oppure da brevi testi di attualità pubblicati in quotidiani e in riviste generaliste o specialistiche". Tra questi saranno presenti anche degli esercizi di cultura generale, ma la maggior parte saranno di comprensione.

I nostri esercizi sono il più possibile specifici, ma tutto l'allenamento che farai sulla comprensione, sia esso su testi facili o difficili, lunghi o brevi, ti preparerà a questa prima sezione della prova. Le sette domande di competenza di lettura rappresentano il 14% del test, e imparare ad affrontare questi quesiti velocemente e con successo potrà farti ottenere un significativo vantaggio, sia in termini di tempo che di punteggio.

Leggi di tutto! E in bocca al lupo!

1.1 COMPRENSIONE TESTI

1. Leggere i brani e rispondere a ogni quesito solo in base alle informazioni contenute (esplicitamente o implicitamente) nel brano e non in base a quanto eventualmente conosci sull'argomento.

Brano 1

Oltre alla musica, il leitmotiv dell'adolescenza che dà voce e ritmo al mondo interiore dei ragazzi, la cultura giovanile, si manifesta in molte altre forme, dalle più tradizionali alle più innovative. Accanto alla passione per tutto ciò che è immagine e movimento, a cominciare dal cinema, che consente una fruizione più immediata, diretta, visiva, è in lieve crescita anche la passione per la lettura, che richiede invece un processo di elaborazione interiore più complesso dell'impatto immediato, visivo dell'immagine. Quello che emerge come nuova tendenza è una maggior spinta degli adolescenti a diventare protagonisti della propria cultura, inventando nuove forme espressive che diano loro visibilità come individui e come soggetti sociali. Sono sempre di più i ragazzi che non si limitano ad ascoltare la musica, ma la compongono e la suonano. E che oltre a leggere, dedicano più tempo alla scrittura, da quella privata dei diari, delle poesie, dei pensieri tracciati con il pennarello sulle pareti della loro stanza, a quella pubblica dei graffiti. Nata nei ghetti neri di New York negli anni Settanta, come espressione di protesta creativa contro l'emarginazione sociale e contro lo squallore dei quartieri più disagiati, la cultura dei graffiti è una forma di arte trasgressiva che consente ai ragazzi non solo di lanciare al mondo i propri messaggi, ma di accendere di nuovi colori i luoghi metropolitani più desolati, imbruttiti, spenti, dai muri di periferia alle fabbriche abbandonate. Non sempre tuttavia i graffiti degli adolescenti nascono da una vera tensione creativa e artistica. Al di là della ricerca stilistica comunque presente, spesso esprimono soprattutto il bisogno narcisistico di apparire, di rendersi visibili nel modo più provocatorio possibile. Sono i graffiti in cui i ragazzi gridano «lo esisto!» attraverso la ripetizione ossessiva del proprio nome, un marchio di identità siglato in caratteri e colori diversi.

1. L'autore, nel brano 1, sostiene che nell'arte dei graffiti, i ragazzi:

A. Oscillino fra il desiderio creativo di abbellire le città e quello narcisistico di esprimere se stessi
B. Intendano solo accendere di nuovi colori i luoghi metropolitani più spenti
C. Esprimano una sfida al negativo che ha quasi la stessa valenza trasgressiva e penale di altri comportamenti antisociali, come il furto e la violenza
D. Vogliano solo essere riconosciuti come artisti
E. Nessuna delle precedenti

2. L'autore, nel brano 1, sostiene che:

A. Gli adolescenti preferiscano la letteratura al cinema perché meno immediata
B. Il fine ultimo dei ragazzi non sia più solo quello di farsi ascoltare ma si pongano anche come soggetti inseriti nel tessuto sociale, trasformandosi in protagonisti attivi dellacultura e dell'arte
C. I graffiti, nati come forma di protesta negli anni Settanta per raccontare il disagio sociale che si viveva nei ghetti neri, siano oramai solo un mero pretesto per mettersi in mostra
D. Oramai la cultura giovanile si manifesti solo in forme innovative e moderne
E. La fruibilità di strumenti musicali, a basso costo e facilmente accessibili a tutti, abbia fatto sì che più adolescenti, rispetto al passato, potessero diventare compositori musicali e musicisti

3. L'autore, nel brano 1, sostiene che:

A. L'adolescente, che insistentemente replica il proprio nome sui muri, abbia sicuramente una questione irrisolta nel background familiare che causa un disagio interiore

B. Gli adolescenti esprimano la loro vena creativa in quanto intendono trasformare la città in un quadro a cielo aperto
C. I giovani vogliano esprimere una sfida all'emarginazione ma ci riescono solo se superano il narcisismo tipico della loro età
D. Gli adolescenti mirino a diventare protagonisti della propria cultura, cioè rifiutano la cultura del passato perché non vi si riconoscono e pertanto creano nuove forme espressive
E. Alcuni adolescenti si facciano anche promotori di messaggi provocatori di sfida e per questo si rifugiano in varie forme di cultura

4. L'autore, nel brano 1, sostiene che:
A. L'umore degli abitanti delle città trovi giovamento dagli sprazzi di colore, che rompono la monotonia grigia e lo squallore dei quartieri difficili, forniti dai graffiti
B. Gli adolescenti non siano particolarmente interessati ad essere protagonisti della propria cultura, per questo si rifugiano in forme d'arte tradizionali
C. L'amore per la lettura sia sempre relativamente basso, seppure in crescita
D. La passione per il cinema sia maggiore rispetto a quella per la musica
E. Sono sempre più numerosi i ragazzi che compongono e suonano musica

Brano 2

Il passaggio dalla cultura orale a quella scritta ha avuto conseguenze di grande portata. Ha dato maggiore importanza all'occhio e minore all'orecchio. Ha rafforzato la sfera privata, l'introspezione, il distacco. Ha fatto nascere l'individualismo. Ha favorito lo sviluppo del pensiero logico-empirico e della scienza. Ha provocato un mutamento nell'atteggiamento verso il passato, facendo emergere la distinzione fra mito e storia. Ha favorito, almeno nella Grecia antica, lo sviluppo della democrazia politica, facendo sì che la maggioranza dei cittadini fosse in grado di leggere le leggi e di prendere parte alla loro approvazione. Ha reso possibile lo sviluppo della burocrazia moderna, che è basata non solo su regole scritte e sull'esistenza di archivi, ma anche su metodi di reclutamento spersonalizzati. Il passaggio dalla cultura orale a quella scritta è stato accompagnato dalla nascita e dallo sviluppo della scuola. Fino a quando il patrimonio culturale è stato trasmesso esclusivamente con rapporti faccia a faccia e con conversazioni, la socializzazione è avvenuta all'interno della famiglia e del gruppo dei pari. I genitori o altri adulti insegnavano ai bambini a memorizzare storie, canti, ballate. Quando invece si è cominciato a servirsi della scrittura come mezzo di comunicazione, una parte crescente dell'educazione ha avuto luogo nella scuola. Fu infatti nel V secolo a.C., dopo la creazione del primo sistema di scrittura alfabetica, che in Grecia nacque la scuola elementare, dove si insegnava a leggere, a scrivere e a fare di conto e che i bambini iniziavano a frequentare a sette anni. Imitando il maestro, essi imparavano a scrivere le lettere sulla sabbia, su tavolette di cera e poi sul papiro. Questo modello fu ripreso da Roma dove le scuole elementari ebbero un forte sviluppo nel II e nel I secolo a.C. Pur avvicinando alla nuova forma di comunicazione scritta tutti, o quasi tutti, la scuola ha creato gradi di alfabetizzazione diversi, quindi nuove disuguaglianze e divisioni. Come ha scritto l'antropologa americana Margaret Mead, "l'educazione primitiva era un processo che manteneva una continuità tra genitori e figli. [...] L'educazione moderna sottolinea invece il ruolo della funzione educativa nel creare discontinuità: nel rendere alfabeta il figlio dell'analfabeta".

5. L'autore, nel brano 2, sostiene che:
A. La scuola fondata sulla scrittura sia causa di disuguaglianza e discontinuità tra le generazioni
B. Proprio perché avvicinava la maggioranza della popolazione, questa nuova forma di comunicazione scritta fosse molto più democratica, fornendo con l'insegnamento a scuola le stesse capacità a tutti

C. La scuola fondata sulla scrittura sia la prima e unica vera forma di educazione riscontrabile nella storia
D. L'educazione per via orale, tramandata direttamente dagli adulti ai bambini, fosse spesso lacunosa e poco efficace
E. I bambini educati con il metodo orale fossero molto meglio socializzati e in grado di inserirsi nel contesto socio-politico con più facilità

6. L'autore, nel brano 2, sostiene che:
A. La perdita del senso di sapere collettivo vada imputata ad un crescente individualismo che nell'antichità portò a prediligere la scrittura come forma di comunicazione
B. Lo sviluppo della burocrazia moderna ha fatto emergere la distinzione fra mito e storia
C. Grazie all'introduzione della democrazia politica nella Grecia antica, è avvenuto il passaggio dalla cultura orale a quella scritta
D. Senza la nascita della democrazia non ci sarebbe stata una scuola elementare nella Grecia antica
E. Grazie al passaggio dalla cultura orale a quella scritta, sia stato reso possibile il coinvolgimento dei cittadini nella vita politica della Grecia antica

7. Nel brano 2 si afferma che:
A. Il pensiero logico-empirico ha subito un brusco arresto in seguito al passaggio dalla cultura orale a quella scritta
B. Lo sviluppo della scienza ha risentito negativamente del passaggio dalla cultura orale a quella scritta
C. L'individualismo è proprio della cultura orale, perché il sapere è tramandato di generazione in generazione con mutamenti dovuti alle diverse capacità e gusti del narratore e dei suoi alunni
D. Secondo l'antropologa americana Margaret Mead, l'educazione moderna introduce, in termini culturali, uno scarto generazionale
E. Secondo l'antropologa americana Margaret Mead, l'educazione moderna rende più accessibile la cultura a tutti, stimolando lo sviluppo della democrazia

8. L'autore, nel brano 2, NON sostiene che:
A. Il passaggio dalla cultura orale a quella scritta abbia portato a privilegiare la vista piuttosto che l'udito
B. L'avvento della cultura scritta abbia permesso la nascita di metodi di reclutamento spersonalizzati
C. Gli alunni imparassero, per imitazione, dal maestro riproducendo le lettere nella sabbia, su un papiro o su tavolette di cera
D. La cultura orale avesse poco riguardo per l'educazione dei giovani, e solo con la nascita delle prime scuole tutti i giovani poterono accedere ad un'educazione adeguata
E. La scuola abbia creato gradi di alfabetizzazione diversi, stratificando ulteriormente la società, nonostante abbia reso accessibile la parola scritta ad un numero sempre crescente di persone

Brano 3
Il tempo è indissolubilmente legato al linguaggio, all'apparato sensoriale e alla comunità umana. Il tempo nasce quando la coscienza incontra il mondo in una vita normale.
Senza contraddire nessuno, vorrei mettere in discussione Newton, il quale riteneva che il tempo scorre nell'universo indipendentemente dall'uomo, e Kant, che riteneva il tempo innato nella coscienza. Io credo che il tempo sia una possibilità intrinseca a tutti gli uomini di tutte le epoche, ma che richieda di essere insegnata per dispiegarsi, e che le forme che assume dipendano dal carattere dell'insegnamento e dell'ambiente.
Il tempo è una sfera formata da lingua, colori, odori, suoni e sensazioni, una sfera in cui uno convive con il mondo, uno strumento con cui si può ordinare e comprendere il mondo, che è uno dei motivi indispensabili alla sopravvivenza.

Ma se il tempo diventa troppo rigido, allora diventa motivo per annientare sé stessi.
[...] Il tempo lineare è inevitabile, è uno dei modi per restare aggrappati al passato, come punti su una linea, la battaglia di Poitiers, Lutero a Wittemberg, la decapitazione di Struensee nel 1772. Anche quel che scrivo qui, questa parte della mia vita, è ricordato in questo modo.
Ma non è l'unico. La coscienza ricorda anche campi, passaggi fluidi, relazioni che uniscono quello che è successo una volta con quello che succede ora, senza considerare il corso del tempo. E nel punto più lontano del passato la coscienza ricorda una pianura senza tempo.
Se si cresce in un mondo che permette e premia una sola forma di ricordo, allora viene esercitata una costrizione contro la nostra natura. Allora si viene lentamente spinti verso l'orlo del precipizio.
[...] Nella sua forma più semplice il tempo è l'indescrivibile unione di riconoscimento e sorpresa che nasce quando la coscienza incontra il movimento del mondo. È la consapevolezza che in ogni mutazione c'è qualcosa di mai visto prima, qualcosa di unico e irreversibile, e qualcosa che rimane sempre uguale.

9. L'autore, nel brano 3, sostiene che:
A. Il tempo nasca dall'incontro fra il subconscio e il mondo
B. Il tempo sia innato nella coscienza
C. Il tempo scorra nell'universo indipendentemente dall'uomo
D. Il tempo sia una caratteristica che tutti gli uomini di ogni epoca possiedono, e per essere compresa ed utilizzata va prima imparata
E. Il tempo possa assumere varie forme, dipende solo dall'epoca vissuta

10. L'autore, nel brano 3, sostiene che:
A. Il tempo lineare sia un modo inevitabile per ordinare e compren-dere il mondo, ma non l'unico
B. L'unico modo in cui si può ordinare e comprendere il mondo sia analizzare il tempo come se fosse una linea retta
C. Il modo innato attraverso cui l'uomo ordina e comprende il mondo nel suo intimo e privato non sia estendibile alla società moderna
D. Le persone che fanno affidamento al tempo lineare siano troppo attaccate al passato
E. Sia bene trovare un'unica forma a noi congeniale per descrivere il tempo

11. L'autore, nel brano 3, sostiene che:
A. Newton e Kant abbiano descritto il tempo con una visione sbagliata
B. Il tempo, essendo intrinseco di ogni uomo, non sia soggetto ad influenze esterne
C. I sensi e la società in cui si vive condizionino la nostra percezione del tempo
D. Senza rigidità e regole ferree per il tempo, le epoche passate e il futuro, sarebbe solo caos
E. Il tempo non è mai stato uno strumento indispensabile alla sopravvivenza

12. L'autore, nel brano 3, non sostiene che:
A. Senza il tempo non sia possibile sopravvivere
B. Il tempo sia una sfera in cui si convive con il mondo, composta dalle sensazioni che proviamo e dal linguaggio che parliamo
C. Se si viene costretti a prediligere solo una forma di ricordo, presto o tardi l'andare contro natura, farà sprofondare in un abisso
D. I ricordi molto lontani e sbiaditi, si appiattiscano e confondano fino a diventare indistinguibili
E. Nessuna delle precedenti

Brano 4
James P. Allison e a Tasuku Honjo, rispettivamente di nazionalità statunitense e giapponese, sono gli scienziati premiati con il Nobel per la medicina 2018. Le loro ricerche sono state una pietra miliare nella lotta contro i tumori perché per la prima volta hanno portato alla luce i meccanismi con i quali le cellule del sistema immunitario attaccano quelle tumorali.
Allison ha aperto la via alle ricerche che gli hanno fruttato il massimo riconoscimento

scientifico studiando le proteine che funzionano come un freno del sistema immunitario e intuendo le loro grandi potenzialità: manipolando il loro freno naturale sarebbe stato possibile aggredire i tumori con nuove armi.
Honjo ha segnato un altro passo lungo questa nuova strada scoprendo una proteina delle cellule tumorali che funziona anche come un freno, ma con un meccanismo d'azione diverso rispetto a quelli noti fino a quel momento.
Entrambe le scoperte si sono tradotte nel tempo in nuovi approcci per la terapia contro i tumori che si stanno dimostrando molto promettenti. Le proteine possono impedire alle difese naturali del corpo di uccidere le cellule tumorali: la terapia è pensata per rimuovere queste proteine-freno e permettere al sistema immunitario di mettersi al lavoro più rapidamente per combattere il cancro.
In particolare, lo scienziato americano James Allison ha scoperto la CTLA-4, la proteina che "frena" l'attivazione dei linfociti T, "soldati" fondamentali per il nostro sistema immunitario. Bloccando questa proteina, le cellule T rispondono efficacemente contro i tumori.
Una scoperta che ha portato alla produzione di farmaci, come ipilimumab, in grado di allungare la vita a pazienti inizialmente affetti da melanoma metastatico. Ora ci sono diverse sperimentazioni in corso sull'utilizzo di anticorpi contro CTLA-4 in pazienti affetti da altre forme tumorali.
Lo scienziato giapponese è stato il primo ad individuare nel 1992 la proteina PD-1, anch'essa un "freno" per le cellule T. PD-1 agisce da inibitore della risposta del nostro sistema immunitario quando si collega a PD-L1, una proteina espressa su alcune cellule normali e tumorali. Alcune cellule tumorali hanno una grande quantità di PD-L1, che le aiuta a sfuggire quindi all'attacco immunitario.
Gli inibitori di PD-L1 hanno dimostrato di essere utili nel trattamento del cancro della vescica e del cancro del polmone non a piccole cellule.

13. Secondo quanto riportato nel Brano 4:
A. Allison e Honjo hanno collaborato ad una delle più promettenti ricerche nel campo della cura ai tumori
B. Non è possibile che due scienziati vincano contemporaneamente il premio Nobel
C. I due scienziati hanno scoperto terapie anti-tumorali che sono oggi l'avanguardia dell'oncologia
D. Le terapie che utilizzano le scoperte dei due scienziati hanno registrato dati sperimentali estremamente positivi per il futuro
E. Allison e Honjo si sono riferiti, nei loro studi, a precedenti scoperte nel campo della biologia molecolare

14. Quale delle seguenti affermazioni NON è ricavabile dal Brano 4?
A. Entrambi gli scienziati hanno lavorato a ricerche su proteine che interferiscono con l'attivazione del sistema immunitario
B. Le due proteine individuate hanno ruoli similari
C. La scoperta della proteina PD-L1 da parte di Honjo ha permesso sviluppi terapeutici verso la cura del tumore alla vescica e al polmone
D. I linfociti T sono i principali effettori della difesa immunitaria verso lo sviluppo di neoplasie tumorali
E. La scoperta di Allison della proteina CTLA-4 ha portato allo sviluppo di farmaci come l'ipilimumab

15. Facendo riferimento al contenuto dell'articolo:
A. Le proteine CTLA-4 e PD-1 hanno azione diretta nel disinnescare lo sviluppo tumorale
B. La scoperta di PD-1 nel 2018 è valsa ad Honjo il massimo riconosci- mento scientifico internazionale
C. Viene messa in dubbio l'effettiva validità scientifica del premio Nobel
D. Le terapie derivate da queste scoperte si propongono di potenziare queste proteine (CTLA-4 e PD-1) per aumentare l'efficacia della difesa immunitaria

E. Nessuna opzione precedente fa correttamente riferimento al contenuto dell'articolo

16. Secondo quanto riportato nel Brano 4:

A. La presenza di PD-L1 rappresenta il fattore attivante dell'effetto inibitore di PD-1
B. Tutte le cellule tumorali esprimono una grande quantità di proteina PD-L1
C. PD-L1 è tipico delle cellule tumorali
D. Il tumore della vescica e tutti i tumori polmonari sono stati il target principale delle nuove terapie anti-PD-1
E. Il meccanismo di attivazione di CTLA-4 e PD-1 è potenziato nelle terapie antitumorali

Brano 5

L'adulto può intervenire sul comportamento espressivo del bambino sia ampliandone le conoscenze sia influenzandone l'immaginazione. Un bambino può avere degli interessi conoscitivi: per esempio può volere riprodurre una bicicletta e perciò si pone il problema di sapere com'è fatta, come funziona il meccanismo che fa muovere le ruote. È un desiderio legittimo. In casi del genere, più che spiegare soltanto a voce o su figura è utile far vedere e toccare l'oggetto, perché parte dell'apprendimento del fanciullo si verifica attraverso il tatto. L'adulto, ancora, può indurre il bambino, sotto forma di gioco, a scoprire i diversi aspetti di un oggetto, le sue funzioni, e a notarne i dettagli: tanto maggiore è la conoscenza, tanto più vasto è il campo su cui può spaziare il pensiero creativo del bambino. Un modo per stimolare l'immaginazione d'una classe o di gruppo di bambini, molto usato dagli insegnanti della scuola elementare, è il racconto. Un racconto, come una qualsiasi altra nuova esperienza, ottiene in genere l'effetto di stimolare la fantasia dei bambini inducendoli a nuove associazioni mentali: lo scopo non è tanto di portarlo a descrivere, disegnandolo, il contenuto del racconto, quanto quello di stimolarli all'associazione e provocare delle catene di immagini che possono portare anche molto lontano dallo stimolo iniziale.

Ma la condizione più importante che l'adulto deve garantire è l'esistenza di un ambiente vivo e interessante dove il fanciullo possa dare sfogo alla sua naturale curiosità e al suo spirito esplorativo. Bisogna inoltre aumentare la fiducia del bambino in se stesso, incoraggiarlo e generare entusiasmo e non invece intervenire con una critica negativa e distruttiva. Il compito dell'insegnante non è quello di livellare, ma quello di contribuire ad accrescere le risorse e i potenziali caratteristici di ogni individuo, incoraggiando le motivazioni personali e riconoscendo l'esistenza di conflitti nella personalità del bambino, perché è spesso dal conflitto che nasce un'idea.
L'esperienza creativa è di per se stessa un'esperienza vitale ed educativa che si oppone all'apatia e alla depressione.
(Anna Oliviero Ferraris, "Il significato del disegno infantile", Boringhieri)

17. L'autore, nel brano 5, sostiene che:

A. L'adulto debba intervenire ponendo al fanciullo critiche anche dure, in modo da stimolare il progredire dell'immaginazione verso le giuste associazioni mentali
B. Il bambino possa essere stimolato ad ampliare i suoi interessi conoscitivi mediante l'uso del racconto, disegnandone poi lo svolgimento
C. Senza il tatto, la comprensione di un oggetto per un bambino sia impossibile da ottenere
D. L'adulto debba appianare ogni dubbio nella mente del bambino, in modo che non vi siano più conflitti nella sua personalità
E. Un racconto ben descritto e dettagliato permetterà una maggior comprensione e stimolerà maggiormente le associazioni mentali dei bambini

18. L'autore, nel brano 5, NON sostiene che:

A. L'esperienza creativa stimoli i bambini educandoli e facendone degli individui più entusiasti
B. Senza un ambiente vivo e interessante, l'accrescimento educativo del bambino sia limitato

C. L'adulto debba proporre sempre nuovi spunti ai bambini perché loro, da soli, non sono in grado di avere degli interessi conoscitivi propri
D. I bambini debbano essere lasciati divagare in associazioni mentali inconsuete, creando lunghe catene mentali
E. L'insegnante debba permettere lo sviluppo del potenziale di ogni bambino incoraggiandolo e non appianando le differenze tra studenti

19. L'autore, nel brano 5, sostiene che:
A. Un bambino poco creativo sia sicuramente apatico e depresso
B. Spesso il tatto per i ragazzini sia un metodo che apporta troppe informazioni e può essere fuorviante, soprattutto con individui così facilmente distraibili
C. I bambini non possano essere lasciati divagare in catene di immagini che devino dal racconto fornito, per limitare i rischi di distrazione
D. Anche mediante l'uso del gioco, i bambini possano imparare molto di un oggetto, interrogandosi sul suo funzionamento e utilizzo
E. Poche informazioni mirate su un determinato oggetto o argomento siano preferibili ad una conoscenza più approfondita, per non sovrac-caricare il processo creativo

20. L'autore, nel brano 5, sostiene che:
A. L'adulto debba sempre intervenire nel processo conoscitivo per indirizzarlo al meglio
B. Gli insegnati, dopo aver raccontato ai bambini una storia, debbano farla loro disegnare perché ne possano comprendere a fondo il significato
C. Nel processo creativo sia normale se non auspicabile che vengano a crearsi contrasti, dovuti alla personalità del bambino, dal momento che è da queste situazioni che nascono le idee
D. L'insegnante non debba incoraggiare troppo le motivazioni personali, ma piuttosto fornire delle linee guida tramite il metodo del racconto
E. I bambini più timidi e insicuri siano spesso quelli con una maggiore vena creativa

CORREZIONE COMMENTATA

Brano 1

1. I graffiti sono espressione di protesta creativa contro l'emarginazione sociale e contro lo squallore; la cultura dei graffiti consente ai ragazzi di lanciare al mondo i propri messaggi e di accendere di nuovi colori i luoghi metropolitani più desolati, tuttavia non tutti gli adolescenti lo fanno per esprimere protesta o per via di una tensione artistica e creativa, alcuni esprimono solo un bisogno di rendersi visibili agli occhi del mondo, nel modo più provocatorio possibile.
In quest'ottica, le opzioni B e D non risultano corrette, in quanto entrambe tralasciano la dinamica dei messaggi di protesta e della necessità di apparire, ma sottolineano un unico aspetto, non completo.
L'opzione C al contrario non è supportata dal brano, che in nessun punto paragona i graffiti al furto, alla violenza e ad altri comportamenti antisociali.
La risposta che meglio racchiude le opzioni proposte dal testo è dunque l'opzione A, che concilia l'aspetto della creatività a quello del narcisismo.
Risposta corretta A.

2. L'opzione A non è la soluzione del quesito, perché non si accenna a preferenze tra cinema e letteratura.
Nel testo viene esplicitato che i graffiti vengono ancora usati sia come forma di protesta, sia come modalità per abbellire le città, e che solo alcuni adolescenti li usano come pretesto per mettersi in mostra, dunque anche l'opzione C risulta errata.
L'opzione D non è corretta in quanto il brano sostiene chiaramente che la cultura giovanile si manifesta in molte forme, sia tradizionali che innovative (musica, lettura, cinema, graffiti).
La risposta E, ancora una volta, va troppo oltre, proponendo una spiegazione plausibile, ma approfondendo un particolare (il basso costo e la facile accessibilità degli strumenti musicali) che il brano non affronta.
Dunque l'opzione corretta risulta essere la B: gli adolescenti vogliono ora diventare protagonisti attivi della cultura, inventando anche nuove forme espressive che diano loro visibilità come individui e soggetti sociali.
Risposta corretta B.

3. Le risposte A e B non sono corrette perché entrambe presentano aspetti non trattati nel brano.
L'opzione C presenta invece un errore di fondo: non tutti gli adolescenti sono narcisisti e quindi non è una regola generale che i ragazzi debbano superare questo scoglio per poter esprimere il dissenso contro l'emarginazione.
Nemmeno l'opzione D è corretta, perché il brano sostiene che gli adolescenti siano comunque legati alla cultura del passato, infatti la forma che la loro cultura assume risulta essere sia tradizionale che innovativa.
Dunque l'opzione corretta risulta essere la E: alcuni adolescenti utilizzano diverse forme d'arte (ad esempio i graffiti) per esprimere messaggi provocatori e di sfida.
Risposta corretta E.

4. L'opzione A aggiunge informazioni che il testo non fornisce: ci viene detto che alcuni adolescenti utilizzano i graffiti per dare colore alle città, ma non sappiamo niente della reazione dei suoi abitanti.
L'opzione B contraddice quanto affermato all'inizio del brano, cioè che gli adolescenti desiderano diventare protagonisti della propria cultura, e utilizzano anche forme d'arte innovative.

L'opzione C è scorretta perché all'inizio del brano ci viene detto che l'interesse per la lettura è in lieve crescita, ma non sappiamo niente sul suo livello assoluto, se sia alto o basso, e non possiamo darlo per scontato basandoci sul fatto che preveda un'elaborazione più profonda e sia meno immediata rispetto al cinema.
L'opzione D è sbagliata perché non viene mai confrontata la passione per il cinema rispetto a quella per la musica.
L'unica compatibile con il testo è dunque, ancora una volta, la risposta E: nel brano viene chiaramente specificato che sempre più adolescenti si interessano alla musica.
Risposta corretta E.

Brano 2
5. Procedendo opzione per opzione possiamo escludere la risposta B, in quanto nel brano non si parla dell'aspetto democratico dell'insegnamento scolastico, anzi si specifica che non tutti a scuola acquisivano le medesime capacità.
L'opzione C è scorretta perché il brano spiega molto bene dell'esistenza di una forma di educazione orale, precedente a quella scritta; l'opzione D invece non è corretta perché non viene fornito nessun giudizio riguardo l'efficacia o la completezza di tale educazione orale.
Infine la risposta E è da scartare in quanto nel brano non viene posto alcun confronto sul livello di socialità dei bambini educati con i due diversi metodi, viene solo detto che la socializzazione prima dell'avvento della scrittura avveniva unicamente a livello familiare; inoltre sarebbe errato sostenere che prima della scrittura fosse più semplice inserirsi nel contesto socio-politico, dal momento che invece è stato proprio grazie alla scrittura che si è sviluppata la democrazia politica.
Dunque l'opzione corretta risulta essere la A: alla fine del testo Margaret Mead sostiene che l'alfabetizzazione ha contribuito a creare una discontinuità generazionale, generando figli alfabetizzati di genitori analfabeti, in contrasto con quanto avveniva con l'educazione orale, che invece manteneva una continuità tra le generazioni.
Risposta corretta A.

6. Non è l'individualismo che spinge a scegliere la scrittura come forma di comunicazione prediletta per la trasmissione del sapere. È il passaggio da cultura orale a quella scritta che causa invece una maggiore introspezione che sfocia in un individualismo (risposta A errata).
Il passaggio alla cultura scritta ha provocato un mutamento nell'atteggiamento verso il passato, facendo emergere la distinzione fra mito e storia, e successivamente ha reso le leggi scritte consultabili dalla maggioranza della popolazione, favorendo la nascita della democrazia (risposta B errata). Anche nell'opzione C non viene rispettato il continuum temporale del rapporto causa effetto.
La risposta D non trova riscontri nel testo, che non crea nessun collegamento tra la scuola elementare greca e la nascita della democrazia.
Dunque l'opzione corretta risulta essere la E: come espresso all'inizio del brano, la nascita della scrittura e quindi di conseguenza della burocrazia e della democrazia, ha permesso ai cittadini della Grecia antica di essere maggiormente coinvolti nella vita politica.
Risposta corretta E.

7. Le risposte A e B sono errate perché contraddicono il testo, che invece sottolinea l'importanza della scrittura nello sviluppo del pensiero logico-empirico e scientifico.
Anche la risposta C non è la soluzione, dal momento che l'individualismo è proprio della cultura scritta, mentre l'educazione orale è caratterizzata da una forte spinta alla socialità.
Infine, tra le due affermazioni delle opzioni D ed E, quella corretta risulta essere la D: secondo l'antropologa americana Margaret Mead, l'educazione moderna introduce uno scarto generazionale, perché pur avvicinando alla nuova forma di comunicazione scritta

tutti, o quasi tutti, la scuola ha creato gradi di alfabetizzazione diversi, anche all'interno di una stessa famiglia. Non viene posto invece alcun nesso di causa-effetto con lo sviluppo della democrazia.
Risposta corretta D.

8. Ci viene richiesto di individuare l'opzione NON compatibile con quanto affermato nel testo.
La predilezione della vista, rispetto all'udito, da parte della cultura scritta è sostenuto chiaramente all'inizio del brano (risposta A errata).
Anche l'opzione B è deducibile: il passaggio alla cultura scritta ha permesso lo sviluppo della burocrazia, che ha consentito la nascita di metodi di reclutamento spersonalizzati (risposta B errata).
L'opzione C è chiaramente sostenuta dal brano, nella descrizione dell'insegnamento scolastico dei bambini.
Infine l'opzione E è la conclusione del testo, sostenuta anche dall'antropologa Margaret Mead.
Dunque l'opzione corretta risulta essere la D: il brano infatti ci dice che prima dell'avvento della cultura scritta il patrimonio culturale è stato trasmesso esclusivamente con rapporti faccia a faccia e con conversazioni, all'interno della famiglia e del gruppo dei pari, con i genitori o altri adulti che insegnavano ai bambini a memorizzare storie, canti, ballate. Non possiamo quindi affermare che la cultura orale avesse poco riguardo per l'educazione dei giovani e che solo con la cultura scritta e le scuole i giovani poterono accedere ad una vera educazione. Nel testo non vi è alcun riferimento alla qualità dell'educazione orale e soprattutto non vi è un confronto circa la bontà dei due metodi educativi.
Risposta corretta D.

Brano 3
9. Secondo l'autore il tempo nasce nell'incontro fra coscienza e il mondo, e non il subconscio (risposta A errata).
Anche le risposte B e C risultano errate, infatti riportano le tesi di Newton e Kant su cui l'autore non si trova in accordo.
Infine, è vero che il tempo assume molte forme, ma queste non dipendono solamente dall'epoca vissuta: il tempo interagisce anche con i sensi, con il linguaggio, con le caratteristiche del suo insegnamento e con l'ambiente, quindi ipoteticamente può essere diverso per ogni singolo individuo (risposta E errata).
Dunque la risposta corretta risulta essere la D: proprio come sostiene l'autore all'inizio del brano, il senso del tempo è posseduto da ogni uomo, ma va prima di tutto insegnato e quindi imparato.
Risposta corretta D.

10. L'opzione B è in contrasto con quanto affermato nel testo: l'autore infatti dice chiaramente che il tempo lineare è uno dei modi inevitabili per rimanere aggrappati al passato, ma non è l'unico.
La risposta C potrebbe trarre in inganno, ma in realtà in nessun punto del brano viene argomentata la possibile o non possibile estendibilità alla società moderna della modalità più intima di vivere il tempo.
La risposta D prende spunto dalla frase del brano: "Il tempo lineare è inevitabile, è uno dei modi per restare aggrappati al passato", tuttavia questo non giustifica l'affermazione che chi fa affidamento al tempo lineare sia più attaccato al passato degli altri, essendo questo chiaramente non l'unico modo per farlo.
Infine, l'autore non pretende che il singolo né tantomeno la società si costringano ad uniformarsi ad un solo metodo per analizzare il tempo, per questo motivo anche la risposta E non è la soluzione.

Dunque l'opzione corretta risulta essere la A: come detto all'inizio, il tempo lineare è un modo inevitabile di vivere il tempo, ma non l'unico.
Risposta corretta A.

11. L'autore crede che Newton e Kant abbiano descritto il tempo con una visione troppo selettiva e semplicistica, ma non per questo per forza sbagliata (risposta A errata).
L'autore ritiene che il tempo sia "una sfera formata da lingua, colori, odori, suoni e sensazioni, in cui uno convive con il mondo e attraverso cui lo comprende", dunque non potrà chiaramente non essere soggetto ad influenze esterne (risposta B errata).
L'opzione D non è corretta, in quanto non giustificata da nessuna argomentazione del brano, e l'opzione E deve essere scartata perché in contrasto con quanto affermato all'inizio del brano: "il tempo è uno dei motivi indispensabili alla sopravvivenza"
La risposta C invece racchiude e ben riassume uno dei punti cardine del pensiero dell'autore: sia i sensi, sia la società in cui viviamo, sono in grado di condizionare la nostra percezione del tempo.
Risposta corretta C.

12. Ci viene richiesto ciò che NON è sostenuto dall'autore.
L'opzione A è scorretta (in quanto sostenuta dal brano), dal momento che l'autore sottolinea esplicitamente la necessità del tempo per poter sopravvivere.
Le risposte B e C sono facilmente ritrovabili all'interno del brano, e l'opzione D fa riferimento alla metafora della pianura lontana del tempo dove la coscienza sfuma e i ricordi non sono facilmente distinguibili. Essendo dunque tutte sostenute dall'autore, la risposta corretta risulta essere nessuna delle precedenti.
Risposta corretta E.

Brano 4
13. L'opzione A introduce una "collaborazione" di cui però non viene mai fatta menzione nel testo, dal momento che i due scienziati potrebbero aver lavorato individualmente a due ricerche simili, ma differenti.
L'opzione B sostiene il contrario di quanto riportato nel brano, ovvero la premiazione contemporanea dei due scienziati (Allison e Honjo).
La risposta C è anch'essa scorretta, dal momento che i due scienziati non hanno scoperto terapie, ma solo proteine e meccanismi, che sono poi successivamente stati utilizzati per approcci terapeutici.
Infine l'opzione E non è ricavabile dal brano: in nessun punto viene esplicitato se gli studi di Allison e Honjo si siano ispirati a precedenti scoperte nel campo della biologia molecolare.
L'opzione D invece riprende, rielaborando, un'informazione contenuta nel testo circa la promettente prospettiva delle terapie in corso derivanti da queste scoperte.
Risposta corretta D.

14. Ci viene richiesto di individuare l'opzione NON ricavabile dal testo.
L'opzione A è deducibile, in quanto entrambe le proteine scoperte ricoprono una funzione similare nelle cascate di attivazione linfocitaria e immunitaria; allo stesso modo anche la risposta B è coerente con il testo, e quindi errata.
L'opzione D è altrettanto ricavabile e trova riscontro nel momento in cui viene detto che i Linfociti T sono i principali "soldati" della nostra difesa immunitaria.
Anche l'opzione E è deducibile, dal momento che nel brano viene esplicitamente sostenuto che la scoperta del meccanismo d'azione del CTLA-4 ha portato alla produzione di farmaci come l'ipilimumab.
La risposta C è invece errata, in quanto contiene un'imprecisione: la proteina scoperta è PD-1, non PD-L1 (la proteina espressa dal tumore), della quale non viene detto nulla circa scoperta e origine.
Risposta corretta C.

15. Per quanto riguarda l'opzione A, le proteine non hanno un'azione diretta nel disinnescare il tumore, ma fungono da freno all'attivazione linfocitaria (Risposta A errata). Anche l'opzione B è da scartare, in quanto la scoperta della proteina è avvenuta nel 1992. Per quanto riguarda l'opzione C, essa non trova nessun riferimento testuale.
Inoltre le terapie derivate da tali scoperte si propongono di DE-potenziare queste proteine-freno che rallentano l'attivazione dei Linfociti T verso le cellule tumorali, dunque anche l'opzione D risulta essere errata.
Quindi, nessuna tra le opzioni è correttamente deducibile dal brano.
Risposta corretta E.

16. Nel brano viene specificato che solo alcune cellule tumorali esprimono elevati contenuti di PD-L1, e non tutte (risposta B errata), e viene inoltre detto che tale proteina è prodotta in condizioni normali anche da cellule sane (risposta C errata).
Per quanto riguarda l'opzione D l'errore sta nella parola "tutti" (in riferimento ai tumori polmonari), in quanto nel brano viene specificato che la terapia è stata utile per il carcinoma non a piccole cellule, e non possiamo dare per scontato che sia risultato utile anche per tutti gli altri.
Inoltre nel brano viene spiegato come il meccanismo terapeutico preveda di "spegnere", e non di potenziare, tali proteine-freno, così da permettere il normale funzionamento linfocitario.
Dunque la risposta corretta risulta essere la A: nell'articolo è ben spiegato come PD-1, espresso dai Linfociti, venga attivato grazie alla presenza di PD-L1 sulle cellule tumorali.
Risposta corretta A.

Brano 5
17. L'opzione A non può essere la risposta corretta perché contraddice quanto sostenuto nel testo: evitare le critiche distruttive per non minare l'autostima del bambino, ma incoraggiarlo ed entusiasmarlo affinché segua liberamente la catena di immagini facendo nuove associazioni mentali, senza limitazioni di giusto o sbagliato.
Anche l'opzione C è scorretta, dal momento che non viene mai detto che senza il tatto un bambino non possa comprendere un oggetto, ma semplicemente che esso è una parte del processo conoscitivo. L'opzione D non è la soluzione del quesito perché, al contrario, è proprio da un conflitto che nel bambino possono crearsi nuove idee.
Infine, anche la risposta B è errata: il bambino viene certamente stimolato ad ampliare i suoi interessi conoscitivi mediante l'uso del racconto, ma non è descrivendone la trama con il disegno che riuscirà a creare associazioni mentali. Nel brano si dice che lo scopo non è che i bambini abbiano colto la trama, ma che questa, specie se ricca di dettagli e descrizioni, abbia suscitato in loro delle associazioni mentali, poiché "tanto maggiore è la conoscenza, tanto più vasto è il campo su cui può spaziare il pensiero creativo del bambino".
Risposta corretta E.

18. Ci viene richiesto di individuare l'opzione non deducibile dal testo.
Nel brano si afferma che l'esperienza creativa, ponendosi anche come forza educatrice, è in grado di opporsi ad apatia e depressione, rendendo quindi i bambini che la acquisiscono degli individui più entusiasti (risposta A errata).
Un ambiente vivo ed interessante è la condizione più importante affinché un bambino possa esplorare e liberare la sua creatività, dunque possiamo logicamente dedurre che un ambiente meno idoneo renderà il processo di apprendimento meno immediato (risposta B errata).
L'opzione D non è corretta, perché perfettamente coerente con il brano, che sostiene l'importanza di lasciare ai bambini la possibilità di creare associazioni mentali anche inconsuete.

Infine anche l'opzione E è sbagliata, perché come espresso nelle ultime righe del brano "il compito dell'insegnante non è quello di livellare, ma di contribuire ad accrescere le risorse e i potenziali di ogni individuo".
Dunque la risposta corretta risulta essere la C, dal momento che sostiene esattamente il contrario di quanto detto nel brano nelle prime righe, dove si afferma che sono i bambini stessi i primi ad avere stimoli conoscitivi.
Risposta corretta C.

19. L'opzione A non è sostenuta dal testo, in cui viene detto che è l'esperienza creativa che si contrappone alla depressione e all'apatia, ma in nessun modo si fa riferimento ad una quantificazione della creatività: è il processo ad essere importante, non la quantità di creatività che vi si applica.
L'opzione B non trova riscontro in nessun punto del brano, anzi il tatto viene rappresentato come uno dei metodi per poter apprendere nel bambino.
Anche l'opzione C è chiaramente in contrasto con quanto affermato nel testo, che sostiene l'importanza del permettere ai bambini di divagare e creare catene di immagini dai collegamenti anche inconsueti.
Infine, in nessun punto del testo si parla di sovraccarico del processo creativo, anzi si afferma che tanto maggiore è la conoscenza, tanto più vasto è il campo su cui può spaziare il pensiero creativo del bambino, dunque anche la risposta E risulta errata.
L'opzione corretta risulta essere quindi la D: nel brano si sottolinea chiaramente l'importanza del gioco nell'apprendimento di diversi tipi di oggetto.
Risposta corretta D.

20. Il brano sostiene che l'adulto può intervenire sul comportamento espressivo del bambino, ma questo comporta la possibilità che possa anche decidere di non farlo, non vi è espresso alcun obbligo (risposta A errata).
Come già ribadito non è il disegno o la comprensione della trama del racconto ciò che permette al bambino di sviluppare un apprendimento e favorire l'immaginazione, il vero fine è costituito dalle associazioni che il racconto stesso stimola (risposta B errata).
L'opzione D stravolge ancora una volta il senso del brano: "il compito dell'insegnante non è quello di livellare, ma quello di contribuire ad accrescere le risorse e i potenziali caratteristici di ogni individuo, incoraggiando le motivazioni personali".
La risposta E va troppo oltre e si basa su luoghi comuni fuorvianti, nel brano non si parla approfonditamente dei diversi tipi di caratteri.
Dunque la risposta corretta risulta essere la C: sono proprio i contrasti che permettono ai bambini di generare nuove idee.
Risposta corretta C.

2. RAGIONAMENTO LOGICO

L'obiettivo di questa sezione è quello di farti avvicinare e familiarizzare con le diverse tipologie di quesiti che potrai trovare al test. Come vedrai, gli esercizi sono molto vari: vanno dalla matematica più semplice alla logica verbale più contorta, grafici, tabelle, proporzioni, eccetera. Questo manuale va usato in parallelo al nostro libro di teoria: alla spiegazione teorica deve seguire subito l'esecuzione degli esercizi. Solo in questo modo potrai fissare efficientemente e definitivamente i metodi risolutivi.

Ovviamente nella logica, soprattutto in quella matematica, non esiste un solo metodo di risoluzione. Nelle prossime pagine abbiamo cercato di riportare quelli, per noi, più utili e immediati, ma ricorda che spesso potranno essercene degli altri, magari inventati proprio da te! Ognuno ragiona e risolve i quesiti in modo diverso, quindi cerca di trovare un tuo metodo personale di risoluzione, utilizzando al meglio i nostri consigli.

Segui il nostro metodo, e ti vedrai migliorare a vista d'occhio!

2.1 INSIEMI E SILLOGISMI

1. Tutte le penne di Carlotta sono blu. Filippo tra le sue penne ne ha di blu e di rosse. Tutti i bambini della V A hanno almeno una penna rossa. È certamente vero che:

A. Filippo è in VA
B. Carlotta e Filippo sono in classe insieme
C. Carlotta non è in VA
D. Filippo non è in VA
E. Nessuna delle precedenti

2. Le sciarpe di Federica sono in seta o in cotone. Bianca ne ha alcune di cotone, mentre solo Emanuela ha sciarpe di lana.
Possiamo affermare con certezza che:

A. Tutte e tre le ragazze hanno sciarpe di cotone
B. Oggi fa molto freddo e Federica chiederà in prestito a Bianca una sciarpa di lana
C. Bianca non può avere sciarpe di seta
D. Federica non ha sciarpe di lana con cui coprirsi se domani nevicherà
E. Emanuela non ha sciarpe in cotone

3. Giulia legge solo libri fantasy, Annalisa solo i gialli, Clara invece apprezza sia i fantasy sia i gialli. I libri fantasy hanno le copertine colorate, i gialli invece sono lunghi meno di 500 pagine.
Date tali premesse possiamo affermare con certezza che:

A. I gialli non hanno le copertine colorate
B. Giulia ha libri con meno di 500 pagine
C. Alcuni libri colorati hanno meno di 500 pagine
D. Clara può avere un libro che abbia sia la copertina colorata sia meno di 500 pagine
E. Annalisa non può avere libri con le copertine colorate

4. Uno studente di medicina descrive il reparto che sta frequentando ai suoi amici dicendo: "Tutti i chirurghi si credono Dio. Alcuni cardiochirurghi fanno molto sport, altri invece mangiano sano. Tutti i neurochirurghi dormono poco. I chirurghi generali, invece, guadagnano tutti molto, ma solo alcuni dormono poco. Nessun chirurgo generale mangia sano".
Sulla base di queste osservazioni, quale delle seguenti opzioni è vera?

A. Alcuni chirurghi che dormono poco guadagnano tanto
B. Tutti i cardiochirurghi si mantengono in forma facendo sport o mangiando sano
C. Nessun chirurgo generale guadagna tanto e dorme poco
D. Tutti i chirurghi che dormono poco sono neurochirurghi o chirurghi generali
E. Esistono neurochirurghi che non si sentono Dio

5. Tutti i nuotatori sono muscolosi. Molti giocatori di basket sono nuotatori. Stefano gioca a basket. Allora è certamente vero che:

A. Stefano è un nuotatore
B. Stefano è muscoloso
C. Tutti gli atleti sono muscolosi
D. Stefano è anche un nuotatore muscoloso
E. Stefano potrebbe non essere muscoloso

6. Tutti i dobermann sono cani eleganti. Alcuni dobermann hanno la coda corta e alcuni le orecchie a punta. Lucky, il mio dobermann, ha il manto marrone e non ha le orecchie a punta. Solo tra i dobermann con le orecchie a punta ci sono cani ubbidienti.
Sulla base di queste osservazioni, quale delle seguenti opzioni è vera?

A. Lucky ubbidisce sempre ai miei comandi

B. Nessun dobermann con il manto marrone ha le orecchie a punta
C. Potrebbe esserci un dobermann ubbidiente e con la coda corta
D. Lucky non può non avere la coda corta
E. I cani eleganti sono solo dobermann

7. Un direttore d'orchestra fa le seguenti osservazioni circa i compositori che i suoi musicisti adorano: tutti i musicisti dell'orchestra adorano Handel. Alcuni violoncellisti adorano Schumann, e alcuni adorano Bach. Tutti i flautisti adorano Mozart, e alcuni adorano Rimsky-Korsakov. Nessun percussionista adora Bach, e tutti i percussionisti adorano Rimsky-Korsakov. Sulla base di osservazioni del direttore, quale delle seguenti affermazioni deve essere certamente vera?

A. Alcuni violoncellisti adorano Handel, ma non Schumann o Bach
B. Alcuni violoncellisti adorano sia Schumann che Bach
C. Alcuni flautisti adorano Bach
D. Alcuni flautisti adorano tre compositori
E. Alcuni percussionisti adorano tre compositori

8. La professoressa di anatomia fa le seguenti considerazioni circa gli studenti del proprio corso: "Tutti amano neuroanatomia; tutti i maschi amano studiare il locomotore, mentre non c'è una ragazza a cui non piaccia microanatomia e l'uso del microscopio".
Sulla base di queste premesse, quale delle seguenti affermazioni è certamente vera?

A. Esiste almeno uno studente a cui piaccia microanatomia ma non neuroanatomia
B. Tutti i maschi amano neuroanatomia e tutte le ragazze apprezzano microanatomia
C. Possiamo trovare almeno uno studente a cui non piaccia neuroanatomia
D. Tutte le ragazze apprezzano neuroanatomia, mentre non a tutti i maschi va a genio l'uso del microscopio
E. Nessuna delle precedenti

9. Gli individui affetti da anemia falciforme hanno globuli rossi con morfologia a mezzaluna. Gli eritrociti a mezzaluna sono inospitali per il parassita della malaria, che non riesce a sopravvivere. Quasi la totalità di chi contrae la malaria soffre di epatomegalia. In base a tali premesse, quale delle seguenti affermazioni è certamente vera?

A. Chi soffre di epatomegalia non ha eritrociti falciformi
B. Chi possiede globuli rossi a mezzaluna non presenta epatomegalia
C. Chi soffre di anemia falciforme non contrae la malaria
D. Chi non ha eritrociti falciformi non presenta epatomegalia
E. Chi presenta epatomegalia ha la malaria

10. A chiunque abbia un'età superiore ai 65 anni è consigliato di sottoporsi a un elettrocardiogramma di controllo. Vi sono parecchi ultra-65enni che soffrono di cardiopatie. Nessuno di quelli che hanno patologie cardiache può fare sforzi fisici.
In base a queste premesse si può affermare con certezza che:

A. Tutti gli ultra 65enni devono evitare di fare sforzi fisici
B. A chiunque sia richiesto di sottoporsi a un elettrocardiogramma è altamente sconsigliato di fare sforzi fisici
C. Qualcuno tra quelli che devono sottoporsi a un elettrocardiogramma deve evitare di fare sforzi fisici
D. Chi ha cardiopatie e deve effettuare un elettrocardiogramma ha più di 65 anni
E. A chiunque non debba fare sforzi fisici è consigliato di effettuare un elettrocardiogramma

11. Tutte le persone che non mangiano frutta e verdura sono carenti di vitamine. Le persone carenti di vitamina B12 di solito presentano astenia. Marco presenta astenia, quindi:

A. Sicuramente non mangia frutta e verdura
B. Non può non essere carente di vitamine
C. È sicuramente carente di vitamina B12
D. Potrebbe essere carente di vitamina D
E. Per forza è carente di vitamine

12. Tutti i pattinatori sul ghiaccio sono sportivi e alcuni sportivi si sono slogati una caviglia. Inoltre, tutti gli sportivi sono biondi. In base a queste informazioni, quale delle seguenti affermazioni è necessariamente falsa?

A. Tutti i pattinatori sul ghiaccio sono biondi
B. Silvio si è slogato una caviglia e non è uno sportivo
C. Silvio si è slogato una caviglia ed è un pattinatore sul ghiaccio
D. Se Martino si è slogato una caviglia è sicuramente biondo
E. Alcuni sportivi si sono slogati una caviglia

13. Alcune ragazze cucinano bene. Per poter cucinare bene è necessario avere tanto tempo. Io non so cucinare. Da tali premesse consegue che:

A. Io certamente non ho tanto tempo libero
B. Tutte le ragazze con tempo libero sanno cucinare
C. Anna sa cucinare bene, deve sicuramente avere tanto tempo libero
D. Luciana cucina bene, può essere che abbia tempo libero
E. È condizione sufficiente avere tempo libero per sapere cucinare

14. Tutti gli studenti del liceo X sono molto preparati in matematica; alcuni studenti del liceo Y sono preparati in matematica; Mattia è uno studente ed è particolarmente bravo a risolvere i problemi di geometria. Quale delle seguenti affermazioni è sicuramente vera?

A. Mattia è uno studente del liceo X
B. Mattia non è uno studente del liceo X e nemmeno del liceo Y
C. Almeno uno studente del liceo X non è bravo in matematica
D. Mattia potrebbe essere uno studente del liceo Y ma non di X
E. Mattia potrebbe essere uno studente di X o di Y

15. Tutti i fumatori da almeno 5 anni hanno la tosse; chi ha la tosse non va in montagna per paura di non riuscire a respirare bene; alcune delle persone che hanno la tosse portano una mascherina per non respirare particelle che potrebbero peggiorare la situazione.
In base a queste informazioni, quale delle seguenti frasi si può affermare con certezza?

A. Un fumatore indossa per forza una mascherina
B. Ci potrebbe essere qualcuno in montagna con una mascherina
C. Mario non va in montagna, quindi vuol dire che ha la tosse
D. Claudia porta la mascherina, sicuramente non andrà in montagna
E. Chi ha la tosse è per forza un fumatore

CORREZIONE COMMENTATA

1. Schematizziamo il testo del brano con degli insiemi

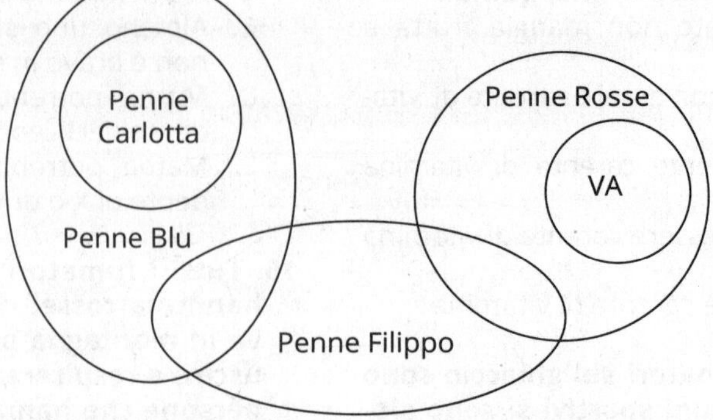

Dallo schema si osserva come l'insieme delle penne di Carlotta sia contenuto interamente nell'insieme penne blu (TUTTE le penne di Carlotta sono blu).
L'insieme delle penne di Filippo interseca i due insiemi "penne blu" e "penne rosse" in quanto ne possiede alcune di entrambe le categorie.
Il passaggio delicato è l'individuazione della relazione dell'insieme VA con Filippo. Il brano afferma che tutti i bambini della VA hanno penne rosse, ma non che SOLO i bambini della VA hanno penne rosse. Filippo quindi potrebbe avere penne rosse e non essere in VA (eventualità mostrata nell'immagine). Le opzioni A e D sono quindi errate perché non possiamo affermare con certezza in che classe sia Filippo. Non possiamo nemmeno dire con certezza che Carlotta e Filippo siano in classe insieme (se Filippo fosse in VA Carlotta non potrebbe essere con lui), quindi risposta B errata. Sappiamo però certamente che Carlotta non è in VA, poiché non possiede penne rosse.
Risposta corretta C.

2. Come prima cosa costruire gli insiemi:

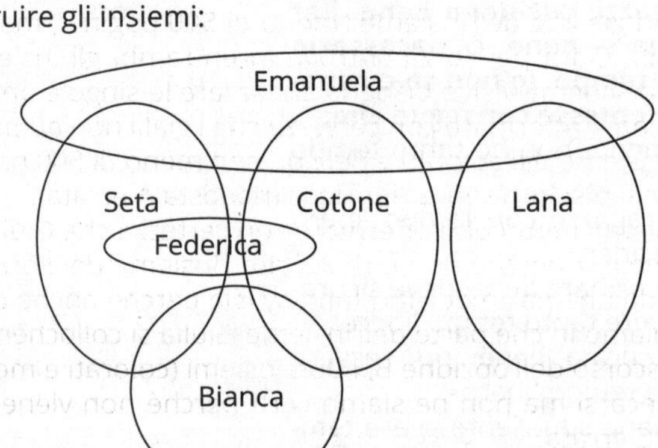

Analizzando la relazione tra i vari insiemi è possibile giungere ad alcune conclusioni:

- Non vi sono informazioni sufficienti per sapere con certezza che sciarpe possegga Emanuela: sicuramente possiede sciarpe di lana ma l'intersezione con l'isieme "cotone" e con l'insieme "seta" potrebbe anche essere vuota (risposte A ed E errate).
- Sicuramente Federica non potrà trovare nell'armadio di Bianca una sciarpa di lana, dal momento che solo Emanuela ne possiede (risposta B errata).

- Sappiamo che Bianca ha sciarpe di cotone, riguardo a quelle in seta non siamo certi che non le possegga, infatti l'insieme "Bianca" potrebbe intersecare anche l'insieme "seta" (risposta C errata).
- Emanuela è l'unica a possedere sciarpe in lana, quindi Federica certamente non ne possiede.

Risposta corretta D.

3. Schematizzare le affermazioni del brano utilizzando gli insiemi:

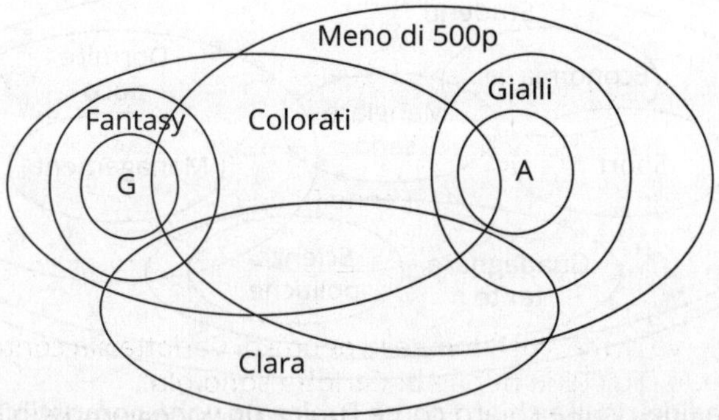

nel testo non viene specificata la relazione esistente tra i due grandi insiemi dei libri colorati e dei libri con meno di 500 pagine: essi possono essere completamente separati, possono intersecarsi, oppure l'uno può comprendere la totalità dell'altro (per semplicità visiva nell'immagine abbiamo riportato un'intersezione, ma ricordiamoci che si tratta di una semplificazione!). Di conseguenza, i libri con meno di 500 pagine possono comprendere alcuni o addirittura tutti i fantasy, così come i libri colorati possono comprendere alcuni o tutti i libri gialli (sempre per una questione di semplificazione nell'immagine abbiamo disegnato un'intersezione per entrambi). Dunque, considerando le condizioni di Annalisa, Clara e Giulia, è importante tenere presenti tutte le possibilità: Giulia certamente è da collocarsi all'interno dei fantasy e quindi dei libri colorati, ma potrebbe anche trovarsi all'interno di libri con meno di 500 pagine; Annalisa certamente si trova all'interno dell'insieme "libri gialli" e dell'insieme "meno di 500 pagine", ma potrebbe anche trovarsi tra i libri colorati; Clara per forza si trova in entrambi gli insiemi. Una volta impostato correttamente lo schema visivo bisogna analizzare le singole opzioni:

A: non possiamo affermare con certezza che i gialli non abbiano le copertine colorate, perché l'insieme dei colorati e dei libri con meno di 500 pagine possono intersecarsi, come nel disegno sopra riportato (risposta A errata).

B: non possiamo nemmeno affermare con certezza che Giulia abbia libri con meno di 500 pagine, sia perché non è detto che l'insieme dei libri con meno di 500 pagine comprenda una parte dei libri fantasy, sia perché anche qualora lo comprendesse non sappiamo in che parte dell'insieme Giulia si collocherebbe (risposta B errata).

C: stesso discorso dell'opzione B, i due insiemi (colorati e meno di 500 pagine) possono intersecarsi ma non ne siamo certi perché non viene specificato dalle opzioni (risposta C errata).

D: si tratta dell'opzione corretta: possiamo dire con certezza che Clara PUÓ avere un libro che sia condiviso da entrambi gli insiemi, in quanto abbiamo detto che i due insiemi "colorati" e "con meno di 500 pagine" possono intersecarsi tra loro (attenzione a questo "può", che fa molta differenza! Se non ci fosse stato il verbo "potere" l'opzione non sarebbe risultata corretta, perché non possiamo essere CERTI che Clara abbia un libro condiviso dagli insiemi, ma certamente PUÓ averne uno).

E: non possiamo essere certi che Annalisa, pur leggendo solo libri gialli, non POSSA avere libri con le copertine colorate. Attenzione anche in questo caso all'importanza del verbo POTERE (risposta E errata).

Risposta corretta D.

4. Schematizzare il brano con gli insiemi:

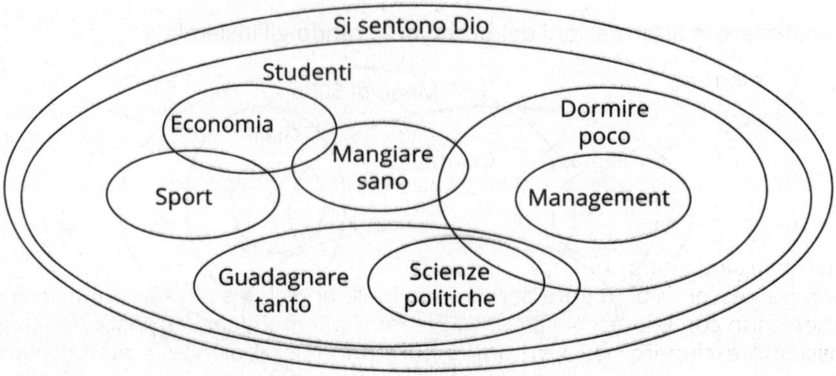

Analizzando l'immagine risulta chiaro come l'unica opzione compatibile con il testo sia la A: se tutti i chirurghi generali guadagnano tanto e alcuni di loro dormono poco, è vero che esistono chirurghi generali che dormono poco e guadagnano tanto. La B è errata perché il testo dice che alcuni cardiochirurghi mangiano sano e altri fanno sport, ma non è detto che insieme costituiscano la totalità dei cardiochirurghi. La C è sbagliata perché, come si osserva nel disegno, esistono chirurghi generali che dormono poco e tutti i chirurghi generali guadagnano tanto. La D è errata per lo stesso motivo della B: è vero che sia i neurochirurghi che alcuni chirurghi generali dormono poco, ma ciò non vuol dire che costituiscano la totalità dei chirurghi che hanno bisogno di più ore di sonno. Infine, la risposta E è errata perché sappiamo che tutti i chirurghi si sentono Dio, quindi anche i neurochirurghi.

Risposta corretta A.

5. È necessario schematizzare il quesito con gli insiemi: l'insieme dei nuotatori è contenuto in quello dei muscolosi e interseca quello dei giocatori di basket.

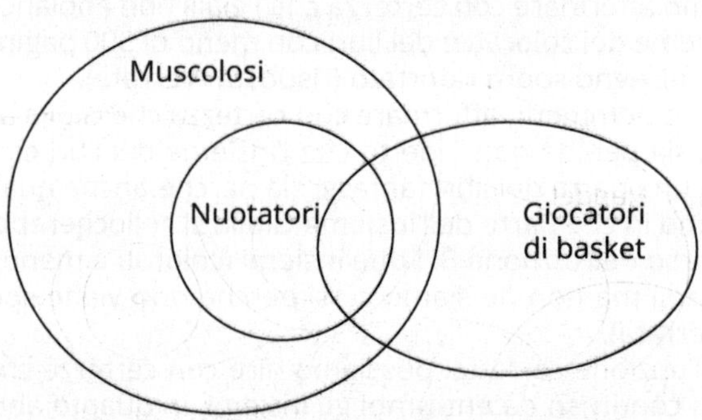

Stefano si trova sicuramente nell'insieme dei giocatori di basket, potrebbe essere muscoloso e/o nuotatore, o non avere nessuna di tali caratteristiche.

Risposta corretta E.

6. Schematizzare le affermazioni del brano utilizzando gli insiemi

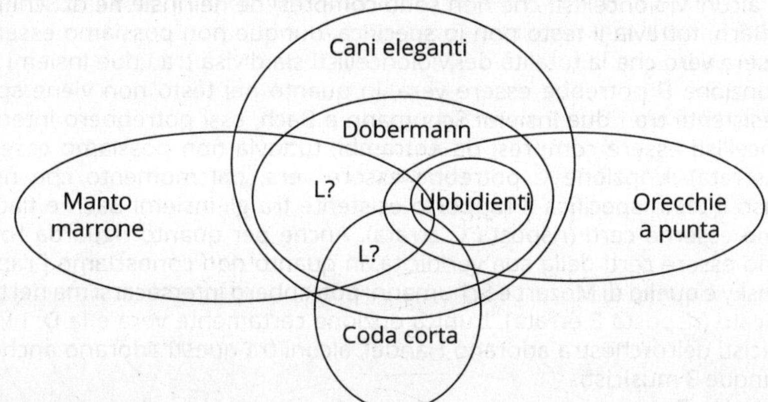

Analizziamo le singole opzioni:
lucky non può essere ubbidiente perché non ha le orecchie a punta e sappiamo che solo tra i dobermann con le orecchie a punta ci sono cani ubbidienti (risposta A errata);
non possiamo escludere l'esistenza di dobermann che abbiano sia manto marrone sia orecchie a punta, perché non sappiamo in che rapporto siano i due insiemi (Ricorda di considerare sempre tutte le possibili opzioni!). Il fatto che Lucky, dobermann con manto marrone, non abbia le orecchie a punta, non impedisce ad altri dobermann di possedere entrambe le caratteristiche (risposta B errata);
non sappiamo come siano legati tra loro gli insiemi orecchie a punta e coda corta, quindi non possiamo escludere che esistano dobermann a coda corta che facciano parte anche dell'insieme dei cani ubbidienti;
in base alle informazioni fornite dal testo non possiamo affermare con certezza che Lucky abbia la coda corta (risposta D errata);
l'insieme cani eleganti contiene l'insieme dobermann, non viceversa, quindi non possiamo affermare che i cani eleganti siano solo dobermann (risposta E errata).
Risposta corretta C.

7. Schematizzare le affermazioni del brano usando gli insiemi:

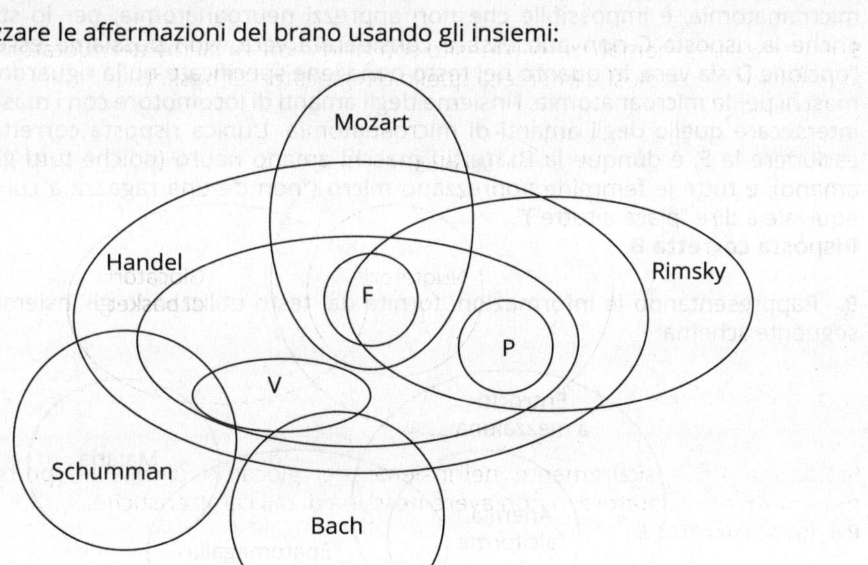

l'opzione A potrebbe essere vera, in quanto potrebbero esserci (come è rappresentato nel disegno) alcuni violoncellisti che non sono compresi nè nell'insieme di Schumann nè in quello di Bach, tuttavia il testo non lo specifica, dunque non possiamo esserne certi, potrebbe essere vero che la totalità dei violoncellisti sia divisa tra i due insiemi (risposta A errata). L'opzione B potrebbe essere vera, in quanto nel testo non viene specificato il rapporto esistente tra i due insiemi Schumann e Bach, essi potrebbero intersecarsi e alcuni violoncellisti essere compresi da entrambi, tuttavia non possiamo esserne certi (risposta B errata). L'opzione C potrebbe essere vera, dal momento che nemmeno in questo caso il testo specifica il rapporto esistente tra gli insiemi Bach e flautisti, ma non possiamo esserne certi (risposta C errata). Anche per quanto riguarda l'opzione E non possiamo essere certi della sua veridicità, in quanto non conosciamo i rapporti tra l'insieme Rimsky e quello di Mozart e Schumann: potrebbero intersecarsi ma nel testo non viene specificato (risposta E errata). L'unica opzione certamente vera è la D: i flautisti in quanto musicisti dell'orchestra adorano Handel, alcuni tra questi adorano anche Mozart e Rimsky, dunque 3 musicisti.
Risposta corretta D.

8. Schematizziamo il testo del brano:

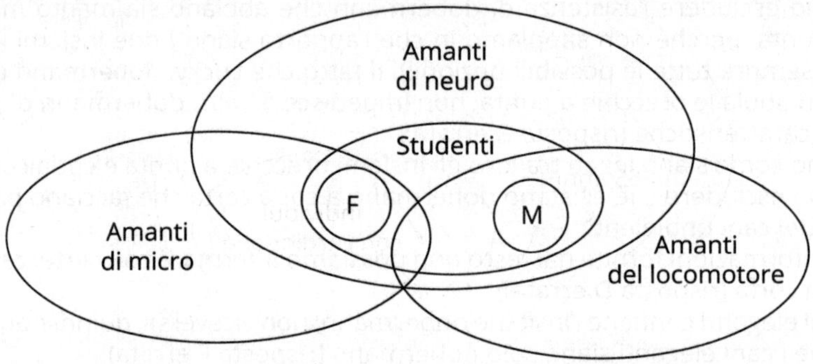

La risposta A è errata in quanto nonostante possa esistere uno studente che non ami microanatomia, è impossibile che non apprezzi neuroanatomia; per lo stesso motivo anche la risposta C non può essere considerata vera. Non possiamo essere certi che l'opzione D sia vera, in quanto nel testo non viene specificato nulla riguardo al gusto dei maschi per la microanatomia, l'insieme degli amanti di locomotore con i maschi potrebbe intersecare quello degli amanti di microanatomia. L'unica risposta corretta, che va ad escludere la E, è dunque la B: "tutti i maschi amano neuro (poiché tutti gli studenti la amano), e tutte le femmine apprezzano micro ("non c'è una ragazza a cui non piaccia" equivale a dire "piace a tutte")".
Risposta corretta B.

9. Rappresentando le informazioni fornite dal testo utilizzando gli insiemi si ottiene il seguente schema:

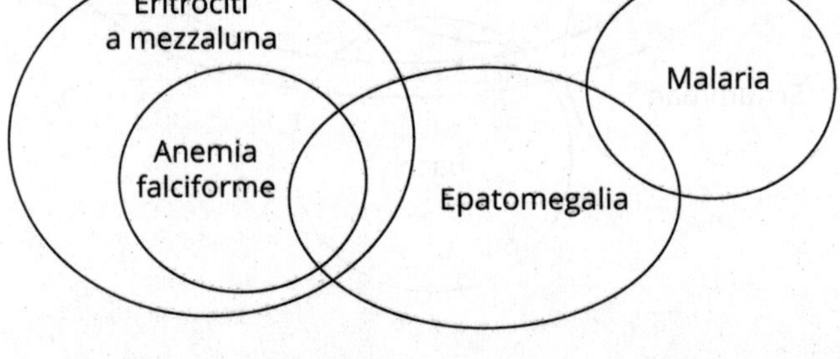

Il testo afferma che quasi la totalità delle persone che contraggono la malaria presentano epatomegalia, non vengono tuttavia fornite informazioni riguardo la relazione tra le persone con epatomegalia e le persone affette da anemia falciforme. Stando a quanto riportato nel testo potrebbero esistere persone che presentano sia anemia falciforme che epatomegalia, per questo nello schema i due insiemi si intersecano (ricorda di tenere in considerazione tutte le possibili situazioni!), risposte A e B errate.
La risposta D è errata in quanto si sa per certo che molte persone con la malaria presentano epatomegalia, e siccome nessuna persona con la malaria presenta eritrociti falciformi sicuramente vi sono persone che non hanno eritrociti falciformi e che presentano epatomegalia. La risposta E è errata perché, come mostrato in figura, potrebbero esistere persone che presentano epatomegalia pur non avendo la malaria.
È giusto invece affermare che chi presenta globuli rossi a mezzaluna non contrae la malaria, il testo infatti afferma che il virus della malaria non riesce a sopravvivere in queste cellule. I due insiemi infatti sono disegnati disgiunti.
Risposta corretta C.

10. Cerchiamo di organizzare e chiarire le premesse attraverso la rappresentazione con gli insiemi:

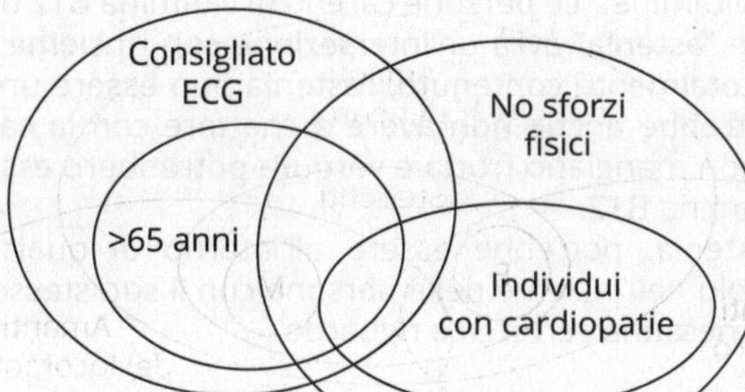

Osservando la rappresentazione risulta chiaro come non tutti gli ultra 65enni debbano evitare sforzi fisici, ma solo alcuni (sicuramente quelli con cardiopatie), dunque la risposta A va esclusa; inoltre si osserva che lo sforzo fisico è sconsigliato a chi ha malattie al cuore, ma non a chiunque debba fare un ECG (B scorretta).
Dal grafico si ricava anche che avere cardiopatie e dover effettuare un ECG non sono prerogative di chi ha più di 65 anni: affermare che chiunque abbia più di 65 anni debba fare un elettrocardiogramma non implica il suo inverso, cioè che chiunque debba sottoporsi a un ECG abbia per forza più di 65 anni (D scorretta). Lo stesso ragionamento vale anche per l'opzione E: non tutti coloro che non devono fare sforzi fisici necessitano di un ECG di controllo. Tuttavia, nello schema si osserva chiaramente come gli insiemi di chi deve fare un ECG e di chi deve evitare sforzi fisici si intersechino, dunque esisterà sicuramente qualcuno che deve evitare sforzi e fare un ECG.
Risposta corretta C.

11. Conviene rappresentare la situazione con gli insiemi, stando sempre attenti a non dare nulla per scontato. Bisogna attenersi a quello che è scritto nel testo, considerando possibili tutte le altre possibilità.

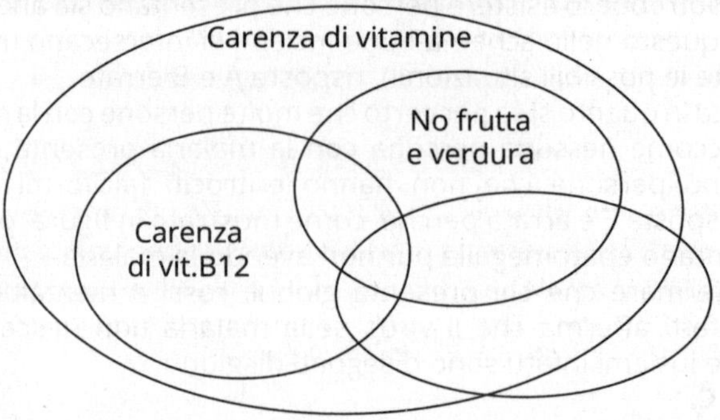

"Tutte le persone che non mangiano frutta e verdura sono carenti di vitamine", quindi l'insieme di chi non mangia frutta e verdura è completamente contenuto nell'insieme delle persone carenti di vitamine. "Le persone carenti di vitamina B12 di solito presentano astenia", quindi l'insieme "astenia" avrà un'intersezione con l'insieme "carenza vit. B12", ma non sarà per forza totalmente contenuto, l'astenia può essere un sintomo anche di qualcosa d'altro che potrebbe anche non avere a che fare con la carenza di vitamine. Inoltre, le persone che non mangiano frutta e verdura potrebbero essere carenti di altre vitamine e non della vitamina B12.
Marco, presentando astenia, potrebbe essere all'interno di qualsiasi altro insieme rappresentato oppure solo nell'insieme delle persone con il suo stesso sintomo, ma non si può dedurre dal testo nessuna certezza a riguardo.
Risposta corretta D.

12. Innanzitutto, è necessario rappresentare le affermazioni tramite gli insiemi, disegnando il caso più generale possibile.

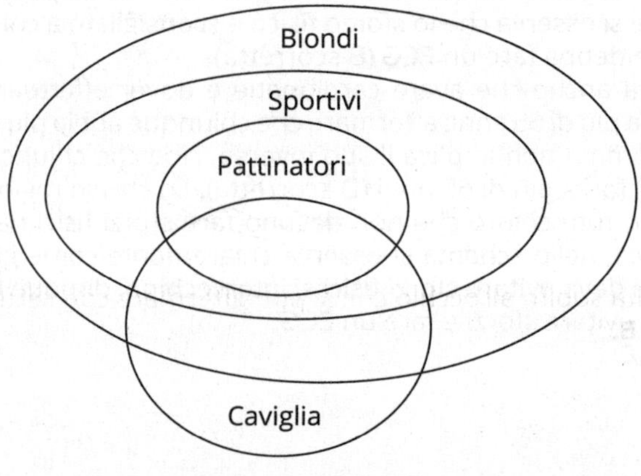

L'insieme di coloro che si sono slogati la caviglia interseca l'insieme degli sportivi, ma non viene specificato se intersechi o no i pattinatori: per non escludere alcuna opzione, lo intersechiamo anche ai pattinatori (risposta C è vera).
La risposta A è vera perché, poiché tutti i pattinatori sono sportivi e tutti gli sportivi sono biondi, allora anche i pattinatori saranno tutti biondi.

La risposta B è vera perché possono esserci persone che si sono slogate la caviglia ma che non sono sportive. Infine, alcuni sportivi si sono sicuramente slogati la caviglia poiché lo dice il testo (risposta E vera).
La risposta D è falsa perché non è detto che Martino sia biondo: potrebbe essersi slogato la caviglia ma non intersecare nessuno degli altri insiemi.
ATTENZIONE: la domanda chiede di trovare l'affermazione falsa!
Risposta corretta D.

13. Per sapere cucinare bene è condizione necessaria, ma non sufficiente, avere tanto tempo libero. Non è detto quindi che chi non sa cucinare non abbia tanto tempo libero (risposta A errata) e nemmeno che tutte le persone con tanto tempo libero sappiano cucinare (risposta B ed E errate). La risposta D è sbagliata perché se Luciana sa cucinare bene non è PROBABILE che abbia del tempo libero, ma è CERTO. L'unica opzione compatibile è la C, infatti se Anna sa cucinare bene sicuramente deve avere molto tempo libero.
Risposta corretta C.

14. Il quesito si può schematizzare con degli insiemi: l'insieme degli studenti del liceo X è interamente contenuto in quello dei bravi in matematica (come affermato nella prima proposizione), l'insieme degli studenti di Y, che non si interseca con quello degli studenti di X poiché non si possono frequentare due licei contemporaneamente, interseca solo in parte l'insieme dei bravi in matematica. Mattia, che è bravo in geometria, può appartenere all'insieme del liceo X, a quello del liceo Y, oppure a nessuno dei due, mentre è sicuramente contenuto in quello dei bravi in matematica, che comprende la geometria.
Risposta corretta E.

15. Per queste tipologie di esercizi risulta molto utile costruirsi degli insiemi in base alle informazioni che fornisce il testo, ricordandosi di rappresentare la situazione più generale possibile:

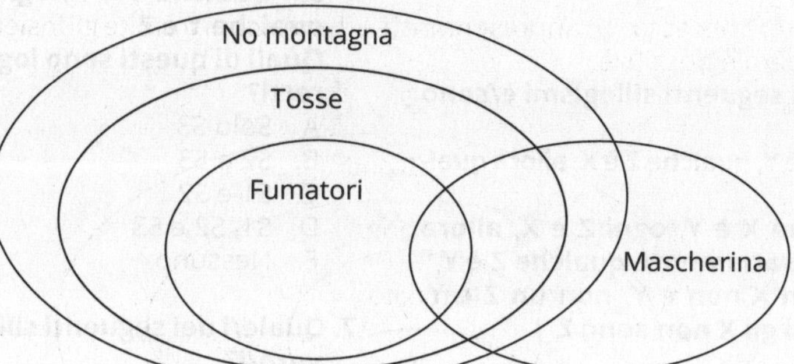

In questo modo salta subito all'occhio che si può affermare con certezza solo l'opzione B.
Risposta corretta B.

1. Quale/i dei seguenti sillogismi è/sono vero/i?
S1: Qualche X è Y, tutti gli Z non sono Y, allora qualche X non è Z
S2: Nessun X è Y, qualche Z è X, allora qualche Z non è Y
S3: Ogni X è Y, tutti gli Z non sono Y, allora qualche Z è X
A. Nessuno
B. S1 e S2
C. Tutti
D. Solo S2
E. S2 e S3

2. Dati i seguenti sillogismi:
S1: Nessun Z è X, alcuni X sono Y, alcuni Z sono Y, allora alcuni X sono Z
S2: Alcuni Y sono X, alcuni Y sono Z, quindi alcuni Z sono X
S3: Alcuni Y sono X, alcuni Z sono X, nessun Z è Y, quindi nessun X è Z
S4: Nessun Z è X, alcuni X sono Y, quindi alcuni Z possono essere Y
Quale delle seguenti affermazioni è corretta?
A. S1 ed S2
B. S2
C. S3
D. S4
E. S1

3. Quale/i dei seguenti sillogismi è/sono vero/i?
S1: Ogni X è Y, qualche Z è X, allora qualche Y è Z
S2: Qualche X è Y, ogni Z è X, allora non necessariamente qualche Z è Y
S3: Non un X non è Y, non un Z è Y, allora tutti gli X non sono Z
A. S1 e S2
B. Solo S1
C. S1 e S3
D. Tutti
E. Solo S2

4. Quale/i dei seguenti sillogismi non è/sono vero/i?
S1: Ogni X è Y, ogni Z è X, allora qualche Y è Z
S2: Nessun X è Y, non un Z non è Y, allora qualche Z è X
S3: Qualche X non è Y, tutti gli Z sono X, allora non può esistere un Y che sia Z
A. Solo S1
B. S1 e S2
C. Solo S3
D. Tutti
E. S2 e S3

5. Dati i seguenti sillogismi (le cui premesse sono certe):
S1: Alcuni Y non sono X, tutti gli X sono Y, allora solo alcuni X sono Y
S2: Alcuni Y sono Z, alcuni X sono Y, allora qualche X è Z
S3: Ogni Z è X, ogni X è Y, allora tutti gli Z sono Y
Quale delle seguenti affermazioni è errata?
A. S3 è corretto, S1 è sbagliato
B. S2 può essere sbagliato
C. S1 e S3 sono corretti
D. S3 è corretto
E. S1 è sicuramente sbagliato

6. Dati i seguenti sillogismi, le cui premesse sono certamente vere:
S1: Ogni Z è Y, qualche X è Y, allora sicuramente qualche X è Z
S2: Ogni X è Y, ogni Y è Z, allora ogni Z è Y
S3: Qualche Y è X, ogni X è Z, allora qualche Y è Z
Quali di questi sono logicamente corretti?
A. Solo S3
B. S2 e S3
C. S1 e S2
D. S1, S2 e S3
E. Nessuno

7. Quale/i dei seguenti sillogismi è/sono vero/i?
S1: Qualche X è Z, qualche Y è Z allora ogni Y e X
S2: Ogni Z è X, ogni Z è Y, qualche Y è X
S3: Nessun Z è Y, qualche Z è X, allora qualche X non è Y
A. S1 e S2
B. S2 e S3
C. Tutti
D. Nessuno
E. S2

8. Quale/i dei seguenti sillogismi è/sono vero/i?
S1: Ogni X è Z, ogni Z è Y, allora qualche Z è X
S2: Nessuna Y è Z, ogni Z è X, allora qualche X non è Y
S3: Qualche Z è X, ogni X è Y, allora qualche Y è Z

A. S1 e S2
B. S2 e S3
C. Tutti
D. Nessuno
E. S3

9. Quale/i dei seguenti sillogismi è/sono sicuramente vero/i?
S1: Qualche X è Z, tutti gli Y sono Z, allora qualche Y può essere X
S2: Tutti gli X sono Z, qualche X è Y, allora qualche Z è Y
S3: Ogni Y è X, qualche Z non è X, allora qualche Z non è Y

A. S1, S2, S3
B. Solo S3
C. Solo S2
D. S2, S3
E. Nessuno

10. Quale/i dei seguenti sillogismi è/sono sicuramente vero/i?
S1: Qualche X non è Y, qualche Z non è Y, allora tutti gli X sono Z
S2: Qualche X non è Y, qualche Z non è Y, allora qualche Z può essere X
S3: Nessun X è Y, tutti gli Z sono X, allora qualche X non è Z

A. S1, S2, S3
B. Solo S3
C. Solo S2
D. S2, S3
E. S1, S2

LOGICA

CORREZIONE COMMENTATA

1. Disegniamo gli insiemi corrispondenti per ciascun sillogismo:
S1:

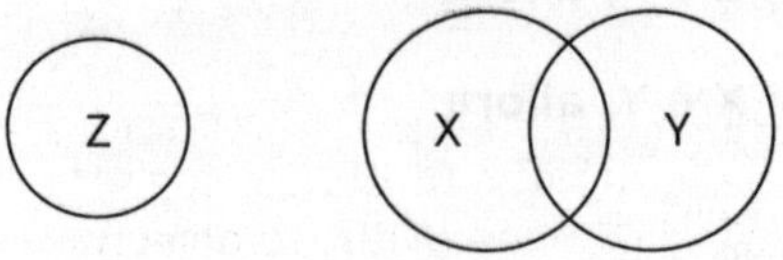

Di Z si sa solo che non interseca Y, ma non si conosce la relazione che ha con X: può non intersecare neanche X, intersecarlo in parte oppure essere addirittura un sottoinsieme di X. Di sicuro però si sa che, poiché nessun Z è Y, esisterà sicuramente qualche X che non è Z, cioè gli X che rientrano nell'intersezione di X e Y (i quali, essendo anche Y, non potranno essere Z). S1 è quindi corretto.
S2:

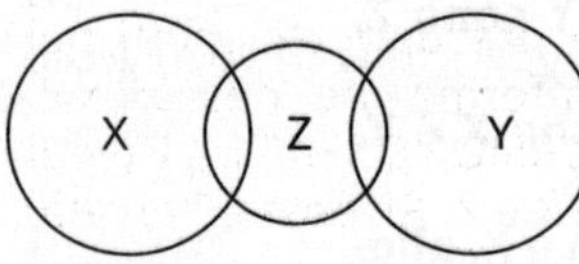

Sapendo che qualche Z è X e nessun X è Y, si può evincere che esistono sicuramente degli Z che non sono Y, qualunque sia la posizione assunta da Z: infatti gli Z che sono X sicuramente non saranno Y.
Anche S2 si è rivelato corretto.

S3:

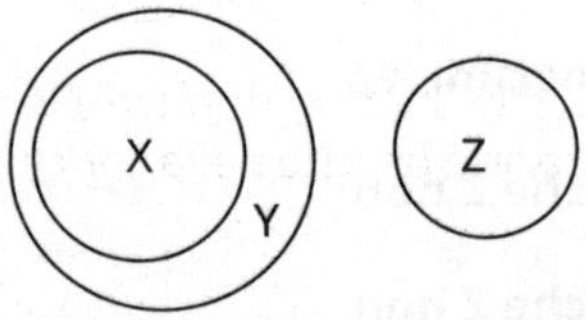

Poiché X è un sottoinsieme di Y e Z non interseca Y, siamo certi che non ci può essere un Z che sia anche X.
S3 è errato.
Risposta corretta B.

2. Per risolvere simili quesiti, è necessario rappresentare graficamente tutti e 4 i sillogismi analizzando man mano la correttezza di ognuno.
S1:

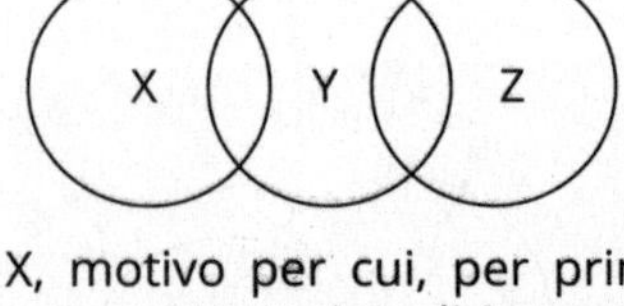

S1 afferma che nessun Z, è X, motivo per cui, per prima cosa, bisogna disegnare X e Z assolutamente separati, senza nessun tipo di intersezione. Inoltre, si sa che esiste un'intersezione sia tra X e Y che tra Z e Y. ATTENZIONE: l'iniseme Z deve essere disegnato per forza intersecato con Y, ma mai con X! S1 è di conseguenza errata, in quanto conclude sostenendo che alcuni X siano Z (risposte A ed E errate).

S2:

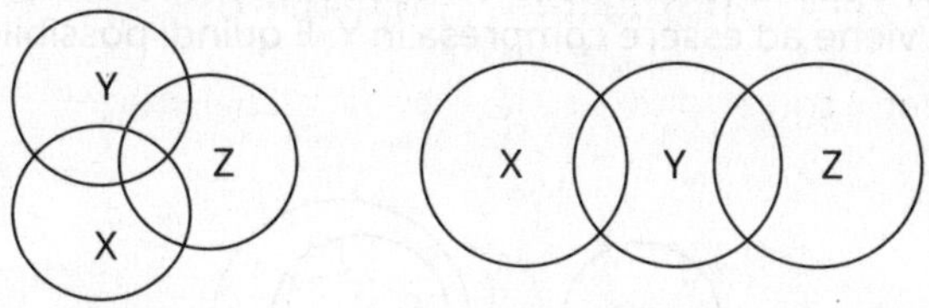

S2 afferma che alcuni Y sono X, e dunque bisogna disegnare i due insiemi intersecati. Poi si sa che alcuni Y sono Z, e quindi bisogna di nuovo disegnare i due insiemi intersecati. S2 deduce poi che quindi, alcuni Z sono X. Tuttavia, questa deduzione, affermata in maniera così netta, è errata in quanto, come dimostrano gli schemi, non avendo informazioni sul rapporto tra Z e X non si può dare per scontato che tutti e 3 gli insiemi siano intersecati tra loro. ATTENZIONE: se la deduzione del sillogismo fosse stata "quindi alcuni Z possono essere X", allora la risposta sarebbe stata corretta.

Per quanto riguarda S3 si può anche non disegnare il grafico, in quanto la conclusione stessa del sillogismo nega uno dei presupposti. Infatti, nel sillogismo si afferma che "alcuni Z sono X" e nella conclusione si afferma che "nessun X è Z". Questo non può essere vero perché per la regola della CONVERSIONE SEMPLICE (vedi libro di teoria) dire che qualche Z è X equivale a dire che qualche X è Z. Risposta C errata.

S4:

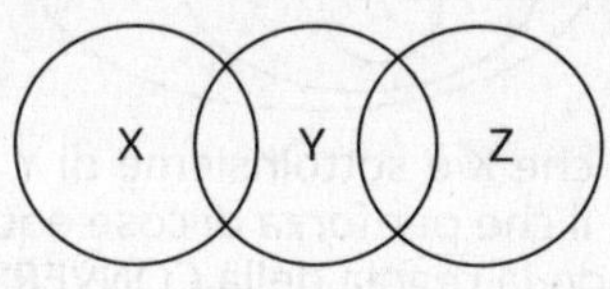

Dà solo informazioni sul rapporto tra Z ed X, non tra Z ed Y! Quindi si, alcuni Z possono essere Y. Il sillogismo è corretto proprio perché nella conclusione è espressa una possibilità e non una certezza!
Risposta corretta D.

3. Disegniamo gli insiemi corrispondenti per ciascun sillogismo:
S1:

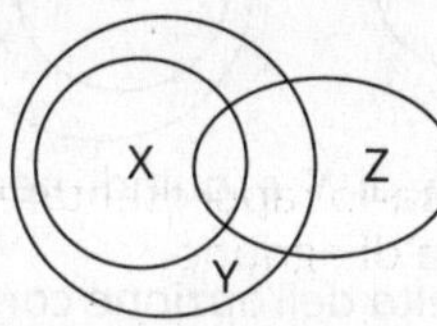

Sapendo che qualche Z è X e che X è un sottoinsieme di Y, automaticamente si ricava che Z deve intersecare l'insieme Y.
S1 è corretto.

S2:

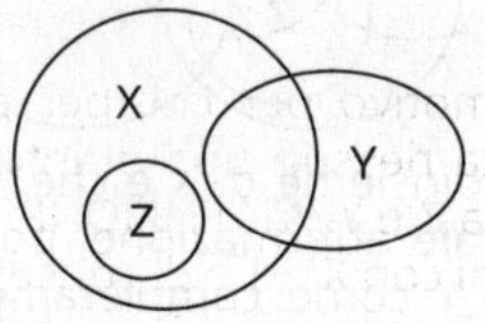

Dalle premesse sappiamo che Z è sottoinsieme di X e che X interseca Y, ma non conosciamo in che rapporto stiano tra loro Z e Y: Y può intersecare X incontrando anche il suo sottoinsieme Z, oppure (come nello schema sopra riportato) Z può rientrare nella regione di X che non viene ad essere compresa in Y. È quindi possibile che nessun Z sia Y. S2 è corretto.

S3:

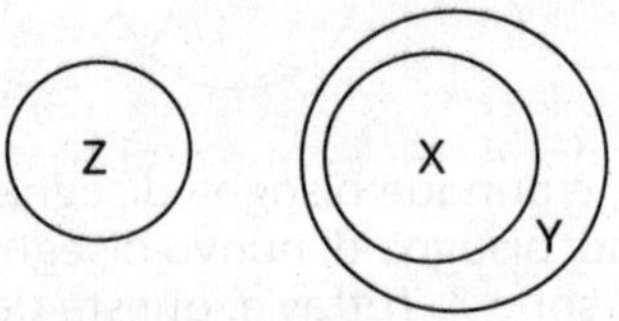

Come si può desumere dal grafico, "non un X non è Y" equivale ad affermare che tutti gli X sono Y; poiché l'insieme Z non può intersecare quello di Y, nessun X, in quanto sottoinsieme di Y, potrà essere Z.
Anche S3 risulta corretto.
Risposta corretta D.

4. Per ciascun sillogismo disegniamo gli insiemi corrispondenti:
S1:

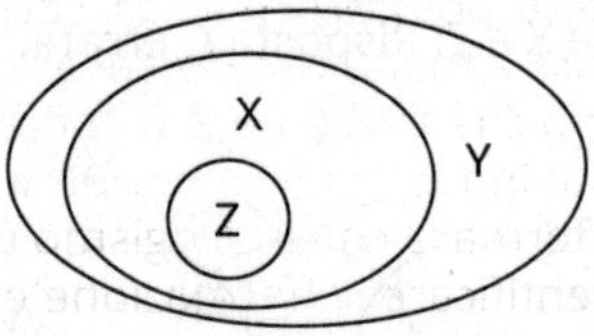

Dal grafico si ricava facilmente che X è sottoinsieme di Y e Z è sottoinsieme di X: Z sarà perciò anche sottoinsieme di Y, il che per forza di cose equivale a dire che qualche Y è Z.
In questo caso stiamo applicando la regola della CONVERSIONE ACCIDENTALE (vedi libro di teoria), dire che ogni Z è Y equivale a dire che qualche Y è Z.
ATTENZIONE: S1 è corretto, ma il quesito richiede di individuare la/e opzione/i NON vera/e!

S2:

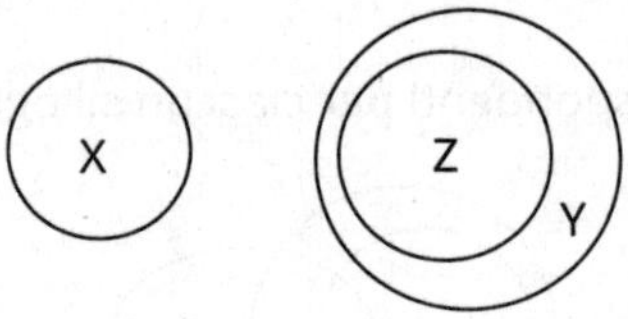

Se l'insieme X non interseca quello di Y e quindi nemmeno il suo sottoinsieme Z, è impossibile che qualche Z sia X.
S2 è falso, quindi va incluso nella scelta dell'opzione corretta.

S3:

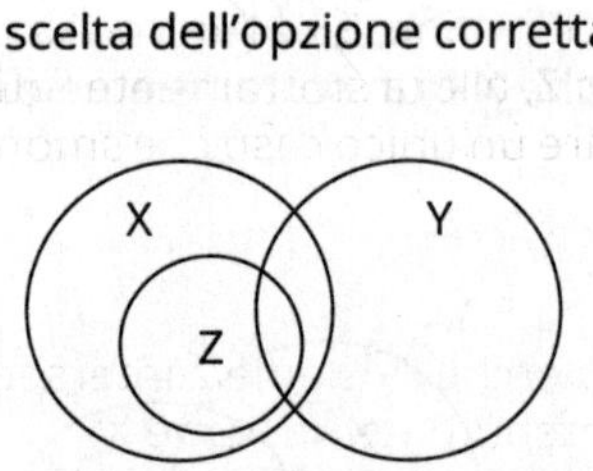

Il sillogismo afferma che Z è sottoinsieme di X e che "qualche X non è Y" (proposizione particolare negativa): in base a tale affermazione, possiamo ragionare per caso limite e immaginare i due insiemi X e Y come completamente separati tra loro, ma anche considerare la possibilità che si intersechino comunque. In questo caso, l'insieme Z può essere escluso dall'intersezione oppure può farvi parte, determinando in questo modo

l'esistenza almeno di un elemento Z che sia anche Y, poiché appartenente all'intersezione X-Y. Tale situazione rappresenta l'eccezione all'affermazione "non può esistere un Y che sia Z" in grado di smentirla. S3, perciò, non è vero, il che, in base alla nostra richiesta, risulta corretto.
Risposta corretta E.

5. Per risolvere il quesito è necessario rappresentare tramite insiemi tutti e tre i sillogismi. Le premesse sono da considerare vere, ma non è detto che le conclusioni siano logicamente corrette.

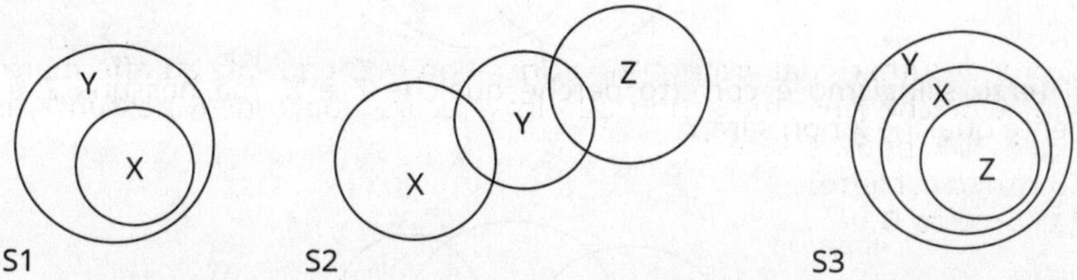

Nel caso di S1, il sillogismo è sicuramente errato: poiché è certo che "tutti gli X sono Y", non è possibile che "solo alcuni X sono Y".
Per quanto riguarda S2, invece, è possibile che sia corretto ma anche che sia errato: l'insieme X, infatti, può intersecare Z ma anche non avere elementi in comune con esso.
Infine, S3 è sicuramente vero, poiché l'insieme Z è contenuto all'interno di X, che a sua volta è completamente contenuto in Y. È sufficiente riuscire a disegnare un unico caso che smonti il sillogismo per poter affermare che il sillogismo è errato.
ATTENZIONE: la richiesta è di identificare l'affermazione errata!
Risposta corretta C.

6. Si consiglia di risolvere il quesito con gli insiemi, in modo tale da arrivare alla conclusione graficamente.

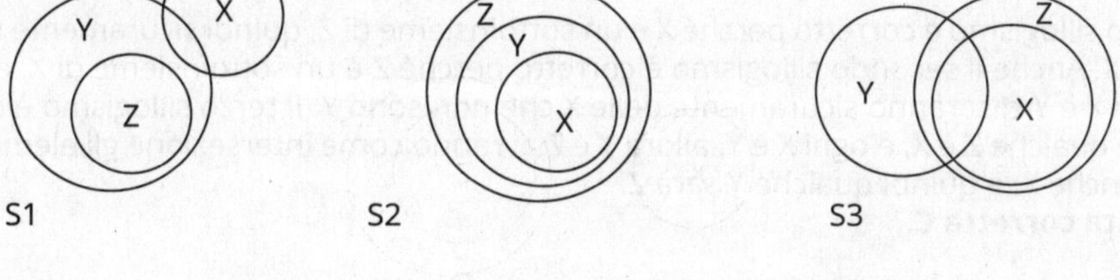

Nel sillogismo S1, non è detto che X, oltre ad intersecare Y, intersechi anche l'insieme Z: risulta quindi errato per la presenza dell'avverbio "sicuramente". S2 è errato perché "ogni Y è Z" non equivale a "ogni Z è Y". Infine, S3 è l'unico sillogismo corretto, poiché se "qualche Y è X" e gli X sono contenuti in Z, allora sicuramente "qualche Y è Z".
È sufficiente riuscire a disegnare un unico caso che smonti il sillogismo per poter affermare che il sillogismo è errato.
Risposta corretta A.

7. Il primo sillogismo è errato perché l'insieme Z interseca l'insieme Y e l'insieme X, ma non è detto che l'insieme Y sia contenuto nell'insieme X.
S1:

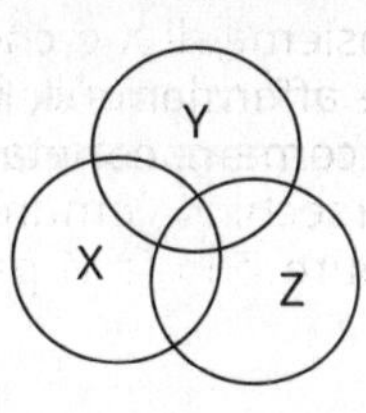

Il secondo sillogismo è corretto perché se ogni Z è X vuol dire che Z è un sottoinsieme di X, e lo stesso vale per Y, quindi Y e X avranno in comune almeno gli elementi di Z, quindi qualche X sarà anche Y.

S2:

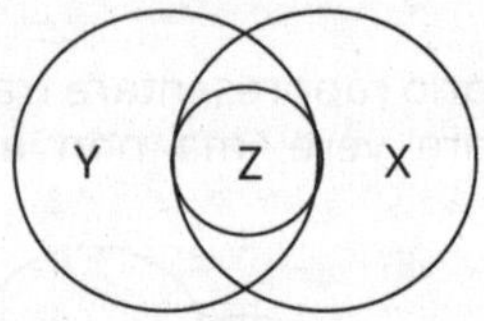

Anche il terzo sillogismo è corretto perché qualche Z è X, ma nessuna Z è Y, allora sicuramente qualche X non sarà Y.

S3:

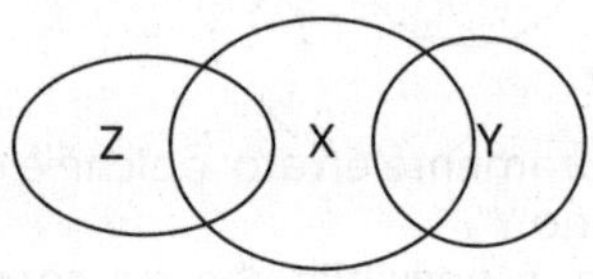

Risposta corretta B.

8. Disegnando i tre sillogismi si ottiene:

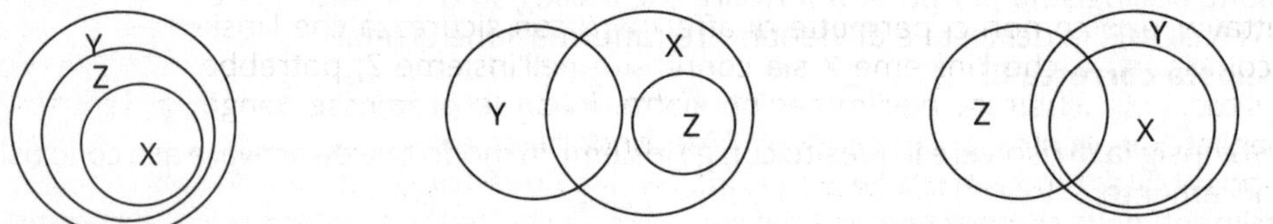

S1 S2 S3

Il primo sillogismo è corretto perché X è un sottoinsieme di Z, quindi sicuramente qualche Z sarà X. Anche il secondo sillogismo è corretto perché Z è un sottoinsieme di X, e poiché nessun X è Y ci saranno sicuramente delle X che non sono Y. Il terzo sillogismo è corretto perché qualche Z è X, e ogni X è Y, allora Y e Z avranno come intersezione gli elementi che sono anche X, e quindi qualche Y sarà Z.
Risposta corretta C.

9. S1: Non si sa se l'insieme delle X si intersechi con l'insieme delle Y, nella prima parte del sillogismo non è specificato e quindi bisogna sempre considerare tutti i casi possibili. Visto che nella conclusione del sillogismo viene espressa una possibilità, S1 è da ritenersi corretto.

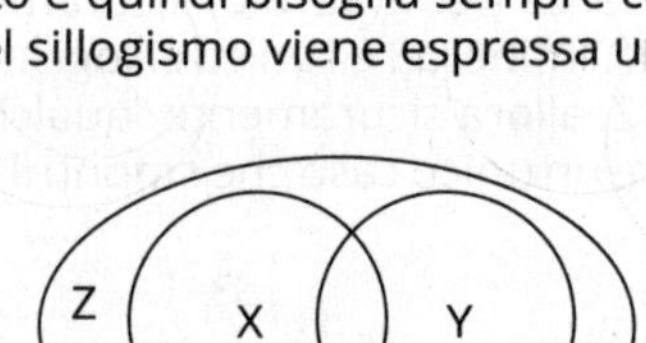

S1

S2: Visto che l'insieme delle Y interseca l'insieme delle X (qualche X è Y) e tutti gli X sono contenuti nell'insieme Z, possiamo affermare con certezza che qualche Z sarà Y.

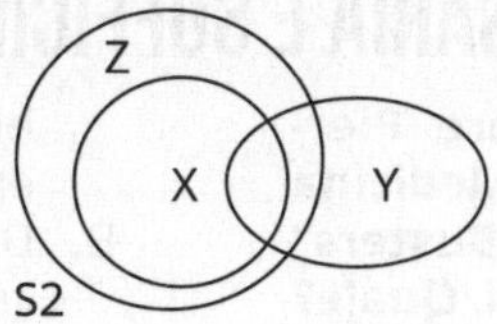

S2

S3: Dalle premesse del sillogismo non si può capire la relazione tra gli insiemi Z e Y, ogni possibilità potrebbe essere considerata vera: Z potrebbe non intersecare Y, potrebbe contenere solo una parte degli Y, oppure contenere tutti gli Y. Ma per certo ci sono degli Z che non sono X ed essendo Y totalmente contenuto in X, questi sicuramente non saranno Y. S3 è quindi corretto.

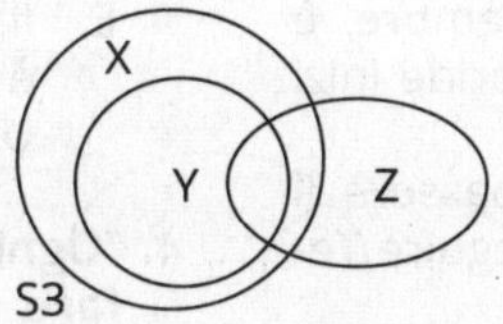

S3

Risposta corretta A.

10. Per quanto riguarda la prima parte del primo e del secondo sillogismo sicuramente si sa che esistono degli elementi di X che non sono compresi nell'insieme Y. Allo stesso modo sicuramente si sa che esistono elementi di Z che non appartengono all'insieme Y. Tuttavia, questo non ci permette di affermare con sicurezza che l'insieme Z e l'insieme X coincidano o che l'insieme X sia contenuto nell'insieme Z; potrebbe infatti verificarsi la situazione illustrata nell'immagine sotto, in cui le premesse vengono rispettate (S1 sbagliato). Allo stesso tempo però il secondo sillogismo risulta vero poiché, parlando di possibilità, è possibile che ci sia una intersezione tra X e Z: non venendo specificato altrimenti nelle premesse è una delle possibilità che possono verificarsi (S2 corretto). Per quanto riguarda il terzo sillogismo: nessun X è Y, quindi i due insieme non si intersecano. Tutti gli Z sono X vuol dire che l'insieme Z è completamente contenuto nell'insieme X; tuttavia, non possiamo affermare con certezza che esista qualche X che non sia Z perché l'inisemе X e l'iniseme Z potrebbero coincidere, facendo cadere la veridicità del sillogismo (S3 sbagliato). Perciò S2 è l'unico sillogismo che risulta sicuramente vero, per il fatto che contiene una conseguenza di possibilità e non di certezza.

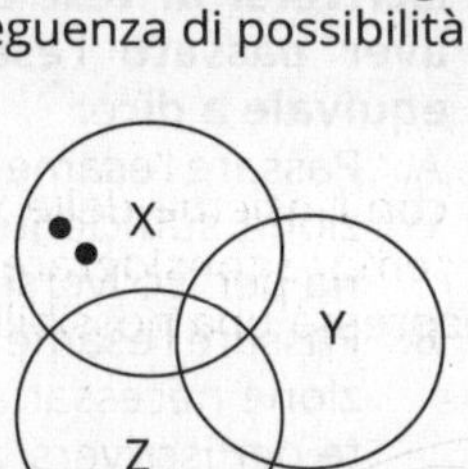

S1 e S2

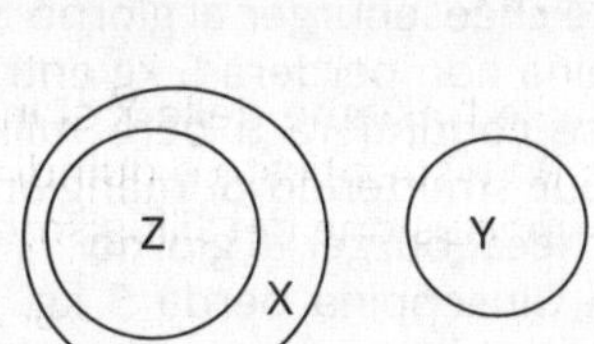

S3

Risposta corretta C.

2.2 CONDIZIONE NECESSARIA E SUFFICIENTE

1. L'affermazione "A settembre Pierparide passerà il test di Medicina se oggi inizia a seguire TestBusters" equivale a una delle seguenti. Quale?
A. Se a settembre passerà il test, vuol dire che oggi Pierparide segue TestBusters
B. Per passare il test a settembre, è necessario che oggi Pierparide inizi a seguire TestBusters
C. Per passare il test a settembre, è sufficiente che oggi Pierparide inizi a seguire TestBusters
D. A settembre Pierparide passerà il test solo se oggi inizia a seguire TestBusters
E. Oggi Pierparide ha iniziato a seguire TestBusters e non passerà il test a settembre

2. L'affermazione "Entro Natale Giuseppina perderà 5 kg se da domani smetterà di mangiare cinque cheeseburger al giorno" equivale a una delle seguenti. Quale?
A. Se Giuseppina entro Natale avrà perso 5 kg, vuol dire che oggi non ha mangiato cinque cheeseburger
B. Affinchè Giuseppina perda 5 kg, è necessario che da domani smetta di mangiare cinque cheeseburger al giorno
C. Per perdere 5 kg, Giuseppina deve assolutamente smettere di mangiare cinque cheeseburger al giorno
D. Giuseppina non perderà 5 kg entro Natale se continuerà a bere milkshake, pur smettendo di mangiare cinque cheeseburger al giorno
E. Affinchè Giuseppina perda 5 kg, è sufficiente che da domani smetta di mangiare cinque cheeseburger al giorno

3. "È sufficiente avere un parrucchino per essere eletto presidente degli Stati Uniti." Quale tra le seguenti situazioni NON è compatibile con l'affermazione precedente?
A. Andrew non ha un parrucchino biondo, odia i Messicani, ed è stato eletto presidente degli Stati Uniti.
B. Donnie ha un parrucchino biondo cenere ed è stato eletto presidente degli Stati Uniti
C. Esiste un presidente degli Stati Uniti con una capigliatura naturale
D. Bennie ha un parrucchino e non è stato eletto presidente degli Stati Uniti
E. Ilaria non ha un parrucchino e non è stata eletta presidente degli Stati Uniti

4. "Ogni volta che i miei cugini vanno a fare un picnic, piove". Quale tra le seguenti situazioni NON è compatibile con l'affermazione precedente?
A. Oggi i miei cugini andranno a fare un picnic, infatti piove
B. Domani pioverà ma loro non hanno in programma di fare un picnic
C. Ieri ha piovuto tutto il giorno, quindi i miei cugini hanno certamente fatto un picnic
D. Oggi non è prevista pioggia quindi i miei cugini non avevano in programma di fare un picnic
E. Oggi i miei cugini non sono andati a fare un picnic, ma sta piovendo

5. L'affermazione "Emanuele non può iscriversi al test di medicina senza aver passato l'esame di maturità" equivale a dire:
A. Passare l'esame di maturità è condizione sufficiente, ma non necessaria per iscriversi al test
B. Passare l'esame di maturità è condizione necessaria, ma non sufficiente per iscriversi al test
C. Emanuele non ha passato l'esame di maturità e si iscrive al test di medicina
D. Se Emanuele passerà l'esame di maturità si iscriverà al test di medicina
E. Solo se Emanuele si iscriverà al test di Medicina passerà la Maturità

6. "Gli abitanti del pianeta UQ 121 devono avere occhi gialli e bassa statura. Essi sono gli unici in tutto l'universo ad avere gli occhi gialli, ma non sono gli unici ad essere di bassa statura": quale delle seguenti affermazioni è compatibile con l'affermazione precedente?

A. Tutti gli UQesi hanno gli occhi gialli e possono essere di statura variabile, ma preferibilmente bassa.
B. Esiste almeno un abitante di UQ con gli occhi gialli e di alta statura.
C. Se un abitante dell'universo ha gli occhi gialli ed è di bassa statura può appartenere al pianeta Freeze
D. Un individuo di bassa statura deve appartenere per forza ad UQ
E. Affinchè appartenga al pianeta UQ un individuo deve obbligatoriamente essere di bassa statura

7. "Solo se collegato all'ossigeno il respiratore automatico funziona". Se è vera la precedente affermazione, quale tra le seguenti affermazioni è vera?

A. Se non c'è l'ossigeno allora il respiratore automatico funziona
B. Se il respiratore automatico funziona allora è collegato all'ossigeno
C. Se il respiratore automatico non funziona allora non è collegato all'ossigeno
D. Se e solo se c'è l'ossigeno il respiratore automatico non funziona
E. Spesso il respiratore automatico non funziona

8. "Solo se ha lezione alla prima ora, Elena prende l'autobus per andare a scuola". In base alla precedente affermazione, quale delle seguenti NON è compatibile con il testo?

A. Se non ha lezione alla prima ora, Elena non prende l'autobus per andare a scuola
B. Se Elena prende l'autobus per andare a scuola, allora ha lezione alla prima ora
C. Condizione necessaria perché Elena prenda l'autobus per andare a scuola è che abbia lezione alla prima ora
D. Solo se prende l'autobus per andare a scuola, allora Elena ha lezione alla prima ora
E. Ieri ho incontrato Elena sull'autobus per andare a scuola, avrà sicuramente avuto lezione alla prima ora

9. Determinare quale delle seguenti alternative NON è compatibile con l'affermazione "Perché Harry Potter sconfigga Lord Voldemort è necessario, ma non sufficiente, che conosca i giusti incantesimi e che possa fare affidamento sui propri amici."

A. Harry padroneggia l'arte della magia ed è circondato da amici affidabili, ma viene battuto dall'Oscuro Signore
B. Harry ha molti amici su cui può contare ma non riuscirà a sconfiggere Voldemort
C. Pur impreparato ma con amici affidabili e in gamba Harry finisce con l'uccidere Voldemort
D. Harry arriva allo scontro finale con svariate conoscenze magiche ma Voldemort ha la meglio
E. Con amici fidati e padronanza degli incantesimi Harry ha discrete probabilità di vincere

10. "Per essere un buon direttore di banca, è necessario avere una laurea in economia ed è sufficiente, dopo tale laurea, fare un master in Inghilterra per diventarlo". Quale delle seguenti affermazioni NON è compatibile con tali condizioni?

A. Chiunque abbia una laurea in economia può diventare un buon direttore di banca
B. Coloro che hanno un master in Inghilterra ed una laurea in economia diventeranno sicuramente buoni direttori di banca
C. Sicuramente tutti i buoni direttori di banca hanno una laurea in economia
D. Tutti i buoni direttori di banca devono aver fatto fatto un master in Inghilterra
E. La laurea in economia non mi dà la certezza di poter diventare un buon direttore di banca

11. L'affermazione "Tutte le volte che Federica va a vedere la partita di basket dei suoi amici, questi perdono" equivale a dire che:

A. Se Federica non va a vedere la partita, i suoi amici non perdono
B. Solo se Federica va a vedere la partita i suoi amici perdono
C. Se i suoi amici perdono, significa che Federica è andata a vedere la loro partita
D. Se gli amici di Federica non perdono, vuol dire che Federica non è andata a vedere la loro partita
E. Che gli amici di Federica perdano è condizione necessaria e sufficiente perché essa sia andata a vedere la loro partita

12. "Avere tanti amici è condizione necessaria, ma non sufficiente, ad essere sereni". Quale delle seguenti opzioni è compatibile con l'affermazione precedente?

A. Gabriele non è sereno e ha molti amici
B. Gabriele ha molti amici, quindi di certo sarà un ragazzo sereno
C. Gabriele non ha amici, ma è ugualmente sereno
D. Gabriele non è sereno, quindi sicuramente non avrà molti amici
E. Gabriele non ha molti amici, ma può essere che sia sereno

13. "Se Marco non prende un bel voto e fuori piove, non potrà uscire a comprare la bicicletta." In base alla precedente affermazione, quale delle seguenti affermazioni NON è compatibile con il testo precedente?

A. Oggi c'è il sole e Marco ha preso un bel voto ma non va a comprare la bici nuova
B. Non è sufficiente che Marco prenda un bel voto perché si compri una bicicletta nuova
C. Oggi c'è molta nebbia, Marco ha preso un bel voto quindi può uscire a comprare la bicicletta nuova
D. Marco ha studiato e vede dalla finestra che fuori c'è il Sole, quindi andrà sicuramente a comprare una bicicletta nuova
E. Marco potrà uscire a comprare la bicicletta quando avrà ottenuto un bel risultato e il tempo non sarà piovoso

14. "Il suono del flauto di Orfeo è così soave che tutti gli animali si addormentano all'udire le sue melodie". Quale delle seguenti situazioni NON è compatibile con l'affermazione precedente?

A. Se gli animali stanno dormendo, certamente Orfeo è passato dal bosco
B. Orfeo non è passato dal bosco ma tutti animali si sono addormentati lo stesso
C. Il pifferaio magico è passato dal bosco e tutti gli animali si sono addormentati
D. Se gli animali sono svegli, allora Orfeo non è passato dal bosco
E. Pur non potendo godere del suono delle melodie di Orfeo, le talpe dormono sottoterra

15. "Ogni volta che Chiara decide di uscire, tutti i suoi amici restano a casa". Quale delle seguenti opzioni è compatibile con l'affermazione precedente?

A. Gli amici di Chiara sono rimasti a casa, quindi Chiara deve aver certamente provato a contattarli per uscire
B. Chiara è malata e non può uscire, quindi i suoi amici andranno certamente a ballare in discoteca
C. Chiara ha proposto ai suoi amici di andare a vedere Star Wars al cinema. Loro le hanno mentito dicendo di essersi trasmessi un virus a vicenda e di non poter uscire di casa per non allargare il contagio. Poi però sono usciti di nascosto per andare a teatro
D. Chiara ha capito che i suoi amici la odiano e decide di restare a casa a piangere. I suoi amici, che avevano comprato le prevendite per andare a ballare, forano in tangenziale e sono costretti a tornare a casa
E. Gli amici di Chiara sono andati alla sagra di paese. Chiara gli ha sicuramente proposto di andarci tutti insieme

CORREZIONE COMMENTATA

1. Il testo ci propone una condizione sufficiente (è introdotto da "se"). La condizione sufficiente può essere schematizzata come Se A → B, nel nostro caso A corrisponde a "se oggi inizia a seguire TestBusters" e B corrisponde a "a settembre Pierparide passerà il test di Medicina". Le opzioni B e D sono errate perché presentano una condizione necessaria (introdotta da "solo se"). Non essendo una condizione necessaria, Pierparide può passare il test in altri modi anche senza seguire TestBusters: quindi, se B → sia A che Non A (risposta A errata). Infine, se segue TestBusters certamente passerà il test (risposta E errata).
Risposta corretta C.

2. La condizione presentata dal testo è una condizione sufficiente (è introdotta da "se"). Quindi non è una condizione necessaria (come affermato nella B e nella C dove si parla di dovere) e per questo motivo l'obiettivo che Giuseppina si è prefissata può essere raggiunto anche in altri modi (opzione A errata; oltretutto la condizione che il testo ci propone parte da "domani", non da oggi). Anche l'opzione D è errata perché essendo una condizione sufficiente basta che smetta di mangiare i cinque cheeseburger per dimagrire, a prescindere da quanti milkshake beva.
Risposta corretta E.

3. Il testo indica una condizione sufficiente a diventare presidente: basta avere il parrucchino per essere eletti (opzione B errata). L'affermazione precedente non esclude che si possa essere eletti per altri motivi (opzione A errata). Dunque, potranno esistere presidenti USA che non hanno il parrucchino (opzione C errata). L'opzione E è compatibile (e quindi errata), perché avere il parrucchino non è necessario per diventare presidente, quindi chi non ce l'ha può sia diventarlo, sia no. L'unica opzione non compatibile è la D: se Bennie ha un parrucchino, deve per forza essere eletto presidente.
Risposta corretta D.

4. Primo step importante è individuare la condizione proposta dal testo: siamo di fronte a una condizione sufficiente (ogni volta = se). Quindi possiamo trarre delle conclusioni: se i cugini decidono di fare il picnic sappiamo che pioverà (opzione A errata); l'essere sufficiente non presuppone che la condizione sia l'unica evenienza in cui si verifichi l'evento: i cugini possono non fare il picnic e potrà piovere lo stesso (opzioni B ed E errate). Se però non si verifica B (piovere) significa che non si è verificato nemmeno A (fare il picnic) altrimenti sarebbe piovuto certamente: se non B → non A (opzione D errata). Se si verifica l'evento (piovere), non possiamo quindi sapere con certezza se si sia verificata la condizione sufficiente (fare il picnic): avrebbe potuto piovere anche per altri motivi.
Risposta corretta C.

5. Il testo ci dice che Emanuele non può iscriversi al test se non passa la maturità, significa quindi che per iscriversi al test deve passare prima la maturità. Una condizione di questo tipo non può che essere necessaria: solo se A (=maturità) allora B (test). Compreso questo, individuiamo a colpo sicuro la B come l'opzione corretta (ed eliminiamo la A). La C è quindi sbagliata, perché l'aver passato la maturità è lo step obbligato per potersi iscrivere al test. La E ha poco senso: propone una condizione necessaria ("solo se"), ma invertendo la A e la B. Attenzione all'opzione D: il fatto che Emanuele passi l'esame di maturità (rispettando quindi la condizione necessaria) non significa che si iscriverà sicuramente al test di medicina (sarebbe una condizione sufficiente!), potrebbe anche decidere di non farlo.
Risposta corretta B.

6. Il testo ci dice che per essere un abitante del pianeta UQ è NECESSARIO essere di bassa statura e con gli occhi gialli; ma mentre quest'ultima caratteristica è una prerogativa esclusiva di questo popolo, la bassa statura è invece comune ad individui di altri pianeti. La risposta A è errata, in quanto gli UQesi NON possono essere di statura variabile (sono tutti bassi) e allo stesso modo la risposta B, in quanto un individuo alto e con gli occhi gialli costituirebbe un'inammissibile eccezione al contenuto del testo; la C è errata in quanto SOLO gli abitanti di UQ hanno gli occhi gialli, mentre la D non può essere vera dal momento che la bassa statura è una caratteristica comune a più pianeti, e dunque da essa non si può dedurre con esattezza la provenienza (l'individuo potrebbe venire da UQ ma non per forza). La risposta corretta è dunque la E, dal momento che cita una delle due condizioni necessarie all'appartenenza al pianeta UQ.
Risposta corretta E.

7. La condizione proposta da questo testo è una condizione necessaria (è introdotta da "solo se"): la A (la condizione che DEVE avvenire) è rappresentata dall'essere attaccato all'ossigeno, mentre la B (quello che si verificherà se rispettata A) è il funzionamento del respiratore. Solo se A → B. Il respiratore non può quindi funzionare se non collegato all'ossigeno (opzione A errata), mentre se non funziona non è detto che non sia collegato: la condizione A può essersi avverata, ma non per questo B si verifica automaticamente, come sarebbe invece per una condizione sufficiente (opzione C errata). La D è errata in quanto "se e solo se" introduce una condizione necessaria e sufficiente che il testo non propone; mentre per quanto riguarda l'opzione E non possiamo esprimerci. Siamo però certi che se il respiratore funziona allorá è collegato all'ossigeno, altrimenti non potrebbe funzionare.
Risposta corretta B.

8. In questo quesito il testo propone una condizione necessaria, come affermato nell'opzione C: solo se Elena ha lezione alla prima ora (A) allora prende l'autobus (B). Dobbiamo trovare l'opzione che non rispetta la logica del ragionamento. L'opzione A è corretta in quanto il non verificarsi della condizione A (non A) comporta il non verificarsi dell'evento (non B). Le opzioni B ed E sono anch'esse corrette perché se Elena ha preso o è stata vista sull'autobus aveva certamente lezione alla prima ora. Attenzione: "solo se A → B" è diverso da "solo se B → A": Elena può avere lezione alla prima ora ma scegliere di non prende l'autobus.
Risposta corretta D.

9. Affinchè Harry sconfigga Voldemort devono verificarsi ENTRAMBE le condizioni, cioè che conosca gli incantesimi giusti e che abbia amici affidabili (la risposta E è errata). Una volta ottenute entrambe, però, l'evento può ugualmente verificarsi o meno: tali condizioni sono infatti necessarie ma NON sufficienti a che l'evento automaticamente si avveri. Le opzioni A, B e D sono perciò tutte e tre compatibili. Attenzione a non considerare incompatibile la B perché non ci vengono forniti dati sulla sua padronanza degli incantesimi: non sapendo nulla sulla sua preparazione magica, pur avendo amici fidati può essere che Harry perda.
Risposta corretta C.

10. Tale quesito presuppone l'esistenza di due condizioni: la prima (laurea in economia) rappresenta una condizione necessaria, la seconda (master in Inghilterra) è sufficiente affinchè si possa diventare un buon direttore di banca. La risposta A è compatibile con il testo in quanto la condizione necessaria per essere direttore è avere la laurea: qualunque laureato in economia dunque ha le potenzialità (e non la certezza) di diventarlo. La B è compatibile in quanto sia la condizione necessaria che quella sufficiente sono verificate, dunque è sicura la conclusione (con il master si ha la certezza di diventare un buon direttore di banca). La C è compatibile in quanto è necessario avere una laurea

in economia per diventare un buon direttore di banca. La condizione non si verifica, quindi non si verificherà neanche la conclusione.La E è compatibile in quanto la laurea in economia è una condizione necessaria per diventare direttori, ma non sufficiente. Dunque, nonostante si verifichi la condizione non è detto che si verifichi la conseguenza. La D risulta incompatibile con il testo in quanto aver fatto un master in Inghilterra è sufficiente, ma non necessario, per essere un buon direttore.
Risposta corretta D.

11. Per risolvere il quesito bisogna ricordarsi che dire "tutte le volte che" equivale ad introdurre un'affermazione sufficiente! Analizziamo quindi tutte le opzioni. La A è errata perché, essendo una condizione sufficiente, il non verificarsi di A non presuppone per forza il non verificarsi di B (gli amici possono perdere anche senza che Federica vada a vederli). Possiamo escludere subito anche l'opzione B perché propone una condizione necessaria (solo se=necessaria). L'opzione C è errata per lo stesso motivo della A (gli amici possono perdere per altre mille ragioni). Infine, la E è scorretta in quanto condizione e conseguenza vengono invertite: se Federica va a vedere le partite, allora gli amici perdono, non il contrario. Dunque, l'unica compatibile risulta la D: se gli amici non perdono, allora sicuramente Federica non è andata a vedere la partita.
(se NON B → NON A).
Risposta corretta D.

12. Nella condizione necessaria abbiamo che "solo se A (avere amici) allora B (essere sereno)". Nell'opzione A viene correttamente messo in evidenza come il fatto che, anche se la condizione necessaria è rispettata (avere molti amici) questo non presupponga l'automatico verificarsi dell'evento B (essere sereno). Quindi, per il medesimo motivo, l'opzione B non è compatibile in quanto non siamo di fronte a un'affermazione sufficiente. Le opzioni C ed E non sono corrette, in quanto "se non A → non B": se non è rispettata la condizione A è impossibile il verificarsi di B (non farti confondere dal "può" dell'opzione E, la possibilità non è comunque accettata se l'affermazione non rispetta la condizione necessaria). L'opzione D non è compatibile per le stesse motivazioni delle risposte A e B, nella condizione necessaria NON si può affermare "se non B → non A" (come invece avviene nella condizione sufficiente), Gabriele potrebbe benissimo avere un sacco di amici e non essere comunque sereno.
Risposta corretta A.

13. Per risolvere il quesito, possiamo considerare il non prendere un bel voto e la pioggia come condizioni sufficienti a non comprare la bicicletta, oppure il contrario di esse (quindi, prendere un bel voto e una giornata non di pioggia) come condizioni necessarie a comprare la bicicletta. Per semplicità, consideriamo questa seconda opzione. L'opzione A è compatibile con quanto affermato nel testo perché anche se si verificano le due condizioni questo non presuppone l'automatico verificarsi dell'evento B (come avviene invece per la condizione sufficiente). Anche quanto affermato nell'opzione B è compatibile con il testo perché stiamo per l'appunto parlando di condizioni necessarie, non sufficienti! Attenzione all'opzione C: ci viene solamente detto che c'è nebbia e la condizione che deve essere rispettata è l'assenza di pioggia (non il sole o il bel tempo!) quindi è compatibile. Anche l'opzione E è compatibile con quanto affermato dal testo: la bici sarà di Marco "solo se" avrà preso un bel voto e fuori non pioverà. L'unica errata è dunque la D: il verificarsi di A (prendere un bel voto e non piovere) non presuppone il verificarsi di B (comprare una bicicletta). Dobbiamo ricordarci che stiamo parlando di una condizione necessaria (in quanto abbiamo modificato le negazioni) e non di una condizione sufficiente.
Risposta corretta D.

14. L'affermazione rappresenta una condizione sufficiente ma non necessaria (se A → B), dunque possiamo riscrivere la frase come: "Se Orfeo suona il flauto, gli animali si addormentano." Essendo una condizione sufficiente, anche altri stimoli potrebbero sortire lo stesso effetto, di conseguenza possiamo considerare compatibili le opzioni B,C ed E che ammettono la possibilità che gli animali si addormentino senza che Orfeo suoni il flauto. L'opzione D è invece compatibile in quanto nella condizione sufficiente, senza la condizione non può verificarsi la conseguenza (se non B → non A). L'unica opzione non compatibile risulta quindi essere la A, in quanto applica i criteri di una condizione necessaria. Come detto precedentemente, gli animali possono addormentarsi anche in assenza di Orfeo, dunque è possibile che Orfeo sia passato dal bosco ma non è sicuro (se B → A o non A).
Risposta corretta A.

15. Si tratta di una condizione sufficiente ma non necessaria. I pilastri di questa condizione sono: se A → B; se non B → non A; per ottenere B, infinite opzioni sono comunque ipoteticamente possibili. La condizione A corrisponde a "Chiara decide di uscire", l'evento B è rappresentata invece da "gli amici restano a casa", quindi "gli amici escono" è "non B" mentre "Chiara sta a casa" equivale a "non A".
L'opzione A considera erroneamente come necessaria la condizione A (ciò implicherebbe che in presenza di B si avrebbe necessariamente A). L'opzione B presuppone nuovamente una condizione necessaria: se non A → non B. L'opzione C non rispecchia il principio base per cui basta che si verifichi A per ottenere B: infatti gli amici escono lo stesso. L'opzione E è del tutto sbagliata poiché basata sul principio "se non B (gli amici escono) → A (Chiara gli ha chiesto di uscire)". L'opzione invece D ammette che la condizione B possa verificarsi anche in assenza della condizione A, evento non possibile proprio perché si tratta di una condizione necessaria.
Risposta corretta D.

2.3 AFFERMAZIONE NECESSARIAMENTE VERA/FALSA

1. Sofia è talmente ansiosa per lo studio che, tutte le volte che studia per un esame, scoppia a piangere.
Data la frase precedente, quale delle seguenti affermazioni è necessariamente vera?

A. Sofia oggi non ha studiato per un esame, quindi non piangerà
B. Sofia ieri non ha pianto, quindi sicuramente non ha studiato per un esame
C. Sofia oggi ha pianto, quindi sicuramente sta studiando per un esame
D. Sofia ieri ha pianto, quindi probabilmente non sta studiando per nessun esame
E. Sofia oggi ha studiato per un esame, quindi non piangerà

2. Renzo indossa camicia e maglione; il fratello di Renzo indossa giacca e cravatta; solo chi indossa giacca e cravatta può entrare a teatro.
In base ai dati presentati quale delle seguenti affermazioni è necessariamente vera?

A. Renzo andrà al cinema solo se accompagnato da suo fratello
B. Il fratello di Renzo non può entrare a teatro
C. Gianni può entrare a teatro
D. Il fratello di Renzo andrà a teatro
E. Nessuna delle precedenti alternative è vera

3. Dieci amici, per fare una scampagnata, hanno a disposizione tre auto da cinque posti.
Quale delle seguenti affermazioni possiamo ritenere certamente vera?

A. Nessuna auto rimarrà vuota
B. Nessuna auto partirà piena
C. Almeno un'auto partirà piena
D. Almeno un'auto rimarrà vuota
E. Se un'auto rimarrà vuota, almeno un'auto sarà piena

4. Federica è molto amica di Chiara. Tutte le volte che Federica ha in programma di andare a una festa Chiara la segue. Bianca e Daniela sono molto amiche di Chiara, ma sono anche molto timide ed introverse: vanno alle feste solo se viene anche Chiara, mentre scelgono di stare a casa se c'è anche Federica. Sabato è in programma una festa.
In base ai dati presentati quale delle seguenti previsioni è certamente falsa?

A. Federica andrà, Bianca e Daniela no
B. Chiara andrà e ci saranno anche Bianca e Daniela
C. Chiara, Bianca e Daniela andranno insieme
D. Federica e Chiara andranno, Bianca e Daniela no
E. Federica andrà e Chiara no

5. Quando Antonina va a studiare da Piera supera gli esami, ma ingrassa perché la mamma di Piera prepara dei dolci molto buoni. Ogni volta che prende qualche kg, Antonina chiama Margherita per andare in palestra; se, però, Margherita non può uscire, Antonina non va perché non sa allenarsi da sola. Margherita va in palestra solo se c'è il sole.
In base ai dati presentati quale delle seguenti affermazioni è certamente falsa?

A. Antonina ha superato un esame, ma non è andata in palestra perché pioveva
B. Antonina non ha superato un esame ed è andata in palestra
C. Antonina ha studiato con Piera per un esame, l'ha superato, ed è andata in palestra anche se pioveva perché ha mangiato troppe torte al cioccolato
D. Antonina oggi ha superato un esame e non è ingrassata, quindi non ha bisogno di andare in palestra e stasera andrà a ballare
E. Antonina è andata a correre al parco con Margherita anche se pioveva per festeggiare un bel voto all'esame che aveva preparato con Piera

6. Il prossimo luglio Carlo vorrebbe fare un interrail in giro per l'Europa con i suoi amici Federico, Gianmarco e Luigi. Al momento di prenotare il viaggio tuttavia sorgono dei problemi organizzativi: Carlo vuole visitare Amsterdam e Berlino; Federico dice che andrà ad Amsterdam solo se poi andranno a Copenaghen; Gianmarco non vuole assolutamente andare a Copenaghen perché soffre molto il freddo, e propone Vienna al suo posto; Luigi odia Berlino e non vuole assolutamente metterci piede, a meno che non venga anche la sua fidanzata Elisa. Per luglio sono previsti 30 gradi a Copenaghen.
In base ai dati presentati quale affermazione è certamente vera?

A. Gli amici visiteranno Amsterdam, Berlino e Copenaghen
B. Gli amici visiteranno Berlino e Vienna
C. Elisa non può partire, quindi visiteranno Amsterdam e Copenaghen
D. Elisa non può partire, quindi visiteranno solo Amsterdam
E. In assenza di Elisa, gli amici potrebbero andare a Vienna

7. Margherita riferisce che nessuno dei pesci rossi del negozio di Marcello sopravvive più di due giorni.
Determinare cosa deve necessariamente accadere affinché l'affermazione si riveli falsa:

A. Almeno un pesce che sopravvive più di due giorni dovrà provenire dal negozio di Marcello
B. Almeno un pesce proveniente dal negozio di Marcello non dovrà sopravvivere più di due giorni
C. Tutti i pesci provenienti dal negozio di Marcello dovranno sopravvivere più di due giorni
D. Almeno un pesce che non sopravvive più di due giorni dovrà non provenire dal negozio di Marcello
E. Tutti i pesci che sopravvivono 3 giorni dovranno non provenire dal negozio di Marcello

8. Maga Magò ha previsto che nessun mago più vecchio di lei riuscirà mai a batterla in più di un duello magico.
Determinare cosa deve necessariamente accadere affinché la previsione si riveli falsa:

A. Ciascun mago più anziano di Maga Magò deve batterla in più di un duello
B. Nessuno dei maghi più giovani di Maga Magò dovrà sconfiggerla in alcun duello
C. Deve esistere un mago più anziano di Maga Magò che la sconfigga in un duello magico
D. Di tutti i maghi, quelli più vecchi di Maga Magò dovranno sconfiggerla in almeno un duello
E. Almeno un mago più anziano di Maga Magò dovrà riuscire a batterla in più di un duello

9. Nico sostiene che nessuno dei suoi compagni di classe sia mai stato in Egitto prima di lui e che tutti siano stati almeno una volta nella vita in Francia.
Secondo quanto sostenuto da Nico è ammissibile che:

A. Ci sia un compagno di Nico che sia stato in Egitto prima di lui e che non sia mai stato in Francia
B. Marco sia stato quattro volte in Francia e sia stato in Egitto pochi mesi prima di Nico
C. Giovanni sia stato in Egitto dopo Nico ma non abbia mai messo piede in Francia
D. Ci sia un compagno di Nico che sia stato in Francia e in Egitto dopo di lui
E. Francesco, il compagno di banco di Nico, sia andato in Egitto con la sua famiglia nel 2008, mentre Nico con la sua fidanzata nel 2009

10. Enrico andrà in montagna se e solo se Irene non vi andrà e Martina porterà i suoi pesci rossi.
Quale delle seguenti situazioni deve verificarsi necessariamente affinché tale proposizione si riveli vera?

A. Martina porta i pesci rossi, Irene va in montagna ed Enrico rimane a casa
B. Martina non porta i pesci, ma il cane, Irene rimane a casa ed Enrico va in montagna
C. Enrico va in montagna, Martina porta i pesci rossi e Irene va in montagna insieme al suo nuovo ragazzo Andrea
D. Martina porta i pesci, Irene rimane a casa ed Enrico va al mare con Marco
E. Irene va al mare, Martina porta sia i pesci che il cane, ma Enrico rimane a casa perché si è preso l'influenza

11. Marta vuole andare al cinema solo se insieme a Lucia. Lucia però non va al cinema se non c'è anche Fabrizio. Fabrizio ha promesso che ci sarà, ma viene improvvisamente chiamato da Giacomo, che vuole passare del tempo in sua compagnia. Fabrizio invita al cinema anche Giacomo, che accetta con entusiasmo. Tuttavia, Marta non è disposta a incontrare Giacomo.
In base ai dati presentati quale delle seguenti affermazioni è falsa?
A. Perché Marta vada al cinema, è necessario che ci sia anche Lucia
B. Lucia e Fabrizio usciranno insieme, sia che ci sia Marta sia che ci sia Giacomo
C. Giacomo e Marta possono andare al cinema, a patto che non ci sia Lucia
D. Fabrizio e Marta andranno al cinema insieme, se Giacomo rinuncerà ad andarci
E. È necessario che Giacomo non ci sia perché Marta vada al cinema

12. Se Alessia cucina i biscotti, Biagio li mangia. Se Chiara non cucina la pizza, Dario si arrabbia. Poiché tutti e quattro gli amici sono leggermente sovrappeso, per evitare un regime ipercalorico hanno deciso che o Alessia cucina i biscotti o Chiara cucina la pizza.
In base ai dati precedenti quale delle seguenti affermazioni è certamente falsa?
A. O Biagio mangia i biscotti o Dario è contento
B. Alessia non cucina i biscotti e Dario si arrabbia
C. Alessia cucina i biscotti e Dario è contento
D. Biagio non mangia i biscotti e Dario si arrabbia
E. Chiara cucina la pizza e Biagio mangia i biscotti

13. "Non si può escludere che, se Federico non avesse chiuso la porta, il cane sarebbe scappato".
In base alla precedente affermazione, quale delle seguenti è certamente vera?
A. Se il cane non è scappato, allora Federico ha chiuso la porta
B. È possibile che il cane sarebbe scappato, qualora Federico avesse chiuso la porta
C. È possibile che il cane sarebbe scappato qualora Federico non avesse chiuso la porta
D. Il cane sarebbe scappato se Federico avesse aperto la porta
E. Nessuna delle precedenti

14. Gigio sta organizzando SnowBusters: sa che Ferdinando viene solo se si sta via almeno 4 giorni; Marta si unisce al gruppo solo se è presente la sua amica Giulia; Giulia non vuole rimanere più di una settimana; Giovanni dice di venire a patto che siano presenti Giulia o Ferdinando, o entrambi. Luigi compra gli sci due giorni prima della partenza e all'ultimo decide di unirsi alla comitiva, ma dato che ha già speso una certa somma per gli sci organizza di salire solo gli ultimi due giorni e solo se riuscirà ad incrociare Giulia.
Quale delle seguenti affermazioni è certamente vera?
A. Gigio decide che SnowBusters durerà 6 giorni: di conseguenza non ci sarà nemmeno un giorno in cui gli amici si ritroveranno tutti insieme

B. La vacanza dura 8 giorni: l'ultimo giorno gli amici di Gigio presenti saranno solo Ferdinando, Giovanni e Luigi
C. Gigio opta per una gita di 2 giorni: i suoi amici presenti saranno in numero dispari
D. Qualunque sia la durata della vacanza, Giovanni è l'unico amico di Gigio che sarà sempre presente
E. Marta, Giulia, Giovanni e Luigi si muovono sempre insieme: se uno di loro è presente, ci saranno anche gli altri (considerando solo gli ultimi 2 giorni di vacanza)

15. Se l'affermazione "tutti i mari giapponesi sono salati" è falsa, quale delle seguenti proposizioni è necessariamente vera?

A. Almeno un mare giapponese è salato
B. Almeno un mare giapponese non è salato
C. Non un mare giapponese non è salato
D. Non un mare giapponese è salato
E. Tutti i mari giapponesi non sono salati

CORREZIONE COMMENTATA

1. Affermare che "Sofia tutte le volte che studia per un esame piange" corrisponde a dire che per Sofia studiare per un esame (A) è condizione sufficiente per scoppiare a piangere (B) → Se A, allora B. Quindi:

- se si verifica A, certamente si avrà anche B (opzione E errata)
- se A non si verifica, B potrebbe comunque verificarsi: nulla impedisce a Sofia di piangere anche per altri motivi, non è detto che ciò sia esclusivamente dovuto allo studio (opzioni A e C errate)
- se invece Sofia non ha pianto, possiamo sicuramente affermare che non ha studiato per l'esame, poiché le basta studiare per scoppiare in lacrime → se NON B, NON A.

Risposta corretta B.

2. L'opzione A è errata perché non si sa nulla delle condizioni per entrare al cinema, per cui non si può affermare con certezza che Renzo vi possa entrare solo accompagnato dal fratello. Di Gianni non sappiamo nulla (opzione C errata), mentre sicuramente il fratello di Renzo rispetta i criteri per entrare a teatro (opzione B errata). Questo però non vuol dire che ci andrà sicuramente: la condizione proposta è necessaria, non sufficiente, quindi rispettare i criteri non comporta automaticamente che si andrà a teatro (opzione D errata).
Risposta corretta E.

3. Avere 3 auto da 5 posti l'una significa avere in totale 15 posti per 10 persone. È possibile che un'auto parta vuota: in questo caso le altre due saranno entrambe piene e le persone verranno distribuite 5 in un'auto, 5 in un'altra e 0 nella terza (opzioni A e B errate). È anche possibile che nessuna macchina parta piena: basta che ad esempio le persone vengano distribuite 4 su un'auto, 4 su un'altra e 2 nell'ultima; in questo caso non ci sarà nemmeno una macchina vuota (opzioni C e D errate). Infine, se le persone si distribuiscono sulle tre macchine nell'ordine di 5-5-0 come nel caso preso in esame in precedenza, l'affermazione "se un'auto rimane vuota, almeno un'auto sarà piena" risulterà corretta (saranno piene entrambe le due macchine restanti, il che è compatibile con "almeno una").
Risposta corretta E.

4. Per risolvere questo quesito è necessario per prima cosa individuare le relazioni logiche tra le varie proposizioni:

- che Federica vada alla festa è condizione sufficiente affinchè ci sia anche Chiara; quindi se Federica va ci sarà sempre anche Chiara, ma se c'è Chiara Federica potrebbe anche non esserci (se B, non per forza anche A)
- Bianca e Daniela vanno alla festa solo se c'è Chiara (condizione necessaria) e non ci vanno se c'è Federica (condizione sufficiente).

Se è presente Federica, quindi, Bianca e Daniela certamente non ci saranno (opzioni A e D errate). Anche le risposte B e C sono scorrette, in quanto compatibili: non sapendo infatti se c'è anche Federica, Bianca e Daniela possono andare alla festa con Chiara. L'opzione E invece è sicuramente falsa: se Federica va alla festa non è possibile che non sia presente anche Chiara.
Risposta corretta E.

5. In base a quanto affermato dal testo, sappiamo che: quando Antonina va a studiare da Piera supera un esame ma ingrassa; quando ingrassa, chiama Margherita per andare in palestra, ma condizione necessaria affinchè Margherita vada in palestra, e quindi affinchè ci vada anche Antonina, è che ci sia il sole.
È quindi sufficiente che Antonina studi da Piera affinchè superi un esame, ma non è

LOGICA

detto che ogni volta che supera un esame abbia studiato da Piera e quindi sia ingrassata (risposta D errata). È inoltre sufficiente che Antonina ingrassi perché vada in palestra, ma può andarci anche senza aver necessariamente prima studiato con Piera ed aver passato un esame (opzione B errata). Condizione necessaria perché Antonina vada effettivamente in plaestra è che ci sia anche Margherita, la quale va in palestra solo se c'è il sole: è quindi possibile che Antonina superi un esame, ma non vada in palestra perché piove (risposta A errata). Nulla vieta invece che Margherita e Antonina si allenino all'aperto anche se c'è brutto tempo (opzione E errata). Al contrario, non è possibile che Antonina vada in palestra con la pioggia, in quanto Margherita non sarà sicuramente presente.
Risposta corretta C.

6. In base alle informazioni fornite dal quesito sappiamo che:
- Carlo vuole visitare Amsterdam e Berlino
- Federico vuole andare ad Amsterdam solo se si va anche a Copenaghen
- Gianmarco non vuole andare a Copenaghen perché soffre il freddo. ATTENZIONE: l'informazione finale sui 30 gradi a Copenhagen è fuorviante, in quanto Gianmarco non specifica la temperatura al di sopra della quale non soffrirà più il freddo; sappiamo solo che non vuole andarci e tanto deve bastarci
- Luigi va a Berlino solo se c'è anche Elisa

Non sapendo se Elisa sarà presente, non possiamo affermare con certezza che gli amici andranno a Berlino (opzioni A e B errate). Sappiamo però che non visiteranno Copenaghen: anche se 30 gradi potrebbe sembrare una temperatura ragionevolmente elevata, nel testo non viene specificato che Gianmarco abbia cambiato idea (risposta C errata). Dato che non possono andare a Copenaghen, gli amici dovranno abbandonare anche l'idea di Amsterdam perché Federico sarebbe andato ad Amsterdam solo se poi avessero proseguito per Copenaghen (opzione D errata). Non essendo specificate particolari condizioni che escludano con sicurezza scelta di Vienna, questa, anche se non certa per mancanza di informazioni, rientra nell'ambito delle possibilità.
Risposta corretta E.

7. Per far sì che l'affermazione contenuta nel testo si riveli falsa deve verificarsi almeno una condizione che la smentisca. Esaminando le varie alternative e procedendo per esclusione, si arriva facilmente alla soluzione: infatti, se ALMENO uno dei pesci che sopravvivono più di due giorni risulterà proveniente dal negozio di Marcello, allora l'affermazione contenuta nel testo perderà di valore.
Risposta corretta A.

8. Perché la previsione di Maga Magò risulti falsa basta che ci sia ALMENO un mago più anziano di lei che riesca a batterla in più di un duello. Nel quesito non si fa riferimento ad alcun mago più giovane (opzione B errata); inoltre, la previsione non viene smentita se un mago più anziano la sconfigge a un solo duello (opzione C errata), poiché tale evento è comunque contemplato all'interno della previsione stessa: deve invece riuscire a batterla in PIÙ di un duello. Inoltre, per smentire l'affermazione non è necessario che tutti i maghi più anziani di lei la battano in più di un duello, ne basta solo uno (opzioni A e D errate).
Risposta corretta E.

9. Perché l'affermazione di Nico sia corretta è necessario che entrambe le condizioni vengano rispettate: mentre l'opzione A non le rispetta entrambe, le risposte B, C ed E non ne soddisfano una (Marco e Francesco non possono essere stati in Egitto prima di Nico, e Giovanni non può non essere mai stato in Francia). È invece ammissibile che ci sia un compagno di Nico che sia andato in Egitto dopo di lui (non deve esserci andato prima), e che sia andato anche in Francia (prima o dopo di lui non è rilevante, l'importante è che ci sia stato almeno una volta).
Risposta corretta D.

10. Perché la proposizione si riveli vera, nel momento in cui Martina porta i pesci rossi e Irene non è in montagna, Enrico deve invece necessariamente andarci: in altre parole, che Martina porti i pesci e Irene non sia presente sono condizioni necessarie e sufficienti affinchè Enrico si rechi in montagna. Entrambe le condizioni devono essere rispettate (opzioni B e C errate) e, se lo sono, possiamo essere certi che Enrico sarà in montagna (opzioni D ed E errate). Se non viene soddisfatta una delle due condizioni, affinchè la previsione non risulti falsa, Enrico non potrà andare in montagna.
Risposta corretta A.

11. Le informazioni che si possono trarre dal testo del quesito sono:
- Marta va al cinema solo se c'è Lucia
- Lucia va solo se c'è Fabrizio
- Marta non va se c'è Giacomo

Che ci sia Lucia è condizione necessaria affinchè Marta vada al cinema (opzioe A errata), ma non viceversa: quindi Lucia può andare al cinema anche senza Marta, l'importante è che ci sia Fabrizio, mentre Giacomo non è condizione necessaria per cui Lucia o Fabrizio debbano uscire o meno (opzione B errata). Marta e Fabrizio si ritroveranno al cinema insieme (dato che Lucia è condizione necessaria affinchè Marta vada al cinema e Fabrizio lo è per Lucia), a patto che non ci sia Giacomo (opzioni D ed E errate). Non è invece possibile che Marta si ritrovi al cinema con Giacomo senza Lucia, sia perché Lucia è condizione necessaria perché Marta vada al cinema, sia perché Marta non è disposta a incontrare Giacomo.
Risposta corretta C.

12. Le due condizioni riportate dal testo sono sufficienti, quindi, per prima cosa, bisogna ricordarsi che: SE A → B e SE NON B → NON A. Analizziamo quindi ogni opzione per capire se sono compatibili o meno:
- Opzione A: anche se sembra contro-intuitivo, è possibile che Biagio mangi biscotti e Dario sia contento contemporaneamente. Si tratta infatti di condizioni SUFFICIENTI, quindi possiamo immaginarci una situazione di questo tipo: Alessia non cucina i biscotti (NON A), ma Biagio li mangia lo stesso perché non esiste nessuna relazione, nella condizione sufficiente, che ci dica NON A → NON B (che invece è della condizione necessaria); a questo punto, Chiara cucina la pizza (NON A), quindi Dario può essere arrabbiato comunque, ma può anche non esserlo. Quindi è possibile che si verifichino entrambi i dati dell'opzione;
- Opzione B: Alessia non cucina i biscotti quindi vuol dire che Chiara cucina la pizza (NON A); essendo una condizione sufficiente, se non si verifica la condizione, la conseguenza (ossia che Dario si arrabbia) può comunque verificarsi;
- Opzione C: Alessia cucina i biscotti, quindi Chiara non cucina la pizza (A), quindi Dario non può essere contento, perché si arrabbia per forza, essendosi verificata la condizione (→ B);
- Opzione D: se Biagio non mangia i biscotti (NON B), significa che per forza Alessia non li ha cucinati (NON A) e perciò Chiara deve aver cucinato la pizza (NON A); come per l'opzione A, essendo una condizione sufficiente, anche se non si verifica, la conseguenza può comunque verificarsi (quindi Dario si arrabbia);
- Opzione E: se Chiara cucina la pizza significa che Alessia non cucina i biscotti (NON A); tuttavia, come abbiamo visto anche per le opzioni precedenti, anche se la condizione non si verifica, essendo sufficiente, la conseguenza può comunque verificarsi; quindi è possibile che Biagio mangi comunque i biscotti.

Dato che il testo ci chiede quale opzione è quella certamente falsa, l'unica è la C, in quanto non rispetta la seconda condizione sufficiente del testo.
Risposta corretta C.

13. Il quesito richiede di trovare l'affermazione CERTAMENTE vera. La risposta A è errata perché si sa che se Federico non chiude la porta il cane POTREBBE scappare, così come potrebbe non farlo, nulla ci permette quindi di affermare con certezza che se il cane non è scappato allora Federico ha chiuso la porta. Anche la risposta B è errata, non sappiamo cosa sarebbe successo se Federico avesse chiuso la porta. La risposta D è errata perché "Non si può escludere che" equivale a dire "è possibile che": non possiamo affermare con certezza che il cane sarebbe scappato, possiamo solo AMMETTERE LA POSSIBILITÀ che se Federico non avesse chiuso la porta, il cane sarebbe scappato.
Risposta corretta C.

14. Per questo esercizio può essere utile schematizzare le condizioni che devono essere rispettate affinchè i vari amici partecipino:

- Ferdinando → più di 4gg
- Marta → c'è Giulia
- Giulia → no più di una settimana
- Giovanni → c'è Giulia o Ferdinando
- Luigi → solo se c'è Giulia gli ultimi 2gg

Se SnowBusters dura 6 giorni, sia Ferdinando che Giulia saranno presenti, perciò anche Marta, Giovanni e Luigi (quest'ultimo gli ultimi due giorni) potranno venire: gli amici risuciranno quindi a trovarsi tutti insieme (opzione A errata). Se invece la vacanza dura 8 giorni, Giulia non potrà essere presente e senza di lei non verranno né Marta né Luigi: l'ultimo giorno ci saranno solo Ferdinando e Giovanni (risposta B errata). Ferdinando non partecipa se la vacanza dura meno di 4 giorni: in questo caso gli amici di Gigio presenti saranno Giulia, Marta, Giovanni e Luigi, in numero pari (opzione C errata). Anche la risposta E è da scartare: mentre le presenze di Marta e Luigi dipendono da quella di Giulia, Giovanni può essere presente anche senza che ci sia Giulia, dato che la sua condizione per partecipare è che ci siano o lei o Ferdinando. In ogni caso, Giovanni risulta sempre presente: se infatti SnowBusters dura meno di 4 giorni non c'è Ferdinando ma c'è comunque Giulia, se invece dura più di una settimana può contare sulla presenza di Ferdinando. A parte Giovanni, le presenze degli altri sono tutte subordinate a una certa durata della vacanza.
Risposta corretta D.

15. Perché sia falso che tutti i mari giapponesi sono salati deve esisterne ALMENO uno che non sia salato; non è necessario che tutti i mari debbano per forza non essere salati (opzioni D ed E errate).
Risposta corretta B.

2.4 FRASI CON NEGAZIONI

1. Il medico legale ritiene errato non eliminare la certezza che il colpo non sia stato sparato da una donna. La precedente affermazione è logicamente equivalente a:

A. Il colpo, secondo il medico, è stato sparato da una donna
B. Il colpo potrebbe essere stato sparato da una donna o da un uomo
C. Il colpo è stato sicuramente sparato da un uomo
D. Il medico legale ritiene corretta l'impossibilità che il colpo sia stato sparato da una donna
E. Il medico legale non ha abbastanza elementi per capire chi ha sparato

2. Si consideri la seguente affermazione: "Non tutti gli storici italiani sostengono che la tomba di Alessandro Magno non sia in realtà quella di San Marco".
Quale delle seguenti affermazioni NON è compatibile con la precedente frase?

A. Alcuni storici italiani sostengono che la tomba di Alessandro Magno sia in realtà quella di San Marco
B. Esiste uno storico italiano che non sostiene che la tomba di Alessandro Magno sia in realtà quella di San Marco
C. Non esiste uno storico italiano che non sostenga che la tomba di Alessandro Magno sia in realtà quella di San Marco
D. Alcuni storici sostengono che la tomba di Alessandro Magno non sia in realtà quella di San Marco
E. Enzo è uno storico nato a Venezia e sostiene che la tomba di Alessandro magno non sia quella di San Marco

3. Jonathan sbaglia quando afferma che le ultime votazioni negli Stati Uniti non hanno decretato la sconfitta del candidato democratico rispetto al repubblicano.
Quale delle seguenti proposizioni NON è certamente compatibile con questo asserto?

A. Il candidato repubblicano ha vinto le elezioni
B. Jonathan afferma che il candidato repubblicano è stato sconfitto dal democratico
C. Jonathan dice il falso
D. Le elezioni non sono state vinte dal candidato democratico
E. Jonathan dice che le elezioni sono state vinte dal candidato repubblicano

4. Si consideri la seguente affermazione: "Non tutti i parlamentari non saranno favorevoli alla nuova proposta di legge".
Quale delle seguenti proposizioni è certamente compatibile con questo asserto?

A. Tutti i parlamentari saranno contrari
B. Non un parlamentare sarà favorevole
C. Alcuni parlamentari saranno favorevoli
D. Quelli che non sono favorevoli sono parlamentari
E. Tutti i parlamentari saranno favorevoli

5. "È ingiusto non riconoscere che a Nicola è stato impedito dalle necessità contingenti di rispettare l'obbligo a non giurare il falso".
Basandosi sulla precedente affermazione, individuare quale delle seguenti alternative è esatta:

A. Nicola non ha rispettato l'obbligo di giurare il vero a causa delle necessità contingenti
B. Bisogna riconoscere che Nicola non è stato costretto a giurare il falso
C. Nonostante le necessità contingenti Nicola ha rispettato il suo obbligo
D. È sbagliato non riconoscere che Nicola avesse l'obbligo di non giurare il falso
E. Nicola non è stato obbligato dalle necessità contingenti a non giurare il vero

LOGICA

6. "Non è vero che nessuno al mondo non è in grado di impedire il prosieguo delle attività di salvaguardia dell'ambiente".
Quale delle seguenti affermazioni è compatibile con questa frase?

A. Tutte le persone sono in grado di impedire il prosieguo di tale attività
B. Esiste almeno una persona che non può impedire il prosieguo della salvaguardia dell'ambiente.
C. La salvaguardia dell'ambiente non è impedita da nessuno
D. Non c'è nemmeno una persona che possa facilitare la salvaguardia dell'ambiente
E. Nessuna delle precedenti

7. Gli studiosi di tradizione orale ritengono che non sempre i cantastorie decidevano di non lasciare incompiute le proprie fiabe.
In base alla precedente affermazione quale delle seguenti alternative è vera?

A. Nessuna fiaba dei cantastorie non si concludeva
B. Non tutti gli studiosi ritengono che le fiabe dei cantastorie fossero sempre lasciate incompiute
C. A volte i cantastorie non concludevanovolontariamente le proprie fiabe
D. Non sempre gli studiosi sono convinti che le fiabe dei cantastorie avessero una conclusione
E. Tutte le fiabe dei cantastorie erano volutamente incompiute

8. "Chiara non crede a Giulia quando afferma che non sia interessata a non presentarsi lezione".
Quale delle seguenti opzioni NON è certamente compatibile con questo asserto?

A. Chiara sostiene che Giulia stia mentendo
B. Giulia per Chiara mente riguardo il suo desiderio di presentarsi a lezione
C. Chiara pensa che Giulia voglia presentarsi a lezione
D. É possibile che Giulia non andrà a lezione
E. Giulia secondo Chiara mente quando dice che vuole presentarsi a lezione

9. "Non tutti i medici sostengono l'inefficacia delle cure palliative nell'ottica del trattamento di alcuni malati terminali".
Quale delle seguenti opzioni NON è certamente compatibile con il precedente asserto?

A. Il mio medico curante non proporrebbe mai ai suoi pazienti le cure palliative
B. La mia amica ginecologa sostiene che le cure palliative rappresentino un buon compromesso in alcune situazioni
C. I medici considerano efficaci le cure palliative
D. Deve esistere almeno un medico che consideri efficaci le cure palliative
E. Nessun medico dell'ospedale in cui è ricoverata mia nonna le ha mai proposto cure palliative

10. "È innegabile che Marcello non stesse mentendo quando negava di non aver bevuto nemmeno un gin tonic".
Questa affermazione equivale a dire che:

A. Marcello stava mentendo quando affermava di non aver bevuto nemmeno un gin tonic
B. Marcello stava dicendo la verità quando affermava di non aver bevuto nemmeno un gin tonic
C. Marcello stava mentendo quando affermava di aver bevuto almeno un gin tonic
D. Marcello stava dicendo la verità quando affermava di aver bevuto almeno un gin tonic
E. Marcello non stava mentendo quando negava di aver bevuto un gin tonic

11. Si consideri il famoso detto popolare: "Non tutte le ciambelle riescono col buco". Quale delle seguenti proposizioni è la NEGAZIONE di questo asserto?

A. In tutte le ciambelle è presente almeno un buco
B. In alcune ciambelle non è presente alcun buco
C. In tutte le ciambelle non è presente alcun buco
D. Non tutti i dolci in cui non è presente un buco sono ciambelle
E. Non tutti i dolci in cui è presente un buco sono ciambelle

12. "Non è vero che Andrea non è sicuro del fatto che Carlo dica il falso riguardo al non aver visto Luigi copiare l'esame."
La precedente affermazione è logicamente equivalente a:

A. Secondo Andrea Carlo non pensa che Luigi abbia copiato
B. Andrea pensa che Carlo abbia visto Luigi copiare l'esame
C. Andrea è sicuro che Luigi abbia copiato l'esame
D. Andrea è sicuro che Luigi non abbia copiato l'esame
E. Carlo vuole incastrare Luigi

13. Evelina sbaglia quando dice che è impossibile che mangiare 8 mele al giorno non faccia ingrassare.
Quale delle seguenti proposizioni NON è CERTAMENTE compatibile con questo asserto?

A. È falso affermare che non si possono mangiare 8 mele al giorno senza ingrassare
B. Giulia, amica di Evelina, mangia 8 mele al giorno e non ingrassa
C. Andrea, cugino di Evelina, non mangia 8 mele al giorno e non ingrassa
D. È certo che sia vero che mangiare 8 mele al giorno non faccia ingrassare
E. Emilio, fratello di Evelina, mangia 8 mele e 2 biscotti al giorno e ingrassa

14. "Chiara non ritiene sia impossibile che Cesco non abbia mentito quando ha detto di non poter andare a giocare a basket".
Quale delle seguenti opzioni è compatibile con questo asserto?

A. Cesco sicuramente non è andato a giocare a basket
B. Chiara ha organizzato una cena con le sue amiche perché sa che Cesco sarà impegnato con la partita di basket
C. Chiara ha posticipato l'uscita con le amiche perché, pensando che Cesco non abbia impegni, spera che la porti a cena fuori
D. Chiara non ha escluso l'impossibilità che Cesco non abbia mentito
E. Chiara pensa che Cesco sia un bugiardo

15. "Nonostante Franco non avesse negato di non essersi messo alla guida ubriaco, la polizia lo portò in questura".
Quale delle seguenti opzioni NON è certamente compatibile con questo asserto?

A. L'alcol test di Franco è risultato positivo
B. Franco non ha mentito sulla sua sobrietà
C. Franco ha ammesso di essersi messo alla guida ubriaco
D. Non tutti i poliziotti hanno ritenuto fosse impossibile che Franco fosse ubriaco
E. Franco ha mentito alla polizia per non farsi ritirare la patente

CORREZIONE COMMENTATA

1. Suddividiamo il nostro testo in due parti: Il medico legale ritiene errato non eliminare la certezza (1), che il colpo non sia stato sparato da una donna (2). La prima frase (1) equivale a dire che bisogna eliminare la certezza. A questo punto riformuliamo la frase con: bisogna eliminare la certezza che il colpo non sia stato sparato da una donna. Questo NON equivale a dire che sia certo che il colpo sia stato sparato da una donna, ma semplicemente che il colpo potrebbe essere stato sparato sia da un uomo che da una donna, quindi non possiamo escludere con certezza che la donna sia la colpevole, come neanche che non lo sia (opzione A e C errate). Nell'opzione D c'è un ulteriore accumulo di negazioni, ma in realtà la frase equivale a dire che "il medico non ritiene che il colpo sia stato sparato da una donna", ma in realtà il medico conclude che non può essere certo né dell'innocenza né della colpevolezza della donna. Infine, l'opzione E è sbagliata perché il testo non dà informazioni riguardo agli elementi su cui si basa la conclusione del medico legale e non possiamo quindi dire che questi non siano sufficienti a capire chi ha sparato.
Risposta corretta B.

2. Dalla frase proposta possiamo dedurre che ci siano alcuni storici che sostengono che la tomba di Alessandro Magno sia in realtà quella di San Marco, e altri storici che invece sostengono non lo sia. Dunque, le opzioni A, B e D sono compatibili con quanto affermato, come anche l'opzione E. Invece l'unica opzione NON deducibile è la C: "non esiste uno storico che non sostenga" equivale a dire "tutti gli storici sostengono che la tomba di Alessandro Magno sia in realtà quella di San Marco", ma questo è in contrasto con il testo.
Risposta corretta C.

3. Riscriviamo le affermazioni di Jonathan cercando di ridurle all'essenziale: "le ultime votazioni non hanno decretato la sconfitta del candidato democratico" = "ha vinto il candidato democratico". Ma il testo ci dice che Jonathan sbaglia, quindi in realtà ha vinto il candidato repubblicano. Il testo ci chiede di trovare l'opzione NON compatibile: la A e la D sono certamente errate perché il candidato repubblicano è proprio il vincitore delle scorse elezioni. Sappiamo che Jonathan mente, quindi anche l'opzione C è errata e quello che Jonathan afferma (sbagliando) è che le elezioni siano state vinte dal democratico, e quindi che il repubblicano sia stato sconfitto (opzione B errata).
Risposta corretta E.

4. Riscriviamo la frase del testo analizzando le negazioni: "non favorevoli" equivale a "contrari". Se non tutti saranno contrari, vuol dire che alcuni saranno favorevoli (come si afferma nell'opzione C). Le opzioni A e B sono errate perché affermano, in modi diversi, che non ci sarà un parlamentare favorevole. La E è errata perché l'unica cosa che si sa per certo è che solo che alcuni saranno favorevoli, non tutti. Infine, l'opzione D non è corretta, perché non abbiamo sufficienti dati per poter rispondere: non sappiamo infatti se se l'essere contrari sia condizione sufficiente all'essere parlamentare.
Risposta corretta C.

5. La difficoltà dell'esercizio sta nell'uso di numerose negazioni nell'arco di un'unica frase. Secondo la regola per cui due negazioni giustapposte si elidono, la prima parte della frase può essere così riscritta: "è giusto riconoscere...". Allo stesso modo "rispettare l'obbligo a non giurare il falso" corrisponde a "rispettare l'obbligo a giurare il vero". In questi termini risulta più chiaro quale sia il senso della frase e cioè che "è giusto riconoscere che le necessità contingenti hanno impedito a Nicola di rispettare l'obbligo di giurare il vero". Nicola non ha rispettato il suo obbligo (risposta C errata) di giurare il vero e quindi ha giurato il falso (risposta B errata).

La risposta D è errata poiché è vero che Nicola aveva l'obbligo di non giurare il falso. Anche la risposta E è errata poiché Nicola è stato obbligato dalle necessità contigenti a non giurare il vero.
Risposta corretta A.

6. Ancora una volta, il primo e utilissimo passaggio da svolgere per semplificare la frase è quello di volgere in positivo tutte le negazioni: non è vero che nessuno = qualcuno. La frase diventa dunque "Qualcuno al mondo non è in grado di impedire il prosieguo delle attività di salvaguardia dell'ambiente" (opzione B). La risposta A e la C sono errate perché sostengono il contrario di quanto affermato nel testo, e cioè che tutti sono in grado di salvaguardare l'ambiente. Anche la D è sbagliata perché il testo ci dice che qualcuno non può salvaguardarlo, ma non che nessuno ne sia in grado.
Risposta corretta B.

7. Gli studiosi di tradizione orale ritengono che talvolta (non sempre) i cantastorie decidessero di terminare (non lasciare incompiute) le proprie fiabe. Il fatto che a volte fossero concluse non significa che fossero tutte così (opzione A) né che nessuna lo fosse (opzione E). Dire "non tutti gli studiosi ritengono" sposta la negazione sulla proposizione iniziale, mentre invece è riferita alla sua subordinata, cioè a che cosa gli studiosi ritengano, e non quanti o con che frequenza siano convinti, risposta B errata.
Risposta corretta C.

8. Il testo afferma che Chiara non crede al fatto che Giulia non sia interessata a non presentarsi; "non sia interessata a non presentarsi" → "le interessa presentarsi", Chiara tuttavia non crede a Giulia quindi "secondo Chiara, Giulia non vuole presentarsi a lezione". Dunque, è vero che Chiara sostenga che Giulia stia mentendo (opzioni A, B ed E errate); e non possiamo escludere che Giulia non andrà a lezione, infatti secondo Chiara lei non vuole andarci (opzione D errata). L'unica risposta corretta è la C perché Chiara pensa che Giulia NON voglia presentarsi a lezione, non che ci voglia andare.
Risposta corretta C.

9. Semplifichiamo il brano: dire che "non tutti i medici sostengono l'inefficacia" significa che alcuni medici pensano che le cure palliative siano efficaci, alcuni che non lo siano.
Le opzioni A e B, che considerano entrambe le possibilità, risultano compatibili con il testo, così come l'opzione D, che rappresenta la condizione minima affinché sia vera l'affermazione del testo. Non bisogna confondersi sull'opzione E, poiché i medici dell'ospedale che considero non rappresentano tutti i medici in assoluto, quindi anche l'opzione E è compatibile con quanto affermato nel testo. L'opzione non compatibile risulta dunque essere la C: dire che "i medici considerano efficaci le cure palliative" significa conferire generalità a tale condizione, cosa non vera secondo le prime affermazioni del testo!
Risposta corretta C.

10. "È innegabile che Marcello non stesse mentendo" significa che è evidente che Marcello stesse dicendo la verità; "quando negava di non aver bevuto nemmeno un gin tonic" significa che Marcello affermava di aver bevuto almeno un gin tonic (risposte A, B ed E errate). Mettendo insieme le due parti otteniamo: "Marcello stava dicendo la verità quando affermava di aver bevuto almeno un gin tonic". La risposta C è errata perché afferma che Marcello sta mentendo quando afferma di aver bevuto almeno un gin tonic, mentre invece sta dicendo la verità.
Risposta corretta D.

11. "Non tutte le ciambelle riescono con il buco" è uguale a dire "ci sono ciambelle senza buco". La negazione di questa affermazione risulta quindi essere: "NON ci sono ciambelle senza buco" che è uguale a dire "Tutte le ciambelle hanno almeno un buco".
Risposta corretta A.

12. La frase può essere trasformata, eliminando alcune delle negazioni, in "Andrea è sicuro che Carlo dica il falso riguardo al fatto di non aver visto Luigi copiare". Quindi secondo Andrea Carlo sta mentendo quando dice di non aver visto Luigi copiare, ovvero secondo Andrea Carlo ha visto Luigi copiare. L'opzione logicamente equivalente è la B. L'opzione A è errata perché Andrea è convinto che Carlo abbia visto Luigi copiare. Le opzioni C e D sono errate perché Andrea non è sicuro né del fatto che Luigi abbia copiato né del fatto che non abbia copiato, ma solo del fatto che Carlo abbia mentito riguardo al non averlo visto copiare. L'opzione E non è supportata da nessuna parte del testo.
Risposta corretta B.

13. La frase può essere semplificata eliminando alcune negazioni. Dire che "Evelina sbaglia quando dice che è impossibile" equivale a dire "È possibile". Quindi la frase diventa "È possibile che mangiare 8 mele al giorno non faccia ingrassare". L'opzione A è compatibile con il testo, in quanto è effettivamente falso affermare che NON si possono mangiare 8 mele al giorno senza ingrassare. L'opzione B è compatibile con il testo proprio perché esso afferma che si possono mangiare 8 mele al giorno senza ingrassare. Anche l'opzione C è compatibile con il testo, in quanto sappiamo che è possibile che mangiare 8 mele al giorno non faccia ingrassare, ma non siamo sicuri che non mangiarle faccia ingrassare. L'opzione E non viene falsificata da quanto dice il testo poiché esso non parla di biscotti. L'opzione D non è compatibile con il testo, in cui viene detto che è possibile che mangiare 8 mele al giorno non faccia ingrassare, ma non sappiamo se sia certo.
Risposta corretta D.

14. Eliminando le doppie negazioni e riscrivendo la frase in modo più limpido, otteniamo: Chiara ritiene sia possibile (non ritiene sia impossibile) che Cesco abbia detto la verità (non mentire) quando ha detto di non poter andare a giocare a basket. Nonostante il margine di dubbio lasciatoci da Chiara, non del tutto certa della sincerità di Cesco, difficilmente lo considererà un bugiardo (opzione E) e si organizzerà diversamente dando per scontato che lui sia impegnato (opzione B). Allo stesso modo non abbiamo alcun elemento per stabilire se Cesco sia effettivamente andato o meno (opzione A). La risposta D non è compatibile poiché, riscritta, riferisce l'esatto contrario dell'asserto iniziale: "Chiara ha preso in considerazione la possibilità che Cesco abbia mentito/l'impossibilità che abbia detto la verità". Solo l'opzione C descrive un comportamento compatibile con quanto ritenuto verosimile da Chiara.
Risposta corretta C.

15. La frase può essere semplificata nel modo seguente: nonostante Franco avesse detto (la doppia negazione si elimina: "non negare" = "dire") di non essersi messo alla guida ubriaco, la polizia lo portò in questura. Gli unici dati di fatto che vengono presentati sono ciò che afferma Franco e ciò che esegue la polizia. Al momento della sua dichiarazione, Franco potrebbe essere stato sincero (opzione B) o aver mentito (E) e in questo caso l'alcol test sarebbe davvero risultato positivo (A): poiché non abbiamo elementi per stabilire la validità di una condizione o di un'altra, scartiamo tutte e tre le opzioni. L'opzione D sembra essere verosimile, in quanto afferma che alcuni poliziotti hanno ritenuto fosse possibile che Franco fosse ubriaco, altri che fosse impossibile. L'opzione C invece nega quanto viene detto nell'asserto, Franco infatti non ha mai ammesso di essersi messo alla guida ubriaco, anzi afferma il contrario.
Risposta corretta C.

2.5 COMPLETAMENTO TESTI

1. Quali parole vanno sostituite ai numeri per dare un senso compiuto e logico alla seguente frase?
"Come cambieranno gli Stati Uniti di Donald Trump? Donald Trump è __(1)__ sotto i riflettori: ricco imprenditore dell'edilizia, stella dei reality show e, nell'ultimo anno e mezzo, agitatore politico__(2)__ e addirittura astuto uomo politico. Lo conosciamo bene ed è difficile pensare che cambierà nel futuro prossimo. Ma cosa vuole fare davvero il nuovo presidente degli Stati Uniti? La campagna elettorale del 2016 si è basata molto sulla sua __(3)__ e anche i momenti che avrebbero dovuto chiarire le posizioni politiche – i dibattiti, per esempio– sono stati poveri di sostanza."

A. (1) di rado; (2) sincero; (3) possibilità
B. (1) di recente; (2) indipendente; (3) coerenza
C. (1) saltuariamente; (2) critico; (3) aggressività
D. (1) da decenni; (2) efficace; (3) personalità
E. (1) da sempre; (2) grottesco; (3) intenzione

2. Quali parole vanno sostituite ai numeri per dare un senso compiuto e logico alla seguente frase?
"La diagnosi di tumore al fegato, almeno per quanto riguarda l'epatocarcinoma cellulare e il colangiocarcinoma, si potrà fare con un semplice esame delle urine. Nella maggior parte dei casi, il tumore al fegato non causa nessun __(1)__ evidente fino a quando non ha raggiunto uno stadio __(2)__. Essendo quindi asintomatico nello stadio iniziale, è molto importante sottoporre a degli screening __(3)__ le persone che hanno un rischio maggiore (individui che abusano di alcol e persone malate di cirrosi). Per aumentare l'adesione ai controlli è molto importante trovare dei metodi__(4)__ poco invasivi, come ad esempio l'esame delle urine. I risultati di due nuovi test per individuare il tumore al fegato sono stati presentati in occasione della International Liver. Conference (Amsterdam - Aprile 2013)."

A. (1) sintomo; (2) avanzato; (3) periodici; (4) diagnostici
B. (1) problema; (2) avanzato; (3) mensili; (4) prognostici
C. (1) segno; (2) tardivo; (3) periodici; (4) prognostici
D. (1) colorito; (2) avanzato; (3) leggeri; (4) diagnostici
E. (1) comportamento; (2) tardivo; (3) randomizzati; (4) prognostici

3. Quali parole vanno sostituite ai numeri per dare un senso compiuto e logico alla seguente frase?
"Nell'epoca che possiamo chiamare pre-scientifica, gli uomini non avevano difficoltà nel trovare una spiegazione ai loro sogni. Quando al risveglio ricordavano un sogno, lo consideravano una manifestazione favorevole od ostile di __(1)__ superiori, demoniache o divine. Allorché cominciarono a diffondersi __(2)__ naturalistiche, tutta questa ingegnosa __(3)__ si cambiò in __(4)__, ed oggi solo un'esigua minoranza delle persone istruite dubita che i sogni siano un prodotto della mente del sognatore. [...] Nella __(5)__ del significato dei sogni si possono distinguere tre correnti di pensiero [...]."

A. (1) forze; (2) dottrine; (3) mitologia; (4) potenza; (5) psicologia
B. (1) mitologie; (2) psicologie; (3) dottrina; (4) potenza; (5) valutazione
C. (1) energie; (2) potenze; (3) mitologia; (4) valutazione; (5) psicologia
D. (1) valutazioni; (2) storie; (3) dottrina; (4) potenza; (5) psicologia
E. (1) potenze; (2) dottrine; (3) mitologia; (4) psicologia; (5) valutazione

4. Quali parole vanno sostituite ai numeri per dare un senso compiuto e logico alla seguente frase?
"Il vapore o il gas non __(1)__ mai nulla finché sono imprigionati. Nessun fiume al mondo viene mai trasformato in __(2)__ finché non è incanalato. Nessuna vita cresce mai finché non è focalizzata, impegnata, disciplinata."

A. (1) azionano; (2) energia
B. (1) liberano; (2) torrente
C. (1) generano; (2) acquedotto
D. (1) riscaldano; (2) impianto idroenergetico
E. (1) comprimono; (2) corrente

5. Quali parole vanno sostituite ai numeri per dare un senso compiuto e logico alla seguente frase?
"Il mondo è __(1)__, gli uomini non imparano nulla e ricascano ad ogni __(2)__ negli stessi errori ed orrori, gli avvenimenti non si ripetono, ma si somigliano: __(3)__ le novità, le sorprese, le rivelazioni." (Umberto Eco)

A. (1) monotono; (2) generazione; (3) finiscono
B. (1) uguale; (2) occasione; (3) usano
C. (1) unico; (2) certezza; (3) seguono
D. (1) continuo; (2) momento; (3) creano
E. (1) amabile; (2) principio; (3) scelgono

6. Quali parole vanno sostituite ai numeri per dare un senso compiuto e logico alla seguente frase?
"Credere il fato __(1)__ di tutto, come fanno alcuni, è vana opinione, perché le cose accadono o per necessità, o per arbitrio della fortuna, o per arbitrio nostro.
Per il saggio la fortuna non è una divinità come per la massa – la divinità non fa nulla a caso – e neppure qualcosa priva di __(2)__ . Non crede che essa dia agli uomini alcun bene o male determinante per la vita felice, ma sa che può __(3)__ l'avvio a grandi beni o mali."

A. (1) garante; (2) senso; (3) negare
B. (1) creatore; (2) volontà; (3) ostacolare
C. (1) padrone; (2) consistenza; (3) offrire
D. (1) principio; (2) significato; (3) sostanziare
E. (1) espressione; (2) autocoscienza; (3) preparare

7. Quali parole vanno sostituite ai numeri per dare un senso compiuto e logico alla seguente frase?
"La luce solare __(1)__ da Giove illumina il lato occidentale di Io. Il lato orientale è in ombra tranne che per il __(2)__ di un pennacchio del vulcano Prometheus; il cielo giallastro è prodotto dalla __(3)__ della luce sugli atomi di sodio che lo circondano."

A. (1) riflessa; (2) calore; (3) mancanza
B. (1) prodotta; (2) bagliore; (3) esplosione
C. (1) riflessa; (2) bagliore; (3) diffusione
D. (1) prodotta; (2) volume; (3) dispersione
E. (1) elaborata; (2) nero; (3) diffusione

8. Quali parole vanno sostituite ai numeri per dare un senso compiuto e logico alla seguente frase?
"Il solo aspetto della propria condotta di cui ciascuno deve rendere conto alla società è quello riguardante gli altri: per ciò che riguarda soltanto lui, la sua indipendenza è, di diritto, __(1)__. La vera libertà è quella di perseguire il nostro bene a nostro modo, purché non cerchiamo di privare gli altri del loro o di __(2)__ nella loro ricerca. Ciascuno è l'unico autentico guardiano della propria salute, sia fisica sia spirituale. Gli uomini traggono maggior __(3)__ dal permettere a ciascuno di vivere come gli sembra meglio che dal costringerlo a vivere come sembra meglio agli altri."

A. (1) totale; (2) punirli; (3) perdita
B. (1) totale; (2) fermarli; (3) convinzione
C. (1) garantita; (2) aiutarli; (3) beneficio
D. (1) assoluta; (2) ostacolarli; (3) vantaggio
E. (1) problematica; (2) incentivarli; (3) funzionalità

9. Quali parole vanno sostituite ai numeri per dare un senso compiuto e logico alla seguente frase?
"Il saggio stesso __(1)__ spesso ipotesi su ciò che non conosce, non di rado è in preda alla __(2)__, cede alle preghiere e si calma, corregge talora - se così è meglio - le sue affermazioni e talora cambia __(3)__; tutte le virtù sono temperate dal giusto mezzo." (Cicerone)

A. (1) formula; (2) lussuria; (3) schieramento
B. (1) stabilisce; (2) fantasia; (3) opinione
C. (1) stabilisce; (2) paura; (3) mentalità
D. (1) stabilisce; (2) pazzia; (3) decisione
E. (1) formula; (2) paura; (3) parere

10. Quali parole vanno sostituite ai numeri per dare un senso compiuto e logico alla seguente frase?
"Un impianto nel cervello ha permesso a due scimmie paralizzate di riacquistare la capacità di muoversi. I macachi non potevano muovere una zampa posteriore a causa di una lesione del midollo __(1)__ a livello toracico. I ricercatori hanno restituito agli __(2)__ una mobilità parziale grazie a un microimpianto nel cervello. La ricerca potrebbe aiutare le persone che hanno subito un trauma e sono rimaste __(3)__."

A. (1) osseo; (2) animali; (3) illese
B. (1) spinale; (2) umani; (3) spaventate
C. (1) osseo; (2) esperimenti; (3) folgorate
D. (1) spinale; (2) animali; (3) paralizzate
E. (1) allungato; (2) scienziati; (3) decedute

11. Quali parole vanno sostituite ai numeri per dare un senso compiuto e logico alla seguente frase?
"Il termine __(1)__, mutuato dal campo politico ed economico, ha assunto nella storia della scienza il significato di un processo nel quale un paradigma teorico più non regge all'assalto delle __(2)__ sperimentali ed è quindi sostituito da un paradigma teorico nuovo __(3)__ con i risultati di queste ultime e pertanto esplicativo di fatti altrimenti inesplicabili. Il paradigma innovatore resta valido fino a falsificazione contraria."

A. (1) eversione; (2) argomentazioni; (3) assemblato
B. (1) rivoluzione; (2) confutazioni; (3) compatibile
C. (1) dialettica; (2) contraddizioni; (3) incongruente
D. (1) rinnovamento; (2) prove; (3) atteso
E. (1) riforma; (2) tecniche; (3) in accordo

12. Quali parole vanno sostituite ai numeri per dare un senso compiuto e logico alla seguente frase?
"Se gli animali prendono decisioni in base alla __(1)__ riguardo a cose che non possono percepire in quel momento, significa che se le rappresentano mentalmente. Dunque hanno un insight in merito: questo si basa sul rappresentarsi il mondo nella mente, il che significa che più è potente il codice che abbiamo per rappresentarcelo, più sarà elaborato e complesso il nostro insight. Il __(2)__, lo sappiamo dagli studi sugli umani, permette di ricordare informazioni più stabili ed elaborate per lunghi periodi. Quando assistiamo a un evento drammatico, ad esempio, non conserviamo a lungo il ricordo __(3)__ dell'evento, ma la conoscenza proposizionale, descrizioni verbali incluse, di quello che è successo."

A. (1) progettazione; (2) ricordo; (3) immaginario
B. (1) fame; (2) linguaggio; (3) preciso
C. (1) pianificazione; (2) linguaggio; (3) percettivo
D. (1) impulsività; (2) pensiero; (3) sensitive
E. (1) pianificazione; (2) pensiero; (3) mnemonico

13. Quali parole vanno sostituite ai numeri per dare un senso compiuto e logico alla seguente frase?
"Signori, invece di promettere di __(1)__ la vostra curiosità sull'anatomia del cervello, sono qui intenzionato a

LOGICA

fare la sincera, pubblica __(2)__ che è un argomento del quale non __(3)__ niente di niente".

A. (1) soddisfare; (2) confessione; (3) so
B. (1) alimentare; (2) lezione; (3) conosco
C. (1) distruggere; (2) lezione; (3) studio
D. (1) soddisfare; (2) pratica; (3) applico
E. (1) manifestare; (2) contestazione; (3) mi interessa

14. Quali parole vanno sostituite ai numeri per dare un senso compiuto e logico alla seguente frase?
"Secondo diversi storici l'estensione spropositata dell'Impero lo rese ingovernabile dal centro e la conseguente divisione in una pars occidentalis e una pars orientalis non fece altro che __(1)__ la rovina __(2)__ i barbari invasori. Lo storico inglese illuminista Gibbon sostenne che a causare il definitivo crollo dell'Impero furono i figli e i nipoti di Teodosio: con la loro __(3)__, essi__(4)__ il governo agli eunuchi, la Chiesa ai vescovi e l'Impero ai barbari."

A. (1) posticiparne; (2) intralciando; (3) saggezza; (4) tramandarono
B. (1) causarne; (2) avvantaggiando; (3) cupidigia; (4) sottrassero
C. (1) velocizzarne; (2) ostacolando; (3) ambizione; (4) usurparono
D. (1) scongiurarne; (2) accogliendo; (3) ottusità; (4) affidarono
E. (1) accelerarne; (2) favorendo; (3) debolezza; (4) abbandonarono

15. Quali parole vanno sostituite ai numeri per dare un senso logico e compiuto alla alla seguente frase?
"La rievocazione di un ricordo avviene quando l'attività neurale si propaga dopo essere stata avviata da uno stimolo frammentario. Per impedirne la __(1)__ indiscriminata, il cervello potrebbe asse-gnare a ciascun neurone una soglia di attivazione elevata, ma il meccanismo di protezione così basato __(2)__ l'attivazione di almeno due neuroni in un'associazione cellulare per arrivare all'intero ricordo. Il sistema di __(3)__ del cervello è come in equilibrio sulla lama di un rasoio: se l'attività è eccessiva, la rievocazione è confusa; se l'attività è insufficiente, non si generano rievocazioni."

A. (1) distribuzione; (2) impedisce; (3) rievocazione
B. (1) proliferazione; (2) prevede; (3) espansione
C. (1) crescita; (2) inibisce; (3) evocazione
D. (1) diffusione; (2) richiede; (3) memoria
E. (1) dispersione; (2) esige; (3) funzionalità

CORREZIONE COMMENTATA

1. Ragionando sul termine (1) è possibile escludere le prime tre opzioni perché, anche ammesso di non conoscere il personaggio citato dal testo, è possibile intuire, dall'elenco di ruoli che gli vengono assegnati, che si tratta di una figura nota, non emergente e presumibilmente da tempo sotto i riflettori. Il termine da sostituire in (2) potrebbe non risultare immediato, ma è poi evidente dal senso globale del testo che il termine mancante in (3) può essere solo "personalità" (se la sua campagna elettorale si fosse basata sulla sua "intenzione", non sarebbe mancata di sostanza).
Risposta corretta D.

2. Grazie al termine (1) è possibile escludere le opzioni D ed E: nel contesto del brano non avrebbe senso che un tumore causasse un "colorito" o un "comportamento". Rispetto ai termini (2) e (3) potremmo non essere immediatamente sicuri su cosa scartare (anche se uno stadio in medicina è definito più propriamente come "avanzato" che come "tardivo"), ma con il termine (4) si giunge facilmente alla soluzione: i metodi di cui parla il brano sono certamente "diagnostici" (ben specificato nella prima frase) e non "prognostici".
Risposta corretta A.
NB. Prognosi = previsione sull'ulteriore decorso e sull'esito di un determinato quadro morboso; diagnosi = giudizio clinico consistente nel riconoscere una condizione morbosa in base all'esame clinico del malato e alle ricerche di laboratorio e strumentali.

3. Grazie al termine (1) è possibile escludere le opzioni B e D: demoniache o divine possono essere "forze", "potenze" o "energie", di certo non valutazioni o mitologie. Con il termine (2) si può scartare l'opzione C in quanto nel contesto del brano ha senso che si diffondano "dottrine" naturalistiche, non "potenze". Infine, con gli ultimi due termini risulta chiaro che l'opzione corretta è la E: la mitologia può cambiare in "psicologia" (e non "potenza", che era invece il punto di partenza degli uomini di epoca pre-scientifica) e il significato di un sogno tipicamente si valuta.
Risposta corretta E.

4. Rispetto al termine (1) potrebbero essere valide tutte quante le opzioni ad eccezione della E (il termine "comprimono" non dà senso all'enunciato). Rispetto al termine mancante in (2) invece soltanto "energia" attribuisce un senso logico al brano: vengono infatti citati due diversi esempi di fonti da cui è possibile ricavare energia in senso generico, ma solo se trattate nel modo opportuno. Ha più senso inoltre confrontare una vita che cresce con un fiume che diventa energia, invece che considerarla un fiume che diventa acquedotto, impianto idroelettrico o torrente.
Risposta corretta A.

5. Rispetto al termine mancante in (1) potremmo non essere immediatamente sicuri su cosa scartare, ma proseguendo nella lettura del testo si arriva facilmente ad escludere le opzioni C ed E: il testo afferma che gli uomini "ricascano negli stessi errori ed orrori" indicando quindi un senso di continuità e di negatività che ci fa escludere che il mondo sia "unico" o "amabile". L'opzione D si può scartare grazie al termine (2), poiché non è corretto dire "ricascano A ogni momento" (sarebbe più corretto dire "IN ogni momento"). Infine, si può escludere l'opzione B considerando il senso logico del brano: se il mondo è monotono e sempre uguale, gli uomini ripetono sempre gli stessi errori e gli avvenimenti si somigliano tra loro, allora vuol dire che le novità e le sorprese finiscono (e non "si usano").
Risposta corretta A.

6. Per rispondere correttamente è necessario avere ben chiaro il significato del brano, non così immediato. Grazie al termine (1) non è possibile scartare con sicurezza nessuna opzione, anche se da un punto di vista di significato il fato è più propriamente "padrone" o al massimo "garante" del tutto. Il senso della seconda frase è che la fortuna non debba essere considerata nè una divinità, ma nemmeno qualcosa privo di funzione: si possono escludere le opzioni B ed E, essendo la volontà e l'autocoscienza qualcosa proprio della divinità e non del caso. Infine, grazie al termine (3) è possibile scartare le opzioni A e D: la fortuna (che in italiano ha un'accezione positiva) ha più senso che "offra" l'avvio a grandi beni o mali, piuttosto che "negarlo" ("sostanziare" l'avvio dell'opzione D non ha invece senso in italiano).
Risposta corretta C.

7. Questo quesito può essere risolto velocemente, ricordandosi che Giove, in quanto pianeta, non produce luce, ma può solo rifletterla: si escludono le opzioni B, D ed E. Il termine (2) deve risultare in contrapposizione ad ombra: l'unico compatibile è quindi "bagliore", piuttosto che "calore". Per quanto riguarda il termine (3) un cielo "giallastro" può essere prodotto dalla diffusione della luce, di certo non dalla sua mancanza.
Risposta corretta C.

8. Considerando il termine (1) si può scartare l'opzione E ("problematica"), dal momento che non ha alcuna attinenza con quanto espresso prima (cioè che la condotta relativamente alla sfera individuale non dovrebbe avere limitazioni). Ulteriore prova che l'opzione E è errata, così come l'opzione C, si ha grazie al termine (2): il senso infatti è che non bisognerebbe impedire agli altri di ricercare personalmente il bene a modo loro. Con il termine (3) si conclude che l'unica risposta possibile è la D: "perdita" e "convinzione" non concordano infatti con il resto del brano.
Risposta corretta D.

9. Ragionando sul termine (1) si possono escludere subito le opzioni B, C e D, in quanto un'ipotesi si "formula" e non si "stabilisce" (al massimo una teoria si può stabilire, ma il termine ipotesi deve legarsi a un concetto di incertezza, instabilità, non certezza assoluta). Rispetto al termine mancante in (2) non possiamo essere sicuri su cosa scartare perché il saggio può cedere sia alla paura che alla lussuria (anche se visto il contesto ha più senso pensare che un saggio cambi opinione perché in preda alla paura piuttosto che alla lussuria), ma il termine (3) permette di stabilire l'opzione corretta: si cambia un "parere" (l'ipotesi precedentemente formulata); in questo contesto non ha senso cambiare "schieramento" (termine maggiormente legato alla sfera politica).
Risposta corretta E.

10. Il termine (1) permette di escludere le opzioni A, C ed E: infatti, il midollo osseo è un tessuto molle che occupa i canali delle ossa lunghe e la fascia centrale delle ossa piatte e ha un ruolo centrale nell'emopoiesi, ma è una lesione del midollo spinale che porta a paralisi. Inoltre, il midollo allungato, o bulbo, non si trova a livello toracico. Grazie ai termini (2) e (3) è possibile scartare anche l'opzione B: i ricercatori hanno sperimentato il nuovo metodo sugli animali e non sugli umani e, proprio per questo, si spera che la ricerca possa aiutare in futuro anche umani paralizzati (il fatto che siano spaventati non c'entra e permette di escludere definitivamente l'opzione B).
Risposta corretta D.
Anche senza sapere la differenza tra midollo osseo, spinale o allungato, grazie al secondo e al terzo termine si poteva facilmente giungere a soluzione!

11. In questo caso il termine (1) non aiuta ad orientarsi, quindi è consigliabile partire dal secondo e terzo termine, tenendo conto che il primo termine deve avere a che fare con

l'ambito politico ed economico. Dal momento che si fa riferimento a un paradigma che viene smentito e sostituito con un altro attraverso la sua falsificazione si può escludere l'opzione E perchè il termine (2) "tecniche" mal si accorda col senso del brano. Il termine (3) deve invece esprimere linearità con quanto risultato dalla sperimentazione, affinché un paradigma nuovo possa sostituire il paradigma vecchio: permette di orientarsi quindi all'opzione B ("compatibile"). A questo punto il termine (1) "rivoluzione" conferma la risposta esatta: è infatti il vocabolo preso in prestito dal linguaggio politico-economico.
Risposta corretta B.

12. Ragionando sul termine (1) risultano accettabili sia il termine "pianificazione" che "progettazione" e si possono scartare quindi le opzioni B, D ed A. Grazie al termine (2) è possibile avere una ulteriore conferma della non correttezza dell'opzione A: non avrebbe senso dire che un "ricordo" permette di "ricordare" informazioni più stabili, al massimo questa funzione potrà essere svolta dal sistema del linguaggio o del pensiero. Infine, con il termine (3) si può scartare l'opzione E, in quanto un ricordo non può avere come aggettivo il termine "mnemonico", essendo esso stesso un'espressione della funzione memoria, può invece essere "percettivo", cioè legato alla sfera delle percezioni sensoriali elaborate dal sistema nervoso.
Risposta corretta C.

13. Ragionando sul termine (1) è possibile escludere le opzioni C ed E, che stonano con il complemento oggetto "curiosità. Per quanto riguarda il termine (2), si può scartare l'opzione D: dire che dell'argomento non si sa niente di niente è di certo una sincera e pubblica "confessione", non una "pratica" o una "lezione".
Risposta corretta A.

14. Il brano analizza due fattori fondamentali che portarono al crollo dell'Impero Romano: l'estensione del territorio e il malgoverno. Il primo periodo fa intendere che l'impossibilità di un governo centrale esteso ad un territorio così vasto, sommato alla successiva divisione dell'Impero, possa solo aver velocizzato il processo di deterioramento di un assetto politico non più funzionante: si possono escludere le opzioni A ("posticiparne") e D ("scongiurarne"). Poiché la seconda conseguenza della divisione e dell'indebolimento dell'Impero è certamente la formazione di una condizione favorevole per i nemici dei Romani, scartiamo facilmente l'opzione C ("ostacolando"). Il secondo periodo si sofferma sulla causa che portò al crollo definitivo dell'Impero e solo successivamente all'affermazione dei barbari: certamente i figli e i nipoti di Teodosio non "sottrassero" l'Impero ai barbari, ma viceversa lo "abbandonarono", per incapacità e debolezza, a quest'ultimi.
Risposta corretta E.

15. L'atto della rievocazione del ricordo, una volta che è stato avviato, tende ad amplificarsi in varie direzioni e se tale attività è eccessiva, la rievocazione risulta essere confusa. Perciò l'attività neurale in via di propagazione non deve essere indiscriminata: il termine (1) deve rendere conto di questo processo in espansione. Tutte le opzioni potrebbero essere compatibili ad eccezione della C ("crescita"). Si deduce poi che il meccanismo di "filtro" basato su una soglia di attivazione più elevata per fare ordine tra gli impulsi neuronali debba necessitare di un'attivazione più complessa, che preveda l'interazione di due neuroni, non certo impedirla. È così possibile escludere definitivamente l'opzione C, ma anche la A. Grazie al termine (3) si possono escludere infine le opzioni B ed E: il sistema del cervello a cui si fa riferimento e che permette la rievocazione dei ricordi, infatti, non è né di "espansione" né di "funzionalità", ma è relativo alla "memoria".
Risposta corretta D.

2.6 CALCOLO RAPIDO

1. Indicare quale dei seguenti numeri è divisibile contemporaneamente per 2 e per 9:

A. 14
B. 17492
C. 163
D. 1594
E. 17874

2. Quale dei seguenti numeri è divisibile sia per 2 che per 3?

A. 22
B. 54
C. 62
D. 44
E. 10

3. Plutarca, al primo anno di matematica, nel suo primo semestre universitario ha sostenuto ben 10 esami mantenendo una media dei voti uguale a 25. Entro la fine dell'anno vorrebbe aumentare la sua media fino al 26 e le mancano ancora 5 esami da sostenere. Sapendo che i voti universitari vanno da un minimo di 18 a un massimo di 30, quale è il voto minimo che Plutarca può prendere nel prossimo esame di geometria e che le consentirebbe comunque di poter raggiungere la media del 26?

A. 28
B. 18
C. 25
D. 20
E. Non si hanno sufficienti dati

4. Indicare quale dei seguenti numeri è divisibile contemporaneamente per 4 e per 11:

A. 18832
B. 1612
C. 4774
D. 4242
E. 324232

5. Quale delle seguenti equazioni equivale a $M_1 \cdot V_1 = M_2 \cdot V_2$?

A. $M_1 = (M_2 \cdot V_2) + \frac{1}{V_1}$
B. $V_1 = M_2 \cdot V_2 - M_1$
C. $V_2 = V_1 \cdot M_1 \cdot \frac{1}{M_2}$
D. $M_2 = \frac{V_2}{M_1 \cdot V_1}$
E. Nessuna delle precedenti

6. Quale dei seguenti numeri è divisibile sia per 4 che per 5?

A. 150
B. 170
C. 25
D. 110
E. 1500

7. Valentina è una ragazza molto secchiona e ad ogni esame prende 30. Ha sostenuto in tutto 7 esami tutti da 5 CFU, ma, dopo che il fidanzato l'ha tradita con la sua migliore amica, ha passato tutta la sessione a piangere anziché a studiare, arrivando a prendere 18 all'esame più importante della sua carriera fino a quel momento (ben 10 CFU). Di quanto si sarà abbassata la media di Valentina dopo l'ultimo esame?

A. 27,3
B. 3,6
C. 26,3
D. 2,3
E. 2,6

8. Quale dei seguenti numeri è divisibile sia per 9 che per 11?

A. 253
B. 189
C. 201
D. 765
E. 297

9. Indicare quale delle seguenti equazioni è equivalente a: $deA = \frac{C}{kF}$

A. $d = \frac{CA}{\sqrt[e]{kF}}$

B. $AkF = C\sqrt[e]{d}$

C. $Ad = \sqrt[e]{\frac{C}{kF}}$

D. $d = \sqrt[e]{\frac{C}{kFA}}$

E. $\frac{FA}{C} = \sqrt[e]{\frac{d}{A}}$

10. Quale dei seguenti numeri è divisibile per 2, 4 e 11?

A. 3250
B. 532
C. 1048
D. 678
E. 748

11. Pippo Baudo ha un nipote di nome Pluto che ha appena passato il test di medicina. Pluto, nonostante fosse stato avvisato che la lunghezza media di tutte le sbobine è di 17 pagine, decide di aprire il drive dei ragazzi dell'anno prima del suo e stampare tutte le sbobine di Anatomia 1. Nota che nella cartella ci sono 10 sbobine da 14 pagine, 15 da 18 pagine e 11 da 17. Non riesce però ad aprire 5 file, poichè il pc li reputa "troppo pesanti"; tutto ciò che Pluto sa è che ogni file corrisponde ad una sbobina.
Sapendo questo, quant'è il totale di pagine da stampare?

A. 20
B. 697
C. 700
D. 597
E. 17

12. Quale dei seguenti numeri è divisibile sia per 7 che per 9?

A. 81
B. 56
C. 91
D. 63
E. 130

13. Luigi ha appena comprato un pacchetto di Skittles e ha contato il numero di caramelle viola. È un po' distratto e si è dimenticato quante sono.
È però abbastanza certo di alcune informazioni, dal momento che è ha una passione incredibile per i numeri:

- **Se divide il numero per 7 il resto è di 0**
- **Se divide il numero per 2 il resto è di 0**
- **Se divide il numero per 4 il resto è di 3,5**

Sapendo che il numero è minore di 120, quante possibili soluzioni esistono?

A. 1
B. 2
C. 3
D. 4
E. 5

14. Indicare quale dei seguenti numeri è divisibile contemporaneamente per 3 e per 5:

A. 45303
B. 731
C. 48650
D. 255750
E. 45350

15. Quale delle seguenti equazioni è equivalente a $pOH = 14 + \log[H^+]$?

A. $[H^+] = 10^{pOH-14}$
B. $\log[H^+] = 10^{pOH-14v}$
C. $pOH+14 = -\log[H^+]$
D. $[H^+]=e^{pOH-14}$
E. $[OH^-]=14^{\log[H+]}$

16. Indicare quale dei seguenti numeri è divisibile contemporaneamente per 7, per 9 e per 11:

A. 45547
B. 99484
C. 7227
D. 9675
E. 60984

17. Per superare la porta magica, Eveline deve risolvere un indovinello, ovvero trovare il numero X che abbia le seguenti caratteristiche:

- **La somma delle cifre del numero X è divisibile per 3**
- **Il doppio di X è divisibile per 3**
- **X non è divisibile per 5 ma è divisibile per 2**

L'unico indizio che le viene fornito è che il numero è maggiore dei lati di un ottagono ma minore di 16. Quale tra i seguenti sarà il numero X?

A. 15
B. 9
C. 18
D. 12
E. 10

18. Indicare quale delle seguenti equazioni NON equivale a: d V = n M?

A. $\frac{d}{n} = \frac{M}{V}$
B. $\frac{n}{d} = \frac{V}{M}$
C. $\frac{d}{n} - \frac{M}{V} = 0$
D. $\frac{d}{n}\frac{V}{M} = 1$
E. $0 = \frac{n}{V}\frac{M}{d}$

19. Indicare quale delle seguenti equazioni equivale a: $\Delta P = \frac{8\eta l}{\pi r^4}\Phi$?

A. $\frac{r^4}{\pi} = \frac{8\eta l}{\Delta P}\Phi$
B. $\Phi = \frac{r^4 \Delta P}{8\eta l}$
C. $\frac{\pi r^4}{8\Phi} = \frac{\eta l}{\Delta P}$
D. $\frac{\Phi}{r^4} = \frac{\pi l \Delta P}{8n}$
E. $\frac{-8\eta l}{\pi r^4} = \frac{\Delta P}{\Phi}$

20. Quale dei seguenti numeri è divisibile per 4, 7 e 11?

A. 244
B. 308
C. 3246
D. 444
E. 218

CORREZIONE COMMENTATA

1. Per risolvere il quesito troviamo prima tutti i numeri divisibili per 2 e successivamente verifichiamo che siano divisibili per 9. Un numero è divisibile per 2 se la sua ultima cifra è pari. Possiamo subito escludere la risposta C. Un numero è divisibile per 9 se la somma delle sue cifre è divisibile per 9, possiamo quindi escludere la risposta A (1+4 = 5), la risposta B (1 + 7 + 4 + 9 + 2 = 23) e la risposta D (1 + 5 + 9 + 4 = 19). 17874 è divisibile per 2 in quanto la sua ultima cifra è pari ed è divisibile per 9 in quanto la somma delle sue cifre è 27.
Risposta corretta E.

2. Un numero è divisibile per 3 quando ha la somma dei numeri che lo compongono uguale a un multiplo di 3, mentre è divisibile per 2 quando è un numero pari. Tutti i numeri delle opzioni sono pari (l'ultima cifra è un numero pari), ma l'unico che è divisibile anche per 3 è 54.
Risposta corretta B.

3. Per rispondere a questa domanda iniziamo a calcolare la media che Plutarca deve ottenere negli ultimi 5 esami per raggiungere la media totale del 26. Tenendo conto che la media aritmetica di due o più numeri è: "somma dei valori numerici / numero di valori numerici", impostiamo la seguente equazione indicando come "x" la media degli ultimi 5 esami: $\frac{(25 \cdot 10) + (5 \cdot x)}{15} = 26$. Ricaviamo la x=28. Ora per sapere il voto minimo che Plutarca può prendere all'esame di geometria utilizziamo la formula della media considerando che per prendere il voto minimo in geometria Plutarca dovrà prendere il voto massimo negli altri 4 esami, quindi: $\frac{(30 \cdot 4) + x}{5} = 28$, con "x" = voto minimo. Risolvendo l'equazione troviamo che il voto minimo che Plutarca può prendere in geometria è 20.
Risposta corretta D.

4. Per risolvere il quesito troviamo prima tutti i numeri divisibili per 4 e successivamente verifichiamo che siano divisibili per 11. Un numero è divisibile per 4 se le sue ultime due cifre sono 00 oppure se sono un numero divisibile per 4: in base a questo, possiamo subito escludere le risposte C e D. Un numero è divisibile per 11 se la differenza tra la somma delle cifre di posto pari e quelle di posto dispari è uguale a 0; possiamo quindi escludere la risposta B in quanto: (1 + 1) – (6 + 2) = 2 - 8= -6, e la risposta E: (3 + 4 + 3) – (2 + 2 +2) = 10 – 6 = 4. 18832 è divisibile per 4 in quanto le sue ultime due cifre sono 12 ed è divisibile per undici in quanto (1 + 8 + 2) - (8 + 3) = 11 – 11 = 0.
Risposta corretta A.

5. L'unica equazione equivalente a quella fornita è la C, poiché rispetta le regole della formula inversa: dovendo isolare V_2, è necessario dividere entrambi i membri per M_2. Le opzioni A e B si possono facilmente escludere poiché contengono simboli di addizione e sottrazione, operazioni non presenti all'interno dell'equazione iniziale. Infine, la D non è corretta perché nel secondo membro numeratore e denominatore dovrebbero essere invertiti.
Risposta corretta C.

6. Un numero è divisibile per 5 quando finisce per 0 o per 5, mentre è divisibile per 4 quando le ultime due cifre sono 00 o un multiplo di 4. L'unico numero che rispetta le due condizioni è 1500.
Risposta corretta E.

7. Per svolgere questo esercizio, bisogna conoscere la media pesata. Per calcolarla, al numeratore vanno inserite la somma dei prodotti tra i voti ed il numero dei CFU di ogni esame, mentre al denominatore la somma totale dei CFU accumulati. La nuova media dei voti di Valentina sarà quindi

$$M = \frac{(30 \cdot 5) + (30 \cdot 5) + (30 \cdot 5) + (30 \cdot 5) + (30 \cdot 5) + (30 \cdot 5) + (30 \cdot 5) + (18 \cdot 10)}{5 + 5 + 5 + 5 + 5 + 5 + 5 + 10} \rightarrow \frac{7 \cdot (30 \cdot 5)}{(7 \cdot 5) + 10}$$

$$\rightarrow \frac{(7 \cdot 150) + 180}{35 + 10} \rightarrow \frac{1050 + 180}{45} \rightarrow \frac{1230}{45} \rightarrow 27{,}33.$$

La media di Valentina si è dunque abbassata da 30 a 27,33, diminuendo quindi di 2,6 punti.
Risposta corretta E.

8. Un numero è divisibile per 11 se la differenza tra le cifre di posto pari e quelle di posto dispari è uguale a 0, mentre è divisibile per 9 se la somma delle sue cifre è divisibile per 9. L'unico caso possibile è quello di 297 poiché: (2 + 7) – 9 = 0, quindi è divisibile per 11 e: 2 + 9 + 7 = 18, quindi è divisibile per 9.
Risposta corretta E.

9. Per risolvere il quesito bisogna partire dalle opzioni. Tra tutte, l'unica che non presenta errori è la D, dove l'incognita d viene isolata (il fattore A è portato a denominatore a destra dell'equazione) e messa sotto radice per semplificare il fattore di elevamento a potenza.
Risposta corretta D.

10. Un numero è divisibile per 2 se è pari, per 4 se le ultime due cifre sono 00 o sono un multiplo di 4, per 11 se la differenza tra le cifre di posto pari e quelle di posto dispari è uguale a 0 oppure ad un multiplo di 11. Solo 748 rispetta questi criteri di divisibilità, infatti è pari, le ultime due cifre sono 48, che è un numero multiplo di 4 (4 · 12 = 48), e la differenza tra le cifre di posto pari (7 + 8 =15) e quelle di posto dispari (4) è uguale a un multiplo di 11.
Risposta corretta E.

11. Per conoscere il numero totale delle pagine da stampare, basta fare il numero delle sbobine moltiplicato per la lunghezza media di ogni sbobina. 41 x 17 = 697.
Risposta corretta B.

12. Un numero è divisibile per 7 se la differenza tra il numero privato dell'ultima cifra e il doppio dell'ultima cifra è un multiplo di 7, mentre è divisibile per 9 se la somma delle sue cifre è divisibile per 9. L'unico numero che rispetta questo criterio è 63 in quanto: 6 + 3 = 9, quindi è divisibile per 9 e: 6 – 6 = 0, quindi è divisibile per 7; infatti 7 · 9 = 63.
Risposta corretta D.

13. Stiamo cercando un numero pari che sia divisibile per 7 e minore di 120: le regole del calcolo rapido ci dicono che per ottenere un numero divisibile per 7, la differenza tra quel numero senza l'ultima cifra e il doppio della sua ultima cifra deve essere un numero divisibile per 7. Le possibilità che abbiamo sono dunque 14, 28, 42, 56, 70, 84, 98 (9-16= -7) e 112 (11- 4=7). Alcuni sono però divisibili per 4, cioè il 28, il 56 e l'84 e il 112 che escluderemo. Dei numeri rimanenti però, solo il 14 se diviso per 4, dà come resto 3,5.
Risposta corretta A.

14. Per risolvere il quesito troviamo prima tutti i numeri divisibili per 5 e successivamente verifichiamo che siano divisibili per 3. Un numero è divisibile per 5 se termina con 5 o 0. Possiamo subito escludere le risposte A e B. Un numero è divisibile per 3 se la somma delle sue cifre è divisibile per 3. Possiamo quindi escludere le risposte C (4 + 8 + 6 + 5 = 23, 2 + 3 = 5) ed E (4 + 5 + 3 + 5 = 17, 1 + 7 = 8). 255750 è divisibile per 5 in quanto finisce con 0 ed è divisibile per 3 in quanto 2 + 5 + 5 + 7 + 5 = 24.
Risposta corretta D.

15. Per isolare $[H^+]$, è necessario isolare prima $\log[H^+]=pOH-14$ e poi elevare 10 al secondo membro, poiché log è un logaritmo decimale (quindi D è errata): $[H^+]=10^{pOH-14}$.
Risposta corretta A.

16. Per risolvere il quesito troviamo prima tutti i numeri divisibili per 9. Un numero è divisibile per 9 se la somma delle sue cifre è divisibile per 9. Possiamo subito escludere le risposte A (4 + 5 + 5 + 4 + 7 = 25) e B (9 + 9 + 4 + 8 + 4 = 34). Un numero è divisibile per 11 se la differenza tra le cifre di posto pari e quelle di posto dispari è uguale a 0, possiamo quindi escludere la risposta D (16 – 11 = 5). Infine, un numero è divisibile per 7 se la differenza tra il numero privato dell'ultima cifra e il doppio dell'ultima cifra è un multiplo di 7, possiamo quindi escludere l'opzione C (722 - 14 = 708). 60984 è divisibile per 9 in quanto la somma delle sue cifre è 6 + 9 + 8 + 4 = 27, è divisibile per 11 in quanto (6 + 9 + 4) – (0 + 8) = 11 ed è divisibile per 7 perché 6098 – 8 = 6090 e 6090/7= 870.
Risposta corretta E.

17. Il metodo più semplice per risolvere il quesito è quello empirico: per esempio, 15 rispetta la prima e la seconda condizione ma non è divisibile per 2 (terza condizione). L'unica opzione che può trarre in inganno è 18, visto che rispetta tutte e tre le condizioni, ma è maggiore di 16, quindi non è la risposta corretta.
Risposta corretta D.

18. In questo esercizio bisogna partire dalle opzioni. La risposta giusta, ovvero l'equazione sbagliata, è la E, perché per ottenere il primo membro si è fatto $\frac{d}{n} \cdot \frac{n}{d}$, che fa 1 e non 0.
Risposta corretta E.

19. Per questo esercizio bisogna partire dalle opzioni: nella A $\frac{r^4}{\pi}$ non ci può essere perché sia r^4 che π provengono da un denominatore nella equazione data. La B andrebbe bene ma manca il π, mentre la D sarebbe giusta se avesse rispettivamente ΔP ed l al denominatore. Nella E solo il segno è sbagliato: va cambiato a entrambi i membri.
Risposta corretta C.

20. I criteri di divisibilità stabiliscono che un numero è divisibile per 4 se le ultime due cifre sono 00 o sono un multiplo di 4, per 11 se la differenza tra le cifre di posto pari e quelle di posto dispari è uguale a 0 oppure ad un multiplo di 11, per 7 se la differenza tra il numero privato dell'ultima cifra e il doppio dell'ultima cifra è un multiplo di 7. L'unico che rispetta tali regole è il 308, infatti le ultime due cifre (08) costituiscono un multiplo di 4, la differenza tra le cifre di posto pari (3 + 8 = 11) e quelle di posto dispari (0) è uguale a un multiplo di 11 e la differenza tra 30 (308 privato dell'ultima cifra) e 16 (ultima cifra di 308, raddoppiata) è uguale a 14, divisibile per 7.
Risposta corretta B.

2.7 EQUAZIONI E SISTEMI

1. Su un piatto della bilancia vengono poste 2 angurie, ognuna del peso di 7 kg. Quanti meloni, del peso di 1,75 kg, dovremo porre sull'altro piatto per portare la bilancia all'equilibrio?

A. 6
B. 10
C. 8
D. 4
E. 2

2. Due innamorati, Maria e Paolo, hanno una differenza d'età di 16 anni. 4 anni fa Paolo aveva il doppio degli anni di Maria. Quanti anni hanno rispettivamente Paolo e Maria?

A. 32, 16
B. 20, 36
C. 16, 32
D. 36, 20
E. 30, 14

3. La mamma di tre bambini (Marco, Paolo e Federico) compra al supermercato 35 caramelle gommose. Decide di spartirle in base alla pagella che i figli hanno appena ricevuto. A Marco spettano il quadruplo di caramelle rispetto a Paolo. A Paolo spettano lo stesso numero di caramelle di Federico meno un quarto di quelle di Marco. Quante caramelle riceverà Federico?

A. 20
B. 10
C. 5
D. 15
E. 35

**4. Sui due piatti di una bilancia sono posti delle crocchette di pollo e delle patatine fritte.
Se venissero aggiunti 1,5 Kg di crocchette la bilancia sarebbe in equilibrio. Se si togliessero 2,5 Kg di patatine, il loro peso triplicato sarebbe pari a quello delle crocchette. Quanto pesano rispettivamente crocchette di pollo e patatine?**

A. C = 2,5; P = 4
B. C = 1,5; P = 3
C. C = 2; P = 3,5
D. C = 3,5; P = 5
E. C = 1; P = 2,5

5. Gianluca deve piastrellare il pavimento rettangolare del suo bagno, lungo 6 m e largo 4 m. Oltre al pavimento, decide di piastrellare anche le pareti alte 2 metri. Sapendo che una singola piastrella è quadrata e ha il lato che misura 0,4 m, quante piastrelle dovrà comprare Gianluca per piastrellare il bagno?

A. 600
B. 400
C. 525
D. 275
E. 160

6. Ogni mattina il raccattapalle di un circolo di tennis deve dividere le palle da gioco in 3 campi. Si sa che le palle in totale sono 182. Nel primo campo sono richieste il quintuplo delle palle rispetto al terzo campo. Nel secondo campo sono necessarie il doppio delle palline del primo campo meno il triplo delle palline del terzo. Quante palline troveremo nel secondo campo?

A. 70
B. 14
C. 98
D. 66
E. 84

**7. Quattro amici decidono di aprire un ristorante, dividendo in parti uguali l'investimento iniziale.
Grazie al consiglio del loro commercialista scoprono che si aggiungessero altre due persone, spartendosi equamente l'investimento iniziale, risparmierebbero 40 mila €. Quanto vale l'investimento iniziale?**

A. 460 mila €
B. 240 mila €
C. 560 mila €
D. 480 mila €
E. 360 mila €

8. Daniel e Ludo per incentivare nella produzione delle domande per il nuovo libro di TestBusters decidono di dare 60€ a chi scrive 50 domande. Decidono di dare 4€ bonus ad ogni domanda in più e altri 4€ bonus (addizionali al primo bonus) per le domande oltre alla 70esima. Teresa è riuscita a produrre 75 domande, quanti soldi riceverà?
A. 150€
B. 180€
C. 195€
D. 190€
E. 210€

9. Maria Paola e Michela decidono di preparare dei bomboloni alla crema e al cioccolato per la festa a sorpresa di Raffaele. Le due amiche decidono di comprare 1,5 Kg di ripieno a testa: 1/3 cioccolato e 2/3 crema. Michela, che come al solito è sbadata, si accorge di aver letto male le indicazioni della amica e di aver comprato 1 Kg di cioccolato e 0,5 Kg di crema. Per risolvere decide di andare a comprare dell'altra crema, in modo da rispettare almeno le proporzioni concordate con l'amica. Quanti Kg di crema dovrà aggiungere?
A. 2 Kg
B. 3 Kg
C. 2,5 Kg
D. 1,5 Kg
E. 1 Kg

10. Davide e Marco hanno 40 anni di differenza. Tra 10 anni l'età di Marco sarà il triplo di quella di Davide. Quanti anni hanno Marco e Davide?
A. 60 e 20
B. 50 e 10
C. 45 e 5
D. 55 e 15
E. 65 e 15

11. Lorenzo deve suddividere fra i suoi 4 figli le caramelle che ha comprato al negozio. Sbagliando i conti esce fuori che, tra i suoi figli:
- **Mario ha 6 caramelle**
- **Luca ha il doppio del triplo di quante ne ha Piero**
- **Piero ne ha 5/6 di Mario**
- **Gianni ne ha 4 in più di Antonio**
- **Antonio ne ha 3/5 di Luca**

Quante sono le caramelle?
A. 50
B. 81
C. 71
D. 91
E. 69

12. Peppino, Pasquale e Patrizio, durante la partita di carte, si confrontano sulle medicine che prendono per le loro patologie. Peppino prende il doppio delle pillole di Pasquale, mentre Patrizio ne prende un quarto rispetto a Peppino. Pasquale prende 2 pillole in più di Patrizio. Quante pillole deve prendere Patrizio?
A. 1
B. 2
C. 4
D. 6
E. 8

13. La studentessa e il dottore hanno 22 anni di differenza. Quattro anni fa, il dottore avrebbe legalmente potuto frequentare la studentessa, avendo lei appena superato la maggiore età. Fra quanti anni la studentessa avrà l'attuale età del dottore?
A. 16
B. 20
C. 22
D. 24
E. 26

14. Nonna Papera ha fatto 50 dolci per i suoi 3 nipoti Qui, Quo e Qua. Si sa che: tra i dolci preparati 15 sono budini al cioccolato, i preferiti di Quo; 40 non sono torte di mele; Qui non ama le meringhe; i tiramisù sono 3 in meno delle meringhe; il tiramisù è il dolce preferito di Qua. Date le seguenti informazioni, e sapendo che ognuno dei nipoti ama un dolce diverso, quante sono le meringhe e quale è il dolce preferito di Qui?
A. 14, meringhe
B. 15, torta di mele

C. 11, budini
D. 14, torta di mele
E. 11, tiramisù

15. Mirko ha un cane che ha 1/7 degli anni del padrone, ed ha anche un gatto di nome Johnny che invece ha la metà degli anni del cane; assieme l'allegra compagnia arriva ad avere un totale di 119 anni, date queste informazioni quanti anni ha il padrone dei due animali?
A. 7 anni
B. 14 anni
C. 84 anni
D. 98 anni
E. 105 anni

LOGICA

CORREZIONE COMMENTATA

1. Impostiamo l'equazione:
2 · 7kg = M · 1,75kg

Quindi M = $\frac{2 \cdot 7}{1,75}$ = 8. Poteva sembrare un calcolo complesso, ma 1.75 · 2 = 3.5, che è la metà di 7, quindi 1.75 sarà contenuto 8 volte in 14.
Risposta corretta C.

2. Impostiamo un sistema a due incognite X (Paolo) e Y (Maria):

$$\begin{cases} X - Y = 16 \\ \dfrac{X-4}{Y-4} = 2 \end{cases}$$

Grazie al metodo della sostituzione otteniamo che: Y + 16 – 4 = 2 Y – 8; quindi Y = 20 e X = 36.
Quindi, Paolo ha 36 anni mentre Maria ne ha 20.
Risposta corretta D.

3. Il metodo più semplice è quello di impostare un sistema:

$$\begin{cases} M = 4P \\ P = F - \frac{1}{4}M \\ M + P + F = 35 \end{cases}$$

Per prima cosa ricaviamo M e F in funzione di P e li sostituiamo nell'ultima equazione. Otteniamo quindi che M = 4P e F = 2P; L'ultima equazione diventa:

4P + P + 2P = 35

P = 35/7 = 5. Quindi a Paolo spettano 5 caramelle, a Marco spettano 20 caramelle (4 · 5 = 20) ed infine a Federico ne spettano 10 (2 · 5 = 10).
Risposta corretta B.

4. Impostiamo un sistema a due incognite X (crocchette di pollo) e Y (patatine fritte):

$$\begin{cases} X + 1,5 = Y \\ X = 3 \cdot (Y - 2,5) \end{cases}$$

Risolvendo otteniamo che: 3Y – 7,5 = Y – 1,5 e cioè 2Y = 6 quindi Y = 3. Possiamo quindi ricavare X = 3 – 1,5 = 1,5.
Risposta corretta B.

5. Per prima cosa calcoliamo l'area complessiva da piastrellare: essa sarà la somma tra: l'area del pavimento = 6 · 4 = 24, l'area ricoperta dai due muri posti sul lato corto = (4 · 2) · 2 = 16 e quella ricoperta dai due muri posti sul lato lungo = (6 · 2) · 2 = 24.
Quindi area totale = 24 + 16 + 24 = 64 m^2.
A questo punto troviamo l'area di una piastrella: 0,4 · 0,4 = 0,16 m^2.
Le piastrelle da utilizzare saranno quindi: 64: 0,16 = 400.
Risposta corretta B.

6. Usiamo le relazioni dateci dal problema per costruire un sistema di equazioni:

$$\begin{cases} P = 5T \\ S = 2P - 3T \\ P + S + T = 182 \end{cases}$$

Ricaviamo adesso la prima e la seconda incognita in funzione di T e sostituiamo i valori ottenuti nell'ultima equazione:

$$5T + 7T + T = 182$$

T = 14. Ne consegue che: P = 70 e quindi S = 98.
Risposta corretta C.

7. Impostiamo la seguente equazione, chiamando X il valore dell'investimento iniziale:

$$\frac{X}{4} - \frac{X}{6} = 40.000$$

Da qui possiamo ricavare che X = 480.000.
Risposta corretta D.

8. Teresa riceverà:
60€ per le prime 50 domande;
80€ (4€ · 20) per le domande dalla 51esima alla 70esima;
40€ (8€ · 5) per le domande dalla 71esima alla 75esima
In totale: 60 + 80 + 40 = 180€.
Risposta corretta B.

9. Per capire quanti kg di crema dovrà comprare Michela impostiamo la seguente proporzione:

$$1 \text{ kg di cioccolato}: \frac{1}{3} = X \text{ (kg crema)}: \frac{2}{3}$$

Otteniamo che $X = \frac{2}{3} \cdot 3 = 2$ kg, ma Michela aveva già comprato 0,5 kg di crema quindi dovrà acquistare ancora 1,5 kg.
Risposta corretta D.

10. Impostiamo un sistema a due incognite M (Marco) e D (Davide):

$$\begin{cases} M - D = 40 \\ \dfrac{M + 10}{D + 10} = 3 \end{cases}$$

Grazie al metodo della sostituzione otteniamo che: D + 40 + 10 = 3D + 30;
Risolviamo i conti fino ad ottenere che 2 D = 20, quindi D = 10. Davide ha dunque 10 anni, mentre Marco avendo 40 anni in più, ne avrà 50.
Risposta corretta B.

11. Possiamo fare i calcoli andando a calcolare quante caramelle ha Luca: sapendo che Mario ne ha 6 e Piero ne ha ⅚ di Mario, Piero ne avrà 5. Di conseguenza, Luca ne avrà 30, siccome ha 6 volte le caramelle di Piero. Infine, Antonio ne ha ⅗ di Luca, quindi 18; Gianni, ne ha invece 22.
6 (Mario) + 5 (Piero) + 30 (Luca) + 18 (Antonio) + 22 (Gianni) = 81.
Risposta corretta B.

12. Riscriviamo le frasi del testo in linguaggio matematico. Peppino prende il doppio delle pillole di Pasquale: *Pep = 2Pas*. Patrizio prende un quarto delle pillole di Peppino: $\frac{Pep}{4}$.
Pasquale prende 2 pillole in più di Patrizio: *Pas* = *Pat* + 2. Si può procedere iniziando a sostituire la prima equazione nella seconda: $Pat = \frac{2Pas}{4} = \frac{Pas}{2}$.
Si può ora sostituire la terza equazione in quella appena ottenuta: $Pat = \frac{(2 + Pat)}{2} \rightarrow$ Patrizio = 2.
Risposta corretta B.

13. Partiamo con l'impostare la seguente equazione derivata dalle informazioni forniteci dal testo: y = x + 22, con y=età del dottore e x=età della studentessa.
A questo punto sappiamo che x - 4 = 18 (età della maggiore età). Quindi attualmente la studentessa ha 18 + 4 = 22 anni. Se il dottore ha 22 anni più della studentessa, vuol dire che attualmente ha 44 anni. La studentessa ventiduenne avrà l'età del dottore fra 44 - 22 = 22 anni.
Risposta corretta C.

14. Dei 50 dolci sappiamo che 15 sono budini e 40 non sono torte di mele, che quindi sono 50 - 40 = 10; dei rimanenti 25 dolci (50 - 15 - 10) i tiramisù sono tre in meno delle meringhe, quindi i tiramisù sono 11 e le meringhe 14 (se x sono i tiramisù e x + 3 sono le meringhe, allora:
$x + x + 3 = 25 \rightarrow 2x = 22 \rightarrow x = 11$ tiramisù e 14 meringhe). Da questo risultato possiamo escludere le risposte B, C ed E; infine sappiamo che Qui non ama le meringhe, ma il suo dolce preferito è la torta di mele.
Risposta corretta D.

15. Conviene raggruppare le informazioni in modo da ottenere un sistema con tre equazioni a tre incognite; sapendo che Mirko= M, cane= C e Johnny= J, le tre equazioni sono:

$$\begin{cases} M + C + J = 119 \\ C = \frac{1}{7}M \\ J = \frac{1}{2}C \end{cases}$$

Per risolvere il quesito si inizia da $C = \frac{1}{7} = M \rightarrow M = 7C$ quindi si continua con la prima equazione
$M + C + J = 119 \rightarrow 7C + C + \frac{1}{2}C = 119 \rightarrow 14C + 2C + C = 238 \rightarrow 17C = 238 \rightarrow C = \frac{238}{14} = 14.$
E si conclude con $M = 7C \rightarrow M = 7 \cdot 14 = 98$.
Risposta corretta D.

2.8 EQUAZIONI CON SIMBOLI

1. Se:
& + 2£ = 9
£ + 3 = &
Quanto vale il simbolo &?
A. 7
B. 5
C. 6
D. 4
E. 2

2. Se:
2€ + 2% = 16
3€ = %
Quanto vale il simbolo %?
A. 4
B. 2
C. 5
D. 8
E. 6

3. Se:
© - 25 = ®
$\frac{©}{2}$ = 3®
Quanto valgono i simboli © e ®?
A. 5; 30
B. 20; 25
C. 15; 10
D. 30; 5
E. 15; 20

4. Se:
$ + % + & = 50
$ + % = 30 - %
& = 30 - %
Quanto vale il simbolo $?
A. 30
B. 23
C. 7
D. 20
E. 27

5. Se:
(€ x 5) – 8 = 5 + π
€ + π = 11
Quanto valgono i simboli € e π?
A. 4, 7
B. 10, 3
C. 5, 10
D. 13, 8
E. 2, 4

6. Date le seguenti equazioni:
$\alpha + \theta = \rho$
$\rho = 11 - \theta$
$\alpha = \frac{\rho}{22}$
Quanto vale θ?
A. $\frac{11}{2}$
B. 5
C. $\frac{43}{11}$
D. $\frac{22}{43}$
E. $\frac{231}{43}$

7. Nel seguente sistema di equazioni:
4@ = 5$ + #
$ - 3# = 144
$\frac{5}{2}$@ - $\frac{4}{3}$$ = 3# - 3
Che valore assume $?
A. 408
B. 528
C. - 87
D. - 117
E. 168

8. Se:
3% + 2$ = 16
6% = 3$ - 3
Allora % è uguale a:
A. 2
B. 5
C. 7
D. 3
E. 4

9. Se:
€ + 2$ - % = £ + %
£ = 12
€ = 2$ = 2%
Allora $ è uguale a:
A. 5
B. 6
C. 4
D. 3
E. 11

10. Se

$xy - 3 + 2gp = \frac{mn}{2}$

$gp = \frac{13}{16} mn$

$xy + 2gp = \frac{3}{11}$

Allora mn è uguale a:

A. $\frac{30}{11}$

B. $-\frac{165}{44}$

C. $\frac{53}{21}$

D. $-\frac{60}{11}$

E. $-\frac{195}{44}$

CORREZIONE COMMENTATA

1. Isoliamo "£" nella seconda equazione otterremo che: £ = & - 3.
Sostituiamo quindi il valore di £ nella prima equazione: & + 2& - 6 = 9. Dopo aver risolto i calcoli dell'equazione otterremo che: 3 & = 15 e quindi & = 5.
Risposta corretta B.

2. Grazie alla seconda equazione sappiamo che: % = 3€. Sostituiamo % nella prima equazione, ottenendo: 2€ + 6€ = 16 quindi € = 2. Sostituiamo il valore trovato di € nella seconda equazione e troviamo: % = 2 x 3 quindi % = 6.
Risposta corretta E.

3. Sostituiamo il valore di ®, che ci viene fornito nella prima equazione, nella seconda equazione. Otteniamo che: ©/2 = 3©-75. Per comodità moltiplichiamo tutto per 2 ottenendo © = 6 © - 150, isoliamo © e otterremo che: –5© = -150 e quindi ©=30. Di conseguenza ®=5.
Risposta corretta D.

4. Scriviamo tutto in funzione di %. Dalla terza equazione possiamo ricavare: & = 30 - %, mentre dalla seconda: $ = 30 – 2 %. A questo punto sostituiamo quanto ottenuto nella prima: 30 - % + % + 30 – 2 % = 50. Infine risolviamo i calcoli, ottenendo: 2 % = 10 quindi % = 5, allora $ = 20.
Risposta corretta D.

5. Isoliamo π nella prima equazione otteniamo: π = 5€ - 13. Sostiamo poi il valore di π nella seconda equazione: € + 5€ - 13 = 11. Infine risolviamo i conti per ottenere: 6€ = 26 cioè € = 4, di conseguenza π = 7.
Risposta corretta A.

6. Nella risoluzione di questo sistema può rivelarsi utile sostituire le lettere greche con le più familiari x, y e z, a patto che però si presti attenzione una volta risolto il sistema per non confondere le incognite. Diciamo dunque che x + y = z, z = 11 - y e che $x = \frac{z}{22}$. Una volta fatte le opportune sostituzioni, θ (cioè la nostra y) risulta essere uguale a $\frac{231}{43}$.
Risposta corretta E.

7. Partendo dalla seconda equazione possiamo ricavare il valore di $ = 144 + 3# e possiamo sostituirlo nella prima equazione per trovare il valore di @, sempre in relazione a #: 4@ = 5 (144 + 3#) + #; eseguendo la moltiplicazione e dividendo per 4 si ottiene: @ $= \frac{(720 + 15\# + \#)}{4}$ e quindi @ = 180 + 4#. Ora queste due equazioni possiamo sostituirle nella terza equazione e trovare:
5 · (90 + 2#) – 4 ·(48 + #) = 3# - 3; risolvendo troviamo: 450 + 10# - 192 – 4# = 3# - 3; quindi # = -261/ 3 = - 87. Il testo ci chiede il valore di $ quindi sostituendo # nella prima equazione: $ = 144 + 3 · (- 87) = - 117.
Risposta corretta D.

8. Isoliamo % nella seconda equazione e otterremo che: % = (3$ - 3)/6.
Semplificando: $\% = \frac{(\$ -1)}{2}$. Sostituiamo il valore di % nella prima equazione e otterremo che: $\frac{3}{2}\$ - \frac{3}{2} + 2\$ = 16$. Moltiplichiamo tutti i termini per 2, in modo da eliminare il denominatore: 3$ - 3 + 4$ = 32. Svolgiamo ora i calcoli per ottenere che: $ = 5. Di conseguenza % = 2.
Risposta corretta A.

9. Per risolvere l'esercizio iniziamo sostituendo nella prima equazione a £ il suo valore 12. Otterremo così: € + 2$ - % = 12 + %. A questo punto, osservando l'ultima equazione tra quelle date possiamo sostituire nella prima tutti i valori in funzione di $, ottenendo così: 2$ + 2$ - $ = 12 + $. Quindi, svolgendo i calcoli: 2$ = 12 e $ = 6.
Risposta corretta B.

10. Osservando attentamente il sistema è possibile notare che in realtà sono sufficienti la prima e l'ultima equazione per trovare mn.

La prima equazione la si può riscrivere nella forma: (xy + 2gp) - 3 = $\frac{mn}{2}$
Al posto di (xy + 2gp) sostituiamo 3/11 (ricavato dalla terza equazione).
La prima equazione dunque diventa:
$\frac{3}{11} - 3 = \frac{mn}{2}$
Da cui $\frac{mn}{2} = -\frac{30}{11} \rightarrow mn = -\frac{60}{11}$

Risposta corretta D.

2.9 PERCENTUALI E FRAZIONI

1. La nonna di Marco prepara una torta per lui e i suoi 4 fratellini. Marco, il più grande, ne mangia il triplo di Tommaso, il quale ne mangia la metà rispetto a Toni, a Luca e Paolo. Quale percentuale della torta è stata mangiata da Tommaso?

A. 15%
B. 8%
C. 10%
D. 20%
E. 17,5%

2. Davide, Francesco e Filippo vanno a mangiare la pizza insieme. Al termine della cena decidono di dividere "alla romana", pagando tutti lo stesso prezzo. Davide mette 15 €, pagando i 3/5 del conto, e Francesco paga 10 €. Filippo, che non ha contribuito alla quota, quanti soldi deve allora a Davide?

A. 6,67 €
B. 8,33 €
C. 25 €
D. 1,67 €
E. 5 €

3. Nella squadra di pallavolo mista di Martina 1/4 dei giocatori sono alzatori, 1/3 sono uomini e la metà gioca da più di tre anni. Alla pizzata di squadra in 4 non hanno potuto partecipare, quanti sono quindi a mangiare la pizza?

A. 6
B. 12
C. 8
D. 9
E. 10

4. Giorgio compra a 336€ un computer che costava 420€. Qual è stata quindi la percentuale di sconto?

A. 80%
B. 20%
C. 84%
D. 15%
E. 30%

5. Lorenzo ha 14 giorni a disposizione per prepararsi all'esame di Fisica. Nei primi 6 giorni studia $\frac{1}{3}$ delle pagine e nei successivi 6 studia i $\frac{3}{5}$ di quelle rimanenti. Nei due giorni che gli rimangono prima dell'esame quale parte delle pagine totali deve studiare per terminare la preparazione?

A. $\frac{2}{5}$
B. $\frac{4}{15}$
C. $\frac{2}{3}$
D. $\frac{11}{15}$
E. $\frac{3}{5}$

6. All'outlet vicino a casa di Roberto un paio di Jeans che costavano 140 € vengono venduti con lo sconto del 20%. Avendo la tessera, Roberto ha diritto ad un ulteriore sconto del 10% alla cassa. Quanto spende allora per i Jeans?

A. 110 €
B. 140 €
C. 112 €
D. 100,8 €
E. 112,8 €

7. Gabriele compra un motorino per 400€ e dopo 3 anni lo vende al suo amico Enzo con uno sconto del 10%. Enzo lo sistema un po' e lo rivende guadagnando il 5% del prezzo a cui lo aveva acquistato. A quanto rivende Enzo il motorino?

A. 18 €
B. 360 €
C. 418 €
D. 342 €
E. 378 €

8. Al supermercato Gina si accorge che ogni giorno il prezzo del prosciutto viene abbassato del 10% rispetto al prezzo precedente da mercoledì a venerdì. Quanto risparmia in percentuale Gina comprando il prosciutto venerdì, rispetto al martedì?

A. 8,1%
B. 27,1%
C. 90,4%

D. 81%
E. 72,9%

9. Alla partita di basket Luca segna i 4/13 dei punti totalizzati dalla squadra. Il suo gemello Paolo, che fa solo tiri da 3 punti, segnando 5 canestri fa un punteggio di un punto minore rispetto a Luca. Quanti punti sono stati totalizzati in totale dalla squadra?
A. 52 punti
B. 16 punti
C. 4 punti
D. 15 punti
E. 25 punti

10. Nella classe di Giacomo solo 6 studenti hanno svolto i compiti richiesti di matematica. Sapendo che gli alunni totali della classe sono 20, quale percentuale non ha fatto i compiti?
A. 30%
B. 14%
C. 70%
D. 86%
E. 55%

11. Andrea legge al giorno 75 pagine del libro per le vacanze scolastiche. Il quarto giorno gli rimangono da leggere però solo 1/6 delle pagine totali. Da quante pagine è composto il libro?
A. 450
B. 225
C. 325
D. 500
E. 270

12. William compra la nuova tavola da snowboard con il 18% di sconto, risparmiando così 72 €. Qual è il prezzo della tavola non scontata?
A. 378 €
B. 200 €
C. 72 €
D. 400 €
E. 418 €

13. Un negozio di attrezzature per il ciclismo nel 2015 ha venduto 150 biciclette e l'anno successivo 165. L'incremento percentuale di tale numero è quindi del:
A. 110%
B. 15%
C. 165
D. 115%
E. 10%

14. A Testbusterville nel 2015 gli abitanti sono diminuiti del 25% rispetto all'anno precedente, mentre nel 2016 sono aumentati del 4% rispetto al 2015. Nei due anni a Testbusterville gli abitanti sono quindi complessivamente diminuiti del:
A. 19%
B. 78%
C. 21%
D. 75%
E. 22%

15. Tra i ragazzi iscritti al test di medicina a Milano solo il 70% si presenta il giorno del test. Di questi, il 65% usa una penna nera, i rimanenti una penna blu. Sapendo che in 686 hanno usato una penna blu, quanti ragazzi hanno usato una penna nera?
A. 1274
B. 686
C. 1960
D. 2480
E. 2800

16. Nella scuola di Filippo il 55% degli studenti gioca a Calcio, il 70% pratica nuoto e il 15% non fa né calcio né nuoto. Qual è la percentuale di alunni che praticano entrambi gli sport?
A. 40%
B. 85%
C. 90%
D. 60%
E. 35%

17. Per raggiungere la scuola Gigio percorre 1/3 del tragitto in autobus, 3/5 in metropolitana e i rimanenti 800 metri a piedi. Qual è la distanza, espressa in km, che separa la casa di Gigio dalla scuola?

A. 8 Km
B. 12 Km
C. 6 Km
D. 20 Km
E. 2 Km

18. Per scrivere 200 pagine del suo primo libro Giulia ha usato 60.000 parole. Ipotizzando che in ogni pagina ci siano lo stesso numero di parole, quante ne deve ancora usare per terminare l'1/5 del libro che le rimane?

A. 3.000
B. 15.000
C. 25.000
D. 13.000
E. 60.000

19. A un prodotto già scontato del 15% viene applicato un ulteriore sconto del 10%. Se il prezzo di listino era di 200 €, quanto costa ora il prodotto?

A. 170 €
B. 150 €
C. 117 €
D. 100 €
E. 153 €

20. Nella scuola di Giulia 99 alunni di 660 vogliono entrare in Medicina o in Odontoiatria. Quale percentuale di studenti preferisce quindi un'altra facoltà?

A. 75%
B. 15%
C. 95%
D. 85%
E. 65%

LOGICA

CORREZIONE COMMENTATA

1. Ipotizzando che Tommaso mangi un pezzo di torta, Marco ne mangia allora 3 pezzi e Toni, Luca e Paolo 2 a testa. In totale la torta viene divisa quindi in 10 parti (1T + 3M + 2T + 2L + 2P). Tommaso, avendone mangiata 1 su 10, ha mangiato quindi il 10% della torta.
Risposta corretta C.

2. Se 15 € corrispondono ai $\frac{3}{5}$ del conto, il prezzo della cena è stato di 25 € → $\frac{15}{3} \cdot 5$. Ognuno deve quindi pagare 25 : 3 = 8.33 €. Filippo deve dare allora a Davide 15 – 8.33 = 6.67 €.
Risposta corretta A.

3. Il numero di giocatori della squadra dev'essere un multiplo di 4, un multiplo di 3 e un multiplo di 2. A questo numero va sottratto 4, che corrisponde al numero di giocatori che non hanno partecipato alla pizzata. L'unica opzione che soddisfa le condizioni è 8.
Risposta corretta C.

4. Giorgio ha risparmiato 420 - 336 = 84€. Per trovare la percentuale dello sconto imposto allora una proporzione: 84 : 420 = X : 100 → $X = \frac{84 \cdot 100}{420} = 20$.
Risposta corretta B.

5. Dopo i primi 6 giorni di studio a Lorenzo sono rimasti i $\frac{2}{3}$ delle pagine da studiare. Nei 6 giorni successivi studia i $\frac{3}{5}$ di questi $\frac{2}{3}$, che corrispondono quindi ai $\frac{2}{5}$ delle pagine totali → $\frac{3}{5} \cdot \frac{2}{3} = \frac{2}{5}$. Dopo 12 giorni ha studiato perciò $\frac{1}{3} + \frac{2}{5} = \frac{11}{15}$ delle pagine totali e gli rimangono $\frac{4}{15}$.
Risposta corretta B.

6. Con lo sconto del 20% il prezzo dei jeans si abbassa di 28 €, infatti 20 : 100 = X : 140 € → $X = \frac{20 \cdot 140}{100}$; diventando così di 112 €. Il 10% di 112 € è 11,2 €, Roberto spende allora 112 – 11,2 = 100,8 €.
Risposta corretta D.

7. Il 10% di 400 € sono 40 €, Enzo compra quindi il motorino a 360 €. Guadagna poi il 5% ovvero: $\frac{360 \cdot 5}{100} = 18$ €. Ha perciò rivenduto il motorino a 360 + 18 = 378 €.
Risposta corretta E.

8. Ipotizzando che il martedì il prosciutto costi 100 €, mercoledì costa il 10% in meno, ovvero 90 €. Il 10% di 90 € sono 9 €, giovedì costa allora 81 €. Venerdì il prosciutto viene venduto allora a 81 - 8,1 = 72,9 €. Gina risparmia così 100 - 72,9 = 27,1 € che su 100€ corrispondono perciò al 27,1%.
Risposta corretta B.

9. Paolo, avendo fatto 5 canestri da 3 punti, ha totalizzato 3 · 5 = 15 punti. Luca ha totalizzato perciò 16 punti, che corrispondono ai $\frac{4}{13}$ dei punti totali. Il punteggio totalizzato dalla squadra è allora di 16/4 · 13 = 52 punti.
Risposta corretta A.

10. Il numero di alunni che non ha svolto i compiti è: 20 - 6 = 14. Per trovare il valore in percentuale imposto la proporzione: 14 : 20 = X : 100 → $X = \frac{100 \cdot 14}{20} = 70\%$.
Risposta corretta C.

11. Nei primi tre giorni Andrea legge 75 · 3 = 225 pagine, che corrispondono ai $\frac{5}{6}$ delle pagine totali. Il libro è formato quindi da: $\frac{225}{5} \cdot 6 = 270$ pagine.
Risposta corretta E.

12. Per trovare il prezzo della tavola non scontata si imposti la seguente proporzione: 18 : 100 = 72 : X à X = $\frac{72 \cdot 100}{18} = 400$ €.
Risposta corretta D.

13. Le vendite sono passate da 150 a 165, per calcolare l'incremento percentuale eseguo perciò: $\frac{165}{150} \cdot 100 = 110\%$, ovvero il 10% in più.
Risposta corretta E.

14. Ipotizzando che nel 2014 gli abitanti fossero 100, nel 2015 sono diminuiti di 25, per un totale quindi di 75 abitanti. Trovo allora il 4% di 75 con la seguente proporzione: 4 : 100 = X : 75 X = 3.
Nel 2016 il numero degli abitanti è aumentato quindi di 3 rispetto al 2015 arrivando a 75 + 3 = 78. Dal 2014 gli abitanti sono passati perciò da 100 a 78, diminuendo di 22.
Risposta corretta E.

15. I ragazzi che hanno usato la penna blu sono 686 e corrispondono al 35% di quelli che si sono presentati il giorno del test (100 - 65 = 35). Per trovare il numero di studenti che hanno usato una penna nera imposto perciò la proporzione: 686 : 35 = X : 65 → X = $\frac{686 \cdot 65}{35} = 1274$.
Risposta corretta A.

16. Gli studenti che fanno o calcio o nuoto corrispondono a 100 - 15 = 85%. La percentuale di alunni che praticano entrambi gli sport è quindi pari a: 70 + 55 - 85 = 40%.
Risposta corretta A.

17. Con i mezzi Gigio percorre $\frac{1}{3} + \frac{3}{5} = \frac{5+9}{15} = \frac{14}{15}$ del percorso. I rimanenti $\frac{1}{15}$ corrispondono a 800 m, la distanza da casa a scuola è quindi pari a: 800 · 15 = 12000 m = 12 Km.
Risposta corretta B.

18. Il numero di parole per ogni pagina è pari a $\frac{60000}{200} = 300$. Se a Giulia mancano $\frac{1}{5}$ delle pagine da scrivere, ne ha già scritti $\frac{4}{5}$, che corrispondono a 200 pagine. Le mancano perciò da scrivere $\frac{200}{4} = 50$ pagine e dovrà usare 50 · 300 = 15.000 parole.
Risposta corretta B.

19. Con lo sconto del 15% il prezzo del prodotto si abbassa di 30 €, infatti: 15 : 100 = X : 200 → X = $\frac{200 \cdot 15}{100} = 30$, arrivando perciò a 170 €. Il 10% di 170 corrisponde a 17, il prodotto arriva quindi a costare 170 - 17 = 153 €.
Risposta corretta E.

20. In percentuale 99 alunni su 660 corrispondono a: $\frac{99}{660} \cdot 100 = 15\%$. Gli studenti che preferiscono un'altra facoltà sono quindi l'85%.
Risposta corretta D.

2.10 PROPORZIONI E PROBLEMI SUL LAVORO

1. Ariel, Bernie e Cita decidono di dividere i profitti del loro negozio nella proporzione di 2:3:5. Se la parte di Ariel è stata di 4000 €, qual è il profitto totale del negozio?

A. 16.000 €
B. 20.000 €
C. 37.000 €
D. 40.000 €
E. 52.000 €

2. Aili ha deciso di acquistare una nuova bici. Arrivata al negozio MiBike, si accorge che la bici che le piace costa troppo, allora decide di aspettare i saldi. Dopo un po' il negozio decide di applicare uno sconto del 30% per cento sul prezzo iniziale, più un ulteriore sconto del 30% sul prezzo rimanente solo per lei, dato che è molto motivata a prendere quella bici. Nel frattempo, però, Aili ha trovato un altro negozio, il Bici&Camp, che vende la bici a allo stesso prezzo ma con uno sconto del 50%. Quale delle due offerte le conviene di più? E quanto vale la differenza in percentuale tra i due prezzi finali?

A. Il Bici&Camp, con un risparmio del 3% rispetto all'altro
B. Le due offerte sono equivalenti, Aili ruba la bici e scappa in Messico!
C. Il MiBike, con un risparmio dell'1% rispetto all'altro
D. Il MiBike, risparmiando il 3% rispetto all'altro
E. Il Bici&Camp, con un risparmio dell'1% rispetto all'altro

3. 210 litri di vino occupano 6/8 di una botte. Quanto è capiente la botte?

A. 240 litri
B. 250 litri
C. 260 litri
D. 270 litri
E. 280 litri

4. Riccardo ha comprato i 4/7 di una collezione di vinili. Sapendo che ha acquistato 56 dischi, quanti dischi deve ancora comprare per avere la collezione completa?

A. 42
B. 56
C. 70
D. 84
E. 98

5. In una libreria sono presenti diversi libri: storici, gialli e saggi. Nella prima mensola ci sono solo libri storici, nella seconda solo gialli; il numero dei libri gialli è il doppio di quello dei libri storici. Sull'ultima mensola ci sono i saggi che corrispondono a 7 volte i libri gialli. Sapendo che i gialli sono 6, quanti sono i volumi in totale nella libreria?

A. 10
B. 24
C. 46
D. 51
E. 60

6. Un marinaio ha compiuto 5/8 del suo tragitto. Se ha navigato per 25 Km, quanti Km è lungo l'intero tragitto?

A. 30 km
B. 40 km
C. 50 km
D. 60 km
E. 70 km

7. Francesca è molto golosa ma anche estremamente precisa; vuole dividere 78 biscotti in tre piatti in modo che il primo piatto abbia un terzo dei biscotti del secondo e che il secondo piatto abbia un terzo dei biscotti del terzo piatto. Ovviamente Francesca ha intenzione di mangiare tutti i biscotti. Quanti biscotti contiene il secondo piatto?

A. 18
B. 21
C. 24
D. 27
E. 30

8. Il signor Poli ha deciso di integrare la sua dieta con delle proteine in polvere. Si allena 3 volte a settimana e vuole assumere le proteine solo quando si allena. Nei tre giorni assume le proteine in proporzione di 2:5:8. Sapendo che il primo giorno assume 15 grammi di proteine, quante ne assumerà il terzo?
A. 18 g
B. 36 g
C. 60 g
D. 80 g
E. 96 g

9. Il righello di Malvina è lungo 12 cm e quello di Martina corrisponde a 10/6 del primo. Quanto misurano i due righelli messi uno di seguito all'altro?
A. 8 cm
B. 16 cm
C. 20 cm
D. 32 cm
E. 42 cm

10. Dopo la morte del padre, quattro fratelli devono dividere il patrimonio di 170.000 euro secondo la seguente proporzione 1:4:5:7. Quanto denaro ricava il fratello che ne riceve di più?
A. 17.000€
B. 44.000 €
C. 59.000 €
D. 70.000 €
E. Non sono forniti dati sufficienti per rispondere

11. Federica, Francesca e Ilaria mangiano tre pizze in tre ore. Se invitano a cena altri sei ragazzi, che mangiano tutti alla stessa velocità delle ragazze, quante pizze verranno mangiate in nove ore?
A. 9
B. 12
C. 18
D. 24
E. 27

12. Siamo quasi a Natale ed un pasticciere prepara 5 panettoni in 2 ore e mezza. Quanti pasticcieri dovrebbero lavorare, allo stesso ritmo, per preparare 12 panettoni in un'ora e mezza?
A. 3
B. 4
C. 5
D. 6
E. 7

13. Sei professori impiegano 50 minuti per correggere un compito. Quanto impiegherebbe uno solo di essi per correggere lo stesso compito?
A. 300 minuti
B. 7 ore e 12 minuti
C. 3 ore
D. 3 ore e 5 minuti
E. 600 minuti

14. Se 4 orsetti mangiano un vaso di miele in 15 giorni, 6 orsetti in quanti giorni mangeranno lo stesso vaso di miele?
A. 10 giorni
B. 12,5 giorni
C. 15 giorni
D. 17,5 giorni
E. 22,5 giorni

15. 20 canarini hanno il mangime per 19 giorni. Se i canarini fossero 5, quanti giorni durerebbe il mangime?
A. 127
B. 76
C. 48
D. 38
E. 26

16. 6 marinai sono dispersi in mezzo al mare e hanno acqua potabile ancora per 22 giorni. Se i naufraghi fossero 4, quanti giorni durerebbe l'acqua?
A. 33 giorni
B. Una settimana
C. 19 giorni e mezzo
D. Circa 20 giorni
E. 161 giorni

17. Tre lavapiatti sbucciano un sacco di patate rispettivamente in 3, 4, 6 ore. Quante ore impiegano a sbucciare insieme le patate di 45 sacchi?

A. 12
B. 13
C. 60
D. 120
E. Non è possibile rispondere con i dati forniti

18. Un signore costruisce una casetta di legno in un giorno mentre, aiutato dal figlio, impiega solamente 18 ore. Quanto tempo impiegherebbe il figlio per costruire una casetta di legno da solo?

A. 2 giorni e 3 ore
B. 2 giorni e 8 ore
C. 3 giorni
D. 3 giorni e 3 ore
E. 5 giorni e 1 ore

19. Adele e Beatrice mangiano come se il loro stomaco potesse dilatarsi all'infinito; svuotano infatti tutto il loro frigorifero in 90 minuti (mangiando allo stesso ritmo). Se avessero invitato anche Irene, mangiando le tre ragazze alla stessa velocità, quanto tempo avrebbero impiegato ad esaurire le stesse scorte alimentari?

A. 30 minuti
B. 40 minuti
C. 45 minuti
D. 50 minuti
E. 1 ora

20. 21 pizzaioli preparano 210 pizze in un'ora e mezza. Quanti pizzaioli bisogna licenziare perché i pizzaioli rimasti preparino 35 pizze in 45 minuti?

A. 4
B. 7
C. 9
D. 14
E. 18

CORREZIONE COMMENTATA

1. Per risolvere il quesito è necessario impostare due proporzioni.
Nella prima consideriamo solo Ariel e Bernie:
$2 : 3 = 4.000 : B$
$B = \frac{4000 \cdot 3}{2} = 6000$
Allo stesso modo, consideriamo Bernie e Cita:
$3 : 5 = 6.000 : C$
$C = \frac{6000 \cdot 5}{3} = 10000$
In totale: $4.000 + 6.000 + 10.000 = 20.000$ €.
Risposta corretta B.

2. Per risolvere il quesito, dato che si ragiona in percentuali, conviene assegnare un valore a piacere per il prezzo iniziale della bici (i prezzi iniziali nei due negozi infatti sono uguali). Per comodità diciamo che il prezzo iniziale è di 100 euro. Calcoliamo quindi il prezzo finale della bici di MiBike. Calcoliamo il 30% di 100, che equivale appunto a 30, e sottraiamolo al totale: 100 – 30 = 70. Il prezzo dopo il primo sconto equivale a 70 euro; per trovare il prezzo finale dopo il secondo sconto calcoliamo il 30% di 70: = 21 euro. 21 euro è lo sconto ulteriore applicato ai 70 euro; il prezzo finale sarà allora equivalente a 70 – 21 = 49.
Per trovare il prezzo finale della bici di Bici&Camp, poiché lo sconto è del 50%, ci basta fare 100-50= 50.
Trasformiamo adesso i prezzi finali in percentuali e troviamo quindi che il prezzo finale di MiBike equivale al 49% del totale, mentre quello di Bici&Camp equivale al 50%.
Possiamo concludere ora che il negozio più conveniente è MiBike, per trovare il risparmio percentuale di uno rispetto all'altro facciamo: 50% - 49% = 1%. Andando da MiBike Aili quindi paga l'1% in meno rispetto a Bici&Camp.
Risposta corretta C.

3. Per risolvere il quesito possiamo impostare una proporzione:
$210 : X = \frac{6}{8} : 1$
$X = \frac{210 \cdot 8}{6} = 280$
La botte piena contine 280L.
Risposta corretta E.

4. Per risolvere il quesito possiamo impostare una proporzione:
$56 : X = \frac{4}{7} : 1$
$X = \frac{56 \cdot 7}{4} = 98$
Attenzione: poiché possiede già 56 vinili, Riccardo ne deve comprare 98 - 56 = 42.
Risposta corretta A.

5. Per risolvere il quesito è necessario impostare due proporzioni.
Nella prima consideriamo solo gli storici e i gialli:
$1 : 2 = X : 1$
$X = \frac{1 \cdot 6}{2} = 3$
Allo stesso modo, consideriamo i gialli e i saggi:
$1 : 7 = 6 : X$
$X = \frac{6 \cdot 7}{1} = 42$

In totale ci sono quindi 3 (storici) + 6 (gialli) + 42 (saggi) = 51 libri.
Risposta corretta D.

6. Per risolvere il quesito possiamo impostare una proporzione:

$25 : X = \frac{5}{8} : 1$

$X = \frac{25 \cdot 8}{5} = 40$

L'intero tragitto è quindi lungo 40 km.
Risposta corretta B.

7. Dalle informazioni del testo possiamo dedurre che i biscotti sono disposti nei tre piatti secondo un rapporto 1:3:9. Per la proprietà delle proporzioni, possiamo scrivere:

$X : 78 = 3 : 13$

$X = \frac{78 \cdot 3}{13} = 18$

Il secondo piatto contiene 18 biscotti.
Risposta corretta A.

8. Per risolvere il quesito possiamo impostare una proporzione, sapendo che il rapporto tra il primo e il terzo giorno è di 2 : 8, quindi 1 : 4:

$1 : 4 = 15g : X$

$X = \frac{15 \cdot 4}{1} = 60g$

Il signor Poli assumerà quindi 60 grammi di proteine (per poi andare in dialisi).
Risposta corretta C.

9. Se il righello di Martina corrisponde a 10/6 del primo, quello di Malvina equivale a 6/6 e quindi a 1. Impostiamo quindi una proporzione:

$\frac{10}{6} : 1 = X : 12 \text{ cm}$

$X = \frac{10 \cdot 12}{6} = 20 \text{ cm}$

La somma delle due lunghezze è quindi: 12 cm + 20 cm = 32 cm.
Risposta corretta D.

10. Il patrimonio totale deve essere diviso in 1 + 4 + 5 + 7 = 17 parti. Il primo fratello riceverà l'equivalente di una delle 17 parti, il secondo riceverà l'equivalente di 4 parti e così via, fino all'ultimo fratello, che riceverà l'equivalente di 7 parti. Sarà quindi quest'ultimo a ricevere più denaro rispetto agli altri.
Quindi, possiamo impostare la proporzione:

$7 : 17 = X : 170.000 \text{ €}$

$X = \frac{170.000 \cdot 7}{17} = 70.000 \text{ €}$

L'ultimo fratello riceverà 70.000 €.
Risposta corretta D.

11. Per risolvere questo problema sul lavoro, impostiamo una proporzione composta:

$3 \text{ persone} : \frac{3 \text{ pizze}}{3 \text{ ore}} = 9 \text{ persone} : \frac{X}{9 \text{ ore}}$

$X = \frac{9 \cdot \frac{3}{3} \cdot 9}{3} = 27 \text{ pizze}$

Risposta corretta E.

12. Impostiamo la proporzione composta ricordandoci di trasformare le ore in minuti per comodità:

$$1 \text{ persona} : \frac{5 \text{ panettoni}}{150 \text{ minuti}} = X : \frac{12 \text{ panettoni}}{90 \text{ minuti}}$$

$$X = \frac{1 \cdot \frac{12}{90} \cdot 150}{5} = 4 \text{ pasticcieri}$$

Risposta corretta B.

13. Impostiamo una proporzione composta:

$$6 \text{ persone} : \frac{1 \text{ compito}}{50 \text{ minuti}} = 1 \text{ persona} : \frac{1 \text{ compito}}{x \text{ minuti}}$$

$$X = \frac{1 \cdot 60}{1 \cdot \frac{1}{50}} = 300 \text{ minuti}$$

Risposta corretta A.

14. Impostiamo la proporzione composta:

$$4 \text{ orsetti} : \frac{1 \text{ vaso}}{15 \text{ giorni}} = 6 \text{ orsetti} : \frac{1 \text{ vaso}}{X}$$

$$X = \frac{1 \cdot 4}{6 \cdot \frac{1}{15}} = 10 \text{ giorni}$$

Risposta corretta A.

15. Impostiamo la proporzione composta:

$$20 \text{ canarini} : \frac{1}{19 \text{ giorni}} = 5 \text{ canarini} : \frac{1}{x \text{ giorni}}$$

$$X = \frac{1 \cdot 20}{5 \cdot \frac{1}{19}} = 76 \text{ giorni}$$

Risposta corretta B.

16.
Metodo I
Impostiamo la proporzione composta:

$$6 \text{ marinai} : \frac{1}{22 \text{ giorni}} = 4 \text{ marinai} : \frac{1}{X}$$

$$X = \frac{1 \cdot 6}{4 \cdot \frac{1}{22}} = 33 \text{ giorni}$$

Metodo II
Se 6 marinai bevono tutta l'acqua in 22 giorni, significa che un marinaio, in quel periodo di tempo, beve 1/6 di tutta l'acqua. Se i marinai fossero 4, questi dovrebbero bere ¼ di acqua in x giorni. Impostiamo la proporzione composta:

$$1 \text{ marinaio} : \frac{\frac{1}{6}}{22 \text{ giorni}} = 1 \text{ marinaio} : \frac{\frac{1}{4}}{X}$$

$$\frac{1}{X} = \frac{4}{132} = \frac{1}{33}$$

Risposta corretta A.

17. La velocità totale è data dalla somma delle velocità di ogni lavapiatti:
$V_{tot} = V_1 + V_2 + V_3 = 1/3 + 1/4 + 1/6 = 9/12$ (ovvero ¾), quindi sbucciano 3 sacchi in 4 ore.

Impostiamo ora la proporzione:

3 sacchi : 4 ore = 45 sacchi : X

$$X = \frac{4 \cdot 45}{3} = 60 \text{ ore}$$

Risposta corretta C.

18. La velocità totale è data dalla somma delle velocità del padre (V_1) e del figlio (V_2), quindi la velocità del figlio è data dalla formula inversa:

$V_2 = V_{tot} - V_1 = 1/18 - 1/24 = 1/72 = 1casa/3giorni$

Risposta corretta C.

19. Se Adele e Beatrice insieme mangiano il cibo di un frigorifero in 90 minuti, significa che ognuna di loro impiega il doppio del tempo (180 min) per finire il cibo in un frigorifero intero. Considerando che tutte e tre mangiano alla stessa velocità, possiamo impostare la seguente proporzione:

$$1 \text{ ragazza} : \frac{1 \text{ frigorifero}}{180 \text{ minuti}} = 3 \text{ ragazze} : \frac{1 \text{ frigorifero}}{X}$$

$$\frac{1}{X} = \frac{1 \cdot 3}{180} = \frac{1}{60 \text{ minuti}}$$

Risposta corretta E.

20. Impostiamo la proporzione composta trasformando prima le ore in minuti:

$$21 \text{ pizzaioli} : \frac{210 \text{ pizze}}{90 \text{ minuti}} = X : \frac{35 \text{ pizze}}{45 \text{ minuti}}$$

$$X = \frac{21 \cdot \frac{35}{45} \cdot 90}{210} = 7 \text{ pizzaioli}$$

Servono quindi 7 pizzaioli; attenzione, poiché quelli di partenza erano 21, è necessario licenziare 21 - 7 = 14 pizzaioli.

Risposta corretta D.

2.11 VELOCITÀ E TEMPO

1. Un gruppo scout fa una gita in montagna. Per salire fino alla vetta della montagna impiegano 3 ore, andando ad una velocità costante di 6 km/h. Arrivati in cima, iniziano la discesa, che richiederà loro solamente 2 ore. Qual è la velocità media mantenuta durante la gita?

A. 6,8 km/h
B. 5 km/h
C. 7,2 km/h
D. 7,5 km/h
E. 8 km/h

2. Federica ha un'applicazione sul telefono che conta i passi e calcola la velocità media di camminata, da quando la avvii a quando la stoppi. Alle 3:15 di pomeriggio esce di casa per andare al bar, distante 4 km, dove arriva alle 3:50 e rimane per un'ora per prendere un caffè con le amiche. Alle 4:50 decide di tornare a casa, impiegando solo 25 minuti. Solo allora stoppa l'applicazione, che aveva avviato appena uscita da casa. Quale sarà la velocità media segnata sullo schermo?

A. 2 km/h
B. 4 km/h
C. 8 km/h
D. 10 km/h
E. 9,64 km/h

3. Un'automobile percorre 120 km alla velocità costante di 80 km/h, per poi fermarsi ad un autogrill per fare benzina, per la quale impiega 6 minuti, e ripartire subito dopo. Questa volta percorre invece 100 km, ma alla velocità costante di 50 km/h, siccome si trova in un centro abitato. Dopo circa quanto tempo arriverà a destinazione?

A. 3,6 h
B. 3,4 h
C. 2,8 h
D. 4,1 h
E. 3,7 h

4. Ogni mattina, Camilla è in ritardo per il lavoro e quindi corre alla velocità costante di 20 km/h per 6 minuti, arrivando comunque in ritardo di un minuto rispetto all'orario di inizio turno: le 9:00. Un giorno Camilla si ferma a dormire da una collega, che abita a una distanza dall'ufficio equivalente a metà della distanza tra l'ufficio e casa sua. L'amica preferisce però camminare molto lentamente per andare a lavoro, esattamente alla velocità di 5 km/h. A che ora possono partire, al massimo, da casa dell'amica per evitare di arrivare più in ritardo del solito?

A. 8:48
B. 8:45
C. 8:50
D. 8:41
E. 8:49

5. Tutte le mattine, Chiara e Martina si incontrano a metà strada tra le loro case per poi camminare fino a scuola insieme. Solitamente Chiara prende la bici e pedala per 12 minuti alla velocità costante di 20 km/h, fino ad incontrare Martina. Un giorno, esce 6 minuti in anticipo rispetto al solito, così si mette a pedalare più lentamente. A che velocità deve andare per arrivare puntuale all'appuntamento?

A. 16,7 km/h
B. 14,5 km/h
C. 15 km/h
D. 11 km/h
E. 13,3 km/h

6. Beep Beep vuole vendicarsi su Willy il Coyote. Spaventato, Willy il Coyote inizia a correre alla velocità costante di 25km/h. Dopo 6 minuti, Beep Beep inizia ad inseguirlo, correndo alla velocità di 30 km/h. Dopo quanto tempo Beep Beep raggiungerà l'avversario?

A. 24 minuti
B. 36 minuti

C. 30 minuti
D. 40 minuti
E. 27 minuti

7. La famiglia Monti e la Famiglia Mari prendono due macchine diverse per raggiungere la loro casa in montagna, che hanno comprato insieme. La famiglia Monti parte alle 12:00 e arriva alle 15:30, facendo una pausa di mezz'ora per pranzare. Quando sono in viaggio mantengono la velocità costante di 90 km/h. La famiglia Mari parte invece un'ora dopo rispetto agli amici, ma non si ferma. A che velocità dovranno andare per arrivare a casa insieme agli amici?

A. 115 km/h
B. 108 km/h
C. 105 km/h
D. 100 km/h
E. 118 km/h

8. Daniele deve prendere un treno da Milano a Venezia, ma è indeciso tra due possibilità. Un treno parte alle 8:45, si ferma in tutte le 9 stazioni interposte per 5 minuti e viaggia alla velocità costante di 100 km/h. Un secondo treno parte alle 9:30, si ferma ogni 3 stazioni per 10 minuti e viaggia alla velocità costante di 150 km/h. La distanza da percorrere in treno è di 300 km. Quale treno conviene prendere a Daniele per arrivare a Venezia il più presto possibile e quanto tempo prima arriverebbe a destinazione?

A. Il secondo treno; 30 minuti
B. Il secondo treno; 15 minuti
C. Il primo treno; 15 minuti
D. Il primo treno; 20 minuti
E. Il primo treno; 30 minuti

9. Due treni merci partono alla stessa ora da due stazioni diverse. Uno percorre i 600 km che dividono Milano da Roma, e va alla velocità di 250 km/h. L'altro fa il percorso opposto, andando però alla velocità di 300 km/h. A che distanza da Milano si incontreranno?

A. 327 km
B. 315 km
C. 295 km
D. 273 km
E. 305 km

10. Nicolò vuole percorrere una parte della via franchigena, partendo da Milano e arrivando a Roma, camminando per 600 km. Così decide di camminare 8 ore al giorno alla velocità di 6 km/h. Una mattina, prima di iniziare a camminare, incontra un gentile signore che gli offre un passaggio in macchina per 120 km. Il giorno dopo rinizia a camminare. Dopo quanti giorni giungerà a destinazione?

A. 10
B. 11
C. 12
D. 8
E. 9

11. Alessandro scala una parete da arrampicata alta 50 m. All'inizio parte ad una velocità di 3,6 km/h, ma dopo circa 2/5 di parete inizia ad avvertire la stanchezza e prosegue alla metà della velocità. Negli ultimi 5 metri, ha uno sprint e assume una velocità doppia rispetto a quella iniziale. Quanto impiega Alessandro a scalare l'intera parete?

A. 70 s
B. 1 minuto
C. 72,5 s
D. 1 minuto e 30 secondi
E. 1 minuto e 22,5 secondi

12. Ludovica decide di traslocare e compra un appartamento a 3 km da casa sua. Per spostare tutti i mobili affitta un furgone, che contiene 2/7 del totale delle cose da muovere. Inizia il trasloco alle 14:00 e finisce di portare tutto in casa nuova esattamente alle 22:24. Ogni volta impiega 54 minuti per caricare o scaricare il furgone, indipendentemente dalla mole di mobili, e cerca sempre di caricarlo al massimo. Sapendo che ha utilizzato mezz'ora per cenare, a che velocità media ha guidato?

A. 30 km/h
B. 50 km/h
C. 25 km/h
D. 33,3 km/h
E. 40 km/h

13. Un militare tornato da una missione rivede per la prima volta dopo mesi il suo cane. Si riconoscono dalla distanza di 100 metri e iniziano subito a correre uno verso l'altro. Il primo corre ad una velocità di 3 m/s, il secondo invece di 7 m/s. Dopo quanto tempo possono finalmente abbracciarsi?
A. 13 secondi
B. 15 secondi
C. 7 secondi
D. 9 secondi
E. 10 secondi

14. La cagnolina Brenda si diverte ad inseguire il gatto Sam, ma non riesce mai ad acchiapparlo. Un giorno Brenda vede Sam a 30 metri di distanza, inizia ad inseguirlo e dopo 2 minuti e mezzo finalmente riesce a raggiungerlo. Qual è la differenza tra la velocità di Brenda e quella di Sam?
A. 1 m/s
B. 0,2 m/s
C. 0,6 m/s
D. 0,5 m/s
E. 0,8 m/s

15. Matilde si trova su un autobus senza biglietto. Quando sale il controllore per chiederle il biglietto, la ragazza inizia a correre a 9 km/h per scappare, spiazzando il controllore, che parte così in svantaggio di 12 metri. Purtroppo però, il controllore è leggermente più veloce di Matilde e recupera 30 cm ogni 30 secondi. Quale distanza dovrà percorrere il controllore per recuperare la ragazza?
A. 3062 m
B. 3112 m
C. 2988 m
D. 3012 m
E. 3042 m

CORREZIONE COMMENTATA

1. Calcoliamo i km percorsi in salita:

$$s = vt = 6\ km/h \cdot 3h = 18\ km$$

Possiamo quindi dire che il totale di km percorsi, tra salita e discesa, è: 18 · 2 = 36 km. Inoltre sappiamo che gli scout hanno camminato per 5 ore in totale: 3 in salita e 2 in discesa. Possiamo quindi calcolare la velocità media, ovvero:

$$v = s/t = 36\ km / 5h = 7{,}2\ km/h$$

Risposta corretta C.

2. La distanza percorsa da Federica equivale alla somma della distanza di andata e di quella di ritorno, che si equivalgono: 4 km + 4km = 8 km. Il tempo da tenere in considerazione è invece quello da quando esce di casa a quando ritorna, quindi 35 min + 60 min + 25 min = 2h. La velocità media segnata sullo schermo sarà quindi:
$v=s/t = 8\ km / 2h = 4\ km/h$
Risposta corretta B.

3. Possiamo inizialmente calcolare il tempo impiegato fino all'autogrill:

$$t = s/v = 120\ km / 80\ km/h = 1{,}5h$$

Allo stesso modo troviamo il tempo dall'autogrill a destinazione, ovvero:

$$t = s/v = 100\ km / 50\ km/h = 2h$$

Per trovare il tempo esatto, convertiamo i 6 minuti della fermata all'autogrill in decimale di ora:

$$6\ minuti : x\ ore = 60\ minuti : 1\ ora$$

$$x = 0{,}1\ h$$

Quindi il tempo totale equivale a 3,5h + 0,1h = 3,6h.
Risposta corretta A.

4. Trasformiamo i 6 minuti in decimale di ora:

$$6\ minuti : x\ ore = 60\ minuti : 1\ ora$$

$$x = 0{,}1\ h$$

Possiamo ora trovare la distanza che Camilla percorre per arrivare a lavoro:

$$s = vt = 20\ km/h \cdot 0{,}1h = 2\ km$$

Sapendo che la distanza da casa dell'amica all'ufficio è la metà, ovvero 1 km, e che la percorrono a 5 km/h:

$$t = s/v = 0{,}2h = 12\ minuti$$

Questi sono da sottrarre alle 9:01, ovvero l'orario a cui è solita arrivare Camilla: dovranno quindi partire al massimo alle 8:49.
Risposta corretta E.

5. Trasformiamo i 12 minuti in decimale di ora:

$$12\ minuti : x\ ore = 60\ minuti : 1\ ora$$

$$x = 0{,}2\ h$$

Trovato questo dato, possiamo calcolare per quanti km pedala solitamente Chiara:

$$s = vt = 20\ km/h \cdot 0{,}2h = 4\ km$$

Il giorno in cui Chiara esce in anticipo pedalerà per 18 minuti (12+6), che in decimale di ora equivalgono a:

$$18\ minuti : x\ ore = 60\ minuti : 1\ ora$$

$$x = 0{,}3\ h$$

In questo tempo, per percorrere 4km, Chiara dovrà pedalare alla velocità di:
$v = s/t = 4km/0{,}3h = 13{,}3\ km/h$
Risposta corretta E.

6. Willy il Coyote inizia a correre e nei primi 6 minuti percorre:

$$s = vt = 25km/h \cdot 0{,}1h = 2{,}5\ km$$

Una volta che Beep Beep avrà recuperato questo vantaggio di 2,5 km, avrà raggiunto Willy il Coyote. Dato che i due animali si inseguono, possiamo calcolare la velocità relativa del primo (Beep Beep) rispetto al secondo, sottraendo le due velocità: 30 – 25 = 5 km/h.
A questa velocità relativa, per recuperare il vantaggio impiegherà:

$$t = s/v = 2{,}5\ km / 5\ km/h = 0{,}5\ h = 30\ minuti$$

Risposta corretta C.

7. La famiglia Monti fa un viaggio di 3 ore effettive, poiché non dobbiamo considerare la mezz'ora di pausa pranzo. Sapendo il tempo e la velocità, possiamo calcolare i km percorsi:

$$s = vt = 90km/h \cdot 3h = 270\ km$$

Questa stessa distanza potrà essere percorsa dalla famiglia Mari in 2h e mezza (dalle 13:00 alle 15:30) solo andando ad una velocità costante di:

$$v = s/t = 270\ km / 2{,}5h = 108\ km/h$$

Risposta corretta B.

8. Per quanto riguarda il treno 1:

$$t = s/v = 300\ km / 100\ km/h = 3\ h$$

A questo tempo dobbiamo aggiungere i 5 minuti di fermata in 9 stazioni, ovvero: 5 · 9 = 45 minuti. Partendo alle 8:45, il treno arriverà alle 12:30.
Per quanto riguarda il treno 2:

$$t = s/v = 300\ km / 150\ km/h = 2\ h$$

Aggiungiamo i 10 minuti di fermata ogni 3 stazioni, quindi 10 · 3 = 30 minuti. Se parte dalla stazione alle 9:30, arriva a destinazione alle 12:00.
Quindi, il secondo treno arriverà in anticipo di 30 minuti rispetto al primo.
Risposta corretta A.

9. Poniamo come incognita x la distanza tra Milano e il punto di incontro e di conseguenza chiamiamo (600 km - x) la distanza tra il punto d'incontro e Roma.
Entrambi i treni giungeranno al punto d'incontro dopo un certo lasso di tempo t che, grazie alla formula t = s/v, possiamo:
Treno 1

$$t_1 = \frac{x}{250\ km/h}$$

Treno 2

$$t_2 = \frac{(600\ km - x)}{300\ km/h}$$

Dato che partono alla stessa ora, i due tempi sono uguali, possiamo quindi impostare l'equazione t1 = t2 :

$$\frac{x}{250\ km/h} = \frac{(600\ km - x)}{300\ km/h}$$

$$x = 273\ km$$

I due treni si incontreranno quindi a 273 km da Milano.
Risposta corretta D.

10. Visto che il gentile signore offre a Nicolò un passaggio per 120 km, questi vanno sottratti ai 600 km che deve percorrere camminando, che sono quindi 480 km. Sapendo che cammina per 8 ore al giorno a 6 km/h, ogni giorno percorre:

$$s = vt = 6km/h \cdot 8h = 48\ km$$

Quindi per percorrere i 480 km, saranno necessari:

$$t = 480\ km/48\ km = 10\ giorni$$

A questi va però aggiunto il giorno passato in macchina, per un totale di 11 giorni.
Risposta corretta B.

11. Alessandro inizia a scalare alla velocità di 3,6 km/h, che per comodità convertiamo in metri al secondo:

$$3{,}6\ km/h\ /\ 3{,}6 = 1\ m/s.$$

Mantiene questa velocità per i primi 2/5 della parete, che equivalgono a 20 metri (2/5 di 50) impiegando:

$$t = s/v = 20\ m\ /\ 1\ m/s = 20\ secondi$$

Sappiamo che negli ultimi 5 metri raddoppia la velocità iniziale, arrivando a 2 m/s e impiegando:

$$t = s/v = 5\ m\ /\ 2\ m/s = 2{,}5\ secondi$$

Per i restanti 50 m – 20 m – 5 m = 25 m, dimezza la sua velocità iniziale: 1 m/s / 2 = 0,5 m/s. Per questo tragitto impiega:

$$t = s/v = 25\ m\ /\ 0{,}5\ m/s = 50\ secondi$$

Sommando tutti i tempi ottenuti, otteniamo la durata totale della scalata, ovvero 20 + 50 + 2,5 = 72,5 secondi.
Risposta corretta C.

12. Siccome il furgone può contenere al massimo 2/7 del carico totale, Ludovica dovrà fare 3 viaggi verso la casa nuova con il furgone completamente carico, più un ultimo viaggio di andata in cui avrà il furgone riempito solo per metà. I viaggi di ritorno saranno solamente 3, in quanto l'ultimo viaggio di andata non necessita di un ritorno alla vecchia abitazione: Ludovica quindi percorrerà 7 volte la distanza tra le due case, per un totale di 7 · 3 km = 21 km. Dato che ogni viaggio verso la casa nuova è preceduto dal caricamento del mezzo e seguito dallo scaricamento, sarà necessario caricare o scaricare il furgone 8 volte (2 per ognuno dei 4 viaggi di andata), impiegando in totale 8 · 54 = 432 minuti = 7h e 12 minuti.
Sapendo che il tempo totale del trasloco è di 8h e 24 minuti (dalle 14:00 alle 22:24) possiamo sottrarre il tempo necessario per caricare/scaricare il furgone ed il tempo dedicato alla cena, ottenendo il tempo dedicato unicamente ai viaggi:
8h e 24 minuti – 7h e 12 minuti – 30 minuti = 42 minuti = 0,7h.
Avendo trovato lo spazio totale percorso e il tempo, possiamo calcolare la velocità media:

$$v = s/t = 21\ km\ /\ 0{,}7h = 30\ km/h$$

Risposta corretta A.

13. Quando due oggetti in movimento si vengono incontro, le velocità di questi possono essere sommate per trovare la velocità relativa: 3 + 7 = 10 m/s.
Trovato questo dato e sapendo che la distanza tra essi è di 100 m, possiamo calcolare il tempo che impiegheranno a incontrarsi:

$$t = s/v = 100m\ /\ 10\ m/s = 10\ secondi.$$

Risposta corretta E.

14. Quando due soggetti in movimento si inseguono, la differenza tra le loro velocità indica la velocità relativa di un soggetto rispetto all'altro. Questa si può calcolare prendendo in considerazione la distanza tra i due animali e il tempo che intercorre tra l'inizio e la fine dell'inseguimento:

$$v = s/t = 30\ m\ /\ 150\ s = 0{,}2\ m/s$$

Risposta corretta B.

15. Sappiamo che il controllore recupera 30 cm ogni 30 secondi, che equivale a dire 30 cm / 30 s = 1 cm/s (velocità relativa del controllore rispetto a Matilde). Da questo dato possiamo calcolare il tempo necessario per raggiungerla: se recupera 1 centimetro al secondo, per recuperare 12 m = 1200 cm saranno necessari 1200 secondi = 20 minuti = 1/3 di ora.
Conoscendo il tempo totale e la velocità di Matilde, possiamo calcolare la distanza percorsa dalla ragazza da quando iniziano a correre insieme:

$$s = vt = 9\ km/h \cdot 1/3h = 3\ km$$

A questa distanza aggiungiamo infine i 12 m che il controllore deve correre in più, per un totale di 3012 m.
Risposta corretta D.

2.12 M.C.D. E m.c.m.

1. Per San Valentino Gianni deve regalare alla sua fidanzata Brena alcune confezioni di cioccolatini. Vuole che tutte le confezioni contengano tutte le tipologie possibili di cioccolatini nella stessa composizione. Ha a disposizione 12 Findor, 9 Linder e 15 Perrero, come possono essere composte le confezioni in modo che non avanzi neanche un cioccolatino?

A. 4 Findor, 3 Linder, 5 Perrero
B. 3 Findor, 4 Linder, 5 Perrero
C. 4 Findor, 2 Linder, 4 Perrero
D. 5 Findor, 2 Linder, 2 Perrero
E. 5 Findor, 3 Linder, 4 Perrero

2. Due amici vanno a correre insieme ad una pista di atletica. Giorgio fa un giro della pista in 1 minuto, mentre Martina impiega 20 secondi in più rispetto all'amico. Inoltre Martina ha temporeggiato negli spogliatoi ed ha iniziato a correre due minuti dopo rispetto a Giorgio. Dopo quanto tempo il ragazzo doppierà l'amica, prendendo come riferimento in momemnto in cui lui ha iniziato a correre?

A. 385 s
B. 5 min e 5 s
C. 4 min
D. 6 min
E. 7 min

3. Marco e Giada hanno deciso di incontrarsi al parco, ma non si sono dati appuntamento in un posto preciso. Non appena arrivano al parco, iniziano a percorrere la strada circolare che lo costeggia in senso orario, in cerca dell'altro. Marco fa un giro completo in 5 minuti, Giada in 6 minuti e partono da punti diametralmente opposti. Dopo quanto si incontreranno?

A. 15 min
B. 30 min
C. 10 min
D. 25 min
E. 20 min

4. Marta ha una macchina con le ruote anteriori che hanno una circonferenza equivalente a ¾ rispetto a quella delle ruote posteriori. In una ruota anteriore ed in una posteriore è entrato un chiodo: sulla ruota anteriore questo è rivolto in avanti, su quella posteriore invece è rivolto indietro. Il meccanico dice che si devono trovare nello stesso punto per essere tolti, così Marta mette in moto la macchina. Quanti giri dovrà compiere la ruota anteriore perché questo accada?

A. 3 giri
B. 1 giro
C. 4 giri
D. 2 giri
E. 1,5 giri

5. Gianni porta Erica, la sorella minore, al luna park. Decidono di salire sul calcinculo, Gianni su quello per adulti, Erica su quello per bambini, che compie un giro di circonferenza pari a 2/3 di quello su cui sale Gianni. Le due giostre presentano entrambe l'ingresso sulla sinistra e sono affiancate; inoltre, quella per adulti si trova a destra rispetto a quella per bambini. Dopo quanti giri di giostra per bambini i due fratelli si troveranno il più vicini possibile, in modo che si possano battere il cinque?

A. 2 giri
B. 3 giri
C. 1 giri
D. 4 giri
E. 1,5 giri

6. Silvia, Marianna e Federica devono affrontare la sessione d'esami, che inizia il 6 gennaio e finisce molto tardi. Silvia fa un esame ogni 15 giorni, Marianna uno ogni 12 e Federica uno ogni 6. In che giorno riusciranno a dare un esame insieme sapendo che non è un anno bisestile?

A. 7 marzo
B. 10 marzo

C. 28 febbraio
D. 4 marzo
E. 25 febbraio

7. Dopo essere stati inseparabili durante gli anni del liceo quattro amici si trovano a doversi separare dopo il test di medicina in quanto assegnati tutti quanti a città diverse. Si salutano a Milano venerdì 28 settembre promettendosi di tornare a casa con frequenza per non perdere i contatti. Martina e Luca, i più vicini, tornano a casa rispettivamente ogni 5 e ogni 12 giorni. Marco fa ritorno a Milano ogni 8 e Francesco ogni 15. Che giorno sarà quando si rincontreranno di nuovo gli amici?

A. Lunedì 26 gennaio
B. Sabato 26 gennaio
C. Sabato 28 gennaio
D. Lunedì 28 gennaio
E. Venerdì 27 gennaio

8. Il grande chef francese Gusteau è rinomato per le sue porzioni abbondanti ma anche per il suo estremo perfezionismo: infatti, in ogni ratatouille che cucina devono esserci lo stesso numero di fette dello stesso tipo di verdura e il numero di fette deve essere il maggiore possibile. La dispensa di Gusteau è rifornita di 42 pomodori, 34 zucchine, 32 cipolle e 28 melanzane ed essendo molto abile Gusteau riesce a ricavare 8 fette da ciascuna verdura. Quel giorno però gli vengono ordinate solo 9 ratatouilles; delle restanti che era riuscito a cucinare decide di riutilizzare cipolle e melanzane per preparare dei contorni. Ma, ovviamente, ciascun contorno deve avere lo stesso numero di fette dello stesso tipo e dev'essere il più abbondante possibile, altrimenti Gusteau non è contento. Quante fette di cipolle conterrà ciascun contorno?

A. 7
B. 14
C. 8
D. 16
E. 21

9. McGarny, Tom Bread e Simon Lu sono tre surfisti professionisti. Quando si trovano a gareggiare assieme, tutti e tre in acqua, prendono onde diverse e con tempi molto differenti. McGarny prende un'onda ogni 3 minuti, Bread ogni 400 secondi e Lu ogni 7 minuti e 30 secondi. Sapendo che prendono la prima onda della batteria insieme e che ogni batteria dura 45 minuti, quante volte i tifosi riusciranno a vedere i tre atleti cavalcare un'onda nello stesso momento in una singola batteria?

A. 1
B. 2
C. 0
D. 3
E. 6

10. Una crêperie dispone di tre piastre per crêpes che scaldano a temperature diverse e che quindi impiegano tempistiche diverse per cuocere una crêpe. In particolare, ci mettono 2, 4 e 6 minuti.
Piera inizia a preparare le prime tre crêpes contemporaneamente e quando le ricapita di doverle cucinare nuovamente tutte e tre insieme si ferma.
Quante crêpes avrà preparato prima di fermarsi?

A. 3
B. 6
C. 7
D. 11
E. 12

CORREZIONE COMMENTATA

1. Per prima cosa occorre trovare quante confezioni identiche è possibile creare usando tutti i cioccolatini a disposizione. Per calcolare in quanti gruppi di composizione identica si possono suddividere oggetti diversi si usa L'M.C.D.
Scomponendo i dati in fattori primi si ottiene:
$12 = 3 \cdot 2^2$
$9 = 3^2$
$15 = 3 \cdot 5$
M.C.D. = 3
Si possono quindi creare 3 confezioni identiche. Per capire quanti cioccolatini di ogni tipo conterranno basta prendere il numero di cioccolatini a disposizione e dividerlo per 3.
12 : 3 = 4 Findor
9 : 3 = 3 Linter
15 : 3 = 5 Perrero.
Risposta corretta A.

2. In 2 minuti Giorgio avrà già compiuto 2 giri della pista e si troverò nuovamente al punto di partenza insieme a Martina che invece ha appena iniziato la corsa.
Martina per compiere un giro completo impiegherà 60 s + 20 s = 80 s.
Per trovare il tempo che impiegheranno i due amici per incontrarsi nuovamente (e quindi il tempo che Giorgio impiegherà per doppiare Martina) calcoliamo il m.c.m. tra 60 s e 80 s.
$60 = 2^2 \cdot 3 \cdot 5$
$80 = 2^4 \cdot 5$
m.c.m. = $2^4 \cdot 3 \cdot 5 = 240$
Dopo 240 s, ovvero 4 minuti, Giorgio avrà doppiato Martina, tuttavia dobbiamo tenere in considerazione che il ragazzo stava già correndo da due minuti: questi vanno ad aggiungersi ai 4 minuti appena calcolati. Quindi 4 min + 2 min = 6 min.
Risposta corretta D.

3. Se Marco e Giada partissero dallo stesso punto, essi si rincontrerebbero dopo $5 \cdot 6 = 30$ minuti (mcm tra i tempi di percorrenza).
Però, siccome partono da punti diametralmente opposti, dovranno fare metà della strada per incontrarsi.

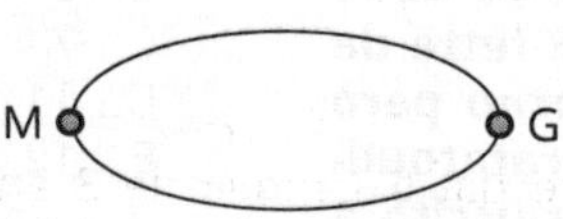

Per fare metà della strada Marco impiegherà metà del tempo, ovvero 15 minuti.
Risposta corretta A.

4. Non essendoci stato fornito alcun tipo di dato, possiamo dare valori arbitrari alle circonferenze delle ruote: l'anteriore = 75 cm, la posteriore = 100 cm.
$75 = 5^2 \cdot 3$
$100 = 5^2 \cdot 2^2$
m.c.m. = $5^2 \cdot 2^2 \cdot 3 = 300$
A questo punto calcoliamo l'm.c.m. tra questi due numeri, ovvero 300 cm, che equivalgono a tre giri per la ruota posteriore e 4 per quella anteriore. Dopo questo numero di giri, i chiodi si ritroveranno ancora diametralmente opposti, esattamente nelle posizioni iniziali. Quindi affinché essi si trovino nella stessa posizione, dovranno compiere la metà rispetto al percorso calcolato, ovvero 1,5 giri per la ruota posteriore e 2 giri per quella anteriore.
Risposta corretta D.

5. Non essendoci stato fornito alcun tipo di dato, possiamo dare valori arbitrari alle circonferenze delle giostre: ad esempio, quella per adulti 90 m, quella per bambini 2/3 · 90 = 60 m (l'importante è utilizzare valori comodi, poco importa che siano realistici!). Entrambi partono alla sinistra della giostra:

Situazione iniziale:
Bambini Adulti

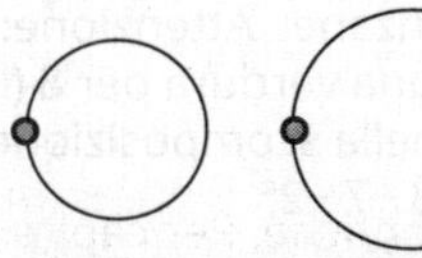

Situazione finale:
Bambini Adulti

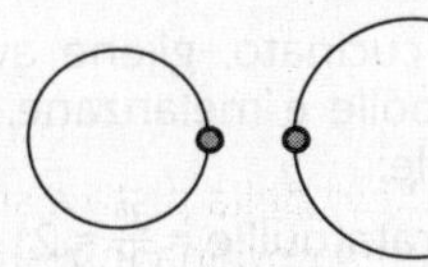

Calcolando l'mcm tra le circonferenze possiamo scoprire dopo quanti giri si ritroveranno entrambi al punto di partenza:
$90 = 5 \quad 3^2 \cdot 2$
$60 = 3 \cdot 5 \cdot 2^2$
m.c.m. $= 5 \cdot 3^2 \cdot 2^2 = 180$
180 equivale a 2 giri della giostra di Gianni (180/90) e 3 di quella di Erica (180/60). Essi però non vogliono tornare al punto di partenza, ma vogliono trovarsi diametralmente opposti: per questo basterà trovare la metà del percorso calcolato, quindi 1 giro di giostra per Gianni e 1,5 per Erica.
Risposta corretta E.

6. Per risolvere questo esercizio bisogna utilizzare l'mcm: si devono scomporre i numeri in fattori primi e moltiplicare gli elementi comuni e non comuni presi con il massimo esponente:
$15 = 5 \cdot 3$
$6 = 3 \cdot 2$
$12 = 3 \cdot 2^2$
m.c.m. $= 5 \cdot 3 \cdot 2^2 = 60$
Quindi, dopo 60 giorni a partire dal 6 gennaio le 3 amiche potranno fare un esame insieme. Considerando che gennaio ha 31 giorni e febbraio 28 (non essendo un anno bisestile) vuol dire che potranno dare l'esame insieme il 7 di marzo (6 gennaio + (31 + 28) giorni = 6 marzo + 1 giorno = 7 marzo).
Risposta corretta A.

7. Per capire quando i 4 amici si ritroveranno a Milano è necessario calcolare l'm.c.m.:
$5 = 5$
$12 = 2^2 \cdot 3$
$8 = 2^3$
$15 = 3 \cdot 5$
m.c.m. $= 2^3 \cdot 3 \cdot 5 = 120$
Gli amici si ritroveranno quindi tutti insieme dopo 120 giorni (circa 4 mesi); precisamente, tenendo conto che ottobre e dicembre hanno 31 giorni, il 26 gennaio.

Per sapere il giorno della settimana, dato che 120 non è un multiplo di 7 si sa che sicuramente il giorno non sarà un venerdì. Tuttavia, $7 \cdot 17 = 119$, quindi vuol dire che 119 giorni dopo venerdì 28 settembre sarebbe ancora un venerdì, quindi 120 giorni dopo sarà un sabato.
Risposta corretta B.

8. Partiamo col ricavare il numero delle ratatouilles che Gusteau prepara con la verdura che ha a disposizione: dobbiamo quindi calcolare il M.C.D. tra il numero totale delle fette di pomodori, zucchine, cipolle e melanzane. Attenzione: non è necessario svolgere il calcolo moltiplicando il numero di ciascuna verdura per 8 (le fette che da ognuna Gusteau riesce a ricavare), basta tenerne conto nella scomposizione in fattori; otteniamo quindi:
fette di pomodori $= 42 \cdot 8 = 3 \cdot 7 \cdot 2 \cdot 8 = 3 \cdot 7 \cdot 2^4$
fette di zucchine $= 34 \cdot 8 = 17 \cdot 2 \cdot 8 = 17 \cdot 2^4$
fette di cipolle $= 32 \cdot 8 = 2^5 \cdot 8 = 2^8$
fette di melanzane $= 28 \cdot 8 = 7 \cdot 2^2 \cdot 8 = 7 \cdot 2^5$
$\rightarrow$ *M.C.D.* $= 2^4 = 16$
Delle 16 ratatouilles che Gusteau ha cucinato, gliene avanzano 7 (16 – 9 = 7). Dato che decide di riutilizzare solamente cipolle e melanzane, calcoliamo il numero di fette corrispettivo contenuto in una ratatouille:

- numero di fette di cipolle in una ratatouille $= \frac{2^8}{2^4} = 2^4$
- numero di fette di melanzane in una ratatouille $= \frac{7 \cdot 2^5}{2^4} = 7 \cdot 2$

Per ottenere il numero totale di fette che Gusteau ha a disposizione dobbiamo moltiplicare il numero di fette in una ratatouille per 7 (il numero di ratatouilles rimanenti): abbiamo quindi $(2^4 \cdot 7)$ fette di cipolle e $(7^2 \cdot 2)$ di melanzane. Ricavando nuovamente il M.C.D. tra fette di cipolle e quelle di melanzane otteniamo il numero di contorni che Gusteau riesce a preparare:
M.C.D. $= 7 \cdot 2 = 14$. Infine, dividendo il numero delle fette di cipolle per quello dei contorni, otteniamo le fette di cipolle contenute in ciascun contorno $\rightarrow \frac{2^4 \cdot 7}{7 \cdot 2} = 2^3 = 8$.
Risposta corretta C.

9. Per prima cosa dobbiamo uniformare tutte le unità di tempo trasformandole in secondi: 3 min = 180 sec; 7 min e 30 sec = 450 sec. Ora procediamo con la scomposizione in fattori primi:
$450 = 2 \cdot 3^2 \cdot 5^2$
$180 = 2^2 \cdot 3^2 \cdot 5$
$400 = 2^2 \cdot 5^2$
Per sapere ogni quanto i surfisti prenderanno e cavalcheranno un'onda insieme dobbiamo calcolare il m.c.m. moltiplicando tra loro tutti i fattori comuni e non comuni con il massimo esponente:
m.c.m. $= 2^4 \cdot 3^2 \cdot 5^2 = 3600$
Trasformando questa misura da secondi a minuti (dividendo per 60) otteniamo 60 minuti. Quindi i surfisti cavalcheranno un'onda insieme una singola volta ogni ora. La batteria dura solo 45 minuti, per cui, a parte la prima, non prenderanno più onde insieme.
Risposta corretta A.

10. Per calcolare dopo quanto tempo Piera dovrà preparare le 3 crêpes contemporaneamente bisogna calcolare il m.c.m.:
$2 = 2$
$4 = 2^2$
$6 = 2 \cdot 3$
m.c.m. $= 2^2 \cdot 3 = 12$
Dopo 12 minuti Piera smetterà di cucinare crêpes, e nel frattempo avrà preparato 6 $(\frac{12}{2})$ crêpes con la prima piastra, 3 $(\frac{12}{4})$ con la seconda e 2 $(\frac{12}{6})$ con la terza, quindi 11 (6 + 3 + 2) crêpes in tutto.
Risposta corretta D.

2.13 GRUPPI E INSIEMI

1. Da un'indagine relativa alla conoscenza delle lingue antiche condotta da un gruppo di italiani si sa che 76 persone sanno il latino, 56 persone sanno il greco, 21 persone sanno sia il greco che il latino e 12 persone non conoscono né l'una né l'altra lingua. Quante persone sono state intervistate in totale?

A. 76
B. 123
C. 132
D. 141
E. 143

2. In una classe di 25 studenti, 12 ragazzi sono stati promossi e uno solo è stato bocciato. 5 studenti sono stati rimandati in inglese, 6 studenti sono stati rimandati in matematica e 1 studente è stato rimandato in latino. Quanti ragazzi hanno avuto il debito sia in inglese, sia in matematica che in latino?

A. 2
B. 3
C. Nessuno
D. 1
E. 4

3. Ad una festa elegante sono invitate 46 persone. Di queste, la metà sono uomini: 16 portano la cravatta e 6 i gemelli.
Quanti signori, al massimo, non portano né cravatta né gemelli?

A. Nessuno
B. 1
C. 7
D. 10
E. 23

4. In un gruppo di 300 persone, tutti conoscono almeno una lingua straniera tra inglese, francese e tedesco: 225 conoscono l'inglese, 80 il francese e 33 sia l'inglese che il francese. Inoltre, 40 persone conoscono il tedesco e nessuno di questi conosce il francese.
Quante persone conoscono sia il tedesco che l'inglese?

A. 12
B. 22
C. 32
D. 42
E. 52

5. Nel paese di TBlandia, gli abitanti parlano la lingua logichese e/o la chimichese. Si sa che il 70% degli abitanti parla la lingua logichese e il 60% parla il chimichese. Quanti abitanti parlano entrambe le lingue?

A. 10%
B. 20%
C. 30%
D. 40%
E. 50%

6. In una società sportiva con 102 tesserati, 24 persone giocano sia a pallavolo che a tennis. Sapendo che i pallavolisti sono il doppio dei tennisti, qual è il numero totale di coloro che giocano solo a tennis? Tutti i tesserati sono pallavolisti e/o tennisti.

A. 18
B. 35
C. 47
D. 53
E. 62

7. Al campo estivo "PabloEscobar" i ragazzi possono scegliere di far parte di un solo team tra "Plomo" e "Plata". Inoltre, per soli 25 ragazzi, è possibile scegliere un'ulteriore attività, quella di "gringo". Al campo parte-cipano 100 ragazzi, 80 scelgono il team "Plata" e di questi solo 17 decidono di iscriversi a "gringo".
Sapendo che "gringo" ha raggiunto il numero massimo di posti, quanti sono i ragazzi iscritti solo a "Plomo"?

A. 3
B. 8
C. 12
D. 20
E. Non sono forniti tutti i dati necessari

8. In una classe non molto normale il 30% degli alunni ama la matematica, il 60% ama la filosofia, il 20% ama sia la matematica che la filosofia.
Qual è la percentuale di ragazzi normali, che non amano né la matematica né la filosofia?

A. 10%
B. 20%
C. 30%
D. 40%
E. Nessuna delle precedenti

9. All'asilo "Mariuccia" ci sono alcuni bambini. A 18 di questi piace il colore azzurro, a 21 il rosa e ai restanti il verde. Inoltre, a 16 bambini piacciono sia il rosa che il verde mentre a 14 bambini piacciono sia l'azzurro che il verde. A nessun bambino piace sia il rosa che l'azzurro.
A quanti bambini non piace il verde?

A. 1
B. 4
C. 5
D. 9
E. Non sono forniti sufficienti dati

10. Nel gruppo "Gli eletti" ci sono 23 ragazzi. Di questi, solo una (Marina) beve birra, vino e rum. Cinque bevono sia birra che rum, sette bevono sia vino che rum e nessuno beve sia birra che vino (tranne Marina). Inoltre, cinque bevono solo birra e quindici bevono rum.
Quante persone bevono solo vino?

A. 3
B. 7
C. 8
D. 12
E. Nessuno

11. Il gruppo "TB crew" è noto in tutto il quartiere per il singolare stile dei propri membri. Essi devono infatti indossare almeno uno dei seguenti accessori: bandana, catena bling-bling, scarpe del brand "Michele Giordano". Dei 26 ragazzi del gruppo, solo Kasa indossa tutti e tre gli accessori. 6 indossano sia bandana che bling-bling, 8 indossano sia bandana che scarpe "Michele Giordano", ma nessuno indossa sia bling-bling che scarpe "Michele Giordano" (ad eccezione di Kasa). Inoltre, 4 indossano solo la bandana e 9 indossano il bling-bling.
Quante persone indossano solo le scarpe "Michele Giordano"?

A. 4
B. 5
C. 7
D. 6
E. 3

12. 267 studenti frequentano un college americano. Il campus offre 3 diverse attività a cui partecipare, ma 24 studenti decidono di non aderire a nessuna di queste. 38 ragazzi scelgono di fare solo scultura e 7 fanno tutti e 3 i corsi. Per problemi di orari, nessun altro studente fa sia matematica che scrittura creativa e il numero totale di studenti che fa solo scultura e un altro corso è di 58 persone, divise in parti uguali tra gli altri due corsi. Si sa infine che il numero di iscritti solo a scrittura è uguale al numero degli iscritti solo a matematica più due.
Quanti studenti fanno solo scrittura creativa?

A. 107
B. 84
C. 95
D. 71
E. 103

13. A Marta e Aurora è stato assegnato il compito di indagare sulle città italiane visitate dai loro compagni di classe, in particolare Catania, Firenze e Napoli. In classe sono in 24, ma loro due non si includono nello studio e ben 4 persone dichiarano di non essersi mai spinte più a sud di Bologna, mentre tutti gli altri hanno visto almeno una di queste 3 città. 9 dicono di aver visitato sia Napoli che Firenze e 5 sono stati sia a Catania che a Firenze.

Inoltre, in 13 hanno visitato Firenze, in 11 Napoli e in 10 Catania. Solo in 4 hanno visitato tutte e 3 le città, mentre non c'è nessuno che abbia visto solo Napoli. Quanti di loro hanno visto solo Catania e non sono mai stati né a Firenze né a Napoli?

A. 3
B. 2
C. 6
D. 0
E. 1

14. Un'agenzia viaggi ha 120 clienti, di cui sappiamo che: 25 hanno prenotato una vacanza al mare, 4 andranno sia al mare che al lago, 8 sia al mare che in montagna, 22 andranno solo in montagna, 2 persone hanno addirittura prenotato in tutte e 3 le località, e infine 39 andranno in montagna. Dovendo fare un'indagine di mercato, in quale percentuale, riferendosi al loro campione, i clienti prenotano solo una vacanza al lago?

A. 64,2%
B. 55%
C. 64%
D. 53,3%
E. 67%

15. Da Starbucks ci sono 150 clienti, che possono scegliere tra caffè macchiato, cappuccino ed espresso. 67 ordinano un caffè macchiato, 17 sia un macchiato che un espresso, come sono ancora 17 quelli che ordinano sia un cappuccino che un macchiato. 45 ordinano solo un macchiato, 6 sia un cappuccino che un espresso, ma non un macchiato e 12 persone sono studenti di medicina e ordinano tutte e tre le bevande. Quante sono le persone che ordinano solo un macchiato e un cappuccino?

A. 6
B. 5
C. 4
D. 7
E. 12

CORREZIONE COMMENTATA

1. Dato che 21 persone sanno entrambe le lingue, le persone che sanno solo il greco sono 56 - 21 = 35, mentre le persone che sanno solo il latino sono 76 – 21 = 55. In totale le persone intervistate sono 35 (soloG) + 55 (soloL) + 21 (L+G) + 12 (nessuna lingua) = 123.

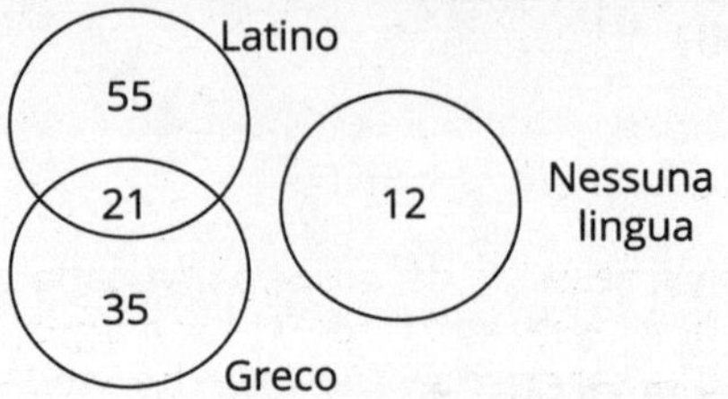

Risposta corretta B.

2. Gli studenti che hanno avuto il debito sono 25 - 12 - 1 = 12. Per trovare l'unione di tutte le intersezioni, bisogna sommare il numero di elementi di ciascun insieme e dal risultato ottenuto sottrarre il numero totale di elementi: (A + B + C) - AuBuC = (5 + 6 + 1) – 12 = 12 – 12 = 0. Dato che la somma di tutte le intersezioni è zero, possiamo dedurre che nessuno studente ha preso il debito in più di una materia e quindi che nessuno studente ha avuto il debito in tutte e tre le materie.

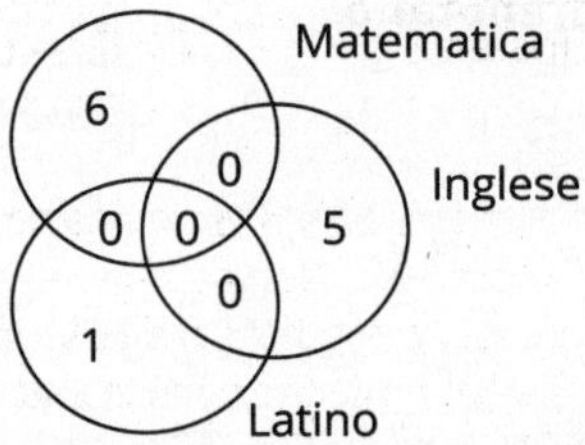

Risposta corretta C.

3. Alla festa sono presenti 46 persone, di cui la metà uomini. Quindi gli uomini sono 46/2 = 23. Per calcolare il numero massimo di uomini senza accessori, dobbiamo trovare la condizione in cui gli uomini indossano più accessori possibili. Il caso limite è che finché ci sono gemelli disponibili (sono 6 in totale), immaginiamo che vengano indossati dalle persone che indossano già la cravatta (che sono 16). Quindi queste 16 persone indossano tutte la cravatta (come dice già il testo), di cui 6 indossano anche i gemelli. In questa situazione gli uomini che non indossano né cravatta né gemelli sono 23 - 16 = 7.
Risposta corretta C.

4. Si possono chiamare sI, sF e sT le persone che sanno solamente l'inglese, il francese oppure il tedesco. Allo stesso modo si possono chiamare IF, IT, FT e FTI le varie intersezioni, ovvero gli studenti che sanno solo inglese e francese, solo inglese e tedesco, solo francese e tedesco oppure tutte e tre le lingue.

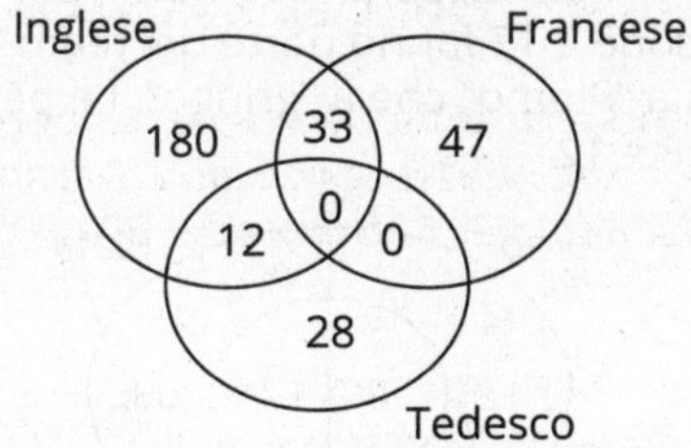

Sapendo dal testo che non c'è nessuno del gruppo che parla sia francese che tedesco, si può dire con certezza che le intersezioni FT e FTI sono uguali a zero: se così non fosse, almeno una persona dovrebbe sapere sia il francese che il tedesco. Siccome l'intersezione FTI è vuota e quindi nessuno conosce tutte e tre le lingue, si può affermare che le 33 persone che conoscono l'inglese e il francese conoscano solo queste due lingue, ma non il tedesco, quindi IF = 33. Inoltre, togliendo questo dato dal numero totale di persone parlanti inglese, possiamo ricavare il numero di coloro che parlano inglese ma che sicuramente non parlano francese: 225 – 33 = 192.
A questo punto, possiamo affermare che le persone che non parlano francese ma che parlano almeno una lingua tra inglese e tedesco siano 300 – 80 = 220 (persone totali – persone che conoscono almeno il francese).
Avendo eliminato dal totale tutte le persone che parlavano francese e sapendo il numero di persone che parlano almeno inglese (192) e almeno tedesco (40), possiamo ora calcolare l'intersezione tra i due insiemi: (I+T) - IuT = IT → (192 + 40) – 220 = 232 – 220 = 12.
Risposta corretta A.

5. Per trovare l'intersezione tra due insiemi si sommano gli elementi di ciascun insieme e si sottrae il numero totale di elementi. Per risolvere il quesito si possono sostituire i valori in percentuale con dei numeri "comodi": se a TBlandia fossero presenti 100 abitanti (100%), 70 parlerebbero il logichese e 60 il chimichese. Allora, quelli che parlerebbero entrambe le lingue sarebbero (60 + 70) – 100 = 30 → 30%.
Risposta corretta C.

6. Sappiamo poi che il numero totale dei pallavolisti è il doppio rispetto a quello dei tennisti: per trovare il totale delle persone che giocano a uno sport dovremo sommare il numero di persone che gioca solo a quello sport al numero di coloro che giocano a entrambi. Dato che solo 24 tesserati giocano a entrambi gli sport, possiamo affermare che i restanti 78, ovveri 102 – 24 giochino solo a uno dei due.
Quindi chiamiamdo P il numero di persone che giocano solo a pallavolo e 78 - P il numero di coloro che giocano solo a tennis, possiamo dire che: P + 24 = 2 (78 - P + 24) → P + 2P = 204 – 24 → 3P = 180 → P = 60.
Se 60 persone giocano solo a pallavolo, il numero di persone che gioca solo a tennis equivale a 78 – 60 = 18.

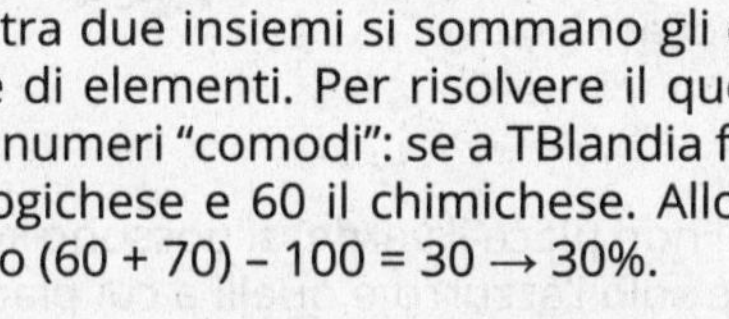

Risposta corretta A.

7. I ragazzi che partecipano a "Plomo" sono 100 - 80 = 20. Inoltre, se all'attività "gringo" possono partecipare 25 persone e 17 fanno parte del team "Plata", significa che 25 – 17 = 8 ragazzi parteciperanno sia a "Plomo" che a "gringo". Le persone che partecipano solo a "Plomo" saranno allora 20 – 8 = 12.

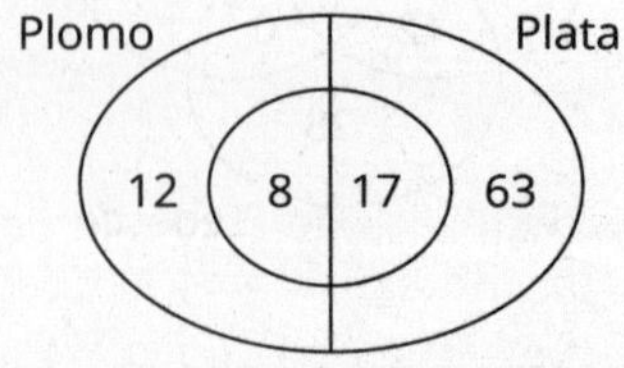

Risposta corretta C.

8. Per semplificare il quesito consideriamo che il 100% corrisponda a 100 persone. Dato che 20 persone amano sia la matematica che la filosofia, le persone che amano solo la matematica sono 30 – 20 = 10, mentre le persone che amano solo la filosofia sono il 60 – 20 = 40. In totale le persone che amano almeno una materia sono quindi 10 (soloM) + 20 (M+F) + 40 (soloF) = 70. Le persone che non amano nessuna tra queste materie sono 100 – 70 = 30 → 30%.

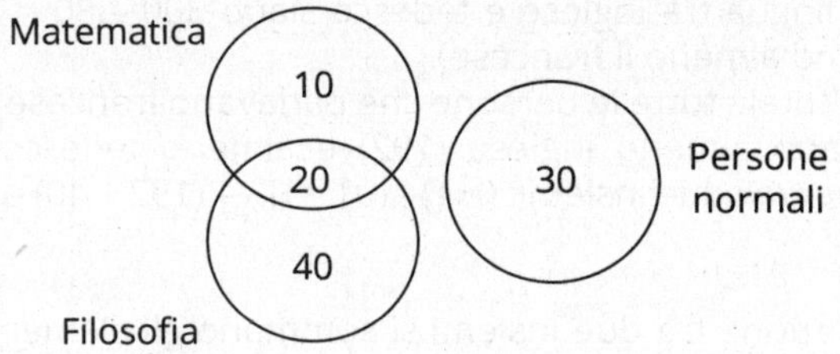

Risposta corretta C.

9. Per trovare i bambini a cui non piace il verde, si possono sommare i bambini a cui piace solo il rosa, quelli a cui piace solo l'azzurro e quelli a cui piacciono sia l'azzuro che il rosa, ma non il verde (AR). Visto che il testo ci dice che il numero di bambini a cui piace sia l'azzurro che il rosa (AR) è pari a zero, possiamo dire che coloro a cui piace sia il rosa che l'azzuro che il verde (ARV) sarà pari a zero, che ai 14 bambini a cui piacciono l'azzurro e il verde (AV) non piace il rosa e che ai 16 bambini a cui piacciono il rosa e il verde (RV) non piace l'azzurro: se così non fosse, ad almeno un bambino dovrebbero piacere sia l'azzuro che il rosa.

Possiamo ora ricavare gli altri due dati:

- I bambini a cui piace solo il rosa sono 21 (R) – 0 (AR) – 0 (ARV) – 16 (RV) = 5.
- I bambini a cui piace solo l'azzurro sono 18 (A) – 0 (AR) – 0 (ARV) – 14 (AV) = 4.

In totale ci saranno quindi 5 + 4 + 0 = 9 bambini a cui non piace il verde.

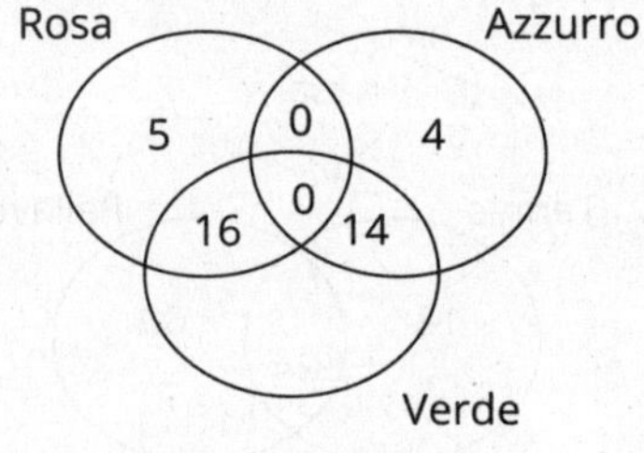

Risposta corretta D.

10. Per trovare il numero di persone che bevono solo vino bisogna prima trovare il numero di persone che bevono solo birra, solo rum, solo birra e vino, solo birra e rum, solo vino e rum. Dal numero totale dei ragazzi si potranno poi sottrarre tutti questi dati (senza dimenticare Marina), in modo da trovare la soluzione.
Tra le 5 persone che bevono sia birra che rum è considerata anche Marina, che inoltre beve anche il vino: dunque le persone che bevono solo birra e rum, ma non vino, sono 4. Allo stesso modo, se le persone che bevono sia vino che rum sono 7, quelli che bevono solo vino e rum, ma non birra, saranno 6 (7 – Marina).
In seguito, se le persone che bevono il rum sono 15, le persone che bevono solo il rum sono 15 (rum) – 4 (birra e rum) – 6 (vino e rum) – 1 (Marina) = 4.
Sapendo dal testo che coloro che bevono solo birra sono 5, possiamo infine calcolare quanti ragazzi bevono solo vino: 23 – 4 (solo rum) – 5 (solo birra) – 4 (BR) – 6 (VR) – 1 (Marina) = 3.

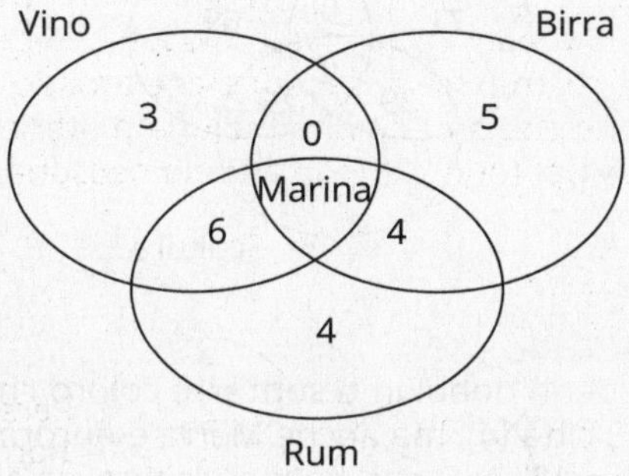

Risposta corretta A.

11. La difficoltà dell'esercizio consiste nell'impostare correttamente il sistema di insiemi, prestando attenzione a non contare le stesse persone (in particolare Kasa) per più di una volta. Escludendo Kasa, è possibile trovare il numero di ragazzi che indossano SOLO due dei tre accessori: 5 indossano solo bandana e bling-bling (il testo dice che 6 indossano sia bandana che catena, ma all'interno è compresa anche Kasa), 7 solo bandana e scarpe "Michele Giordano" (stesso ragionamento, 8-Kasa). Sapendo che sono in 9 ad indossare il bling-bling, è possibile calcolare quanti di essi indossano SOLO questo accessorio: 9 (bling-bling) – 5 (bling-bling e bandana) – 1 (Kasa) = 3. Una volta completato il sistema con tutti i dati, è possibile calcolare il numero di persone che indossano SOLO le scarpe "Michele Giordano", sottraendo al totale dei membri ogni altra possibile combinazione di accessori: 26 (membri) – 4 (solo bandana) – 3 (solo bling-bling) – 5 (bandana e bling-bling) – 7 (bandana e scarpe) – 1 (Kasa) = 6.

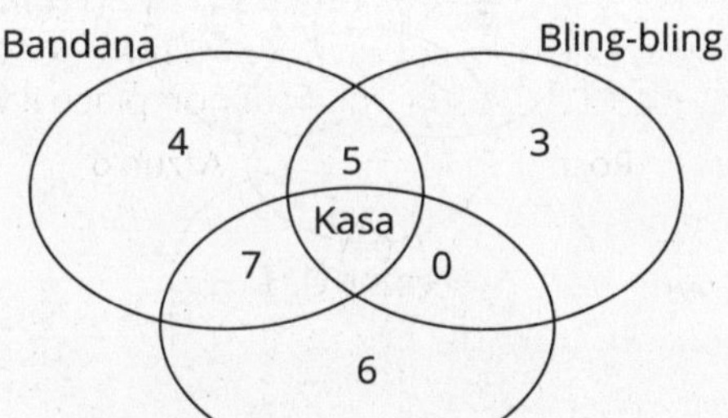

Risposta corretta D.

12. Per risolverlo è molto utile schematizzare usando degli insiemi e inserendo i valori che ci dà il testo. Innanzitutto dal numero totale di studenti si può togliere il numero di quelli che non fanno nessun corso: 267 – 24 = 243. 58 studenti fanno scultura più un altro corso e sono divisi equamente, quindi vuol dire che 58 / 2 = 29 studenti fanno scultura e scrittura creativa e 29 matematica e scultura. A questo punto sappiamo che 243 – (7 + 38 + 58) = 140 studenti fanno solo scrittura e solo matematica. Avendo trovato la somma degli studenti che seguono solo scrittura e solo matematica, e sapendo che coloro che seguono solo scrittura sono due in più di quelli che seguono solo matematica, si può impostare un sistema a due equazioni: "scrittura + matematica = 140" e "scrittura = matematica + 2". A questo punto sostituiamo la seconda equazione nella prima: matematica + 2 + matematica = 140, quindi 2 matematica = 138. Matematica = 69 e scrittura = 71 (69 + 2).

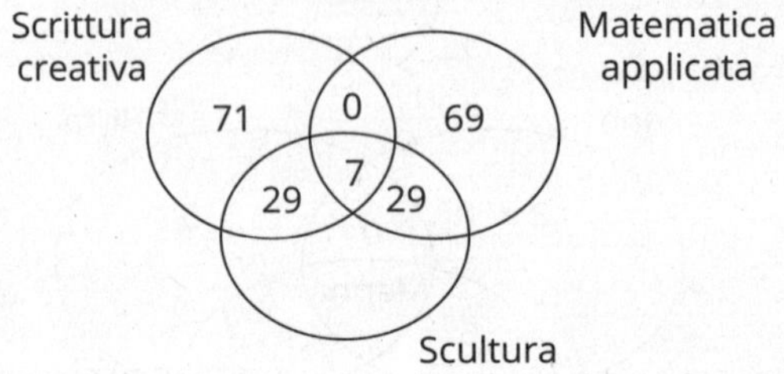

Risposta corretta D.

13. Al numero totale di studenti dobbiamo sottrarre coloro che sicuramente non hanno mai visitato nessuna delle 3 città (4), ma anche Marta e Aurora che conducono l'indagine senza includersi: 24 - 4 - 2 = 18. Ai 9 che hanno visitato sia Napoli che Firenze bisogna sottrarre i 4 che hanno visto tutte e 3 le città per ottenere le persone che hanno visto Napoli e Firenze, ma non Catania: 9 - 4 = 5. Lo stesso vale per coloro che dichiarano di essere stati sia a Catania che a Firenze: 5 - 4 = 1. Con i dati trovati si possono calcolare le persone che hanno visto solo Firenze: 13 - 4 - 5 - 1 = 3. Per ottenere il numero di persone che hanno visitato solo Catania, dobbiamo sottrarre al numero totale di chi è stato a Catania (10) quello di chi ha visitato tutte e 3 le città (4), di chi ha visto solo C + F (1) e di chi è stato solo a C + N. Per trovare quest'ultimo dato, sapendo che nessuno ha visitato solo Napoli, se sottraiamo al numero di persone che hanno visto Napoli (11), quelli che hanno visto N + F (9 = 4 + 5), automaticamente otteniamo le persone che hanno visitato C + N (11 - 9 = 2). Quindi: 10 - 4 - 1 - 2 = 3, ovvero il numero di persone che hanno visto solo Catania, ma non Napoli e Firenze.

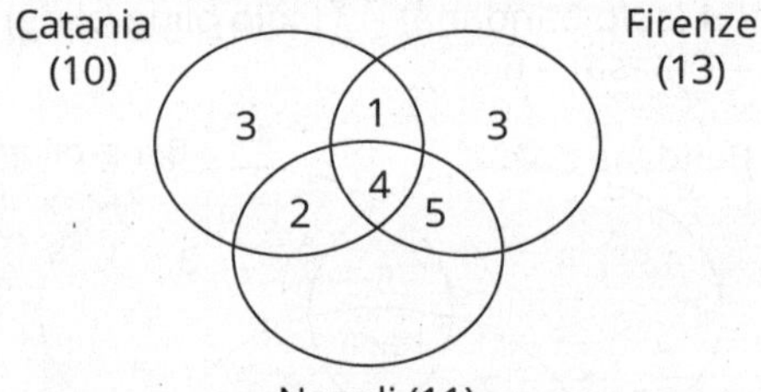

Risposta corretta A.

14. Per risolvere il quesito è necessario disegnare i 3 insiemi, inserire all'interno tutti i dati che conosciamo e calcolare quelli che ci mancano. Attenzione perché se ci viene detto che 4 persone vanno sia al mare che al lago, non significa che andranno SOLO in queste due località (altrimenti sarebbe stato esplicitato nel testo), ma saranno compresi anche i 2 clienti che si recano in tutte e 3 le località, quindi il numero esatto di coloro che andranno solo al mare e al lago sarà 4 - 2 = 2.

Stesso discorso per chi andrà solo in montagna e al mare, ovvero 8 - 2 = 6. A questo punto possiamo ricavare che i clienti che vanno solo al mare sono: 25 - (6 + 2 + 2) = 15; quelli che vanno solo in montagna e al lago sono: 36 - (6 + 2 + 22) = 9; quelli che prenotano solo il lago sono: 120 - (15 + 2 + 2 + 6 + 9 + 22) = 64 Il quesito ci chiede però di trovare la percentuale, quindi 64 · 100/120 = 53,3% (anche senza calcoli potevamo vedere ad occhio che 64 è poco più del 50% di 120).

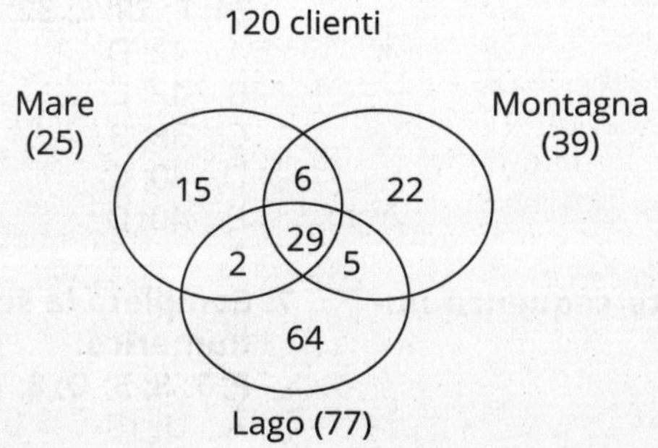

Risposta corretta D.

15. Per trovare quante sono le persone che bevono SOLO macchiato e cappuccino ci bastano due dati: 17 persone bevono macchiato e cappuccino e 12 persone bevono caffè macchiato, cappuccino ed espresso. Dobbiamo tenere conto che nelle 17 persone che bevono cappuccino e macchiato sono contate anche le persone che bevono tutte e tre le bevande, altrimenti il testo avrebbe specificato che quelle 17 persone bevono SOLO macchiato e cappuccino. Sottraendo 17 a 12 troviamo 5 che è il numero delle persone che hanno bevuto SOLO macchiato e cappuccino (eliminiamo chi ha bevuto anche l'espresso).

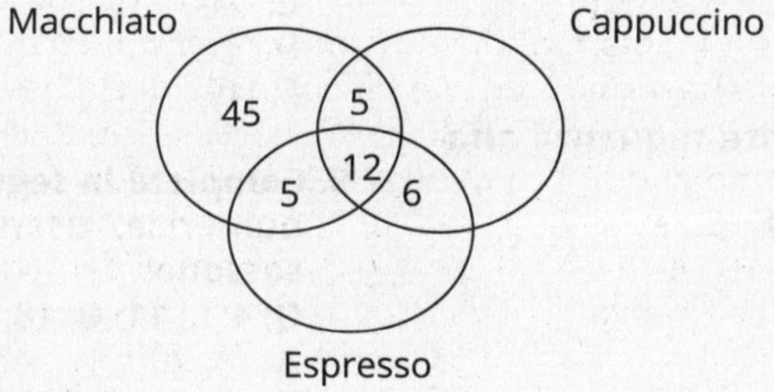

Risposta corretta B.

2.14 SEQUENZE

2.14.1 SERIE ALFANUMERICHE

1. Completa la seguente sequenza alfabetica:
C; A; E; C; G; ?
A. D
B. F
C. H
D. E
E. C

2. Completa la seguente sequenza numerica:
10; 21; 43; 87; ?
A. 100
B. 175
C. 150
D. 115
E. 160

3. Completa la seguente sequenza numerica:
5; 25; 4; 16; 3; ?
A. 10
B. 15
C. 9
D. 27
E. 21

4. Completa la seguente sequenza alfanumerica:
A; 5; B; 10; C; 20; ?; ?
A. D; 60
B. E; 20
C. B; 40
D. D; 40
E. D; 30

5. Completa la seguente sequenza alfabetica:
C; G; D; H; E; I; ?
A. L
B. J
C. G
D. F
E. B

6. Completa la seguente sequenza alfanumerica:
24; F; 28; L; 32; E; 36; I; ?; ?
A. 42; D
B. 42; C
C. 38; B
D. 40; C
E. 40; D

7. Completa la seguente sequenza alfanumerica:
P; 7; S; 5; Q; 8; ?; ?
A. U; 10
B. S; 8
C. T; 6
D. R; 8
E. V; 12

8. Completa la seguente sequenza alfabetica, usando l'alfabeto anglosassone:
V; S; P; M; ?
A. K
B. I
C. H
D. J
E. G

9. Completa la seguente sequenza alfanumerica, usando l'alfabeto anglosassone:
Q; 4; L; 11; G; 18; ?; ?
A. A; 20
B. D; 30
C. B; 25
D. A; 25
E. D; 35

10. Completa la seguente sequenza numerica:
123; 146; 90; 113; ?
A. 57
B. 70
C. 65
D. 75
E. 50

CORREZIONE COMMENTATA

1. In questa sequenza sono presenti lettere che crescono e decrescono nell'ordine alfabetico: si può quindi ipotizzare una serie di addizioni-sottrazioni. La successione alfabetica infatti è impostata sul seguente ragionamento: si sottraggono prima 2 lettere, successivamente si scala in avanti di 4 lettere. Infatti C – 2 = A; A + 4 = E; E – 2 = C; C + 4 = G e allora G – 2 = E.
Risposta corretta D.

2. Si osserva che 21 – 10 = 11; 43 – 21 = 22; 87 – 43 = 44. Quindi al primo numero viene sommato 11, al secondo 22 e infine al terzo 44. Tra un numero e il seguente si aggiunge quindi un valore raddoppiato rispetto all'aggiunta precedente. Dato che 44 · 2 = 88, per trovare la soluzione bisogna sommare questo valore all'ultimo numero della sequenza: 87 + 88 = 175.
Risposta corretta B.

3. La sequenza è formata da coppie di quadrati: $5^2 = 25$; $4^2 = 16$. Seguendo la logica di questo ragionamento, possiamo trovare la soluzione calcolando il quadrato di 3: $3^2 = 9$.
Risposta corretta C.

4. In questi esercizi è utile concentrarsi separatamente sulla successione di lettere e di numeri. Nella sequenza alfabetica, le lettere sembrano semplicemente seguire l'ordine alfabetico, dunque è possibile ipotizzare che la lettera mancante sia la D (eliminando quindi le opzioni B e C). Per i numeri, basta moltiplicare il numero precedente per 2: 5 · 2 = 10; 10 · 2 = 20; 20 · 2 = 40. Quindi i due valori da inserire per completare la sequenza sono: D; 40.
Risposta corretta D.

5. Nella sequenza proposta, le lettere si susseguono con un andamento +4, –3: infatti C + 4 = G; G – 3 = D; ... E + 4 = I. La lettera mancante si potrà trovare sottraendo tornando indietro di 3 lettere nell'alfabeto: I – 3 = F.
Risposta corretta D.

6. Quando ci si trova di fronte a una sequenza alfanumerica dove i numeri sembrano crescere con una certa regolarità, è utile controllare come prima cosa se i termini siano legati da semplici operazioni di addizione. In questo caso tra un numero e il successivo bisogna aggiungere 4 unità: 36 + 4 = 40. In questo esercizio, la sequenza alfabetica è poi legata a quella numerica: sommando le cifre del numero precedente, si ottiene infatti il valore posizionale della lettera nell'alfabeto italiano (es: 24 → 2 + 4 = 6 → 6 = F). Quindi: 40 → 4 + 0 = 4 → 4 = D.
Risposta corretta E.

7. In questa sequenza bisogna prima aggiungere 3 unità alle lettere e successivamente sottrarne 2, infatti: P + 3 = S; S – 2 = Q. Stesso discorso ma speculare per i numeri: 7 – 2 = 5; 5 + 3 = 8.
Quindi: Q + 3 = T e 8 – 2 = 6.
Un altro ragionamento che poteva essere eseguito per questa sequenza era alternare addizioni e sottrazioni di cifre progressivamente decrescenti per le lettere (+3, -2, +1) e crescenti per i numeri (-2, +3, -4). In questo caso, la risposta sarebbe stata R; 4, ma, non essendo tra le opzioni, non può essere considerata il corretto completamento della successione.
Risposta corretta C.

8. In questa sequenza si osserva che tra una lettera e la successiva sono state sottratte 3 lettere (es: V – 3 = S). Dato che il testo dice che bisogna considerare le lettere dell'alfabeto anglosassone, la risposta è M – 3 = J.
Risposta corretta D.

9. La sequenza è basata sul seguente ragionamento: per trovare la lettera successiva bisogna sottrarre 5 unità, mentre per trovare il numero successivo bisogna sommare 7 unità. Quindi G – 5 = B e 18 + 7 = 25.
Risposta corretta C.

10. In questa sequenza, si osserva che inizialmente viene aggiunto 23 (123 + 23 = 146) e successivamente viene sottratto 56 (146 – 56 = 90). Notando poi che la prima operazione viene ripetuta, per trovare il risultato sarà necessario sottrarre 56 unità all'ultimo numero della sequenza: 113 – 56 = 57.
Risposta corretta A.

2.14.2 SERIE LOGICHE

1. Quale tra le serie ABCDE è coerente con tutte le serie 1, 2, 3?
1. **Primo set, secondo set, terzo set**
2. **Primo tempo, secondo tempo, supplementari, rigori**
3. **Prima manche, seconda manche**

A. Mattina, pomeriggio, sera
B. 2 o 4 giocatori, 22 giocatori, 22 piloti
C. Prima tappa, seconda tappa, terza tappa..., ventunesima tappa
D. 1 ora, 2 ore, 3 ore, 4 ore
E. Tennis, calcio, F1, ciclismo

2. Quale tra le serie ABCDE è coerente con tutte le serie 1, 2, 3?
1. **Lavoratori, disoccupati, pensionati**
2. **Neonati, bambini, ragazzi, adulti, anziani**
3. **Sani, malati**

A. Pompieri, meccanici, poliziotti
B. Mamme e papà
C. Marco, Mario, Francesca
D. Mamme, genitori e zii
E. Uomini e donne

3. Quale tra le serie ABCDE è coerente con tutte le serie 1,2 e 3?
1. **Zigote, morula, blastocisti**
2. **Nebulosa, stella, supernova**
3. **Australopiteco, Homo Habilis, Homo Erectus, Homo Sapiens, Homo Sapiens Sapiens**

A. Scalfaro, Ciampi, Napolitano, Mattarella
B. Radici, tronco, rami
C. Magikarp, Gyarados
D. Clinton, Raegan, Obama, Trump
E. Fratello, cugino, zia, padre, madre

4. Quale tra le serie ABCDE è coerente con tutte le serie 1, 2, 3?
1. **ciliegie, Marte, peperoni, sangue**
2. **pulcini, Sole, girasoli, stella**
3. **iris, cielo, mirtilli, mare**

A. Jeans, calze, televisione, erba
B. Nuvole, denti, fogli, latte
C. Computer, piedi, dita, radio
D. Tavolo, mobile, foglie, porta
E. Lampada, tastiera, quadro, albero

5. Quale tra le sequenze ABCDE è coerente con tutte le serie 1,2 e 3?
1. **Pane, grissini, crackers**
2. **Forchetta, coltello, cucchiaio, cucchiaino**
3. **Pneumatico, gomma, guanti**

A. Tavolo, panca, sedia, mattarello
B. Tovaglia, tovagliolo, piatto
C. Pasta, cotoletta, spinaci
D. Zaino, astuccio, penne
E. Cuoco, meccanico, coltello

6. Quale tra le serie ABCDE è coerente con tutte le serie 1, 2 e 3?
1. **Germania, Polonia, Bielorussia, Kazakistan**
2. **California, Colorado, Illinois, Florida**
3. **Cagliari, Napoli, Bari**

A. Islanda, Groenlandia, Norvegia
B. Tolosa, Marsiglia, Montpellier, Monaco
C. Egitto, Libia, Algeria, Marocco
D. Iran, Pakistan, India, Thailandia
E. Birmania, Nepal, Pakistan, Iran

7. Quale tra le serie ABCDE è coerente con tutte le serie 1, 2, 3?
1. **tavolo, sedia, mobile, tronco**
2. **fede, lingotti, orecchini, bracciale**
3. **bottiglia, contenitore, finestra, bicchieri**

A. Tappi, bottiglie, buste trasparenti, sacchetto
B. Divano, pianta, tenda, porta
C. Seme, corpo, terra, cuore
D. Foglia, pianoforte, vasi, coperte
E. Pantaloni, maglioni, trucchi, smalto

8. Quale tra le serie ABCDE è coerente con tutte le serie 1,2 e 3?
1. **Pannotia, Rodinia, Vaalbara, Pangea**
2. **Australopiteco, Homo Habilis, Homo Erectus, Homo Sapiens, Homo Sapiens Sapiens**
3. **Antichi Egizi, Antichi Greci, Antichi Romani**

A. Scalfaro, Ciampi, Napolitano, Mattarella

B. Cenozoico, Paleozoico, Mesozoico
C. Clinton, Raegan, Obama, Trump
D. Città, Comune, Provincia, Regione
E. Epicureismo, Empirismo, Umanesimo

9. Quale tra le serie ABCDE è coerente con tutte le serie 1,2 e 3?

1. Lettera, parola, frase, riga, paragrafo, pagina, capitolo, libro
2. Filo di cotone, tessuto di cotone, maglietta in cotone
3. Organelli citoplasmatici, cellula, epitelio monostratificato, epitelio pluristratificato, tessuto, organo, apparato

A. Seme, fiore, albero, legno, tavolo
B. Embrione, feto, neonato, bambino, adolescente, giovane, adulto, anziano
C. Casa, via Severino 17, Brera, Milano, Lombardia, Italia, Europa, Mondo
D. Scalfaro, Ciampi, Napolitano, Mattarella
E. Figlio, mamma, papà, nonni materni, nonni paterni

10. Quale delle serie tra le opzioni segue la logica di queste tre serie?

1. Violino, viola, violoncello, contrabbasso
2. Topo, criceto, cavia, capibara
3. Smartphone, tablet, laptop, tower PC

A. Bisturi, coltello, daga, katana
B. Pesci, anfibi, uccelli, mammiferi
C. Aereo, macchina, moto, bici
D. Paragrafo, periodo, parola, lettera
E. Re, torre, cavallo, pedone

CORREZIONE COMMENTATA

1. La risposta C è corretta in quanto è l'unica che come le tre serie proposte (1, 2, 3) tratta la divisione del tempo in un evento sportivo.
Risposta corretta C.

2. La risposta E è corretta in quanto è l'unico modo in cui si può dividere l'intera popolazione in gruppi come succede nelle tre frasi di esempio che ci vengono date. Con le altre opzioni si può dividere la popolazione ma non comprendendo tutti i suoi componenti.
Risposta corretta E.

3. Le serie 1, 2 e 3 rappresentano tutte l'evoluzione di qualcosa: lo zigote si forma dopo 24-30 h dalla fecondazione, il quale si sviluppa in 3 giorni a morula e dopo 4 giorni si cavita diventando blastocisti; la seconda sequenza si riferisce all'evoluzione stellare, cioè i cambiamenti che una stella subisce nel corso della sua esistenza, infatti la stella nasce da una nebulosa, dalla quale origina la protostella e poi la stella, la quale al termine della sua esistenza (perché esaurisce l'idrogeno) diventa una supernova estremamente densa; la terza sequenza mostra i vari stadi dell'evoluzione umana. Quindi l'opzione A è errata perché riporta in ordine gli ultimi 4 presidenti della Repubblica Italiana, ma non rappresentano un'evoluzione. Lo stesso vale per l'opzione D dove in più Raegan fu uno dei presidenti degli USA ma fu eletto precedentemente rispetto a tutti gli altri; l'opzione B è sbagliata perché è un elenco delle componenti dell'albero dal suo punto più basso verso la cima. L'opzione E non va bene perché è solo l'elenco di possibili componenti di una famiglia senza un ordine. L'unica alternativa corretta è la C, che mostra l'evoluzione di Magikarp a Gyarados.
Risposta corretta C.

4. Gli elementi di ognuna delle tre serie sono accomunati da uno stesso colore: ciliegie, Marte, peperoni e sangue sono tutti rossi; pulcini, Sole, girasoli e, stella sono gialli; iris, cielo, mirtilli e mare sono invece blu. L'unica opzione che comprende termini associati ad uno stesso colore è la B: nuvole, denti, fogli e latte sono tutti elementi bianchi.
Risposta corretta B.

5. Le sequenze 1, 2 e 3 rappresentano tutte un insieme di oggetti fatti dallo stesso materiale: sequenza 1 possono essere fatti con il grano, sequenza 2 possono essere fatti in acciaio, sequenza 3 possono essere fatti di gomma. Quindi l'unica sequenza che segue questa logica è la A, dove tutti possono essere fatti di legno.
Risposta corretta A.

6. Nelle opzioni 1, 2 e 3 proposte dal testo vengono elencati Stati o città da ovest a est. La Groenlandia è a ovest rispetto all'Islanda, Risposta A errata. Nell'opzione B le città francesi si trovano nell'ordine Tolosa, Montpellier, Marsiglia, Monaco da ovest a est, Risposta B errata. Nelle risposte C ed E gli Stati elencati sono messi in ordine da quello più a est a quello più a ovest quindi all'incontrario rispetto alle serie 1, 2 e 3.
Risposta corretta D.

7. Ognuna delle tre serie ha elementi fatti di uno stesso materiale: per quanto riguarda 1 è il legno, 2 l'oro e 3 il vetro. L'unica opzione, quindi, che comprende oggetti fatti dello stesso materiale è "tappi, bottiglie, buste trasparenti, sacchetto", poiché i quattro elementi sono tutti in plastica.
Risposta corretta A.

8. Le sequenze 1, 2 e 3 sono accomunate dal fatto che richiamano una sequenzialità di eventi nell'ordine cronologico in cui sono avvenuti: la Pangea infatti, fu preceduta da 3 continenti diversi, ovvero la Pannotia, Rodinia e Vaalabria; la seconda sequenza mostra i vari stadi dell'evoluzione umana; la terza menziona 3 popoli vissuti in epoche diverse: si sviluppò prima il popolo egizio, poi quello greco ed infine quello romano. Paleozoico e Mesozoico furono ere geologiche precedenti rispetto al Cenozoico (opzione B errata), l'Empirismo fu una corrente filosofica successiva rispetto all'Umanesimo (opzione E errata), Raegan fu uno dei presidenti degli USA, eletto precedentemente rispetto a tutti gli altri menzionati (opzione C errata); l'opzione D invece non tratta di ordini cronologi, quanto di gerarchie di grandezza (opzione D errata). L'unica alternativa corretta è la prima, che riporta gli ultimi 4 presidenti della Repubblica Italiana, nell'ordine in cui sono stati eletti.
Risposta corretta A.

9. Attenzione, per risolvere adeguatamente il quesito bisognava rendersi conto del fatto che le serie proposte non seguono un ordine "cronologico" (della serie prima c'è questo... che poi si trasforma in quest'altro) bensì un ordine "dal più piccolo al più grande", come se noi partissimo dall'ultima parola di ciascuna seria (libro, maglietta in cotone, apparato) e la mettessimo sotto un microscopio per vedere di che cosa è composta.
Seguendo questo ragionamento potevamo escludere la risposta A in quanto un tavolo messo al microscopio sarà sì fatto da legno, ma il legno sarà fatto da cellule e non da un albero, in quanto dall'albero sarà invece stato ricavato. Infatti la risposta A segue invece l'ordine "cronologico" di cui parlavamo prima, ossia "il seme diventa fiore, il fiore diventa albero..".
La risposta B sarò quindi errata per lo stesso motivo: un anziano analizzato al microscopio sarà formato da tessuti, non da un adulto. La risposta B infatti segue un ordine cronologico.
La risposta D. è errata in quanto riporta in ordine cronologico alcuni dei presidenti della repubblica italiana
La risposta E. segue il ragionamento della risposta A e della B, salvo poi perdersi in quanto mamma e papà devono essere sullo stesso livello cronologico e non uno prima dell'altro, stesso discorso per i nonni.
L'unica risposta che risulta essere corretta è la risposta C, in quanto se la terra fosse analizzata sotto un microscopio gigante e si ingrandisse fino a casa nostra, andremmo ad ottenere esattamente gli stessi passaggi esposti dalla risposta C.
Risposta corretta C.

10. Il criterio delle serie date è di dimensione crescente. La serie B seguiva un ordine cronologico, di comparsa delle varie classi di vertebrati sulla terra, le serie C e D andavano in ordine di dimensioni decrescenti rispettivamente dei mezzi di trasporto e dell'elemento sintattico, così come nella E diminuiva il valore del pezzo (insieme alle sue dimensioni, ma è sempre in ordine decrescente).
Risposta corretta A.

2.15 RISOLUZIONI CON SCHEMI

1. La maestra Peppina delle elementari mette in fila indiana sei bambini, i cui nomi sono Angelo, Bruno, Cesco, Dario, Ennio, Franco.
Sapendo che Ennio viene subito dopo Franco, che Bruno è il secondo della fila e che fra lui e Angelo vi è un solo bambino, chi è l'ultimo della fila?

A. Angelo
B. Bruno
C. Cesco
D. Dario
E. Ennio

2. Cinque amici (Luca, Andrea, David, Marco e Simone) hanno deciso di passare il ponte dell'8 dicembre in modo diverso uno dall'altro; c'è chi è andato ad un concerto di musica indie, chi è andato a sciare, chi ad uno spettacolo teatrale, chi l'ha passato a studiare e qualcuno è andato a ballare in discoteca. Un amico non ha voluto compagnia, mentre gli altri sono stati accompagnati dalla fidanzata, da un'amica, dai cugini oppure dai colleghi di lavoro.
Sapendo che:

- **Chi è stato accompagnato dai cugini è andato a sciare**
- **Simone è andato a ballare in discoteca**
- **Luca non è andato allo spettacolo teatrale, ma era con la fidanzata**
- **Andrea era in compagnia di un'amica allo spettacolo teatrale**
- **Chi è rimasto a casa a studiare non aveva compagnia**
- **David non era con i cugini**

Che cosa ha fatto Marco durante il ponte?

A. Si è divertito in compagnia della fidanzata
B. È uscito con i colleghi
C. È rimasto a casa a studiare
D. È andato ad un concerto con i colleghi
E. È andato a sciare

3. Ci sono cinque paesi confinanti tra loro. Peppapig confina solo con Quedo, Quedo confina con Rasputan e con Silliban, inoltre Sillaban confina anche con Taorcia.
Qual è il numero minimo di confini da attraversare per una persona che da Peppapig deve recarsi a Taorcia?

A. Uno
B. Due
C. Tre
D. Quattro
E. Cinque

4. In una gara di biciclette hanno partecipato: Anna, Barbara, Carolina, Davide, Enrico, Francesco e Giulio. Tutti sono arrivati al traguardo ma non in questo ordine. Si sa che Barbara è arrivata prima di Anna e dopo di Enrico; Davide dopo Carolina ma prima di Giulio; Francesco prima di Enrico ma dopo Giulio.
Chi è arrivato per ultimo?

A. Anna
B. Barbara
C. Carolina
D. Davide
E. Enrico

5. Anna solitamente per andare in università a piedi esce di casa e svolta a sinistra, percorre 100 metri e svolta nuovamente a sinistra; cammina poi per altri 400 metri, svolta a destra e percorre gli ultimi 100 metri prima di arrivare in aula. Oggi la lezione si terrà in un altro edificio; per raggiungerlo Anna esce di casa e svolta a destra, percorre 50 metri e svolta ancora a destra. Dopo essersi fermata al bar dell'angolo per un caffè, prosegue per 400 metri per poi svoltare a sinistra; cammina ancora 200 metri ed entra in aula.
Quanto è distante questo edificio da quello in cui è solita andare?

A. 250 metri
B. 300 metri
C. 350 metri
D. 400 metri
E. 450 metri

6. **Federico è più giovane di Caterina. Giacomo è più giovane di Federico ma più vecchio di Edoardo. Chi è il più giovane dei quattro ragazzi?**
   A. Federico
   B. Caterina
   C. Giacomo
   D. Edoardo
   E. I dati forniti non sono sufficienti per rispondere

7. **In un ospedale lavorano Ascanio, Ben e Carmelo come inserviente, chirurgo e infermiere (non necessariamente in questo ordine). Ascanio è figlio di Carmelo ed è più basso di statura del chirurgo. L'inserviente è il più alto di statura, e non ha figli. Quale delle seguenti affermazioni è compatibile con le premesse?**
   A. Ben è l'infermiere, Ascanio è l'inserviente, Carmelo è il chirurgo
   B. Carmelo è l'infermiere, Ben è l'inserviente e Ascanio è il chirurgo
   C. Ascanio è l'infermiere, Ben è l'inserviente e Carmelo è il chirurgo
   D. Ascanio è l'infermiere, Carmelo è l'inserviente e Ben è il chirurgo
   E. Carmelo è l'infermiere, Ascanio è l'inserviente e Ben è il chirurgo

8. **Marco i giorni pari va agli allenamenti di bocce seguendo questo percorso: 1 Km a Sud, 2 Km a Ovest e 0,5 Km a Nord. I giorni dispari invece Marco frequenta la palestra di freccette e per raggiungerla segue il seguente percorso: 0,5 Km a Nord, 1 Km a Est e 1 Km a Sud. Dove si trovano gli allenamenti di bocce rispetto alla palestra di freccette?**
   A. Nord-Ovest
   B. Nord-Est
   C. Sud-Est
   D. Sud-Ovest
   E. Ovest

9. **Cinque giovani scultori frequentano l'Accademia di Breno; i loro nomi sono Annibale, Laura, Cristina, Danilo e Giorgia. Le loro statue raffigurano: Giove, Venere, Bacco, Nettuno e Minerva (non necessariamente in questo ordine). Ognuno di loro utilizza uno solo dei seguenti materiali: marmo, argilla, gesso, bronzo e legno (non necessariamente in questo ordine). Si sa inoltre che:**
   - **Cristina ha realizzato una statua in legno;**
   - **Danilo ha realizzato la statua in argilla;**
   - **La statua in gesso raffigura Venere;**
   - **Un ragazzo ha realizzato una statua in bronzo che raffigura Giove;**
   - **Laura ha realizzato una statua che raffigura Nettuno.**

   Chi ha realizzato la statua in bronzo?
   A. Annibale
   B. Cristina
   C. Danilo
   D. Giorgia
   E. Laura

10. **Dall'osservazione della mappa possiamo dire che:**

CARTOGRAMMA 2. ETA' MEDIA DELLA POPOLAZIONE. Censimento 2019, quintili

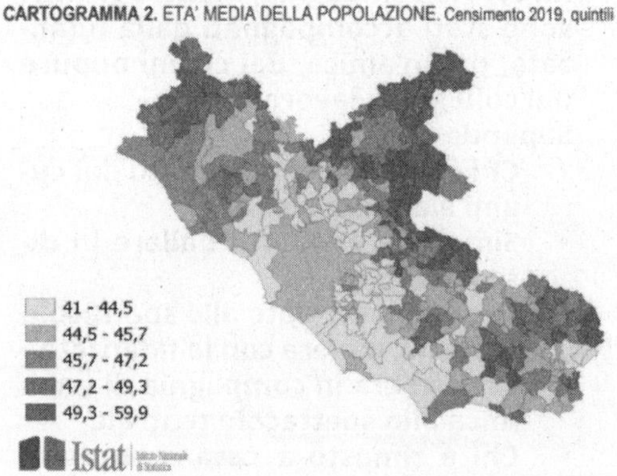

   A. L'entroterra è più anziano rispetto a Roma
   B. Il numero di pensionati aumenta da sud verso nord
   C. L'entroterra è più densamente popolato
   D. Le persone anziane preferiscono la montagna
   E. Roma è la zona mediamente più giovane

11. Il seguente cartogramma a mosaico rappresenta il numero di veicolo coinvolti in incidenti stradali negli ultimi 12 mesi. Possiamo affermare che:

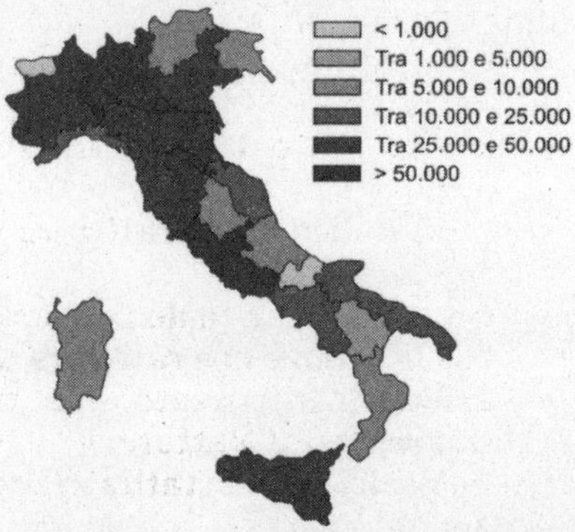

A. La Toscana ha gli stessi incidenti del Molise
B. Gli incidenti sono maggiormente concentrati in Lombardia e Lazio
C. Ci sono più macchine in Lazio che in Lombardia
D. Il numero di incidenti della Valle d'Aosta è la metà degli incidenti della Sicilia
E. Ci sono più incidenti in montagna rispetto al mare

12. Osservando la mappa possiamo affermare che:

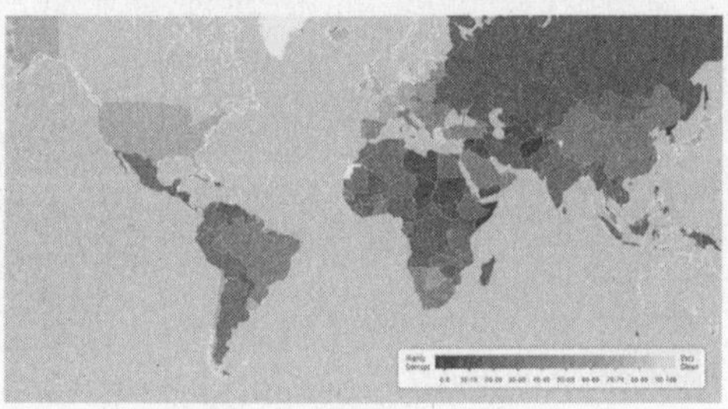

A. Il Canada è uno degli Stati più corrotti al mondo
B. Lo Stato cinese è più corrotto di quello giapponese
C. La Russia risulta essere uno Stato pulito, senza corruzione
D. Il continente africano è più corrotto al Sud
E. L'Italia e gli Stati Uniti hanno lo stesso indice di corruzione

13. Osservando la mappa possiamo affermare che:

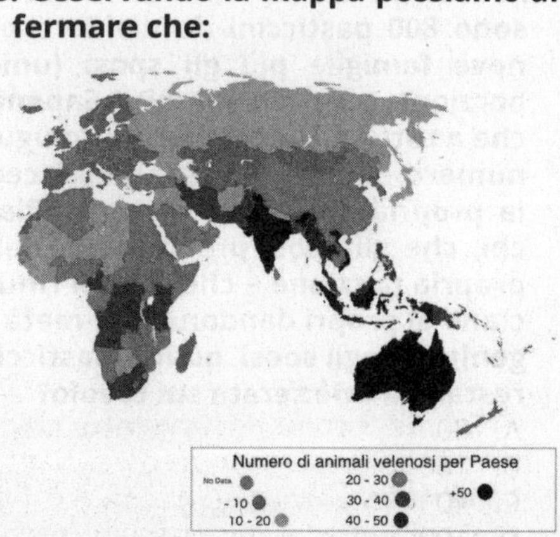

A. Francia, Italia e Olanda hanno lo stesso numero di animali velenosi
B. Nel mondo sono maggiori gli Stati con 30 o più animali velenosi
C. L'Australia ospita tra le 40 e le 50 specie velenose
D. Il Brasile risulta avere tra i 40 e i 50 animali velenosi
E. In Belgio e in Germania non vi sono più di 10 specie velenose

14. Giunti alla fine di un Escape Room tu e i tuoi amici vi trovate di fronte a cinque porte. Dagli indizi precedentemente raccolti sapete che solo 2 sono porte che vi fanno uscire e quindi vincere il gioco, sapete inoltre che non sono vicine. Si sa inoltre che la porta più a destra non è un'uscita. Vi viene dato un ulteriore suggerimento: 2 delle 3 porte di non uscita sono vicine. Giovanni dice di uscire da quella all'estrema destra, Paolo di uscire dalla seconda porta da destra, Giuseppe da quella in mezzo, Paola dalla seconda porta da sinistra e Giorgia dalla prima a sinistra. Chi ha sicuramente ragione?

A. Giovanni
B. Paolo
C. Giuseppe
D. Paola
E. Giorgia

15. Su un tavolo ad un matrimonio ci sono 800 pasticcini da dividere per nove famiglie più gli sposi (unica porzione per entrambi). Sapendo che a tutti ne viene distribuito ugual numero, che la famiglia Rossi cede la propria parte alla famiglia Bianchi, che gli sposi prendono ¼ della propria porzione e che i Verdi rinunciano ai propri dandone una metà ai genitori degli sposi, quanti pasticcini restano a fine serata sul tavolo?

A. 80
B. 160
C. 40
D. 100
E. 20

CORREZIONE COMMENTATA

1. Per risolvere l'esercizio, bisogna disegnare in linea i nomi dei bambini che la maestra mette in fila, aggiungendo tutte le informazioni che il quesito fornisce:

- Prima informazione: F – E
- Seconda informazione: 1° – B – 3°
- Terza informazione: B – 3° – A

Unendo la seconda e la terza informazione si ottiene che: 1° – B – 3° – A
Sapendo che F e E sono vicini, bisogna escludere la possibilità che si trovino in prima e/o terza posizione: dovranno essere per forza in quinta e sesta posizione, con Ennio a chiudere la fila.
Risposta corretta E.

2. Inizialmente, si inseriscono in una tabella i dati forniti direttamente dal testo:

Persona	**Attività**	**Compagnia**
Luca		Fidanzata
Andrea	Spettacolo teatrale	Amica
	Studiare	Solo
	Sciare	Cugini
Simone	Discoteca	

Dato che il testo afferma che David non era in compagnia dei cugini, l'unica riga in cui possiamo inserirlo è la terza: è rimasto a casa a studiare. Per esclusione, si può concludere che Marco è andato a sciare insieme ai cugini.

Persona	**Attività**	**Compagnia**
Luca	**Concerto indie**	Fidanzata
Andrea	Spettacolo teatrale	Amica
David	Studiare	Solo
Marco	Sciare	Cugini
Simone	Discoteca	**Colleghi**

Risposta corretta E.

3. Si possono disporre i paesi in questo modo:

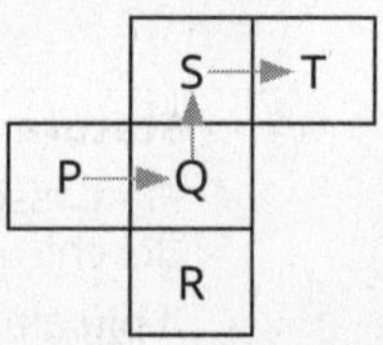

Esistono altre disposizioni possibili, ma per andare da Peppapig a Taorcia, bisogna passare per forza da Quedo e da Silliban. Quindi il numero minimo di confini da attraversare è per forza tre.
Risposta corretta C.

4. Per risolvere l'esercizio, bisogna disegnare in linea i nomi dei partecipanti alla gara, aggiungendo tutte le informazioni che il quesito fornisce:

- Prima informazione: E – B – A
- Terza informazione: C – D – G
- Quarta informazione: G – F – E

Unendo la seconda e la terza informazione si ottiene che: C – D – G – F – E
Unendo a questa la prima informazione si trova invece: C – D – G – F – E – B – A.
La persona che è arrivata in ultima posizione è quindi Anna.
Risposta corretta A.

5. Se disegniamo i due percorsi intrapresi da Anna notiamo che gli edifici delle lezioni si trovano esattamente a 100 + 100 + 50 + 200 = 450 metri di distanza.

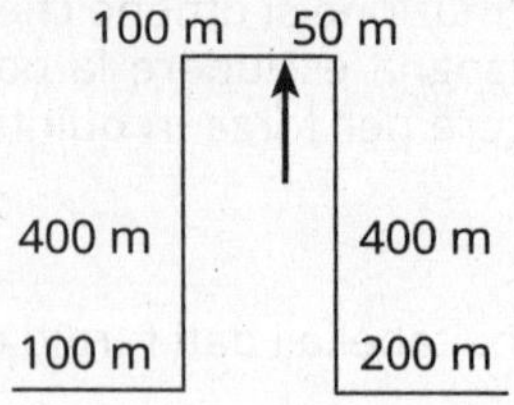

Risposta corretta E.

6. Per risolvere l'esercizio, bisogna disegnare in linea i nomi dei ragazzi, aggiungendo tutte le informazioni che il quesito fornisce:

- Prima informazione: F < C
- Seconda informazione: E < G < F

Unendo le due informazioni si trova che E < G < F < C: Edoardo è quindi il più giovane tra i quattro ragazzi.
Risposta corretta D.

7. Si possono inserire in una tabella tutte le informazioni fornite direttamente o indirettamente dal testo:

Nome	**Ruolo**	**Statura**	**Parentela**
A	No chirurgo No inserviente	Più basso del chirurgo	Figlio di C
B	Inserviente	Il più alto	No figli
C	No inserviente		Padre di A

Se A è più basso del chirurgo, non può essere lui stesso il chirurgo: dovrà essere o l'infermiere o l'inserviente. Se inoltre si aggiunge che l'inserviente è il più alto, bisogna dedurre che A non possa svolgere questo ruolo.
L'inserviente dovrà quindi essere uno tra B e C: dato che il testo dice che l'inserviente non ha figli, si può escludere Carmelo.
Per esclusione si ottiene:

Nome	**Ruolo**	**Statura**	**Parentela**
A	Infermiere	Più basso del chirurgo	Figlio di C
B	Inserviente	Il più alto	No figli
C	No inserviente		Padre di A

Quindi Ascanio è l'infermiere, Ben è l'inserviente e Carmelo è il chirurgo.
Risposta corretta C.

8. Se disegniamo i due percorsi intrapresi da Marco notiamo che la palestra e la bocciofila si trovano nella stessa via, con la seconda a Ovest rispetto alla prima.

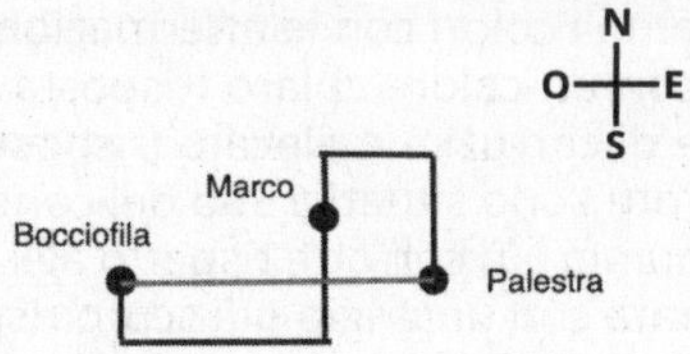

Risposta corretta E.

9. Inserendo in una tabella le informazioni fornite dal quesito, si ottiene:

Nome	Statua	Materiale
Cristina		Legno
Danilo		Argilla
	Venere	Gesso
	Giove	Bronzo
Laura	Nettuno	

Gli unici due nomi possibili per l'autore della statua in bronzo sono Annibale e Giorgia. Poiché, per la condizione 4, questo deve essere per forza un ragazzo, la risposta corretta è Annibale.
Risposta corretta A.

10. Per poter risolvere questo esercizio è necessario osservare la mappa in figura. Per prima cosa notiamo che la mappa esprime l'età media per diverse zone del Lazio, di conseguenza non ci fornisce informazioni sulla densità abitativa (Risposta C errata). Successivamente si osserva che la zona di Roma, quella più grande in figura, non è del colore più chiaro che compare nella mappa (Risposta E errata). Ci sono zone scure sia nell'entroterra che sulla costa allora, quindi la Risposta D è errata. L'età media potrebbe dare un'indicazione sul numero di pensionati, tuttavia notiamo che ci sono zone scure sia a nord che a sud, mentre il centro è leggermente più chiaro (Risposta B errata). Possiamo notare come la zona più lontana dalla costa sia scura rispetto a Roma (che è più chiara): significa che l'entroterra ha una popolazione più anziana.
Risposta corretta A.

11. Per rispondere a questa domanda è necessario osservare il grafico. Seguendo la legenda, poiché la Toscana ha un colore più scuro rispetto al Molise allora vi sono più incidenti (Risposta A errata). Questo grafico indica il numero di incidenti e di conseguenza non possiamo trarre conclusioni sul numero di macchine presenti in ciascuna regione (Risposta C errata). Poiché la Valle d'Aosta è del colore più chiaro i suoi incidenti sono minori di 1000, mentre la Sicilia tra 25.000 e 50.000, di conseguenza è impossibile che vi siano solo il doppio degli incidenti valdostani (Risposta D errata). Le regioni in cui avvengono più incidenti sono la Lombardia e il Lazio in quanto hanno i colori più scuri. Mentre non è possibile affermare che vi siano più incidenti in montagna rispetto al mare poiché la suddivisione dei dati è a livello regionale e non rispetto alla morfologia del territorio (Risposta E errata).
Risposta corretta B.

12. Osservando la mappa e la sua legenda, possiamo individuare gli stati con un indice di corruzione più o meno elevato. Più il colore è chiaro più l'indice di corruzione è basso.

A questo punto confrontiamo i colori con le affermazioni presenti nelle opzioni, notiamo che il Canada è colorato con un colore chiaro (risposta A errata); la Russia ha un colore scuro che indica un indice di corruzione elevato (risposta C errata). Per quanto riguarda l'Africa, gli Stati meno corrotti sono situati a Sud del continente (risposta D errata). L'Italia risulta essere più scura e quindi più corrotta rispetto agli Stati Uniti (risposta E errata); così come la Cina è rappresentata con un grigio più scuro rispetto al Giappone.
Risposta corretta B.

13. Osservando la mappa e la relativa legenda, riscontriamo una suddivisione in colori dei vari Stati in base a quante specie animali velenose abitano il territorio. A prima vista notiamo che la mappa non è su scala mondiale poiché manca tutto il continente americano (risposte B e D errate). Successivamente ci concentriamo sugli Stati citati dalle opzioni: Francia e Italia hanno due colorazioni differenti ospitano dunque numeri differenti di animali velenosi (risposta A errata); l'Australia, invece è nera, quindi dobbiamo credere che vi siano presenti più di 50 specie velenose (risposta C errata). Infine, individuando Belgio e Germania sulla mappa, hanno lo stesso colore che, come leggiamo nella legenda, corrisponde a meno di 10 esemplari velenosi in entrambi gli Stati.
Risposta corretta E.

14. È utile creare uno schema delle porte con le informazioni sicure:

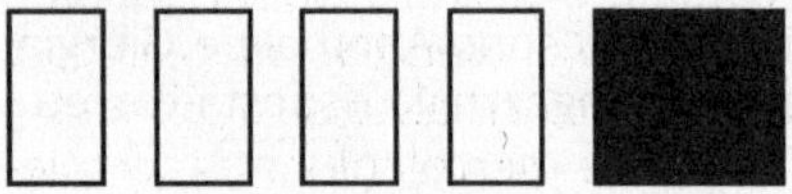

Sappiamo poi che due porte vicine sono chiuse, ma non è specificato quali debbano stare vicine, quindi potremmo avere due situazioni:

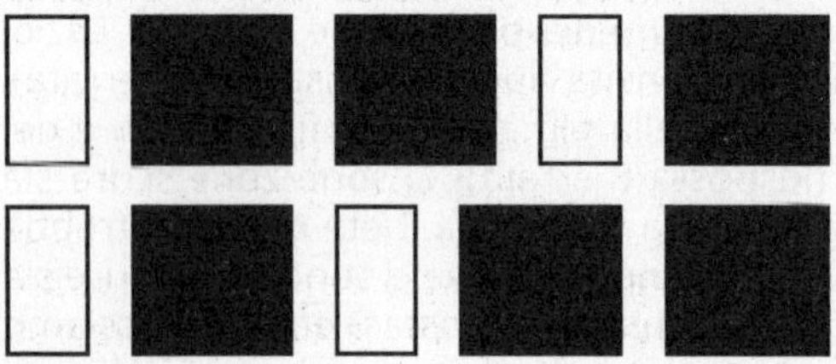

Si vede bene come l'unica che resti sempre aperta sia la porta all'estrema sinistra.
Risposta corretta E.

15. Se ad ogni famiglia più gli sposi spetta un ugual numero di pasticcini, ciascun gruppo dovrà averne 80 (800/10).
Interpretando e incasellando i dati ottenuti dal testo si evince che:

1. Sposi (¼ di 80 = 20)
2. Rossi (0)
3. Bianchi (80 + 80 = 160)
4. Verdi (0)
5. Genitori degli sposi (80 + 40 = 120)
6. 80
7. 80
8. 80
9. 80
10. 80

Totale 700. Dunque, degli 800 totali, 700 vengono portati via e 100 restano sul tavolo.
In alternativa si può calcolare direttamente quanti pasticcini non vengono mangiati: per la famiglia Verdi ½ di 80 e per gli sposi ¾ di 80, quindi 40 + 60 = 100.
Risposta corretta D.

2.16 GRAFICI E TABELLE

Le domande 1, 2, 3 sono riferite al grafico sottostante.

1. In quale anno gli italiani hanno preferito maggiormente visitare il proprio paese rispetto al resto del mondo?
A. 2012
B. 2013
C. 2014
D. 2015
E. 2016

2. Tra quali anni si è verificata la variazione più significativa tra rapporto di viaggi in Italia e all'estero?
A. 2012-2013
B. 2013-2014
C. 2014-2015
D. 2015-2016
E. Non si può stabilire

3. Tra quali anni si è verificata la variazione meno significativa tra il rapporto di viaggi in Italia e all'estero?
A. 2012-2013
B. 2013-2014
C. 2014-2015
D. 2015-2016
E. Non si può stabilire

4. Il grafico mostra il numero dei clienti (asse delle ordinate) che ognuno dei tre meccanici di zona Solari ha assistito durante la scorsa settimana.

Quale delle seguenti affermazioni è falsa?

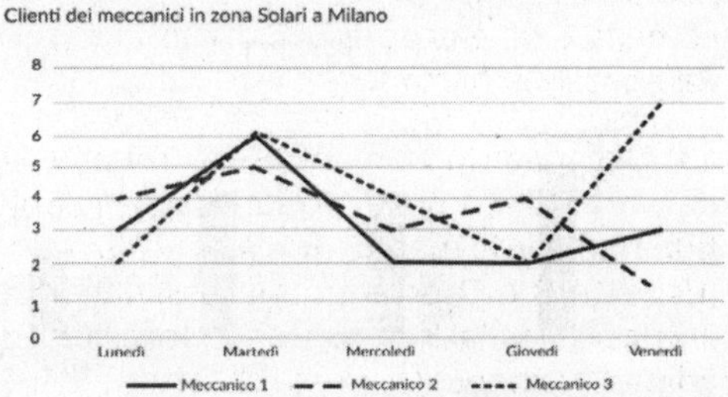

A. Il numero complessivo di clienti ha avuto un aumento tra lunedì e martedì
B. Il numero di clienti del meccanico 1 è rimasto invariato nel primo e nell'ultimo giorno della settimana
C. Il numero di clienti del meccanico 3 è diminuito della stessa quantità tra martedì e mercoledì e tra mercoledì e giovedì
D. Il numero complessivo di clienti è rimasto lo stesso nel corso della settimana
E. Il numero di clienti del meccanico 2 è diminuito tra il primo e l'ultimo giorno della settimana

5. Il grafico mostra le vendite totali di un'azienda di telefoni nel corso dell'ultimo anno.

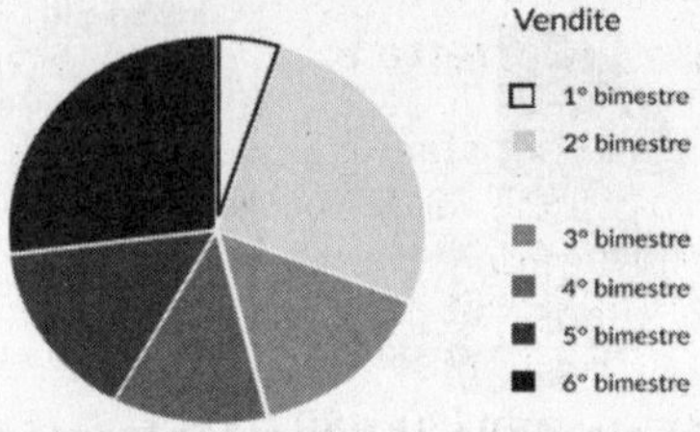

Tra quali bimestri si è verificato l'aumento percentuale di vendite più significativo?
A. 1° e 2°
B. 2° e 3°
C. 3° e 4°
D. 4° e 5°
E. 5° e 6°

6. **Giorgio e Maria lavorano entrambi al centralino della Fistuib. Nel grafico sono riportate le chiamate che hanno ricevuto oggi, divise nelle 4 ore in cui si trovavano in ufficio.**

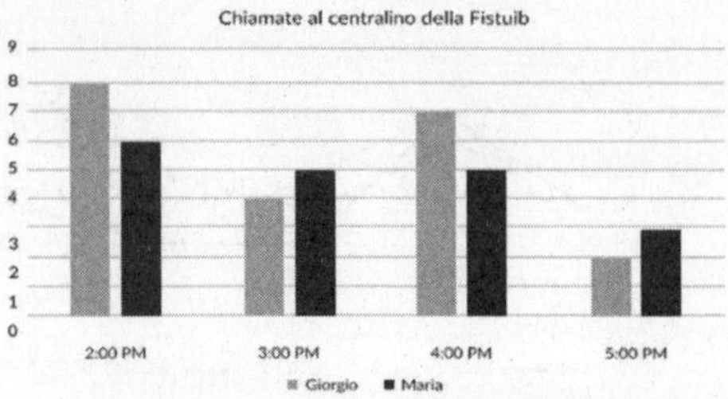

Quale delle seguenti affermazioni è vera?

A. Maria ha ricevuto più chiamate rispetto a Giorgio
B. Maria ha sicuramente effettuato chiamate più lunghe rispetto a quelle di Giorgio
C. Giorgio e Maria hanno ricevuto lo stesso numero di chiamate
D. Giorgio ha ricevuto più chiamate di Maria alle 3 di pomeriggio
E. Maria ha ricevuto meno chiamate rispetto a Giorgio

7. **Una torta del peso di 1 kg è composta da 5 ingredienti: burro, farina, zucchero, uova e cacao in polvere. Il grafico mostra le percentuali di peso di ogni ingrediente rispetto al peso totale della torta.**

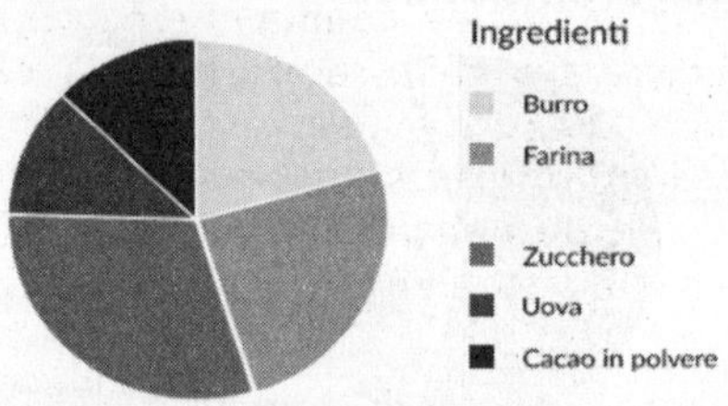

Quale delle seguenti informazioni è falsa?

A. Uova e cacao equivalgono ad un quarto del peso totale
B. Sono presenti meno grammi di burro rispetto a quelli della farina
C. Uova, cacao e farina pesano complessivamente 500g circa
D. Lo zucchero è l'ingrediente più rilevante in termini di peso
E. Burro e zucchero equivalgono a più di metà del peso totale

8. **In riferimento alla tabella, quale tra le affermazioni seguenti è vera? Il trimestre olimpico è il 3°.**

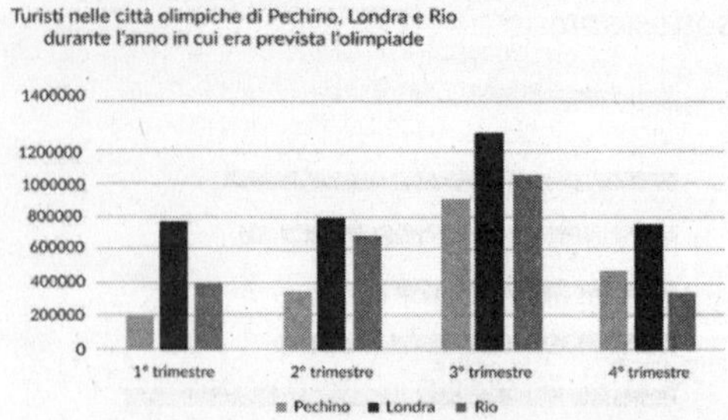

A. A Rio, il turismo non è calato in seguito al periodo olimpico
B. La quantità di turisti a Londra nei trimestri non olimpici è rimasta pressocchè costante
C. La quantità di turisti a Pechino è diminuita tra il 1° e il 2° trimestre
D. A Londra, il numero di turisti non è aumentato durante il trimestre olimpico
E. La quantità di turisti a Rio è andata crescendo tutto l'anno

9. **Un dentista vuole comprare un quadro quadrato per il suo studio. Lo vuole di una marca che inizi con la lettera C, che costi meno di 200 euro e che non sia più grande di 1 m x 1 m, ma nemmeno più piccolo di 60 cm x 60 cm.**

Marca	Dimensioni (cm x cm)	Prezzo
Carris	87 x 87	312,00
Oriace	62 x 62	53,50
Chevol	105 x 105	178,10
Kains	75 x 75	180,00
Crestis	83 x 93	160,00
Curiositas	66 x 66	199,99
Centos	59 x 59	150,00

Quale quadro sceglierà?

A. Curiositas
B. Crestis
C. Centos
D. Chevol
E. Carris

10. **In una scuola elementare, tutti i bambini di quarta fanno uno sport. Nella tabella, i bambini sono divisi a seconda del sesso e dello sport che praticano.**

	Maschi	Femmine
Pallavolo	54	60
Calcio	112	46
Basket	67	58
Ginnastica	39	13
Nuoto	51	52
Rugby	24	36
Atletica	90	100

Per quale sport il rapporto tra maschi e femmine equivale a quello della pallavolo?

A. Basket
B. Nuoto
C. Atletica
D. Rugby
E. Ginnastica

11. La tabella mostra 5 modelli di scarpe offerti da una nota marca e prodotti nella stessa fabbrica.

	Prezzo al cliente	Costo di produzione	Numero di scarpe vendute al giorno
Jumb	110	25	32
Ron	120	40	30
Ga	115	42	36
Sprent	105	24	31
Runnix	107	39	39

Quale scarpa determina il maggior guadagno giornaliero?

A. Jumb
B. Ron
C. Ga
D. Sprent
E. Runnix

Le domande 12, 13 e 14 sono riferite alla tabella sottostante.

Bevanda	Contenuto percentuale di zucchero
CocaLoca	21%
Fenta	24%
Sprait	26%
Kinott	14%
Tè alla pesca	19%
Tè verde	16%
Tè al limone	20%
Succo alla pera	33%
LimonSode	25%

12. Bevendo una lattina di CocaLoca dal contenuto del peso di 330 g, quanti grammi di zucchero assumo?

A. 61 g
B. 68 g
C. 69 g
D. 71 g
E. 73 g

13. Quale percentuale di prodotti presenta un contenuto di zucchero minore o uguale al 20%?

A. 56%
B. 53%
C. 61%
D. 44%
E. 31%

14. Normalmente bevo 3 bicchieri da 100 mL di succo alla pera al giorno. Oggi ho deciso che al posto del succo berrò due lattine di Kinott da 330 mL. Qual è la percentuale di zucchero assunto oggi rispetto agli altri giorni, espressa in numero decimale?

A. 0,93
B. 1,07
C. 0,92
D. 0,95
E. 1,15

15. Anche la famosissima ditta di mobili norvegesi Akea offre le promozioni per il BlackThursday. Camillo e Ludovica, una coppia che ha appena comprato casa, arrivano alla cassa con 490 euro di spesa, ma appena vedono l'offerta decidono di comprare l'albero di natale con le decorazioni, che costa complessivamente altri 100 euro.

Spesa	Sconto
Fino a 200 euro	30%
Fino a 500 euro	40%
500 euro o più	45%

Quanto avrebbero risparmiato se non avessero comprato l'albero e le decorazioni?

A. 41 euro
B. 35.5 euro
C. 30.5 euro
D. 29 euro
E. 26.5 euro

CORREZIONE COMMENTATA

1. La percentuale di viaggi in Italia è più alta nell'anno 2012, durante il quale si sono verificati in Italia più del 75% dei viaggi totali.
Risposta corretta A.

2. La variazione più significativa si è presentata tra gli anni 2012 e 2013. In questo periodo infatti la percentuale dei viaggi in Italia è diminuita dal 77% circa al 56% circa.
Risposta corretta A.

3. La variazione meno significativa si è presentata tra gli anni 2015 e 2016. La percentuale è rimasta tra il 60% e il 65%, senza avere notevoli aumenti o diminuzioni.
Risposta corretta D.

4. Il lunedì si sono presentati 9 clienti (3 + 4 + 2), mentre il venerdì 11 (3 + 1 + 7). Solamente confrontando questi due giorni possiamo affermare che il numero complessivo di clienti non è rimasto costante di giorno in giorno, ma ha subito variazioni.
Risposta corretta D.

5. Il dubbio che può sorgere sarebbe tra i bimestri 1° e 2° e tra il 5° e il 6°, infatti si nota che entrambi hanno avuto una grande crescita percentuale. Visto che il 2° e il 6° bimestre risultano avere una percentuale di vendite molto simile, osservando il 1° e il 5° si nota come, durante il 1°, la percentuale di vendite fosse di gran lunga minore. Quindi il salto più significativo è tra 1° e 2° bimestre.
Risposta corretta A.

6. Se sommiamo le chiamate ricevute ogni ora, possiamo trovare il numero di chiamate ricevute da Giorgio (21) e da Maria (19): l'unica afferazione di cui siamo certi è che Maria ha ricevuto meno chiamate rispetto al collega. La risposta B è errata in quanto non possiamo essere certi che Maria e Giorgio abbiano occupato tutto il loro tempo lavorativo a rispondere alle chiamate: se invece fosse stato esplicitato nel testo, avremmo potuto concludere che le telefonate di Maria avevano avuto una durata maggiore, avendone fatte di meno nella stessa quantità di tempo.
Risposta corretta E.

7. Possiamo notare dal grafico come la sommatoria di cacao e uova sia equivalente ad un quarto del peso totale, così come il peso della farina. Di conseguenza essi peseranno come metà torta; l'altra metà del peso equivale alla sommatoria di burro e zucchero.
Risposta corretta E.

8. Nel primo, secondo e ultimo trimestre (trimestri non olimpici) dell'anno preso in considerazione dal grafico, il numero di turisti a Londra è rimasto stabile, ovvero poco minore di 800000.
Risposta corretta B.

9. Il dentista sceglierà il quadro di Curiositas, poiché esso è l'unico a soddisfare tutte le sue richieste: è quadrato e delle giuste dimensioni, rientra nel suo budget ed è prodotto da una marca che inizia con la lettera C.
Risposta corretta A.

10. Il rapporto tra i bambini e le bambine che giocano a pallavolo è $\frac{54}{60} = \frac{9}{10}$. Allo stesso modo, anche quello tra i bambini e le bambine che fanno atletica è $\frac{90}{100} = \frac{9}{10}$.
Risposta corretta C.

LOGICA

11. Per trovare il guadagno giornaliero su ogni modello di scarpe, prima bisogna trovare il guadagno su un singolo paio. Per farlo, è necessario sottrarre il costo di produzione al "prezzo al cliente". Il valore ottenuto si moltiplica poi per il numero di paia di scarpe vendute ogni giorno, in modo da ricavare il guadagno giornaliero. Così facendo, si evidenzia che il modello che frutta di più alla compagnia è il modello Jumb, grazie al quale guadagnano 2720€ al giorno.
Risposta corretta A.

12. Se bevo un quantitativo di CocaLoca pari a 330 g, il 21% di questi saranno zuccheri, che equivalgono a: 330 · (21/100) = 69 g di zucchero.
Risposta corretta C.

13. Solo 4 bevande su 9 presentano un contenuto di zuccheri minore o uguale al 20%. Quindi 4/9 = 0,44 = 44%.
Risposta corretta D.

14. Solitamente assumo 300 mL di succo contenente il 33% di zuccheri, quindi 99g di zuccheri. Oggi assumo 660 mL di Kinott che contengono solo il 14% di zuccheri, quindi 660 $\cdot \frac{14}{100}$ = 92,4 g. Infine, trovo la percentuale espressa in decimali: $\frac{92,4}{99}$ = 0,93.
Risposta corretta A.

15. Con 490 euro di merce avrebbero risparmiato 196 euro (40%), spendendo quindi 294 euro. Con 590 euro di merce hanno risparmiato 265.5 euro, spendendo però 324.5 euro. Quindi, se non avessero comprato gli addobbi natalizi avrebbero risparmiato 30 euro e 50 cents.
Risposta corretta C.

2.17 TABELLE SIMILI

1. Camilla deve inserire il numero mancante nell'ultima tabella in modo che tutte le tabelle rispettino lo stesso criterio di riempimento.

5	12
7	18

1	0
3	6

50	?
2	3

Quale numero deve inserire Camilla?

A. 52
B. 49
C. 100
D. 147
E. 12

2. Martina deve inserire i numeri mancanti nell'ultima tabella in modo che tutte le tabelle rispettino lo stesso criterio di riempimento.

3	6
72	18

5	10
120	30

7	?
?	?

Quale numero deve inserire Martina nella casella in basso a destra?

A. 14
B. 168
C. 42
D. 21
E. 56

3. Marika deve inserire il numero mancante nell'ultima tabella in modo che tutte le tabelle seguano lo stesso criterio di riempimento.

7	2
5	19

0	4
8	8

11	3
2	?

Quale numero deve inserire Marika?

A. 35
B. 6
C. 24
D. 9
E. 42

4. Alessio deve inserire il numero mancante nell'ultima tabella in modo che tutte le tabelle seguano lo stesso criterio di riempimento.

6	20
12	14

5	1
5	1

8	5
3	?

Quale numero deve inserire Alessio?

A. 2
B. 9
C. 10
D. 15
E. 28

5. Trovare il numero da inserire nell'ultima tabella in modo che tutte le tabelle rispettino lo stesso criterio di riempimento:

2	3
12	8

13	3
12	8

14	5
15	?

A. 42
B. 16
C. 20
D. 6
E. 38

6. Trovare il numero da inserire nell'ultima tabella in modo che tutte le tabelle rispettino lo stesso criterio di riempimento.

2	7
5	50

3	5
10	26

9	4
82	?

A. 104
B. 17
C. 15
D. 28
E. 36

7. Date le seguenti tabelle, trovare il numero mancante:

27	81		9	18		45	63
3	9		1	2		5	?

A. 9
B. 6
C. 3
D. 21
E. 7

8. Date le seguenti tabelle, trovare il numero mancante:

5	20		6	18		15	45
10	25		12	25		30	?

A. 60
B. 75
C. 90
D. 50
E. 55

9. Annalisa per sbloccare il forziere pieno di dolci deve inserire il numero mancante nella terza tabella, in modo che tutte le tabelle rispettino lo stesso criterio di riempimento.

13	33		35	55		51	71
24	44		55	75		75	?

Quale numero deve inserire?

A. 85
B. 105
C. 76
D. 95
E. 96

10. Testino deve aiutare i professori che stanno preparando il test di medicina ad aprire una cassaforte nel quale hanno accidentalmente chiuso l'unica copia del test, per motivi di sicurezza.

Quale numero deve inserire al posto dei puntini perché gli spazi nei tre quadrati siano riempiti con lo stesso criterio?

1	6		4	2		11	27
-5	7		2	6		?	38

A. -23
B. 4
C. -16
D. 13
E. 53

CORREZIONE COMMENTATA

1. Osservando le righe di ogni tabella, si può capire che la relazione che viene rispettata in tutte le righe è: numero · 3 – 3. Infatti nella prima abbiamo $5 \cdot 3 - 3 = 12$ e $7 \cdot 3 - 3 = 18$; nella seconda: $1 \cdot 3 - 3 = 0$ e $3 \cdot 3 - 3 = 6$. Nell'ultima tabella quindi, oltre ad avere $2 \cdot 3 - 3 = 3$, si avrà anche: $50 \cdot 3 - 3 = 147$.
Risposta corretta D.

2. Nella prima riga, la relazione è, da sinistra a destra, · 2 (infatti $3 \cdot 2 = 6$ e $5 \cdot 2 = 10$). La relazione nella seconda riga, da destra a sinistra, invece è · 4 ($18 \cdot 4 = 72$ e $30 \cdot 4 = 120$). Se infine si analizza la seconda colonna delle tabelle si nota che esiste, dall'alto verso il basso, una relazione · 3 ($6 \cdot 3 = 18$ e $10 \cdot 3 = 30$): in pratica, in senso orario, partendo dall'alto a sinistra, i numeri vengono moltiplicati · 2, · 3 e infine · 4. Così sappiamo che nell'ultima tabella avremo: $7 \cdot 2 = 14 \cdot 3 = 42 \cdot 4 = 168$. Nella casella in basso a destra quindi avremo il numero 42.
Risposta corretta C.

N.B.: In questo caso si poteva direttamente osservare il rapporto obliquo, dall'alto al basso e da sinistra verso destra, dove si nota il rapporto: numero · 6. Quindi nella prima tabella si trova $3 \cdot 6 = 18$; nella seconda $5 \cdot 6 = 30$ e nella terza $7 \cdot 6 = 42$.

Ipotizzando una generica tabella:

A	B
C	D

3. La relazione che lega i termini è: $A \cdot B + C = D$.
Dunque nella prima tabella il termine in posizione D è $7 \cdot 2 + 5 = 19$, nella seconda $0 \cdot 4 + 8 = 8$ e nella terza tabella sarà $11 \cdot 3 + 2 = 35$.
Risposta corretta A.

4. La relazione che lega le prime due tabelle è la seguente: $A + B - C = D$.
Dunque nella prima tabella il termine in posizione D è $6 + 20 - 12 = 14$, nella seconda $5 + 1 - 5 = 1$ e nella terza tabella sarà $8 + 5 - 3 = 10$.
Risposta corretta C.

5. La relazione che lega i numeri è $A \cdot C = B \cdot D$, infatti $2 \cdot 12 = 3 \cdot 8 = 24$, $13 \cdot 35 = 7 \cdot 65 = 455$.
Quindi $14 \cdot 15 = 5 \cdot$ "?", da cui si può ricavare "?" $= \frac{14 \cdot 15}{5} / 5 = 42$.
Risposta corretta A.

6. In ogni colonna il numero posto sotto è uguale al quadrato del numero sovrastante + 1. Nella prima tabella $2^2 + 1 = 5$ e $7^2 + 1 = 50$; nella seconda $3^2 + 1 = 10$ e $5^2 + 1 = 26$. Dunque il numero che stiamo cercando sarà: $4^2 + 1 = 17$.
Risposta corretta B.

7. In questo esercizio si tratta di dividere ogni numero posto nella riga in alto per 9, mettendo il risultato nella riga sottostante. Quindi nella prima tabella $\frac{27}{9} = 3$ e $\frac{81}{9} = 9$; nella seconda $\frac{9}{9} = 1$ e $\frac{18}{9} = 2$.
Il numero da inserire sarà $\frac{63}{9} = 7$.
Risposta corretta E.

8. Per risolvere l'esercizio si deve sommare il numero in alto a destra con quello in basso a sinistra e sottrarre quello in alto a sinistra al risultato. Quindi nella prima tabella si trova 20 + 10 – 5 = 25; nella seconda 18 + 12 – 6 = 24 e dunque nella terza 45 + 30 - 15 = 60.
Risposta corretta A.

9. Leggendo le tabelle in orizzontale si nota che prendendo il numero di sinistra si aggiunge 20 per ottenere il numero di destra: 13 + 20 = 33; 24 + 20 = 44; 35 + 20 = 55; 55 + 20 = 75; 51 + 20 = 71. Quindi 75 + 20 = 95.
Risposta corretta D.

10. Utilizzando come riferimento un quadrato con le quattro caselle numerate con le lettere dell'alfabeto A, B, C e D, in senso orario da quella in alto a sinistra, i calcoli che costituivano il "criterio di riempimento" erano: A + B = C e B + D = A. Da ciò consegue che nell'ultimo quadrato per ottenere il numero mancante bisognasse fare 27 + ... = 11, quindi ... = 11 - 27 = -16.
Risposta corretta C.

2.18 METODO EMPIRICO

1. **Nonostante sia giovane, Valentina si vergogna a dire la sua vera età. Alla domanda lei risponde così: "Senza contare i sabati e le domeniche avrei 15 anni."**
   Quanti anni ha Valentina in realtà?
   A. 35
   B. 25
   C. 21
   D. 13
   E. 18

2. **La contessa di Rocksburg ha organizzato un ricevimento per il matrimonio della figlia. Vuole sistemare gli 84 invitati in tavoli da 7 e si rende conto che, comunque si dispongano gli invitati, c'è sempre almeno un tavolo di sole donne.**
   Quante sono almeno le donne invitate?
   A. 73
   B. 84
   C. 11
   D. 74
   E. 12

3. **La cameriera di un albergo deve numerare 216 chiavi in ordine progressivo (1, 2, ..., 14, 15, 16, ..., 216). Le sono state messe a disposizione solo etichette numerate da 0 a 9.**
   Quante etichette dovrà usare per portare a termine il lavoro affidatole?
   A. 216
   B. 10
   C. 592
   D. 714
   E. 540

4. **Per collegare due villaggi sperduti della Norvegia esiste da più di un anno un servizio di pullman. La durata del tragitto richiede 7 giorni esatti e ogni giorno alla stessa ora parte un pullman da ciascuna delle due città. Tom, che ha deciso di prendere il pullman, quanti altri ne incontrerà di ritorno durante il tragitto?**
   A. 7
   B. 10
   C. 14
   D. 8
   E. 12

5. **Marina nel 2019 ha 20 anni. Ha iniziato a studiare medicina lo scorso ottobre (2019) e si laureerà entro i sei anni previsti dal corso di studi. La sorella Silvia, nata nel 2003, inizierà l'università nel 2021 e al momento è indecisa tra due facoltà: una triennale e una quadriennale all'estero.**
   Silvia si laureerà prima o dopo Marina?
   A. Silvia si laurea in ogni caso prima di Marina
   B. Silvia si laurea insieme alla sorella
   C. Se Silvia scegliesse il corso triennale si laureerebbe prima della sorella, se facesse quello quadriennale si laureerebbero insieme
   D. Se Silvia facesse il corso triennale si laureerebbe insieme alla sorella, se facesse quello quadriennale si laureerebbe dopo
   E. Nessuna delle precedenti è corretta

6. **Qual è il numero massimo di mercoledì e venerdì che possono esserci in 46 giorni consecutivi?**
   A. 16
   B. 14
   C. 7
   D. 12
   E. 18

7. **Matteo, che è un po' pigro, non si prepara i vestiti la sera e per non svegliare la sorellina la mattina si deve vestire al buio. Nel cassetto dei calzini, contenente tutti calzini spaiati, ci sono 7 paia di calzini diversi.**

Quanti ne deve estrarre per essere sicuro di trovare almeno un paio di calze dello stesso tipo?

A. 7
B. 2
C. 8
D. 14
E. 6

8. Quale giorno precede immediatamente il giorno che viene tre giorni dopo il giorno che segue di 48 ore lunedì?

A. Domenica
B. Martedì
C. Mercoledì
D. Giovedì
E. Venerdì

9. Durante l'esame di Fisica, che si sta svolgendo di pomeriggio, Rachele si accorge che la lancetta dei minuti del suo orologio si è bloccata, mentre quella delle ore è ancora funzionante ed è posizionata sul minuto 34. Non potendo controllare l'orario da altre parti si accorge però che questa informazione le basta per sapere l'ora. Che ore sono?

A. 18:48
B. 18:40
C. 18:34
D. 06:48
E. 06:12

10. Giuseppe ha 18 monete, apparentemente identiche, ma di cui una pesa più delle altre.
Utilizzando una bilancia a due piatti, qual è il numero minimo di pesate necessarie per riconoscerla?

A. 3
B. 2
C. 4
D. 5
E. 6

CORREZIONE COMMENTATA

1. Senza contare i sabati e le domeniche, la settimana di Valentina è formata da 5 giorni. Per trovare la vera età di Valentina imposto una proporzione: 5 : 15 = 7 : X, dove X rappresenta l'età che avrebbe se la settimana fosse formata da 7 giorni. $X = \frac{7 \cdot 15}{5} = 21$.
Risposta corretta C.

2. Il numero di tavoli che la contessa deve utilizzare è: $\frac{84}{7} = 12$. Se almeno un tavolo è formato sempre da sole donne, vuol dire che il numero degli uomini non è sufficiente per coprire, almeno con una singola presenza, tutti e 12 i tavoli: si può quindi affermare che il numero di uomini sarà inferiore a 12. Per trovare il numero minimo di donne presenti affinché questa situazione si verifichi, bisogna andare a massimizzare il numero di uomini presenti: 12 – 1 = 11. Le donne invitate sono perciò almeno 84 – 11 = 73.
Risposta corretta A.

3. Per numerare le chiavi comprese tra 100 e 216 utilizza 3 etichette per ogni chiave, quindi 3 · 117 = 351 etichette. Per i numeri tra 10 a 99 utilizza 2 etichette per chiave, in totale quindi 90 · 2 = 180 etichette. Per le rimanenti 9 chiavi utilizza 9 etichette. Sommando 351 + 180 + 9 si ottiene il numero delle etichette totali che dovrà usare, cioè 540.
Risposta corretta E.

4. Nel momento in cui parte il pullman su cui è salito, Tom incontra subito un altro pullman, appena arrivato a destinazione dopo 7 giorni di viaggio. In seguito, per ogni giorno di viaggio incontrerà 1 veicolo che viaggia in direzione opposta: il 1° giorno incontrerà il pullman partito 6 giorni prima, il 2° giorno incontrerà quello partito 5 giorni prima, ecc, compreso il pullman in partenza che incontrerà al suo arrivo (7° giorno). In totale quindi, una volta arrivato a destinazione, avrà incontrato 1 + 7 = 8 pullman.

M	Anno accademico	S
1	19 - 20	
2	20 - 21	
3	21 - 22	1
4	22 - 23	2
5	23 - 24	3
6	24 - 25	4

Risposta corretta D.

5. Impostando uno schema annuale, la soluzione al quesito risulta immediata:
Se Silvia scegliesse di seguire una triennale, si laureerebbe un anno prima rispetto a Marina, ma se invece decidesse di impegnarsi in una quadriennale, finirebbero il percorso universitario insieme.
Risposta corretta C.

6. Per risolvere questo esercizio, è utile usufruire del metodo empirico. Per massimizzare il numero di mercoledì e venerdì in 46 giorni, si può porre il primo mercoledì come primo giorno dei 46, ottenendo così: giorno 1 = mercoledì e giorno 3 = venerdì, giorno 8 = mercoledì e giorno 10 = venerdì, e così via. L'ultimo mercoledì cadrà il giorno 43 e l'ultimo venerdì il giorno 45 ed entrambi risultano essere i settimi. Quindi in 46 giorni consecutivi ci potranno essere al massimo 14 mercoledì o venerdì.
Risposta corretta B.

7. Il quesito chiede il numero minimo di estrazioni affinché Matteo sia sicuro di trovare due calzini uguali. Per avere una certezza bisogna considerare il caso più sfavorevole, ovvero quello in cui, dopo le prime 7 estrazioni, Matteo ha pescato 7 calzini diversi tra loro. Con l'ottava estrazione troverà sicuramente un calzino appaiato a uno dei 7 già pescati. Dovrà perciò estrarre almeno 8 calzini.
Risposta corretta C.

8. Per risolvere questo quesito è utile partire dal fondo della frase: il giorno che segue di 48 ore (quindi 2 giorni) lunedì è mercoledì, il giorno che viene 3 giorni dopo mercoledì è sabato e il giorno che precede immediatamente sabato è venerdì.
Risposta corretta E.

9. Poiché il testo del quesito specifica che l'esame si sta svolgendo di pomeriggio, la risposta D e la risposta E possono essere escluse. La lancetta si trova tra le 6 e le 7: sono quindi le 18 del pomeriggio. Trovandosi sul minuto 34 ha percorso $\frac{4}{5}$ di ora, che in minuti corrispondono a $\frac{60}{5} \cdot 4 = 48$ minuti. Sono perciò le 18:48.
Risposta corretta A.

10. Si fa una prima pesata per individuare il gruppo che contiene la moneta piú pesante, ponendo un ugual numero di monete (9) su ognuno dei due piatti della bilancia. Sicuramente uno dei due gruppi, avendo all'interno la moneta piú pesante, fará scendere maggiormente un piatto della bilancia, che viene quindi selezionato.
A questo punto, dividiamo il gruppo da 9 selezionato in 3 gruppi da 3 monete ciascuno: con la seconda pesata, andiamo a paragonare due dei gruppi da 3 monete. Se uno dei due gruppi posti sui piatti della bilancia contiene la moneta piú pesante, allora un piatto si abbasserá maggiormente e individueremo facilmente il gruppo contenente la moneta ricercata; se invece la moneta fosse nel gruppo escluso dalla pesata, sará comunque individuabile in quanto i piatti della bilancia rimarrebbero pari, indicando quindi che i due gruppi pesati hanno uno stesso peso.
Individuato il gruppo da 3 contenente la moneta piú pesante, possiamo fare un'ultima pesata: mettiamo una moneta su ogni piatto della bilancia (escludendone quindi una) e facciamo lo stesso ragionamento della seconda pesata. Se i piatti saranno pari, la moneta ricercata sará quella esclusa, altrimenti sará quella che abbassa di piú un piatto della bilancia.
In totale sono quindi necessarie 3 pesate.
Risposta corretta A.

2.19 LOGICA GEOMETRICA

1. Un bersaglio per arcieri è costituito da un cerchio centrale contenuto all'interno di 3 corone circolari. Il cerchio centrale è dipinto di rosso e i colori delle corone circolari sono, in ordine dall'interno all'esterno, bianco, blu, nero. Il raggio del cerchio centrale misura 2 cm e si sa che il raggio della circonferenza esterna di ogni corona è il doppio della circonferenza interna della stessa corona. Robin Hood colpisce il bersaglio esattamente sulla linea di confine tra la corona nera e quella blu. A che distanza si trova la freccia dal centro del bersaglio?

A. 32 cm
B. 16 cm
C. 8 cm
D. 4 cm
E. 64 cm

2. Bugs sta organizzando il suo orto e vuole coltivare delle zucche per Halloween. Ogni zucca ha il diametro triplo rispetto a quello di una mela. Ha in mente di disporre le zucche sul perimetro rettangolare del suo orto. Sapendo che sul lato corto ci sta la metà delle zucche rispetto a quello lungo, che sul lato corto ci stanno 21 mele, e che per ogni lato due zucche avranno il loro centro corrispondente al vertice del rettangolo, quante zucche dovrà comprare Bugs per riempire tutto il perimetro?

A. 42
B. 38
C. 14
D. 28
E. 40

3. Gigino vuole costruire una torre di cubi alta 63 metri da mettere nel suo giardino. Per costruirla ha a disposizione dei cubi di dimensione diversa da disporre dal più voluminoso, alla base, al meno voluminoso, in punta. Sapendo che il volume dei cubi aumenta di 8 volte passando da un cubo all'altro e sapendo che il cubo più piccolo è alto un metro, quanto è alto il cubo più grande?

A. Non si può calcolare
B. 16 metri
C. 32 metri
D. 8 metri
E. 24 metri

4. Eitri deve forgiare un nuovo scudo per il potente Odino, ma per farlo il nano dovrà utilizzare solo placche che presentano la forma di triangoli equilateri.
Quali delle seguenti figure geometriche non potrà essere la forma dello scudo?

A. Rombo
B. Esagono regolare
C. Trapezio isoscele
D. Pentagono regolare
E. Triangolo equilatero

5. Testbusters vuole organizzare una festa grandiosa per i suoi docenti e tutto deve essere perfetto. Vuole che la superficie da ballo sia il più estesa possibile e sempre di una forma circolare con raggio di almeno 10 m, all'interno di un campo da calcio rettangolare di dimensioni 80 x 40. Quanto misurerà all'incirca l'area della pista da ballo?

A. 2500 m^2
B. 9000 m^2
C. 1250 m^2
D. 4500 m^2
E. 620 m^2

6. In un triangolo l'area e l'altezza misurano, rispettivamente, 2706 cm^2 è 66 cm.
Determinare la misura della base del triangolo e il perimetro di un rombo che ha il lato congruente alla metà della base del triangolo:

A. 82 cm; 328 cm
B. 41 cm; 328 cm
C. 41 cm: 164 cm
D. 82 cm; 164 cm
E. 41 cm: 656 cm

7. Un trapezio isoscele e formato da un quadrato e da due triangoli rettangoli congruenti. Calcola l'area del trapezio sapendo che il perimetro del quadrato è 64 cm e che il quadrato dell'ipotenusa di uno dei due triangoli rettangoli è pari a 832 cm²:

A. 500 cm²
B. Circa 153 cm²
C. 640 cm²
D. Circa 245 cm²
E. 725 cm²

8. In un triangolo ABC il lato AC è 8/5 di BC e il lato AB è 1/2 di AC. Calcola la lunghezza del lato minore sapendo che il perimetro e 51 cm.

A. 15 cm
B. 12 cm
C. 6 cm
D. 24 cm
E. 10 cm

9. Un cerchio è circoscritto ad un rettangolo avente area di 1200 cm² e una dimensione i 3/4 dell'altra. Calcolare la lunghezza della circonferenza e l'area del cerchio:

A. 100π cm; 2500π cm²
B. 40π cm; 1600π cm²
C. 50π cm; 625π cm²
D. 30π cm; 900π cm²
E. 25π cm; 2500π cm²

10. Il perimetro di un esagono regolare e 600 cm. Calcolare il perimetro di un rettangolo equivalente all'esagono sapendo che la sua base misura 150 cm:

A. Circa 8000 cm
B. Circa 650 cm
C. Circa 420 cm
D. Circa 700 cm
E. Circa 5200 cm

CORREZIONE COMMENTATA

1. Il raggio del cerchio rosso centrale corrisponde alla circonferenza interna della corona circolare bianca. Poiché il raggio della circonferenza esterna è pari al doppio di quella interna, si deduce che il raggio della circonferenza esterna della corona bianca, che corrisponde alla circonferenza interna della corona blu adiacente, è pari a 4 cm. Seguendo lo stesso ragionamento, si può affermare che la circonferenza esterna della corona blu (che corrisponde alla circonferenza interna della corona nera adiacente) è pari a 8 cm. Robin Hood colpisce proprio la linea di confine tra corona blu e nera pertanto la freccia sarà distante dal centro 8cm.
Risposta corretta C.

2. Sapendo che sul lato corto ci stanno 21 mele, deduciamo che corrispondono a 7 zucche (visto che la zucca ha diametro triplo di quello della mela). Sul lato lungo quindi ci saranno 14 zucche. Poiché le zucche sui vertici sono comprese sia in quelle del lato lungo sia in quelle del lato corto, per trovare il numero totale di zucche facciamo: 7 + 7 + 12 + 12 (ovvero sottraiamo due zucche per ogni lato lungo).
Risposta corretta B.

3. Per rispondere alla domanda bisogna ricordare la formula per calcolare il volume di un cubo: v=l3. Se il volume di un cubo aumenta di 8 volte significa che la formula del volume diventerà v2=l3 · 8, quindi può essere riscritta come v2=l3 · 23, quindi v2= (l · 2) · (l · 2) · (l · 2). Significa che se un cubo aumenta di 8 volte il suo volume, allora aumenterà del doppio le sue dimensioni: sarà alto il doppio, profondo il doppio e largo il doppio. Tenendo conto che il cubo in cima alla torre è alto 1 metro, il secondo (dalla cima della torre) sarà alto 2 metri, il terzo 4 metri ... etc. Per sapere quanto sarà alto il cubo più grande bisogna procedere sommando le altezze dei cubi partendo da 1 metro e duplicando l'altezza successiva fino a raggiungere il valore di 63 metri (altezza della torre), quindi: 1+2+4+8+16+32=63. Il cubo più grande sarà alto 32 metri.
Risposta corretta C.

4. Per risolvere il quesito è sufficiente guardare agli angoli interni delle figure geometriche. Infatti gli angoli di un triangolo equilatero sono tutti da 60°, pertanto con essi si potranno creare figure che presentano angoli interni che sono di 60° o multipli di questo valore. Delle forme geometriche proposte, l'unica che non presenta condizione è il pentagono, poiché ha angoli di 108°.
Risposta corretta D.

5. Per risolvere il quesito dobbiamo conoscere la formula per l'area del cerchio, che è: $A= \pi R^2$. Ammesso che l'area della pista da ballo sia all'interno di un rettangolo con lato corto di 40 m, il raggio del cerchio della pista da ballo sarà di 20 m. L'area verrà dunque = 3,14 x (20x20) = 3,14 x 400 = 1256, quindi all'incirca 1250 m². Il quesito però ci dice che la superficie totale dell'area da ballo dovrà essere il più estesa possibile: all'interno del rettangolo potranno essere inserite ben due aree circolari per la pista, quindi l'area complessiva sarà di 1256 x 2 = 2500 m² all'incirca. Non potranno essere poi inserite nuove aree da ballo nel rettangolo, poiché gli spazi residui tra i margini delle due piste e i margini del campo da calcio non potrebbero contenere altre piste di diametro di almeno 10 m.
Risposta corretta A.

6. Applicando la formula inversa dell'area del triangolo possiamo trovare la base del triangolo stesso:

$b = \frac{2A}{h} = \frac{2 \cdot 2706}{66} = \frac{5412}{66} = 82$ cm

Il lato del rombo avrà lunghezza pari a:

$l = \frac{82}{2} = 41$ cm

Dato che il rombo, per definizione, ha i 4 lati congruenti, il perimetro del rombo sarà:

$2p = 4 \cdot 41 = 164$ cm.

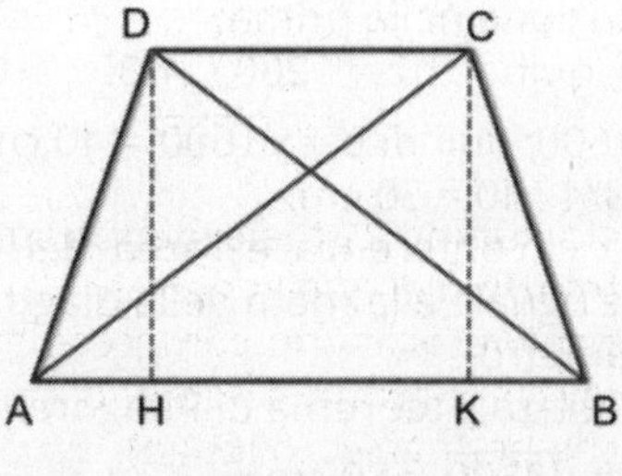

Risposta corretta D.

7. Per prima cosa disegniamo un trapezio isoscele, come da richiesta del quesito:
Per calcolare l'area del trapezio abbiamo bisogno di conoscere la lunghezza della base minore (DC), della base maggiore (AB) e dell'altezza (CK).
Sia la base minore (DC) che l'altezza (CK) corrispondono al lato del quadrato con perimetro 64 cm; tale lato sarà quindi lungo 64/4 = 16 cm.
Per calcolare la base maggiore (AB) dobbiamo ricavare le basi dei triangoli (AH = KB).
Dato che si tratta di triangoli rettangoli è possibile applicare il teorema di Pitagora:

$AD^2 = HA^2 + DH^2$

$832 = x^2 + 16^2$

$x^2 = 832 - 256 = 576$

quindi $x = 24$.

Lo stesso discorso può essere fatto per il triangolo KCB, quindi AH = KB = 24.
La base maggiore sarà lunga: AH + KH + KB = 24 + 16 + 24 = 64 cm.
L'area del trapezio sarà:

$A = \frac{(CD + AB) \cdot DH}{2} = \frac{(16 + 64) \cdot 16}{2} = 80 \cdot 8 = 640 \text{ cm}^2$

Risposta corretta C.

8. In base alle informazioni fornite dal testo possiamo importare un sistema a tre incognite e tre equazioni:

AB + BC + CA = 51

AC = 8/5 · BC quindi BC= 5/8 · CA

AB = 1/2 · CA.

Sostituiamo la seconda e la terza equazione nella prima:

1/2 · CA + 5/8 · CA + CA = 51

Facciamo il denominatore comune, cioè 8, tra tutti i membri:

4/8 · CA + 5/8 · CA + 8/8 · CA = 408/8

Ora possiamo togliere il denominatore, moltiplicando da entrambe le parti dell'uguale per 8 e sommare i coefficienti di CA:

17 CA = 408

CA = 408 / 17 = 24 cm.

Il quesito chiede la lunghezza del lato più corto che, osservando le relazioni tra i lati del triangolo, è il lato AB. Sostituiamo quindi il valore di CA nell'equazione: AB = 1/2 · CA ottenendo AB = 12 cm.

Risposta corretta B.

9. Dette b e h le dimensioni del rettangolo sappiamo che:

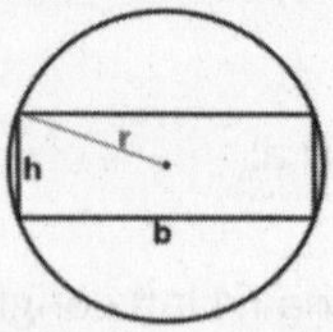

$A_{rettangolo}$ = b · h = 1200 e che h= 3/4 · b.
Sostituendo la seconda equazione nella prima:
$A_{rettangolo}$ = b · 3/4 · b = 1200, quindi: b2 = 1200 · 4/3.
Si ottiene quindi che: b2 = 1600; quindi b = $\sqrt{1600}$ = 40 cm.
Di conseguenza h= 3/4 b = 3/4 · 40 = 30 cm.
Per trovare la misura della circonferenza e l'area del cerchio abbiamo bisogno della lunghezza r del raggio, che è uguale alla metà della diagonale del rettangolo (la diagonale del rettangolo è quindi il diametro).
Per trovare la diagonale si utilizza il teorema di Pitagora:
d = $\sqrt{(b^2 + h^2)} = \sqrt{(40^2 + 30^2)} = \sqrt{2500}$ = 50 cm.
Infine, grazie al raggio (che è uguale alla metà della diagonale: 50/2 = 25 cm), possiamo trovare sia la circonferenza che l'area del cerchio:
$A_{cerchio} = \pi \cdot r^2 = 625\ \pi\ cm^2$.
$2p_{cerchio} = 2 \cdot \pi \cdot r = 50\ \pi$ cm.
Risposta corretta C.

10. Disegniamo un esagono e un rettangolo:

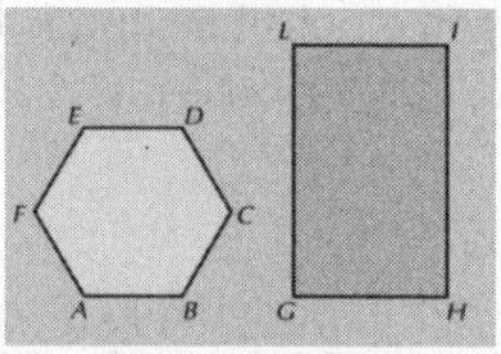

Per prima cosa bisogna calcolare il lato dell'esagono; dato che
questa figura geometrica ha 6 lati, sarà sufficiente dividere il perimetro per 6:
$l_{esagono} = 2p_{esagono}$ / 6 = 600 / 6 = 100 cm.
Per calcolare l'area dell'esagono bisogna ricavarne l'apotema; questo segmento corrisponde all'altezza di ciascuno dei 6 triangoli che compongono l'esagono; dato che l'esagono è regolare, anche i 6 triangoli saranno regolari.
L'altezza di un triangolo regolare si calcola usando le formule di trigonometria oppure la regola del triangolo 30 - 60 - 90:
h = lato / 2 · √3 = 100/ 2 · 1,732 = 86,6 cm.
L'area dell'esagono si calcola moltiplicando 6 volte l'area di ciascun triangolo regolare:
$A_{esagono} = A_{triangolo} \cdot 6 = (l \cdot h / 2) \cdot 6 = (100 \cdot 86{,}6/2) \cdot 6 = 25980\ cm^2$.
Essendo le figure equivalenti: $A_{esagono} = A_{rettangolo}$
L'altezza del rettangolo sarà quindi:
h = A / b = 25980 / 150 = circa 173.
Il perimetro del rettangolo sarà allora: 2p = 2 · (b + h) = 2 · (150 + 173) = 646 cm. Dato che il valore dell'altezza è stato arrotondato per difetto la risposta corretta è circa 650 cm.
Risposta corretta B.

2.20 LOGICA PROCEDURALE

1. Selezionare la tessera mancante

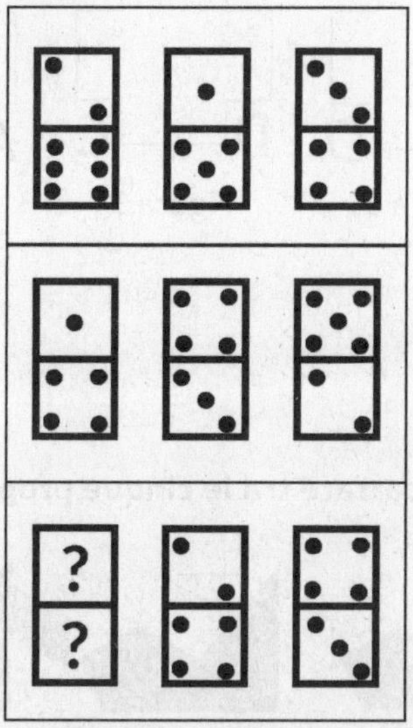

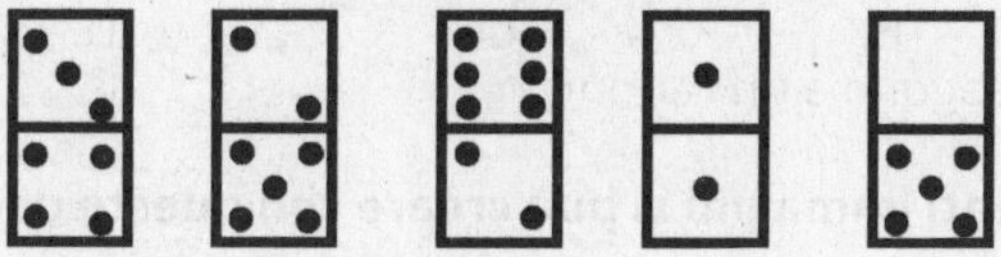

1 2 3 4 5

A. 1
B. 2
C. 3
D. 4
E. 5

2. Individuare la corretta figura da inserire per completare la sequenza:

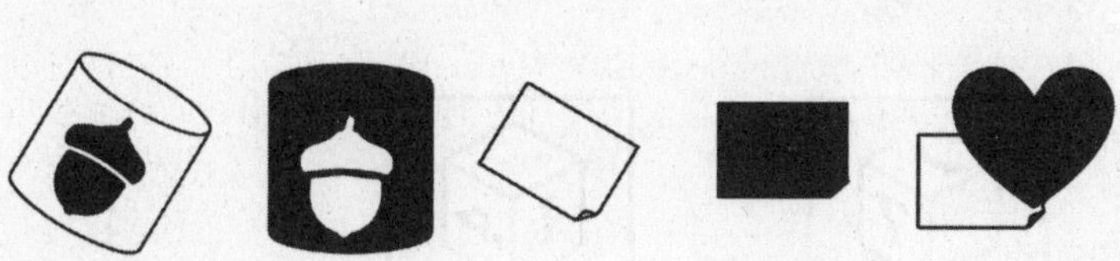

A. B. C. D. E.

3. Indicare la figura che NON rispetta la successione

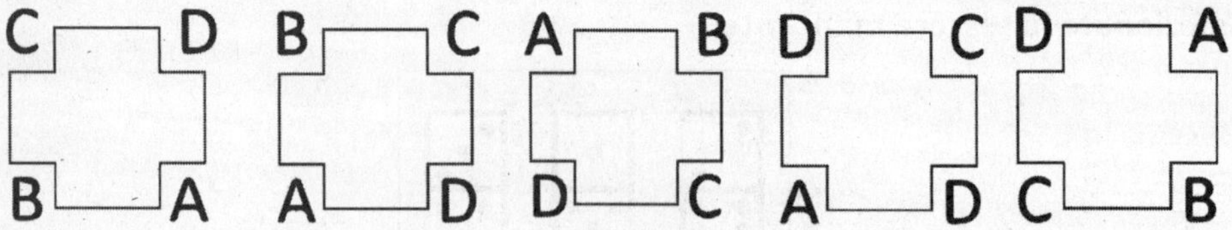

Figura 1 Figura 2 Figura 3 Figura 4 Figura 5

A. Figura 1
B. Figura 2
C. Figura 3
D. Figura 4
E. Figura 5

4. Individuare la figura da scartare tra le cinque proposte

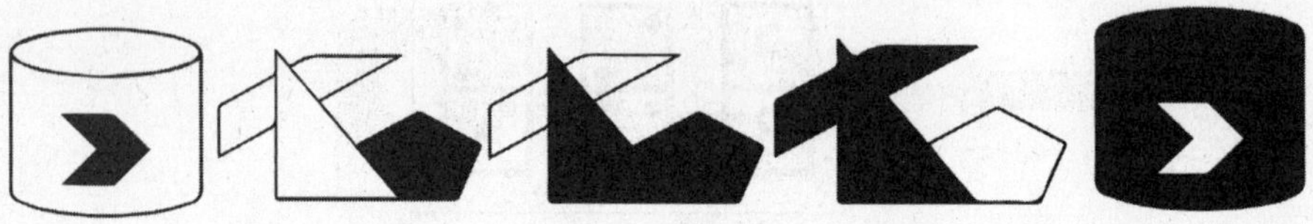

A. B. C. D. E.

5. Quale delle seguenti immagini si può creare con questo dado?

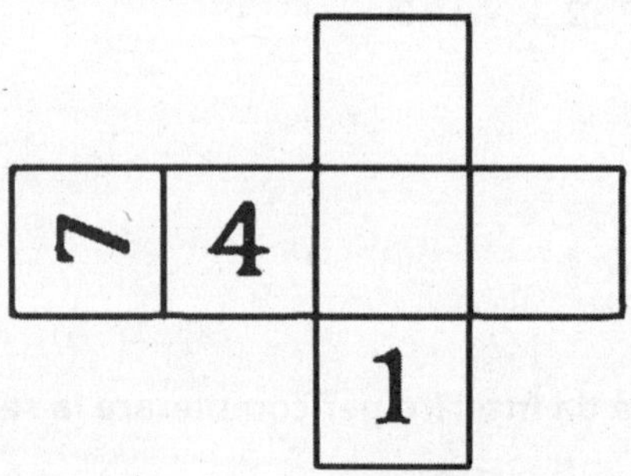

A. B. C.

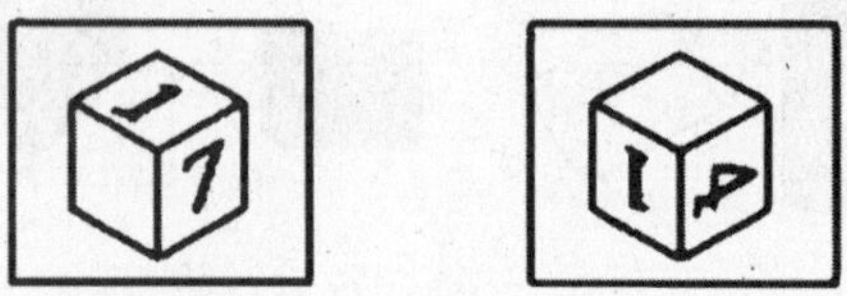

D. E.

6. Quanti triangoli vedi nella figura?

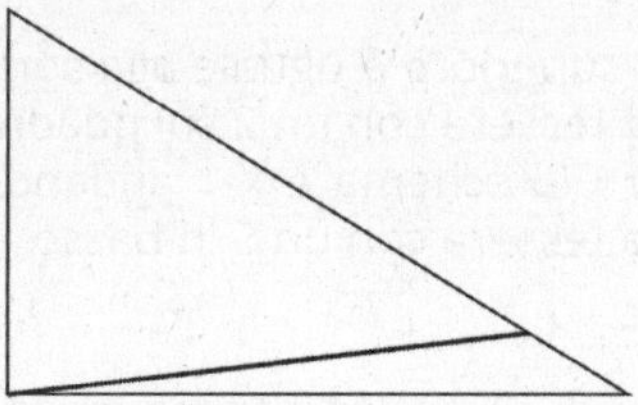

A. 1
B. 2
C. 3
D. 4
E. 5

7. individuare la tessera mancante

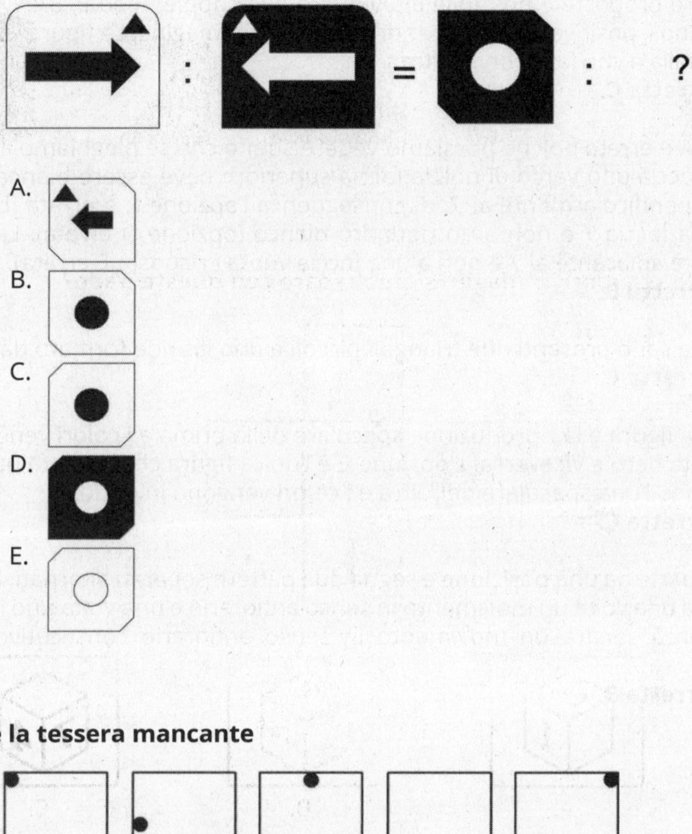

8. Selezionare la tessera mancante

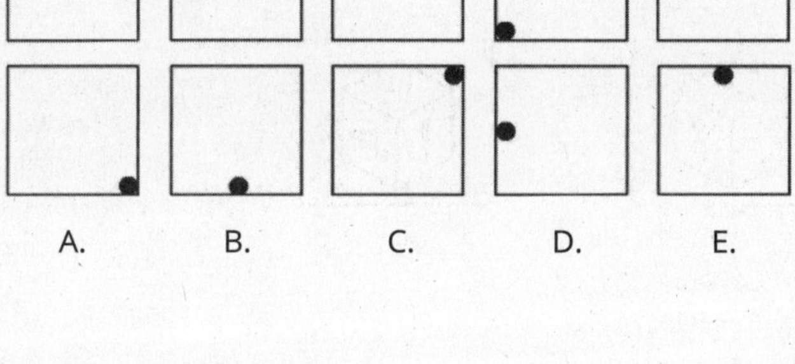

CORREZIONE COMMENTATA

1. La terza tessera della linea superiore è uguale alla somma delle prime due tessere, di conseguenza cercheremo una tessera con un 2 sul quadrato superiore (4 - 2 = 2).
Le tessere sulla linea inferiore lo schema è x-1 andando da sinistra verso destra e di conseguenza cercheremo una tessera con un 5 in basso.
Risposta corretta B.

2. La prima figura viene ruotata di 30 gradi di conseguenza la ghianda e il cilindro dovranno essere ruotati di 30 gradi.
Risposta corretta A.

3. Le lettere sono in ordine alfabetico e si muovono in senso orario, ad eccezione della figura 4.
Risposta corretta D.

4. Tra le figure proposte è possibile individuare due coppie: A ed E, B e D, i cui elementi rappre-sentano il positivo e il negativo di una stessa immagine. La figura C quindi è quella che non ha nulla a che fare con le altre.
Risposta corretta C.

5. L'opzione A è errata poiché possiamo vedere subito che se pieghiamo il dado in modo da avere la faccia uno verso di noi, la faccia superiore deve essere bianca. Il 4, invece, è disposto perpendicolarmente al 7, di conseguenza l'opzione C è errata. La base dell'1 è adiacente alla faccia 7 e non a un riquadro bianco (opzione D errata). La parte sinistra della faccia 4 è adiacente al 7 e non a una faccia vuota (risposta E errata).
Risposta corretta B.

6. Nella figura sono presenti due triangoli piccoli e uno grande formato dai 2.
Risposta corretta C.

7. La seconda figura è la riproduzione speculare della prima e i colori vengono invertiti: il bianco diventa nero e viceversa. L'opzione C è l'unica figura che rispetta questa regola: le due figure sono l'una speculare dell'altra e i colori vengono invertiti.
Risposta corretta C.

8. La pallina parte da una posizione e segue due pattern separati alternati. Dalla posizione di partenza fa una volta un movimento in senso antiorario e una volta uno in senso orario. Di conseguenza servirà un movimento in senso antiorario consecutivo al penultimo tassello.
Risposta corretta B.

BIOLOGIA

La sezione di biologia risulta la più vasta e complessa, anche dopo la novità dei TOLC. C'è poco da dire: la biologia va studiata, e parecchio, non c'è altro modo per rispondere alle domande - spesso nozionistiche - che potresti incontrare. È l'unica sezione in cui lo studio prevale sulla pratica.

La "biologia" richiesta nel test tocca numerosi argomenti: si va dagli organuli cellulari all'anatomia macroscopica, da Darwin a Fleming, dalle molecole organiche di base alle tecniche di bioingegneria. Niente panico. La maggior parte dei quiz riguarda la struttura della cellula, la genetica (i soliti problemi su gruppi sanguigni e quadrati di Punnett), cenni di biochimica, ciclo cellulare e biotecnologie.

Nei test TOLC, i quiz di biologia sono in ogni caso "più pratici", nel senso che spesso, per poter rispondere, bisogna partire dalle proprie conoscenze teoriche e applicare un ragionamento.

Dunque lo studio nozionistico, per quanto preponderante, non basta neanche in biologia; dovrai avere due approcci complementari: da un lato lo studio teorico sui libri (senza una base solida dal liceo si consiglia un libro di teoria unico apposito per il test d'ingresso per chimica e biologia), dall'altro i soliti tanti esercizi.
Sii sicuro, cerca l'etimologia dei termini che non conosci, sforzati di ricordare con immagini, associazioni mentali, giochi di parole.

Per quanto gli argomenti possano essere difficili e a volte pure noiosi, la biologia è la base per tutti, e tu non puoi essere da meno.

Buon lavoro,
Team Testbusters

1. LA CHIMICA DEI VIVENTI

1. Le biomolecole sono composte da:
A. Carbonio e idrogeno a cui sono spesso associati azoto, ossigeno, fosforo e magnesio
B. Carbonio e idrogeno a cui sono spesso associati azoto e potassio
C. Carbonio al quale sono spesso associati idrogeno e ossigeno
D. Carbonio e idrogeno a cui sono spesso associati azoto, ossigeno, fosforo e zolfo
E. Carbonio al quale sono spesso associati fosforo e zolfo

2. Quale tra i seguenti zuccheri è considerato un polisaccaride strutturale?
A. Saccarosio
B. Maltosio
C. Amido
D. Cellulosa
E. Glicogeno

3. Il saccarosio, chiamato comunemente zucchero da tavola, è formato dall'unione di quali molecole?
A. Glucosio e galattosio
B. Glucosio e fruttosio
C. Maltosio e fruttosio
D. Glicogeno e glucosio
E. Glucosio e lattosio

4. Che cos'è la chitina?
A. Un monosaccaride con la funzione di riserva energetica
B. Un importante costituente delle unghie e dei capelli
C. Un amminoacido essenziale
D. Una delle principali componenti dell'esoscheletro degli insetti
E. Un polisaccaride con la funzione di riserva energetica

5. Quale delle seguenti affermazioni è ERRATA riguardo al deossiribosio:
A. È un monosaccaride
B. Ha una struttura pentosa
C. Differisce dal ribosio per l'assenza di un atomo di ossigeno in posizione 2'
D. È categorizzato come un aldoso
E. Nessuna delle precedenti

6. Si hanno a disposizione due monosaccaridi, uno di glucosio e uno di galattosio. Tramite una reazione chimica tra questi due mono-meri si può ottenere un disaccaride.
Di che reazione si tratta e che dimero si ottiene?
A. Reazione di addizione - Saccarosio
B. Reazione di idrolisi - Maltosio
C. Reazione di condensazione - Maltosio
D. Reazione di idrolisi - Lattosio
E. Reazione di condensazione - Lattosio

7. Quale dei seguenti zuccheri viene accumulato nel fegato e nei muscoli come fonte di riserva energetica?
A. Amido
B. Glucagone
C. Glicogeno
D. Saccarosio
E. Fruttosio

8. Quale delle seguenti associazioni disaccaridi - monosaccaridi che lo compongono, è corretta:
A. Lattosio - galattosio + galattosio
B. Mannosio - maltosio + glucosio
C. Saccarosio - galattosio + fruttosio
D. Maltosio - glucosio + glucosio
E. Cellobiosio - glucosio + xilulosio

9. I trigliceridi sono:
A. Costituiti da 3 alcol e un acido
B. Eteri del glicerolo
C. Formati con una reazione di idratazione
D. Assenti nel sangue
E. Costituiti da glicerolo e acidi grassi

10. Cos'è possibile affermare riguardo ai fosfolipidi?
A. Sono completamente assenti nelle membrane biologiche
B. Sono formati da 4 molecole di acidi grassi unite ad anello
C. Sono formati da una molecola di glicerolo, due acidi grassi e un gruppo fosfato

D. Presentano una testa polare idrofoba e due code apolari idrofile
E. Presentano una coda polare idrofoba e una testa polare idrofila

11. La moderna medicina utilizza liposomi fatti di fosfolipidi per inoculare all'interno delle cellule farmaci che normalmente non riuscirebbero a penetrare la membrana cellulare. Basandoti esclusivamente sulle conoscenze che hai sui fosfolipidi, che aspetto pensi abbia un liposoma?
A. È una struttura proteica ingegnerizzata con dei recettori che permette al farmaco di entrare nella cellula
B. È una "bolla" fosfolipidica nella quale sono presenti le molecole da inoculare nella cellula attraverso fusione con la membrana cellulare
C. È un carrier proteico che avvicina le molecole ai suoi recettori per permettere un legame più efficace
D. È una struttura cellulare prodotta da dei batteri che, con dei recettori, riesce ad individuare un punto debole della membrana cellulare e a penetrarla attraverso i suoi fosfolipidi
E. È una struttura simile a un batteriofago che permette al farmaco di penetrare nella cellula grazie ai fosfolipidi presenti sulla sua testa

12. Quale delle seguenti alternative riporta correttamente il significato di molecola "anfipatica"?
A. Presenza di soli gruppi idrofili nella molecola
B. Presenza di soli gruppi idrofobi nella molecola
C. Presenza di gruppi sia idrofobi che idrofili nella molecola
D. In ambiente acquoso, le molecole anfipatiche formano un doppio strato dove le teste sono rivolte verso l'interno e le code verso l'esterno
E. Nessuna delle precedenti

13. Quale delle seguenti affermazioni sui lipidi NON è corretta?
A. Sono presenti nelle membrane biologiche
B. Possono avere funzione di riserva energetica
C. Possono essere classificati in saponificabili e insaponificabili
D. Svolgono un importante ruolo come messaggeri chimici
E. Nessuna delle precedenti

14. Quale affermazioni riguardante i lipidi è vera?
A. I lipidi sono una fonte di energia e non costituiscono la membrana cellulare
B. I lipidi forniscono, a parità di peso, meno calorie rispetto ai glucidi
C. Gli steroidi sono derivati lipidici
D. I lipidi possono essere saturi o insaturi, in particolare i primi sono allo stato liquido mentre i secondi allo stato solido
E. I lipidi sono solubili in acqua

15. Quali tra i seguenti acidi grassi NON presentano doppi legami nella catena carboniosa?
A. Acidi grassi insaturi
B. Acidi grassi essenziali
C. Acidi grassi saturi
D. Acidi grassi polinsaturi
E. Acidi grassi monoinsaturi

16. Associa ai seguenti lipidi la corretta funzione: 1) Fosfolipidi; 2) Oli; 3) Ormoni steroidei; 4) Colesterolo; 5) Grassi.
A. 1) Comunicazione intercellulare;
2) Riserva energetica animale;
3) Comunicazione intercellulare;
4) Strutturale;
5) Riserva energetica vegetale
B. 1) Strutturale;
2) Riserva energetica vegetale;
3) Comunicazione intercellulare;
4) Riserve energetica animale;
5) Strutturale
C. 1) Strutturale;
2) Riserva energetica vegetale;
3) Comunicazione intercellulare;
4) Strutturale;
5) Riserva energetica animale
D. 1) Riserva energetica animale;
2) Riserva energetica vegetale;
3) Comunicazione intercellulare;
4) Strutturale; 5) Strutturale

E. 1) Strutturale;
   2) Riserva energetica animale;
   3) Comunicazione intercellulare;
   4) Strutturale;
   5) Riserva energetica vegetale

17. Filippo non riesce a trovare un modo, usando la chimica, per trasformare un grasso solido in un olio. Se dovessi aiutarlo, cosa gli consiglieresti di fare?

A. Accorciare le catene carboniose degli acidi grassi costituenti il grasso, in modo da far diminuire il numero di legami intermolecolari che tendono a tenere la struttura strettamente impaccata e solida
B. Aggiungere dei doppi legami alla catena carboniosa degli acidi grassi del grasso solido: aggiungendoli, la struttura del trigliceride assumerà una forma più difficile da "impacchettare", risultando così liquida
C. Togliendo dei doppi legami alla catena carboniosa degli acidi grassi del grasso solido: togliendoli, la struttura del trigliceride assumerà una forma più difficile da "impacchettare", risultando così liquida
D. Accorciare le catene carboniose degli acidi grassi costituenti il grasso, in modo da far diminuire l'ingombro spaziale: le molecole a questo punto sono libere di muoversi nello spazio, assumendo, così, le caratteristiche di un liquido
E. Non si può in alcun modo trasformare un grasso in un olio: dipende solo da caratteristiche intrinseche che non possono essere modificate chimicamente

18. Quale delle seguenti affermazioni sulle proteine è corretta?

A. La struttura terziaria è definita come la sequenza degli amminoacidi lungo la proteina
B. Gli oligopeptidi sono catene di polimeri costituite da più di 100 amminoacidi
C. I processi di denaturazione provocano la perdita della struttura tridimensionale della proteina
D. Nel legame peptidico un amminoacido lega il suo gruppo amminico con il gruppo carbonilico di un altro amminoacido
E. La cellulosa è una proteina strutturale contenuta principalmente nei vegetali

19. Riguardo agli amminoacidi è corretto affermare che:

A. Presentano due gruppi funzionali
B. Non sono zwitterioni
C. Sono sempre acidi
D. Sono prevalentemente della serie D negli uomini
E. Ogni aminoacido ha due enantiomeri

20. Qual è la principale attività degli enzimi?

A. Strutturale
B. Di segnale
C. Catalitica
D. Attivazione della sintesi proteica
E. Nessuna delle risposte precedenti

21. Quale tipo di legame definisce la struttura primaria delle proteine?

A. A idrogeno
B. Ponti disolfuro
C. Peptidico
D. Interazioni ioniche
E. Fosfodiesterico

22. Gli amminoacidi sono classificati sulla base della loro catena laterale (gruppo R), che ne determina le interazioni intramolecolari ed intermolecolari. Quale tra le seguenti affermazioni è FALSA?

A. Gli amminoacidi neutri apolari hanno catene laterali idrofobiche
B. Gli amminoacidi neutri apolari tendono a formare il nucleo più interno delle proteine solubili
C. Gli amminoacidi neutri polari tendono a formare il nucleo più interno delle proteine solubili
D. Gli amminoacidi acidi sono carichi negativamente
E. Gli amminoacidi basici hanno catene laterali che a pH fisiologico tendono ad essere ionizzate e consen-

tono la formazione di legami con altre specie chimiche

23. Cosa si intende per sito attivo?

A. Il processo in cui un cofattore si associa all'enzima, rendendo possibile l'attività catalitica
B. La regione del substrato che reagisce con l'enzima
C. La regione dell'enzima che reagisce con il substrato
D. Il gruppo prostetico di un enzima
E. Il processo di catalisi biologica di cui gli enzimi sono responsabili

24. Quale tra le seguenti funzioni NON è attribuibile alle proteine?

A. Sostegno cellulare
B. Contrattile
C. Trasporto
D. Ibridazione
E. Enzimatica

25. Durante un ciclo di trascrizione avviene una mutazione missenso (= sostituzione di una delle basi presenti nel filamento che si sta trascrivendo, che porta, di conseguenza, al cambiamento di una tripletta: per questo motivo, la proteina finale, dopo la traduzione, presenterà un amminoacido diverso da quello codificato dalla tripletta non mutata), quale delle strutture della proteina si muterà a seguito della mutazione?

A. Primaria
B. Secondaria
C. Terziaria
D. Quaternaria
E. Tutte

26. Quale fra le seguenti è la caratteristica principale degli ormoni?

A. Sono composti proteici prodotti dalle ghiandole esocrine e riversati nel torrente ematico
B. Sono composti lipidici prodotti dalle ghiandole esocrine e riversati nel torrente ematico
C. Sono composti proteici prodotti dalle ghiandole endocrine e riversati nel torrente ematico
D. Sono composti proteici e lipidici prodotti dalle ghiandole endocrine e riversati nel torrente ematico
E. Sono composti lipidici e proteici prodotti dalle ghiandole esocrine e riversati nel torrente ematico

27. Individuare, tra le seguenti, l'alternativa corretta:

A. Il collagene è un'importante proteina globulare, presente nella pelle e nel tessuto connettivo
B. I gruppi prostetici sono un insieme di proteine che permettono agli enzimi di svolgere le loro funzioni, tra essi troviamo il gruppo eme
C. La struttura secondaria delle proteineè definita dai legami covalenti, i quali caratterizzano la disposizione nello spazio degli atomi dello scheletro della proteina
D. La solubilità delle proteine non varia a seconda della proteina considerata, in quanto è dovuta a fattori esterni come il pH o la temperatura
E. L'emoglobina è una proteina globulare formata da 4 subunità

28. Considerando una molecola di ATP, quale tra i seguenti composti sicuramente NON possiamo identificare?

A. Una delle pirimidine
B. Un ribosio
C. Un pentosio
D. AMP
E. Un gruppo fosfato

29. Negli organismi viventi si trovano due tipi di acidi nucleici. In cosa differiscono?

A. Il DNA contiene solo basi puriniche, mentre l'RNA basi pirimidiniche, tra cui l'uracile
B. Il DNA è un polimero di nucleotidi, mentre l'RNA è un polimero di nucleosidi, poichè è composto da un singolo filamento
C. L'RNA viene trascritto in quanto depositario dell'informazione genetica
D. Lo zucchero presente nel DNA ha un atomo di ossigeno in meno rispetto a quello presente nell'RNA
E. Il DNA è contenuto sia nel nucleo che nel citoplasma, mentre l'RNA solo nel nucleo

30. Considerando la struttura di un nucleotide, quale tipo di legame è presente tra due gruppi fosfato?
A. Fosfoanidridico
B. Fosfodiesterico
C. Esterico
D. Glicosidico
E. Peptidico

31. Durante il processo di DNA melting i due filamenti che costituiscono l'acido desossiribonucleico si separano, in particolare è stato osservato che gli appaiamenti tra adenina e timina si rompono più facilmente rispetto a quelli tra citosina e guanina. Per quale motivo si verifica questo fenomeno, sapendo che il termine "melting" si riferisce all'esposizione del materiale genetico al calore?
A. Dipende dalla polarità del filamento, che rende le purine più termostabili delle pirimidine a seconda della direzione di lettura
B. Tra adenina e timina vi sono solo due legami a idrogeno, mentre tra citosina e guanina tre
C. Tra adenina e timina vi sono solo tre legami a idrogeno, mentre tra citosina e guanina due
D. I legami covalenti che legano adenina e timina sono più deboli, pertanto si possono rompere con maggior facilità
E. Nessuna delle precedenti, in quanto la denaturazione del DNA può verificarsi solo in seguito all'uso di reagenti chimici

32. Nei nucleotidi:
A. L'elemento che li differenzi dai nucleosidi è la presenza di uno o più gruppi fosfato
B. Tra lo zucchero a 5 atomi di carbonio e il gruppo fosfato avviene un legame glicosidico
C. Tra un gruppo fosfato e l'altro avviene un legame fosfodiesterico
D. Tra un gruppo fosfato e due zuccheri avviene un legame anidridico
E. Tra lo zucchero a 3 atomi di carbonio e la base azotata avviene un legame glicosidico

33. Il DNA è una molecola che, a differenza delle proteine, si denatura (si altera la sua struttura fisica) più difficilmente, nonostante abbia legami ad idrogeno che sono relativamente deboli. Da cosa è dovuta tale proprietà?
A. Il DNA è una molecola molto più complessa rispetto alle proteine, con tante basi azotate che impediscono la denaturazione ad alte temperature
B. La denaturazione delle proteine avviene per rottura dei legami covalenti, non di quelli idrogeno
C. In realtà il DNA si denatura più facilmente rispetto alle proteine per il motivo indicato, l'affermazione pertanto è errata
D. Sono presenti molti più legami ad idrogeno nel DNA rispetto alle proteine, il che comporta una maggiore resistenza a fattori esterni
E. Nessuna delle risposte precedenti è corretta

34. Quale tra le seguenti affermazioni è FALSA?
A. Un nucleoside è formato da un gruppo fosfato, uno zucchero pentoso e una base azotata
B. Le basi azotate che compongono il DNA e l'RNA sono, in totale, cinque
C. L'adenina si accoppia con la timina mediante due legami a idrogeno
D. Le basi puriniche sono adenina e guanina
E. Il legame che unisce un ribosio al successivo nella singola elica di RNA è un legame fosfodiestereo

35. Un nucleotide monofosfato di DNA presenta un anello costituito dal 2-desossiribosio (zucchero con 5 atomi di carbonio, indicati con le sigle da C1 a C5) a cui si legano la base azotata e il gruppo fosfato.
Quale delle seguenti opzioni è corretta?
A. Il C3 del desossiribosio lega la base azotata
B. Il C2 del desossiribosio lega due idrogeni

C. Il C5 del desossiribosio lega la base azotata
D. Il C1 del desossiribosio lega un gruppo fosfato
E. Il C4 del desossiribosio lega due gruppi ossidrilici

36. Qual è il numero di legami idrogeno presenti in una molecola di DNA di sequenza ATCTTCGGC?

A. 22
B. 23
C. 21
D. 9
E. 18

CORREZIONE COMMENTATA

1. Una biomolecola è un composto chimico che riveste un ruolo importante negli esseri viventi. Le biomolecole sono composte essenzialmente da carbonio (infatti si parla di scheletro carbonioso) e idrogeno, a cui sono spesso associati azoto, ossigeno, fosforo e zolfo.
Risposta corretta D.

2. I polisaccaridi sono macromolecole appartenenti ai composti glucidici, costituite da un gran numero di unità ripetitive. In base alla loro funzione, è possibile classificare questi zuccheri in polisaccaridi di riserva, strutturali o specializzati. I polisaccaridi di riserva fungono da scorta energetica di glucosio, ne sono un esempio l'amido, nei vegetali, e il glicogeno, negli animali (risposte C ed E errate). I polisaccaridi specializzati sono coinvolti in determinate funzioni chimico-biologiche di adesione, di riconoscimento chimico e di conservazione dell'informazione genetica. I polisaccaridi strutturali, invece, costituiscono strutture solide essenziali per la cellula: non hanno, quindi, un ruolo primario nel metabolismo, ma sono utili al mantenimento fisico o meccanico di alcuni sistemi cellulari. Tra le alternative indicate, l'unica che rispetta questa definizione è la cellulosa: essa è, infatti, un fondamentale e diffuso polisaccaride deputato al sostegno dei tessuti vegetali; l'organismo umano è privo della capacità di scindere questo composto in sostanze più semplici e, di conseguenza, non è in grado di assimilarlo. Infine, anche le opzioni A e B non sono corrette, in quanto il saccarosio e il maltosio sono glucidi disaccaridi.
Risposta corretta D.

3. Il saccarosio è un composto organico costituito da due monosaccaridi, il glucosio e il fruttosio.
Risposta corretta B.

4. La chitina è un composto glucidico appartenente alla categoria dei polisaccaridi strutturali (risposte A, C ed E errate). Si tratta di uno dei biopolimeri più abbondanti in natura ed è uno dei principali componenti dell'esoscheletro degli insetti. Importante è non confondere la chitina con la cheratina, una proteina fondamentale nei peli, capelli e unghie.
Risposta corretta D.

5. Il deossiribosio è uno zucchero aldoso (risposta D errata) ed è uno dei due tipi di monosaccaridi (risposta A errata) che, assieme al ribosio, può concorrere alla formazione degli acidi nucleici. La sua presenza nell'ambito del nucleotide porta alla formazione dell'acido desossiribonucleico (DNA). Possiede una struttura pentosa (risposta B errata) e differisce dal ribosio per l'assenza di un atomo di ossigeno in posizione 2' (risposta C errata).
Risposta corretta E.

6. I due monosaccaridi glucosio e galattosio, quando si condensano, formano una molecola del disaccaride lattosio. Questo è permesso da una reazione di condensazione: due gruppi -OH, uno del glucosio e uno del galattosio, reagiscono "unendosi", andando a liberare una molecola d'acqua.
Importante da ricordare è che la reazione di idrolisi, che prevedere l'aggiunta di una molecola d'acqua, è opposta a quella di condensazione: si usa per scindere un polisaccaride in costituenti più semplici.
Risposta corretta E.

7. Il glucosio viene accumulato sotto forma di glicogeno, un polisaccaride che nell'organismo umano ha una funzione di riserva glucidica, in particolare a livello del fegato e dei muscoli scheletrici. A seconda delle richieste metaboliche dell'individuo, il fegato può agire in due modi: depositando il glucosio, convertendolo in glicogeno (glicogenosintesi), oppure degradando le riserve di glicogeno per ottenere glucosio (glicogenolisi). Infine, a livello muscolare il glicogeno è una fonte di energia prontamente disponibile per il muscolo in attività.
Risposta corretta C.

8. I disaccaridi sono composti da due monosaccaridi. Il mannosio non è un disaccaride ma, bensì, un monosaccaride (risposta B errata). Il saccarosio è costituito da una molecola di glucosio e una di fruttosio (risposta C errata); il lattosio è costituito da una molecola di galattosio e una di glucosio (risposta A errata); il cellobiosio è costituito da due molecole di D-glucosio (risposta E errata); il maltosio è costituito da due molecole di glucosio.
Risposta corretta D.

9. I trigliceridi sono esteri neutri del glicerolo (risposta B errata) in cui al posto degli atomi di idrogeno dei gruppi ossidrilici sono presenti le catene di tre acidi grassi (risposta A errata). Il glicerolo è, infatti, un alcool costituito da una catena di tre atomi di carbonio (C) con un gruppo ossidrilico (–OH) legato a ciascun atomo di carbonio. Gli acidi grassi sono uniti all'alcol tramite legami estere, i quali di formano in seguito a una reazione di condensazione (risposta C errata), con l'eliminazione di una molecola d'acqua (H2O) per ogni acido grasso. I trigliceridi fanno parte della famiglia dei gliceridi assieme ai monogliceridi e digliceridi. I trigliceridi possono essere presenti nel sangue ma non devono superare i 180 mg/dl.
Risposta corretta E.

10. I fosfolipidi sono dei lipidi complessi contenenti fosfato: sono costituiti da glicerolo legato a due molecole di acidi grassi e un gruppo fosfato (risposta B errata). Si tratta di molecole anfipatiche, poiché presentano una testa polare idrosolubile (risposta D errata) e una coda apolare idrofoba (risposta E errata). Inoltre, a livello biologico, sono molto importanti in quanto costituenti delle membrane cellulari (risposta A errata).
Risposta corretta C.

11. Un liposoma è letteralmente una bolla costituita da un doppio strato fosfolipidico all'interno della quale possono essere trasportati farmaci che normalmente non potrebbero penetrare la membrana cellulare a causa delle loro dimensioni o della loro carica. Anche non sapendo esattamente cosa fossero, la domanda richiedeva di basarti sulle tue conoscenze riguardanti i fosfolipidi e l'unica alternativa che prendeva in considerazione solo questi era la B. Infatti le altre opzioni parlano di strutture proteiche, come i recettori, che quindi non sono costituiti da fosfolipidi.
Risposta corretta B.

12. Una molecola viene definita anfipatica (o anfifilica) quando contiene sia un gruppo idrofilo che un gruppo idrofobo (risposte A e B errate), come nel caso dei fosfolipidi. Grazie a questa caratteristica, in ambiente acquoso le molecole anfipatiche tendono a formare spontaneamente un doppio strato, in cui le teste idrofile sono rivolte verso l'esterno e le code idrofobe verso l'interno (risposta D errata), proprio come accade nelle membrane cellulari.
Risposta corretta C.

13. I lipidi sono una fondamentale classe di composti biologici molto diversi tra loro, accomunati dal fatto di essere insolubili in acqua. Essi rappresentano un'importante

riserva energetica per animali e piante (risposta B errata), oltre ad avere una funzione strutturale, come, ad esempio, nelle membrane cellulari (risposta A errata), e una funzione di "messaggeri" chimici (risposta D errata), come ad esempio gli ormoni. È possibile classificare i lipidi in base alla capacità di subire o meno il processo di saponificazione, ovvero la reazione di un estere con una base forte, distinguendo così tra lipidi saponificabili e insaponificabili.
Risposta corretta E.

14. I lipidi sono composti organici multifunzionali: forniscono energia, come anche i glucidi e le proteine, ma con valore energetico maggiore (9 Kcal/g contro le 4 Kcal/g degli altri due) e presentano anche funzione strutturale (risposte A e B errate). I lipidi sono insolubili in acqua (risposta E errata) e possono presentarsi in forma solida (saturi) o liquida (insaturi).
Risposta corretta C.

15. Gli acidi grassi sono componenti fondamentali dei lipidi: si tratta di molecole costituite da una catena alifatica di atomi di carbonio, con un solo gruppo carbossilico (-COOH) ad una estremità. In base alla presenza o meno di doppi legami nella catena carboniosa, gli acidi grassi si suddividono in saturi e insaturi. In assenza di doppi legami si parla di acidi grassi saturi, altrimenti di acidi grassi insaturi, divisi a loro volta in acidi grassi monoinsaturi (se è presente solamente un doppio legame) e acidi grassi polinsaturi (se sono presenti due o più doppi legami) (risposte A, D ed E errate). Gli acidi grassi essenziali, invece, sono dei nutrienti lipidici che devono essere introdotti necessariamente con la dieta e rientrano nella categoria dei polinsaturi.
Risposta corretta C.

16. I lipidi si possono suddividere in tre grandi gruppi, identificati da tre importanti funzioni: riserva energetica, i cui protagonisti sono gli oli, nei vegetali, e i grassi, negli animali, che in caso di bisogno possono liberare un grande quantità di energia; funzione strutturale, dove troviamo il gruppo dei fosfolipidi e il colesterolo, importantissimi costituenti delle membrane cellulari; funzione di comunicazione intercellulare, svolta, ad esempio, dagli ormoni steroidei.
Risposta corretta C.

17. Nei trigliceridi, la caratteristica che ne influenza la consistenza (a temperatura ambiente) è la presenza di doppi legami all'interno della catena carboniosa degli acidi grassi (risposte A e D errate): nel caso in cui sono presenti insaturazioni (doppi legami), il trigliceride a T ambiente si presenterà liquido, assumendo la denominazione di olio; nel caso in cui non sono presenti insaturazioni, il trigliceride a T ambiente si presenterà in uno stato fisico solido, assumendo la denominazioni di grasso (risposta C errata). La presenza dei doppi legami incide sullo stato fisico del trigliceride poiché questi creano, all'interno della struttura della catena, delle "ripiegature": quest'ultime non permettono alle catene di "impacchettarsi" in modo ordinato, obbligandole, così, a disporsi in modo più casuale nello spazio e ad assumere una conformazione da liquido. Un modo, perciò, per trasformare un grasso in un olio, è andare ad aggiungere legami doppi alla catena degli acidi grassi che lo costituiscono (risposta E errata).
Risposta corretta B.

18. La struttura primaria delle proteine è definita come la sequenza degli amminoacidi che la compongono (risposta A errata). Gli oligopeptidi sono molecole biologiche composte da circa 10-50 amminoacidi, un numero variabile e convenzionale, mentre superando le 100 unità si parla di proteine (risposta B errata). Nel legame peptidico, il gruppo carbossilico di un amminoacido si unisce con il gruppo funzionale amminico di un altro amminoacido, con la conseguente sintesi di una molecola d'acqua (risposta D errata). Infine, la cellulosa

non fa parte dei composti proteici, in quanto è un importante polisaccaride che costituisce la parete cellulare vegetale.
Risposta corretta C.

19. Gli amminoacidi sono molecole organiche che nella loro struttura recano sia il gruppo funzionale amminico (-NH2) denominato N terminus, sia quello carbossilico (-COOH) denominato C terminus. Proprio per questo sono molecole anfotere o zwitterioni, poiché presentano contemporaneamente un gruppo acido (-COOH) e un gruppo basico (-NH2) (risposta B errata). In funzione del valore del pH dell'ambiente chimico in cui si trova la molecola, i due gruppi terminali sono neutri o ionizzati. Con l'eccezione della glicina (risposta E errata) gli amminoacidi sono molecole chirali, di ciascuna delle quali esistono due enantiomeri. Gli enantiomeri degli amminoacidi sono contrassegnati dalle lettere D o L: la stragrande maggioranza delle proteine sintetizzate da organismi viventi è formata da amminoacidi della serie L (risposta D errata).
Risposta corretta A.

20. Gli enzimi hanno diverse funzioni, ma la principale è l'attività catalitica, cioè l'aumento di velocità di reazione, per poter raggiungere più rapidamente l'equilibrio termodinamico. Per far avvenire tale processo, abbassano l'energia di attivazione.
Risposta corretta C.

21. La struttura primaria delle proteine ("a collana di perle") rappresenta lo scheletro della proteina ed è definita dalla sequenza degli amminoacidi che la compongono. I singoli amminoacidi si legano tra loro per mezzo del legame peptidico, in cui il gruppo carbossilico di un amminoacido si lega al gruppo amminico dell'amminoacido adiacente.
Risposta corretta C.

22. Data l'idrofobicità degli amminoacidi apolari essi tenderanno a formare il nucleo più interno delle proteine solubili, evitando quindi di venire a contatto con le soluzioni acquose.
Risposta corretta C.

23. Durante i processi di catalisi enzimatica il substrato, ovvero la molecola di partenza su cui agisce l'enzima, si lega al sito attivo, che è la regione enzimatica (risposta B errata) direttamente implicata nel processo di catalisi e nella formazione dei legami con i reagenti e dei prodotti di reazione (risposte A ed E errate). La prima tappa della catalisi è la formazione di un complesso enzima-substrato, si tratta di un'interazione altamente specifica poichè la forma del sito attivo rifiuta molecole con una struttura non complementare. Infine, per gruppo prostetico si intende una molecola di natura non proteica strettamente legata a una proteina (risposta D errata), generalmente un enzima, motivo per cui molto spesso queste sostanze hanno il ruolo di cofattori enzimatici.
Risposta corretta C.

24. Tutte le funzioni elencate possono essere attribuite alle proteine, ad eccezione della quarta opzione. Per ibridazione in biologia molecolare si definisce l'appaiamento di due filamenti complementari.
Risposta corretta D.

25. Una mutazione missenso modificherà l'amminoacido tradotto, il quale modificherà la struttura primaria della proteina. Se però muta la struttura primaria anche tutte le altre strutture vengono meno, poiché si basano tutte su interazioni e legami che avvengono tra gli amminoacidi.
Risposta corretta E.

26. Gli ormoni sono dei composti prodotti dalle ghiandole endocrine che per definizione riversano il loro contenuto all'interno del torrente ematico. Gli ormoni possono essere di due tipi: peptidici (come il TSH) e lipidici o steroidei (come il cortisolo).
Risposta corretta D.

27. Il quesito propone diverse affermazioni riguardanti le proteine, in questi casi è utile ragionare per esclusione al fine di trovare l'errore contenuto nelle varie opzioni. Il collagene è la proteina più abbondante dell'organismo umano, tuttavia non si tratta di una proteina globulare ma di una proteina fibrosa, in quanto per definizione si associa a formare delle fibre che conferiscono resistenza (risposta A errata). I gruppi prostetici, invece, sono gruppi molecolari di natura non proteica (risposta B errata), che si associano alla porzione proteica della molecola. La catena principale di una proteina si ripiega progressivamente, dando origine alla struttura secondaria, grazie ai legami a idrogeno (risposta C errata) che si formano tra il gruppo carbonilico e il gruppo -NH- dei legami peptidici. La solubilità delle proteine è influenzata da diversi fattori, tra cui pH, temperatura, polarità del solvente e concentrazione dei sali disciolti, pertanto dipende anche dalla natura della proteina stessa (risposta D errata). Infine, l'emoglobina è una proteina globulare presente nei globuli rossi, che presenta una struttura quaternaria costituita da 4 subunità.
Risposta corretta E.

28. L'adenosina trifosfato (ATP) è un ribonucleoside trifosfato, costituito da un'adenina (base azotata), dal ribosio (zucchero pentoso) e tre gruppi fosfato. È il principale trasportatore di energia delle reazioni chimiche che avvengono nell'organismo. L'AMP è l'adenosina monofosfato, mancante di due gruppi fosfato, pertanto è una componente dell'ATP (risposta D errata).
L'adenina è una purina, mentre la timina e la citosina sono pirimidine.
Risposta corretta A.

29. Negli organismi viventi sono presenti due tipi di acidi nucleici: il DNA e l'RNA. In entrambi i casi si tratta di polimeri di nucleotidi (risposta B errata), ovvero unità costituite da una base azotata purinica o pirimidinica (risposta A errata), uno zucchero a 5 atomi di carbonio e un gruppo fosfato. Il DNA è il depositario dell'informazione genetica (risposta C errata), quest'ultima viene trascritta in molecole di RNA, il quale decodifica le informazioni utili alla sintesi delle proteine. Tra i due acidi nucleici vi sono delle importanti differenze strutturali, in quanto il DNA è una macromolecola a doppio filamento che contiene il desossiribosio, mentre l'RNA è a singolo filamento e in questo caso lo zucchero è il ribosio. Gli zuccheri presenti nei due acidi nucleici differiscono per il fatto che il desossiribosio contiene un ossigeno in meno rispetto al ribosio. Infine, il DNA è contenuto nel nucleo di tutte le cellule, mentre l'RNA è presente sia nel nucleo che nel citoplasma.
Risposta corretta D.

30. Il legame fosfodiesterico è un legame che si instaura tra due nucleotidi, in cui un atomo di fosforo fa da ponte (sfruttandone due di ossigeni) tra un nucleotide e l'altro (risposta B errata). Il legame esterico è un legame che vede coinvolto un carbonio che lega contemporaneamente due ossigeni attraverso un doppio legame e un legame singolo (risposta C errata). Il legame glicosidico lega la base azotata con il pentoso (risposta D errata) e infine il legame peptidico è coinvolto nelle proteine (risposta E errata).
Risposta corretta A.

31. La denaturazione del DNA indica un processo in cui l'acido nucleico si svolge e si separa in due filamenti singoli e può verificarsi in seguito a denaturanti chimici usati sperimentalmente, oppure per effetti termici dovuti all'esposizione al calore (risposta E errata). In questo caso, a seguito del melting si rompono i legami a idrogeno (risposta

D errata) tra le basi appaiate. La minor termostabilità del legame tra adenina e timina rispetto a quello tra citosina e guanina non è dovuta alla natura delle basi o alla polarità del filamento (risposta A errata), ma occorre ragionare sul numero di legami a idrogeno presenti tra le basi appaiate: tra adenina e timina vi sono solamente due legami, mentre tra citosina e guanina tre, pertanto in questo caso è meno facile rompere l'accoppiamento.
Risposta corretta B.

32. I nucleotidi sono le unità ripetute che costituiscono gli acidi nucleici e sono formati da una base azotata purinica o pirimidinica, uno zucchero a 5 atomi di carbonio (risposta E errata) e uno o più gruppi fosfato. All'interno di queste molecole sono presenti diversi legami chimici: la base azotata si lega allo zucchero tramite un legame glicosidico, lo zucchero pentoso si lega al gruppo fosfato tramite un legame esterico (risposta B errata) e tra i gruppi fosfato avviene un legame anidridico (risposta C errata). Le catene di zuccheri-fosfato sono date dal legame fosfodiesterico (risposta D errata) tra un gruppo fosfato e due zuccheri, che si ripete per ogni nucleotide che forma la macromolecola. Infine, i nucleosidi sono composti chimici formati da uno zucchero pentoso legato ad una base azotata azotata purinica o pirimidinica.
Risposta corretta A.

33. La denaturazione è un fenomeno che comporta la rottura di legami a idrogeno, dei ponti disolfuro, delle interazioni idrofobiche e ioniche (risposta B. errata). I legami idrogeno presenti nel DNA sono quelli tra le basi azotate: in una molecola di acido desossiribonucleico sono presenti circa 3,3 miliardi di coppie di basi azotate, pertanto il numero di legami ad idrogeno è esageratamente più grande rispetto a quello presente nelle proteine, fornendo maggiore stabilità alla molecola.
Risposta corretta D.

34. Le basi azotate componenti il DNA e l'RNA sono 5: adenina, timina, guanina, citosina e uracile (risposta B errata). L'adenina si accoppia con la timina mediante due legami a idrogeno, mentre la citosina e la guanina con tre (risposta C errata). Le basi puriniche sono l'adenina e la guanina (PUrGA) e quelle pirimidiniche sono la citosina, la timina e l'uracile (risposta D errata). Il legame fosfodiestereo collega l'atomo di carbonio in posizione 3' dello zucchero di un nucleotide con il carbonio in 5' del nucleotide successivo (risposta E errata). Il nucleoside è un composto chimico formato solamente da uno zucchero pentoso e la sua base azotata.
Risposta corretta A.

35. Per risolvere questo esercizio bisogna aver bene in mente l'immagine della struttura di un nucleotide.

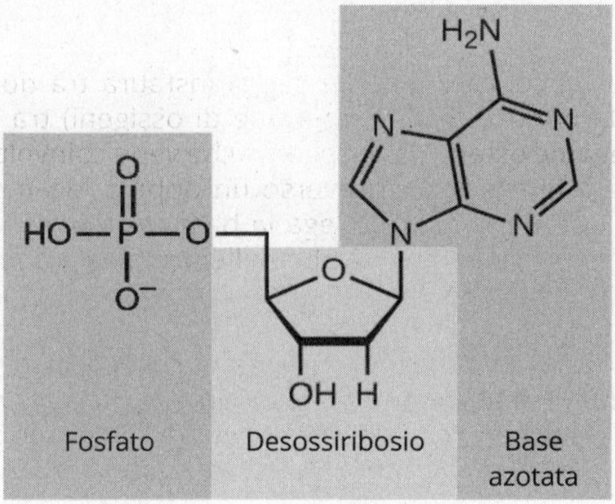

Il 2-desossiribosio presenta 5 atomi di carbonio, ciascuno coinvolto in legami specifici. La base azotata del nucleotide si lega al C1 (risposte A e C errate), mentre il gruppo fosfato si lega al C5 (risposta D errata). Il C3 ed il C4 legano entrambi, quando lo zucchero è in forma aperta, un idrogeno e un gruppo ossidrile (risposta E errata); il C4 è coinvolto inoltre, insieme al C1, nella reazione che permette la chiusura del 2-desossiribosio ad anello. Il C2, infine, lega due idrogeni, a differenza del C2 del ribosio che lega un idrogeno e un ossidrile (per questo lo zucchero si chiama 2-desossiribosio).
Risposta corretta B.

36. In una molecola di DNA le basi azotate di un filamento sono legate a quelle corrispondenti sull'altro filamento attraverso legami idrogeno: in particolare 2 legami idrogeno tra A e T e 3 legami idrogeno tra G e C. Di conseguenza in questa molecola saranno presenti 23 legami idrogeno in totale ($2 \cdot 4 + 3 \cdot 5$).
Risposta corretta B.

2. ORGANIZZAZIONE DELLA CELLULA

1. Quale delle seguenti affermazioni riguardanti procarioti ed eucarioti è corretta?

A. I procarioti hanno DNA a singola elica
B. Sia i procarioti che gli eucarioti possiedono ribosomi
C. Sia i procarioti che gli eucarioti possiedono mitocondri
D. Nei procarioti non avviene il processo della respirazione ossidativa
E. I procarioti non sono forniti di membrana cellulare

2. I protozoi:

A. Sono sinonimi di procarioti
B. Sono incapaci di qualsiasi locomozione
C. Sono organismi eucarioti unicellulari
D. Presentano dimensioni intermedie tra quelle dei batteri e dei virus
E. Si riproducono solo secondo riproduzione sessuale

3. La membrana plasmatica ha uno spessore di circa:

A. 20 nanometri
B. 1 micrometro
C. 10 micrometri
D. 7 nanometri
E. 10 millimetri

4. La membrana cellulare:

A. È un rivestimento, costituito in larga misura da cellulosa, che ha la funzione di proteggere la cellula e di impedire la fuoriuscita dei liquidi
B. È una complessa struttura semipermeabile, di natura lipoproteica, che controlla il passaggio di molecole e ioni
C. È costituita da un reticolo, di natura glicoproteica, che ha la doppia funzione di esercitare una protezione meccanica e di consentire la permeabilità della cellula
D. È una struttura che consente il passaggio delle sostanze attraverso un doppio strato fosfolipidico, che racchiude uno strato proteico
E. Nessuna delle precedenti

5. Quale di queste funzioni NON è propria delle proteine che si trovano sulla membrana cellulare?

A. Trasporto
B. Riconoscimento
C. Recettoriale
D. Trascrizionale
E. Trasduzione di segnali

6. I desmosomi sono:

A. Organuli cellulari deputati alla sintesi di glucidi
B. Filamenti contrattili delle cellule muscolari lisce
C. Specializzazioni di membrana delle cellule epiteliali
D. Filamenti del fuso mitotico
E. Filamenti contrattili con ciglia

7. I canali che, attraversando le pareti cellulari, mettono in comunicazione il citoplasma di cellule adiacenti sono detti:

A. Plasmodesmi
B. Microtubuli
C. Ciglia
D. Recettori
E. Citoscheletro

8. Un recettore è:

A. Una molecola lipidica deputata alla trasduzione del segnale
B. Una molecola proteica deputata alla trasduzione del segnale
C. Un polisaccaride deputato alla trasduzione del segnale
D. Una molecola di DNA
E. Una molecola di RNA

9. Quale delle seguenti vitamine può raggiungere il suo recettore all'interno del nucleo cellulare?

A. Vit. B
B. Vit. D
C. Vit. C
D. Vit. H
E. Vit. F

BIOLOGIA

10. **Quale tra le seguenti pensi possa essere il vantaggio del canale ionico rispetto al classico recettore transmembrana?**
   A. Nessuno, sono equivalenti
   B. Essendo la trasduzione del segnale regolata da ioni e non da ulteriori molecole, il canale ionico è generalmente più veloce e la sua azione più finemente regolabile rispetto ad un recettore con ligando
   C. Non essendo attivato da un ligando, i canali ionici sono potenzialmente sempre attivabili
   D. Essendo attivati da ioni, non possono essere controllati da altre molecole come l'aldosterone
   E. Essendo la trasduzione del segnale regolata da ioni e non da ulteriori molecole, il canale ionico è generalmente più veloce, ma la sua azione meno finemente regolabile rispetto ad un recettore transmembrana classico

11. **Quale delle seguenti affermazioni sui canali ionici è vera?**
   A. Permettono il passaggio di ioni secondo un meccanismo di diffusione semplice
   B. I canali voltaggio dipendenti si aprono quando il potenziale di membrana raggiunge un determinato valore soglia
   C. I canali voltaggio dipendenti del sodio e del calcio sono fondamentali per l'innesco del potenziale d'azione
   D. I canali ligando dipendenti del sodio e del potassio sono fondamentali per la conduzione del potenziale d'azione
   E. Un esempio di canale ligando dipendente è la pompa Na/K

12. **I centrioli sono:**
   A. Punti centrali del nucleo
   B. Siti di ancoraggio dei ribosomi
   C. Copie di organelli autoduplicanti e migranti verso i poli opposti della cellula
   D. Siti di ancoraggio dei polisomi
   E. Siti di ancoraggio dei mitocondri

13. **Nel citoplasma delle cellule eucariotiche è presente il centriolo costituito da un cilindro, il quale è formato da gruppi di microtubuli organizzati in:**
   A. 9 coppie periferiche
   B. 9 coppie periferiche + 2 microtubuli centrali
   C. 9 triplette periferiche
   D. 9 triplette periferiche + 2 microtubuli centrali
   E. 12 triplette periferiche

14. **I ribosomi sono costituiti da:**
   A. DNA e lipidi
   B. RNA e proteine
   C. DNA, RNA e proteine
   D. DNA e proteine
   E. Lipidi e proteine

15. **I ribosomi sono presenti:**
   A. Nei virus
   B. Nelle sole cellule eucariotiche
   C. Nelle sole cellule procariotiche
   D. Nelle sole cellule animali
   E. In tutte le cellule conosciute

16. **Se in una coltura di cellule vengono bloccate le funzioni mitocondriali, si ottiene l'interruzione:**
   A. Della sintesi proteica
   B. Dell'attività glicolitica
   C. Della sintesi di grandi quantità di ATP
   D. Della sintesi dei lipidi
   E. Della trascrizione

17. **I mitocondri sono organelli cellulari di dimensioni variabili da 2 a 5 micrometri. Essi sono pertanto visibili:**
   A. A occhio nudo
   B. Con il microscopio ottico
   C. Con il microscopio elettronico
   D. Con una lente d'ingrandimento
   E. Non si possono vedere

18. **Quale delle seguenti affermazioni riguardo la teoria endosimbiontica è vera?**
   A. È valida solo per i mitocondri
   B. Afferma che non ci sia simbiosi tra mitocondri e le cellule

C. Ipotizza che i cloroplasti fossero in origine dei procarioti
D. Spiega il motivo della presenza di tutti gli organelli all'interno della cellula
E. Ipotizza che gli organelli se espulsi dalla cellula possono vivere in maniera autonoma

19. I cloroplasti sono la sede di elezione del processo di:
A. Sintesi proteica cellulare
B. Respirazione delle cellule vegetali
C. Fotosintesi nei procarioti
D. Fotosintesi in alcuni particolari eucarioti
E. Digestione cellulare

20. Quale tra le seguenti funzioni viene svolta dal REL?
A. Sintesi di ormoni steroidei
B. Sintesi del colesterolo
C. Accumulo di ioni calcio
D. Tutte le precedenti
E. Nessuna delle precedenti

21. Quale delle seguenti affermazioni riguardo il RER è falsa?
A. Svolge anche la funzione di produzione di proteine
B. La sua dimensione è fissa in ogni cellula
C. I ribosomi si attaccano al versante citoplasmatico del RER
D. È costituito da cisterne
E. Le proteine prodotte non entrano mai a contatto con il citoplasma della cellula

22. Le proteine che sono trasportate nell'apparato di Golgi:
A. Sono state sintetizzate da ribosomi liberi
B. Sono state sintetizzate da ribosomi adesi al reticolo endoplasmatico
C. Sono proteine non funzionanti che saranno poi distrutte dai lisosomi
D. Sono proteine istoniche che vengono qui modificate prima di essere trasferite al nucleo
E. Sono proteine utilizzate nel catabolismo mitocondriale

23. In una cellula mancante dei corpi di Golgi:
A. Non vengono digerite le particelle
B. Non avviene il montaggio di zuccheriproteine per la costruzione delle membrane
C. Vengono ugualmente secrete tutte le sostanze
D. Gli enzimi idrolitici non sono in grado di scomporre i composti della cellula
E. Non c'è produzione di energia utilizzabile

24. I lisosomi sono:
A. Il sito di sintesi delle proteine
B. Il sito di degradazione di molti complessi organici
C. Vescicole il cui contenuto è a pH neutro
D. Organelli propri di tutti gli organismi
E. Il sito dove avviene la glicosilazione delle proteine

25. Quale tra le seguenti affermazioni riguardo i perossisomi è vera?
A. Non sono presenti a livello degli epatociti
B. Sono presenti solo a livello delle cellule del rene
C. La loro funzione è la fagocitosi
D. Sono formati dalla fusione di più vescicole
E. Degradano l'acqua ossigenata tramite l'enzima catalasi

26. I proteasomi sono complessi multiproteici implicati nel processo di degradazione proteica intracellulare. Indica con quale molecola si associano le proteine per poter essere degradate dal proteasoma:
A. Ubiquitina
B. ATP
C. Acido piruvico
D. RNA
E. Glucosio

BIOLOGIA

27. Quale delle seguenti affermazioni sulla struttura nucleare NON è corretta?

A. L'involucro presenta due membrane che si fondono a livello dei pori nucleari
B. Il nucleolo è un organulo interno al nucleo formato da cromatina addensata
C. Sulla superficie esterna della membrana nucleare si possono trovare i ribosomi
D. La matrice gelatinosa all'interno del nucleo prende il nome di nucleoplasma
E. Il genoma cellulare è organizzato sotto forma di cromatina, un complesso di proteine, DNA e RNA

28. Il nucleolo è:

A. Un vecchio termine con cui, in passato, si indicava il nucleo
B. Un organello citoplasmatico stretta- mente aderente al nucleo, in cui avviene la sintesi dei ribosomi
C. Una struttura nucleare, a membrana semplice, rivestita esternamente da ribosomi
D. Una struttura nucleare, non rivestita da membrane, sito della sintesi degli RNA ribosomiali
E. Una struttura semplice del nucleo presente nei batteri

29. La cromatina è:

A. Un prodotto specifico per la colorazione dei cromosomi in preparati istologici
B. Una proteina molto presente nelle cellule vegetali
C. Una sostanza colorabile presente nel nucleo delle cellule
D. Una sostanza responsabile della colorazione della pelle
E. Una proteina presente in tutte le cellule

30. Nei batteri il materiale genetico:

A. Non è separato dal citoplasma
B. È presente nel nucleo
C. È diploide
D. È composto da RNA
E. È composto da RNA e proteine

31. Nei mammiferi il DNA manca:

A. Negli eritrociti
B. Nelle cellule nervose
C. Nei condrociti
D. Nei leucociti
E. Nelle fibre muscolari

32. Nella cellula, quale delle seguenti strutture costituisce le ciglia?

A. Microvilli
B. Microfilamenti
C. Filamenti intermedi
D. Microtubuli
E. Plasmodesmi

33. L'acrosoma è una struttura presente:

A. Nelle cellule nervose
B. Negli ovociti primari
C. Negli spermatozoi
D. Nei globuli rossi
E. Nei macrofagi

34. Per quanto riguarda il trasporto attivo, il movimento di due soluti nella stessa direzione è definito:

A. Osmosi
B. Diffusione semplice
C. Simporto
D. Trasporto di massa
E. Pinocitosi

35. L'ingestione massiva di liquidi da parte di una cellula si chiama:

A. Osmosi
B. Trasporto attivo
C. Fagocitosi
D. Pinocitosi
E. Diffusione

36. Il processo di endocitosi comporta:

A. L'invaginazione di vescicole
B. L'estrusione di vescicole
C. Il passaggio attraverso la membrana
D. La gemmazione del citoplasma
E. L'interruzione della membrana

CORREZIONE COMMENTATA

1. La differenza principale tra eucarioti e procarioti è che i primi presentano un nucleo che contiene il materiale genetico, i secondi no. Tuttavia, entrambi presentano DNA a doppia elica e possiedono la membrana cellulare (risposte A ed E errate) e i ribosomi, necessari alla sintesi proteica. Inoltre, anche nei procarioti avvengono meccanismi di respirazione ossidativa (risposta D errata), come ad esempio la glicolisi. I procarioti non presentano mitocondri.
Risposta corretta B.

2. I protozoi sono organismi eucarioti unicellulari eterotrofi (risposta A errata) che fanno parte del regno dei protisti. In quanto eucarioti, sono più grandi dei batteri; inoltre sono in grado di muoversi tramite ciglia, flagelli o pseudopodi e possono riprodursi sia in maniera sessuata che asessuata.
Risposta corretta C.

3. È utile conoscere le dimensioni dei principali organelli citoplasmatici, tra cui la membrana. I ribosomi presentano dimensione, che si identifica con il coefficiente di sedimentazione, di 80S. I mitocondri sono lunghi circa 2-5 micrometri. La forma e le dimensioni del nucleo possono variare in base al tipo e alla funzione svolta da una determinata cellula. La membrana plasmatica presenta uno spessore di circa 7 nanometri (risposte A, B, C ed E errate).
Risposta corretta D.

4. La membrana cellulare è una struttura che circonda quasi tutti i tipi di cellule e che risulta composta da lipidi, proteine e, in minima parte, da carboidrati (risposta A errata). I fosfolipidi, la componente principale, sono disposti a formare un doppio strato, in modo tale da esporre le teste polari verso l'ambiente acquoso presente dentro e fuori dalla cellula. È quindi errato affermare che sia costituita da un reticolo di natura glicoproteica (risposta C errata). Le proteine invece sono sparse all'interno del doppio strato fosfolipidico e possono attraversarlo o appoggiarsi su di esso, quindi non ne costituiscono uno strato intermedio (risposta D errata). La membrana cellulare è in grado di svolgere la funzione, tra le molte, di regolare il trasporto di molecole e ioni dentro e fuori dalla cellula.
Risposta corretta B.

5. Le proteine della membrana cellulare sono solitamente abbinate a residui glucidici, a formare glicoproteine, oppure a derivati lipidici, a formare lipoproteine. Tra le numerose funzioni svolte dalle proteine di membrana, le più importanti sono: funzione di trasporto di molecole fuori o dentro la cellula (risposta A errata); funzione di riconoscimento di segnali cellulari e la loro trasduzione all'interno della cellula (risposta B ed E errate); funzione recettoriale per molecole provenienti dall'ambiente che circonda la cellula (riposta C errata). La funzione trascrizionale è invece svolta da specifici enzimi presenti nel nucleo.
Risposta corretta D.

6. I desmosomi, o maculae adhaerentes, fanno parte del gruppo delle giunzioni di membrana e, come tali, rappresentano delle specializzazioni della membrana cellulare (risposte A, C, D ed E errate). La loro struttura, di natura proteica, conferisce alle cellule che si legano resistenza alle forze di trazione; per questo motivo, i desmosomi sono giunzioni presenti soprattutto fra le cellule epiteliali.
Risposta corretta C.

7. Le membrane plasmatiche delle cellule vegetali sono in grado di formare dei collegamenti tra loro attraverso delle strutture a canale, dette plasmodesmi. In questo modo i citoplasmi di entrambe le cellule sono a contatto e possono scambiarsi materiale attraverso il plasmodesma. I microtubuli sono dei filamenti che consentono alla cellula di svolgere, ad esempio, la mitosi (risposta B errata), possono far parte del citoscheletro, ovvero l'impalcatura che permette alla cellula di mantenere la sua forma (risposta E errata), oppure possono costituire lo scheletro delle ciglia, delle particolari specializzazioni mobili sulla membrana della cellula (risposta C errata).
I recettori invece sono delle strutture solitamente glicoproteiche che permettono alla cellula di reagire agli stimoli esterni (risposta D errata).
Risposta corretta A.

8. Il recettore è una struttura proteica, solitamente transmembrana, che ha lo scopo di trasdurre il segnale, ovvero di ricevere un segnale proveniente dall'ambiente extracellulare e trasferirlo all'interno della cellula, innescando una serie di reazioni biochimiche.
Risposta corretta B.

9. L'unica vitamina in grado di raggiungere il suo recettore, all'interno del nucleo cellulare, è la vitamina D, in quanto è l'unica ad essere liposolubile. Infatti, le sostanze liposolubili riescono a diffondere passivamente attraverso la membrana fosfolipidica. Per ricordare le 4 vitamine liposolubili tieni a mente la parola tedesca DAnKE: D, A, K ed E sono liposolubili.
Risposta corretta B.

10. I canali ionici possono essere attivati sia da ligandi che da cariche ioniche (risposta C errata). Il vantaggio di questi recettori è che evocano una risposta più velocemente dei recettori transmembrana classici, poichè essi operano attraverso un complesso meccanismo di trasdu-zione del segnale, controllato dalla produzione di varie molecole intracellularmente. Il vantaggio dei classici recettori transmembrana è proprio questa complessità nella trasduzione del segnale, che può infatti essere finemente regolato (risposte B e D errate).
Risposta corretta E.

11. I canali ionici sono proteine transmembrana che permettono il passaggio di ioni all'interno e all'esterno della cellula mediante un meccanismo di diffusione regolata. La diffusione semplice, invece, è sfruttata solamente dalle molecole apolari (come CO_2, ossigeno e ormoni steroidei), che sono in grado di attraversare il doppio strato fosfolipidico senza bisogno di trasportatori e senza consumo di energia (risposta A errata). I canali ionici si distinguono in voltaggio-dipendenti e ligando-dipendenti: i primi si aprono quando il potenziale di membrana raggiunge un determinato valore soglia, mentre i secondi si aprono solo in seguito al legame con una determinata molecola. Esempi di canali voltaggio dipendenti sono quelli del sodio e del potassio, che innescano il potenziale d'azione (risposta D errata). I canali voltaggio dipendenti del calcio, invece, sono fondamentali per la contrazione muscolare, non per l'innesco del potenziale d'azione (risposta C errata). Esempi di canali ligando-dipendenti sono i canali presenti sul terminale post-sinaptico delle sinapsi: essi si aprono in seguito al legame con il neurotrasmettitore, consentendo l'ingresso di ioni. La pompa sodio potassio, invece, non è un canale ionico, ma un trasportatore attivo (risposta E errata).
Il potenziale d'azione, la trasmissione sinaptica e la contrazione muscolare sono argomenti che verranno spiegati nel capitolo "Anatomia e Fisiologia" del libro di Teoria.
Risposta corretta B.

12. I centrioli sono delle strutture individuabili in coppia formate da 9 triplette di microtubuli ciascuna, che svolgono un ruolo fondamentale nella formazione del fuso mitotico, necessario al processo di divisione cellulare. Durante l'interfase il numero di centrioli in una cellula è 2, mentre in fase S essi si replicano, così da diventare 4; all'inizio della mitosi assemblano il fuso mitotico e migrano poi, sempre in coppia, ai poli opposti della cellula.
Risposta corretta C.

13. Per rispondere correttamente al quesito è necessario aver bene in mente la struttura del centriolo, da non confondere con quella di ciglia e flagelli. La struttura del centriolo è peculiare: esso assume la forma di un cilindro cavo, la cui parete è costituita da 9 triplette di microtubuli. Ogni tripletta è costituita da un microtubulo A, uno B e uno C, incastrati l'uno nell'altro. Invece, ciglia e flagelli, presentano una struttura interna, detta assonema, costituita da 9 coppie di microtubuli laterali e una coppia centrale (assetto 9+2).
Risposta corretta C.

BIOLOGIA

14. I ribosomi sono organuli costituiti da due subunità, una maggiore e una minore, entrambe formate da RNA e proteine (risposte A, C, D ed E errate). In particolare, i ribosomi sono formati da uno specifico tipo di RNA, ovvero l'RNA ribosomiale (rRNA), che viene prodotto all'interno del nucleolo, una regione specializzata del nucleo cellulare.
Risposta corretta B.

15. I ribosomi sono organuli fondamentali poiché svolgono la funzione di sintesi delle proteine utili alla cellula. Non si tratta di organuli peculiari di un determinato tipo di cellula, ma, al contrario, sono presenti in tutte le cellule conosciute, sia procarioti che eucarioti (risposte B, C e D errate). Non sono invece presenti nei virus (risposta A errata), che però non sono classificabili come cellule, in quanto non sono in grado di replicarsi da soli e non possiedono un apparato biosintetico proprio.
Risposta corretta E.

16. I mitocondri sono organuli intracellulari situati nel citoplasma di quasi tutte le cellule eucariotiche. Sono fondamentali in quanto sulla loro membrana interna ha luogo la catena di trasporto degli elettroni e al loro interno la fosforilazione ossidativa, due processi necessari alla produzione di energia metabolica sotto forma di ATP. È possibile escludere le altre opzioni in quanto: la sintesi proteica è svolta dai ribosomi (risposta A errata), glicolisi e sintesi dei lipidi avvengono nel citoplasma (risposte B e D errate), mentre la trascrizione avviene nel nucleo (risposta E errata).
Risposta corretta C.

17. Per risolvere il quesito bisogna sapere che il potere di risoluzione del microscopio ottico è di circa 0,2 micrometri. Avendo i mitocondri dimensioni comprese tra i 2 e i 5 micrometri, dunque superiori al potere di risoluzione dello strumento, essi sono visibili proprio con il microscopio ottico (risposte A, D ed E errate). Tuttavia, adoperando il microscopio ottico, non si riescono a distinguere le due membrane componenti il mitocondrio. Il potere di risoluzione del microscopio elettronico è di 0,2 nanometri. La risposta C è errata perché esclude la risposta B: infatti se un oggetto è visibile con il microscopio ottico è visibile anche con quello elettronico.
Risposta corretta B.

18. La teoria endosimbiontica ipotizza che mitocondri e cloroplasti, prima di venire inglobati dalle ancestrali cellule animali e vegetali ed aver instaurato così un rapporto di simbiosi, fossero, in origine, dei procarioti. Si è giunti a questa teoria in quanto sia mitocondri che cloroplasti sono dotati di un DNA proprio, di ribosomi propri e la membrana esterna

è simile alla membrana della cellula di appartenenza, mentre quella interna è diversa.
Risposta corretta C.

19. I cloroplasti sono organuli peculiari delle cellule vegetali e sono fondamentali poiché al loro interno avviene il processo di fotosintesi clorofilliana. I cloroplasti non sono coinvolti nei processi di respirazione cellulare, di sintesi proteica o di digestione poiché di tali compiti si occupano, rispettivamente, mitocondri, ribosomi e lisosomi (risposte A, B ed E errate). La risposta C è errata perché i cloroplasti sono esclusivi delle cellule eucariote vegetali.
Risposta corretta D.

20. REL è l'acronimo di Reticolo Endoplasmatico Liscio. Si differenzia dal RER (Reticolo Endoplasmatico Rugoso) in quanto non vi sono ribosomi adesi sui sistemi tubulari di cui è composto il REL. Il REL è coinvolto nel metabolismo dei lipidi (per ricordartelo, pensa che REL finisce con "L" e lipidi inizia con "L"), quindi nella sintesi di ormoni steroidei e del colesterolo. Inoltre, il REL funge da "serbatoio" di ioni calcio, indespensabili per la contrazione muscolare.
Risposta corretta D.

21. RER è l'acronimo di Reticolo Endoplasmatico Rugoso. Viene definito "rugoso" perchè sulla faccia citoplasmatica vi sono i ribosomi (risposta C errata). È costituito da cisterne (risposta D errata) delimitate da una membrana. La sua funzione principale è quella di produzione e raccolta di proteine (risposta A errata) che non entrano a contatto con il citoplasma della cellula (risposta E errata): le proteine prodotte dal RER passano infatti dal lume di quest'ultimo al Golgi e poi vengono o secrete all'esterno della cellula o incorporate all'interno dei lisosomi. La sua dimensione varia a seconda della cellula in cui si trova: se la cellula ha necessità di produrre un'elevata quantità di proteine e con frequenza elevata, allora il RER sarà sicuramente più sviluppato.
Risposta corretta B.

22. L'apparato di Golgi è un organello intracellulare che svolge la funzione fondamentale di rielaborazione e smistamento di molte molecole all'interno della cellula. In particolare, esso è in grado di modificare le proteine sintetizzate dai ribosomi adesi al reticolo endoplasmatico (risposta A errata), ultimandole in vista della loro destinazione, che può essere intra- o extracellulare. Le proteine prodotte dai ribosomi liberi sono di solito proteine strutturali che rimangono nella cellula e che non passano per l'apparato di Golgi (risposta C, D ed E errate).
Risposta corretta B.

23. L'apparato di Golgi si occupa della rielaborazione e dello smistamento di molecole, soprat-tutto proteine, all'interno della cellula; invece le funzioni di produzione di energia e digestione sono affidate, rispettivamente, a mitocondri e lisosomi (risposte E e A errate). Dunque, in mancanza dell'apparato di Golgi, non avverrà la modificazione (ad esempio la glicosilazione, ovvero l'aggiunta di zuccheri ai peptidi) delle proteine sintetizzate dai ribosomi adesi al reticolo endoplasmatico, le quali non potranno dunque essere secrete dalla cellula.
Risposta corretta B.

24. I lisosomi sono organuli intracellulari, presenti nelle cellule eucariotiche, che degradano molecole e complessi organici inutili attraverso gli enzimi idrolitici, creando un ambiente a pH acido.
Risposta corretta B.

25. I perossisomi sono organelli originati dal REL. Contengono la perossidasi, che serve per l'ossidazione di substrati organici, e la catalisi, che serve per la degradazione di perossido di idrogeno (o acqua ossigenata) che è tossico per la cellula. Sono particolarmente numerosi in tutte quelle cellule che sono impegnate nella degradazione di composti tossici per il nostro organismo come: epatociti e cellule del rene.
Risposta corretta E.

26. Le proteine che devono andare incontro a un processo di degradazione, per essere riconosciute e legate dal proteasoma, devono prima essere "marcate" con un polipeptide specifico: l'ubiquitina. Il processo che vede legare quest'ultima alla proteina bersaglio prende il nome di "ubiquitinazione" o "poliubiquitinazione", una modificazione post-traduzionale deputata al destinare la proteina, appunto, alla degradazione: il processo risulta, così, fondamentale per il turnover proteico intracellulare. Le molecole prese in considerazione nelle altre opzioni, pur avendo dei ruoli biologici e metabolici molto importanti a livello della cellula, non rientrano a far parte del meccanismo di proteolisi attuata dal proteasoma.
Risposta corretta A.

27. Il nucleo cellulare è un organulo di estrema importanza, in quanto contiene la maggior parte del patrimonio genetico e rappresenta il principale elemento di distinzione tra eucarioti e procarioti. Presenta una doppia membrana che lo separa dal citoplasma della cellula, più precisamente si parla di due membrane separate che si fondono a livello dei pori nucleari (risposta A errata), che hanno il compito di consentire il passaggio di molecole tra il citosol e il nucleoplasma, ovvero la matrice gelatinosa contenuta nel nucleo (risposta D errata). La superficie esterna dell'involucro nucleare può presentare ribosomi, in quanto vi è una continuità tra la membrana nucleare e il reticolo endoplasmatico rugoso (risposta C errata). Infine, il nucleo contiene DNA, proteine e in misura minore RNA, che vanno a costituire la cromatina (risposta E errata), una sostanza che si addensa a formare il nucleolo, cioè la regione nucleare dove vengono assemblati gli rRNA e le proteine necessarie alla costruzione dei ribosomi. Il nucleolo, dunque, non è un organulo.
Risposta corretta B.

28. Il nucleolo è una struttura presente solamente negli eucarioti, in quanto è una regione specializzata del nucleo, non rivestita da membrana. La sua funzione è quella di sintetizzare gli RNA ribosomiali che, una volta trasportati fuori dal nucleo, si assemblano con delle proteine per formare i ribosomi.
Risposta corretta D.

29. I cromosomi che costituiscono il materiale genetico delle cellule eucariotiche sono costituiti da una sostanza chiamata cromatina (il nome deriva dal fatto che sia facilmente colorabile). È costituita da DNA e proteine basiche a esso associate, chiamate istoni, e può andare incontro a livelli successivi di condensamento, in modo tale da diminuire lo spazio occupato dal materiale genetico; il livello massimo è quello raggiunto dai cromosomi in metafase.
Risposta corretta C.

30. Una cellula procariote si differenzia da una cellula eucariote in quanto manca del nucleo, ovvero quella struttura che racchiude e protegge il materiale genetico della cellula. Dunque, nei batteri il materiale genetico, costituito da DNA, non è più separato dal citoplasma, ma è a contatto con esso. "Corredo diploide" significa che ogni cromosoma è presente in duplice copia; molti procarioti sono aploidi (cioè presentano una sola copia del loro unico cromosoma), ma alcuni di essi possono avere corredo diploide (cioè presentano due copie del loro unico cromosoma). Il concetto di ploidia verrà ripreso ed approfondito nel Capitolo 4. Anche i procarioti sono dotati di ribosomi, sebbene più piccoli di quelli eucariotici.
Risposta corretta A.

31. Il DNA è presente nel nucleo e in alcuni organelli delle cellule eucariotiche, come ad esempio i mitocondri e i cloroplasti (questi ultimi solo nelle cellule vegetali). Tuttavia, esistono cellule che non presentano né il nucleo, né tali organelli; un esempio nei mammiferi è quello dei globuli rossi, cellule anucleate che non possiedono materiale genetico al loro interno.
Risposta corretta A.

32. Le ciglia sono degli organelli di molte cellule eucariotiche e costituiscono delle specializzazioni di membrana. Come i flagelli, sono costituite da microtubuli, ovvero dei polimeri proteici dalla caratteristica forma a cilindro cavo. La struttura delle ciglia è molto complessa: consiste in 9 coppie di microtubuli periferici, disposte a cilindro e collegate tra loro, che racchiudono una coppia di microtubuli centrali, collegata a tutte le coppie periferiche.
Risposta corretta D.

33. L'acrosoma è un organello peculiare dello spermatozoo presente nella sua porzione anteriore, che corrisponde a un lisosoma modificato. Esso è infatti un organello rivestito da membrana e contiene al suo interno un enzima idrolitico, l'acrosina, che serve allo spermatozoo per penetrare nella parete della cellula uovo (reazione acrosomiale) e portare a termine la fecondazione.
Risposta corretta C.

34. In questa tipologia di domanda bisogna conoscere le definizioni riguardanti il trasporto attivo e riuscire a escludere le risposte analizzandole tutte. Infatti, se non ci si ricorda subito il nome di questa tipologia di trasporto, si può subito escludere la risposta A perché non riguarda il trasporto di soluti, ma la diffusione del solvente. La risposta B invece appartiene alla categoria del trasporto passivo; il trasporto di massa (risposta D) definisce il trasporto attraverso vescicole, la pinocitosi (risposta E) fa parte di questa categoria e forma vescicole di fluido extracellulare.
La risposta corretta è quindi la C: il simporto, che fa parte del trasporto attivo mediato da proteine di membrana.
Risposta corretta C.

35. Il passaggio di sostanze dall'interno della cellula all'esterno e viceversa viene suddiviso in più categorie, in base alla modalità e ai mezzi di trasporto. Innanzitutto, bisogna identificare i movimenti che necessitano di energia (trasporto attivo) e quelli che funzionano "secondo gradiente" (trasporto passivo). Generalmente è il soluto a passare da una zona all'altra, ma quando è il solvente a farlo (ad esempio l'acqua), si parla di osmosi, con il passaggio da una soluzione ipotonica a una ipertonica, che stabilisce un equilibrio osmotico. La diffusione è un altro tipo di trasporto che, in base alla grandezza e alla carica delle particelle, può servirsi di ATP per realizzarsi. Quando si parla di inglobazione di grandi particelle solide o liquide tramite vescicole, si hanno, rispettivamente, la fagocitosi o la pinocitosi.
Risposta corretta D.

36. L'endocitosi è un processo che consiste nell'inglobamento, per mezzo di vescicole, di materiale dall'esterno. Il materiale in questione può essere sia liquido che solido: nel primo caso si parla di pinocitosi, nel secondo di fagocitosi. Questo meccanismo di trasporto viene mediato da vescicole che gemmano dalla membrana plasmatica (ovvero si invaginano verso il citoplasma) accogliendo al loro interno il materiale che la cellula vuole inglobare.
Risposta corretta A.

3. FONDAMENTI DI GENETICA

1. Se su un filamento di DNA si susseguono le basi TTTACGATATACC quali sono le basi complementari sull'altro filamento della doppia elica?

A. AAAUGCTAUAUGG
B. CCCTGCTCTCTGG
C. AAATGCTATATGG
D. GGGUACUGCUCAA
E. TTTACGATATA

2. Nel DNA di una cellula, qual è in percentuale la quantità di timina se la citosina è il 35%?

A. 15%
B. 35%
C. 30%
D. 70%
E. 25%

3. La lettura, da parte della RNA polimerasi, di un singolo filamento di DNA contenente il 20% di adenina produrrà una sequenza di:

A. DNA contenente il 40% di timina
B. RNA contenente il 20% di timina
C. RNA contenente il 20% di uracile
D. DNA contenente il 40% di uracile
E. DNA contenente l'80% di timina

4. Un filamento di RNA contiene la seguente composizione in basi azotate: A=15%, G=35%. Quale fra le seguenti opzioni è quella coerente con quanto detto?

A. U = 15%, C = 35%
B. C = 35%, U = 15%
C. T = 15, C = 35%
D. T = 35%, C = 15%
E. Non è possibile calcolare la percentuale delle altre basi azotate

5. Il "telomero" è:

A. La porzione terminale di un cromosoma
B. La porzione centrale di un cromosoma
C. La porzione periferica del fuso mitotico
D. La porzione periferica del nucleolo
E. Il centromero acrocentrico

6. Durante il ciclo cellulare il DNA assume varie forme in base al livello di condensazione. Qual è il corretto ordine delle fasi di condensazione?

A. DNA, nucleosoma, collana di perle, fibra di eterocromatina, cromosoma interfasico, cromosoma metafasico
B. DNA, collana di perle, fibra di eterocromatina, nucleosoma, cromosoma interfasico, cromosoma metafasico
C. DNA, collana di perle, nucleosoma, fibra di eterocromatina, cromosoma interfasico, cromosoma metafasico
D. DNA, fibra di eterocromatina, collana di perle, nucleosoma, cromosoma interfasico, cromosoma metafasico
E. DNA, nucleosoma, fibra di eterocromatina, collana di perle, cromosoma metafasico, cromosoma interfasico

7. Nella duplicazione del DNA, la funzione di stampo o modello è svolta da:

A. Catene di RNA sintetizzate nelle fasi iniziali della replicazione
B. Tutte e due le catene parentali di DNA
C. Una sola delle due catene parentali
D. Una catena di DNA ed una di RNA
E. Dalla DNA polimerasi

8. Una molecola di DNA a doppia elica subisce tre consecutivi cicli replicativi, producendo una discendenza di 8 molecole. Tali molecole sono:

A. Uguali a due a due
B. Uguali a quattro a quattro
C. Tutte uguali tra loro
D. Tutte diverse tra loro
E. Nessuna delle precedenti

9. Quale delle seguenti affermazioni riguardanti la duplicazione del DNA negli eucarioti è corretta:

A. Con il termine proofreading si intende la capacità dell'enzima elicasi di separare i due filamenti di DNA e permettere la replicazione

BIOLOGIA

B. I frammenti di Okazaki sono frammenti in cui viene scisso il DNA parentale, perché altrimenti il processo replicativo non potrebbe avvenire
C. Avviene a livello nucleare
D. Non è un processo semiconservativo
E. Non avviene in contemporanea su entrambi i filamenti

10. La trascrizione è la:
A. Sintesi di mRNA a partire da un filamento di DNA
B. Divisione delle cellule
C. Sintesi delle proteine
D. Sintesi del DNA
E. Duplicazione del DNA

11. Quale tra le seguenti NON è una proteina coinvolta nella trascrizione del DNA?
A. Topoisomerasi
B. Elicasi
C. RNA polimerasi III
D. Tata-binding protein
E. Tutte le precedenti proteine sono coinvolte nel processo di trascrizione

12. In biologia molecolare, che cos'è una TATA box?
A. Un enzima coinvolto nella trascrizione del DNA
B. Una sequenza genica che facilita l'attacco della RNA polimerasi per iniziare la trascrizione
C. Un enhancer della trascrizione
D. Un silencer della trascrizione
E. La regione in cui inizia la duplicazione del DNA nei procarioti

13. Quale delle seguenti affermazioni, riguardanti la maturazione dell'mRNA, NON è corretta?
A. Il codone di inizio (AUG) viene sempre eliminato
B. Viene aggiunta una coda composta da tante adenosine all'estremità 3'
C. All'estremità 5' viene aggiunto un cappuccio di 7-metilguanosina
D. La maturazione avviene all'interno del nucleo
E. Le regioni introniche vengono eliminate

14. Quale delle seguenti affermazioni riguardo lo splicing NON è corretta?
A. Avviene prima che l'mRNA esca dal nucleo
B. Durante lo splicing le sequenze introniche vengono sempre eliminate totalmente
C. Lo splicing alternativo permette di produrre più proteine a partire dalla stessa sequenza di DNA
D. Lo splicing è una modificazione post-trascrizionale
E. Nessuna delle precedenti

15. Quanti tipi di mRNA maturi esistono in una cellula eucariote?
A. 20
B. 64
C. Tanti quanti sono i ribosomi
D. Tanti quanti sono i tRNA
E. Tante quante sono le proteine da produrre

16. L'RNA ribosomiale è sintetizzato:
A. Nell'apparato di Golgi
B. Nei ribosomi
C. Nel nucleolo
D. Nei lisosomi
E. Sulle membrane del reticolo endoplasmatico liscio

17. Quale funzione è tipica del tRNA?
A. Produzione di aminoacidi
B. Produzione di proteine
C. Trasporto di informazioni geniche
D. Trasporto di aminoacidi
E. Trasporto contro gradiente

18. L'anticodone del tRNA riconosce:
A. Le basi complementari sull'RNA ribosomiale
B. Le basi complementari sul DNA
C. Le basi complementari sull'RNA messaggero
D. Un aminoacido specifico
E. Una proteina specifica

19. Quale delle seguenti affermazioni riguardanti la sintesi proteica è CORRETTA?
A. Negli eucarioti la sintesi proteica avviene nel nucleo

B. L'informazione per la sequenza amminoacidica di una proteina è contenuta nella sequenza di nucleotidi dell'RNA messaggero
C. La sintesi proteica è un processo che porta alla formazione di ATP
D. I lisosomi sono la sede della sintesi proteica
E. La sintesi proteica avviene esclusivamente durante l'embriogenesi

20. Quale tra le seguenti strutture NON è coinvolta nella sintesi proteica?
A. L'RNA messaggero
B. L'RNA transfer
C. Il ribosoma
D. Il centriolo
E. I fattori di allungamento del peptide nascente

21. La sintesi di una proteina inizia sempre con:
A. Una cisteina
B. Una metionina
C. Un aminoacido qualsiasi
D. Un aminoacido polare
E. Una prolina

22. Quale dei seguenti codoni risulta ERRATO?
A. UAA
B. GCC
C. AGG
D. UTT
E. CCC

23. Il codice genetico:
A. Stabilisce la corrispondenza tra acidi nucleici e proteine
B. È il termine che indica il materiale proteico
C. È un sistema per comprendere i processi energetici cellulari
D. È la codifica dell'RNA ribosomiale
E. È un linguaggio particolare utilizzato dai genetisti

24. Per geni s'intende:
A. Organelli citoplasmatici
B. Segmenti di mRNA
C. Proteine legate ai cromosomi
D. Segmenti di DNA che contengono l'informazione genetica codificante per RNA e proteine
E. Proteine responsabili dei caratteri ereditari

25. Il processo di differenziamento a livello cellulare implica sempre:
A. La distruzione e successiva eliminazione delle frazioni di DNA che non servono alla cellula differenziata
B. Il blocco del processo di trascrizione ed il potenziamento del processo di trasformazione
C. L'attivazione di alcuni geni e la repressione di altri geni
D. L'attivazione di geni specifici e la continua demolizione delle proteine sintetizzate dagli altri geni
E. Il blocco dei ribosomi che sintetizzano proteine non utili

26. Parlando di regolazione dell'espressione genica quale affermazione è corretta?
A. Sono detti geni house-keeping quelli che codificano per i lisosomi e si occupano di degradare i prodotti di scarto
B. Sono dette proteine specializzate le proteine codificate dai geni con polimorfismi, che si trovano quindi solo in alcuni individui
C. Tutte le cellule esprimono gli stessi geni
D. Una forma di regolazione genica è rappresentata dalla condensazione del DNA in eterocromatina
E. Un gene può essere espresso o non-espresso, ma non se ne può regolare l'intensità di espressione

27. In E. coli è stato individuato un operone inteso come unità di geni correlati nella loro funzione. Nello specifico l'operone lattosio (lac) è composto da tre geni, più il gene del repressore che li precede.
Quando il repressore è legato all'operone, l'RNA polimerasi non può trascriverlo, quando il repressore lega il lattosio vengono trascritti i geni responsabili del suo metabolismo. Secondo la spiegazione del brano, quale tra le seguenti affermazioni è errata?

A. L'operone lac rappresenta un esempio di operone catabolico inducibile
B. L'induttore della trascrizione è rappresentato dal lattosio
C. Maggiori saranno le quantità di lattosio minori saranno le quantità degli enzimi responsabili del suo catabolismo
D. L'RNA polimerasi trascrive il gene solo se non è presente il repressore
E. L'mRNA lac presenta la trascrizione di tutti e tre i geni dell'operone

28. Quale delle seguenti affermazioni riguardo l'espressione genica in eucarioti e procarioti è vera?

A. Sia nei procarioti che negli eucarioti vi è una regolazione dell'espressione genica per la maggior parte dei geni
B. I geni con correlazione funzionali sono raggruppati sia negli eucarioti che nei procarioti
C. Sia nei procarioti che negli eucarioti l'espressione genica è regolata da sequenze geniche
D. Sia nei procarioti che negli eucarioti la regolazione avviene prima, dopo e durante trascrizione e traduzione
E. Nessuna delle precedenti

29. Quale delle seguenti affermazioni è vera riguardo la duplicazione in procarioti ed eucarioti:

A. Negli eucarioti la replicazione avviene in una regione particolare del nucleo detta nucleolo
B. In ogni cromosoma c'è un solo punto di origine della duplicazione, così come nel genoma procariotico
C. Un tipo di topoisomerasi II presente nei procarioti è la girasi, la quale impedisce la formazione di superavvolgimenti di DNA
D. I procarioti e gli eucarioti hanno 5 tipi di DNA polimerasi uguali
E. Sia i procarioti che gli eucarioti hanno un'unica bolla di replicazione

30. Quale delle seguenti alternative riporta correttamente i processi di maturazione del filamento di mRNa trascritto?

A. Sia negli eucarioti che nei procarioti, i geni contengono introni ed esoni, quindi è necessario il processo di splicing
B. L'mRNA procariotico è già maturo dopo il processo di trascrizione
C. L'mRNA procariotico necessita dei processi di capping e poliadenilazione, ma non dello splicing
D. L'mRNA procariotico necessita dei processi di poliadenilazione e splicing, ma non del capping
E. Negli eucarioti al filamento viene aggiunto un "cappuccio" che protegge l'mRNA dalla degradazione, all'estremità 3'

31. Quale delle seguenti affermazioni sulla traduzione è corretta?

A. La traduzione, sia nei procarioti che negli eucarioti, avviene nel nucleo, per poi concludersi con la maturazione della proteina nel citosol
B. Prima di essere tradotto, nei procarioti l'mRNA trascritto deve essere traslocato dal nucleo al citoplasma
C. Sia nei procarioti che negli eucarioti avviene nel citosol
D. L'mRNA procariotico è monocistronico, mentre quello eucariotico è policistronico
E. Negli eucarioti i processi di trascrizione e traduzione sono accoppiati

32. Un virus:

A. Può avere una dimensione compresa fra 10 e 300 μm
B. È un essere vivente
C. È rivestito dal capside, costituito da lipidi e chiamato envelope
D. Si definisce fago se infetta i batteri
E. Ha sicuramente come materiale genico una molecola di RNA

33. I virus possono moltiplicarsi solo all'interno di una cellula ospite perché:

A. Non possiedono DNA
B. Non possiedono proteine

C. Sono privi di capacità biosintetica
D. Sono molto sensibili ai raggi UV
E. Nessuna delle precedenti

34. Quale affermazione riguardo ai virus è errata?

A. Il ciclo lisogeno è il ciclo di replicazione in cui il virus si riproduce nella cellula e poi la distrugge facendo uscire le nuove copie di virus
B. I virus non sono in grado di replicarsi autonomamente ma per farlo devono infettare una cellula
C. Sono tutti composti da un capside proteico
D. Il genoma può essere formato da RNA e DNA, generalmente a singola elica ma esistono anche virus con DNA o RNA a doppia elica
E. Interagiscono con recettori cellulari specifici

35. Quale delle seguenti opzioni descrive meglio il ciclo lisogeno di un virus che infetta un batterio?

A. Il DNA del virus viene incluso in quello del batterio, successivamente le informazioni portate dal DNA del virus vengono trascritte e tradotte dal batterio, portando così alla proliferazione del virus all'interno della cellula ospite
B. Durante il ciclo avviene la sintesi delle proteine del capside, data dalle informazioni contenute nel DNA del virus, che porta alla creazione di elementi virali all'interno della cellula
C. Il materiale genetico del virus, dopo essere stato inglobato nel DNA del procariote, viene trascritto e tradotto solo in un secondo tempo, in modo che sia già avvenuta in precedenza una moltiplicazione del materiale genetico del virus
D. Prima del ciclo lisogeno, nel quale c'è la morte per lisi della cellula, avviene il ciclo litico, durante il quale avviene la divisione cellulare del procariote infetto
E. Il ciclo lisogeno è attuato dal batterio per infettare un virus, sfruttando la duplicazione del suo DNA all'interno del virus ospite

36. Indicare quale delle seguenti caratteristiche è comune a virus, procarioti ed eucarioti:

A. Possesso di un proprio programma genetico
B. Capacità di un proprio metabolismo autonomo
C. Possibilità di replicazione autonoma
D. Metabolismo prevalentemente aerobio
E. Riproduzione asessuata

37. Gli alleli:

A. Sono sempre uguali per ogni gene
B. Sono presenti sempre in triplice copia per un gene
C. Sono sequenze di RNA implicate nella determinazione del fenotipo
D. Possono essere recessivi, dominanti o co-dominanti
E. Si manifestano sempre fenotipicamente

38. Per omozigote si intende un individuo che:

A. Manifesta una caratteristica dominante
B. Ha due alleli uguali per una determinata caratteristica
C. Manifesta una caratteristica recessiva
D. Ha due coppie identiche di alleli per una caratteristica
E. Ha tutte le coppie di alleli uguali

39. I geni esplicano la loro azione mediante la produzione di:

A. Lipidi
B. Glucidi
C. Proteine
D. Vacuoli
E. Cromosomi

40. Incrociando due individui che possiedono genotipo AaBBCcdd e aabbCcDd, qual è la probabilità di ottenere individui omozigoti recessivi per tutti e quattro i geni?

A. ½
B. ¼
C. 3/8
D. 1/8
E. 0

41. Incrociando due individui eterozigoti AaBbCc quale sarà la percentuale di individui aventi lo stesso fenotipo dei genitori?

A. 50%
B. 25%
C. 75%
D. 42 %
E. 100%

42. Le leggi di Mendel riguardano:

A. L'evoluzione della specie
B. Il progresso della razza umana
C. L'ereditarietà dei caratteri negli organismi diploidi
D. La trasmissione dei caratteri legati al sesso
E. La frequenza di comparsa di nuove mutazioni

43. Due differenti geni C e B, localizzati rispettivamente sui cromosomi 21 e 19 di origine paterna in uno spermatogonio, al momento della meiosi generalmente:

A. Segregano nello stesso gamete
B. Assortiscono indipendentemente
C. Diventano letali per la cellula
D. Devono necessariamente ricombinare
E. Subiscono il crossing-over

44. Lo scambio di geni tra cromosomi omologhi è detto:

A. Poliploidia
B. Cromatidio
C. Crossing-over
D. Test cross
E. Mutazione

45. In genetica che tecnica si utilizza per identificare con certezza il genotipo di un individuo con fenotipo dominante?

A. Quadrato di Punnet
B. Test di complementazione
C. Test cross
D. Albero genealogico
E. Nessuna delle precedenti

46. Due geni A e B, localizzati in loci vicini nel cromosoma 21, al momento della meiosi generalmente:

A. Assortiscono indipendentemente
B. Si avvicinano
C. Si distribuiscono nella stessa cellula figlia
D. Si allontanano
E. Si distribuiscono in cellule diverse

47. I gruppi sanguigni sono un esempio di:

A. Pleiotropia
B. Poliemia
C. Poliallelia
D. Dominanza incompleta
E. Epistasi

**48. Un individuo è vittima di un incidente e si rende necessaria una trasfusione. Il gruppo sanguigno della vittima è A, ma non è disponibile sangue di gruppo A.
Quale dei seguenti gruppi sanguigni può essere usato in sostituzione, senza causare gravi rischi per la vittima?**

A. Solo AB
B. Solo 0
C. AB, B o 0
D. Solo B
E. Solo AB o B

49. La seconda generazione filiale di un incrocio tra due esemplari di pollo dell'Andalusia, uno omozigote bianco (aa) e uno omozigote nero (AA), è composta circa per il 22% da polli bianchi, per il 21% da polli neri e per il 57% da polli grigi. Come è chiamato il fenomeno che spiega la comparsa di polli grigi?

A. Alleli multipli
B. Codominanza
C. Dominanza incompleta
D. Epistasi
E. Pleiotropia

50. I cromosomi sessuali presenti in una cellula somatica umana sono:

A. 1
B. 2
C. 23

D. 46
E. 92

51. Quale fattore inizialmente determina se un nuovo essere umano sarà un maschio o una femmina?
A. Il tipo di cellula uovo che viene fecondata
B. Il tipo di spermatozoo fecondante
C. La modalità della fecondazione
D. L'epoca dell'ovulazione
E. La modalità di sviluppo delle gonadi

52. Qual è la probabilità che una coppia, dopo quattro figlie femmine, abbia un figlio maschio?
A. 100%
B. 75%
C. 50%
D. 25%
E. Nessuna

53. Un individuo di sesso maschile riceve il corredo genetico legato al cromosoma X:
A. Dalla madre
B. Dal padre
C. Non ha il cromosoma X
D. Non è possibile prevederlo
E. Non lo riceve, si forma per delezione del cromosoma Y

54. Il cariotipo è:
A. Il corredo cromosomico caratteristico di ogni specie
B. L'insieme dei caratteri fisici di un individuo
C. Il corredo cromosomico dei gameti maturi
D. Un corredo cromosomico anomalo
E. Il corredo cromosomico aploide

55. Il patrimonio genetico di tutte le cellule somatiche di un organismo umano è:
A. Aploide
B. Diploide
C. Composto da acido ribonucleico
D. Tetraploide
E. Diverso da tessuto a tessuto

56. In un organismo sessuato una cellula aploide differisce da una cellula diploide perché contiene una quantità:
A. Doppia di DNA
B. Doppia di RNA
C. Dimezzata di RNA
D. Dimezzata di DNA
E. Dimezzata di proteine

57. Rispetto al numero di cromosomi presente in un gamete, il numero dei cromosomi presenti nello zigote alla fecondazione è:
A. Doppio
B. Dimezzato
C. Invariato
D. Quadruplo
E. Aploide

58. Quale delle seguenti affermazioni è errata?
A. Il corpo di Barr è il cromosoma X attivo nelle cellule di un individuo di sesso femminile
B. Il mosaicismo è la coesistenza di cellule con diverso patrimonio genetico nello stesso organismo
C. L'eterocromatina è una porzione del genoma altamente condensata e non codificante per proteine
D. Il mosaicismo può riguardare sia il DNA nucleare che quello mitocondriale
E. Nessuna delle precedenti

59. La corea di Huntington è una malattia autosomica dominante: se una portatrice sana di daltonismo (malattia X-linked recessiva) ed un uomo affetto da corea di Huntington (nato da un padre che non presenta la malattia) hanno un bambino, qual è la probabilità che il figlio nato sia un maschio totalmente sano?
A. 1/6
B. 12,5%
C. 25%
D. 1/4
E. 1/9

60. Quale tra le seguenti è una caratteristica di una malattia genetica autosomica recessiva?
A. Il 50% dei figli di una madre eterozigote affetta saranno affetti
B. I genitori degli affetti possono esse-reportatori asintomatici
C. Gli affetti hanno almeno un genitore affetto
D. Sono colpiti solo gli individui di sesso maschile
E. Ha prevalenza più elevata negli individui di sesso femminile

61. Qual è la probabilità che il/la figlio/a di una coppia formata da una madre portatrice sana e da un padre non affetto da fibrosi cistica, ma a sua volta figlio di una coppia di portatori, (malattia autosomica recessiva) nasca malato?
A. 1/4
B. 1/6
C. 0
D. 1/2
E. 2/3

62. Un uomo daltonico (malattia X-linked recessiva) sposa una donna non daltonica della quale non conosciamo il genotipo. Quale tra le seguenti affermazioni è vera?
A. Certamente nascerà almeno una figlia daltonica
B. Solo i figli maschi potranno essere daltonici
C. Le figlie se non daltoniche saranno portatrici sane
D. La probabilità che nasca un figlio maschio sano è del 50%, indipendentemente dal genotipo materno
E. Tutti i maschi saranno portatori sani

63. Nella specie umana, una malattia legata al cromosoma Y verrà trasmessa:
A. A tutti i figli indistintamente
B. Solo ai figli di sesso maschile
C. Solo alle figlie
D. Dipende dal caso
E. A nessuno dei figli

64. Giovanni, portatore di fibrosi cistica, aspetta un figlio da Teresa, affetta da fibrosi cistica. Sapendo che Giovanni è di gruppo sanguigno AB Rh+ (omozigote) e Teresa B Rh- (eterozigote), qual è la probabilità complessiva che il figlio sia maschio, portatore di fibrosi cistica e gruppo AB Rh+?
A. 1/16
B. 1/32
C. 1/8
D. 1/4
E. 1/2

65. La fonte principale della variabilità genetica è la:
A. Mutazione
B. Partenogenesi
C. Riproduzione agamica
D. Clonazione
E. Selezione

66. Qual è il motivo per cui è importante distinguere gli effetti delle radiazioni sulle cellule somatiche dai loro effetti sui gameti?
A. Le radiazioni non producono alcun danno alle cellule somatiche
B. Il danno prodotto sui gameti verrà ereditato dalla progenie
C. I gameti sono molto più resistenti alle radiazioni
D. Le cellule somatiche irradiate non sopravvivono
E. I gameti non possono venir raggiunti dalle radiazioni

67. Per mutazione si intende:
A. Qualsiasi cambiamento della sequenza del DNA
B. Qualsiasi cambiamento a livello di RNA
C. Qualsiasi cambiamento a livello della sequenza amminoacidica
D. Solo un cambiamento nella sequenza del DNA che provoca l'alterazione di una proteina
E. Solo un cambiamento della sequenza del DNA responsabile della comparsa di una caratteristica peggiorativa

68. Le mutazioni sono:

A. Finalizzate al miglioramento della specie
B. Finalizzate all'annientamento della specie
C. Dipendenti da incroci genetici
D. Casuali
E. Dipendenti dai genitori

69. Quale malattia NON è causata da una non-disgiunzione dei cromosomi durante la meiosi?

A. Sindrome di Patau
B. Sindrome di Edwards
C. Sindrome di Turner
D. Sindrome dell'X fragile
E. Sindrome di Down

70. Il linfoma di Burkitt, un tumore riguardante i linfociti B maturi, è nel 90% dei casi causato da una mutazione cromosomica in cui una porzione del cromosoma 8 (in cui è presente il gene c-myc) si porta all'interno del cromosoma 14 e, allo stesso tempo, un pezzettino del cromosoma 14 si porta sul cromosoma 8. A seguito di questa mutazione infatti il gene c-myc viene a trovarsi vicino ad alcuni geni che codificano per le catene pesanti delle immunoglobuline, causando una loro anomala produzione. Questo tipo di mutazione rappresenta una:

A. Delezione
B. Traslocazione
C. Inserzione
D. Duplicazione
E. Inversione

71. Le mutazioni geniche interessano in primo luogo:

A. L'mRNA
B. L'RNA di trasferimento
C. L'RNA ribosomiale
D. Il DNA
E. Le proteine

72. La mutazione che modifica l'mRNA UUUUACGAGAGA in UUUUACUAGAGA è denominata:

A. Mutazione sinonima
B. Inserzione
C. Mutazione nonsenso
D. Mutazione missenso
E. Delezione

CORREZIONE COMMENTATA

1. All'interno della molecola di DNA non è presente l'uracile (Risposte A e D errate). L'adenina si accoppia sempre con la timina attraverso due legami idrogeno, mentre la citosina con la guanina attraverso tre legami idrogeno.
Risposta corretta C.

2. Secondo le regole di Chargaff, in una molecola di DNA, purine e pirimidine sono in rapporto 1:1 (%A + %G = %C + %T) e %A = %T e %G = %C. Se la percentuale di citosina è del 35% ne consegue che anche la percentuale di guanina è del 35%. Quindi guanina e citosina rappresentano il 70% delle basi presenti nella molecola di DNA e il restante 30% è equamente suddiviso tra adenina e timina. Di conseguenza la timina rappresenta il 15% delle basi azotate.
Risposta corretta A.

3. Innanzitutto possiamo escludere le risposte B e D, rispettivamente perché nell'RNA non c'è la timina mentre nel DNA non c'è l'uracile. Dato che in una molecola di DNA l'adenina si lega sempre alla timina, se un singolo filamento di DNA contiene per il 20% adenina, nel suo filamento complementare di DNA avremo il 20% di timina (risposta A ed E errate) e, di conseguenza, il 20% di uracile nell'RNA.
Risposta corretta C.

4. Le regole di Chargaff valgono esclusivamente per gli acidi nucleici a doppio filamento, quindi in questo caso, visto che il quesito propone quantità in percentuale di RNA, queste regole non possono essere applicate. Pertanto, non è possibile sapere quale sarà la percentuale delle basi azotate uracile e citosina.
Risposta corretta E.

5. Con il termine "telomero" si definisce la regione terminale di un cromosoma necessaria per la sua corretta replicazione e stabilità: protegge, infatti, le estremità cromosomiche dalla degradazione.
Risposta corretta A.

6. La doppia elica di DNA si avvolge intorno ad 8 istoni a formare un nucleosoma; diversi nucleosomi collegati dalla cromatina formano una struttura detta "collana di perle". La collana di perle, spiralizzando ulteriormente, forma una fibra di eterocromatina. Infine, l'eterocromatina, avvolgendosi su se stessa, forma prima il cromosoma interfasico (meno compatto) e poi quello metafasico (momento di maggior condensazione).
Risposta corretta A.

7. La duplicazione del DNA, detta anche replicazione, avviene nel nucleo. Le due eliche si separano gradualmente e ciascuna funge da stampo per la sintesi di un'elica complementare, uguale a quella precedente. Il processo termina con la formazione di due molecole di DNA identiche alla molecola madre.
Risposta corretta B.

8. La replicazione di un filamento di DNA porta alla formazione di due copie di DNA identici tra loro. Se si hanno tre cicli replicativi consecutivi, si formeranno ben otto copie di DNA tutte identiche tra loro.
Risposta corretta C.

9. La duplicazione del DNA è un processo che nella cellula eucariote avviene a livello nucleare. Ciascun filamento serve da stampo durante la replicazione, infatti le due eliche neoformate contengono un filamento parentale ed uno appena sintetizzato, perciò tale processo è detto "semiconservativo" (risposta D errata). La DNA polimerasi sintetizza simultaneamente le due nuove catene di DNA a partire dai filamenti del DNA parentale. Eventuali errori di nucleotidi inseriti con un appaiamento sbagliato possono venire corretti dalla polimerasi stessa, con rimozione del nucleotide errato e sostituzione con il nucleotide giusto: si parla in questo caso di attività proofreading (risposte A ed E errate). Si definisce filamento veloce la catena di DNA con orientamento, secondo la forcella di replicazione, 3′ → 5′, mentre filamento lento la catena con orientamento 5′ → 3′. Sul filamento lento si formeranno i frammenti di Okazaki, ovvero dei frammenti di DNA neosintetizzato che verranno successivamente uniti ad opera della DNA ligasi (risposta B errata).
Risposta corretta C.

10. Il dogma centrale della biologia si basa su tre processi: replicazione (o duplicazione) del DNA, trascrizione (cioè la sintesi di mRNA utilizzando come stampo un filamento di DNA) e traduzione del filamento di mRNA in proteina.
Risposta corretta A.

11. La topoisomerasi è un enzima che determina una diminuzione del grado di superavvolgimento del DNA (risposta A errata). L'elicasi, invece, è un enzima che agisce rompendo i legami a idrogeno instaurati fra le basi complementari per dividere i due filamenti di DNA, così che il processo di trascrizione possa iniziare (risposta B errata). La TATA binding protein o TBP è una proteina che si lega specificamente al TATA box. È un fondamentale fattore di trascrizione, indispensabile per assemblare la macchina di trascrizione eucariotica (risposta D errata). La RNA polimerasi III, invece, è un enzima situato nel nucleoplasma che sintetizza il tRNA e l'rRNA. La RNA polimerasi coinvolta nella trascrizione del DNA in mRNA è la RNA polimerasi II.
Risposta corretta C.

12. Una TATA box è una sequenza genica (risposta A errata), caratterizzata dall'elevata ripetizione delle basi azotate T ed A, che funge da promotore di un gene, ovvero quella regione dove si attacca la RNA polimerasi per cominciare la trascrizione. Non si tratta né di un enhancer né di un silencer, ovvero regioni che, rispettivamente, aumentano o diminuiscono l'espressione genica (risposte C e D errate). L'opzione E si riferisce invece alla definizione di origine di replicazione.
Risposta corretta B.

13. La maturazione dell'mRNA è un processo che avviene nel nucleo (risposta D errata) e attraverso cui il pre-mRNA viene trasformato in una molecola di mRNA matura.
Gli step attraverso cui avviene la maturazione sono:

- Capping: consiste nell'aggiunta di una 7-metilguanosina all'estremità 5′ dell'RNA (risposta C errata)
- Poliadenilazione: consiste nell'aggiunta di un numero elevato di adenine all'estremità 3′ della molecola di mRNA immaturo. (risposta B errata).
- Splicing: è un processo attraverso il quale gli introni (sequenze non codificanti dell'mRNA) vengono eliminati; i tratti restanti che includono le sequenze per la codifica delle proteine sono chiamati esoni (risposta E errata).

AUG è il codone di inizio che codifica per la metionina e non viene rimosso, perché è fondamentale per l'inizio della traduzione. La metionina, può essere, poi eliminata come modifica post-traduzionale della proteina appena sintetizzata.
Risposta corretta A.

14. Dopo la trascrizione, l'mRNA immaturo subisce delle modifiche (definite appunto post-trascrizionali) prima di passare nel citoplasma (risposte A e D errate). Lo splicing alternativo è il processo attraverso il quale, mediante l'esclusione parziale degli introni e un arrangiamento degli esoni, da uno stesso gene si possono ottenere diverse proteine, definite isoforme (risposta C errata).
Risposta corretta B.

15. Il filamento di mRNA trasferisce l'informazione genetica, racchiusa all'interno del DNA, dal nucleo al citoplasma, a livello dei ribosomi, dove avviene la traduzione e la sintesi delle catene polipeptidiche. Di conseguenza, il numero di mRNA presenti all'interno di una cellula eucariotica corrisponde al numero di proteine prodotte dalla cellula.
Risposta corretta E.

16. L' rRNA è sintetizzato nel nucleolo (opzione C), che si trova all'interno del nucleo. L'apparato di Golgi (opzione A), i ribosomi (opzione B), i lisosomi (opzione D) e le membrane del reticolo endoplasmatico liscio (opzione E) si trovano nel citoplasma e non sintetizzano rRNA (opzione A, B, D ed E errate).
Risposta corretta C.

17. Il tRNA ha la funzione di legare a sé gli aminoacidi specifici per il proprio anticodone e successivamente trasportarli all'interno dei ribosomi, dove, in base alla sequenza nucleotidica dell'mRNA, avvengono legami peptidici tra aminoacidi corrispondenti alla sequenza dei codoni.
Risposta corretta D.

18. Il tRNA è costituito da un solo filamento di nucleotidi; talvolta si possono trovare delle regioni, chiamate steli, in cui nucleotidi dello stesso filamento sono appaiati. All'estremità 3' del tRNA si lega l'aminoacido corrispondente all'anticodone. L'anticodone è una sequenza nucleotidica di tRNA che ha la funzione di riconoscere le sue basi complementari sul filamento di mRNA (codone) nei ribosomi, permettendo di associare ad ogni codone l'aminoacido che codifica.
Risposta corretta C.

19. La sintesi proteica è un processo biochimico attraverso il quale l'informazione genetica contenuta nell'mRNA (derivato dalla trascrizione del DNA) viene convertita in proteine. La sintesi proteica avviene nei ribosomi (opzione A e D errate) e non porta alla formazione di ATP (opzione C errata). La sintesi proteica avviene, con ritmi diversi, in tutte le fasi della vita, quindi non avviene esclusivamente durante l'embriogenesi (opzione E errata). La sequenza di aminoacidi che porta alla formazione di proteine è codificata dall'mRNA.
Risposta corretta B.

20. Per far sì che avvenga la sintesi proteica sono necessari un mRNA che contenga la sequenza nucleotidica (opzione A errata), un tRNA che trasporti un aminoacido corrispondente al suo anticodone (opzione B errata), un ribosoma sede della sintesi proteica (opzione C errata) e fattori di allungamento, proteine coinvolte nella traduzione (opzione E errata). Il centriolo, invece, è un organello che serve per la formazione del fuso mitotico.
Risposta corretta D.

21. La proteina è un polimero costituito da più monomeri, gli aminoacidi. Ogni aminoacido corrisponde ad almeno una tripletta di nucleotidi (vedi 2.4.3 Codice Genetico). Il codone che indica l'inizio di una proteina è AUG, che corrisponde esclusivamente all'aminoacido metionina (opzioni A, C ed E errate). I codoni di stop sono UAA, UAG e UGA e non codificano

per nessun aminoacido. La metionina è un aminoacido apolare, non polare (opzione D errata).
Risposta corretta B.

22. Sapendo che una delle differenze sostanziali tra DNA e RNA è la presenza rispettivamente di timina e uracile, queste due basi azotate non coesisteranno mai all'interno di una stessa tripletta.
Risposta corretta D.

23. Il codice genetico è una sorta di linguaggio molecolare, basato sull'ordine in cui si susseguono nella molecola di DNA i nucleotidi, i quali si differenziano per le quattro diverse basi azotate. Ogni sequenza composta da 3 nucleotidi (codone) codifica per uno specifico aminoacido.
Risposta corretta A.

24. I geni sono sequenze di DNA (risposta A, B C ed E errate) che contengono le informazioni fondamentali per la sintesi di proteine e RNA, quindi codificano per un prodotto funzionale.
Risposta corretta D.

25. Il differenziamento cellulare è il processo grazie al quale le cellule somatiche, pur avendo tutte lo stesso DNA, riescono ad assumere forme diverse e a svolgere funzioni differenti, come ad esempio un neurone e un linfocita. Questo processo avviene grazie alla repressione o attivazione di particolari geni, sui quali sono contenute le informazioni specifiche per quel tipo di cellula. Procedendo per esclusione è possibile eliminare la risposta A, in quanto tutte le cellule somatiche hanno 46 cromosomi, composti appunto da DNA: la distruzione del DNA, dunque, avrebbe come conseguenza cellule che non hanno più 46 cromosomi. Anche le alternative B, D ed E non sono esatte, in quanto non descrivono correttamente ciò che avviene durante il differenziamento.
Risposta corretta C.

26. La regolazione genica è il meccanismo per cui tutte le nostre cellule hanno lo stesso genoma ma esprimono geni diversi in base alla funzione differenziandosi tra loro. Tra i vari meccanismi di regolazione c'è la condensazione ad eterocromatina o decondensazione ad eucromatina, ma la trascrizione può essere anche stimolata da sequenze enhancer, oppure inibita da sequenze silencer (risposta E errata). I geni house-keeping (risposta A errata) sono quelli espressi da tutte le cellule (come quelli che codificano per il citoscheletro), le proteine specializzate sono invece le proteine prodotte solo da alcune cellule (risposta B errata) in base alla loro funzione specifica (un esempio è l'albumina prodotta dagli epatociti). Si definisce, infine, "polimorfismo" una variazione genetica non rara (presente in più dell'1% della popolazione).
Risposta corretta D.

27. L'operone lac è un tipico esempio di cluster di geni che vengono trascritti solo al bisogno, rappresenta quindi un esempio di operone catabolico inducibile (risposta A errata): "inducibile" perchè viene indotto dalla presenza di lattosio e "catabolico" perchè il lattosio induce la trascrizione degli enzimi responsabili al suo catabolismo (risposta B errata). Maggiore sarà la presenza di lattosio, quindi, maggiore sarà la presenza di enzimi adibiti al suo metabolismo. Gli operoni si trovano nei procarioti che sintetizzano mRNA policistronici, l'mRNA lac presenta quindi la trascrizione di tutti e tre i geni (risposta E errata).
Risposta corretta C.

28. In generale la regolazione procariotica avviene per pochi geni, difatti la maggioranza di questi è espressa costitutivamente (risposta A errata). Nei procarioti l'espressione genica è regolata da un'unità costituita da geni codificante per proteine e siti adiacenti di controllo (promotore e operatore) chiamata nel suo complesso operone. Negli eucarioti l'espressione genica è regolata a livello di unità costituita da una sequenza codificante una proteina e da siti adiacenti di controllo (risposta C corretta). Al contrario di quanto avviene nel DNA dei procarioti, i geni degli eucarioti, i cui prodotti hanno una correlazione funzionale, non sono raggruppati negli operoni (risposta B errata). Ciò rende più complessa la loro regolazione: per poter essere trascritti contemporaneamente questi geni devono contenere le stesse sequenze di regolazione, in grado di legarsi alle stesse proteine regolatrice. Negli eucarioti la regolazione avviene prima, dopo e durante sia trascrizione che traduzione. I procarioti, privi di nucleo, non possono interporre una barriera tra il processo di trascrizione e quello di traduzione, dacché i trascritti di mRNA vengono immediatamente a contatto con i ribosomi citoplasmatici che li traducono in proteine. Ciò significa che la regolazione può avvenire solo prima e durante la fase di trascrizione (risposta D errata).
Risposta corretta C.

29. La duplicazione del DNA è un processo semiconservativo attraverso cui si vengono a formare due molecole di DNA identiche alla molecola originale. Questo processo si verifica in tutti gli organismi viventi ed è la base per l'ereditarietà biologica. Mentre negli eucarioti la replicazione avviene nel nucleo, nei procarioti avviene in una regione specifica del citosol chiamata nucleoide (risposta A errata). Il processo di replicazione si divide in 3 fasi: inizio, allungamento e fine. Questo processo viene avviato in specifiche sequenze del DNA, noti come "origini", che vengono presi di mira dalle proteine iniziatrici. Mentre gli eucarioti hanno diverse sequenze di origine anche su uno stesso cromosoma, i procarioti ne hanno solo una: la regione Ori (risposta B errata). L'interazione tra proteine iniziatrici e sequenze di origine determina l'apertura della doppia elica in un sito adiacente nel quale intervengono l'elicasi, enzimi capaci di svolgere la doppia elica. Successivamente alle elicasi intervengo le SSB che impediscano all'elica di richiudersi. La topoisomerasi II interviene, poi, per impedire il superavvolgimento del DNA. Nei procarioti la topoisomerasi II è detta girasi (risposta C corretta). L'elica di DNA negli eucarioti viene aperta in più punti contemporaneamente (repliconi). Le due forcelle di replicazione procedono in senso centrifugo rispetto all'origine di replicazione fino ad incontrarsi. Invece i procarioti hanno un'unica bolla di replicazione e due forcelle di replicazione che agiscono in direzioni opposte (risposta E errata). L'enzima fondamentale della replicazione è la DNA polimerasi, che catalizza il legame tra i deossiribonucleotidi trifosfato (DNTP). I procarioti e gli eucarioti hanno diversi isotipi di polimerasi: entrambi ne hanno 5 diversi tipi (risposta D errata).
Risposta corretta C.

30. Nei procarioti il processo di trascrizione avviene nel citoplasma, pertanto il filamento di mRNA neosintetizzato è immediatamente disponibile per la sintesi proteica e non necessita dei processi di maturazione, che avvengono invece nell'mRNA eucariotico (risposte C e D errate). Questo si verifica poiché, nel caso degli eucarioti, la trascrizione ha luogo nel nucleo mentre la traduzione avviene nel citoplasma, per cui sono necessarie delle modifiche chimiche dell'mRNA per consentire il suo spostamento nel citoplasma. L'mRNA degli eucarioti subisce i processi di capping, poliadenilazione e splicing. Nel primo caso si tratta dell'aggiunta di un "cappuccio" all'estremità 5' (risposta E errata) che protegge l'mRNA dalla degradazione, mentre la poliadenilazione prevede l'aggiunta di una coda di nucleotidi di adenina all'estremità 3'. Infine, poiché i geni degli eucarioti sono formati sia da sequenze codificanti che da sequenze non codificanti (risposta A errata), durante il processo di splicing i frammenti non codificanti (introni) vengono rimossi, per consentire la fusione in sequenza degli esoni che formeranno l'mRNA maturo.
Risposta corretta B.

31. La traduzione, o sintesi proteica, è il processo grazie al quale l'informazione contenuta nell'mRNA viene espressa in proteine ed avviene nel citoplasma, a livello dei ribosomi (risposta A errata) sia nei procarioti che negli eucarioti. Una prima differenza è data dal fatto che nei procarioti i processi di trascrizione e traduzione sono accoppiati (risposta E errata), ovvero avvengono nella stessa area e in contemporanea; infatti già durante la formazione dell'mRNA un ribosoma si attacca al filamento e inizia a tradurre l'informazione in una proteina. Inoltre, poiché i procarioti sono privi di nucleo, non è necessario che il filamento trascritto si sposti dal nucleo al citoplasma per essere tradotto, come invece accade nelle cellule eucariotiche (risposta B errata). Infine, un'ulteriore differenza tra l'mRNA eucariotico e quello procariotico, che si riflette nel processo di traduzione, è che nel primo caso il filamento è monocistronico (risposta D errata), ovvero porta l'informazione per un solo gene, mentre nel secondo caso è policistronico, pertanto vi è la possibilità di tradurre più catene polipeptidiche diverse, in sequenza.
Risposta corretta C.

32. I virus hanno dimensioni comprese fra i 10 e i 300 nm (risposta A errata) e sono rivestiti dal capside, costituito da proteine. L'envelope è presente solo in alcuni virus, esternamente al capside, ed è formato da fosfolipidi (risposta C errata). I virus non possono essere considerati come forme di vita, in quanto non sono in grado di riprodursi autonomamente. Per riprodursi e sintetizzare le macromolecole necessarie per la loro sopravvivenza, devono sfruttare l'apparato biosintetico della cellula ospite (risposta B errata). Il materiale genetico di un virus può essere una singola molecola di RNA o DNA, a singolo o doppio filamento (risposta E errata). Infine, se la cellula infetta è un batterio, il virus è definito batteriofago (o, più semplicemente, "fago").
Risposta corretta D.

33. I virus NON possono essere considerati organismi viventi, costituiti da una o più cellule, in quanto non possiedono un apparato biosintetico e metabolico proprio; sono infatti definiti parassiti cellulari obbligati, ovvero devono sfruttare l'apparato biosintetico delle cellule parassitate per potersi replicare e per produrre le molecole a loro utili. Tuttavia, presentano sia un genoma (che può essere DNA o RNA) che proteine.
Risposta corretta C.

34. I virus sono strutture composte da genoma, che può essere formato da DNA o da RNA, a singolo o a doppio filamento (Risposta D errata). Il genoma è racchiuso in un capside proteico (Risposta C errata) che a sua volta può essere, in alcuni virus, circondato da un involucro fosfolipidico, detto envelope. Interagiscono con recettori cellulari specifici (Risposta E errata) che permettono loro di entrare nella cellula e riprodursi (Risposta B errata) tramite ciclo litico. Il ciclo lisogeno è dato dall'integrazione del DNA virale con il genoma cellulare.
Risposta corretta A.

35. Il ciclo lisogeno è uno dei due processi, insieme al ciclo litico, in contro a cui può andare il batterio dopo che è stato infettato da un virus (risposta E errata). Nel ciclo lisogeno il DNA del virus viene inglobato all'interno del DNA del batterio ospite, ma non viene subito trascritto e tradotto, in quanto il DNA virale mantiene molti dei suoi geni disattivati: i due processi, trascrizione e traduzione, avvengono soltanto dopo che la cellula è andata incontro a processi di divisione cellulare. Le risposte A e B quindi sono errate, in quanto si riferiscono al ciclo litico: in questo processo il DNA dopo essere stato inglobato, inizia subito ad essere trascritto e tradotto, portando così la cellula ospite a produrre le proteine del capside del virus e creando all'interno della cellula molto elementi virali. La risposta D è errata, in quanto nei due processi non avvengono i fenomeni menzionati e poiché il ciclo litico è successivo al processo lisogeno (dopo la divisione cellulare che avviene nel ciclo lisogeno, la cellula entra nel ciclo litico, fino ad arrivare alla morte cellulare).
Risposta corretta C.

36. I virus, a differenza dei procarioti e degli eucarioti, non sono cellule, in quanto non sono in grado di riprodursi autonomamente e non dispongono di apparato biosintetico e metabolico autonomo (risposta B errata); dunque per sopravvivere si comportano come parassiti nei confronti di cellule eucariotiche o procariotiche. L'unico aspetto che accomuna virus, procarioti ed eucarioti è la presenza di materiale genetico.
Risposta corretta A.

37. Gli alleli vengono definiti come le alternanze fenotipiche di un gene: si tratta quindi di sequenze di DNA che fanno parte dei cromosomi (risposta C errata). Essi sono presenti in duplice copia per ogni gene, uno per ogni cromosoma omologo (risposta B errata). Considerando un gene (es. colore del seme di una pianta) i due alleli possono essere uguali (verde- verde) oppure diversi (verde – giallo), in questo caso si ha una condizione di eterozigosi (risposta A errata). Nel momento in cui i due alleli siano diversi, solo uno dei due determina il fenotipo; quest'ultimo viene definito allele dominante, l'altro è invece l'allele recessivo (risposta E errata). Inoltre è possibile che due alleli siano co-dominanti tra di loro, in questo caso si manifestano entrambi.
Risposta corretta D.

38. Per omozigote si intende un individuo avente per un dato carattere (risposta E errata) una coppia di alleli uguali (risposta D errata), siano essi dominanti (risposta A errata) o recessivi.
Risposta corretta B.

39. I geni corrispondono a porzioni di genoma localizzate in precise posizioni (loci) all'interno della sequenza di DNA e contengono le informazioni necessarie per codificare in ultima istanza molecole funzionali, come RNA o proteine. Ricordando il dogma centrale della biologia: DNA → RNA → proteine, i geni esplicano la loro azione mediante la produzione di proteine.
Risposta corretta C.

40. Per risolvere questo quesito bisogna costruire quattro quadrati di Punnet (uno per ogni gene), calcolare la probabilità di ottenere un individuo omozigote recessivo per il singolo gene e moltiplicare le quattro probabilità ottenute tra di loro. Ci si accorge però che per quanto riguarda il gene B è impossibile ottenere un individuo omozigote recessivo, perché da questo incrocio si ottengono solo soggetti eterozigoti (Bb). Di conseguenza la probabilità di ottenere un individuo omozigote recessivo per tutti e quattro i geni è 0.
Risposta corretta E.

41. Facendo il quadrato di Punnet (Aa x Aa) per il gene A si nota che 3/4 dei figli avranno fenotipo identico a quello dei genitori (cioè fenotipo dominante); stesso discorso vale per i geni B e C.
Possiamo ottenere la percentuale degli individui con fenotipo dominante per tutti e 3 i caratteri facendo 3/4 (gene A) · 3/4 (gene B) · 3/4 (gene C), cioè $(3/4)^3 \cdot 100$.
Risposta corretta D.

42. Le 3 leggi di Mendel riguardano la trasmissione dei caratteri ereditari negli organismi diploidi. Il monaco Gregor Mendel ipotizzò queste leggi studiando gli incroci tra le piante di pisum sativum.
Risposta corretta C.

43. Il crossing-over avviene tra geni presenti su una coppia di cromosomi omologhi, non tra cromosomi diversi (risposta E errata). Non è detto che i geni segreghino nello stesso gamete (risposta A errata); né che diventino letali per la cellula (opzione C errata), cosa che

potrebbe accadere in caso di un errore di segregazione; né che debbano necessariamente ricombinare (risposta D errata). Come affermato dalla III legge di Mendel, il gene B localizzato sul cromosoma 19 e il gene C localizzato sul cromosoma 21 assortiscono indipendentemente l'uno dall'altro (ossia segregano in un gamete piuttosto che nell'altro indipendentemente da tutto e tutti).
Risposta corretta B.

44. Lo scambio dei geni tra cromosomi omologhi è detto crossing-over.
Con poliploidia si intende la condizione in cui in una cellula si trovano più di due patrimoni aplo-idi completi: si parla infatti di cellule 3n, 4n, etc. (risposta A errata).
Il cromatidio è l'unità base del cromosoma. Un cromosoma in fase G1 è composto da un solo cromatidio, durante la fase S raddoppia il proprio patrimonio e si trova ad essere formato da 2 cromatidi. Dopo la mitosi o la meiosi II, torna ad essere formato da un solo cromatidio (risposta B errata).
Il test cross è un test usato in genetica per verificare il genotipo di organismo a fenotipo domi-nante (risposta D errata).
Con mutazione infine, si intende un'alterazione del genoma della cellula. A seconda dell'entità, della sede e del tipo di alterazione, si riconoscono mutazioni diverse (risposta E errata).
Risposta corretta C.

45. Il quadrato di Punnet è un diagramma utilizzato in genetica per determinare la probabilità con cui si manifestano i diversi fenotipi derivati dall'incrocio di diversi genotipi (risposta A. errata). Il test di complementazione si usa invece per valutare se due mutazioni per lo stesso carattere sono portate dallo stesso gene o meno (risposta B errata). L'albero genealogico si usa per fare ricostruzioni genetiche riguardanti le affinità a malattie o a determinati caratteri. Il test cross è invece proprio la tecnica cercata, in quanto consente di individuare il genotipo di un fenotipo dominante, incrociandolo con un individuo omozigote recessivo. Se la prole presenta tutta fenotipo dominante l'organismo di cui si vuole determinare il genotipo è omozigote dominante, se invece è sia dominante che recessiva l'organismo è eterozigote.
Risposta corretta C.

46. La probabilità che due geni presenti sullo stesso cromosoma, al momento della meiosi, segreghino all'interno della stessa cellula figlia, dipende dalla possibilità che siano separati al momento del crossing-over. Tuttavia, la probabilità che due geni sullo stesso cromosoma siano separati a seguito del crossing-over, è inversamente proporzionale alla loro distanza: più sono vicini, più sarà difficile che vengano separati. Siccome i geni A e B del quesito si trovano in loci vicini, è molto difficile che vengano separati dal crossing-over, dunque possiamo supporre con buona probabilità che vadano a finire nella stessa cellula figlia.
Risposta corretta C.

47. Si definisce pleiotropia l'influenza di un singolo allele su diversi aspetti fenotipici non direttamente collegati tra loro (risposta A errata).
La poliemia è una condizione in cui si ha un aumento anormale della massa sanguigna (risposta B errata).
Si parla di dominanza incompleta quando entrambi i geni relativi ad un determinato carattere vengono espressi contemporaneamente, e non si ha un rapporto dominanza-recessività. In questi casi si arriva ad avere un fenotipo intermedio tra quelli portati, indipendentemente dai due geni (risposta D errata).
Infine si parla di epistasi, quando il fenotipo portato da un gene prevale su quello portato da un altro, al di fuori della coppia genica classica. I due geni si trovano su loci diversi,

magari anche su cromosomi diversi, eppure presentano una relazione simile a quella delle coppie di geni dominanti-recessivi (risposta E errata).
Nel sistema AB0 si osserva codominanza nel caso del gruppo AB, poiché nessuno dei due alleli (IA,IB) è dominante rispetto all'altro, ma compaiono entrambi negli eterozigoti. A differenza di quanto accade nella dominanza incompleta, non ottengo un fenotipo intermedio tra quelli portati dai due geni, ma entrambi i fenotipi si manifestano in maniera completa e "dominante".
Non essendoci questa opzione, la più corretta tra opzioni di risposta è poliallelia, ossia la presenza di più varianti alleliche diverse di un singolo gene. Questa caratteristica però non è esclusiva dei soli gruppi sanguigni, ma appartiene a tutti (o quasi) i geni esistenti.
Risposta corretta C.

48. Il sangue di gruppo A ha antigeni A sulla superficie del globulo rosso e anticorpi anti B, il gruppo B ha antigeni B sulla superficie del globulo rosso e anticorpi anti A, mentre il gruppo AB ha entrambi gli antigeni e nessun anticorpo. Se ad un paziente di gruppo A si trasfondesse sangue di gruppo B o AB, l'organismo del paziente produrrebbe anticorpi contro gli antigeni (provocando coagulazione e trombosi intravascolare), in questi due casi anti-B. Invece, il sangue di gruppo 0, definito donatore universale, non ha antigeni sulla superficie dei globuli rossi, quindi non causa reazione immunitaria da parte di soggetti con gruppi sanguigni diversi (A, B e AB).
Risposta corretta B.

49. Il fenomeno che spiega la comparsa di individui nelle generazioni filiali con fenotipo intermedio (grigio) rispetto al fenotipo dominante e recessivo è detto dominanza incompleta. Infatti entrambi gli alleli si manifestano fenotipicamente e il risultato è un fenotipo intermedio tra l'allele dominante e recessivo.
Risposta corretta C.

50. Una cellula somatica umana sana dell'organismo contiene 23 coppie di cromosomi, la ventitreesima coppia è data dai cromosomi sessuali, che nel maschio sono XY e nella femmina XX. Dunque, poiché nelle cellule somatiche sono presenti in coppia, i cromosomi sessuali sono 2. I cromosomi sessuali sono singoli in una cellula aploide umana, quali cellula uovo e spermatozoo, ma mentre la cellula uovo contiene solo cromosomi X, lo spermatozoo può avere il cromosoma sessuale X oppure Y. Il numero 23 è proprio del numero di cromosomi aploide di una cellula, mentre 46 rappresenta il numero di cromosomi di una cellula diploide.
Risposta corretta B.

51. Come già accennato, il sesso del nascituro è determinato dalla coppia di eterosomi portati dai gameti. La cellula uovo porta sempre il cromosoma X, mentre lo spermatozoo può portare sia la X che la Y. Va da sé che il sesso del bambino dipende dallo spermatozoo coinvolto nella fecondazione.
Risposta corretta B.

52. La probabilità che un figlio sia maschio o femmina è indipendente dal sesso dei figli precedenti. La probabilità che un figlio sia maschio o femmina è SEMPRE pari al 50%.
Risposta corretta C.

53. Un individuo di sesso maschile riceve il cromosoma Y dallo spermatozoo, che determina il sesso maschile e il cromosoma X dalla cellula uovo: il cromosoma X e Y costituiscono la coppia di cromosomi sessuali. Ugualmente, un individuo di sesso femminile riceve un cromosoma X dalla madre e un cromosoma X dal padre.
Risposta corretta A.

54. Il cariotipo è l'intero corredo cromosomico caratteristico di ogni specie. Nel caso della specie umana il cariotipo corrisponde a 23 coppie di cromosomi omologhi, di cui 23 cromosomi di origine materna e 23 di origine paterna. Il corredo cromosomico aploide, ossia quello costituito solo dai 23 cromosomi materni o paterni, si trova nei gameti maturi (risposte C ed E errate), le cellule deputate alla riproduzione sessuata. Il cariotipo può essere normale, quando una cellula presenta il corretto numero di cromosomi, oppure anomalo (risposta D errata), quando questo numero non viene mantenuto. Infine l'insieme dei caratteri fisici di un individuo (risposta B errata) è definito fenotipo.
Risposta corretta A.

55. Le cellule somatiche di un organismo contengono una stessa quantità di cromosomi di derivazione materna e paterna. Nel caso dell'essere umano, le cellule somatiche contengono 23 cromosomi di origine materna e 23 cromosomi di origine paterna, per un totale di $23 \cdot 2 = 46$ cromosomi. Pertanto il patrimonio genetico è diploide, indicato con 2n. Al contrario nei gameti, che nella specie umana sono gli spermatozoi e la cellula uovo, l'informazione genetica è contenuta in soli 23 cromosomi, pertanto il patrimonio genetico è aploide, o n (risposta A errata). Si parla invece di patrimonio genetico tetraploide quando una cellula somatica si trova ad avere quattro set di cromosomi, al posto di due. Nell'uomo questa condizione non è fisiologica, e non è compatibile con la vita (risposta D errata). Infine il patrimonio genetico è composto da acido desossiribonucleico (DNA), non da acido ribonucleico (RNA), ed è uguale in tutte le cellule di un organismo.
Risposta corretta B.

56. Una cellula avente cromosomi rappresentati solo una volta è definita "aploide", mentre con "diploide" si intende una cellula avente cromosomi rappresentati due volte.
Una cellula aploide quindi ha metà dei cromosomi di una diploide, ossia metà del DNA. Le risposte C ed E, metà dell'RNA e delle proteine, possono trarre in inganno, ma sono errate. La presenza di queste due molecole infatti dipende non solo dal patrimonio genetico di una cellula, ma anche dalla sua funzione e dal suo stadio di vita cellulare.
Risposta corretta D.

57. Il gamete femminile, la cellula uovo, contiene 23 cromosomi (corredo cromosomico aploide). Anche il gamete maschile, lo spermatozoo, contiene 23 cromosomi. Cellula uovo e spermatozoo uniscono il loro patrimonio genico nel corso della fecondazione, andando a formare lo zigote: la prima cellula somatica del nuovo organismo, avente 46 cromosomi (corredo cromosomico diploide).
Risposta corretta A.

58. Il corpo di Barr è il cromosoma X inattivo nelle cellule di un individuo di sesso femminile. Il mosaicismo è un fenomeno in cui all'interno di un organismo sono presenti linee cellulari che presentano patrimonio genetico differente. Queste differenze possono riguardare sia il DNA mitocondriale (eteroplasmia) che quello nucleare (risposte B e D errate). L'eterocromatina rappresenta la forma condensata della cromatina, inattiva trascrizionalmente (risposta C errata).
Risposta corretta A.

59. Ricostruiamo il quadrato di Punnet per il daltonismo:

	Xx	X
X	Xx	Xx
Y	XY	xY

Poiché il daltonismo è una malattia recessiva legata ai cromosomi sessuali, la probabilità che nasca un figlio maschio sano è ¼.
Analizziamo ora il decorso della corea di Huntington, una malattia autosomica dominante. Essendo sana, la madre avrà necessariamente un genotipo omozigote recessivo. Il padre affetto, invece, essendo nato da un padre sano sarà inevitabilmente eterozigote. Costruiamo quindi il quadrato di Punnet per la corea di Huntington:

	a	a
A	Aa	Aa
a	aa	aa

Da esso possiamo dedurre che la probabilità di avere un figlio sano è di 1/2. Quindi, per trovare la probabilità che il figlio nasca maschio e totalmente sano, moltiplichiamo le singole probabilità tra loro: 1/2 · 1/4 = 1/8 = 12,5%.
Risposta corretta B.

60. La risposta A è errata in quanto è riconducibile alla caratteristica tipica di una malattia dominante, sia autosomica che X-linked. Le malattie genetiche autosomiche recessive si manifestano solamente in omozigosi e, perché ciò sia possibile, è necessario che i genitori siano entrambi o affetti, o portatori sani (risposa B errata). La risposta C è errata perché rispecchia il caso di una malattia dominante. La D e la E invece sono errate perché in caso di una malattia autosomica possono essere colpiti entrambi i sessi con ugual frequenza (sono le malattie recessive legate all'X a colpire con più frequenza gli uomini).
Risposta corretta B.

61. Perché il figlio sia malato è necessario che entrambi i genitori siano dei portatori sani. La madre lo è, mentre non siamo certi del genotipo paterno. Il padre, non essendo affetto ed essendo figlio di due portatori, può essere sia sano (probabilità 1/3) che portatore sano (probabilità 2/3). Ragioniamo sui terzi perché, sapendo che è sano, escludiamo la casella omozigote recessivo dal quadrato di Punnet.
Per poter trasmettere la malattia quindi, deve essere portatore sano.
La probabilità che il figlio sia affetto quindi è data dalla moltiplicazione delle singole probabilità:
- 1/2 (probabilità di ereditare il gene malato della madre)
- 2/3 (probabilità che il padre sia malato)
- 1/2 (probabilità di ereditare il gene malato dal padre) = 1/6.

	F	f
F	FF	Ff
f	Ff	ff

Risposta corretta B.

62. Il daltonismo è una malattia X-linked recessiva: nelle donne si manifesterà solo in omozigosi recessiva, mentre nei maschi in emizigosi. La donna, non essendo daltonica, può essere sia portatrice sana (XdX) che sana (XX). Per rispondere alla domanda bisogna costruire due quadrati di Punnet, uno per ogni possibile genotipo materno. La risposta A è sbagliata perché in entrambi i casi c'è la possibilità che nasca una figlia fenotipicamente sana (portatrice sana). La risposta B è sbagliata perché se la madre fosse portatrice sana, potrebbero nascere anche femmine daltoniche. La risposta D è sbagliata perché

rispecchia solamente il caso della madre portatrice. La risposta E è errata poiché i maschi affetti da malattia X-linked non potranno mai essere portatori, ma sempre affetti.
La risposta C è corretta perché se la madre fosse sana le figlie nascerebbero tutte portatrici, in quanto erediterebbero la X dal padre, mentre se la madre fosse portatrice le femmine se non daltoniche nascerebbero portatrici.
Risposta corretta C.

63. Se uno spermatozoo contiene al suo interno il cromosoma Y, il figlio che nascerà da esso sarà maschio. Ragionando nei termini della domanda, solo i figli maschi, visto che ereditano il cromosoma Y, saranno affetti dalla patologia.
Risposta corretta B.

64. Questo quesito, apparentemente difficile, può essere risolto analizzando i caratteri singolarmente.
Parlando di fibrosi cistica bisogna ricordare che si tratta di una malattia autosomica recessiva, per cui il marito portatore sarà eterozigote Aa, mentre la moglie malata omozigote aa.
La probabilità che il figlio sia portatore è di 1/2.

- Sistema AB0: il marito è AB, la moglie B0, quindi la prole potrebbe essere: AB, A0, BB, B0.
  La probabilità che il figlio sia di gruppo AB è di 1/4
- Sistema Rh: un soggetto Rh+ può avere due genotipi, cioè DD o Dd, mentre un soggetto Rh- può essere solo di genotipo dd. Dato che il padre è omozigote dominante per il carattere, la probabilià quindi di avere un figlio Rh+ è uguale a 1 (tutti i figli risultano eterozigoti Dd).
- Sesso: la probabilità che il primo figlio sia maschio è di 1/2 .

Tramutando matematicamente il quesito, si tratta di una probabilità composta, i cui eventi sono indipendenti tra di loro, quindi la probabilità totale è data dal prodotto delle singole probabilità: $1/2 \cdot 1/4 \cdot 1 \cdot 1/2 = 1/16$.
Risposta corretta A.

65. La partenogenesi è un tipo di riproduzione agamica, ovvero asessuata, in cui lo sviluppo della cellula uovo avviene senza che questa sia stata fecondata. Quindi, proprio come tutti i tipi di riproduzione asessuata, non comporta la fusione di due gameti e dunque neanche un rimescolamento del materiale genetico (risposta B errata). In genetica la clonazione è la tecnica di produzione di copie geneticamente identiche ad un organismo di partenza (risposta D errata). La selezione naturale è il meccanismo attraverso il quale si ha una progressiva riduzione degli individui meno adatti all'ambiente in cui vivono; non provoca direttamente variabilità genica, ma favorisce la sopravvivenza dei genomi più adatti all'ambiente (risposta E errata). Le mutazioni A) sono delle modifiche nella sequenza nucleotidica di un genoma, hanno dunque un impatto a livello genotipico e a seconda della mutazione possono influenzare anche il fenotipo. Sono alla base della variabilità genetica perché permettono la nascita di nuove varianti alleliche.
Risposta corretta A.

66. Le radiazioni possono danneggiare il DNA e causare mutazioni che si trasmettono nelle generazioni cellulari. Pertanto, il danno a livello cellulare è peggiore se interessa le cellule progenitrici. Dunque, se il danno si verifica nel DNA dei gameti, dopo la fecondazione si trasmetterà a tutte le generazioni cellulari. Per quanto riguarda le cellule somatiche invece, anche loro posso andare incontro a mutazioni, il risultato però è diverso: mutazioni nelle cellule somatiche tendenzialmente portano o alla morte della singola cellula, o all'insorgenza di neoplasie.
Risposta corretta B.

67. Per mutazione si intende una modifica della sequenza di DNA che può trasmettersi con la trascrizione all'RNA, fino ad ottenere delle proteine mutate. In alcuni casi, ma non sempre, una mutazione può essere responsabile dell'espressione delle malattie.
Risposta corretta A.

68. Per mutazione si intende una alterazione del DNA che si verifica in modo casuale. Queste alterazioni possono portare benefici, deficit oppure non influenzare in nessun modo l'organismo. Nel primo caso verranno selezionate positivamente dalla selezione naturale, nel secondo negativamente (mentre nel terzo non la impatteranno in nessun modo).
Risposta corretta D.

69. La sindrome di Down, di Patau e di Edwards sono patologie causate da trisomie rispettiva-mente 21, 13, 18. La sindrome di Turner invece è invece una rara malattia genetica che colpisce le donne, le quali, invece di avere la normale coppia di cromosomi sessuali XX, presentano una monosomia X0. Le già citate patologie sono quindi dovute a mutazioni di tipo genomico con variazione del numero di cromosomi e trovano principalmente la loro origine in un errato appaiamento durante la meiosi. Dunque per esclusione la risposta corretta è la sindrome dell'X-fragile.
Risposta corretta D.

70. Questo tipo di mutazione è un esempio tipico di una traslocazione, infatti vi è uno scambio di materiale genetico tra due cromosomi non omologhi, in questo caso tra l'8 e il 14.
Risposta corretta B.

71. Una mutazione genica è una mutazione che altera un singolo gene, che è una porzione di DNA codificante per una molecola, pertanto le mutazioni geniche interessano in primis il DNA.
Risposta corretta D.

72. La mutazione avvenuta in quel tratto di mRNA, non è sicuramente di inserzione o delezione perché il numero di nucleotidi è lo stesso. È chiamata mutazione nonsenso poiché il codone GAG, che codifica la glicina, viene sostituito dal codone UAG, un codone di stop, che blocca la traduzione e fa sì che la proteina prodotta sia tronca. I codoni di stop sono UAA, UGA, UAG.
Risposta corretta C.

4. MITOSI E MEIOSI. GAMETOGENESI, FECONDAZIONE E PRIME FASI DELLO SVILUPPO

1. Durante l'interfase:
A. I DNA si replicano
B. I nuclei scompaiono
C. I cromosomi omologhi si accoppiano
D. I cromosomi sono formati da due cromatidi evidenti
E. La cellula si divide

2. Quale dei seguenti parametri non viene controllato nel check-point di G1 del ciclo cellulare?
A. Dimensione della cellula
B. Presenza di nutrienti
C. Presenza di fattori di crescita
D. Presenza di danni al DNA
E. Nessuna delle precedenti

3. Attraverso una divisione mitotica da una cellula:
A. Aploide si ottengono quattro cellule aploidi
B. Aploide si ottengono due cellule diploidi
C. Diploide si ottengono due cellule aploidi
D. Diploide si ottengono due cellule diploidi
E. Germinale si ottengono quattro cellule aploidi

4. La divisione mitotica porta:
A. Alla duplicazione del DNA e al crossing over
B. Alla formazione di due cellule con lo stesso patrimonio genetico
C. Alla formazione dei gameti uovo e spermatozoo
D. Alla migrazione di un cromosoma per ciascuna tetrade nelle due cellule figlie
E. Al dimezzamento del patrimoniogenetico

5. Dalla divisione mitotica di una cellula somatica della specie umana si originano:
A. Due cellule con un corredo di 46 cromosomi ciascuna
B. Due cellule con 23 cromosomi ciascuna
C. Una cellula con 48 cromosomi ed una con 44 cromosomi
D. Due cellule con un corredo di 48 cromosomi ciascuna
E. Una cellula con 46 cromosomi ed una senza cromosomi

6. Quale affermazione è VERA per il processo mitotico?
A. Tutte le cellule hanno almeno un centriolo a cui si ancora un fuso mitotico
B. I cromosomi si duplicano durante l'anafase
C. È lo stesso processo della divisione riduzionale
D. Il fuso mitotico si forma prima della duplicazione dei cromosomi
E. Per poter migrare ai poli opposti i cromosomi devono avere i cinetocori

7. Indica in quale fase della mitosi si riorganizza l'involucro nucleare:
A. Profase
B. Prometafase
C. Metafase
D. Anafase
E. Telofase

8. La sequenza CORRETTA delle fasi della mitosi è:
A. Profase, prometafase, metafase, anafase, telofase
B. Metafase, prometafase, telofase, profase, anafase
C. Profase, prometafase, anafase, metafase, telofase
D. Prometafase, metafase, telofase, anafase, profase
E. Anafase, profase, prometafase, metafase, telofase

BIOLOGIA

9. I cromatidi sono tenuti insieme da una regione chiamata:
- A. Fibra del fuso
- B. Pachitene
- C. Centromero
- D. Braccio acrocentrico
- E. Acrosoma

10. Cos'è il cinetocore?
- A. La porzione dei cromatidi fratelli che li tiene uniti a formare un cromosoma bicromatidico
- B. Struttura dalla quale origina il fuso mitotico
- C. Struttura proteica che aggancia i microtubuli del fuso mitotico al cromosoma
- D. Zona della cellula da cui si diparte l'aster
- E. Proteina che si occupa dello scambio di porzioni cromatidiche tra cromosomi omologhi durante il crossing-over

11. Qual è la definizione di "centrosoma"?
- A. È la regione centrale di un cromosoma
- B. È un organulo cilindrico che si posiziona ai poli della cellula durante la mitosi
- C. È una regione di citoplasma che si duplica in fase S e da cui ha origine il fuso mitotico
- D. È l'elemento del cromatidio a cui si legano i microtubuli
- E. È un organello che si trova nel nucleo

12. Se in una piastra metafasica di una cellula diploide sono presenti in totale 72 cromatidi, quante sono le coppie di cromosomi omologhi presenti?
- A. 18
- B. 36
- C. 38
- D. 72
- E. 144

13. Una tetrade è formata da:
- A. Un singolo cromosoma omologo
- B. Un cromosoma duplicato
- C. Una coppia di cromatidi
- D. Una coppia di cromosomi omologhi
- E. L'insieme delle cellule che si ottengono alla fine della meiosi

14. La meiosi è:
- A. Un processo di degenerazione cellulare
- B. Una fase della mitosi
- C. Un processo grazie al quale tutti i gameti contengono gli stessi geni
- D. Un processo grazie al quale il numero dei cromosomi viene dimezzato
- E. Un processo che si osserva esclusivamente nella genesi delle cellule uovo

15. Il risultato della meiosi comporta:
- A. La formazione di cellule aploidi
- B. La formazione di una cellula diploide
- C. La formazione di due cellule diploidi
- D. La formazione dello zigote
- E. La sintesi del nucleolo

16. Quale delle seguenti definizioni di crossing-over è CORRETTA?
- A. È lo scambio di materiale genetico tra cromosomi omologhi
- B. È il rimescolamento di materiale genetico proveniente da due specie diverse
- C. È il processo mediante il quale coppie di cromosomi vengono orientate durante la prima divisione meiotica
- D. È il meccanismo attraverso il quale da una cellula diploide si originano due cellule aploidi
- E. È il meccanismo con cui si inattiva un cromosoma X

17. Durante la profase I in che fase si possono individuare i chiasmi?
- A. Zigotene
- B. Pachitene
- C. Diacinesi
- D. Leptotene
- E. Diplotene

18. Al termine della prima divisione meiotica si ottiene:
- A. Un numero diploide di cromosomi presente in ciascuna cellula figlia

B. Un corredo aploide di DNA presente in ciascuna cellula figlia
C. La separazione dei cromatidi fratelli di ciascun cromosoma omologo
D. L'appaiamento dei cromosomi omologhi
E. Quattro cellule aploidi

19. Durante la seconda divisione meiotica si realizza:
A. La formazione delle tetradi
B. La terminalizzazione dei chiasmi
C. La separazione dei cromosomi omologhi
D. La separazione dei cromatidi
E. Il crossing-over

20. In seguito a divisione meiotica una cellula diploide con 16 cromosomi darà cellule con:
A. 4 cromosomi
B. 16 cromosomi
C. 2 cromosomi
D. 32 cromosomi
E. 8 cromosomi

21. Sia una cellula con 2n = 20. Considerando l'anafase della prima divisione meiotica e l'anafase della mitosi, quale delle seguenti affermazioni è CORRETTA?
A. Nell'anafase mitotica migrano ai poli 10 cromosomi per parte
B. Nell'anafase meiotica migrano ai poli 20 cromosomi per parte
C. Nell'anafase meiotica si separano i cromatidi
D. Nell'anafase mitotica migrano ai poli 10 cromatidi per parte
E. Nell'anafase meiotica migrano ai poli 10 cromosomi per parte

22. Stabilito come "n" il corredo cromosomico in una cellula aploide e "c" il numero di cromatidi in una cellula aploide, quali sono i valori di "n" e "c" in metafase della meiosi I e della meiosi II?
A. Metafase I: 2n, 2c; metafase II: n, 2c
B. Metafase I: 2n, c; metafase II: n, c
C. Metafase I: 2n, 2c; metafase II: n, c
D. Metafase I: 2n, 4c; metafase II: n, c
E. Metafase I: 2n, 4c; metafase II: n, 2c

23. Una differenza tra meiosi e mitosi è che:
A. Durante la meiosi il DNA non si è replicato
B. Il DNA è maggiormente replicato in meiosi piuttosto che in mitosi
C. I cromosomi omologhi si appaiano nella meiosi ma non nella mitosi
D. La meiosi precede immediatamente la fecondazione
E. La meiosi si verifica solo negli organismi aploidi

24. Quale, dei seguenti enzimi, catalizza una reazione che sembra andare contro il dogma centrale della biologia?
A. tRNA
B. DNA polimerasi II
C. Telomerasi
D. RNA polimerasi
E. Elicasi

25. Nell'apoptosi, cioè la morte cellulare programmata, quale di questi organelli dà il via all'intero processo?
A. L'apparato di Golgi
B. Il mitocondrio
C. Il reticolo endoplasmatico rugoso
D. Il vacuolo
E. I perossisomi

26. Quale di queste cellule presenta, nell'uomo, un corredo cromosomico aploide?
A. Eritrocito
B. Linfocito
C. Spermatozoo
D. Ovogonio
E. Spermatogonio

27. Il maschio, nella specie umana, ha corredo cromosomico di 46 cromosomi, tra i quali un cromosoma X ed un cromosoma Y. I suoi gameti sono:
A. Soltanto cellule con 22 cromosomi ed un cromosoma Y
B. Soltanto cellule con 22 cromosomi ed un cromosoma X
C. Soltanto cellule con 46 cromosomi, tra i quali X ed Y
D. Cellule con 22 cromosomi più un X e cellule con 22 cromosomi più un Y
E. Cellule con 23 cromosomi più un X o un Y

28. Una cellula uovo differisce da uno spermatozoo in quanto essa:
A. Possiede mitocondri
B. Non possiede citoplasma
C. Possiede un corredo aploide di cromosomi
D. È un prodotto della meiosi
E. Ha molte più riserve energetiche

29. I globuli polari si formano durante:
A. Il fototropismo
B. L'oogenesi
C. La spermatogenesi
D. Lo stadio di profase
E. La fecondazione

30. Il numero di gameti che si formano dalla meiosi nella femmina è:
A. 1
B. 2
C. 3
D. 4
E. 8

31. Nella gametogenesi femminile, per meiosi, vengono prodotti:
A. Quattro cellule uovo
B. Due cellule uovo e due globuli polari
C. Una cellula uovo e tre globuli polari
D. Una cellula uovo e un globulo polare
E. Una cellula aploide e tre diploidi

32. In seguito alla maturazione di uno spermatocita primario a spermatozoo si ottengono:
A. Due gameti con 23 autosomi
B. Due gameti con 22 autosomi
C. Quattro gameti con 23 autosomi
D. Quattro gameti con 22 autosomi
E. Quattro gameti con 22 cromosomi

33. Nel liquido spermatico di una sola eiaculazione di un uomo sessualmente maturo sono presenti circa 4 · 10^8 spermatozoi. Quanti spermatociti di primo ordine hanno subito la meiosi per produrre un numero così elevato di spermatozoi?
A. 10^8
B. $16 \cdot 10^8$
C. $4 \cdot 10^{32}$
D. 10^4
E. $4 \cdot 10^4$

34. Quale fra i seguenti eventi rappresenta l'evento caratteristico della riproduzione sessuata?
A. Ricombinazione genica
B. Separazione dei cromatidi fratelli
C. Divisione equazionale
D. Inattivazione del cromosoma X
E. Allineamento dei cromosomi sulla piastra metafasica

35. Quale tra i seguenti processi è tipico della riproduzione sessuata e permette di mantenere costante il numero di cromosomi nella specie?
A. Meiosi e mitosi
B. Mitosi e fecondazione
C. Meiosi e divisione citoplasmatica
D. Mitosi e divisione citoplasmatica
E. Meiosi e fecondazione

36. Un organismo che si riproduce in modo asessuato genera dei figli che normalmente sono:
A. Geneticamente identici
B. Geneticamente migliori dei genitori
C. Più adatti al loro ambiente
D. Capaci di sopravvivere più a lungo
E. Con una variabilità genetica più elevata

37. In quale delle seguenti fasi può avvenire il fenomeno del crossing-over?

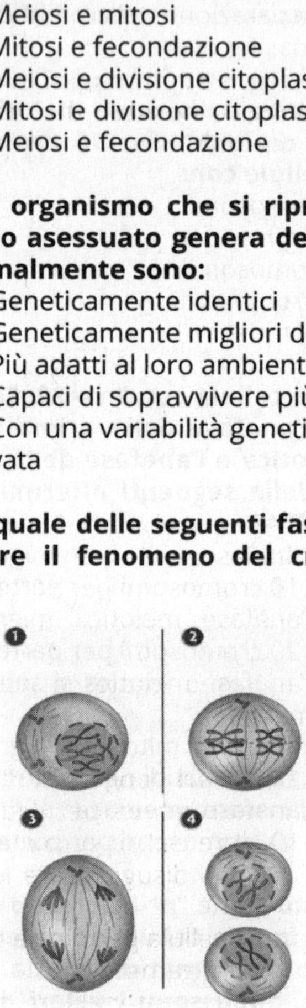

A. 1
B. 2
C. tra 2 e 3
D. 3
E. tra 3 e 4

38. Quale tra le seguenti opzioni rappresenta l'immagine numero 4?

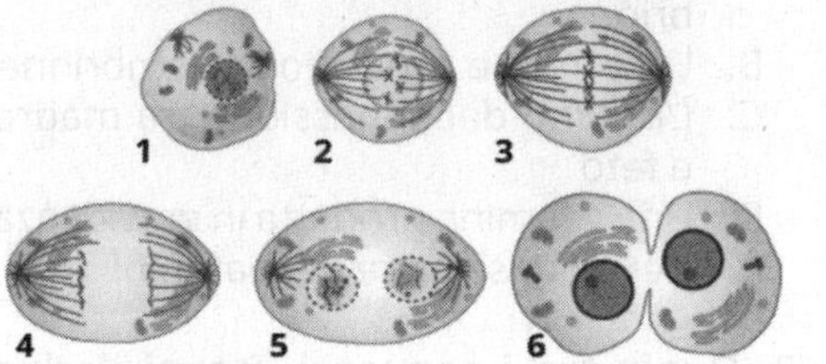

A. Profase I
B. Profase II
C. Anafase
D. Metafase I
E. Citodieresi

39. Tra le seguenti immagini in quale si ha il maggior numero di cromosomi in una cellula?

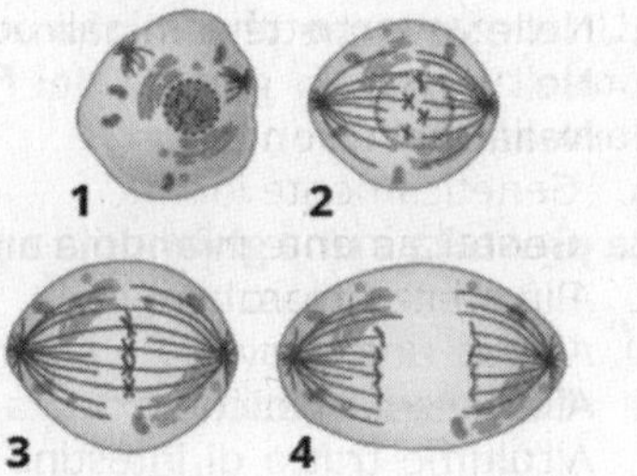

A. Tutte hanno un numero di cromosomi differente
B. 2
C. 3
D. 4
E. Tutte hanno lo stesso numero di cromosomi

40. Nei mammiferi l'oogenesi differisce dalla spermatogenesi per il fatto che:

A. Il DNA delle cellule germinali è diviso in modo disuguale fra le cellule figlie
B. Ciascuna cellula germinale produce soltanto un gamete
C. Si accumula materiale nel sacco vitellino
D. Le risposte A e B sono entrambe vere
E. Le risposte A, B e C sono tutte vere

41. Nell'uomo, la determinazione del sesso avviene:

A. Prima della fecondazione
B. Dopo la fecondazione
C. Al momento della fecondazione
D. Al momento della nascita
E. Al momento della maturità sessuale

42. Due gemelli presentano alla nascita lo stesso sesso. Quale delle seguenti affermazioni è VERA?

A. Sono senz'altro monoovulari
B. Sono senz'altro biovulari
C. Possono essere sia monoovulari sia biovulari
D. Hanno lo stesso patrimonio genetico
E. La fecondazione è avvenuta sicuramente da un unico spermatozoo

43. I gemelli monozigoti (identici) derivano dall'unione di:

A. Un uovo e uno spermatozoo
B. Un uovo e due spermatozoi
C. Due uova e uno spermatozoo
D. Due uova e due spermatozoi
E. Un uovo e molti spermatozoi

44. L'embrione umano si sviluppa normalmente:

A. Nell'ovaio
B. Nelle trombe uterine
C. Nello spessore della parete addominale
D. Nello spessore della parete uterina
E. Nella vagina

45. Durante la segmentazione, fino allo stadio di blastula, cosa avviene dopo ciascuna divisione?

A. Aumenta la massa totale delle cellule
B. Diminuisce la massa totale delle cellule
C. Aumenta la massa media delle singole cellule
D. Diminuisce la massa media delle singole cellule
E. Diminuisce il numero totale delle cellule

46. Nello sviluppo embrionale un risultato importante del processo di segmentazione è dato dal ripristino del normale rapporto:

A. Proteine/lipidi
B. Mitocondri/ribosomi
C. Nucleo/citoplasma
D. Cromosomi/ribosomi
E. Cromosomi/cromatidi

47. Indica quale delle seguenti è la corretta successione delle tappe iniziali dello sviluppo embrionale:

A. Segmentazione - fecondazione - blastula - morula – gastrula
B. Fecondazione - morula - segmentazione - blastula - gastrula
C. Fecondazione - segmentazione - meiosi - blastula – gastrula
D. Fecondazione - segmentazione - gastrula - blastula – morula
E. Fecondazione - segmentazione - morula - blastula - gastrula

48. Per zigote si intende:

A. Una fase della divisione meiotica
B. La cellula derivata dalla fusione del gamete maschile con quello femminile
C. Il pronucleo maschile
D. Il pronucleo femminile
E. L'embrione quando si trova allo stadio di otto cellule

49. La blastocisti:

A. Si sviluppa all'interno dell'ovaio
B. Si forma durante la gastrulazione
C. Precede lo sviluppo della morula
D. Si impianta nella mucosa uterina
E. Si sviluppa nelle tube uterine

50. L'embrione di un mammifero prende l'ossigeno:

A. Dal sangue della madre
B. Dai polmoni della madre
C. Dal liquido amniotico
D. Dall'ossidazione degli alimenti che la madre assume
E. Dal diaframma

51. La placenta è:

A. Il liquido entro cui si sviluppa l'embrione
B. Un ormone prodotto dall'embrione
C. L'organo di connessione tra madre e feto
D. Una vitamina prodotta in gravidanza
E. L'enzima salivare dei bambini

52. Quale tra i seguenti organi deriva dall'ectoderma?

A. Vescica
B. Rene
C. Midollare del surrene
D. Pancreas
E. Corticale del surrene

53. Gli spermatozoi vengono prodotti:

A. Nella prostata
B. Nei tubuli seminiferi
C. Nelle vescichette seminali
D. Nell'uretra
E. Nella vagina

54. La prostata è una ghiandola annessa:

A. Alla vescica maschile
B. Alle vie urinarie
C. Alle vie spermatiche
D. All'ultimo tratto di intestino crasso maschile
E. Alle ovaie

55. La placenta è:

A. Una tonaca uterina
B. Un annesso fetale
C. Un segmento embrionale
D. Una ghiandola esocrina
E. Un organo dell'apparato riproduttore maschile

56. I gameti femminili maturano:

A. Nell'utero
B. Nell'ovaio
C. Nel timo
D. Nelle ghiandole surrenali
E. Nella vagina

57. Generalmente, nella specie umana, la fecondazione avviene:

A. Nella vagina
B. Nell'utero
C. Nelle tube uterine
D. Nell'ovaio
E. Nell'uretra

CORREZIONE COMMENTATA

1. L'interfase è lo stadio della vita cellulare durante il quale la cellula si prepara ad entrare in mitosi o meiosi. Tutti gli eventi elencati nelle risposte B, C, D ed E avvengono durante uno di questi due processi, quando l'interfase si è già verificata.
Risposta corretta A.

2. I check-point sono 3 punti, durante il ciclo cellulare, a livello dei quali la cellula compie dei controlli su se stessa per verificare di potersi replicare correttamente durante la fase di mitosi/meiosi. I check-point avvengono in 3 momenti diversi: alla fine della fase G1, alla fine della fase G2 e durante la fase M (durante la metafase, per verificare che i fusi mitotici si siano correttamente agganciati ai cinetocori di ciascun cromosoma). Durante il check-point della fase G1 vengono controllati tutti i parametri riportati dalle opzioni del quesito.
Risposta corretta E.

3. La mitosi è il processo grazie al quale le cellule somatiche (diploidi) si replicano, permettendo al nostro organismo di crescere. Data questa premessa, è possibile scartare le alternative A, B ed E, in quanto fanno riferimento a cellule aploidi o germinali. Anche l'opzione C non è corretta, poiché alla fine del processo mitotico si ottengono due cellule diploidi e non aploidi.
Risposta corretta D.

4. La mitosi è il processo di replicazione delle cellule somatiche, che permette al nostro organismo di crescere. Le alternative A, C, D ed E riguardano invece la meiosi, ovvero il processo che porta alla formazione di quattro cellule aploidi da una diploide.
Risposta corretta B.

5. La mitosi è il processo grazie al quale le cellule somatiche del nostro corpo si riproducono mantenendo lo stesso corredo cromosomico, premessa non compatibile con la risposta B. In particolare, la specie umana è dotata di 46 cromosomi e, dalla divisione mitotica, si ottengono due cellule figlie; sulla base di ciò possono essere eliminate anche le alternative C, D ed E.
Risposta corretta A.

6. Per poter effettuare la mitosi è necessario che le cellule abbiano 4 centrioli, due per ogni aster, per cui la risposta A può essere esclusa. I cromosomi si duplicano durante una fase del ciclo cellulare chiamata interfase, che avviene prima della mitosi, quindi anche la risposta B è errata. La fase riduzionale, conosciuta anche come prima divisione meiotica, è un passaggio esclusivo della meiosi, per cui la risposta C non è corretta. Infine, il fuso mitotico si forma nella profase della mitosi, motivo per cui anche la risposta D è errata.
Risposta corretta E.

7. L'involucro nucleare si riorganizza nell'ultima fase della mitosi, la telofase, in quanto prima è necessario che avvenga la divisione nucleare della cellula madre, per poi permettere al nucleo delle cellule figlie di ricomporsi.
Risposta corretta E.

8. La mitosi è un processo di duplicazione cellulare che viene diviso in fasi per meglio riferirsi ai fenomeni in serie che avvengono al suo interno. La corretta sequenza di fasi è: profase, prometafase, metafase, anafase, telofase. Per ricordare la corretta sequenza delle fasi della mitosi (che sono uguali a quelle della meiosi) si può usare questa mnemofrase, in cui le iniziali di ogni parola corrispondono alle iniziali delle fasi: "Poldo Mangia Al Tavolo".

La Prometafase inoltre avviene prima della metafase (Pro = prima).
Risposta corretta A.

9. Tutte le risposte elencate indicano particolari organelli cellulari coinvolti nella replicazione cellulare, quindi è facile confondersi. Tuttavia, occorre ricordarsi che i cromosomi sono uniti AL CENTRO in una regione chiamata centromero.
Risposta corretta C.

10. Il cinetocore è la struttura proteica che si trova a livello del centromero a cui si agganciano i microtubuli del fuso mitotico. Non bisogna fare confusione con il centromero, zona dei cromatidi che li tiene uniti tra loro (risposta A errata), con i centrioli, strutture che si posizionano ai poli della cellula in replicazione e da cui originano i microtubuli (risposta B errata), con il centrosoma, area della cellula dove si trovano i centrioli e da cui si diparte l'aster (risposta D errata).
Risposta corretta C.

11. Il centrosoma è una regione di citoplasma che contiene due centrioli, si duplica in fase S e dà origine al fuso mitotico. La risposta A si riferisce al centromero; la risposta B al centriolo; la risposta D al cinetocore.
Risposta corretta C.

12. Ciascun cromosoma, che normalmente si trova in forma monocromatidica, si replica prima della mitosi o della meiosi, diventando bicromatidico. Dividendo per due il numero 72 si ottiene quindi il numero di cromosomi bicromatidici totali, che è uguale a 36. Tuttavia, il quesito richiede di indicare il numero di coppie di omologhi: per ricavarlo è sufficiente dividere nuovamente per due il numero ottenuto: il risultato è quindi 18.
Risposta corretta A.

13. La tetrade è una particolare struttura che si forma durante la profase della meiosi I, è formata da due cromosomi omologhi vicini. È detta tetrade dal momento che entrambi i cromosomi sono formati da due cromatidi e quindi la struttura complessiva è composta da quattro unità. La tetrade nello specifico si forma durante lo zigotene, i cromosomi sono vicini in modo da creare le sinapsi che permettono successivamente che avvenga il crossing over durante il pachitene. La risposta A è quindi errata, l'opzione B è corretta dal momento che entrambi i cromosomi sono formati da due cromatidi, ma è generica e non definisce una tetrade, così come la risposta C. L'insieme delle cellule che si ottengono dalla meiosi è rappresentato dai gameti (risposta E errata).
Risposta corretta D.

14. La meiosi è il processo che porta alla formazione di 4 cellule aploidi a partire da una cellula diploide. Non è un processo di degenerazione cellulare (risposta A errata), non è parte della mitosi ma rappresenta come essa una delle vie di duplicazione cellulare (risposta B errata). Alla fine della meiosi vengono formati gameti che contengono geni diversi in base a come sono stati suddivisi gli omologhi in anafase (risposta C errata). Non avviene solo per formare cellule uovo ma anche spermatozoi e perciò la risposta E è sbagliata.
Risposta corretta D.

15. La meiosi è il processo che porta alla formazione di gameti aploidi e che riguarda solo le cellule germinali. La formazione delle cellule aploidi avviene a partire da cellule diploidi che quindi ne rappresentano la cellula madre e non il prodotto (risposte B e C errate). Lo zigote è la cellula che si ottiene con la fecondazione, ovvero tramite la fusione dei gameti maschile e femminile (risposta D errata). Il nucleolo è una zona del nucleo in cui vengono

sintetizzati gli rRNA che andranno a costituire la struttura dei ribosomi (risposta E errata).
Risposta corretta A.

16. Il crossing over è un processo appartenente alla meiosi I in cui i cromosomi omologhi si scambiano del materiale genetico, aumentando la variabilità genetica dei gameti. Rappresenta un modo di rimescolare il materiale genetico tra i vari individui della stessa specie (risposta B errata); il processo con cui gli omologhi si orientano uno accanto all'altro durante la profase I è detto formazione delle tetradi (risposta C errata). Il meccanismo con cui da cellula diploide si formano cellule aploidi è detto meiosi (risposta D errata), il meccanismo con cui il cromosoma X si condensa è detto "lyonizzazione" (risposta E errata).
Risposta corretta A.

BIOLOGIA

17. In questa domanda è importante ricordare la definizione di chiasma e l'ordine delle sottofasi della profase I della meiosi in modo da poter andare per esclusione. Per ricordarsi l'ordine esiste la mnemofrase: LE ZIe PAzze DI DIAna (Leptotene, Zigotene, Pachitene, Diplotene, Diacinesi). A questo punto se ci si ricorda che il crossing over avviene durante il pachitene possiamo dedurre che i chiasmi, cioè i punti di contatto tra i cromosomi dopo il crossing over (le connessioni prima del crossing over sono dette sinapsi), saranno individuati nel Diplotene (la quarta fase) perché nella quinta i cromosomi si separano.
Risposta corretta E.

18. Al termine della prima divisione meiotica si ottengono due cellule con corredo aploide ma i cui cromosomi sono formati da due cromatidi identici (risposta A errata). La separazione dei cromatidi fratelli avviene durante l'anafase II (risposta C errata). L'appaiamento dei cromosomi omologhi avviene durante la profase I sotto forma di tetradi (risposta D errata). Le quattro cellule aploidi vengono prodotte dopo la seconda divisione meiotica (risposta E errata).
Risposta corretta B.

19. La meiosi II è un processo molto simile alla mitosi, che prevede infatti una semplice divisione cellulare con separazione dei cromatidi fratelli. Le tetradi (opzione A), la terminalizzazione dei chiasmi (opzione B) e il crossing-over (opzione E) si formano durante la profase I, la separazione degli omologhi (opzione C) avviene in anafase I.
Risposta corretta D.

20. La meiosi è un processo che permette ad una cellula con contenuto diploide di dividersi in quattro con contenuto aploide. Nonostante con la divisione completa si ottengano cellule aploidi, il numero totale dei cromosomi in ogni cellula non sarà ¼ della cellula originale, ma solo la metà, perché prima dell'inizio della meiosi la quantità di DNA viene replicata.
Risposta corretta E.

21. Una cellula diploide con 20 cromosomi, dopo la fase S, in cui avviene la replicazione del DNA, avrà 40 cromosomi. Durante l'anafase della mitosi avviene la separazione dei cromatidi fratelli, dunque 20 cromatidi migrano ad un polo della cellula ed altri 20 migrano al polo opposto (risposte A e D errate). Durante l'anafase della prima divisione meiotica, invece, si separano i cromosomi omologhi (risposta C errata), ciascuno dei quali è bicromatidico: 10 cromosomi migrano ad un polo della cellula e gli altri 10 migrano al polo opposto (risposta B errata).
Risposta corretta E.

22. Nella metafase della meiosi I la cellula ha corredo cromosomico diploide (2n) e contenuto di DNA raddoppiato, in quanto è stato duplicato in fase S (4c). Nella metafase della meiosi II il corredo cromosomico è aploide, in quanto durante l'anafase I sono stati separati i cromosomi omologhi (n), ma ogni cromosoma è ancora composto da due cromatidi fratelli (2c).
Risposta corretta E.

23. Il DNA si replica allo stesso modo prima di meiosi e mitosi durante l'interfase (risposte A e B errate). Sappiamo inoltre che la meiosi dà origine a cellule aploidi ma non avviene solo negli organismi aploidi (l'uomo infatti è un organismo diploide), quindi anche la risposta E è errata. La risposta D è errata in quanto la fecondazione può avvenire anche dopo molto tempo la meiosi, come nel caso degli spermatozoi.
Risposta corretta C.

24. Le DNA polimerasi sono enzimi in grado di sintetizzare un filamento di DNA a partire da un filamento stampo fatto anch'esso di DNA (risposta B errata). La RNA polimerasi, invece, è in grado di sintetizzare un filamento di mRNA a partire da uno stampo di DNA (risposta D errata). L'elicasi permette di rompere i ponti a idrogeno tra i 2 filamenti di DNA, per favorirne la duplicazione (risposta E errata). Il tRNA permette solo il legame con gli amminoacidi e con l'RNA messaggero maturo (risposta A errata). La telomerasi, infine, è un enzima che sintetizza il DNA telomerico, a partire da una sequenza di RNA proprio, in modo da poter conservare il DNA telomerico. Sembra opporsi dunque al dogma centrale della biologia, poiché produce DNA a partire da RNA e non viceversa.
Risposta corretta C.

25. Il mitocondrio funziona da centrale per la ricezione degli stimoli apoptotici. Questi stimoli determinano l'apertura di un canale tra le due membrane mitocondriali, con conseguente ingresso massivo di liquidi, che porteranno allo scoppio dello stesso mitocondrio. In questo modo viene liberata la molecola AIF (Apoptosis Inducing Factor) che innesca l'apoptosi nella cellula.
Risposta corretta B.

26. Le cellule con un corredo cromosomico aploide sono i prodotti della meiosi e vengono detti gameti, ovvero oociti e spermatidi che grazie ad alcune modificazioni nella struttura esterna diventano spermatozoi. Gli eritrociti, ovvero i globuli rossi, non hanno nucleo e quindi non hanno neanche un corredo cromosomico (risposta A errata). I linfociti invece, cellule specializzate nelle risposte immunitarie, sono a tutti gli effetti delle cellule somatiche e quindi diploidi (risposta B errata). Oogonio e spermatogonio invece sono cellule precursori di oociti e spermatozoi: queste particolari cellule non hanno ancora effettuato una meiosi completa e quindi il loro corredo cromosomico è ancora diploide (opzioni D ed E errata).
Risposta corretta C.

27. Nella specie umana si hanno 22 coppie di cromosomi somatici (anche detti autosomi) e una coppia di cromosomi sessuali, che nel maschio corrisponde alla coppia XY; nei gameti invece il numero di cromosomi è dimezzato. Il testo della domanda dice che il soggetto in questione ha un cromosoma X e uno Y (è quindi un maschio); di conseguenza, il 50% degli spermatozoi generati avranno il cromosoma X e il restante 50% l'Y. Ogni gamete contiene 22 autosomi e un cromosoma sessuale per un totale di 23 cromosomi.
Risposta corretta D.

28. La cellula uovo e lo spermatozoo sono, rispettivamente, il gamete femminile e il gamete maschile; derivano entrambi da processi di divisione meiotica facenti parte della

gametogenesi. I due gameti presentano un corredo cromosomico aploide, che nell'uomo corrisponde a 23 cromosomi. Entrambe le cellule possiedono un nucleo, un citoplasma e dei mitocondri (risposte A e B errate), anche se quelli dello spermatozoo vengono persi al momento della fecondazione. L'ovocita è più grande dello spermatozoo e contiene una maggior quantità di citoplasma e, dunque, di riserve energetiche.
Risposta corretta E.

29. I globuli polari sono le cellule che si formano durante l'oogenesi insieme all'oocita. Dal momento che citoplasma e organelli della cellula madre sono sufficienti a formare solo una cellula funzionale, ovvero l'oocita, le altre tre cellule che si formano dalla meiosi vanno incontro a morte e vengono dette globuli polari. Il fototropismo, opzione A, è il processo per cui una pianta cresce nella direzione della luce solare e non ha alcuna attinenza con la domanda. La spermatogenesi produce quattro spermatidi attivi (risposta C errata); lo stadio di profase è lo stadio iniziale di meiosi e mitosi e forma una cellula in metafase (risposta D errata); la fecondazione è il processo di fusione dei gameti (risposta E errata).
Risposta corretta B.

30. Grazie alla meiosi si ottengono 4 cellule figlie con corredo cromosomico aploide. Nella donna, però, tre di queste degenerano e non arrivano alla maturazione, diventando i cosiddetti "globuli polari". Dalla meiosi femminile si ottiene quindi un solo gamete funzionante.
Risposta corretta A.

31. La meiosi di solito porta alla formazione di quattro cellule figlie aploidi. Nella gametogenesi femminile, però, tre di queste degenerano, andando a formare i cosiddetti "globuli polari". Di conseguenza, dalla ovogenesi si ottiene un solo gamete funzionante, la cellula uovo, e tre globuli polari.
Risposta corretta C.

32. Dalla maturazione di uno spermatocita primario si ottengono quattro spermatidi, grazie alla divisione meiotica. Gli spermatidi maturano poi in spermatozoi, i gameti maschili, ciascuno contenente 23 cromosomi, di cui 22 autosomi e un cromosoma sessuale (X o Y).
Risposta corretta D.

33. A differenza della meiosi femminile, nell'uomo tutte le cellule che derivano dallo spermatocita primario diventano spermatozoi. Lo spermatocita primario si divide due volte, prima in spermatocita secondario e poi in spermatide, e va incontro a maturazione prima di diventare spermatozoo: per la produzione di $4 \cdot 10^8$ spermatozoi saranno quindi coinvolti 10^8 spermatociti primari.
Risposta corretta A.

34. La riproduzione sessuata consente, agli organismi che la effettuano, la ricombinazione genica, che incrementa la variabilità del genoma: questo permette alla specie di avere diversi vantaggi, tra i quali la minor incidenza di malattie genetiche e l'evoluzione della specie stessa. La ricombinazione genica avviene grazie alla fusione del patrimonio genetico di due individui diversi, al momento della fecondazione, e grazie al crossing over. Tra le alternative proposte, le risposte B, C, D ed E indicano dei processi che permettono la riproduzione sessuata e sono correlati ad essa, ma non ne rappresentano l'evento caratteristico.
Risposta corretta A.

35. La riproduzione sessuata è un meccanismo di riproduzione, tipico di alcuni organismi viventi, che aumenta la variabilità genetica tra gli individui tramite il riassortimento genico, il quale avviene con la fusione dei cromosomi dei gameti maschili con quelli dei gameti femminili. Dal momento che si ha la fusione di due cellule, è fondamentale che queste abbiano un numero di cromosomi dimezzato, così da mantenere costante il numero di cromosomi della specie. Il meccanismo di duplicazione che forma cellule aploidi è la meiosi, quindi le opzioni che contengono la mitosi sono errate (risposte B e D errate). La fecondazione è il processo di fusione tra i due gameti.
Risposta corretta E.

36. La riproduzione sessuata è vantaggiosa perché produce organismi con un DNA vario, permettendo l'evoluzione della specie e una minor probabilità di malattie genetiche. Al contrario, la riproduzione asessuata avviene senza rimescolamento genetico: gli organismi derivanti da questa riproduzione saranno dunque geneticamente tutti uguali.
Risposta corretta A.

37. Il fenomeno di crossing-over avviene durante la profase I del ciclo meiotico; questo fenomeno consiste nello scambio di una certa quantità di materiale genetico tra due cromosomi omologhi, con la formazione di chiasmi che identificano il punto, sul cromosoma, in cui è avvenuto il crossing-over.
Risposta corretta A.

38. Durante l'anafase avviene il distacco dei cromosomi omologhi (anafase I della meiosi) o dei cromatidi fratelli (anafase II della meiosi e anafase della mitosi), questi sono tirati ai poli della cellula dalle fibre del fuso.
Risposta corretta C.

39. Nelle immagini proposte in questo quesito si possono osservare alcune fasi della mitosi. Nell'immagine 1,2 e 3 il numero di cromosomi, per cellula, è identico: si hanno infatti 4 cromosomi dicromatidici. Nell'immagine 4, invece, il numero di cromosomi è maggiore dato che si hanno 8 cromosomi monocromatidici. Nel momento in cui avviene la citodieresi si ritorna ad un numero di 4 cromosomi (monocromatidici).
Risposta corretta D.

40. Nei mammiferi, mentre la spermatogenesi porta alla formazione di 4 spermatozoi potenzialmente pronti a fecondare, l'oogenesi produce una sola cellula uovo potenzialmente fecondabile e 3 globuli polari. Questo processo non comporta, però, una disuguaglianza nella suddivisione del DNA nelle cellule figlie (risposta A errata, dunque si escludono anche D ed E). Il sacco vitellino è una struttura che non c'entra con l'oogenesi, poichè interviene per nutrire l'embrione nei suoi primi stadi di sviluppo (risposta C errata).
Risposta corretta B.

41. Nel genere umano la determinazione del sesso avviene al momento della fecondazione, in quanto una cellula uovo (X) viene fecondata o da uno spermatozoo portatore del cromosoma X, o da uno portatore del cromosoma Y. L'individuo che nascerà potrà quindi avere corredo XX (femmina) o XY (maschio). Prima della fecondazione è impossibile, perchè lo spermatozoo e la cellula uovo devono incontrarsi per dare origine allo zigote (risposta A errata). Tutte le altre risposte (B, D ed E) sono errate perchè riportano eventi successivi alla fecondazione, quando la determinazione del sesso è già avvenuta.
Risposta corretta C.

42. I gemelli monoovulari hanno sempre lo stesso sesso, perchè derivano da una divisione post-zigotica di un singolo zigote. I gemelli biovulari, essendo il prodotto della

fecondazione di due diverse uova da parte di due diversi spermatozoi, possono avere sia sesso uguale che sesso differente (risposte A, B, E errate). Due gemelli con lo stesso sesso non hanno obbligatoriamente lo stesso patrimonio genetico in quanto possono essere biovulari (risposta D errata).
Risposta corretta C.

43. I gemelli monozigoti, o monoovulari, derivano dallo stesso zigote. Le prime 8 cellule del prodotto del concepimento sono totipotenti: ogni cellula, separandosi dalle altre, può potenzialmente dare origine a un individuo completo.
Risposta corretta A.

44. La fecondazione avviene, di norma, nell'ampolla delle tube di Falloppio, da cui si ha lo zigote. Questo prolifera e, una volta giunto allo stadio di blastocisti, si annida all'interno dell'endometrio materno (strato interno della parete uterina), dove continuerà a svilupparsi nel periodo di vita intrauterina.
Risposta corretta D.

45. Durante la segmentazione, processo che inizia subito dopo la fecondazione, lo zigote prolifera e si divide in cellule (chiamate blastomeri) che aumentano progressivamente in quantità, ma diminuiscono di dimensioni, mantenendo così nella totalità il volume iniziale (risposte A, B, C ed E errate).
Risposta corretta D.

46. Durante la segmentazione lo zigote prolifera, dividendosi in blastomeri progressivamente più piccoli, in modo che la blastula mantenga lo stesso volume dello zigote. In questo modo, se nello zigote si aveva un rapporto nucleo/citoplasma completamente sbilanciato, questo si ripristina durante il processo di segmentazione. Infatti nella cellula uovo il rapporto è sbilnciato a favore del citoplasma, molto più grande rispetto alle dimensioni del nucleo
Risposta corretta C.

47. Dopo la fecondazione, lo zigote va incontro a un processo di segmentazione che dura circa 3 giorni (risposta A errata), al termine dei quali si ha la compattazione e la formazione della morula (risposte B, C e D errate). Questa, entrando nella cavità dell'utero diviene blastula (o blastocisti nel genere umano), la quale va incontro al processo di gastrulazione dando vita alla gastrula.
Risposta corretta E.

48. Lo zigote è la cellula che si viene a formare con la fecondazione, data dalla fusione del pronucleo dello spermatozoo con quello della cellula uovo. L'embrione allo stadio di 8 cellule prende il nome di morula (risposta E errata).
Risposta corretta B.

49. Nell'ovaio si ha la maturazione della cellula uovo e nelle tube uterine (o tube di Falloppio) avviene la fecondazione (risposte A e E errate). La blastocisti si sviluppa dopo la morula e prima della gastrulazione, processo con il quale si crea la gastrula (risposte B e C errate). La gastrula corrisponde alla blastocisti una volta entrata nell'utero, dove si impianta nell'endometrio, la mucosa della parete uterina.
Risposta corretta D.

50. Nei mammiferi, gli scambi gassosi avvengono per diffusione passiva all'interno della placenta, dove l'ossigeno, come le sostanze nutritive, passa dal sangue materno a quello fetale.
Risposta corretta A.

51. Il liquido entro cui si sviluppa l'embrione è il liquido amniotico (risposta A errata). La placenta è invece l'organo di connessione tra madre e feto, tramite il quale avvengono gli scambi gassosi e di sostanze nutritive. Essa stessa, producendo estrogeni e progesterone, è una ghiandola endocrina. Le altre risposte non hanno senso.
Risposta corretta C.

52. L'unico tra i seguenti organi che deriva dall'ectoderma è la midollare del surrene. La corticale del surrene proviene, insieme al rene, dal mesoderma (risposta E e B errate). Invece la vescica ed il pancreas originano dall'endoderma (risposta A e D errate).
Risposta corretta C.

53. Ogni testicolo è composto da centinaia di tubuli seminiferi strettamente aggrovigliati e sede della spermatogenesi. La funzione principale della prostata è quella di produrre ed emettere il liquido prostatico, uno dei costituenti dello sperma (risposta A errata). La funzione delle vescichette seminali è quella di produrre un liquido ricco di fruttosio che costituisce il 70% dello sperma (risposta C errata). Lo sperma transita nell'uretra maschile durante l'eiaculazione (risposta D errata) e viene depositato nella vagina (risposta E errata).
Risposta corretta B.

54. La prostata è una ghiandola dell'apparato genitale maschile collocata inferiormente alla vescica. Essa produce il liquido prostatico, costituente dello sperma, e accoglie nel suo parenchima il passaggio dell'uretra in uscita dalla vescica e dei dotti eiaculatori, che sboccano nell'uretra a livello dei collicoli seminali.
Risposta corretta C.

55. La placenta è l'annesso fetale che consente lo scambio di gas e sostanze nutrienti tra le circolazioni materna e fetale. La placenta NON consente lo scambio di sangue tra la madre e il feto, ma permette solo lo scambio di alcune sostanze, tra le quali l'ossigeno, l'anidride carbonica, le immunoglobuline e i substrati riducenti per il metabolismo fetale.
Risposta corretta B.

56. Il gamete femminile, la cellula uovo, matura a livello dell'ovaio. Ogni mese un gruppo di ovociti primari inizia a maturare fino a raggiungere lo stadio di ovocita secondario. Poi, uno degli ovociti continua il processo maturativo mentre gli altri ovociti attivati degenerano. Quindi ha luogo l'ovulazione: l'ovocita viene espulso dall'ovaio e catturato dalla tuba uterina di Falloppio. In essa avviene eventualmente la fecondazione e la formazione dello zigote, che dopo alcuni giorni si impianta nella parete uterina. Generalmente, solo un ovocita primario completa il processo maturativo, ma in casi eccezionali possono essere più di uno.
Risposta corretta B.

57. La fecondazione avviene generalmente nelle tube uterine di Falloppio, dove l'ovulo espulso dall'ovaio incontra lo spermatozoo risalito dall'utero. Lo zigote prodotto dalla fecondazione migra lungo le tube fino al fondo dell'utero, nella cui parete si impianta.
Risposta corretta C.

5. ANATOMIA E FISIOLOGIA DEGLI ANIMALI E DELL'UOMO

1. Il termine "tesseto" in biologia ha il seguente significato:
A. Un involucro duro che riveste il corpo degli insetti e che viene periodicamente sostituito
B. Un insieme di organi che svolgono funzioni simili
C. Un insieme di cellule simili aventi la stessa funzione
D. L'insieme di tutte le cellule di uno stesso organo
E. Un insieme di cellule ad attività riproduttiva

2. L'epitelio pluristratificato di transizione:
A. Si trova a livello dello stomaco
B. Ha il compito di assorbire i nutrienti a livello dell'intestino tenue
C. Modificando la sua forma contribuisce a formare l'epitelio dei dotti escretori delle ghiandole esocrine
D. Protegge cellule e tessuti sottostanti alle vie urinarie e alla vescica dall'effetto ipertonico e dannoso dell'urina
E. Forma l'epitelio dello stomaco che grazie alla sua capacità di passare da uno stato disteso ad uno stato rilassato, contribuisce alla peristalsi gastrica

3. L'epidermide:
A. È un epitelio semplice cheratinizzato
B. Presenta superficialmente cellule epiteliali cilindriche
C. È costituita da due strati: basale ecorneo
D. Ha origine mesodermica
E. Presenta nello strato basale cellule cellule staminali responsabili dell'attività proliferativa

4. La cheratina è:
A. Una proteina non fibrosa delle membrane cellulari
B. Un pigmento della pelle
C. Una proteina fibrosa dello strato corneo dell'epidermide
D. La principale componente dell'esoscheletro degli insetti, formata da chitina
E. Costituente delle membrane nucleari

5. Una ghiandola si definisce endocrina quando:
A. È situata all'interno della cavità addominale
B. Il prodotto di secrezione viene riversato direttamente nel sangue
C. Il prodotto di secrezione viene riversato nel sistema linfatico
D. È fornita nel suo interno di un condotto escretore
E. Secerne sostanze all'interno dell'apparato digerente

6. Le ghiandole sebacee:
A. Si trovano in corrispondenza dei bulbipiliferi e originano dall'ipoderma
B. Sono ghiandole a secrezione olocrina
C. Usano gli stessi dotti delle ghiandole sudoripare
D. Sono ghiandole unicellulari
E. Secernono un prodotto di natura glicoproteica

7. Quale tra le seguenti opzioni NON appartiene al tessuto connettivo propriamente detto?
A. Fibrillare lasso
B. Reticolare
C. Mucoso maturo
D. Pigmentato
E. Cartilagineo

8. Quali tra le seguenti parti del corpo contengono lo stesso tipo di cartilagine?
A. Naso e orecchio
B. Naso e ginocchio
C. Orecchio e sinfisi pubica
D. Sinfisi pubica e naso
E. Ginocchio e orecchio

9. La cartilagine elastica:
A. È la cartilagine più diffusa nel corpo umano adulto
B. È la cartilagine più diffusa nel neonato, che verrà presto sostituita da tessuto osseo
C. È localizzata nel padiglione auricolare

D. Contiene prevalentemente fibre collagene
E. Non contiene condrociti

10. In un'articolazione mobile i due capi articolari che vengono a contatto sono rivestiti da:
A. Tessuto elastico
B. Tessuto sinoviale
C. Periostio
D. Tessuto fibroso
E. Tessuto cutaneo

11. Quale affermazione riguardo il tessuto osseo lamellare spugnoso è FALSA?
A. Contiene trabecole ossee
B. Le lamelle sono organizzate in osteoni
C. Nelle ossa piatte prende il nome di diploe
D. È la sede dell'emopoiesi
E. Delimita uno spazio contenente midollo osseo

12. Non sono considerate cellule labili:
A. Condroblasti
B. Cheratinociti
C. Cellule del tessuto epiteliale intestinale
D. Epatociti
E. Neuroni

13. I globuli rossi dell'uomo sono cellule:
A. Aploidi
B. Polinucleate
C. Mononucleate
D. Anucleate
E. Poliploidi

14. Il diametro dei globuli rossi è dell'ordine di:
A. Pochi micrometri
B. Un millimetro
C. Pochi nanometri
D. Decimi di centimetri
E. Nessuna delle precedenti

15. Gli eritrociti, dopo la nascita, sono prodotti:
A. Nella milza
B. Nel fegato
C. Nel cuore
D. Nel midollo osseo
E. Nel sangue

16. Quali delle seguenti cellule della linea leucocitaria presentano il caratteristico nucleo bilobato?
A. Monociti
B. Eosinofili
C. Macrofagi
D. Neutrofili
E. Linfociti

17. In quali delle seguenti cellule non avviene sintesi proteica?
A. Granulociti neutrofili
B. Epatociti
C. Neuroni
D. Cellule epiteliali dello strato corneo
E. Osteoclasti

18. Durante la vita fetale viene espressa un'emoglobina di tipo "fetale", capace di ossigenarsi a spese dell'emoglobina adulta presente nel sangue materno. L'emoglobina fetale ha quindi:
A. Peso molecolare superiore all'emoglobina dell'adulto
B. Punto isoelettrico superiore all'emoglobina dell'adulto
C. Affinità per l'ossigeno superiore all'emoglobina dell'adulto
D. Affinità per la CO_2 superiore all'emoglobina dell'adulto
E. Velocità di trasporto nei capillari molto alta

19. A quale delle strutture sotto elencate corrisponde la descrizione: "unità strutturale molecolare composta da sarcomeri"?
A. Miofibrilla
B. Sarcolemma
C. Actina
D. Giunzione neuro-muscolare
E. Miosina

20. Nei muscoli volontari vi sono due tipi di fibre: alcune, dette rosse, sono utilizzate per contrazioni lente ma persistenti e sono ricche di mitocondri; altre, dette pallide, sono utilizzate per contrazioni rapide ma assai affaticanti. Si può dedurre che:
A. Le fibre rosse ricavano l'energia per la contrazione da processi fermentativi

B. Le fibre pallide sotto grande sforzo attuano il ciclo di Krebs, producendo acido lattico
C. Le fibre rosse utilizzano molto ossigeno
D. Le fibre pallide ricavano energia per via aerobia
E. La capillarizzazione delle fibre pallide è maggiore di quella delle fibre rosse

21. Per quale caratteristica una cellula nervosa differisce da tutte le altre cellule?

A. Per il suo metabolismo enzimatico
B. Per l'incapacità di dividersi ulteriormente
C. Per il contenuto di aminoacidi
D. Per l'alta attività trascrizionale
E. Per l'alto consumo di energia

22. Cosa sono le cellule di Schwann?

A. Sono fibroblasti modificati
B. Sono dei caratteristici neuroni conduttori
C. Sono cellule che avvolgono l'assone
D. Sono cellule deputate al nutrimento dell'assone
E. Sono cellule epiteliali trasformate

23. Quale delle seguenti affermazioni sul neurone è FALSA?

A. I dendriti sono un sistema di ricezione degli impulsi
B. L'assone è ricco di ribosomi
C. L'assone e il suo rivestimento gliale formano la fibra nervosa
D. L'assone contiene fasci di microtubuli
E. La porzione terminale dell'assone partecipa alla formazione delle sinapsi

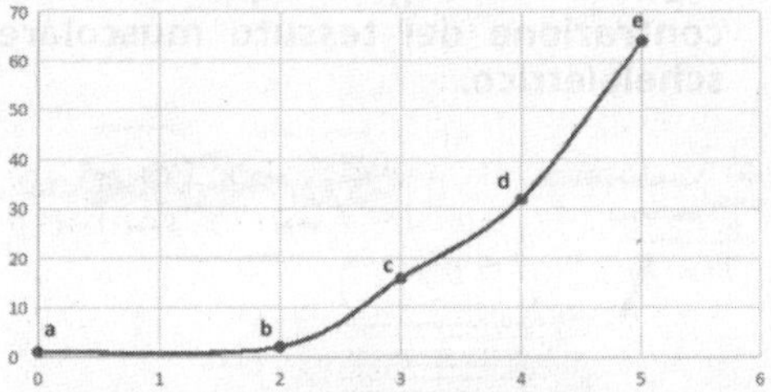

24. Il grafico soprastante, che ha sull'asse delle x il numero dei giorni e su quello delle y il numero di cellule, rappresenta lo sviluppo dell'embrione a partire dalla fecondazione. A livello del punto c del grafico, dove si trova l'embrione?

A. Nell'ampolla
B. Nel corpo dell'utero
C. Nell'ovaio
D. Nella porzione uterina della tuba
E. Nell'endometrio

25. Di quale tessuto il grafico sta descrivendo l'impulso?

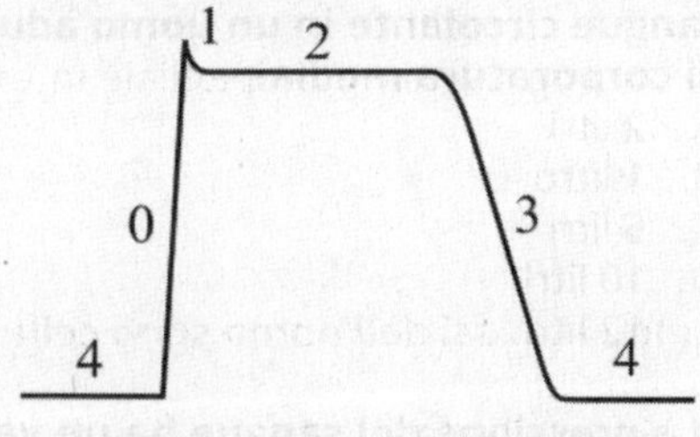

E come si chiama la fase indicata con il numero 2?

A. Tessuto nervoso; fase di stasi
B. Tessuto muscolare scheletrico; fase di stasi
C. Tessuto muscolare liscio; fase di plateau
D. Tessuto muscolare cardiaco; fase di plateau
E. Tessuto muscolare scheletrico; fase di massima

26. **Questa immagine rappresenta la contrazione del tessuto muscolare scheleletrico.**

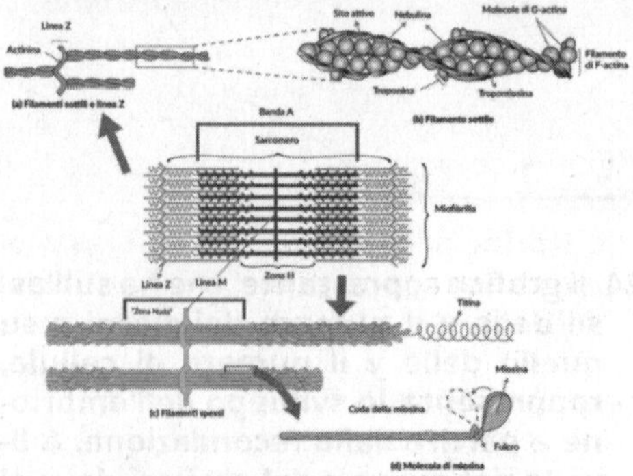

Affinché il processo possa essere innescato, a quale elemento il Ca^{2+} si deve legare?

A. Catena leggere della miosina
B. Troponina
C. Tropomodulina
D. Catena pesante della miosina
E. Doppia elica di actina

27. **Qual è normalmente il volume del sangue circolante in un uomo adulto di corporatura media?**

A. 2 litri
B. 1 litro
C. 5 litri
D. 10 litri
E. 12 litri

28. **La pressione del sangue ha un valore medio compreso tra 80-120 mmHg. La minima corrisponde alla:**

A. Sistole atriale
B. Diastole atriale
C. Sistole ventricolare
D. Diastole ventricolare
E. Chiusura delle valvole a nido di rondine

29. **Il termine sistole indica:**

A. Il sistema di conduzione del cuore
B. L'impulso elettrico generato dal miocardio
C. La distensione del miocardio
D. La contrazione del miocardio
E. Il battito cardiaco

30. **I capillari sono elementi importanti nella circolazione del sangue perché in essi ha luogo:**

A. Un forte aumento nella spinta del sangue
B. Lo scambio di materia tra sangue e cellule
C. La detossificazione di sostanze esogene
D. La produzione dei globuli rossi
E. La produzione dei globuli bianchi

31. **Quale delle seguenti arterie non origina direttamente dall'arco aortico?**

A. Arteria carotide sinistra
B. Arteria succlavia sinistra
C. Arteria anonima
D. Arteria carotide destra
E. Aorta discendente

32. **Il sistema linfatico:**

A. Filtra il sangue
B. Trasporta gli ormoni ai diversi distretti corporei
C. Ha funzione emopoietica
D. Raccoglie i fluidi interstiziali e li riporta al circolo generale
E. Filtra il sangue e trasporta gli ormoni ai diversi distretti corporei

33. **Quale, tra le opzioni, NON presenta mai una funzione emopoietica?**

A. Milza
B. Midollo
C. Sacco vitellino
D. Fegato
E. Placenta

34. **In seguito a splenectomia quale organo diviene responsabile dell'emocateresi?**

A. Milza
B. Rene
C. Fegato
D. Midollo osseo
E. Cuore

35. **Gli scambi respiratori avvengono:**

A. Nei bronchi
B. Negli alveoli polmonari
C. Nella trachea
D. Nei bronchioli respiratori
E. Nella laringe

36. Quale delle seguenti è la sequenza corretta del percorso che fa una molecola di ossigeno che viene inspirata?
A. Naso – laringe – faringe – trachea
B. Faringe – trachea – polmoni – bronchi
C. Naso – bocca – alveoli – bronchioli
D. Bocca – laringe – trachea – bronchi
E. Laringe – esofago – trachea – bronchi

37. L'organo della fonazione è rappresentato da:
A. Trachea
B. Laringe
C. Faringe
D. Cavità buccale
E. Polmoni

38. Quale dei seguenti gas ha la stessa concentrazione nell'aria inspirata e nell'aria espirata?
A. Vapore acqueo
B. Biossido di carbonio
C. Ossigeno
D. Azoto
E. Nessuno di questi

39. La mioglobina:
A. Serve per il trasferimento degli zuccheri
B. È una proteina della cellula muscolare
C. È una lipoproteina che trasporta particolari trigliceridi
D. È una proteina contenuta nei globuli rossi
E. È una proteina contrattile

40. Il cardias è:
A. Una membrana che avvolge il ventricolo sinistro del cuore
B. Una ghiandola endocrina
C. Una valvola che controlla l'entrata del bolo alimentare nello stomaco
D. Una valvola che controlla l'uscita del contenuto gastrico
E. Il muscolo cardiaco

41. Il fondo gastrico è quella porzione dello stomaco che si colloca:
A. Nella parte inferiore dello stomaco, a sinistra del cardias
B. Nella parte inferiore dello stomaco, a sinistra del piloro
C. Nella parte superiore dello stomaco, a sinistra del cardias
D. Nella parte superiore dello stomaco, a sinistra del piloro
E. Nella parte centro-laterale dello stomaco

42. I principali prodotti della digestione che vengono assorbiti a livello dei villi intestinali sono:
A. Glucosio, aminoacidi, sali e grassi emulsionati
B. Glicogeno, proteine e acidi grassi
C. Vitamine e proteine
D. Ormoni, aminoacidi e grassi neutri
E. Acqua, zuccheri, proteine e grassi

43. Indicare tra le seguenti affermazioni quella ERRATA. Nell'uomo il fegato:
A. È un organo impari
B. Produce bile
C. Secerne insulina
D. Riceve il sangue dal sistema portale
E. Si trova nella cavità addominale

44. Dalle analisi del sangue di un individuo risulta che il tasso di trigliceridi è particolarmente alto.
Ciò significa che:
A. C'è una parziale alterazione del metabolismo epatico
B. I villi intestinali non riescono ad assorbire l'eccesso di trigliceridi
C. La pressione del sangue è bassa
D. È in atto una patologia renale
E. L'individuo è diabetico

45. La pepsina è un enzima che agisce scindendo:
A. Le proteine in peptidi a pH basso
B. Le proteine in peptidi a pH alto
C. I lipidi a pH basso
D. I lipidi a pH alto
E. Gli zuccheri a pH neutro

46. Il pancreas si può definire un organo con funzione di:
A. Riserva di grassi
B. Ghiandola
C. Sostegno
D. Difesa
E. Filtro del sangue

47. La ptialina è:
A. Un enzima contenuto nella saliva per la digestione degli amidi
B. Un enzima del succo intestinale per la digestione dei glucidi
C. Un ormone intestinale
D. Una sostanza che favorisce la coagulazione del sangue
E. Un enzima del succo gastrico perla digestione delle proteine

48. L'uretra:
A. È un segmento delle vie genitali femminili
B. Veicola l'urina dai reni alla vescica
C. Veicola l'urina dalla vescica all'esterno del corpo
D. È una sostanza di scarto azotata
E. Congiunge l'utero alle ovaie

49. Il passaggio di acqua e soluti dal lume dei tubuli renali ai capillari peritubulari è definito:
A. Filtrazione
B. Escrezione
C. Secrezione
D. Riassorbimento
E. Idrolisi

50. L'azoto in eccesso viene espulso dall'organismo principalmente mediante l'escrezione di una sostanza più complessa, quale?
A. Urina
B. Ammoniaca
C. Urea
D. Aminoacidi
E. Acido urico

51. Per escrezione si intende:
A. Il processo di denaturazione delle proteine
B. L'immissione nel sangue di fattori legati al metabolismo del calcio
C. La produzione di ormoni agenti sul riassorbimento a livello renale
D. L'eliminazione di rifiuti e sostanze in eccesso dall'ambiente interno
E. Il riassorbimento delle sostanze prodotte

52. Gli ureteri:
A. Uniscono direttamente i reni all'uretra
B. Veicolano l'urina dai reni alla vescica
C. Trasportano gli spermatozoi dalle vescichette seminali all'uretra
D. Uniscono le ovaie all'utero
E. Appartengono all'apparato riproduttivo maschile

53. La gonade è:
A. Un organo impari
B. Un organo adibito alla produzione dei gameti
C. Una parte dell'articolazione del gomito
D. Un ormone prodotto dalla placenta
E. Una ghiandola salivare maggiore

54. Nella specie umana per caratteri sessuali secondari NON si intende:
A. La crescita dei genitali esterni
B. L'apparato genitale di genere
C. Il timbro della voce
D. La distribuzione dei peli
E. L'allargamento delle spalle

55. Per criptorchidismo s'intende:
A. Lo studio dei pipistrelli
B. La mancata discesa del testicolo nella borsa scrotale
C. Una malformazione dell'uretra
D. La mancata fusione delle lamine palatine
E. La particolare riproduzione di alcuni vegetali

56. I dotti deferenti fanno parte:
A. Dell'apparato uropoietico
B. Dell'apparato riproduttivo maschile
C. Dell'apparato riproduttivo femminile
D. Del sistema canalicolare epatico
E. Del sistema midollare renale

57. Indicare quale tra le seguenti sequenze è ESATTA:
A. Canale dell'epididimo → dotto deferente → dotto eiaculatore → prostata
B. Dotto deferente → canale dell'epididimo → prostata → dotto eiaculatore
C. Dotto eiaculatore → dotto deferente → canale dell'epididimo → prostata

D. Dotto eiaculatore → prostata → dotto deferente → canale dell'epididimo
E. Canale dell'epididimo → dotto eiaculatore → dotto deferente → prostata

58. Dove avviene la capacitazione degli spermatozoi?
A. Utero della donna
B. Epididimo
C. Vescichetta seminale
D. Prostata
E. Dotto deferente

59. Il miometrio fa parte della parete:
A. Uterina
B. Cardiaca
C. Gastrica
D. Vasale
E. Intestinale

60. In una donna, con un ciclo mestruale della normale durata di 28 giorni, l'ovulazione avviene:
A. Al 1° giorno del ciclo
B. Al 7° giorno del ciclo
C. Al 14° giorno del ciclo
D. Al 21° giorno del ciclo
E. Al 28° giorno del ciclo

61. Quale di questi organi NON è una ghiandola a secrezione interna?
A. Pancreas insulare
B. Surreni
C. Tiroide
D. Ipofisi
E. Prostata

62. Si definisce ormone:
A. Una sostanza prodotta in un distretto dell'organismo con effetti specifici su altri distretti
B. Una proteina con funzione di catalizzatore
C. Qualsiasi secreto ghiandolare
D. Una proteina basica associata al DNA
E. Una proteina intrinseca della membrana plasmatica

63. Quale, tra questi ormoni, stimola e mantiene le attività metaboliche?
A. Ossitocina
B. Calcitonina
C. Tiroxina
D. Vasopressina
E. ADH

64. Se la glicemia nel sangue è bassa, le cellule pancreatiche delle isole di Langerhans:
A. Secernono una maggior quantità di glucagone
B. Secernono una maggior quantità di insulina
C. Secernono una maggior quantità di adrenalina
D. Secernono una maggior quantità di succhi pancreatici
E. Sospendono la produzione di ormoni

65. Qual è la carenza minerale che può condurre all'ingrossamento della ghiandola tiroide?
A. Calcio
B. Sodio
C. Potassio
D. Iodio
E. Cloro

66. L'ormone adrenalina è secreto:
A. Dalle paratiroidi
B. Dalla corteccia surrenale
C. Dall'ipofisi
D. Dalla tiroide
E. Dalla midollare del surrene

67. Gli ormoni operano un controllo della funzione renale. Quale tra questi stimola il riassorbimento del sodio?
A. La tiroxina
B. L'aldosterone
C. Il cortisolo
D. L'insulina
E. Il glucagone

68. Quali dei seguenti abbinamenti NON è corretto?
A. Angiotensina - fegato
B. Peptide natriuretico cerebrale - encefalo
C. Gastrina - stomaco

D. Somatostatina - pancreas
E. Vasopressina - ipotalamo

69. La rodopsina è una proteina presente principalmente:
A. Nelle fibre muscolari
B. Nei melanociti
C. Nei bastoncelli retinici
D. Negli eritoblasti
E. Negli eritrociti

70. Le vie nervose afferenti sono:
A. Sensitive
B. Motorie
C. Miste
D. Solo simpatiche
E. Autonome

71. I dendriti trasmettono l'impulso nervoso:
A. In senso centripeto, verso il pirenoforo
B. In senso centrifugo
C. Alternativamente nei due sensi
D. In modo variabile secondo lo stimolo
E. Dal pirenoforo verso i bottoni sinaptici

72. Quale affermazione sul potenziale d'azione è corretta?
A. Non può essere graduato in ampiezza né in frequenza ma si propaga a distanza senza decremento
B. Non può essere modulato in ampiezza ma può essere modulato in frequenza, si propaga a distanza senza decremento
C. Può essere graduato in ampiezza ma non può esserlo in frequenza, subisce un decremento all'allontanarsi dal punto di generazione
D. Può essere graduato sia in ampiezza che in frequenza ma subisce una riduzione man mano che si allontana dal punto di generazione
E. Dipende dal tipo di stimolo che lo attiva, i neurotrasmettitori eccitatori creano un potenziale d'azione diverso da quelli inibitori

73. I canali semicircolari si trovano:
A. Nel testicolo
B. Nella laringe
C. Nell'orecchio interno
D. Nelle ghiandole salivari
E. Nel fegato

74. Il midollo spinale:
A. Costituisce parte integrante del Sistema Nervoso Centrale e da lui originano i nervi periferici
B. Connette l'encefalo con il resto del corpo
C. Potenzia le reazioni nelle situazioni di stress
D. È un aggregato di cellule nervose esterno al sistema nervoso centrale
E. Permette le reazioni involontarie

75. Che cosa indicano rispettivamente i termini "miosi" e "midriasi"?
A. Dilatazione e costrizione pupillare
B. Apertura e chiusura del piloro
C. Chiusura e apertura della valvola mitrale
D. Costrizione e dilatazione pupillare
E. Chiusura e apertura del cardias

76. Quali sono i componenti dell'occhio che, sequenzialmente, incontrerebbe un raggio di luce che penetra dall'esterno?
A. Cornea, cristallino, umor vitreo, umor acqueo, retina
B. Cornea, canali semicircolari, cristallino, retina
C. Cristallino, cornea, umor vitreo, retina
D. Cristallino, cornea, umor acqueo, umor vitreo
E. Cristallino, umor acqueo, umor vitreo, retina

77. In quale delle seguenti strutture dell'occhio si forma l'immagine?
A. Retina
B. Corpo ciliare
C. Congiuntiva
D. Sclera
E. Iride

78. L'acetilcolina è un neurotrasmettitore che:

A. Agisce solo a livello di SNC
B. Impedisce alla noradrenalina di legarsi ai propri recettori
C. Viene liberato in seguito ad un impulso nervoso
D. Agisce solo a livello della placca neuromuscolare
E. Viene riciclata nelle terminazioni nervose presinaptiche

79. Per ritmo circadiano si intende:

A. Svolgimento di determinate funzioni a intervalli di 24 ore
B. La capacità di adattarsi a un ritmo definito
C. La capacità di compiere un intero ciclo riproduttivo in 24 ore
D. La capacità degli animali polari di adattarsi ai ritmi particolari di luce-buio presenti nelle regioni nordiche
E. La ripetizione di comportamenti a ritmi approssimativamente costanti

80. Il gastrocnemio è:

A. Un componente della parete dello stomaco
B. Un muscolo della gamba
C. La parte iniziale del duodeno
D. Un farmaco antiulcera
E. Un osso del piede

81. Lo sternocleidomastoideo fa parte dei muscoli:

A. Masticatori
B. Dell'avambraccio
C. Dell'anca
D. Del collo
E. Della gamba

82. L'anconeo è:

A. Un muscolo dell'avambraccio
B. Un osso del torace
C. Un muscolo dell'arto inferiore
D. Una membrana interossea
E. Un osso del carpo

83. Durante la contrazione del muscolo scheletrico, quali filamenti si accorciano?

A. Miosina
B. Collagene
C. Actina
D. Tropomiosina
E. Nessuno dei precedenti

84. Perché la contrazione della fibra muscolare possa avvenire è indispensabile la disponibilità di:

A. Glucosio
B. Acido lattico
C. ATP
D. NADH + H^+
E. Nessuna delle molecole elencate

85. Il principale componente della matrice ossea è:

A. Solfato di calcio
B. Fosfato di calcio
C. Carbonato di sodio
D. Cloruro di calcio
E. Carbonato di potassio

86. Lo sfenoide é:

A. Un osso della base del cranio
B. L'ultima vertebra sacrale
C. Una ghiandola endocrina del torace
D. Un osso di forma quadrangolare tra le cavità orbitarie e l'osso frontale
E. Un ormone necessario per la digestione dei lipidi

87. Per foro ovale si intende:

A. Un foro che nel cuore fetale permette al sangue di passare dall'atrio destro all'atrio sinistro
B. Un orifizio del tratto intestinale
C. Un canale del cranio
D. Uno dei vasi cardiaci più importante
E. Un canale all'apice del cranio in cui passano nervi e vasi sanguigni

88. Quante sono le ossa del carpo?

A. 6
B. 9
C. 8
D. 11
E. 10

89. Nel movimento di abduzione l'arto viene:

A. Avvicinato al tronco
B. Allontanato dal tronco
C. Proiettato posteriormente
D. Proiettato anteriormente
E. Ruotato

90. Quale regione della colonna vertebrale è composta da cinque corpi vertebrali fusi insieme?

A. Cervicale
B. Toracica
C. Lombare
D. Sacrale
E. Coccigea

91. Quale delle seguenti ossa fa parte dell'arto superiore?

A. Ulna
B. Sfenoide
C. Astragalo
D. Ileo
E. Tibia

92. La diartrosi è:

A. Un tipo di articolazione tra due segmenti ossei
B. Una patologia articolare
C. Un'indagine diagnostica atta a sondare la cavità articolare
D. La degenerazione di un'articolazione
E. Un ispessimento della parete delle arterie

93. Il deficit di vitamina D durante l'età infantile provoca:

A. Sordità permanente
B. Scorbuto
C. Rachitismo
D. Emorragie
E. Ipertensione arteriosa

94. Nel grafico è rappresentato l'andamento della pressione arteriosa nei vari distretti anatomici del circolo sistemico. Nella prima parte del grafico la pressione istantanea subisce forti variazioni dovute all'alternarsi di sistole e diastole. Man mano che ci spostiamo verso destra l'ampiezza delle variazioni tende ad essere smorzata. Sulla base di quanto detto, sull'asse delle ascisse in che ordine ci aspettiamo di trovare i vari distretti del circolo?

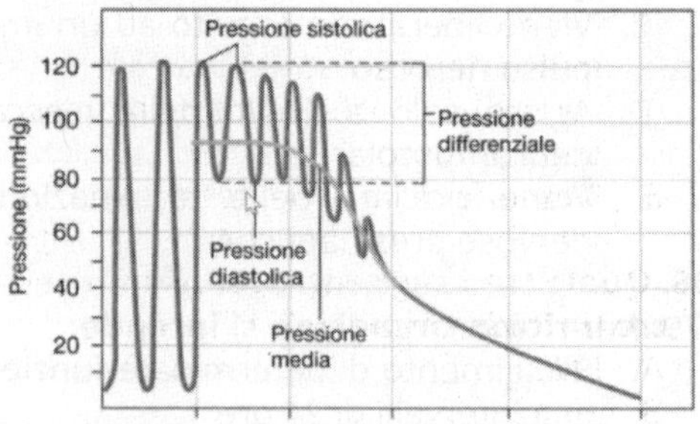

A. Ventricolo sinistro, arterie, arteriole, capillari, venule, vene, atrio destro
B. Ventricolo destro, vena polmonare, atrio sinistro, ventricolo sinistro, aorta
C. Atrio destro, vene, venule, capillari, arteriole, arterie, ventricolo sinistro
D. Arterie, arteriole, capillari, venule, vene
E. Ventricolo sinistro, vene, venule, capillari, arteriole, arterie, atrio destro

95. Il grafico mostra la funzione di Michaelis-Maentens che spiega la cinetica enzimatica e che in fisiologia cellulare viene utilizzata per capire il funzionamento dei trasportatori. Quale delle seguenti affermazioni è corretta?

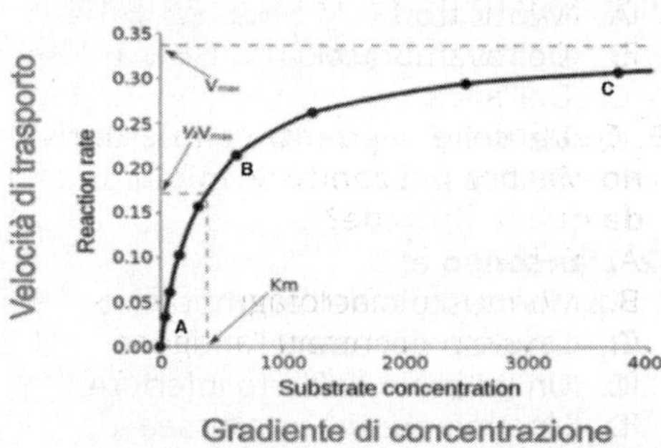

A. Nella parte compresa tra il punto (A) e (B) il trasportatore risulta saturato e per questo la velocità di trasporto è inferiore rispetto a quella compresa tra il punto (B) e (C)

B. Quando ci troviamo tra il punto (A) e il punto (B) la velocità di trasporto è massima
C. Il punto (C) è il punto in cui tutti i trasportatori sono liberi
D. Nella parte compresa tra (B) e (C) il trasportatore risulta saturato e la velocità di trasporto ha raggiunto il suo massimo
E. Nessuna delle precedenti

96. Quale tra i seguenti organi è un centro linfoide primario?
A. Milza
B. Timo
C. MALT
D. Tiroide
E. Linfonodo

97. Il sistema linfatico:
A. È composto solo da linfa
B. Fa parte esclusivamente del sistema immunitario
C. Non comprende gli organi linfoidi
D. È un sistema di circolo organizzato e chiuso
E. Permette di restituire al circolo ciò che non viene drenato a livello venoso

98. Quali tra i seguenti credi possa essere la formula leucocitaria più probabile in un'infezione batterica?
A. N 90%, L 10%, M 5%, E 3%, B 1%
B. N 65%, L 25%, M 5%, E 3%, B 1%
C. N 60%, L 21%, M 5%, E 10%, B 1%
D. N 45%, L 50%, M 5%, E 3%, B 1%
E. N 65%, L 25%, M 10%, E 3%, B 1%

99. Quali delle seguenti cellule derivano sia dal progenitore mieloide che da quello linfoide?
A. Cellule B
B. Monociti e macrofagi
C. Cellule presentanti l'antigene
D. Neutrofili
E. Eritrociti

100. Quale affermazione è falsa a proposito dei neutrofili:
A. Catturano i patogeni tramite fagocitosi
B. Sono le prime cellule a intervenire nel corso della flogosi
C. Sono chiamati neutrofili perché non incorporano né agenti acidi né basici
D. Presentano più nuclei al loro interno
E. Rappresentano il 50 - 70% dei leucociti circolanti

101. A proposito degli eosinofili, quale delle seguenti affermazioni è corretta?
A. Hanno un nucleo sferico che occupa la maggior parte della cellula
B. Sono i leucociti più rappresentati nel sangue
C. Sono importanti in caso di infezione virale
D. Dispongono di granuli al loro interno
E. Nessuna delle precedenti

102. In quale tipo di risposta immunitaria sono coinvolti i mastociti?
A. Risposta antiparassitaria
B. Risposta antibatterica
C. Risposta di ipersensibilità
D. Risposta antifungina
E. Nessuna delle precedenti

103. I macrofagi sono cellule dell'immunità innata che si trovano nei tessuti. A seconda del tessuto in cui sono localizzati, vengono chiamati in modo differente. Quali dei seguenti nomi viene usato per indicare i macrofagi residenti nel fegato?
A. Osteoclasti
B. Cellule di Kupffer
C. Microglia
D. Monociti
E. Cellule di Langhans

104. Cosa sono i monociti?
A. Cellule precursori dei linfociti, con attività macrofagica
B. Cellule precursori dei macrofagi, con attività macrofagica
C. Cellule precursori dei neutrofili, senza attività macrofagica
D. Cellule precursori dei macrofagi, senza attività macrofagica
E. Cellule precursori dei linfociti, senza attività macrofagica

105. Quali tra i seguenti sono i fagociti?
A. Monociti, macrofagi, neutrofili
B. Monociti, eosinofili, neutrofili
C. Monociti, macrofagi, basofili
D. Linfociti NK, macrofagi, neutrofili
E. Eosinofili, basofili, neutrofili

106. Quale delle seguenti affermazioni sulla struttura degli anticorpi è corretta?
A. Sono molecole asimmetriche, costituite da 3 catene pesanti e 2 catene leggere
B. Sono molecole simmetriche, costituite da 2 catene pesanti e 2 catene leggere
C. Sono molecole simmetriche, costituite da 4 catene pesanti e 4 catene leggere
D. Sono molecole asimmetriche, costituite da 2 catene pesanti e 2 catene leggere
E. Sono molecole asimmetriche, costituite da 2 catene pesanti e 3 catene leggere

107. Quali delle seguenti cellule sono responsabili della produzione massiva di anticorpi?
A. Plasmacellule
B. Granulociti basofili
C. Cellule B della memoria
D. Linfociti T killer
E. Linfociti T helper

108. In quali organismi viventi è possibile trovare la struttura anatomica detta ventriglio?
A. Solo nei pesci
B. Solo negli insetti
C. Solo negli uccelli
D. Negli insetti e nei pesci
E. Negli insetti e negli uccelli

109. È possibile suddividere l'intestino dei ruminanti in:
A. Rumine, reticolo e omaso
B. Rumine, reticolo, omaso e abomaso
C. Rumine e tenue
D. Tenue e crasso
E. Abomaso, tenue e crasso

110. Quali legami chimici vengono tipicamente scissi dagli enzimi prodotti dai microrganismi presenti nel rumine?
A. Legami β (1 → 4) glucosidici dell'amido
B. Legami β (1 → 4) glucosidici della cellulosa
C. Legami β (1 → 4) glucosidici dell'amido
D. Legami β (1 → 4) glucosidici della cellulosa
E. Legami peptidici

111. Quale tra le seguenti affermazioni riguardanti gli stigmi è ERRATA:
A. Sono aperture tegumentali per mezzo delle quali la rete interna di trasporto comunica con l'ambiente esterno
B. Sono un elemento di differenziazione fra insetti e vertebrati
C. Negli insetti sono al massimo dieci paia, suddivise tra il settore toracico e addominale
D. Sono delle semplici aperture in continuità con il sistema circolatorio aperto
E. Non hanno mai rapporto con l'apparato digerente

112. In quali tra i seguenti organismi è possibile trovare l'emolinfa?
A. Molluschi
B. Monere
C. Funghi
D. Celenterati
E. Ciclostomi

113. Quali tra i seguenti cordati NON concentrano le scorie azotate come cristalli di acido urico?
A. Condroitti
B. Rettili
C. Mammiferi
D. Uccelli
E. Osteitti

114. A quali strutture anatomiche dei vertebrati possono essere associati i tubuli di Malpighi degli insetti?
A. Neuroni olfattivi
B. Vasi sanguigni
C. Reni

D. Muscoli scheletrici
E. Polmoni

115. Quali tra le seguenti sostanze costituiscono l' esoscheletro di alcuni invertebrati?
A. Cheratina
B. Solfato di calcio e chitina
C. Cheratina e chitina
D. Carbonato di calcio e chitina
E. Solfato di calcio e cheratina

116. La borsa di fabrizio, organo tipico degli uccelli, è una struttura:
A. Trova un'analogia con il timo solo nei pesci
B. Non trova una vera e propria analogia nel resto degli animali
C. Trova un'omologia nel midollo osseo e nel timo nell'uomo
D. Trova un'omologia con il timo solo nei pesci
E. Trova un'analogia solo con il timo nell'uomo

117. Quale delle seguenti coppie animale-prodotto di eliminazione dell'azoto NON è corretta?
A. Uomo-Urea
B. Uomo-Ione Ammonio
C. Uccelli-Acido Urico
D. Pesci-Ammoniaca
E. Uccelli-Ammoniaca

118. Quale delle seguenti coppie struttura di eliminazione sostanze di scarto-animale NON è corretta?
A. Nefridi - Anellidi
B. Nefridi - Vertebrati
C. Nefroni - Vertebrati
D. Cellule a fiamma - Platelminti
E. Insetti - Tubuli di Malpighi

BIOLOGIA

CORREZIONE COMMENTATA

1. L'insieme di organi che svolgono funzioni simili forma un apparato o sistema (risposta B errata). Il tessuto è invece definito come un insieme di cellule che svolgono la stessa funzione. L'insieme di cellule di uno stesso organo non si definisce tessuto, perchè un organo può essere formato da più tipi di tessuti (risposta D errata).
Risposta corretta C.

2. L'epitelio di transizione, chiamato anche urotelio, è un tessuto epiteliale pluristratificato che varia il numero degli strati modificando la forma delle cellule che lo compongono. Si tratta di un epitelio presente a livello delle vie urinarie e della vescica, caratterizzato dalla presenza di cellule cupoliformi in superficie, le quali proteggono gli strati cellulari sottostanti dagli effetti ipertonici e dannosi dell'urina, resistendo al suo pH acido.
Risposta corretta D.

3. L'epidermide è un epitelio pavimentoso, composto, cheratinizzato, di origine ectodermica costituito da 4-5 strati (risposte A, C e D errate) . Superficialmente le cellule sono denominate corneociti o lamelle cornee, per la loro forma appiattita (risposta B errata). Lo strato basale, o germinativo, si caratterizza per la presenza di cellule di forma cilindrica o cubica, responsabili dell'attività proliferativa.
Risposta corretta E.

4. La cheratina è una proteina filamentosa contenuta nelle cellule dello strato corneo dell'epidermide, strato più esterno costituito da cellule anucleate.
Risposta corretta C.

5. Una ghiandola endocrina è una ghiandola che riversa il suo secreto direttamente nel circolo sanguigno. Il condotto escretore è invece tipico delle ghiandole esocrine.
Risposta corretta B.

6. Le ghiandole sebacee originano nel derma (risposta A errata) ed usano spesso lo stesso lume dei bulbi piliferi, non delle ghiandole sudoripare (risposta C errata). Inoltre, sono ghiandole pluricellulari (risposta D errata) e secernono un prodotto di natura lipidica (risposta E errata). Le ghiandole sebacee sono effettivamente a secrezione olocrina: ciò significa che la cellula si riempie di secreto, dopodiché va incontro a lisi per permetterne la fuoriuscita.
Risposta corretta B.

7. Il tessuto fibrillare lasso è il tessuto che costituisce tipicamente lo stroma degli organi parenchimatosi, la tonaca sottomucosa degli organi cavi comunicanti con l'esterno e le tonache più interne dei vasi sanguigni (risposta A errata). Il connettivo reticolare è rintracciabile a livello di midollo osseo e linfonodi (risposta B errata); il pigmentato a livello dell'iride (risposta D errata). Il tessuto mucoso maturo si trova a livello della polpa dentaria e nel cordone ombelicale, dove prende il nome di gelatina di Wharton (risposta C errata). L'unico connettivo a non fare parte dei propriamente detti è il tessuto cartilagineo, che si classifica tra i connettivi di sostegno.
Risposta corretta E.

8. Esistono tre diversi tipi di cartilagine: elastica, ialina e fibrosa. La cartilagine ialina è tipica del naso e delle articolazioni, tra cui il ginocchio. L'orecchio contiene invece cartilagine elastica, mentre la sinfisi pubica è costituita da cartilagine di tipo fibroso. Naso e ginocchio contengono quindi lo stesso tipo di cartilagine.
Risposta corretta B.

9. La cartilagine più diffusa nel corpo umano è la cartilagine ialina, che costituisce la prima bozza di scheletro ed è prevalentemente formata da fibre di collagene (risposte A, B e D errate). I condrociti, benchè scarsi, sono contenuti nella cartilagine elastica (risposta E errata).
Risposta corretta C.

10. La membrana sinoviale, che tappezza internamente la capsula articolare, delimita lo spazio articolare immerso nel liquido vischioso che essa stessa produce, denominato liquido sinoviale. Riveste le porzioni ossee contenute nella cavità articolare, fatta eccezione per le cartilagini di incrostazione, a livello dei capi articolari, sprovviste anche di pericondrio. Il tessuto sinoviale delimita, così, una cavità chiusa, nota come cavità articolare.
Risposta corretta B.

11. Il tessuto osseo spugnoso si presenta come un reticolo tridimensionale costituito da trabecole ossee (risposta A errata). Le lamelle ossee sono organizzate in modo irregolare e presentano lacune in cui sono accolti gli osteociti. All'interno degli spazi delimitati dalle trabecole si trova il midollo osseo rosso, che è responsabile dell'emopoiesi (risposte D ed E errate). È presente a livello delle epifisi delle ossa lunghe, delle ossa corte e delle ossa piatte, dove prende il nome di diploe (risposta C errata).
Risposta corretta B.

12. Il termine labile indica la maggior parte delle cellule del nostro corpo, in particolare quelle che vanno incontro a un continuo turnover. Le cellule perenni, al contrario, non possono essere rimpiazzate, neanche in caso di danno. L'esempio classico di cellula perenne è il neurone.
Risposta corretta E.

13. I globuli rossi, o eritrociti, prima di essere immessi nel circolo sanguigno, subiscono un processo di maturazione che comporta, tra le altre cose, la perdita del nucleo e di numerosi organelli citoplasmatici. Sono quindi cellule anucleate.
Risposta corretta D.

14. I globuli rossi possiedono un diametro di 7,5 μm e uno spessore di 2 μm ai lati e 1 μm al centro. Le piccole dimensioni permettono loro di passare anche attraverso i capillari più stretti.
Risposta corretta A.

15. Durante la vita fetale il fegato provvede all'emopoiesi (creazione delle cellule del sangue), ma dopo la nascita questo compito è svolto dal midollo osseo rosso, contenuto nelle porzioni di tessuto osseo spugnoso delle ossa piatte e delle epifisi delle ossa lunghe. La milza è deputata invece all'emocateresi, processo di distruzione degli eritrociti.
Risposta corretta D.

16. I leucociti si dividono in granulociti (neutrofili, basofili ed eosinofili) e agranulociti (monociti e linfociti). Del primo gruppo i neutrofili sono caratterizzati da un nucleo multilobato, mentre basofili ed eosinofili ne hanno uno classicamente bilobato. I monociti hanno il nucleo a forma di rene, o fagiolo, mentre macrofagi e linfociti hanno un nucleo sferico.
Risposta corretta B.

17. La sintesi proteica può avvenire esclusivamente all'interno di una cellula nucleata. Tra le opzioni indicate le uniche cellule anucleate sono le cellule epiteliali dello strato corneo,

la popolazione cellulare che compone lo strato più esterno della cute e che estrude il proprio nucleo durante la maturazione.
Risposta corretta D.

18. L'emoglobina è una proteina composta da 4 catene proteiche uguali a 2 a 2. L'emoglobina fetale mantiene questa struttura, ma si differenzia da quella adulta per uno dei due tipi di catene presenti. Queste conferiscono all'emoglobina fetale (HbF) una maggiore affinità per l'ossigeno. Anche non conoscendo la risposta, ci si può giungere per esclusione: nessuna delle altre opzioni comporta una maggiore ossigenazione dell'emoglobina fetale rispetto a quella adulta.
Risposta corretta C.

19. Il sarcolemma è il plasmalemma della cellula muscolare (risposta B errata). L'actina e la miosina sono i 2 tipi di filamenti coinvolti nella contrazione del sarcomero (risposte C ed E errate). La giunzione neuro-muscolare, o placca motrice, è la sinapsi che permette la trasmissione dell'impulso nervoso al muscolo (risposta D errata). Infine, la miofibrilla è, dopo il sarcomero stesso, la più piccola unità funzionale presente nel muscolo ed è formata appunto da sarcomeri.
Risposta corretta A.

20. Le fibre pallide, come scritto nel testo, sono quelle che permettono una contrazione tempestiva, intensa e poco duratura, per cui si procurano energia per via anaerobia tramite processi fermentativi che portano alla formazione di acido lattico (risposte B e D errate). Le fibre rosse, al contrario, permettono una contrazione lenta, poco intensa, e prolungata e di conseguenza traggono energia per via aerobia, cosa che è confermata anche dalla presenza di numerosi mitocondri. Per questo sono anche molto capillarizzate, in modo da avere O2 sempre a disposizione (risposte A e E errate).
Risposta corretta C.

21. Tutte le caratteristiche elencate nelle opzioni delle risposte sono attribuibili alle cellule nervose, ma l'unica che le distingue da tutti gli altri tipi di cellule è il fatto che non possano andare incontro a mitosi.
Risposta corretta B.

22. Le cellule di Schwann sono cellule di sostegno appartenenti alla neuroglia periferica del SNP. Il loro compito è quello di circondare i prolungamenti neuronali e isolarli dalle cellule adiacenti e dalla matrice extracellulare.
Risposta corretta C.

23. Il neurone è costituito dai dendriti, che ricevono gli impulsi da altri neuroni (risposta A errata), dal corpo cellulare e dall'assone, che conduce l'impulso per lunghe distanze e con la sua parte terminale costituisce le sinapsi (risposta E errata). Sono proprio i fasci di assoni rivestiti dalla glia a formare i nervi (risposta C errata). Proprio per la loro importante funzione di conduzione dell'impulso, gli assoni contengono molti microtubuli (risposta D errata). L'unica opzione falsa è la B, in quanto gli assoni non contengono i ribosomi poichè non sono sede della sintesi proteica.
Risposta corretta B.

24. La fecondazione avviene a livello dell'ampolla della tuba uterina, anche detta di Falloppio (risposta A errata). Dato che il processo inizia direttamente da questo punto, vuol dire che l'embrione non passa mai dall'ovaio (risposta C errata).
Dall'ampolla l'embrione passa per l'istmo della tuba e arriva nella porzione uterina della tuba stessa, quando raggiunge lo stadio di morula (16 cellule). Verso il 6° giorno l'embrione,

che è allo stadio di blastocisti, inizia l'impianto nell'endometrio uterino, da cui trarrà tutti i nutrimenti necessari per la crescita (risposta E errata). Infine il corpo dell'utero accoglie il feto durante tutto il resto della gravidanza (risposta B errata). L'esercizio chiede dove si trova l'embrione a livello del punto C, ovvero in corrispondenza del 3° giorno dalla fecondazione, quando l'embrione presenta 16 cellule. In questo momento si trova allo stadio di morula ed è quindi nella porzione uterina della tuba di Falloppio.
Risposta corretta D.

25. Il grafico rappresenta la contrazione del tessuto muscolare cardiaco, riconoscibile rispetto a quella del tessuto muscolare scheletrico proprio dalla presenza della fase di plateau (rappresentata con il numero 2).
Quest'ultima avviene nel momento in cui l'ingresso di ioni Ca^{2+} eguaglia la fuoriuscita di ioni K^{+}.
Risposta corretta D.

26. I due elementi fondamentali affinché avvenga la contrazione del tessuto muscolare scheletrico il Ca^{++} e l'ATP. Lo ione calcio è conservato a livello del reticolo sarcoplasmatico ed è rilasciato nel momento in cui è necessario per avviare la contrazione. Esso, infatti, va a legarsi alla troponina; questo legame causa il cambiamento di conformazione del complesso troponina-tropomiosina, permettendo così la liberazione del sito per la miosina sull'actina. A questo punto può avere inizio la contrazione muscolare.
Risposta corretta B.

27. Per uomo adulto di corporatura media ci si riferisce ad un soggetto che pesa intorno ai 70 kg. Considerando che la quantità di sangue equivale a circa il 7% del peso corporeo, in questo caso allora corrisponderà a circa 5 kg.
Risposta corretta C.

28. Il valore minimo della pressione sanguigna, 80 mmHg, corrisponde alla fase di rilassamento dei ventricoli, ovvero alla loro diastole. Le valvole a nido di rondine (opzione E), dislocate lungo il percorso delle vene maggiori, impediscono il reflusso del sangue venoso nella direzione sbagliata e non sono coinvolte nella misurazione della pressione sanguigna.
Risposta corretta D.

29. La sistole, contrapposta alla diastole, si riferisce alla fase di contrazione del cuore, e quindi del miocardio. Più precisamente, indica la contrazione dei ventricoli, ovvero il momento in cui il sangue viene pompato dai ventricoli nelle arterie. Il battito cardiaco, invece, è costituito da due toni, che corrispondono ai momenti di chiusura delle valvole.
Risposta corretta D.

30. Sia i globuli rossi che i leucociti vengono prodotti dal midollo osseo (risposte D e E errate). Il flusso sanguigno, una volta che arriva nel letto capillare, viene rallentato poiché passa in vasi dal diametro molto stretto (risposta A errata). La detossificazione delle sostanze esogene avviene all'interno delle cellule nel fegato (risposta C errata). Nei capillari le cellule non scambiano solamente gas con il sangue ma anche materia come sostanze nutritive, ormoni, ecc.
Risposta corretta B.

31. L'unica arteria che non origina direttamente dall'arco aortico è la carotide destra che, come la succlavia di destra, rappresenta un ramo dell'arteria anonima. L'arteria anonima è conosciuta anche come tronco brachiocefalico.
Risposta corretta D.

BIOLOGIA

32. Il sistema linfatico non funge da filtro del sangue (risposta A errata); a differenza del sangue, non trasporta gli ormoni (risposte B e E errate); non svolge funzione ematopoietica, ovvero di produzione di elementi corpuscolati del sangue, la quale avviene invece nel midollo osseo (risposta C errata).
Risposta corretta D.

33. L'emopoiesi, ovvero il processo di formazione delle cellule del sangue, viene svolto da organi diversi a seconda del periodo della vita. Nell'embrione questa funzione è affidata al sacco vitellino, struttura di origine mesenchimale, per poi passare dal settimo mese alla nascita a fegato, milza e midollo. La placenta è un annesso fetale che permette lo scambio di metaboliti e cataboliti tra sangue materno e fetale.
Risposta corretta E.

34. L'emocateresi consiste nella degradazione fisiologica di globuli rossi invecchiati da parte di macrofagi all'interno della milza. In seguito a splenectomia, cioè asportazione della milza, questo processo avviene a livello del fegato.
Risposta corretta C.

35. L'aria inspirata transita nelle vie respiratorie, che includono la laringe, la trachea, i bronchi e i bronchioli. I bronchioli terminali si ramificano in due bronchioli respiratori, dai quali originano gli alveoli, piccole sfere a fondo cieco avvolte dai capillari polmonari e sede degli scambi di gas respiratori tra il sangue e l'atmosfera.
Risposta corretta B.

36. Il corretto percorso dell'aria in inspirazione è naso (o bocca), faringe, laringe, trachea, bronchi principali, polmoni, bronchioli ed infine alveoli.
Risposta corretta D.

37. La fonazione è quel processo per cui si produce un suono per mezzo degli organi vocali; nell'uomo questo è rappresentato dalle corde vocali che sono poste nella laringe, l'organo che collega la faringe (posta superiormente) alla trachea (posta inferiormente).
Risposta corretta B.

38. Il vapore acqueo non è un gas, ma uno stato fisico dell'acqua (risposta A errata). Il biossido di carbonio e l'ossigeno cambiano concentrazione: nell'aria espirata sarà maggiore la concentrazione di anidride carbonica rispetto a quella di ossigeno, nell'aria inspirata viceversa (risposte B e C errate). L'azoto molecolare che viene inspirato non viene utilizzato nei processi biologici dell'organismo umano e quindi la sua concentrazione nell'aria espirata è uguale a quella iniziale dell'aria inspirata.
Risposta corretta D.

39. La mioglobina è una proteina contenuta nel tessuto muscolare dove, avendo una struttura simile a quella dell'emoglobina del globulo rosso, svolge la funzione di apportare ossigeno per la contrazione muscolare. Essa non ha caratteristiche contrattili.
Risposta corretta B.

40. Il cardias non deve essere confuso con una struttura appartenente al cuore (risposte A ed E errate), e non è nemmeno una ghiandola (risposta B errata). È l'orifizio superiore dello stomaco che lo mette in comunicazione con l'esofago e attraverso cui passa il bolo alimentare; la valvola che controlla l'uscita del contenuto gastrico, si chiama piloro (risposta D errata).
Risposta corretta C.

41. Lo stomaco può essere suddiviso in 4 porzioni anatomiche: fondo, corpo, antro e piloro. Il fondo dello stomaco è la porzione più alta dello stomaco, situata a sinistra del cardias.
Risposta corretta C.

42. Bisogna procedere per esclusione. Il glicogeno rappresenta la forma di immagazzinamento del glucosio a livello epatico e muscolare. Le proteine non possono essere assorbite a livello dei villi intestinali poiché sono complessi macromolecolari, mentre i villi assorbono le singole molecole costituenti degli alimenti (risposte B, C ed E errate). Gli ormoni non sono assorbiti a livello dei villi, ma immessi nel circolo sanguigno dal nostro organismo stesso (risposta D errata).
Risposta corretta A.

43. Il fegato è un organo impari collocato a destra nella cavità addominale, filtra il sangue venoso e produce bile (risposte A, B, D, E errate). NON è deputato alla secrezione di insulina, ormone immesso nel circolo sanguigno dal pancreas endocrino.
Risposta corretta C.

44. Si procede per esclusione: il diabete è correlato alla glicemia e non al livello di trigliceridi (risposta E errata). I trigliceridi in circolo nel sangue non influiscono sulla sua pressione (risposta C errata) e non sono connessi direttamente con alcuna patologia renale (risposta D errata). Se i villi intestinali non riuscissero ad assorbire i trigliceridi questi sarebbero abbondanti nelle feci e non nel sangue (risposta B errata).
Risposta corretta A.

45. La pepsina è un enzima gastrico, attivo a pH basso, che ha la funzione di scindere i legami peptidici delle proteine.
Risposta corretta A.

46. Un esempio di organo con funzione di difesa è l'epidermide (risposta D errata); uno che rappresenta una riserva di grassi è il tessuto adiposo (risposta A errata); uno che possiede la funzione di sostegno è dato dalle ossa (risposta C errata); l'organo che possiede la funzione di filtro sanguigno è il rene (risposta E errata).
Risposta corretta B.

47. La ptialina è un enzima contenuto nella saliva che è in grado di scindere polisaccaridi ad alto peso molecolare in molecole più semplici. L'enzima che agisce nello stomaco per la digestione delle proteine è la pepsina (risposta E errata), mentre un enzima per la digestione dei glucidi è l'amilasi (risposta B errata).
Risposta corretta A.

48. L'uretra è il condotto che collega la vescica all'esterno dell'organismo e consente la minzione. È importante non confonderla con l'uretere, condotto che unisce il rene alla vescica (opzione B errata); con l'urea e l'acido urico, sostanze azotate di scarto (opzione D errata). L'uretra è un tratto dell'apparato urinario in condivisione con le vie genitali maschili, non femminili (opzione A errata).
Risposta corretta C.

49. Il passaggio del plasma dai capillari glomerulari alla capsula di Bowman viene definito filtrazione (risposta A errata). Il passaggio di acqua e soluti dall'interstizio al lume dei tubuli renali viene definito escrezione (risposta B errata). La secrezione è invece la fuoriuscita di un prodotto biochimico da una cellula verso uno spazio corporeo interno ed è tipica dei tessuti ghiandolari (risposta C errata). L'idrolisi è un processo biochimico di rottura di una molecola polimerica che prevede l'introduzione di una molecola di acqua tra le unità (risposta E errata).

Il processo di riassorbimento indica il ritorno di una sostanza liquida e dei soluti da una cavità organica verso le vie sanguigne o linfatiche. A livello renale, il riassorbimento indica il ritorno di acqua e soluti dal lume tubulare verso i capillari peritubulari.
Risposta corretta D.

50. L'urea, l'acido urico, l'ammoniaca e gli amminoacidi sono tutti composti azotati naturalmente presenti nell'organismo. L'urea, prodotto di scarto del metabolismo amminoacidico, è il principale mezzo di eliminazione dell'azoto.
Risposta corretta C.

51. L'escrezione è un processo fisiologico di secrezione rivolta verso l'esterno dell'organismo mediante particolari organi e meccanismi biochimici: questi eliminano dall'organismo le sostanze inutili e/o tossiche derivate dal metabolismo cellulare e tissutale. Gli organi preposti a tale eliminazione vengono denominati emuntori, tra essi figurano la cute, i reni, l'intestino, l'apparato respiratorio, il pancreas e il fegato.
Risposta corretta D.

52. Gli ureteri sono i condotti compresi tra le pelvi renali e la vescica. Tra i reni e l'uretra non vi è un collegamento diretto: l'urina transita in sequenza dalla pelvi, dall'uretere e dalla vescica (risposta A errata). Le vescichette seminali sono unite all'uretra dai dotti eiaculatori, che trasportano anche gli spermatozoi, i quali provengono però dal dotto deferente (risposta C errata). Le ovaie sono unite all'utero dalle tube uterine, sede della fecondazione (risposta D errata). È l'uretra il tratto delle vie urinarie in condivisione con le vie genitali maschili (risposta E errata).
Risposta corretta B.

53. La gonade è per definizione l'organo adibito alla produzione dei gameti, forme mature e fecondanti delle cellule della linea germinale. Nelle femmine è rappresentato dall'ovaio, dove maturano le cellule uovo, nei maschi è rappresentato dal testicolo, dove maturano gli spermatozoi. Le gonadi sono organi pari e simmetrici (risposta A errata) e hanno anche un'importante funzione endocrina di secrezione degli ormoni sessuali.
Risposta corretta B.

54. I caratteri sessuali secondari sono le caratteristiche sviluppate durante la pubertà a seguito dell'aumento della produzione degli ormoni sessuali, con lo scopo di portare a compimento la maturazione sessuale dell'individuo. Tra questi caratteri si individuano la modificazione del timbro della voce nei maschi; la diversa distribuzione di peli e tessuto adiposo nelle femmine. L'unico carattere sessuale primario è l'apparato genitale di genere, che fin dalla nascita distingue maschi e femmine.
Risposta corretta B.

55. Il termine criptorchidismo deriva dal greco: *κρυπτος* (kruptos), nascosto e *όρχυς* (orkus), testicolo. Le radici di questo termine sono molto ricorrenti nella clinica medica, per esempio: orchite, infiammazione dei testicoli, o malattie criptogenetiche, malattie a origine ignota.
Risposta corretta B.

56. Il dotto deferente è un canale pari e simmetrico che origina dalla coda dell'epididimo, percorre il canale inguinale, e prosegue nel dotto eiaculatore, il quale accoglie il secreto della vescichetta seminale e si apre nell'uretra. Pertanto, i dotti deferenti appartengono all'apparato riproduttivo maschile e ne compongono parte delle vie spermatiche.
Risposta corretta B.

57. Gli spermatozoi lasciano il testicolo attraverso la rete testis e completano il loro sviluppo nell'epididimo. Quest'ultimo prosegue con il dotto deferente, che confluisce, insieme alla vescichetta seminale, nel dotto eiaculatore. I dotti eiaculatori penetrano nella prostata e confluiscono nell'uretra a livello dei collicoli seminali.
Risposta corretta A.

58. La capacitazione degli spermatozoi consiste nell'eliminazione dalla membrana plasmatica dello spermatozoo di una glicoproteina di superficie e delle proteine del plasma seminale. Rappresenta l'ultima fase del processo di maturazione dello spermatozoo. Senza capacitazione uno spermatozoo non può oltrepassare la corona radiata dell'oocita secondario per effettuare la fecondazione. La capacitazione avviene tramite l'interazione tra lo spermatozoo e la mucosa uterina e si svolge quindi nell'utero della donna.
Risposta corretta A.

59. Il miometrio è la tonaca muscolare dell'utero. Il prefisso mio indica elementi appartenenti alla categoria del tessuto muscolare; negli organi cavi degli apparati respiratorio, digerente e urinario lo strato di tessuto muscolare liscio viene denominato semplicemente tonaca muscolare (risposte C e E errate), nei vasi sanguigni lo strato di tessuto muscolare liscio in commistione con fibre elastiche viene denominato tonaca media (risposta D errata), nel cuore lo strato di tessuto muscolare striato cardiaco viene denominato miocardio (risposta B errata).
Risposta corretta A.

60. Nel primo giorno del ciclo mestruale i follicoli ovarici si preparano alla maturazione (risposta A errata). Durante il settimo giorno uno di questi diviene follicolo maturo (risposta B errata).
Intorno al quattordicesimo giorno avviene l'ovulazione. Nel ventunesimo giorno è in pieno sviluppo il corpo luteo (risposta D errata), il quale, nel caso non sia avvenuta la fecondazione nel 28° giorno, si trasformerà in corpo albicante (risposta E errata).
Risposta corretta C.

61. Ghiandola a secrezione interna è un sinonimo di ghiandola endocrina. L'unica ghiandola, tra quelle elencate, che non è endocrina è la prostata, la quale partecipa alla produzione del liquido prostatico, che non viene riversato nel sangue ma "all'esterno": di conseguenza è una ghiandola esocrina.
Risposta corretta E.

62. Un ormone è una molecola che ha la funzione di inviare segnali di regolazione del metabolismo agendo o sulla stessa cellula che lo ha prodotto, o su cellule vicine a questa, o su cellule lontane.
Risposta corretta A.

63. Si può procedere per esclusione. L'ossitocina viene secreta per aumentare le contrazioni muscolari dell'utero, in particolare durante il parto (risposta A errata). La calcitonina abbassa la calcemia (risposta B errata). La vasopressina, nota anche come ADH, ha la funzione di aumentare la pressione sanguigna e inibire la perdita d'acqua attraverso la produzione di urina concentrata (risposte D ed E errate).
Risposta corretta C.

64. L'adrenalina non è secreta dal pancreas endocrino, ma dalla midollare del surrene (risposta C errata). I succhi pancreatici secreti dalla componente esocrina del pancreas non regolano la glicemia (risposta D errata). Quest'ultima è regolata da due ormoni: l'insulina, utilizzata per abbassare la glicemia (risposta B errata), e il glucagone, per alzarla.

BIOLOGIA

Nel caso di carenza di glucosio nel sangue non si osserverà la sospensione di produzione degli ormoni (risposta E errata), bensì la produzione di glucagone.
Risposta corretta A.

65. Lo iodio è un costituente degli ormoni tiroidei: in caso di carenza la ghiandola tiroide riceve lo stimolo per la produzione degli ormoni tiroidei ma non è in grado di rispondere. La manifestazione clinica tipica dell'ipotiroidismo da carenza iodica è il cosiddetto "gozzo".
Risposta corretta D.

66. L'ormone adrenalina, insieme alla noradrenalina, viene secreto dalla parte midollare della ghiandola surrenale. La parte corticale di questa ghiandola endocrina secerne mineralcorticoidi, glucocorticoidi e ormoni sessuali.
Risposta corretta E.

67. La tiroxina è coinvolta nel metabolismo del glucosio e nella termogenesi (risposta A errata). Il cortisolo contrasta le infiammazioni (risposta C errata). L'insulina diminuisce la glicemia (risposta D errata), mentre il glucagone la aumenta (risposta E errata). L'aldosterone, invece, agisce a livello renale, sul tubulo distale, aumentando l'assorbimento di sodio.
Risposta corretta B.

68. Ognuno dei seguenti abbinamenti segue la logica ormone- sito di origine.
L'angiotensina è un ormone che crea vasocostrizione ed è prodotto dal fegato per l'azione della renina (risposta A errata). La gastrina è un ormone prodotto nello stomaco e stimola la secrezione gastrica (risposta C errata), mentre la somatostatina è un ormone prodotto dalle isole δ di Langerhans e rallenta le funzioni dell'apparato gastroenterico, compreso il rilascio di insulina e glucagone (risposta D errata). La vasopressina (ADH) viene prodotta dall'ipotalamo e ha una funzione antidiuretica e ipertensiva (risposta E errata), mentre il peptide natriuretico cerebrale è un ormone prodotto a livello del cuore e ha come bersaglio il rene; esso si lega e attiva i recettori del peptide natriuretico atriale, abbassando la quantità di acqua, sodio e potassio.
Risposta corretta B.

69. La rodopsina è una proteina di membrana dotata di 7 domini transmembrana ad α-elica e si trova principalmente nelle cellule a bastoncello della retina, che permettono la vista in bianco e nero.
Risposta corretta C.

70. Per vie nervose afferenti, o sensitive, si intende l'insieme di assoni che porta un impulso dalla periferia al sistema nervoso centrale. Si differenziano dalle vie efferenti, o motorie, poiché queste ultime trasportano un segnale dal SNC alla periferia.
Risposta corretta A.

71. I dendriti trasmettono sempre l'impulso nervoso in senso centripeto, dalle giunzioni sinaptiche al corpo del neurone. Gli assoni, invece, si occupano sempre degli stimoli in uscita, lavorando in senso centrifugo. Notare che le risposte B ed E sono identiche. Il pirenoforo è il corpo cellulare, dove è situato il nucleo.
Risposta corretta A.

72. Il potenziale d'azione ha delle caratteristiche molto precise ed è sempre uguale in ampiezza (risposta C errata), ovvero non può essere modulato uno volta superata la soglia di attivazione, al contrario dei potenziali graduati che invece non raggiungendo la soglia di attivazione del potenziale hanno ampiezze dipendenti dall'entità dello stimolo.

Può invece essere modulato in frequenza (risposta A errata). Caratteristica del potenziale d'azione è il mantenersi di intensità (ampiezza) costante per tutto il suo percorso di propagazione garantendo uno stimolo finale pari a quello di origine (risposta D errata). I neurotrasmettitori eccitatori portano all'apertura dei canali Na^+ mentre gli inibitori portano ad iperpolarizzazione della cellula rendendo più difficile l'attivazione della stessa, l'opzione E non ha senso.
Risposta corretta B.

73. I canali semicircolari sono parte dell'orecchio interno. Si tratta di tre strutture deputate a percepire la posizione della testa e le accelerazioni che questa subisce.
Risposta corretta C.

74. Il midollo spinale, contenuto all'interno del canale vertebrale, fa parte del sistema nervoso centrale, insieme all'encefalo. Quest'ultimo, costituito dagli organi nervosi contenuti all'interno della scatola cranica, non è connesso con il resto del corpo attraverso il midollo spinale (risposta B errata), ma sono i nervi che da esso derivano che connettono l'encefalo con la periferia.
Risposta corretta A.

75. I termini miosi e midriasi indicano rispettivamente la costrizione e la dilatazione pupillare, che possono avvenire per cause fisiologiche, patologiche e farmacologiche.
Risposta corretta D.

76. La cornea permettere il passaggio della luce verso le strutture interne dell'occhio ed ha il compito di proteggere l'organo da agenti esterni: deve dunque occupare una posizione superficiale (risposte C e D errate). La luce viene poi indirizzata dal cristallino (una lente con il compito di mettere a fuoco i raggi luminosi) alla retina (l'involucro più interno dell'occhio), dopo aver attraversato l'umor acqueo, prima del cristallino, e l'umor vitreo che riempie il bulbo oculare (risposta E errata). I canali semicircolari sono invece componenti dell'orecchio interno per il mantenimento dell'equilibrio (risposta B errata).
Risposta corretta A.

77. La congiuntiva è una sottile membrana mucosa che ha la funzione di proteggere il bulbo oculare (risposta C errata). La sclera è la membrana fibrosa bianca che riveste tutto l'occhio eccetto la porzione anteriore occupata dalla cornea (risposta D errata). L'iride è la membrana muscolare pigmentata con funzione di diaframma (risposta E errata). Il corpo ciliare è quella struttura che attraverso dei legamenti tiene sospeso il cristallino (risposta B errata). La retina, invece, è il foglietto che contiene i fotorecettori, sul quale si può formare l'immagine.
Risposta corretta A.

78. L'acetilcolina è responsabile della trasmissione nervosa sia nel SNC che nel SNP, quindi non agisce solamente a livello della placca neuromuscolare (risposte A e D errate). Non è un antagonista della noradrenalina (risposta B errata). Nelle terminazioni presinaptiche viene degradata e non riciclata (risposta E errata).
Risposta corretta C.
79. Il ritmo circadiano è lo svolgimento ripetitivo di alcune funzioni nell'arco delle 24 ore. Per esempio, le secrezioni di cortisolo, melatonina e altre sostanze biologiche del nostro organismo seguono un ritmo circadiano.
Risposta corretta A.

BIOLOGIA

80. Il muscolo gastrocnemio è il più superficiale dei muscoli della regione posteriore della gamba. Le opzioni A, C e D inducono a pensare allo stomaco, ma in questo caso il prefisso gastro è un termine che si riferisce al concetto di ventre o corpo muscolare.
Risposta corretta B.

81. Il nome sternocleidomastoideo fornisce numerosi indizi sulle sue inserzioni, quindi sulla sua posizione: le componenti sterno-, cleido-, e mastoideo si riferiscono rispettivamente allo sterno, alla clavicola e al processo mastoideo dell'osso temporale.
Un muscolo che si inserisce superiormente sulla testa e inferiormente sul torace è necessariamente un muscolo del collo.
Risposta corretta D.

82. L'anconeo è un muscolo dell'avambraccio, adibito alla sua estensione ed alla stabilizzazione del gomito nei movimenti di pronazione e supinazione.
Risposta corretta A.

83. I filamenti di miosina e quelli di actina, durante la contrazione del muscolo scheletrico, non modificano le proprie dimensioni; scivolano, infatti, l'uno sull'altro accorciando la lunghezza complessiva del sarcomero (risposte A e C errate). Il collagene è la principale proteina del tessuto connettivo (risposta B errata). La tropomiosina è una proteina filamentosa che, assieme alla troponina, impedisce il legame dell'actina con la miosina (risposta D errata).
Risposta corretta E.

84. Gli elementi necessari per la contrazione muscolare sono l'ATP (1 molecola per far contrarre il sarcomero e 1 per rilassarlo) e gli ioni $Ca2^+$, i quali segnalano alla troponina di liberare il sito attivo per il legame delle teste di miosina sull'actina. Il glucosio permette la produzione di ATP, ma non è indispensabile alla contrazione. L'acido lattico si viene a formare, invece, durante una contrazione intensa che sfrutta vie anaboliche anaerobie. Il $NADH + H^+$ non è coinvolto in questo processo.
Risposta corretta C.

85. Il principale componente della matrice inorganica dell'osso è il fosfato di calcio, associato in minor percentuale al carbonato di calcio.
Risposta corretta B.

86. Lo sfenoide è un osso del neurocranio, impari e mediano, che compone la base del cranio. È peculiare per la sua forma a farfalla. A livello della sua parete superiore, denominata sella turcica, è accolta l'ipofisi. Le vertebre sacrali sono fuse nell'adulto nell'osso sacro (risposta B errata). L'osso compreso tra le cavità orbitarie e l'osso frontale è l'etmoide (risposta D errata).
Risposta corretta A.

87. Il foro ovale è un foro che nel cuore fetale permette al sangue di passare dall'atrio destro all'atrio sinistro, bypassando il circolo polmonare. Il sangue ossigenato arriva, infatti, al feto dalla madre attraverso la vena ombelicale.
Risposta corretta A.

88. Il carpo è l'insieme di 8 ossa che, in ogni mano, prende posto tra le estremità inferiori di radio e ulna e le estremità iniziali dei 5 metacarpi. Note anche come ossa carpali, le ossa che costituiscono il carpo sono: lo scafoide, il semilunare, il piramidale, il pisiforme, il trapezio, il trapezoide, il capitato e l'uncinato. Mnemotecnica TB: Se Sei Peter Pan Trova Tu Capitano Uncino.
Risposta corretta C.

89. L'abduzione è allontanamento di un arto da un piano o asse o punto di riferimento, mentre l'adduzione è un movimento che avvicina un arto alla linea mediana del corpo.
Risposta corretta B.

90. L'osso sacro è un unico osso formato da cinque segmenti vertebrali che si fondono tra loro nei primi 25 anni di vita. Esso ha forma piramidale rovesciata a base quadrangolare. Il coccige è l'osso terminale della colonna vertebrale, composto da tre o quattro elementi vertebrali rudimentali. Le altre regioni della colonna vertebrale sono composte da corpi vertebrali singoli.
Risposta corretta D.

91. L'ulna e il radio formano lo scheletro osseo dell'avambraccio; la prima è posta medialmente, mentre il secondo è laterale. Lo sfenoide è un osso che compone la base cranica (risposta B errata). L'astragalo è un osso del tarso (risposta C errata). L'ileo compone insieme all'ischio e al pube l'osso dell'anca (risposta D errata). La tibia e il perone formano lo scheletro osseo della gamba (risposta E errata).
Risposta corretta A.

92. La diartrosi è un'articolazione mobile formata da due estremità ossee rivestite di cartilagine, da una cavità delimitata dalla membrana sinoviale, da una capsula articolare e dai legamenti. Sono diartrosi le articolazioni del gomito, del ginocchio, della spalla, dell'anca, del polso e della caviglia.
Risposta corretta A.

93. Il quesito può trarre in inganno per la presenza di due condizioni causate entrambe da deficit vitaminici: lo scorbuto (risposta B), causato da deficit di vitamina C, e il rachitismo da deficit di vitamina D (risposta C). Se si pensa al ruolo nel metabolismo del calcio della vitamina D, si riesce ad intuire come il deficit di questa possa causare una condizione di alterazioni dello sviluppo osseo nell'infante.
Risposta corretta C.

94. Per risolvere il quesito è importante avere chiaro un paio di concetti chiave. Il primo è l'anatomia del circolo sistemico, che parte dal ventricolo sinistro, continua delle arterie e arteriole, arriva a livello capillare e poi torna al cuore (atrio destro) passando per venule e vene. A questo punto ragioniamo sulla pressione: misurando la pressione in funzione del tempo all'interno del ventricolo sinistro, osserveremo che la pressione istantanea subisce forti variazioni dovute all'alternarsi di sistole (la contrazione aumenta la pressione) e diastole (il rilassamento fa diminuire la pressione). In uscita dal ventricolo sx, il sangue viene immesso nell'aorta e poi nelle grandi arterie in maniera intermittente, ovvero sono ancora presenti le variazioni di pressione del ciclo cardiaco. Più ci si addentra nell'albero vascolare, più l'ampiezza delle variazioni di pressione tende ad essere smorzata ad opera delle pareti arteriose, in modo tale da rendere il flusso sanguigno continuo una volta giunto nella rete capillare così da agevolare gli scambi coi tessuti. Il sangue successivamente proseguirà sempre con flusso continuo nel suo ritorno verso il cuore tramite il sistema venoso. La pressione del sangue diminuisce allontanandosi dal cuore a causa dell'attrito generato dalle pareti dei vasi, questo permette al sangue di muoversi dal cuore verso la periferia sia grazie alla spinta cardiaca, sia grazie al gradiente pressorio (che risulta massima in prossimità del cuore e minima in periferia).
Risposta corretta A.

95. La cinetica di Michaelis-Menten descrive, al variare della concentrazione enzimatica, la velocità di una reazione catalizzata dagli enzimi. In fisiologia viene sfruttata per capire l'andamento dei trasportatori perché questi ultimi hanno un funzionamento molto simile a quello degli enzimi.

La funzione ci dice che se mettiamo sull' asse delle ascisse la concentrazione del substrato che viene trasformato in un'altra sostanza dall'enzima e sull'asse delle ordinate la velocità di reazione chimica dell'enzima, queste due grandezze non sono legate da una relazione lineare ma c'è una prima parte della funzione molto ripida fino a che la funzione non cambia di pendenza. Per i trasportatori dobbiamo sostituire la concentrazione del substrato e la velocità di reazione con altre due grandezze che hanno lo stesso significato: il gradiente di concentrazione tra esterno e interno della cellula sulle ascisse e la velocità di trasporto sulle ordinate. Quello che ci interessa è che osservando il grafico notiamo che la funzione nel primo tratto, compreso tra (A) e (B) sale in maniera molto ripida per poi cambiare pendenza nel tratto tra (B) e (C) quando i trasportatori risultano saturi e quindi la velocità di trasporto si assesta attorno ad un valore che corrisponde alla velocità massima.
Risposta corretta D.

96. I centri linfoidi primari sono le sedi di produzione e sviluppo dei linfociti. Milza, MALT e linfonodi sono classificati come centri linfoidi secondari, popolati dai linfociti maturi, i quali avviano la risposta immunitaria adattativa (risposte A, C ed E errate). La tiroide non è un centro primario né secondario, bensì una ghiandola endocrina (risposta D errata). L'unico centro primario tra quelli elencati è il timo.
Risposta corretta B.

97. Il sistema linfatico è costituito da organi linfoidi, vasi linfatici e linfa (risposta A e C errata). A differenza del sistema cardiovascolare, il sistema linfatico non è un sistema chiuso, ma con origini a fondo cieco (risposta D errata). Il sistema linfoide fa parte del sistema circolatorio e del sistema immunitario (risposta B errata); comprende una rete di vasi linfatici che trasportano la linfa verso la vena cava superiore. Le funzioni principali del sistema linfatico sono quelle di garantire un percorso alternativo di ritorno al sangue per i liquidi in eccesso che ristagnano a livello dell'interstizio e di difesa nel sistema immunitario.
Risposta corretta E.

98. In caso di infezione batterica, le prime cellule ad aumentare saranno i neutrofili, mentre i linfociti aumenteranno soprattutto in caso di infezione virale. Gli eosinofili invece risultano più spesso aumentati in caso di parassitosi, mentre i basofili sono coinvolti nelle reazioni di ipersensibilità.
Risposta corretta A.

99. I monociti-macrofagi, i neutrofili e gli eritrociti derivano dal progenitore mieloide (risposta B, D, E errate), mentre i linfociti B derivano dal progenitore linfoide (risposta A errata). Le antigen presenting cells (APC) sono cellule accomunate dalla funzione di presentare gli antigeni ai linfociti T CD4+ e includono le cellule dendritiche (DC) e i macrofagi, che derivano dal progenitore mieloide, e i linfociti B, che derivano dal progenitore linfoide.
Risposta corretta C.

100. Una caratteristica morfologica dei granulociti neutrofili è la presenza di un nucleo che, seppur unico, è formato da più lobi. Dunque, il nucleo non è multiplo ma semplicemente plurilobato (sono presenti da 2 a 7 lobi), ogni lobo è unito da un filamento eterocromatico ben evidente.
Risposta corretta D.

101. I granulociti eosinofili hanno forma tondeggiante e presentano un nucleo formato da due lobi legati fra loro da un sottile filo di cromatina (risposta A errata), al contrario dei linfociti, il cui volume è occupato quasi interamente da un nucleo voluminoso e tondeggiante. I granulociti eosinofili sono coinvolti nella risposta contro gli elminti e nelle

reazioni allergiche (risposta C errata) e presentano dei granuli che contengono sia fattori per la risposta antiparassitaria che fattori in grado di contrastare l'azione basofila. Sono poco rappresentati nel plasma, infatti sono circa il 4% (risposta B errata).
Risposta corretta D.

102. I mastociti intervengono nella genesi delle reazioni di ipersensibilità e anafilattiche. Essi dispongono di granuli contenenti alcuni messaggeri chimici tra cui l'istamina, che dilatano i vasi del distretto in cui vengono liberati aumentando il flusso ematico e richiamando cellule immunitarie.
Risposta corretta C.

103. Gli osteoclasti sono i macrofagi residenti nelle ossa (risposta A errata); la microglia include i macrofagi del sistema nervoso centrale (risposta C errata); i monociti sono i macrofagi inattivi nel sangue (risposta D errata); le cellule di Langhans sono cellule giganti coinvolte nella risposta infiammatoria cronica, presenti nella cute e nelle mucose, soprattutto in quella intestinale (risposta E errata); le cellule di Kupffer si trovano invece nel fegato.
Risposta corretta B.

104. I monociti sono delle cellule circolanti precursori dei macrofagi, e acquisiscono questa denominazione una volta raggiunto il sito infiammatorio e differenziati. Nonostante siano cellule precursori, hanno comunque attività macrofagica e quindi agiscono direttamente sui patogeni.
Risposta corretta B.

105. Le cellule con specifica funzione fagocitaria o fagociti professionali sono tre: monociti, da cui poi derivano i macrofagi a livello periferico, i macrofagi stessi e i neutrofili. La funzione dei basofili e degli eosinofili è invece quella di rilasciare dei granuli con all'interno sostanze che favoriscono la reazione infiammatoria e che a seconda della loro affinità tintoriale legano meglio coloranti basici o acidi.
Risposta corretta A.

106. Gli anticorpi sono una famiglia di glicoproteine del siero fondamentali per la risposta immunitaria specifica. Essi possiedono una struttura quaternaria che conferisce loro una caratteristica forma a "Y", che presenta due siti di legame specifici per un determinato antigene. La molecola di un anticorpo è simmetricamente costituita da 4 catene polipeptidiche, di cui 2 sono leggere e 2 pesanti, inoltre ognuna di esse è formata da una porzione variabile e una porzione costante.
Risposta corretta B.

107. Nel corso della risposta umorale mediata dagli anticorpi, i linfociti B venuti a contatto con l'antigene e stimolati dai linfociti T helper, si vanno a differenziare in plasmacellule (che secernono gli anticorpi in quantità massiva) e in cellule B della memoria, che sopravvivono a lungo e producono modiche quantità di anticorpi. I linfociti T citotossici sono invece appartenenti all'immunità cellulo-mediata e particolarmente importanti nel riconoscimento e distruzione di cellule tumorali o infette da virus. I granulociti basofili sono invece leucociti deputati alle risposte allergiche.
Risposta corretta A.

108. Il ventriglio è una porzione dell'apparato digerente degli insetti, degli anellidi, dei molluschi e degli arcosauri, ovvero i discendenti dei dinosauri, cioè coccodrilli e uccelli. La triturazione del cibo avviene mediante una robusta muscolatura e alcune placche situate nella sua parete interna.
Risposta corretta E.

109. I ruminanti sono mammiferi, e come tali hanno un intestino suddivisibile in due porzioni: tenue e crasso. Rumine, reticolo e omaso sono tre prestomaci (i primi due sono una dilatazione dell'esofago), mentre l'abomaso è lo stomaco vero e proprio.
Risposta corretta D.

110. A differenza della maggior parte dei mammiferi, che sono incapaci di digerire la cellulosa, i ruminanti sono in grado di trarre energia da essa. Sono però i microrganismi (batteri, protozoi e muffe) presenti nel microambiente ruminale che scindono i legami β(1→4) glucosidici, grazie alla produzione di un'apposita β-glicosidasi, e riducono i polisaccaridi della cellulosa in monosaccaridi di glucosio, che poi viene reso disponibile per l'animale sotto forma di acidi grassi tramite un processo di fermentazione.
Risposta corretta B.

111. Gli stigmi sono aperture esterne sul tegumento degli insetti e degli aracnidi che consentono la comunicazione diretta delle trachee, organi dell'apparato respiratorio deputati alla diffusione dell'ossigeno ai tessuti, con l'ambiente esterno. Non hanno nessuna comunicazione con altri apparati, in quanto unicamente deputati alla veicolazione dell'aria verso i tessuti. Negli insetti sono presenti nei settori toracico e addominale, ma non in quello cefalico.
Risposta corretta D.

112. L'emolinfa degli artropodi (ragni, crostacei e insetti), dei molluschi e di alcuni anellidi, è un tessuto fluido che svolge funzioni analoghe a quelle del sangue e della linfa dei vertebrati. A differenza del sangue è però priva di eritrociti e, nella generalità degli insetti, di proteine respiratorie riconducibili all'emoglobina. Si compone di una porzione liquida (plasma) e di una cellulare.
Risposta corretta A.

113. A differenza dei pesci (che assumono il tipico colore argenteo accumulando cristalli di acido urico nelle scaglie prima di eliminarlo), dei rettili e degli uccelli che espellono i cristalli di acido urico tramite il guano, i mammiferi concentrano le scorie azotate sotto forma di urea prima di espellerla come urina.
Risposta corretta C.

114. I tubuli di Malpighi o tubi malpighiani sono organi assimilabili ai reni dei vertebrati e localizzati nella cavità addominale. Si presentano come tubuli sottili a fondo cieco che drenano direttamente l'acido urico nell'intestino.
Risposta corretta C.

115. L'esoscheletro è una struttura di rivestimento e sostegno esterna tipica di alcuni molluschi e degli artropodi (insetti, crostacei e aracnidi). In particolare, è costituito da carbonato di calcio nei molluschi e da chitina negli artropodi. La cheratina, invece, è una proteina filamentosa ricca di zolfo molto resistente, che costituisce lo strato corneo dell'epidermide di molti vertebrati.
Risposta corretta D.

116. Ricordiamo che due strutture si dicono omologhe quando condividono la stessa origine embriologica, ma non necessariamente la funzione. Due strutture si dicono analoghe quando invece hanno la stessa funzione ma non la stessa origine embriologica. La borsa di fabrizio è un organo linfoide primario trovato solo ed esclusivamente negli uccelli e che deriva da un diverticolo della cloaca. In quest'organo sviluppano i linfociti B, ma attenzione NON sono stati trovati organi analoghi nel resto degli animali, ma

solamente degli organi che svolgono una funzione simile, ma non uguale in tutto e per tutto e per questo si parla di organi borsa-equivalenti (come per il midollo osseo).
Risposta corretta B.

117. L'azoto è un prodotto di scarto del metabolismo delle proteine e degli acidi nucleici. Gli animali possono essere divisi in 3 grandi gruppi, ammoniotelici, ureotelici ed uricotelici. Gli animali ammoniotelici lo eliminano sotto forma di ammoniaca, per farlo è necessaria una grande quantità di acqua, pertanto è il processo tipico della maggior parte dei pesci. Gli animali ureotelici, invece, sono animali che eliminano l'azoto sotto forma di urea, come fanno la maggior parte dei mammiferi. In ultimo, gli animali uricotelici producono come scarto l'acido urico, composto estremamente tossico che viene escreto dagli uccelli ed una piccola parte di pesci (soprattutto quelli squamati). Inoltre, può essere prodotto anche lo ione ammonio, il quale può essere molto utile a tamponare il pH delle urine e/o dell'escreato.
Risposta corretta E.

118. Tutte le associazioni sono corrette tranne quella che vede i nefridi associati ai vertebrati. Questi animali infatti si trovano ad avere delle strutture più complesse che si organizzano a formare un organo che è il rene.
Risposta corretta B.

6. BIOENERGETICA

1. Per quanto riguarda la respirazione cellulare:
A. Considerando una molecola di glucosio dal ciclo di Krebs si ottengono 6 NADH, 2 $FADH_2$, 2 GTP e 4 CO_2
B. Prima dell'immissione nel ciclo di Krebs il piruvato viene ridotto ad acetil-CoA
C. Avviene per intero nella camera mitocondriale interna
D. I complessidella catena respiratoria sono situati nella matrice mitocondriale
E. Il ciclo di Calvin produce 2 molecole di gliceraldeide-3-fosfato

2. Nella cellula l'ATP ha la funzione di:
A. Riserva di energia chimica
B. Attivatore e trasportatore di proteine
C. Attivatore di qualsiasi tipo di enzima
D. Riserva di fosfati organici ed inorganici
E. Svolge tutte queste funzioni

3. L'energia necessaria ai processi di biosintesi e alle diverse attività meccaniche delle cellule deriva:
A. Solo dalle reazioni cataboliche
B. Solo dalle reazioni anaboliche
C. Sia dalle reazioni cataboliche che anaboliche
D. Dalle reazioni digestive
E. Da nessuna delle reazioni menzionate

4. La principale struttura deputata allo svolgimento della respirazione cellulare completa è:
A. Il cloroplasto
B. Il nucleo
C. Il nucleolo
D. Il mitocondrio
E. L'alveolo

5. La respirazione aerobia è un processo durante il quale si produce:
A. Glucosio
B. Acqua e anidride carbonica
C. Alcool etilico
D. Acido lattico
E. Ossigeno

6. Quale delle seguenti affermazioni sulla glicolisi è corretta?
A. Avviene nel nucleo delle cellule eucariotiche
B. Non avviene nei procarioti
C. Non avviene nelle cellule che compiono la fotosintesi
D. Porta alla formazione netta di 4 molecole di ATP per molecola di glucosio
E. Può avvenire in assenza di ossigeno

7. La glucochinasi è un enzima che fosforila il glucosio a glucosio-6-fosfato, il quale viene quindi demolito a piruvato.
Se ne deduce che tale enzima è attivo:
A. Nella matrice mitocondriale
B. Nella camera mitocondriale esterna
C. Nel nucleo
D. Nel citoplasma
E. Nello spazio interstiziale

8. La tappa di passaggio dalla glicolisi al ciclo di Krebs è la trasformazione:
A. Del glucosio in piruvato
B. Del piruvato in glucosio
C. Del piruvato in acetil-CoA
D. Dell'acetil-CoA in piruvato
E. Dell'acido ossalacetico in acido citrico

9. Quale fra questi processi avviene a livello della matrice mitocondriale?
A. Fosforilazione ossidativa
B. Glicolisi
C. Via dei pentoso fosfati
D. Catena di trasporto degli elettroni
E. Formazione di ossalacetato

10. Quale di queste sostanze è prodotta nel ciclo di Krebs?
A. Acetil-coenzima A
B. Acido piruvico
C. Glucosio
D. Anidride carbonica
E. Ossigeno

11. A proposito del ciclo di Krebs è corretto affermare che:
A. Ha anche funzione anabolica
B. È detto anche ciclo del fumarato

C. La prima reazione è rappresentata dall'attivazione del piruvato ad acetil-CoA
D. Tra i prodotti finali c'è il lattato
E. Può svolgersi anche in anaerobiosi a patto che in contemporanea si svolga anche la glicolisi

12. Dove si trovano gli enzimi che attuano la catena di trasporto degli elettroni della respirazione cellulare?
A. Nel nucleolo
B. Nel citoplasma
C. Nella matrice mitocondriale
D. Legati alla membrana mitocondriale esterna
E. Legati alla membrana mitocondriale interna

13. L'ossigeno che gli organismi assorbono dall'ambiente è utilizzato direttamente:
A. Nella catena di trasporto degli elettroni
B. Nel ciclo di Krebs
C. Nella fotosintesi clorofilliana
D. Nella fermentazione lattica
E. Nella sintesi proteica

14. Qual è il compito dell'ATP sintasi, durante la fosforilazione ossidativa?
A. Creare un gradiente protonico a cavallo della membrana mitocondriale
B. Sfruttando il flusso di protoni, fornire energia per la sintesi di ATP a partire da ADP e fosfato
C. Agire insieme all'enzima RuBisCO nella fase luce-indipendente
D. Ricavare energia a partire da ATP
E. Nessuna delle precedenti

15. Quante molecole di ATP, NADH e $FADH_2$ vengono prodotte a seguito della completa ossidazione di due molecole di glucosio?
A. 20, 4, 8
B. 2, 4, 10
C. 8, 20, 4
D. 76, 4, 20
E. 72, 20, 4

16. La respirazione anaerobica è un processo attraverso il quale:
A. Si forma glucosio a partire da anidride carbonica e acqua
B. Si demolisce glucosio per produrre 2 molecole di ATP
C. Si produce acetil-CoA a partire da glucosio
D. Si forma glucosio in assenza di ossigeno
E. Si ottengono 36 - 38 molecole di ATP

17. Nel globulo rosso maturo da chi viene riossidato il NADH formato nel processo glicolitico?
A. Dall'ossigeno contenuto nel globulo rosso
B. Dall'enzima lattato deidrogenasi
C. Direttamente dal primo complesso della catena respiratoria mitocondriale
D. Da un enzima che ha come substrato il piruvato
E. Dall'enzima ATP sintetasi

18. Qual è lo scopo della fermentazione alcolica?
A. Permettere la rigenerazione di NAD^+ ossidato che vada a supportare la conversione del glucosio in piruvato con la produzione di 2 molecole di ATP
B. Permettere la rigenerazione di NADH ridotto che vada a supportare la conversione del glucosio in piruvato con la produzione di 2 molecole di ATP
C. Permettere la rigenerazione di NADH ridotto che vada a supportare la conversione del glucosio in piruvato con la produzione di 6 molecole di ATP
D. Permettere la rigenerazione di NAD^+ ridotto che vada a supportare la conversione del glucosio in piruvato con la produzione di 2 molecole di ATP e la produzione di etanolo che può essere riutilizzato come fonte energetica
E. Permettere la rigenerazione di NAD^+ ossidato che vada a supportare la conversione del glucosio

BIOLOGIA

in piruvato con la produzione di 2 molecole di ATP e la produzione di etanolo che può essere riutilizzato come fonte energetica

19. Quali sono i prodotti fondamentali della fotosintesi clorofiliana?
A. Acqua e glucosio
B. Glucosio e ossigeno
C. Ossigeno, glucosio e idrogeno
D. Ossigeno, glucosio e acqua
E. Acqua e anidride carbonica

20. Quale dei seguenti processi biochimici avviene esclusivamente nei cloroplasti?
A. La fotosintesi clorofilliana
B. La fosforilazione ossidativa
C. La trascrizione inversa dell'RNA
D. La respirazione
E. La glicolisi

21. Nelle reazioni luce-dipendenti della fotosintesi, l'energia degli elettroni eccitati viene utilizzata per produrre:
A. NADH e anidride carbonica
B. NADPH e ATP
C. Acqua e anidride carbonica
D. Saccarosio
E. Ossigeno e anidride carbonica

22. La principale funzione della clorofilla è:
A. La respirazione cellulare
B. La sintesi dei cloroplasti
C. L'organicazione del carbonio
D. Il ciclo dell'azoto
E. La sintesi delle proteine

23. Il principale processo che avviene durante la fase luce-indipendente della fotosintesi clorofilliana è:
A. L'idrolisi dell'acqua
B. L'ossidazione del RUBP
C. La fissazione dell'ossigeno
D. La sintesi di glucosio
E. La sintesi di ATP

24. L'ossigeno che si libera nell'atmosfera in conseguenza dell'attività fotosintetica delle piante verdi deriva dal seguente processo:
A. Fotolisi di acqua
B. Ossidazione di glucosio
C. Riduzione di anidride carbonica
D. Riduzione di biossido di azoto
E. Ossidazione di vari tipi di zuccheri

25. Le piante verdi sono organismi viventi di grandissima importanza biologica perché possono:
A. Sintetizzare le proteine senza spendere energia chimica
B. Cedere all'ambiente parte dell'ossigeno liberato dalla fotosintesi clorofilliana
C. Trasfromare l'energia luminosa in energia chimica producendo molecole di acqua e anidride carbonica
D. Utilizzare direttamente l'energia solare per sintetizzare le proprie proteine
E. Idrolizzare i glucidi utilizzando l'energia solare

26. I principali prodotti della fase luce-indipendente (oscura) del processo fotosintetico sono:
A. Glucosio, NADPH e ATP
B. CO_2, $NADP^+$ e ADP
C. Glucosio, CO_2, $NADP^+$ e ADP
D. Glucosio, $NADP^+$ e ADP
E. Ossigeno, CO_2 e glucosio

27. Quale processo biochimico utilizza gli amminoacidi per sintetizzare glucosio?
A. Glicogenolisi
B. Glicogenosintesi
C. Gluconeogenesi
D. Ciclo di Krebs
E. Decarbossilazione ossidativa

28. Quale delle seguenti reazioni biochimiche NON può avvenire in un organismo eterotrofo?
A. Decarbossilazione del piruvato in acetil-CoA
B. Liberazione di urea da arginina
C. Riduzione del piruvato in lattato
D. Sintesi di citrato da ossalacetato e acetil-CoA
E. Sintesi di glucosio a partire da acidi grassi a numero pari di atomi di carbonio

29. Quale dei seguenti processi è esclusivamente anabolico?
A. Glicolisi
B. Fotosintesi
C. Glicogenolisi
D. Ciclo di Krebs
E. Degradazione dell'emoglobina

30. L'ATP si forma durante:
A. Decarbossilazione ossidativa
B. Fermentazione lattica
C. Fermentazione alcolica
D. Seconda fase della glicolisi
E. Ciclo di Calvin

31. Considerando i seguenti processi biochimici, in quale si produce la maggior quantità di NADH?
A. Il ciclo di Calvin
B. Il ciclo di Krebs
C. La fosforilazione ossidativa
D. La glicolisi
E. La sintesi delle proteine

32. Quali delle seguenti vie metaboliche ha lo scopo di aumentare la glicemia?
A. Gluconeogenesi
B. Glicolisi
C. Glicogenosintesi
D. Glucagone
E. β-ossidazione

33. Parlando del metabolismo del glicogeno quale affermazione è corretta?
A. È un omopolisaccarde a struttura strettamente lineare
B. La sua funzione è quella di rappresentare una riserva immediata di glucosio per l'organismo insieme ai trigliceridi
C. La sua sintesi avviene tramite la via metabolica detta gluconeogenesi
D. Nell'uomo si trova soprattutto a livello del fegato e a livello osseo
E. Si differenza dalla cellulosa solo per il tipo di legame tra le molecole di glucosio

34. Le sostanze contenute negli alimenti vengono trasformate nell'organismo e la loro degradazione biologica avviene, in genere, con liberazione di energia. Quali delle seguenti classi di sostanze produce, nella degradazione, la maggior quantità di energia a parità di massa?
A. Proteine
B. Zuccheri
C. Vitamine
D. Lipidi
E. Etanolo

35. Il metabolita azotato finale degli amminoacidi è:
A. Lo ione ammonio
B. Ammoniaca
C. Urea
D. Acido urico
E. Tutte le precedenti

36. Per β-ossidazione si intende:
A. La scissione dei trigliceridi da cui si ottengono acidi grassi liberi e glicerolo
B. L'ossidazione del glucosio in acido piruvico
C. La conversione del piruvato in lattato
D. La biosintesi del glucosio a partire da sostanze non glucidiche
E. La degradazione degli acidi grassi con produzione di acetil-CoA

37. Quale/i tra le seguenti associazioni è/sono errata/e:
I. Carboidrati 4 kCal/mol
II. Lipidi 37,67 kJ
III. Proteine 29,30 kJ
IV. Alcol 0 kCal
A. Opzione IV
B. Opzione II
C. Opzione III
D. Opzioni II e III
E. Opzioni III e IV

38. Quanti chilojoule ha un panino di 300 g, sapendo che esso è composto da 124 g di carboidrati, 10.1 g di grassi e 38.85 g di proteine?
A. 496 kJ
B. 742.3 kJ
C. 2969.2 kJ
D. 3107.3 kJ
E. 2076.3 kJ

39. A quante kCal corrispondono 2000kJ di proteine vegetali?
A. 8372
B. 477.8
C. 356.7
D. 577.8
E. 837.2

40. Quale sequenza riporta correttamente gli alimenti in ordine dal meno calorico al più calorico? Si assumano dosi di 100 g per ogni alimento.
A. Carote, Patate, Latte, Cetriolo
B. Cetriolo, Latte, Carote, Patate
C. Cetriolo, Pane, Tonno, Latte
D. Cetriolo, Latte, Tonno, Pane
E. Carote, Cetriolo, Tonno, Pane

41. Da quanti grammi rispettivamente di carboidrati, grassi e proteine è formato il pasto di Luca di 700 kCal, sapendo che di queste, 278 kCal sono fornite dai carboidrati e 42 kCal dai grassi?
A. 69,5 g; 95 g; 0 g
B. 69.5 g; 4.67 g; 0 g
C. 69.5 g; 4.67 g; 95 g
D. 69.5 g; 0 g; 95 g
E. 69.5 kCal; 4.67 kCal; 95 kCal

42. Un alimento è composto per il 30% di carboidrati, il 50% di H_2O e la restante parte da proteine e grassi. Sapendo che il contributo energetico totale è di 12558 kJ, e sapendo che il contenuto di grassi è 3 volte rispetto a quello delle proteine, quante grammi di proteine sono contenuti?
A. 3.9 g
B. 34.8 g
C. 11.6 g
D. 30.2 g
E. 20.3 g

43. Quale dei seguenti micronutrienti è importante per formare il nucleo attivo dell'ATP?
A. Calcio
B. Manganese
C. Iodio
D. Fluoro
E. Magnesio

44. Un ragazzo di 18 anni, di 70 kg e che si allena vorrebbe calcolare quanti grammi di proteine deve assumere al giorno.
Questo valore equivale circa a:
A. 55 g
B. 62 g
C. 74 g
D. 140 g
E. Non ci sono sufficienti informazioni

45. La carne di manzo ha ca. 250 kCal per 100 g, 26 g di proteine, 15 g di grassi e 0 di carboidrati. La maggior parte della massa dell'alimento deriva da:
I. Acqua
II. Fibra
III. Proteine
A. Opzione I
B. Opzione II
C. Opzione III
D. Opzione I e II
E. Opzione I e III

46. Quale tra i seguenti alimenti è il più calorico?
A. Colesterolo
B. Vitamina D
C. Vitamina B12
D. Acqua
E. Fibra

CORREZIONE COMMENTATA

1. Prima dell'immissione nel ciclo di Krebs, il piruvato viene ossidato ad Acetil-CoA (risposta B errata). La respirazione cellulare, tenendo conto della glicolisi, inizia nel citoplasma per poi continuare in varie parti del mitocondrio (risposta C errata). Gli enzimi della catena respiratoria sono situati nella camera mitocondriale interna. I complessi della catena respiratoria sono situati a cavallo della membrana mitocondriale interna (risposta D errata). Il Ciclo di Calvin appartiene alla fotosintesi (risposta E errata).
Risposta corretta A.

2. L'adenosintrifosfato (ATP) è una molecola che presenta due legami anidridici, la cui idrolisi libera molta energia. Quest'ultima viene impiegata per i processi anabolici e per l'attivazione di alcuni enzimi, non tutti (risposta C errata). La molecola, essendo costituita da 3 gruppi Pi (fosfato inorganico), si può intendere come "riserva di fosfati inorganici", ma non organici (risposta D errata). L'ATP non ha funzione di trasporto proteico (risposta B errata).
Risposta corretta A.

3. Le reazioni cataboliche, scindendo molecole organiche in prodotti più semplici, liberano energia. Le reazioni anaboliche, invece, sintetizzano le biomolecole partendo da precursori semplici grazie all'energia liberata dalla reazioni cataboliche. Quindi, i processi biosintetici (o anabolici) essendo processi endoergonici, necessitano di energia proveniente da ATP, NADH e $FADH_2$. Questa energia viene prodotta durante le reazioni ossidative (o cataboliche), che sono esoergoniche.
Risposta corretta A.

4. Il centro fondamentale della respirazione cellulare completa è il mitocondrio. Le cellule senza mitocondri sfruttano solo vie metaboliche anaerobiche.
Risposta corretta D.

5. Per rispondere alla domanda basta ricordare la formula della respirazione cellulare (esattamente opposta a quella della fotosintesi clorofilliana): $C_6H_{12}O_6 + 6O_2 \rightleftharpoons 6CO_2 + 6H_2O$ + 36 ATP.
Risposta corretta B.

6. La glicolisi è una via catabolica che avviene nel citoplasma (risposta A errata) in aerobiosi o in anaerobiosi, sia nelle cellule procariotiche sia nelle eucariotiche, inclusa la cellula vegetale (risposte B e C errate). Durante la glicolisi si formano 2 piruvati, 4 ATP e 2 NADH per glucosio, ma la resa netta di ATP è di 2 molecole, in quanto 2 ATP vengono consumati durante la fase di investimento (risposta D errata).
Risposta corretta E.

7. La glicolisi, via catabolica che trasforma il glucosio in piruvato e che presenta il glucosio-6-fosfato come intermedio, avviene nel citoplasma. Nel mitocondrio invece si svolgono la decarbossilazione ossidativa (camera esterna), il ciclo di Krebs (matrice) e la catena di trasporto degli elettroni (membrana interna).
Risposta corretta D.

8. Il primo reagente del ciclo di Krebs è l'acetil-CoA, molecola che si forma nello spazio intermembrana mitocondriale a partire dal piruvato prodotto dalla glicolisi. La via metabolica che porta alla conversione del glucosio in piruvato è la glicolisi (risposta A errata); la via che porta alla conversione del piruvato in glucosio è la gluconeogenesi

(risposta B errata); la sintesi di citrato a partire da ossalacetato e acetil-CoA è la prima reazione del Ciclo di Krebs (risposta E errata).
Risposta corretta C.

9. In particolare, la glicolisi e la via dei pentoso fosfati (via metabolica alternativa alla glicolisi) avvengono nel citosol (risposte B e C errate); la decarbossilazione ossidativa avviene nella camera mitocondriale esterna e il ciclo di Krebs avviene nella matrice mitocondriale esterna; infine, la catena di trasporto degli elettroni e la fosforilazione ossidativa si svolgono in corrispondenza della membrana mitocondriale interna (risposte A e D errate). Per rispondere correttamente si poteva procedere per esclusione o ricordare che la formazione dell'ossalacetato è l'ultima tappa del ciclo di Krebs, in quanto l'ossalacetato è uno dei reagenti (l'altro è l'acetil-CoA).
Risposta corretta E.

10. L'acetil-CoA è un reagente fondamentale per la produzione del citrato (ossalacetato + acetil-CoA → citrato), primo reagente dell'intero ciclo (risposta A errata). L'acido piruvico è un prodotto della glicolisi, necessario per la sintesi dell'acetil-CoA (risposta B errata). Il glucosio è il primo reagente della glicolisi, necessario per la produzione dell'acido piruvico (risposta C errata). La presenza di ossigeno è necessaria per lo svolgimento del ciclo di Krebs, ma NON è un reagente (risposta E errata). I prodotti del ciclo di Krebs sono il GTP, l'anidride carbonica, il NADH ed il $FADH_2$.
Risposta corretta D.

11. Il ciclo di Krebs è detto anche ciclo degli acidi tricarbossilici o dell'acido citrico (risposta B errata). La prima reazione avviene tra ossalacetato e acetil-CoA (risposta C errata). I prodotti finali, a partire da un piruvato, sono: 3 NADH, 1 $FADH_2$, 1 GTP e 2 CO_2 (risposta D errata). Si svolge solo in presenza di ossigeno (risposta E errata).
Risposta corretta A.

12. Gli enzimi della catena di trasporto degli elettroni sono una serie di proteine trasportatrici legati alla membrana mitocondriale interna. I complessi proteici ricevono elettroni dai coenzimi ridotti NADH e $FADH_2$, con lo scopo di creare un gradiente protonico nello spazio intermembrana del mitocondrio. Ogni proteina di trasporto fa passare gli elettroni a un livello energetico sempre più basso, cosicchè l'energia persa gradualmente venga sfruttata per produrre ATP. L'ultimo trasportatore della catena cede gli elettroni all'ossigeno, l'accettore finale, che viene ridotto ad acqua.
Risposta corretta E.

13. L'ossigeno, fondamentale per la riuscita della respirazione cellulare, è l'accettore ultimo di elettroni della catena respiratoria. Bisogna ricordare che, seppure l'ossigeno non sia un reagente del ciclo di Krebs, è fondamentale per la riuscita del ciclo stesso.
Risposta corretta A.

14. Durante la catena di trasporto degli elettroni, i complessi proteici della membrana mitocondriale interna portano alla formazione di un gradiente H^+ a cavallo della membrana. Sfruttando il flusso di protoni H^+ che ritornano nella matrice mitocondriale, come fosse una turbina, l'ATP sintasi genera energia per permettere la reazione tra ADP e gruppo fosfato per creare ATP.
Risposta corretta B.

15. A partire da una molecola di glucosio si producono 4 ATP, 10 NADH e 2 $FADH_2$. Moltiplichiamo per 2 e otteniamo 8 ATP, 20 NADH e 4 $FADH_2$. Le risposte D ed E riportano i valori finali della quantità di ATP a seguito della conversione di NADH e $FADH_2$.
Risposta corretta C.

16. La respirazione anaerobica o fermentazione lattica consta di due fasi: la glicolisi, che produce 2 ATP e 2 NADH, e la riossidazione, che riossida il coenzima NADH in NAD^+.
Risposta corretta B.

17. Il globulo rosso maturo è una cellula senza nucleo e senza organelli citoplasmatici. Essendo privo di mitocondri, la sola via metabolica disponibile per la produzione di ATP è quella anaerobia, che prevede la riossidazione dei coenzimi ridotti attraverso la trasformazione del piruvato in acido lattico ad opera dell'enzima lattato deidrogenasi.
Risposta corretta B.

18. La fermentazione alcolica è un processo che avviene in condizioni di anaerobiosi, ovvero quando l'ossigeno non è abbastanza sufficiente da permettere un completo processo di respirazione cellulare. Il suo scopo è dunque quello di supportare la semplice glicolisi, ovvero l'unico processo che, in caso di anaerobiosi, esita nella produzione di energia sotto forma di ATP, seppur poca (2 molecole di ATP). Ciò avviene grazie alla continua rigenerazione di NAD^+ ossidato che andrà a ridursi durante l'ossidazione del glucosio a piruvato.
Risposta corretta A.

19. I prodotti della fotosintesi clorofilliana possono essere dedotti dalla reazione globale: $6CO_2 + 6H_2O \rightleftharpoons C_6H_{12}O_6 + 6O_2$.
Acqua e anidride carbonica sono I prodotti della respirazione cellulare.
Risposta corretta B.

20. Il principale processo biochimico che avviene nel cloroplasto è la fotosintesi clorofilliana: fase luce-dipendente sulla membrana dei tilacoidi; fase luce indipendente nello stroma del cloroplasto.
Risposta corretta A.

21. Nella fase luce-dipendente (o luminosa) della fotosintesi, l'energia luminosa viene sfruttata dai fotosistemi per produrre un gradiente elettrochimico (del tutto simile a quello della respirazione cellulare), sfruttato per la sintesi di NADPH e ATP.
Risposta corretta B.

22. La clorofilla, contenuta nei cloroplasti, è una molecola importante per il corretto svolgimento della fotosintesi clorofilliana: è implicata nell'organicazione del carbonio, cioè nella conversione del carbonio inorganico dell'anidride carbonica nel carbonio organico del glucosio.
Risposta corretta C.

23. La fase luce-indipendente della fotosintesi clorofilliana è un processo che avviene a livello dello stroma del cloroplasto e ha la funzione di sintetizzare glucosio partendo da ATP e NADPH, sintetizzati a loro volta nella fase luce-dipendente della fotosintesi.
Risposta corretta D.

24. Nella fotosintesi clorofilliana, l'energia luminosa viene sfruttata per la fotolisi dell'acqua, che libera molecole di ossigeno e ioni idruro per la riduzione del $NADP^+$.
Risposta corretta A.

25. L'energia luminosa si trasforma in energia chimica producendo ossigeno e glucosio a partire da acqua e anidride carbonica, che sono invece i reagenti: $6CO_2 + 6H_2O \rightleftharpoons C_6H_{12}O_6 + 6O_2$. Le piante hanno grande importanza biologica perché possono cedere all'ambiente parte dell'ossigeno prodotto dalla fotosintesi.
Risposta corretta B.

26. La fase luce-indipendente (oscura) della fotosintesi clorofilliana prevede il consumo del NADPH e dell'ATP prodotto nella fase luce-dipendente (luminosa) per sintetizzare il glucosio. Il consumo di NADPH e di ATP implica la liberazione di $NADP^+$, ADP e Pi.
Risposta corretta D.

27. La gluconeogenesi è un insieme di reazioni biochimiche necessarie per sintetizzare glucosio a partire da amminoacidi corporei o da altre molecole. La glicogenolisi, invece, è un processo metabolico che degrada molecole di glicogeno fino ad ottenere il monosaccaride di glucosio (risposta A errata). La glicogenosintesi è l'opposto della glicogenolisi, cioè converte il glucosio per ottenere glicogeno (risposta B errata). Il ciclo di Krebs e la decarbossilazione ossidativa fanno parte della respirazione cellulare (risposte D ed E errate).
Risposta corretta C.

28. La decarbossilazione del piruvato in acetil-CoA è la decarbossilazione ossidativa (risposta A errata); la liberazione di urea è la tappa finale del ciclo dell'urea (risposta B errata); la riduzione del piruvato in lattato è la fase finale della glicolisi anaerobia (risposta C errata); la sintesi di citrato da ossalacetato e acetil-CoA è la tappa iniziale del ciclo di Krebs (risposta D errata). Non è possibile sintetizzare molecole di glucosio a partire da acidi grassi a un numero pari di atomi di carbonio.
Risposta corretta E.

29. I processi di tipo anabolico consistono nella sintesi di molecole complesse a partire da molecole più semplici. Glicolisi e glicogenolisi e degradazione dell'emoglobina sono processi catabolici, impiegati per la degradazione di glucosio, glicogeno ed emoglobina (risposte A, C ed E errate). Il ciclo di Krebs rappresenta una via anfibolica, ovvero sia catabolica che anabolica, a seconda delle necessità della cellula (risposta D errata). La fotosintesi è un processo interamente anabolico che permette la sintesi di glucosio a partire da anidride carbonica ed acqua.
Risposta corretta B.

30. La decarbossilazione ossidativa è un processo di conversione del piruvato in acetil-CoA, senza ricavo di ATP (risposta A errata). Durante le fermentazioni non si ha produzione di ATP, in quanto lo scopo è la riossidazione del NADH (risposte B e C errate). Il ciclo di Calvin è un processo che avviene nella fase luce-indipendente, durante il quale vengono utilizzati ATP e NADPH per sintetizzare glucosio (risposta E errata). La glicolisi è suddivisibile in due fasi, la prima prevede l'utilizzo di due molecole di ATP, la seconda ha come prodotto 4 molecole di ATP.
Risposta corretta D.

31. La via metabolica che porta alla formazione della maggior quantità di NADH è il ciclo di Krebs (un ciclo porta alla formazione di 3 molecole di NADH); la glicolisi porta alla formazione netta di 2 molecole di NADH (risposta D errata), mentre il ciclo di Calvin, la fosforilazione ossidativa e la sintesi proteica non portano alla sintesi di NADH (risposte A, C ed E errate).
Risposta corretta B.

32. Il glucagone aumenta la glicemia, tuttavia non è una via metabolica ma un ormone (risposta D errata). La β-ossidazione è una via metabolica che porta alla degradazione degli acidi grassi (risposta E errata). La glicogenosintesi ha lo scopo di produrre il glicogeno, un polisaccaride, sfruttando il glucosio presente nel sangue, abbassando così la glicemia (risposta C errata). Anche la glicolisi utilizza il glucosio presente nel sangue (risposta B errata). Infine, la gluconeogenesi è il processo inverso alla glicolisi ed ha lo

scopo, in particolari situazioni di carenza, di produrre glucosio a partire da precursori non saccaridici come piruvato, lattato e amminoacidi.
Risposta corretta A.

33. Il glicogeno è un omopolisaccaride ramificato (risposta A errata), formato dalla polimerizzazione di molecole di glucosio. Rappresenta l'unica scorta di glucosio dell'organismo (risposta B errata) e nell'uomo si trova soprattutto in fegato e muscolo (risposta D errata). Viene prodotto tramite glicogenosintesi (risposta C errata).
Risposta corretta E.

34. La degradazione di glucidi e proteine, per ogni grammo di sostanza, porta alla liberazione di 4 kcal (risposte A e B errate); la degradazione dell'etanolo 7 kcal/g (risposta E errata); la degradazione delle vitamine non libera energia (risposta C errata); la degradazione dei lipidi 9 kcal/g.
Risposta corretta D.

35. La degradazione delle proteine nel nostro corpo porta alla formazione di diversi amminoacidi: il metabolita azotato finale degli amminoacidi deriva dal gruppo amminico. L'ammoniaca e lo ione ammonio sono dei metaboliti intermedi della degradazione degli amminoacidi (opzioni A e B errate) tossici per l'organismo che vengono degradati ulteriormente in urea, la quale viene in seguito espulsa grazie alle urine. L'acido urico è invece un metabolita delle purine, anche questo secreto attraverso le urine, ma non ha nulla a che vedere con gli amminoacidi.
Risposta corretta C.

36. Il processo metabolico da cui si ottengono acidi grassi liberi e glicerolo, grazie alla scissione di trigliceridi, prende il nome di lipolisi (risposta A errata), mentre nella glicolisi aerobia avviene la parziale ossidazione del glucosio in acido piruvico (risposta B errata). Durante la fermentazione lattica avviene la riduzione del piruvato a lattato (risposta C errata), infine la sintesi biologica del glucosio a partire da sostanze diverse dai carboidrati prende il nome di gluconeogenesi (risposta D errata). La β-ossidazione è una via catabolica in cui la degradazione degli acidi grassi ottenuti con lipolisi porta alla produzione di acetil-CoA, che entrerà nel ciclo di Krebs.
Risposta corretta E.

37. Il contenuto energetico dei carboidrati è di ca. 4 kCal o 17,58 kJ; il contenuto dei lipidi, invece, è di 9 kCal, che equivalgono a 37,67 kJ; quello delle proteine è simile a quello dei carboidrati e, in chiloJoule, è di circa 18,2. In ultimo, l'alcol non è affatto privo di calorie, ma ha un valore energetico di ca. 7 kCal/mol.
Risposta corretta E.

38. Per svolgere questo esercizio occorre calcolare il contributo energetico di ogni componente, sommarlo e convertirlo in kJ. Svolgendo i calcoli si ottengono: 496 kCal di carboidrati, 90.0 kCal di lipidi e 155.4 kCal di proteine, sommando queste 3 componenti otteniamo un totale di 742.3 kCal. Ricordando che 1 kCal = 4,186 kJ, otteniamo 3017.3 kJ.
Risposta corretta D.

39. 1 kcal equivale a 4,186 kJ, quindi 1 kJ = 1/4,186 kCal.
Svolgiamo quindi 2000 kJ : 4,186 = 477.8 kCal.
Risposta corretta B.

40. Per 100 g di prodotto, abbiamo un valore energetico di circa 14 kCal per il cetriolo, 35 kCal per le carote, 64 kCal per il latte, 80 kCal per le patate, 160 kCal per il tonno ed infine

valori medi tra 220 e 250 kCal per il pane.
Risposta corretta D.

41. Per risolvere questo esercizio è consigliabile procedere per step. Prima dobbiamo calcolare quale sia il contributo energetico dato dalle proteine nel pasto, procedendo per ottrazione avremo: 700 - (278 + 42) kCal = 380 kCal. Dopodiché, sapendo che le kCal riportate sono kCal su mole o su grammi, possiamo applicare la formula inversa ed ottenere i grammi, g = kCal (macronutriente)/kCal(1 g di macronutriente). Così otteniano i grammi di carboidrati: 278/4 = 69.5 g; lipidi 42/9 = 4.67 g; proteine 380/4 = 95 g.
Risposta corretta C.

42. Questo quesito è piuttosto articolato. Innanzitutto, sapendo che il 50% dell'alimento è composto di acqua (valore energetico pari a zero), potevamo trovare il contenuto di grassi e carboidrati che equivale al 20% del valore energetico totale. Dopodiché, per semplificare i calcoli, potevamo calcolare l'equivalente in kCal del valore energetico totale, il quale equivale a 300 kCal. Queste 300 kCal sono formate quindi dal 50% di acqua, il 30% di carboidrati ed il 20% di proteine e lipidi. Da questo possiamo impostare una proporzione per ricavare a quanto equivale, in kCal, il contributo di proteine + grassi, ottenendo un valore di 120 kCal. Ottenuto questo valore, occorre impostare un sistema a 2 incognite di cui un'equazione esprime la condizione riportata dal testo, ossia che i grassi sono 3 volte le proteine; l'altra equazione invece esprime il contributo di 120 kCal composto da grassi (che apportano 9 kCal/g) e proteine (che apportano 4 kCal/g), quindi $4x + 9y = 120$. Risolvendo il sistema, si ottengono le quantità in grammi di grassi e proteine, che equivalgono rispettivamente a 11.6 g e 3.87 g approssimabile a 3.9 g.
Risposta corretta A.

43. L'ATP è la molecola di scambio energetico più utilizzata dal nostro organismo. Per essere completamente funzionale ha bisogno di uno ione che stabilizzi le sue cariche all'interno dell'organismo. Questo ione è lo ione Mg^{2+} che forma il core attivo dell'ATP.
Risposta corretta E.

44. Il fabbisogno proteico varia in base a diverse variabili, come età, sesso, attività fisica. In particolar modo, un soggetto adulto dovrebbe assumere almeno 0.7/0.8 g di proteine per peso corporeo al giorno; un ragazzo ancora in crescita e che pratica uno sport regolarmente, dovrebbe invece assumere più proteine con valori tra 0.9 e 1.4 g per peso corporeo. Si può arrivare anche a 2 g proteine · kg peso corporeo/die, ma sono casi eccezionali, non la norma.
Risposta corretta C.

45. Sappiamo che l'alimento in questione ha 250 kCal per 100 g. Tuttavia, solamente 26 g sono proteine e 15 g grassi, tutto il resto della massa è composto da micronutrienti (che sono trascurabili) e dall'acqua.
Risposta corretta A.

46. Tra gli alimenti riportati, l'unico che ha un contributo energetico modesto è la fibra vegetale, la quale apporta può apportare ca. 2 kCal/g. Le vitamine sono micronutrienti essenziali, pertanto non vengono "bruciate" e non hanno contributo energetico, così come l'acqua. Anche il colesterolo, nonostante sia un lipide, non viene metabolizzato ed apporta 0 kCal/g.
Risposta corretta E.

7. ELEMENTI DI BIOTECNOLOGIE

1. Analizzando l'esperimento di Griffith, quale affermazione riguardo la struttura del ceppo virulento del batterio "Streptococcus Pneumoniae", è corretta?

A. Nel ceppo R, in seguito al riscaldamento di quest'ultimo, è presente una capsula polisaccaridica mucosa, responsabile dell'insorgenza della polmonite
B. Successivamente al riscaldamento del ceppo virulento S, su quest'ultimo è presente una capsula polisaccaridica, responsabile della comparsa della polmonite
C. Nel ceppo virulento R del batterio della polmonite, la capsula poliammidica mucosa è responsabile della comparsa della malattia nel soggetto
D. Il ceppo R, dopo essere stato mischiato con il ceppo S riscaldato, acquista una capsula polisaccaridica mucosa che lo rende infettivo
E. Nel ceppo virulento S, la presenza di un capside polisaccaridico mucoso è responsabile dell'azione infettiva del batterio della polmonite

2. In un laboratorio di biologia, Giulia ha condotto due esperimenti su due colonie distinte di formiche; alla fine dei suoi esperimenti, annota i risultati:
- Colonia 1: Formiche morte.
- Colonia 2: Formiche vive.
Giulia si ricorda di aver inserito, all'interno delle colonie, batteri dei ceppi R ed S dello Streptococcus Pneumoniae, ma non si ricorda in quale colonia aveva inserito il ceppo R e in quale colonia il ceppo S; dai risultati, però, riesce a dedurre che cosa potrebbe aver inserito:

A. Colonia 1: Ceppo S scaldato;
Colonia 2: Ceppo R scaldato + Ceppo S
B. Colonia 1: Ceppo R scaldato + Ceppo S;
Colonia 2: Ceppo R scaldato
C. Colonia 1: Ceppo S scaldato;
Colonia 2: Ceppo R scaldato
D. Colonia 1: Ceppo S;
Colonia 2: Ceppo R + Ceppo S scaldato
E. Colonia 1: Ceppo S;
Colonia 2: Ceppo R scaldato + Ceppo S

3. Nell'esperimento di Avery, in seguito a riscaldamento, il ceppo S viene trattato con una molecola. Dopo aver inserito il ceppo R in questa miscela, quest'ultimo non diventa virulento; la molecola che rende possibile ciò è la:

A. RNAasi, in quanto questa agisce distruggendo, all'interno del ceppo S, l'mRNA del gene codificante per la capsula polissacaridica mucosa
B. DNAasi, in quanto agisce andando a distruggere nel ceppo S il portatore dell'informazione genetica per la capsula polisaccaridica mucosa
C. Proteasi, in quanto distrugge proteine fondamentali per la biochimica del batterio virulento, causandone così la morte
D. DNAasi, in quanto agisce andando a eliminare il DNA del ceppo R, tra cui i geni per la capsula polisaccaridica mucosa
E. RNAasi, in quanto, distrugge i tRNA fondamentali per la "costruzione" delle proteine della capsula virulenta del ceppo R

4. In che modo si dimostrò, in modo totalmente definitivo, che il materiale genetico è il DNA?

A. Inseriscono all'interno di una provetta contenente il ceppo S di Streptococcus Pneumoniae, precedentemente scaldato, della DNAasi: questo enzima, andando a distruggere il DNA fa si che, se aggiunto alla provetta il ceppo R, quest'ultimo non diventi virulento
B. Mischiano il ceppo S virulento di Streptococcus Pneumoniae, precedentemente riscaldato, insieme al ceppo R innocuo: il fatto che quest'ultimo diventi virulento dimo-

stra c'è stato un passaggio di DNA tra i due ceppi, tra cui anche i geni responsabili della polmonite
C. Marcano l'RNA e il DNA di un fagovirus T2, rispettivamente, con due isotopi pesanti diversi. Questi infatti erano le uniche due molecole che potevano contenere l'informazione genetica. Successivamente, iniettano il virus all'interno di un batterio e centrifugano: osservano, grazie agli isotopi, che solo il DNA si trova all'interno dei batteri
D. Inseriscono all'interno di una provetta contenente il ceppo S di Streptococcus Pneumoniae, precedentemente scaldato, della RNAasi: questo enzima, andando a distruggere l'RNA non permette di evitare il passaggio della virulenza da S a R. Si dimostra, così, che solo il DNA poteva essere responsabile della trasmissione
E. Marcano le proteine e il DNA di un fagovirus T2, rispettivamente, con due isotopi pesanti diversi. Successivamente, iniettano il virus all'interno di un batterio e centrifugano: osservano, grazie agli isotopi, che solo il DNA si trova all'interno dei batteri

5. L'elettroforesi proteica è una tecnica di laboratorio usata per registrare, in caso di processi infiammatori, variazioni anomale nei livelli di proteine plasmatiche di un paziente. Perchè questa tecnica permette di raggiungere questo scopo?
A. Tramite l'elettroforesi, si sfrutta un campo elettrico per suddividere le proteine plasmatiche del paziente in base alla loro massa molecolare: si definiscono, così, le quantità effettive delle proteine
B. Tramite l'elettroforesi, si sfrutta un campo elettrico per suddividere le proteine plasmatiche di un campione di sangue in base alla loro quantità nel siero: si definiscono, a seconda di come si dispongono nella griglia, i vari tipi di proteine presenti nel plasma e la loro effettiva quantità
C. Tramite l'elettroforesi, si sfrutta un campo magnetico per suddividere le proteine plasmatiche del paziente in base alla loro lunghezza e, di conseguenza, alla loro massa molecolare: si definiscono, così, le quantità effettive delle proteine
D. Tramite l'elettroforesi, si sfrutta un campo magnetico per suddividere le proteine plasmatiche di un campione di sangue in base alla loro natura chimica: si definiscono, a seconda di come si dispongono nella griglia, i vari tipi di proteine presenti nel plasma e la loro effettiva quantità
E. Tramite l'elettroforesi, si sfrutta un campo magnetico o un campo elettrico per suddividere le proteine plasmatiche del paziente in base alla loro massa molecolare: si definiscono, così, le quantità effettive delle proteine

6. Durante l'elettroforesi il filamento di DNA inserito nel gel d'agarosio verso dove migra e per quale motivo?
A. Il filamento di DNA migra in proporzione al suo peso molecolare, senza avere una "meta" precisa: dal pozzetto, si porterà il più lontano possibile
B. Il filamento di DNA, a seconda che il pozzetto sia stato posto all'anodo o al catodo, migra sempre verso l'elettrodo opposto
C. Il filamento di DNA, dato che presenta una carica positiva, migra verso il catodo
D. Il filamento di DNA, dato che presenta una carica negativa, migra verso l'anodo
E. Il filamento di DNA migra in proporzione alla sua lunghezza, senza avere una "meta" precisa: dal pozzetto, si porterà il più lontano possibile

7. In un laboratorio, la biologa Sofina isola un nuovo enzima di restrizione, chiamandolo "Lexi": quest'ultimo taglia in modo altamente specifico solamente una specifica sequenza palindromica; quale tra le seguenti

sequenze potrebbe essere "tagliata" da Lexi?

A. 5'-GCATGC-3' (Metilata)
B. 5'-GCAAGC-3'
C. 5'-GCAAGC-3' (Metilata)
D. 5'-CGATCG-3'
E. 5'-GCATCG-3'

8. Un biologo ha un frammento di DNA (singolo filamento) è caratterizzato dalla sequenza "ATCCGTT"; successivamente lo tratta con specifici enzimi di restrizione, ottenendo due frammenti di DNA: "GTT" e "ATCC". Il biologo, non stanco, fa la stessa operazione con gli stessi enzimi su un altro frammento, ottenendo una determinata sequenza integra; quale sarà la sequenza nucleotidica dell'ultimo frammento di DNA utilizzato?

A. CGATTCGAAT
B. CCATCAGATC
C. ATATATCGACG
D. TTACAGATTCG
E. ATCCATCCGC

9. Un test per verificare l'infezione da HIV consiste nel prelievo di un campione di sangue del paziente e nella separazione delle proteine contenute in esso; successivamente, tra queste ultime, con l'uso di sonde adeguate, si ricercano gli anticorpi HIV: di quali tecniche, quindi, ci si avvale per questo test diagnostico?

A. Elettroforesi e Northern Blot
B. Western Blot e Southern Blot
C. Elettroforesi e Western Blot
D. Elettroforesi e Southern Blot
E. Northern Blot e Western Blot

10. Dopo aver effettuato un elettroforesi di diversi frammenti di DNA, se ne vuole prelevare solamente uno, caratterizzato da una sequenza nucleotidica specifica.
Come si potrebbe intervenire per riuscirci?

A. Successivamente all'elettroforesi si cercano, all'interno del gel, tutti i frammenti che hanno lunghezza uguale alla sequenza cercata
B. Successivamente all'elettroforesi si trasferisce il DNA su una membrana; si inserisce una sonda fluorescente di DNA, composta da una sequenza complementare a quella cercata: questa quando troverà la sua sequenzacomplementare si appaierà, andando così a marcarla
C. Successivamente all'elettroforesi si cercano, all'interno del gel, tutti i frammenti che hanno peso molecolare uguale a quello della sequenza cercata
D. Successivamente all'elettroforesi si cercano, all'interno del gel, i frammenti che hanno lunghezza e peso molecolare uguale a quello della sequenza cercata
E. Si denatura il DNA presente nel gele si trasferisce su una membrana; si-inserisce una sonda fluorescente di DNA, composta da una sequenza complementare a quella cercata: questa quando troverà la sua sequenza complementare si appaierà, marcandola

11. Indica quale procedimento bisogna seguire nell'ibridazione:

A. Le bande di DNA vengono trasferite su un foglio di nitrocellulosa - DNA viene messo in contatto con la sonda - Si sciacqua il foglio - Si vede quali tratti risultano radioattivi - Si tratta il DNA in esame con enzimi di restrizione - Elettroforesi su gel
B. DNA viene messo in contatto con la sonda - Le bande di DNA vengono trasferite su un foglio di nitrocellulosa - Si sciacqua il foglio - Si vede quali tratti risultano radioattivi - Si tratta il DNA in esame con enzimi di restrizione - Elettroforesi su gel
C. Elettroforesi su gel - Le bande di DNA vengono trasferite su un foglio di nitrocellulosa - DNA viene messo in contatto con la sonda - Si sciacqua il foglio - Si tratta il DNA in esame con enzimi di restrizione - Si vede quali tratti risultano radioattivi
D. Elettroforesi su gel - Si sciacqua il foglio - Le bande di DNA vengono trasferite su un foglio di nitrocellu-

losa - Si tratta il DNA in esame con enzimi di restrizione - DNA viene messo in contatto con la sonda - Si vede quali tratti risultano radioattivi

E. Si tratta il DNA in esame con enzimi di restrizione - Elettroforesi su gel - Le bande di DNA vengono trasferite su un foglio di nitrocellulosa - DNA viene messo in contatto con la sonda - Si sciacqua il foglio - Si vede quali tratti risultano radioattivi

12. Per quale motivo nell'eseguire una PCR bisogna usare una Taq Polimerasi ("termostabile")?

A. Bisogna usare la Taq Polimerasi perchè riesce a lavorare, polimerizzando, anche a temperature elevatissime (circa 65 - 67° C)

B. Bisogna usare una polimerasi termostabile poichè, rispetto alle altre RNA Pol, non si denatura nel momento in cui si raggiungono temperature elevate (circa 95 - 97° C)

C. Bisogna usare la Taq Polimerasi perchè, rispetto alle altre DNA Pol, è l'unica che riesce a sintetizzare il nuovo filamento a partire dal primer termostabile

D. Bisogna usare la Taq Polimerasi perchè, rispetto alle altre RNA Pol, è l'unica che riesce a sintetizzare il nuovo filamento a partire dal primer termostabile

E. Bisogna usare una polimerasi termostabile poichè, rispetto alle altre DNA Pol, non va incontro a denaturazione quando si raggiungono temperature elevate (circa 95 - 97° C)

13. Per quale motivo durante la PCR, nel termociclatore, bisogna raggiungere una temperatura di circa 95° C?

A. Raggiungere i 95° C serve ad aprire i legami idrogeno presenti fra le basi complementari del DNA

B. Raggiungere i 95° C serve ad aprire alcuni dei legami idrogeno presenti fra le basi complementari del DNA: è necessaria quindi l'elicasi riesce a inserirsi tra i due filamenti e a dividerli in modo definitivo

C. Raggiungere i 95° C serve ad aprire i legami elettrostatici presenti fra le basi complementari del DNA

D. Raggiungere i 95° C è necessario per far lavorare la Taq Polimerasi al massimo delle sue capacità

E. Raggiungere i 95° C serve ad aprirei legami idrogeno presenti fra le basi complementari del DNA: la primasi riesce a inserirsi tra i due filamenti e sintetizzare i primer

14. Quale fra le seguenti affermazioni, riguardo ai primer usati nella PCR, è ERRATA?

A. Nella PCR, i due primer risultano fondamentali in quanto, già al secondo ciclo di amplificazione, si dispongono ai lati della sequenza da amplificare, inquadrando così la "finestra di amplificazione"

B. I due primer necessitano di una T di 60° C per potersi appaiare al filamento

C. Le estremità 3' dei primer sono disposte in modo tale da NON "guardarsi": per questo motivo i due primer vengono chiamati "divergenti"

D. I due primer sono complementari alle sequenze nucleotidiche che si trovano accanto alla regione da amplificare

E. I due primer sulla doppia elica del DNA da amplificare si dispongono in modo da essere uno su un filamento e uno sull'altro

15. Nel genoma umano, su alcuni cromosomi, sono presenti delle sequenze di DNA che si ripetono tantissime volte in tandem: queste vengono chiamate "microsatelliti". Ogni individuo, nei due cromosomi omologhi, può avere un numero di ripetizioni diverso, a seconda di quante ne aveva il cromosoma che hanno ereditato dalla madre e dal padre. Per questo motivo, spesso, i microsatelliti sono sfruttati per il test di paternità. Come si potrebbe individuare il numero di ripetizioni all'interno dei microsatelliti?

A. Si sceglie un cromosoma contenente un polimorfismo; Si isola la sequenza esi amplifica con la PCR; Si fa fare aiframmenti amplificati una corsa elettroforetica per constatare l'effettiva lunghezza delle sequenze

B. Si sceglie un cromosoma contenente un polimorfismo; Si sequenzia con il metodo di Sanger; Si conta il numero di ripetizioni contenute
C. Si sceglie un cromosoma contenente un polimorfismo; Si usa il sequenziamento per trovare il microsatellite; Si isola la sequenza e si amplifica con la PCR; Si fa fare ai frammenti amplificati una corsa elettroforetica per constatare l'effettiva lunghezza delle sequenze
D. Si sceglie un cromosoma contenente un polimorfismo; Si isola la sequenza e si amplifica con la PCR; Si esegue un Southern Blot con sonde di DNA complementari a quelle che potrebbero essere le ripetizioni
E. Si sceglie un cromosoma contenente un polimorfismo; Si isola la sequenza; Si fa fare al frammento una corsa elettroforetica per constatare l'effettiva lunghezza delle sequenze

16. Si esegue il sequenziamento di Sanger su un tratto di DNA di un individuo: alla fine del processo si ottengono, tramite elettroforesi, diversi frammenti di DNA in posizioni diverse all'interno del gel; il genetista, a questo punto, riesce a risalire alla sequenza di DNA iniziale. Cosa deve ricordare il genetista per non sbagliare a leggere la sequenza?

A. Il genetista risale alla sequenza tenendo conto del fatto che, all'interno del gel, i frammenti troncati molto prematuramente migrano di meno rispetto a quelli più lunghi
B. Il genetista ricostruisce la sequenza tenendo conto che le pirimidine hanno un peso molecolare minore delle purine; per questo motivo, se, all'interno del gel, un frammento di DNA è migrato molto, vuol dire che avrà come terminatore una purina
C. Il genetista trova la sequenza del DNA tenendo conto che, all'interno del gel, i frammenti troncati molto prematuramente migrano di più rispetto a quelli più lunghi
D. Il genetista ricostruisce la sequenza tenendo conto che le purine pesano di più delle pirimidine: per questo motivo il frammento di DNA contenente più purine migra di meno all'interno del gel
E. Il genetista ricostruisce la sequenza tenendo conto che le pirimidine hanno un peso molecolare minore delle purine; per questo motivo, se, all'interno del gel, un frammento di DNA è migrato molto, vuol dire che avrà come terminatore una pirimidina

17. "Attraverso il sequenziamento di Sanger, si può determinare una sequenza di nucleotidi di un tratto più o meno incognito di RNA": questa affermazione è corretta?

A. Sì, si può procedere in modo tradizionale, solamente ricordando di inserire all'interno della provetta la RNA polimerasi e l'uracile
B. No, non è possibile sequenziare l'RNA in nessun modo in quanto non esistono dei terminatori di catena adatti a questo acido nucleico
C. Sì, si può sfruttare l'enzima "DNA Polimerasi" per creare un filamento cDNA a partire dall'RNA: a quel punto si procede sfruttando il metodo Sanger tradizionale
D. No, non è possibile sequenziare in nessun modo l'RNA in quanto la sua struttura a singolo filamento è molto instabile e andrebbe incontro ad auto-degradazione
E. Sì, si può sfruttare l'enzima "trascrittasi inversa" per creare un filamento di cDNA a partire dall'RNA: a quel punto si procede sfruttando il metodo Sanger tradizionale

18. Qual è stata l'innovazione nella procedura del sequenziamento di Sanger che ha reso possibile l'utilizzo di un'unica provetta?

A. Marcare, al posto del primer, i dNTP con quattro fluorocromi diversi: si ottengono, così, quattro diverse marcature, che non possono essere confuse anche se contenute nella stessa provetta

B. Marcare, al posto del primer, i ddNTP con un isotopo del P: si ottengono, così, quattro diverse marcature, che non possono essere confuse anche se contenute nella stessa provetta

C. Marcare, al posto del primer, le basi azotate con quattro diversi isotopi del P: si ottengono, così, quattro diverse marcature, che non possono essere confuse anche se contenute nella stessa provetta

D. Marcare, al posto del primer, i ddNTP con quattro fluorocromi diversi: si ottengono, così, quattro diverse marcature, che non possono essere confuse anche se contenute nella stessa provetta

E. Marcare, al posto del primer, i dNTP con quattro diversi isotopi del P: si ottengono, così, quattro diverse marcature, che non possono essere confuse anche se contenute nella stessa provetta

19. La Fibrosi Cistica (FC) è una malattia autosomica recessiva: quando un individuo ne è affetto, entrambi i geni CFTR ereditati presentano una delle mutazioni che causano la malattia. Un individuo si presenta da un genetista per capire con assoluta certezza se è un portatore sano della malattia; come si potrebbe agire?

A. Il genetista fa un'anamnesi familiare del paziente: costruisce un albero genealogico, guardando se ci sono mai stati casi di FC o possibili portatori sani

B. Il genetista fa una PCR del gene interessato: in questo modo può vedere se la sequenza del gene CFTR presenta una delle mutazioni responsabili dell'insorgenza della FC.

C. Il genetista denatura il tratto di DNA contenente il gene CFTR; successivamente ricorre all'uso di un Northern Blot, con una sonda specifica per il gene della FC

D. Il genetista fa una PCR del gene interessato: dopo aver creato diverse copie del gene, ricorre ad un sequenziamento, in modo da vedere l'eventuale presenza di una delle mutazioni responsabili della FC

E. Il genetista si limita a vedere se l'individuo presenta alcuni dei sintomi tipici della FC

20. Cosa NON è possibile fare con un'elettroforesi su gel?

A. Fare un test di paternità

B. Analizzare la resistenza agli antibiotici di un batterio

C. Individuare una mutazione puntiformenel DNA

D. Analizzare la relazione evolutiva tra due specie

E. Stabilire se un gene è implicato nell'espressione di un altro gene o no

21. In quale di queste situazioni pensi possa essere più utile effettuare un sequenziamento genico secondo Sanger?

A. Per scoprire se Testino Busteri, tuo rivale nei test d'ingresso, è allergico al lassativo che vuoi mettergli nel caffè in pausa

B. Per scoprire se Dart Vader è davvero il padre di Luke, perché questo sarebbe l'unico modo

C. Per vedere se Carletto, il tuo compagno di calcetto, ha una mutazione sul gene q16p18 che gli ha permesso di vedere arrivare la palla prima di te e di segnare il goal della vittoria contro la Castelnovese nel torneo del tuo oratorio

D. Per scoprire se la leucemia da cui è affetto Giulietto, un bambino del tuo reparto, è dovuta ad una mutazione nota, come ad esempio la mutazione Philadelphia BCR- ABL1

E. Per permettere ad una cellula di escherichia coli di produrre insulina ricombinante

22. Si associno i seguenti termini alle definizioni più adeguate:
1) DNA Ricombinante
2) DNA Esogeno
3) Vettore
4) Vettore Ricombinante

A. 1) DNA creato in laboratorio, che può essere composto da 2 DNA distinti;
2) DNA che ingloba il DNA ricombinante;
3) DNA che viene inserito all'interno di un plasmide;
4) Sinonimo di DNA Ricombinante.

B. 1) DNA estratto da un batterio;
2) DNA che viene inserito all'interno di un vettore di clonaggio;
3) Plasmide o batteriofago;
4) Sinonimo di DNA ricombinante.

C. 1) DNA creato in laboratorio, che può essere composto da 2 DNA distinti;
2) DNA che viene inserito all'interno di un vettore di clonaggio;
3) Plasmide o fago;
4) Sinonimo di vettore.

D. 1) DNA creato in laboratorio, che può essere composto da 3 DNA distinti;
2) DNA che ingloba il DNA ricombinante;
3) Batterio;
4) Sinonimo di vettore.

E. 1) DNA creato in laboratorio, che può essere composto da 3 DNA distinti;
2) DNA che viene inserito all'interno di un vettore ricombinante;
3) Batterio;
4) Sinonimo di vettore.

23. Un biologo crea un plasmide contenente del DNA esogeno, codificante per una proteina; successivamente lo mescola insieme a delle cellule. Il biologo ha fatto un processo di:

A. Clonazione, poichè dentro alla cellula si creeranno tanti cloni della proteina codificata dal DNA esogeno
B. Transfezione, poichè introduce il vettore ricombinante all'interno di una cellula batterica
C. Trasformazione, poichè introduce il plasmide all'interno di alcuni batteriofagi
D. Transfezione, poichè introduce il plasmide all'interno di alcuni batteriofagi
E. Trasformazione, poichè introduce il vettore ricombinante all'interno di una cellula procariotica

24. Dopo aver inserito un plasmide ricombinante all'interno di una coltura batterica e che i batteri si sono replicati diverse volte, si vogliono isolare le cellule che presentano il plasmide ricombinante da quelle che non lo contengono. Come si potrebbe agire per raggiungere questo scopo?

A. Si verifica quali cellule producono la proteina codificata dal gene esogeno: a seconda di ciò, si riescono a dividere le cellule contenenti il DNA ricombinante da quelle che non lo possiedono
B. Non c'è bisogno di dividerle: tutte le cellule della coltura presenteranno il plasmide ricombinante
C. Si estraggono tutti i plasmidi dalle cellule batteriche, si denaturanoe si mettono su una membrana di nitrocellulosa: successivamente siesegue Northern Blot, sfruttando una sonda di DNA caratterizzata da sequenza complementare a quella del DNA esogeno
D. Prima di fare l'esperimento, si marca il plasmide ricombinante con un isotopo pesante dello S; quest'ultimo, alla fine della riproduzione, farà da "marker", indicando le cellule che contengono il plasmide ricombinante, uguale a quello iniziale
E. Prima di fare l'esperimento, si inserisce all'interno del plasmide ricombinante anche un gene che lo rende resistente agli antibiotici; alla fine, per dividere le cellule, si mette la coltura batterica su una piastra contenente l'antibiotico: quelle che non muoiono saranno le cellule con DNA ricombinante

BIOLOGIA

25. Perchè pensi che la tecnica del DNA ricombinante sia stata rivoluzionaria nella produzione di insulina come farmaco?

A. Perchè in questo modo è stato possibile produrre più velocemente molte copie dell'insulina che altrimenti, essendo un polisaccaride, sarebbe stato prodotto tramite un lungo processo di gluconeogenesi da parte di cellule umane

B. Perchè in questo modo è stato possibile produrre molte copie dell'insulina che, essendo un ormone, può essere prodotto solo a partire dalla traduzione dell'RNA umano: questo processo può essere normalmente fatto solo da cellule che possiedono una copia di quel gene

C. Perchè in questo modo è stato possibile produrre molte copie dell'insulina che, essendo un ormone, può essere prodotto solo a partire dalla traduzione del DNA umano: questo processo può essere normalmente fatto solo da cellule che possiedono una copia di quel gene

D. Perchè in questo modo è stato possibile produrre più velocemente molte copie dell'insulina che altrimenti, essendo un ormone, sarebbe stato prodotto tramite un lungo processo di traduzione di materiale genetico da parte di cellule batteriche

E. Perchè in questo modo è stato possibile produrre molte copie dell'insulina che, essendo polisaccaride, può essere prodotto solo a partire dalla traduzione del DNA umano: questo processo può essere normalmente fatto solo da cellule che possiedono una copia di quel gene

26. In un laboratorio si vogliono creare dei plasmidi per far produrre l'insulina in grandi quantità: quali passaggi occorrono per creare questo vettore?

A. Isolamento di un plasmide contenente il gene per l'insulina; isolamento, con uso di enzimi di restrizione, del gene per l'insulina; PCR per moltiplicare il gene; riinserimento del gene in molti altri plasmidi, tramite la DNA Ligasi

B. Isolamento di un gene per l'insulina con uso di enzimi di restrizione; moltiplicazione del gene; Sequenziamento di Sanger per verificare che sia il gene dell'insulina; inserimento all'interno di una cellula batterica, in modo che si inserisca in un plasmide vettore

C. Isolamento di un gene per l'insulina con uso di enzimi di restrizione; moltiplicazione del gene; sequenziamento di Sanger per verificare che sia il gene dell'insulina; taglio del plasmide con gli stessi enzimi di restrizione; inserimento del gene all'interno di un plasmide con la DNA Ligasi

D. Isolamento di un gene per l'insulina con uso di enzimi di restrizione; moltiplicazione del gene; sequenziamento di Sanger per verificare che sia il gene dell'insulina; inserimento all'interno di un plasmide con la DNA Ligasi

E. Isolamento di un gene per l'insulina con uso di enzimi di restrizione; moltiplicazione del gene; taglio del plasmide con gli stessi enzimi di restrizione; inserimento del gene all'interno di un plasmide con la DNA Ligasi; sequenziamento del plasmide per vedere che il gene sia stato inserito correttamente

27. Il biologo Danilo entra in laboratorio e, essendo un po' sbadato, urta il tavolo sul quale c'erano delle provette contenenti 2 tipi di plasmidi (R e F). Le provette avevano posate accanto le relative etichette, le quali indicavano il tipo di plasmide contenuto: in seguito all'urto, le etichette si sono mischiate. Come fa Danilo a rimetterle al posto giusto?

A. Danilo prende parte dei batteri da una provetta e li mette a contatto con un antibiotico: se sopravvivono saranno plasmidi R; successivamente, prende i batteri dall'altra provetta e vede se riescono a fare trasformazione:se ci fosse un riscontro positivo, saranno plasmidi F

B. Danilo prende parte dei batteri da una provetta e li mette a contatto con un antibiotico: se sopravvivono saranno plasmidi R; successivamente, prende i batteri dall'altra provetta e vede se riescono a fare coniugazione: se ci fosse un riscontro positivo, saranno plasmidi F
C. Danilo prende parte dei batteri da una provetta e li mette a contatto con un antibiotico: se sopravvivono saranno plasmidi F; successivamente, prende i batteri dall'altra provetta e vede se riescono a fare coniugazione: se ci fosse un riscontro positivo, saranno plasmidi R
D. Danilo prende parte dei batteri da una provetta e li mette a contatto con un patogeno: se sopravvivono saranno plasmidi R; successivamente, prende i batteri dall'altra provetta e vede se riescono a fare trasformazione:se ci fosse un riscontro positivo, saranno plasmidi F
E. Danilo prende parte dei batteri da una provetta e li mette a contatto con un patogeno: se sopravvivono saranno plasmidi F; successivamente, prende i batteri dall'altra provetta e vede se riescono a fare coniugazione: se ci fosse un riscontro positivo, saranno plasmidi R

28. Quale tra le seguenti è una caratteristica comune ai plasmidi e ai trasposoni?
A. Sono sequenze interne al DNA
B. Sono presenti unicamente neiprocarioti
C. Possono creare, all'interno del genoma, delle mutazioni letali
D. Possono creare, all'interno del genoma, delle mutazioni non letali
E. Nessuna delle precedenti

29. Quale tra i seguenti NON può essere considerato un vettore ricombinante?
A. Plasmide batterico
B. Fago
C. Virus
D. Trasposone
E. Plasmide R

30. Nell'ambito delle biotecnologie, che cosa si intende per clonaggio?
A. La creazione asessuata, naturale o artificiale, di un secondo organismo vivente, o anche di una singola cellula, che ha tutte le caratteristiche genetiche del primo
B. La creazione sessuata, naturale o artificiale, di un secondo organismo vivente che ha tutte le caratteristiche genetiche del primo
C. Una serie di tecniche con le quali è possibile ottenere più copie di una determinata sequenza nucleotidica, non necessariamente di natura genica
D. Una serie di tecniche con le quali è possibile ottenere più copie di una determinata sequenza nucleotidica, necessariamente di natura genica
E. Una serie di tecniche con le quali è possibile ottenere una copia identica del corredo proteico di una cellula

31. Quali fra le seguenti affermazioni riguardo il clonaggio è errata?
A. Il clonaggio può avvenire sia sfruttando la transfezione, sia la trasformazione
B. A parità di tempo, gli effetti del clonaggio sono amplificati se le cellule ospiti si replicano velocemente
C. Il ciclo litico, in seguito alla trasformazione, permette di creare moltissimi cloni del DNA ricombinante
D. In seguito al clonaggio, si creano dei cloni: questi sono geneticamente identici al DNA ricombinante di partenza
E. Usando i fagi come vettore per il clonaggio, si necessita di una cellula ospite che metta a disposizione il suo apparato biosintetico per la riproduzione del DNA ricombinante

32. Gli scienziati, per far avvenire il clonaggio con successo, sfruttano delle caratteristiche peculiari dei procarioti e dei loro costituenti; quale tra le seguenti NON è una di queste caratteristiche?
A. La capacità autoreplicativa dei batteri data dalla Ori (sequenza di origine di duplicazione)

B. La capacità di trasmissione genica orizzontale
C. La capacità dei plasmidi di inglobare DNA esogeno
D. Le piccolissime dimensioni dei plasmidi
E. La grande velocità con cui si replicano i batteri

33. Francesca ha una bellissima cagnolina barboncina di nome Ebu; la ragazza, però, non contenta, ne vorrebbe un'altra uguale: per questo motivo, una notte sogna di clonare la sua cagnolina, facendo nascere Ebu1. Che cosa ha dovuto fare Francesca per raggiungere il suo scopo?

A. Si preleva da Ebu una cellula staminale, da cui si estrae il nucleo. Da una cagnolina bassotto, si preleva una cellula uovo, privandola del suo nucleo. Successivamente, si inserisce il nucleo della cellula staminale all'interno della cellula uovo: questa si impianta all'interno della bassottina, che porta avanti la gestazione
B. Si preleva da Ebu una cellula somatica, da cui si estrae il nucleo. Da un'altra barboncina, si preleva una cellula uovo, privandola del suo nucleo. Successivamente, si inserisce il nucleo della cellula somatica all'interno della cellula uovo: questa si impianta in Ebu, che porta avanti la gestazione
C. Si preleva da Ebu una cellula emopoietica, da cui si estrae il nucleo. Da un'altra barboncina, si preleva una cellula uovo, privandola del suo nucleo. Successivamente, si inserisce il nucleo della cellula emopoietica all'interno della cellula uovo: questa si impianta in Ebu, che porta avanti la gestazione
D. Si preleva da Ebu una cellula somatica, da cui si estrae il nucleo. Da una cagnolina bassotto, si preleva una cellula uovo, privandola del suo nucleo. Successivamente, si inserisce il nucleo della cellula somatica all'interno della cellula uovo: questa si impianta all'interno della bassottina, che porta avanti la gestazione
E. Si preleva da Ebu una cellula staminale, da cui si estrae il nucleo. Da un'altra barboncina, si preleva una cellula uovo, privandola del suo nucleo. Successivamente, si inserisce il nucleo della cellula staminale all'interno della cellula uovo: questa si impianta in Ebu, che porta avanti la gestazione

34. La clonazione ha permesso di scoprire una caratteristica fondamentale delle cellule: quale?

A. La cellula germinale, ad esempio, la cellula uovo, è multipotente
B. Una cellula differenziata contiene nel nucleo tutte le informazioni genetiche necessarie per permettere lo sviluppo di un embrione
C. La cellula staminale è totipotente
D. La cellula differenziata è multipotente
E. La cellula germinale, ad esempio, la cellula uovo contiene nel nucleo tutte le informazioni genetiche necessarie per permettere lo sviluppo di un embrione

35. Quale delle seguenti affermazioni riguardo alla clonazione è ERRATA?

A. La clonazione permette di ottenere un individuo che è geneticamente identico a quello clonato
B. La pecora Dolly, ottenuta per clonazione, anche se appena nata, aveva delle cellule contenenti un patrimonio genetico "anziano"
C. Colui che dona la cellula uovo deve essere della stessa specie di colui che deve essere clonato
D. La cellula uovo, contenente il nucleo della cellula somatica differenziata, viene impiantata nell'organismo che deve essere clonato
E. La cellula somatica, anche se differenziata, risulta essere totipotente

36. Gli OGM sono "Organismi Geneticamente Modificati" in quanto contengono un patrimonio genetico modificato, a causa, ad esempio, dell'inserimento di un gene in più, esogeno: questo è reso possibile dalla creazione del DNA ricombinante. Quale delle seguenti affermazioni è corretta?

A. Gli OGM vengono sfruttati per la produzione massiva di un enzima
B. Gli OGM vengono sfruttati per la produzione massiva di ormoni
C. Gli animali OGM vengono sfruttati per la ricerca contro il cancro
D. Gli OGM vengono sfruttati per la produzione massiva di antibiotici
E. Tutte le affermazioni precedenti sono corrette

37. Il microrganismo che viene usato per la ricombinazione di DNA nelle specie vegetali è:

A. Un batterio
B. Un virus
C. Una cellula eucariote vegetale
D. Un virione
E. Un fungo

38. Quale microrganismo permette la ricombinazione di DNA nelle cellule vegetali?

A. Escherichia coli
B. Saccharomyces cerevisiae
C. Pseudomonas aeruginosa
D. Agrobacterium tumefaciens
E. Azotobacter vinelandi

39. Quale parte del plasmide Ti può essere sostituita dal gene esogeno?

A. D-DNA
B. Punto ori
C. Right border
D. L'intero plasmide
E. T-DNA

40. Il golden rice è stato biofortificato per ovviare alla carenza di vitamina A. Il gene per quale delle seguenti proteine è stato inserito all'interno del suo genoma?

A. Vitamina A sintasi
B. β-carotene liasi
C. Fitoene sintasi
D. β-carotene sintasi
E. Nessuna delle precedenti

41. Cosa si intende con Organismo Geneticamente Modificato?

A. Un organismo vivente che possiede un patrimonio genetico modificato tramite tecnologia del DNA ricombinante
B. Un organismo che presenta un fenotipo diverso dal normale
C. Un organismo vegetale ibrido, ricavato tramite incrocio e selezione
D. Un prodotto vegetale (pianta, frutto, seme) resistente alle alte temperature
E. Tutte le risposte precedenti

42. Quale dei seguenti biocombustibili viene prodotto all'interno di bioreattori?

A. Biodiesel
B. Bioidrogeno
C. Bioetanolo
D. Etanolo
E. Tutte le risposte precedenti

43. Quale microrganismo ha un'importante applicazione biotecnologica nella produzione di biocombustibili, in quanto in grado di degradare la cellulosa e usarla come fonte di carbonio?

A. Clostridium cellulovorans
B. Saccharomyces cerevisiae
C. Agrobacterium tumefaciens
D. Zymomonas mobilis
E. Escherichia coli

44. I microrganismi in grado di degradare gli idrocarburi e di usarli a loro favore, sfruttandoli come fonte di carbonio o di energia sono chiamati:

A. Idrocarburotrofi
B. Eterotrofi
C. Idrocarburoclastici
D. Idrocarburovori
E. Fotoautotrofi

BIOLOGIA

45. Il plasmide di agrobacterium tumefaciens che permette la ricombinazione di DNA all'interno di cellule vegetali è detto "Ti" per quale motivo?

A. Tumor inducing
B. Tumor inhibitor
C. Traduction inducing
D. Traduction inhibitor
E. Tumor infection

46. Cosa sono le cellule meristematiche e che struttura vanno a comporre?

A. Cellule unipotenti-foglia
B. Cellule totipotenti dedifferenziate-meristema
C. Cellule totipotenti-plantula
D. Cellule pluripotenti-radice
E. Cellule totipotenti differenziate-plantula

CORREZIONE COMMENTATA

1. Lo "Streptococcus Pneumoniae", il batterio della polmonite, è stato studiato da Griffith durante il suo esperimento sul "principio trasformante". Durante i suoi studi lo scienziato, scoprì che il batterio presentava due ceppi: uno innocuo, R (rough = ruvido) e uno virulento, S (smooth = liscio), provvisto di una capsula polisaccaridica mucosa (risposta E errata); quest'ultima, proteggendo il batterio da eventuali attacchi da parte del sistema immunitario dell'ospite, risultava essere responsabile della trasmissione della polmonite (risposta A e C errate). Griffith dimostra che, prendendo il ceppo S e riscaldandolo, il batterio (di questa linea) perde la capsula: risulta, così, essere innocuo (risposta B errata). Inoltre, lo scienziato nota che esiste un caso in cui il ceppo R può risultare infettivo: questa linea, infatti, se mischiata con la linea S precedentemente riscaldata, acquista da quest'ultima materiale genetico codificante per la capsula polisaccaridica (vera responsabile della malattia).
Risposta corretta D.

2. Per risolvere questo quesito bisogna tener conto degli esperimenti effettuati da Griffith sui batteri del ceppo R ed S dello Streptococcus Pneumoniae. Ogni qualvolta che viene inserito un ceppo S, NON scaldato, questo infetterà la colonia, provocandone la morte. L'unico caso in cui il ceppo S, se inserito da solo, non risulta patogeno è quando viene scaldato prima di essere inoculato: il calore, infatti, uccide i batteri (risposte A, C ed E errate). Il ceppo R, invece, in nessun caso, se inoculato da solo, risulta essere infettivo (risposta C errata). L'unico caso in cui il ceppo R risulta patogeno, è quando quest'ultimo viene mischiato con il ceppo S scaldato: i batteri di questa linea, infatti, una volta morti, passano al ceppo R il DNA codificante per i geni responsabili della malattia.
Risposta corretta B.

3. Avery, partendo dall'esperimento di Griffith, cerca di determinare la natura chimica del "principio trasformante". Per far ciò, inserisce all'interno della provetta contenente i batteri del ceppo S, precedentemente uccisi, 3 enzimi diversi: DNAasi, RNAasi e proteasi; questi tre provocano la distruzione, rispettivamente, del DNA, RNA e proteine (risposte D ed E errate). Avery rileva la mancata virulenza del ceppo solamente nella provetta contenente DNAasi: questo significa, che il DNA è il "principio trasformante", ovvero la molecola responsabile della trasmissione genetica della virulenza dai batteri S agli R (risposte A e C errate).
Risposta corretta B.

4. Nel risolvere questo esercizio, bisogna stare molto attenti al tranello posto nella domanda: si chiede, infatti, l'esperimento che dimostrò "in modo totalmente definitivo" che il materiale genetico fosse il DNA. In tutte le risposte, infatti, vengono descritti importanti esperimenti che nella storia della biologia contribuirono alla dimostrazione di questo: ma, l'ultimo, che fu accettato senza più obiezioni di alcun tipo e per il quale fu assegnato un nobel, fu quello di Hershey e Chase; in questo esperimento, i due biologi, grazie alla marcatura delle proteine e del DNA di un batteriofago T2, dimostrano che solamente quest'ultimo era passato all'interno del batteri infettati. In questo esperimento l'RNA non viene preso in considerazione, in quanto il batteriofago era composto solamente da proteine e DNA (risposta C errata). Nelle altre risposte vengono mostrati l'esperimento di Griffith (Risposta B errata) e quello di Avery (risposta A e D errate).
Risposta corretta E.

5. L'elettroforesi proteica è una tecnica di laboratorio che prevede l'uso di un campo elettrico per dividere le proteine in base alla loro massa, alla lunghezza e alla carica elettrica (risposta C, D ed E errata).

In ambito medico, esistono grafici che riportano la quantità effettiva con cui, in condizioni fisiologiche, dovrebbero essere presenti le proteine plasmatiche. Successivamente, confrontando i risultati ottenuti con quelli "aspettati" si può capire se il paziente ha livelli corretti di proteine plasmatiche o, in altri casi, se ci potrebbero essere processi patologici in corso che ne alterano i valori.
L'elettroforesi non divide le proteine in base alla quantità con cui si presentano all'interno del siero: l'elettroforesi, piuttosto, ha come fine quello di vedere con che quantità sono presenti all'interno del siero.
Risposta corretta A.

6. L'elettroforesi è un tecnica che sfrutta un campo elettrico per separare DNA e RNA, all'interno di un gel d'agarosio: il campo elettrico è creato da due elettrodi, un anodo e un catodo. A livello del catodo si pongono i "pozzetti": all'interno di questi si inseriscono i frammenti di acidi nucleici; da qua, nel momento in cui viene inserito un campo elettrico, a causa della carica negativa data dai gruppi fosfato, avrà inizio la loro "corsa elettroforetica" verso l'anodo, posto all'estremità opposta del gel (risposta B e C errate). I frammenti si muoveranno proporzionalmente alla loro lunghezza e al loro peso, ma, appunto, portandosi in ogni caso verso l'anodo (risposta A ed E errate).
Risposta corretta D.

7. Per risolvere questo esercizio bisogna, per prima cosa, saper riconoscere una sequenza palindromica: sul DNA, quest'ultima è una sequenza di basi azotate che, se lette in direzione 5'-3', risultano essere uguali a quelle lette in direzione 3'-5', sul filamento complementare. Scrivendo le sequenze di basi complementari a quelle fornite nelle risposte, solamente 5'-GCATGC-3' (Metilata) e 5'-CGATCG-3' risultano essere palindrome (risposta B, C e E errata). Nel quesito, inoltre, si chiede quale delle sequenze palindrome potrebbe essere tagliata dall'enzima "Lexi"; gli enzimi di restrizione, però, non riescono a riconoscere e, di conseguenza, a tagliare le sequenze metilate: questa modificazione, infatti, "protegge" il nucleotide bersaglio del taglio (risposta A errata).
Risposta corretta D.

8. Per risolvere questo quesito è fondamentale capire in che punto, nella sequenza nucleotidica fornita dal quesito, l'enzima di restrizione effettua il taglio: dato che la sequenza di partenza era "ATCCGTT" e che, alla fine dell'esperimento, si ottengono i frammenti "ATCC" e "GTT", si può dedurre che il taglio sia avvenuto tra le basi C e G. Successivamente, nel quesito si specifica che viene usata la stessa procedura e, di conseguenza, gli stessi enzimi di restrizione: considerando che alla fine dell'esperimento si ottiene il secondo filamento totalmente integro, si può dedurre che questo non contenga una sequenza con una C e una G vicine.
Risposta corretta B.

9. Per risolvere questo quesito non c'è bisogno di conoscere il test diagnostico: ci si può limitare a riconoscere, all'interno del testo del quesito, la descrizione di due tecniche di laboratorio; nella prima parte del test, quindi, si procede alla divisione delle proteine presenti all'interno del siero, tramite un elettroforesi proteica (risposte B ed E errate). Successivamente, per il riconoscimento degli anticorpi HIV all'interno delle proteine appena separate, si può ricorrere alla tecnica "Western Blot": quest'ultima infatti, al contrario del Northern e del Southern Blot (adatti, rispettivamente, per RNA e DNA), è specifica per il riconoscimento delle proteine, tra cui, quindi anche gli anticorpi (risposta A e D errate).
Risposta corretta C.

10. Per risolvere questo quesito bisogna avere in mente i diversi passaggi delle tecniche di laboratorio. Il quesito, infatti, chiede in quale modo si potrebbe trovare, in mezzo ad altri, un frammento di DNA caratterizzato da una "specifica" sequenza nucleotidica: per far ciò non basterebbe usare solo l'elettroforesi; infatti, questa tecnica permette solamente di dividere i frammenti in base alla loro lunghezza e al loro peso molecolare, ma senza dare informazioni specifiche riguardo le sequenze nucleotidiche contenute in esse. Ad esempio, potrebbero esserci due frammenti con lo stesso peso molecolare, ma composti da una diversa sequenza di basi azotate (risposte A, C e D errata). Quindi, per trovare la sequenza interessata, si potrebbe ricorrere all'utilizzo di una sonda fluorescente, di DNA complementare a quello cercato (Southern Blot): questa, legandosi alla sequenza complementare, lo marca. Però, per far sì che la sonda si leghi ai frammenti di DNA, quest'ultimi devono essere denaturati, in modo che risultino essere a singolo filamento (risposta B errata).
Risposta corretta E.

11. Per svolgere la tecnica di ibridazione si deve seguire il procedimento che segue. Si tratta il DNA in esame con enzimi di restrizione: i segmenti ottenuti si separano con elettroforesi su gel. Le bande identificate sul gel vengono trasferite su un foglio di nitrocellulosa e, qui, si denatura il DNA che le costituisce. A questo punto il DNA viene posto in contatto con la sonda marcata radioattivamente; dopo alcune ore di incubazione si sciacqua il foglio, in modo da eliminare tutte le molecole di DNA-sonda che non si sono legate ai frammenti presenti. A questo punto si va a vedere quali tratti di DNA risultano radioattivi.
Risposta corretta E.

12. Per risolvere il quesito bisogna tener conto dei vari processi della PCR e di ciò che necessita per avvenire: unendo queste nozioni, si potrebbe procedere per esclusione. Infatti, durante questa tecnica si vede l'utilizzo della Taq Polimerasi, una "speciale" DNA polimerasi, che risulta essere altamente resistente alla temperature elevate (risposta B e D errata): risulta così molto utile perchè, nel momento in cui si raggiungono temperature di 95 - 97 C°, fondamentali per aprire i due filamenti di DNA, la Taq Pol non va incontro a denaturazione, cosa che accadrebbe ad una polimerasi normale (risposta A errata). Inoltre, nella PCR non si riscontra l'utilizzo di primer "termostabili" (risposta C e D errata).
Risposta corretta E.

13. Durante la PCR è fondamentale raggiungere una T di 95 °C per denaturare il doppio filamento di DNA che si vuole amplificare; questa temperatura elevatissima, infatti, causa la rottura di tutti i legami idrogeno presenti tra le basi azotate complementari: la doppia elica si divide senza dover ricorrere ad un enzima come l'elicasi (risposta B, C e D errate). Questo processo risulta fondamentale per permettere l'inserimento (a 60 °C) dei primer creati artificialmente in laboratorio: questi vengono sviluppati appositamente per inquadrare in modo molto specifico il piccolo frammento di DNA da amplificare (risposta E errata).
Risposta corretta A.

14. Nella PCR, per ottimizzarla, si usano due primer che all'interno della doppia elica, NON si dispongono sullo stesso filamento, ma, bensì, su quelli opposti; inoltre, risultano essere complementari alle regioni fiancheggianti la sequenza che interessa amplificare (una regione riconosciuta sarà sul filamento superiore, mentre l'altra sequenza si troverà sul filamento inferiore); questa disposizione, al secondo ciclo di replicazione, sarà la chiave che permetterà ai primer di far amplificare solo ed esclusivamente la sequenza di interesse, la "finestra di amplificazione": questi infatti, disponendosi ai lati della sequenza da amplificare, è come se avessero "troncato" la replicazione.
I due primer inoltre, essendo disposti su due filamenti diversi, sono disposti in modo da

avere i loro estremi 3' che si "guardano": per questo motivo sono detti "convergenti".
È importante ricordare che i primer, per riuscire a legarsi al filamento a loro competente, hanno bisogno di una temperatura di circa 60 °C.
Risposta corretta C.

15. Per risolvere questo quesito bisogna prestare attenzione alle informazioni fornite dal quesito riguardo i microsatelliti e applicare le nozioni apprese riguardo alle tecniche di laboratorio. I microsatelliti sono delle sequenze note, interne ad alcuni cromosomi, che possono solo variare nel numero di ripetizioni. Per andare ad identificare il numero di ripetizioni presenti in un microsatellite, si ricorre alla PCR: per prima cosa, si isola la sequenza conosciuta attraverso dei primer specifici per il microsatellite e, successivamente, si procede con l'amplificazione (risposte B, C ed E). Avvenuta la PCR, per determinare la lunghezza dei frammenti di DNA e, di conseguenza, il numero di ripetizioni contenute (infatti, più sono le ripetizioni, più il filamento sarà lungo), si effettua una corsa elettroforetica: a seconda di quanto migreranno all'interno del gel, si individuerà la lunghezza del frammento (risposte B e D errate).
Risposta corretta A.

16. Per risolvere il quesito bisogna unire le nozioni apprese sul sequenziamento di Sanger e sull'elettroforesi. Sanger, infatti, si avvale di questa tecnica per capire in quale posizione precisa si trovano le basi azotate che compongono il DNA analizzato; nel sequenziamento, dopo aver prodotto dei frammenti di DNA (complementare a quello iniziale) e terminanti con una base nota (ddNTP), si fanno correre in un gel immerso in un campo elettrico: i frammenti, come in una normale elettroforesi, più saranno corti e, di conseguenza, più leggeri, maggiormente migreranno all'interno del gel (risposta A e D errate). Per ricostruire la sequenza di DNA iniziale, si parte a leggere dal frammento di DNA che si trova più lontano dai pozzetti: il ddNTP che lo termina sarà la base più vicina al primer (inserito inizialmente); di conseguenza, questa sarà anche la prima base del tratto di DNA analizzato. Per trovare il resto della sequenza si continua a leggere i ddNTP salendo verso l'alto, verso i frammenti più lunghi.
Nella lettura della corsa elettroforetica, il peso molecolare del ddNTP terminatore del frammento non incide sulla lunghezza del tragitto di quest'ultimo (risposta B ed E errate).
Risposta corretta C.

17. È importante ricordare, per la risoluzione di questo quesito, che non esistono macchine che effettuano il sequenziamento di Sanger direttamente a partire da una molecola di RNA, nemmeno inserendo tutti i componenti necessari per la polimerizzazione di quest'ultimo (risposta A, B e D errata): questa "mancanza", però, viene raggirata sfruttando il DNA complementare all'RNA; trasformando quest'ultimo, attraverso le trascrittasi inverse, in cDNA sì può ricorrere alla tecnica tradizionale di Sanger (risposta C errata).
Risposta corretta E.

18. In questo quesito, per prima cosa, bisogna porre attenzione sulla scrittura dNTP e ddNTP: con la prima si intendono i deossinucleotidi, ovvero le basi azotate che vengono usate come monomeri per la costruzione del DNA; con la seconda, si intendono i dideossinucleotidi, basi azotate prive dell'-OH in posizione 5': per questo motivo sono dei terminatori della polimerizzazione, in quanto non permettono alla DNA polimerasi di fare ulteriori allungamenti. Nell'evoluzione del metodo di Sanger, non si marca più il primer iniziale, ma, bensì, i 4 ddNTP con 4 fluorocromi diversi: questo, distinguendoli l'uno dall'altro, permette di inserirli nella stessa provetta iniziale; successivamente, si fa la procedura tradizionale del metodo di Sanger: nella corsa elettroforetica, però, in questo caso ci sarà un apparato ottico che leggerà i colori, scrivendo direttamente la base azotata a cui sono associati.
Risposta corretta D.

19. Per risolvere questo esercizio è necessario ragionare sul risultato a cui portano le tecniche di laboratorio. Con la PCR si ottiene l'amplificazione del gene interessato, ma non la sequenza nucleotidica di cui è composto: per questo motivo, non si riuscirebbe a verificare la presenza o meno di una mutazione in quel gene (risposta B errata). Il Northern Blot, invece, viene sfruttato quando l'acido nucleico da analizzare è l'RNA (risposta C errata). In conclusione, il sequenziamento di Sanger è la tecnica che permette di identificare la sequenza nucleotidica che costituisce un gene di un individuo: a questo punto, avendo nota la sequenza, si possono andare a ricercare eventuali mutazioni. In questo caso, la precedente PCR, serve solo ad amplificare il materiale genetico su cui lavorare.
In questo caso, l'anamnesi familiare, per quanto possa rivelarsi utile al genetista, non può segnalare con assoluta certezza (richiesta dal quesito) se un individuo possa essere portatore sano di una malattia: può solo indicare delle probabilità (risposta A errata).
Risposta corretta D.

20. L'elettroforesi su gel è una tecnica usata per separare macromolecole, quali DNA, RNA e proteine. In questa tecnica, le molecole vengono separate in base alla loro dimensione e carica elettrica, criteri che alterano la loro capacità di farsi strada attraverso il gel: è possibile, quindi, differenziare per carica e peso molecolare le varie molecole che si stanno analizzando. L'elettroforesi vede numerose applicazioni: il confronto di alcune porzioni di DNA per i test di paternità, valutazione della resistenza agli antibiotici, valutazione delle relazioni evolutive tra diverse specie e individuare mutazioni puntiformi che cambiano quindi lievemente la struttura del DNA, ma non è in grado di stabilire l'interazione funzionale tra due geni.
Risposta corretta E.

21. Il sequenziamento secondo Sanger è una tecnica costosa, utile quando si vuole conoscere la sequenza nucleotidica di un un frammento di DNA di cui non si sà nulla. Quindi procedendo per ordine:

- Per sapere se Testino è allergico non è necessario sequenziare il suo DNA: basterebbe verificare, attraverso un prelievo di sangue, se ha delle immunoglobuline rivolte contro il lassativo;
- Per verificare la Paternità di Dart Vader, in linea teorica, potrebbe bastare anche solo una semplice analisi del gruppo sanguigno;
- Per scoprire se Giulietto ha una mutazione NOTA si effettua la tecnica FISH, che è utile per vedere se ci sono delle mutazione in un locus preciso di un cromosoma;
- Per permettere ad una cellula di escherichia di produrre insulina non è necessario fare un sequenziamento genico, ma, bensì, usare tecniche di ricombinazione genica;

Risposta corretta C.

22. Questo quesito mira alla conoscenza della terminologia specifica degli "strumenti" per il clonaggio. Uno dei protagonisti in queste tecnica è il "DNA ricombinante", un acido nucleico creato artificialmente in laboratorio grazie all'unione di "minimo" due DNA distinti (risposta A errata): uno sarà chiamato "DNA ricevente" o "Vettore", l'altro (quello inserito) sarà il "DNA esogeno" (risposte B e D errate). Importante da ricordare sono i tre sinonimi "Vettore", "Vettore Ricombinante" e "Vettore di clonaggio" (risposta A e B errate): questi possono essere, ad esempio, plasmidi e batteriofagi che inglobano, all'interno del loro DNA, il DNA esogeno di interesse; successivamente, saranno loro che invaderanno delle cellule di coltura, permettendo la duplicazione dell'informazione trasportata dal DNA esogeno (risposte A, D ed E errate).
Risposta corretta C.

23. Per risolvere questo quesito bisogna tenere a mente la differenza cruciale tra il processo di "transfezione" e di "trasformazione": la prima vede l'inserimento del vettore ricombinante/DNA ricombinante (DNA vettore + DNA esogeno) all'interno di una cellula eucariotica tramite batteriofagi (risposta B e D errate); la seconda, invece, prevede l'inserimento del DNA ricombinante all'interno di una cellula batterica, perciò procariotica. Quindi, per rispondere al quesito si poteva ragionare sul tipo di cellule usate dal biologo: avendo usato un plasmide come vettore, è altamente probabile che le cellule usate per ospitarlo fossero cellule batteriche (anche perchè non c'erano altre alternative plausibili). Di conseguenza, il processo poteva essere solo di trasformazione.
Risposta corretta E.

24. Quando si mette un plasmide ricombinante all'interno di una coltura batterica, non è detto che tutte le cellule presenti lo incorporino e che, quindi, si "trasformino" (risposta B errata). Per riconoscere le "cellule trasformate", non risulta utile usare l'isotopo pesante dello zolfo: infatti, a causa delle abbondantissime replicazioni semiconservative fatte dalle cellule batteriche, dopo qualche generazione potrebbe capitare che il plasmide, anche se uguale a quello ricombinante, non presenti più la marcatura; questo metodo, in conclusione, non garantisce di trovare tutti i batteri trasformati (risposta D errata).
Inoltre, trovare tutte le cellule che producono la proteina codificata dal gene esogeno tra le numerosissime presenti nella coltura è poco fattibile, se non impossibile (risposta A errata).
Il metodo migliore, e più veloce, è quello che prevede l'utilizzo degli antibiotici: si inserisce all'interno del vettore un gene che conferisce resistenza ad un antibiotico. Quest'ultimo verrà inserito nella piastra: le uniche cellule che sopravviveranno saranno quelle contenenti il plasmide ricombinante.
Importante da ricordare è che il Northern Blot prevede il riconoscimento di sequenze di RNA, e non di DNA (risposta C errata). Il Southern Blot è un'altra tecnica che spesso viene utilizzata per trovare la sequenza di DNA esogeno all'interno dei batteri.
Risposta corretta E.

25. Un ormone è un trascritto proteico che, in quanto tale, può essere prodotto solo a partire dalla traduzione del gene, contenuto in cellule umane. La tecnica del DNA ricombinante ha permesso, attraverso l'inoculazione di un virione caricato con un gene umano all'interno di un batterio, di sfruttare l'apparato traduzionale di quest'ultimo: questa tecnica risulta molto utile perchè, appunto, sfrutta l'apparato traduzionale di un organismo che è facilmente "coltivabile".
Risposta corretta C.

26. Per creare correttamente un plasmide ricombinante bisogna, per prima cosa, isolare il gene (tratto di DNA esogeno) che interessa inserire all'interno del plasmide: per far questo, si ricorre all'utilizzo di enzimi di restrizione specifici (risposta A errata). Successivamente, isolato il gene, ricorrendo alla PCR, se ne producono diverse copie, in modo da facilitarne l'utilizzo successivo. In seguito si ricorre alla tecnica del sequenziamento di Sanger: si controlla, così, che la sequenza nucleotidica sia effettivamente quella di interesse (risposta E errata). Nel caso in cui il riscontro fosse positivo, si può procedere all'inserimento del gene all'interno del plasmide: prima però è necessario creare nel plasmide "lo spazio" necessario per inserire il DNA esogeno; per questo motivo si deve ricorrere nuovamente all'uso degli enzimi di restrizione usati precedentemente: in questo modo si creeranno dei tagli complementari a quelli del gene, il quale, con l'intervento della DNA Ligasi, riuscirà a inserirsi in modo preciso (risposta D errata). Importante è ricordarsi che il gene NON viene inserito direttamente all'interno del DNA della cellula batterica: prima si inserisce all'interno del plasmide, il quale successivamente, per trasformazione, entrerà nel batterio risposta B errata).
Risposta corretta A.

27. I plasmidi si possono dividere in sottoclassi a seconda dei geni che contengono: prendono il nome "R" nel caso in cui contengano geni che gli permettono di sopravvivere all'esposizione di un antibiotico; per questo motivo, per vedere se un plasmide appartiene a questa famiglia, basterebbe esporlo all'azione di un antibiotico e osservare se sopravvive o meno (risposte C ed E errate). Invece, prendono il nome "F", i plasmidi contenenti i geni per la "fertilità", che rendono il batterio capace di fare coniugazione: quest'ultimo è un processo che prevede la trasmissione di DNA tra due cellule batteriche che, grazie ai pili, si pongono a contatto tra di loro; per questo motivo, per vedere se un plasmide appartiene a questa famiglia, basterebbe vedere se, a contatto con un altro batterio, riuscirebbe a fare coniugazione (risposte A e D errate).
Risposta corretta B.

28. I plasmidi sono degli anelli di DNA (doppia elica) presenti all'interno del citoplasma dei procarioti (risposta A errata): risultano essere degli ottimi vettori ricombinanti nel processo del clonaggio; questi infatti riescono ad inserirsi all'interno di cellule ospiti, luogo in cui si replicheranno, grazie ad un meccanismo di "trasformazione".
I trasposoni, invece, sono sequenze interne al DNA, codificanti e in grado di migrare all'interno del genoma della stessa cellula: sono elementi propri sia dei procarioti, che degli eucarioti. Questi, potendosi spostare all'interno del genoma, potrebbero inserirsi in un luogo non adibito per loro: in alcuni casi si dispongono in mezzo ad altri geni andando a causare delle mutazioni, che possono risultare, in alcuni casi, letali, mentre in altri no (risposte C e D errate). Una caratteristica in comune tra i plasmidi e i trasposoni è il fatto che siano degli elementi genetici mobili: i plasmidi, però, possono migrare verso l'esterno, mentre i trasposoni possono migrare solamente all'interno della stessa cellula.
Risposta corretta E.

29. Esempi di vettori ricombinanti, possono essere plasmidi e fagi (virus) che inglobano, all'interno del loro DNA, il DNA esogeno di interesse (risposte A, B e C errate); successivamente, saranno loro che invaderanno delle cellule di coltura, ad esempio batteriche, permettendo la duplicazione dell'informazione trasportata dal DNA esogeno. Anche il plasmide R può essere sfruttato come vettore: è un plasmide che si differenzia dagli altri solo per la presenza di geni che gli forniscono resistenza agli antibiotici (risposta E errata).
Il trasposone, invece, è un elemento genetico che si può spostare all'interno della cellula a cui appartiene: in nessun modo, però, può inglobare al suo interno delle sequenze di DNA esogeno; di conseguenza, quindi, non può assumere caratteristiche da vettore ricombinante.
Risposta corretta D.

30. Per clonaggio si intende l'insieme delle tecniche con le quali è possibile ottenere più copie di una determinata sequenza nucleotidica, non necessariamente di natura genica: si può, infatti, clonare non solo un gene, ma anche una sequenza non codificante di DNA (risposta D errata).
Importante da ricordare è la differenza tra clonaggio e clonazione: quest'ultima, infatti, è una riproduzione asessuata che porta alla nascita di un organismo geneticamente identico ad un altro (risposte A e B errate).
Risposta corretta C.

31. Il clonaggio è un processo che ha come scopo la produzione di una grande quantità di DNA ricombinante. Infatti plasmidi e batteriofagi, dopo essere entrati in una cellula ospite tramite, rispettivamente, trasformazione e transfezione, possono replicare in grandissime quantità se stessi e, di conseguenza, il DNA esogeno che contengono: i batteri, una volta ospitati, possono replicarsi in modo autonomo; i fagi, invece, essendo degli endosimbionti

obbligati, per replicarsi hanno bisogno di sfruttare l'apparato biosintetico della cellula ospite. In entrambi casi, una volta replicato il DNA ricombinante e la cellula ospite, si creano dei "cloni": popolazioni cellulari o virali che contengono tutte il DNA ricombinante e che, per questo motivo, sono geneticamente identiche. Il processo appena descritto è amplificato se la cellula ospite si riproduce molto velocemente: si produrranno, infatti, tantissimi cloni in poco tempo. Nel clonaggio, la lisi della cellula avviene solamente nel caso in cui il vettore usato sia un batteriofago e che sia avvenuta, quindi, una transfezione: in questo caso, i cloni che si produrranno, saranno dei fagi che provocheranno la lisi della cellula.
Risposta corretta C.

32. Il clonaggio è un processo che ha come scopo la produzione di una grande quantità di DNA ricombinante. Per ottenere questo risultato si sfruttano alcune caratteristiche peculiari dei batteri: l'alta velocità con cui si riproducono, che, in pochissimo tempo, permette la formazione di tantissime cellule contenenti il plasmide ricombinante. Inoltre, ci si avvale della loro capacità di fare trasmissione genica orizzontale, ovvero il passaggio di materiale genetico ad una cellula NON figlia: questo, nel clonaggio, si può riscontrare nel passaggio dei plasmidi da una cellula batterica ad un'altra, appunto, non figlia. I plasmidi (costituenti dei procarioti) risultano ottimi per inglobare sequenze di DNA esogeno: questo è ottimizzato anche dalle loro piccole dimensioni, che li rendono altamente stabili. Inoltre, risulta fondamentale per l'avvenimento del clonaggio la capacità autoreplicativa dei plasmidi: questi, una volta inseriti all'interno di una cellula batterica, grazie alla sequenza Ori, sono capaci di riprodursi indipendentemente dal ciclo cellulare della cellula ospite.
Risposta corretta A.

33. Per risolvere questo esercizio bisogna conoscere i tre passaggi fondamentali della clonazione: isolamento, dal soggetto che si vuole clonare, di una cellula somatica, da cui si preleva il nucleo (risposte A, C ed E errate). Successivamente, si preleva da un altro soggetto della stessa specie (in questo caso, è importante che sia un cane, non interessa la razza), una cellula uovo: da questa si elimina il nucleo. In seguito, si inserisce il nucleo della cellula somatica del soggetto da clonare, all'interno della cellula uovo del "soggetto ospite": quest'ultimo viene chiamato così, proprio perchè sarà lui ad "ospitare" la cellula uovo creata e a portare avanti la gestazione.
Risposta corretta D.

34. La clonazione è un processo che permette di creare una copia geneticamente identica di un essere vivente: per creare questa "copia", si preleva una cellula somatica differenziata dall'essere che si vuole clonare: si estrae il nucleo della cellula e si impianta in una cellula uovo privata di nucleo, di un soggetto "ospite" (stessa specie del soggetto da clonare) che porterà avanti la gestazione; quindi, ci si rende conto che il nucleo contenente tutte le informazioni genetiche necessarie per lo sviluppo dell'embrione è quello della cellula somatica differenziata: si deduce, quindi, che questa, anche essendo una cellula differenziata/specializzata, è ancora totipotente: come le cellule staminali, contiene ancora tutte le informazioni necessarie per permettere lo sviluppo di un embrione.
Risposta corretta B.

35. La clonazione è un processo che permette di creare una copia geneticamente identica di un essere vivente: per creare questa "copia", si preleva una cellula somatica differenziata dall'essere che si vuole clonare: si estrae il nucleo della cellula e si impianta in una cellula uovo privata di nucleo, di un soggetto "ospite" (della stessa specie del soggetto da clonare) che porterà avanti la gestazione; quindi, il nucleo contenente tutte le informazioni genetiche necessarie per lo sviluppo dell'embrione è quello della cellula somatica differenziata: si deduce, quindi, che questa, anche essendo una cellula

differenziata/specializzata, è ancora totipotente come le cellule staminali.
Un limite del metodo di clonazione usato per Dolly è l'"invecchiamento precoce" del soggetto creato: infatti, prelevando il nucleo da una cellula già differenziata e adulta, in cui sono già avvenuti dei processi di invecchiamento, e inserendolo all'interno della cellula uovo, si viene a creare uno zigote artificiale pre-invecchiato; in conclusione, nell'organismo creato per clonazione ci sarà un'anticipazione dei processi di invecchiamento: la pecora Dolly invecchierà precocemente e morirà precocemente.
Risposta corretta D.

36. Gli OGM vengono usati per svariatissimi scopi: uno di questi prevede lo sfruttamento dell'OGM per andare a produrre tantissime copie di ciò che è codificato dal gene inserito artificialmente; un esempio, è quello che prevede la produzione massiva dell'enzima insulina: per raggiungere questo scopo, vengono sfruttati OGM batterici, cellule procariotiche nelle quali sono stati inseriti plasmidi ricombinanti, contenenti il gene per l'insulina. Il batterio, presentando una grandissima velocità di replicazione, riesce a creare, in poco tempo, una vastissima quantità di copie dell'enzima, che, successivamente, può essere isolato, purificato e riutilizzato per altri scopi. In modo analogo, i procarioti vengono sfruttati anche per la produzione di antibiotici e ormoni. Gli OGM (soprattutto animali), inoltre, vengono spesso sfruttati nei laboratori di ricerca contro il cancro: per vedere gli effetti, ad esempio, di un chemioterapico, si creano, appunto, degli "animali geneticamente modificati", che presentano un DNA con delle sequenze simili a quelle che causano alcune patologie riscontrate nell'uomo.
Risposta corretta E.

37. La risposta corretta è la A, in quanto, come dice anche il nome: agrobacterium tumefaciens, è un batterio, questo tramite il plasmide Ti permette la ricombinazione di DNA all'interno delle specie vegetali.
Risposta corretta A.

38. Il batterio che è in grado di trasferire il proprio materiale genetico nelle cellule vegetali modificandone il genoma è l'Agrobacterium tumefaciens.
Risposta corretta D.

39. Agrobacterium infetta le cellule vegetali trasferendovi all'interno una parte del proprio plasmide Ti, che verrà inserita nel genoma ospite tramite ricombinazione omologa. Il segmento che viene inserito nel genoma è il T-DNA in condizioni normali, sarà perciò questo a poter essere sostituito da un gene esogeno. Il right border e il left border fanno parte del T-DNA ma sono indispensabili per il trasferimento, non vengono perciò sostituiti.
Risposta corretta E.

40. Per la produzione del golden rice è stato inserito il gene della fitoene sintasi, inizialmente proveniente dal narciso e poi dal mais. Il fitoene è precursore del β-carotene, che a sua volta è precursore biologico della vitamina A.
Risposta corretta C.

41. La definizione di organismo geneticamente modificato è un organismo vivente, non obbligatoriamente vegetale, che possiede un patrimonio genetico che è stato modificato tramite la tecnologia del DNA ricombinante. Incrocio e selezione non sono considerati processi che rendono gli individui OGM in quanto non vengono inseriti geni esogeni (no C e quindi no E). La sola resistenza alle alte temperature non permette di definire se un organismo è OGM o meno (no D). L'alterazione del fenotipo non è una caratteristica peculiare degli OGM (no B).
Risposta corretta A.

42. L'unico biocombustibile che viene prodotto da microrganismi presenti all'interno di bioreattori è il bioidrogeno. All'interno dei bioreattori avvengono processi fisiologici che portano alla formazione di idrogeno, ad esempio alcune alghe scindono le molecole d'acqua, alcuni batteri invece scindono molecole organiche attraverso processi di fermentazione, producendo molecole di idrogeno.
Risposta corretta B.

43. Il microrganismo in questione è Clostridium cellulovorans. Come dice il nome, questo batterio si "nutre" di cellulosa, è perciò in grado di degradarla e di usarla come fonte di carbonio. Zymomonas mobilis può essere coinvolto nella produzione di bioetanolo poiché in grado di velocizzare i processi di produzione, non degrada però la cellulosa, degrada gli zuccheri a piruvato. Gli altri 3 microrganismi non sono in grado di degradare cellulosa.
Risposta corretta A.

44. I microrganismi in grado di degradare gli idrocarburi sono detti idrocarburoclastici. Sono microrganismi in grado di metabolizzare queste molecole e usarle come fonte di carbonio e/o di energia.
Risposta corretta C.

45. La sigla Ti sta per Tumor inducing. Tale plasmide porta alla formazione di tumori nelle piante vegetali se la parte di plasmide ricombinata è il T-DNA, se questo viene invece sostituito con un gene esogeno, pratica comune nei processi di transgenesi, il plasmide non porterà più alla produzione di un tumore ma alla semplice ricombinazione del gene esogeno all'interno del genoma vegetale.
Risposta corretta A.

46. Le cellule meristematiche sono cellule totipotenti (no A e D), questo vuol dire che sono in grado di generare qualsiasi tessuto della pianta. Le cellule totipotenti meristematiche sono quindi dedifferenziate (no C e E), in quanto si differenziano per produrre il tessuto necessario. La struttura che vanno a formare è il meristema. A livello embrionale si formano due meristemi nelle piante: il meristema apicale del germoglio che andrà a produrre la parte aerea della pianta e il meristema apicale della radice, che invece produrrà l'apparato radicale.
Risposta corretta B.

8. ELEMENTI DI BIODIVERSITÀ ED EVOLUZIONE

1. Quale tra le seguenti opzioni NON è un elemento all'interno della Teoria dell'Evoluzione per selezione naturale?
A. Competizione per cibo e ambiente
B. Variazione tra le specie
C. Ereditarietà di caratteristiche acquisite
D. Sopravvivenza e riproduzione
E. Tutte le precedenti

2. Una qualsiasi variazione che porta ad un aumento della sopravvivenza di un organismo in un determinato ambiente viene definita:
A. Variazione
B. Caratteristica
C. Adattamento
D. Competizione
E. Struttura vestigiale

3. Un gruppo di topi viene separato dalla comparsa di un torrente. Nel tempo i topi che si trovano nella sponda settentrionale diventano più piccoli e chiari, mentre quelli che si trovano sulla sponda meridionale diventano più grandi e scuri. Si tratta di un esempio di:
A. Divergenza
B. Omologia
C. Gigantificazione
D. Melanismo industriale
E. Bioevoluzione

4. Quale tra le seguenti opzioni è più probabile che porti all'evoluzione di due specie differenti?
A. Selezione divergente
B. Selezione stabilizzatrice
C. Anagenesi
D. Selezione direzionale
E. Selezione artificiale

5. La popolazione Amish presenta al suo interno un'alta incidenza di polidattilia (presenza di dita sovrannumerarie) rispetto al resto della popolazione. La causa di questa differenza può essere spiegata da:
A. Selezione direzionale
B. Selezione divergente
C. Effetto collo di bottiglia
D. Effetto del fondatore
E. Tutte le precedenti

6. Alcune specie di zanzare Anopheles vivono in acque salmastre, alcune in acque dolci correnti e altre in acque stagnanti. Quale tipo di barriera riproduttiva potrebbe essere ragione di separazione tra le specie considerate?
A. Isolamento temporale
B. Isolamento post-zigotico
C. Isolamento sessuale
D. Isolamento per habitat
E. Non sono presenti barriere riproduttive, le specie possono continuare ad incrociarsi

7. La fitness è un parametro che misura:
A. Longevità
B. Successo riproduttivo
C. Salute fisica
D. Dimensione di popolazione
E. Sterilità degli ibridi

8. Quale equazione descrive l'Equilibrio di Hardy-Weinberg?
A. p + q = 1
B. p2 + 2pq + q2 = 1
C. p + 2pq + q2 = 1
D. p2 + 2pq + q = 1
E. p2 + 2pq + q3 = 1

9. Per deriva genetica si intende la componente dell'evoluzione di una specie dovuta a fattori casuali. Risulta più facilmente visibile in una popolazione che:
A. Ha un basso tasso di mutazioni
B. Ha dimensioni ridotte
C. Ha un pool genico ridotto
D. Presenta selezione naturale in corso
E. Si riproduce in modo asessuato

BIOLOGIA

10. Gli organismi vengono classificati nei regni secondo:

A. Modalità di riproduzione
B. Dimensioni
C. Numero di cellule che li compongono e modalità di approvvigionamento di nutrienti
D. Presenza o assenza di mitocondri
E. Possibilità di movimento

11. Tutti gli organismi parte del regno animali sono:

A. Eucarioti
B. Multicellulari
C. Eterotrofi
D. A riproduzione generalmente sessuata
E. Tutte le precedenti

12. Quale di questi caratteri del topo Gigio NON segue l'equilibrio di Hardy-Weinberg?

A. Carattere capelli blu
(p = 0.18, q = 0,82)
B. Carattere occhi fucsia
(p = 0.73, q = 0,27)
C. Carattere mani grandi
(p = 0.11, q = 0,89)
D. Carattere occhi verdi
(p = 0.37, q = 0,65)
E. Carattere denti grandi
(p = 0.85, q = 0.15)

13. Una speciazione peripatrica

A. Potrebbe attuarsi se compare un fiume che separa un gruppo di gechi
B. Potrebbe essersi attuata milioni di anni fa formando la specie di lepri italiane e lepri nordafricane
C. Potrebbe attuarsi se tra i delfini del Mediterraneo, alcuni di essi si separano perché litigano con gli altri e chiudono tutti i rapporti
D. Potrebbe attuarsi tra due popoli diversi che abitano in una steppa
E. Potrebbe attuarsi se un piccolo gruppo di colibrì tropicali decide di corteggiare l'altro sesso volteggiando in modo diverso dal resto del gruppo

14. Qual è il phylum più ricco di specie viventi?

A. Molluschi, un esempio sono le cozze, le chiocciole ed i polpi
B. Celenterati, un esempio sono i coralli e le meduse
C. Cordati, un esempio sono i mammiferi, i pesci e gli uccelli
D. Poriferi, un esempio sono le spugne
E. Artropodi, un esempio sono i ragni, le api ed i granchi

15. Quale dei seguenti è un esempio di selezione divergente?

A. In una popolazione di salamandre, vengono selezionate solamente le salamandre omozigoti dominanti e le omozigoti recessive per tutti i caratteri
B. In una popolazione di alpaca, vengono selezionati progressivamente quelli con il pelo più lungo
C. In una popolazione di cerbiatti, vengono selezionati solamente quelli che presentano fenotipi eterozigoti
D. In una popolazione di paguri, vengono selezionati solamente i paguri con il guscio arancione che permette una miglior conservazione della specie
E. Nessuno dei precedenti

16. Come potrebbe essere definito, nell'ambito della speciazione, uno tsunami che si abbatte su una piccola isoletta del pacifico, uccidendo una buona parte delle specie viventi sull'isola?

A. Speciazione allopatrica
B. Effetto del fondatore
C. Effetto collo di bottiglia
D. Isolamento riproduttivo
E. Selezione artificiale

17. I condroitti:

A. Sono un ordine di pesci cartilaginei
B. Sono una classe di pesci cartilaginei
C. Sono una classe di pesci ossei
D. Sono un ordine di pesci ossei
E. Sono una famiglia di pesci cartilaginei

18. Per l'allele dominante "pelo azzurro" dei quokka, abbiamo una frequenza di 0.67. Sapendo che il carattere può manifestarsi anche in eterozigosi, qual è la probabilità che il pelo del quokka non sia giallo ma azzurro?

A. 0,67
B. 0,5
C. 0,87
D. 0,33
E. 0,45

19. Quale tra le seguenti è la corretta sequenza delle categorie nella classificazione tassonomica?

A. Dominio, Phylum, Regno, Classe, Ordine, Famiglia, Genere, Specie
B. Dominio, Regno, Phylum, Classe, Ordine, Famiglia, Specie, Genere
C. Dominio, Regno, Phylum, Classe, Ordine, Famiglia, Genere, Specie
D. Dominio, Regno, Phylum, Classe, Ordine, Genere, Specie, Famiglia
E. Dominio, Phylum, Regno, Classe, Ordine, Famiglia, Specie, Genere

20. La frequenza allelica riguardante un determinato gene in una popolazione segue la legge di Hardy-Weinberg se tale popolazione:

A. Non presenta mutazioni geniche tra i suoi individui
B. È circoscritta a un numero limitato di individui
C. Subisce flussi migratori in entrata
D. Subisce flussi migratori in uscita
E. Nessuna delle precedenti risposte

21. Quale tra i seguenti fattori evolutivi è alla base della teoria che prevede l'esistenza di una "Eva mitocondriale"?

A. Selezione naturale
B. Matrimoni non casuali
C. Migrazione
D. Effetto collo di bottiglia
E. Mutazioni geniche

22. In cosa consiste il "vantaggio dell'eterozigote"?

A. Nella prevalenza assoluta del genotipo eterozigote per un dato carattere
B. Nella sopravvivenza di un allele malato all'interno del genotipo eterozigote, dovuta al vantaggio selettivo che tale allele offre nei confronti di un'altra patologia
C. Nella maggior forza fisica che caratterizza gli individui con genotipo eterozigote
D. Nella sopravvivenza di un allele malato all'interno del genotipo omozigote, dovuta al vantaggio selettivo che tale allele offre nei confronti di un'altra patologia
E. Nella prevalenza assoluta del genotipo omozigote per un dato carattere

23. Una malattia autosomica recessiva colpisce un neonato su 10'000. Qual è la frequenza attesa dei portatori?

A. 1/100
B. 99/100
C. 1/50
D. 0, 01
E. 1/2

24. In quale dei seguenti casi, due individui apparterranno sicuramente alla stessa famiglia?

A. Se appartengono allo stesso dominio
B. Se appartengono allo stesso regno
C. Se sono nati dalla stessa madre
D. Se appartengono allo stesso phylum
E. Se appartengono a due specie diverse

25. Nella popolazione europea gli alleli D e d, responsabili del fenotipo Rh, hanno frequenza di 0,6 e 0,4. Considerando la popolazione all'equilibrio, quali sono le frequenze di Rh+ e Rh-?

A. 0,84 e 0,16
B. 0,16 e 0,84
C. 0,36 e 0,16
D. 0,48 e 0,16
E. Non è possibile stabilirle con precisione

BIOLOGIA

26. Quali di questi organismi si riproducono soltanto tramite riproduzione asessuata?

A. Batteri e alghe
B. Soltanto i batteri
C. Funghi e piante
D. Mammiferi
E. Funghi e cianobatteri

27. Chi fu il primo scienziato a sostenere che gli esseri viventi fossero il frutto di un processo di modificazione e adattamento graduale sotto la pressione dell'ambiente?

A. Linneo
B. Charles Darwin
C. Jean Baptiste de Lamarck
D. Aristotele
E. Gregor Mendel

28. La comparsa di strutture analoghe è un esempio di:

A. Evoluzione divergente
B. Evoluzione convergente
C. Evoluzione parallela
D. Speciazione
E. Selezione naturale

CORREZIONE COMMENTATA

1. La Teoria dell'Evoluzione per selezione naturale formulata da Darwin si basa sulla competizione tra specie e tra gli individui all'interno delle specie. Secondo lo scienziato l'adattamento risulta essere fondamentale per assicurare la sopravvivenza nell'ambiente e la riproduzione. L'ereditarietà delle caratteristiche acquisite, sostenuta da Lamarck, non ha a che fare con la domanda.
Risposta corretta C.

2. Con il termine adattamento si intende qualsiasi caratteristica di una specie che ne migliori le capacità di sopravvivenza in un determinato ambiente. La competizione viene definita ecologicamente come un tipo di competizione tra individui appartenenti alla stessa specie (risposta D errata), mentre le strutture vestigiali sono degli elementi anatomici del corpo umano (e di altri animali) che nel corso dell'evoluzione hanno perso la loro funzione originaria, senza però sparire completamente (risposta E errata).
Risposta corretta C.

3. L'instaurazione di una barriera geografica per la popolazione di topi rappresenta la causa di un processo evolutivo che prende il nome di divergenza: in questo caso la barriera tende a rendere due specie sempre più diverse rispetto a un determinato tratto. Il carattere che va incontro a divergenza evolutiva tra le specie può essere morfologico o molecolare, e ha origine da un antenato comune.
Risposta corretta A.

4. La selezione naturale agisce direttamente sul fenotipo e indirettamente sul genotipo, per cui si distinguono selezione stabilizzatrice (tende a produrre popolazione uniforme, risposta B errata), direzionale (tende a far prevalere individui con una caratteristica fenotipica estrema, risposta D errata) e divergente (tendenza a far prevalere forme fenotipiche estreme, eliminando tutte le forme intermedie). La divergenza porta a una diversificazione, ovvero un aumento nella variazione dei tratti fenotipici presenti in una specie.
Risposta corretta A.

5. Nell'esercizio viene un esempio di effetto del fondatore, ovvero un effetto tale per cui un ristretto numero di individui viene isolato in un ambiente e dà conseguentemente origine ad una nuova popolazione con specifiche caratteristiche. Ne risulta che si avrà una maggiore incidenza di condizioni come la polidattilia presentata in questo caso.
Risposta corretta D.

6. A seconda del diverso habitat in cui vivono le popolazioni considerate, avremo isolamento che funge di fatto da barriera riproduttiva.
Risposta corretta D.

7. La fitness si definisce come misura del successo riproduttivo. Per calcolarla basta prendere il numero di discendenti di uno o più individui. Si possono quindi impostare calcoli, stime e predizioni. Per esempio, si può dimostrare che la frequenza di un carattere (trasmissibile) è destinata a crescere nella popolazione, se la fitness media di individui accomunati da quel carattere è maggiore della fitness media della popolazione.
Risposta corretta B.

8. L'equazione di Hardy-Weinberg è descritta nella seconda opzione.
Risposta corretta B.

9. Una popolazione all'interno della quale il tasso di mutazioni è basso, sarà scarsamente visibile la deriva genetica (risposta A errata), così come in presenza di pool genico ridotto (risposta C errata), selezione naturale in corso (risposta D errata) e nel caso in cui la riproduzione avvenga in modo asessuato: ricordiamo che la riproduzione sessuata fornisce grandissima variabilità (risposta E errata). Ne risulta che un cambiamento, all'interno di una popolazione piccola, sia maggiormente individuabile e percentualmente importante.
Risposta corretta B.

10. La classificazione ideata da Whittaker per gli organismi viventi si basa su tre criteri: il tipo di cellula che caratterizza l'essere, il tipo di organizzazione cellulare e la tipologia di nutrizione.
Risposta corretta C.

11. Tra le opzioni sono proposti tutte caratteristiche appartenenti al regno animale.
Risposta corretta E.

12. Secondo l'equilibrio di Hardy-Weinberg la frequenza allelica del carattere dominante e di quello recessivo, rispettivamente p e q, deve essere uguale ad 1 ($p+q=1$). Pertanto l'unica opzione che non rispetta questa equazione è la D.
Risposta corretta D.

13. Una speciazione peripatrica è una speciazione definita anche "effetto del fondatore" ed avviene quando un piccolo gruppo di individui si isola e nasce così una nuova popolazione a causa anche degli effetti della deriva genetica e delle varie fluttuazioni statistiche. Attenzione, le altre opzioni erano esempi di altri tipi di speciazione; infatti, l'opzione A era un esempio di speciazione allopatrica, dove abbiamo la separazione di due popolazioni a causa di una barriera geografica (fiume). Stessa cosa vale per l'opzione B, dove la barriera era il Mar Mediterraneo che divide Italia e Nord Africa. L'opzione D era un esempio di speciazione parapatrica, perché dalla domanda non si evince che c'è una netta separazione e quindi dobbiamo presumere che le due popolazioni siano in comunicazione. In ultimo, l'opzione E era un esempio di speciazione simpatrica.
Risposta corretta C.

14. Il phylum più ricco di specie viventi è quello degli Artropodi che comprende animali come ragni e scorpioni (aracnidi), api e farfalle (insetti), gamberi e granchi (crostacei). Attenzione, il phylum dei pesci, mammiferi, rettili, uccelli e quindi anche esseri umani, NON è il più vasto.
Risposta corretta E.

15. Una selezione divergente è un tipo di selezione con la tendenza a far prevalere forme fenotipiche estreme, andando via via ad eliminare le forme fenotipiche intermedie. Pertanto l'opzione C era da escludere poiché è un esempio di selezione stabilizzante, dove rimangono solamente i fenotipi intermedi. Tra le opzioni A, B e D, la più corretta era la A che infatti dava perfettamente la definizione di questo tipo di speciazione, mentre le altre due erano carenti nell'esempio.
Risposta corretta A.

16. Uno tsunami che si abbatte su un'isoletta del pacifico potrebbe essere un esempio dell'effetto "collo di bottiglia". Infatti, questo tsunami potrebbe essere immaginato come un cataclisma che in un modo o in un altro va a selezionare dei pool genetici rispetto alla popolazione iniziale.
Risposta corretta C.

17. I condroitti sono una classe di pesci cartilaginei, ossia con un endoscheletro prevalentemente composto di cartilagine. Infatti, "condro" è un prefisso spesso utilizzato per indicare la cartilagine e strutture cartilaginee.
Di questa classe fanno parte, ad esempio, squali e razze.
Risposta corretta B.

18. Per calcolare questa probabilità basta seguire l'equazione che descrive l'equilibrio di Hardy-Weinberg. Infatti noi sappiamo che le frequenze genotipiche seguono l'equazione $p2 + 2pq + q2 = 1$, dove con $p2$ intendiamo la frequenza del genotipo omozigote dominante, mentre $q2$ indica la frequenza del genotipo recessivo e $2pq$ indica il genotipo eterozigote. Conoscendo p, possiamo calcolarci q, come $p + q = 1$ e quindi $q = 1 - p = 0{,}33$. Applicando ora l'equazione scritta in precedenza posso calcolarmi $p2 = 0{,}45$ e $2pq = 0{,}42$ e quindi la probabilità di avere l'espressione del carattere è di circa 0,87.
Risposta corretta C.

19. Per ricordare facilmente la sequenza delle categorie tassonomiche, possiamo utilizzare la mnemofrase DaRE Fuoco Con ORDigni Fa GENERare SPavento: dominio, regno, phylum, classe, ordine, famiglia, genere, specie.
Risposta corretta C.

20. Hardy e Weinberg dimostrarono che la ricombinazione che si verifica ad ogni generazione filiale negli organismi a riproduzione sessuata, in una situazione ideale, non modifica le frequenze con cui compaiono gli alleli. La legge di Hardy-Weinberg è però applicabile allo studio della frequenza allelica di una popolazione solo se tale popolazione soddisfa alcuni requisiti: è infinitamente grande (risposta B errata), non ha subito flussi migratori in entrata o in uscita (risposte C e D errate), gli incroci tra gli individui che la compongono sono assolutamente casuali (panmissia) e la selezione naturale non favorisce alcuni genotipi a scapito di altri. Inoltre, gli individui non devono subire mutazioni a livello genico.
Risposta corretta A.

21. La teoria che prevede l'esistenza di una "Eva mitocondriale" è un particolare esempio di deriva genetica degli alleli: l'effetto collo di bottiglia. Si tratta di un fattore evolutivo che consiste nella conservazione soltanto di alcuni genotipi in seguito alla scomparsa dovuta a morti massive di tutti gli individui portatori degli altri genotipi. Nel caso specifico, nessun'altra linea esclusivamente femminile del periodo di Eva o di quello immediatamente precedente è sopravvissuta. Pertanto i geni trasmessi esclusivamente per via materna, ossia quelli mitocondriali, deriverebbero da un solo antenato comune.
Risposta corretta D.

22. Il "vantaggio dell'eterozigote" consiste nella sopravvivenza di un allele malato all'interno del genotipo eterozigote, dovuta al vantaggio selettivo che tale allele offre nei confronti di un'altra patologia. Si tratta di un esempio di selezione bilanciata, in cui una mutazione con effetti deleteri viene mantenuta nel pool genico. In questo caso, infatti, l'individuo eterozigote per un dato carattere (letale in omozigosi recessiva) risulta più adatto a sopravvivere dell'omozigote dominante. È questo il caso dell'anemia falciforme, che comporta, in eterozigosi, un vantaggio evolutivo per altre patologie come la malaria che è causata da un parassita del genere Plasmodium, il quale non è in grado di invadere i globuli rossi morfologicamente anomali.
Risposta corretta B.

23. Presupponendo che la popolazione sia all'equilibrio, possiamo ricavare da $q2$ il valore della q: se $q^2 = 1/1000$ allora $q = 1/100$. Siccome ci interessa la frequenza dei portatori

dobbiamo calcolare il valore della p = 1 - q = 1 - 0,01 = 0,99.
Dalla legge di Herdy-Weinberg, infine, sappiamo che la frequenza dei portatori è data da 2pq, ossia: 2 · 0,99 · 0,01 = 0,0198, cioè circa 1/50.
Risposta corretta C.

24. Individui che appartengono allo stesso dominio, regno o phylum potrebbero differire tra loro per quanto riguarda le categorie a valle di queste nella classificazione tassonomica, perciò anche per la famiglia (risposte A, B e D errate). Due individui che appartengono a specie diverse potrebbero comunque appartenere anche alla stessa famiglia, tuttavia non vi può essere una certezza assoluta (risposta E errata). Infine, individui nati dalla stessa madre, appartengono sicuramente alla stessa specie e, di conseguenza, avranno in comune anche tutte le altre categorie tassonomiche.
Risposta corretta C.

25. Secondo la legge di Hardy-Weinberg, se le assunzioni sono soddisfatte, la sola riproduzione non altera le frequenze alleliche o genotipiche e le frequenze alleliche determinano le frequenze dei genotipi.
Applicando la formula $p^2 + 2pq + q^2$, con p = 0,6 e q = 0,4, possiamo calcolare le seguenti frequenze:
f(DD) = $p^2 = (0{,}6)^2 = 0{,}36$.
f(Dd) = 2pq = 2 · 0,6 · 0,4 = 0,48.
f(dd) = $q^2 = (0{,}4)^2 = 0{,}16$.
Il fenotipo Rh^+ avrà una frequenza pari alla somma delle frequenze f(DD) e f(Dd): 0,36 + 0,48 = 0,84. Il fenotipo Rh- corrisponde alla frequenza f(dd): 0,16.
Risposta corretta A.

26. Alghe, funghi e piante possono riprodursi sia tramite riproduzione asessuata, sia tramite riproduzione sessuata. I mammiferi si riproducono generalmente tramite riproduzione sessuata. Soltanto batteri e cianobatteri si riproducono esclusivamente tramite riproduzione asessuata (scissione binaria).
Risposta corretta B.

27. Il primo scienziato a sostenere che gli esseri viventi fossero il frutto di un processo di modificazione e adattamento graduale sotto la pressione dell'ambiente fu Jean Baptiste de Lamarck. Aristotele e Linneo erano sostenitori del fissismo, cioè dell'immutabilità degli organismi nel tempo. Gregor Mendel è considerato il padre della genetica e Darwin elaborò una propria teoria dell'evoluzione proprio discostandosi dagli studi di Lamarck.
Risposta corretta C.

28. La comparsa di strutture analoghe è un esempio di evoluzione convergente: organismi che vivono in condizioni simili sviluppano adattamenti simili, pur non avendo parentela evolutiva. In questo modo si ha quindi la comparsa di strutture analoghe (stessa funzione, diversa origine evolutiva). Quando invece popolazioni che presentano un antenato comune sviluppano caratteristiche diverse (strutture omologhe), siamo davanti a un esempio di evoluzione divergente. La speciazione è invece il processo che porta alla nascita di una nuova specie, cioè un gruppo di individui che incrociandosi dà origine a prole fertile.
Risposta corretta B.

9. ELEMENTI DI ECOLOGIA

1. L'insieme degli organismi appartenente alla stessa specie viene definito:
A. Comunità
B. Popolazione
C. Ecosistema
D. Collettivo
E. Classe

2. Indicare cosa si intende per mutualismo.
A. Cooperazione obbligatoria o facoltativa tra due specie in cui possono trarne beneficio entrambe
B. Cooperazione obbligatoria o facoltativa tra due specie in cui può trarne beneficio solo una delle due
C. Non si ha rapporto di vantaggio e svantaggio tra le due specie
D. Una specie trae favore a sfavore dell'altra
E. Due specie di auto limitano in quanto sono in competizione per la stessa risorsa

3. Per inquinamento si intende l'immissione di sostanze inquinanti nel:
A. Aria
B. Acqua
C. Suolo
D. Tutte corrette
E. Nessuna corretta

4. L'effetto serra:
A. È un effetto intrinsecamente negativo che rovinerà la vita sul pianeta terra
B. Sarà sempre positivo nonostante ciò che farà l'uomo con la natura
C. È un effetto di per sé positivo che ha permesso la termoregolazione sul pianeta Terra, ma che ora a causa dell'uomo rischia di minacciarlo
D. Permette la coltivazione dell'orto anche quando non c'è abbastanza caldo durante le mezze stagioni
E. Non esiste

5. All'interno della catena alimentare, l'energia per il sostentamento viene ricavata:
A. Tramite la sola ingestione di altri organismi intellettualmente meno sviluppati di noi, a cui si può avere accesso tramite la caccia o la coltivazione
B. Tramite altri organismi o tramite fonti naturali come la luce solare
C. Tramite la fissazione dell'azoto, che permette di concentrare in alcuni organismi una quantità di ammonio sufficiente al sostentamento energetico
D. Grazie all'azione di muffe e funghi, che tramite la loro azione da decompositori permettono di concentrare nutrimento negli alimenti
E. Nessuna delle precedenti

6. Quale delle seguenti affermazioni riguardante i livelli trofici è ERRATA:
A. Si definiscono come i livelli della catena alimentare
B. Il passaggio da un livello trofico a un altro genera una dispersione di energia
C. I consumatori quando si trovano nel livello successivo a quello dei produttori prendono il nome di consumatori secondari, se concorrono invece al livello di produzione prendono il nome di consumatori primari
D. I livelli trofici si distinguono per il livello di energia che possiedono. Questa energia può essere persa sotto forma di calore
E. L'energia solare consente il corretto funzionamento dei produttori vegetali

7. La biosfera:
A. Si definisce come l'insieme di tutti gli ecosistemi presenti sulla terra
B. Si definisce come l'insieme di tutti gli ecosistemi escludendo gli ecosistemi acquatici

BIOLOGIA

C. È un altro nome per definire la macchia mediterranea
D. È definita come lo spazio occupato da una popolazione
E. Comprende tutti gli ecosistemi caratterizzati da vegetazione

8. L'elemento che nell'atmosfera rappresenta il 78% del volume è:
A. Metano
B. Ossigeno molecolare
C. Azoto biatomico
D. Biossido di Carbonio
E. Argon

9. Qual è un sinonimo di bioma?
A. Ecosistema
B. Biosfera
C. Habitat
D. Biotopo
E. Comunità

10. In quali modi il carbonio organico può ritornare inorganico ed essere restituito all'atmosfera?
1. Respirazione animale
2. Respirazione vegetale
3. Fermentazione
4. Utilizzo combustibili fossili
A. 1,2 e 4
B. 1,3 e 4
C. 1 e 4
D. Tutti
E. 1 e 2

11. Cos'è la valenza ecologica?
A. Il grado di tolleranza della specie alla variazione del fattore limitante
B. L'impatto che una specie imprime sull'ecosistema
C. Il grado di utilità di una specie per la sopravvivenza di un'altra
D. L'impatto che una sostanza imprime sull'ecosistema
E. L'importanza di una specie in una nicchia ecologica

12. Quale tra le seguenti affermazioni sulla catena trofica è corretta?
A. I consumatori di primo grado possono essere carnivori di piccoli dimensioni
B. Condor e iene possono essere considerati decompositori
C. Nella rete alimentare un nodo rappresenta l'interazione tra due specie
D. I consumatori di secondo grado sono ad esempio zebra, gatto e volpe
E. Gli erbivori alla base della catena alimentari non sono considerati produttori

13. Quale delle seguenti opzioni ordina i termini dal "contenitore" più ampio al "contenuto" più ristretto?
A. Biotopo - biosfera - habitat - bioma
B. Biosfera - ecosistema - biotopo - habitat
C. Biosfera - bioma - habitat - biotopo
D. Biotopo - bioma - biosfera - habitat
E. Bioma - biotopo - habitat - biosfera

14. Il *Brachiosaurus altithorax* era un enorme dinosauro che si cibava di centinaia di chilogrammi di massa vegetale ogni giorno. Quale ruolo svolgeva quindi questo organismo nella catena trofica del giurassico?
A. Produttore
B. Consumatore di primo grado
C. Consumatore di secondo grado
D. Consumatore di terzo grado
E. Decompositore

15. Quale/i delle seguenti affermazioni sul ciclo del fosforo è/sono vera/e?
I. Il fosforo deve subire un processo di fissazione per essere assimilato dagli organismi vegetali
II. È un elemento scarsamente rappresentato e lo si trova principalmente nelle rocce fosfatiche
III. Il processo grazie al quale il fosforo inorganico può essere assimilato dagli organismi vegetali è perpetuato da batteri
A. I e III
B. Solo I
C. Solo II
D. Solo III
E. Nessuna affermazione è corretta

16. **Che cosa afferma il principio di Gause?**
A. Due specie in competizione intraspecifica possono coesistere in uno stesso habitat a valori di popolazione costanti
B. Due specie in competizione interspecifica possono coesistere in uno stesso habitat a valori di popolazione costanti
C. Due specie in competizione intraspecifica non possono coesistere in uno stesso habitat a valori di popolazione costanti
D. Due specie in competizione interspecifica non possono coesistere in uno stesso habitat a valori di popolazione costanti
E. Nessuna delle precedenti è corretta

17. **Quali di questi non è un gas serra?**
A. Ozono
B. Anidride carbonica
C. Metano
D. CH_4
E. Ossigeno

18. **Qual è l'elemento più abbondante nell'atmosfera?**
A. Ossigeno
B. Azoto
C. Argon
D. Idrogeno
E. Carbonio

19. **Quale di questi processi trasforma la CO_2 in materiale organico?**
A. Fotosintesi svolta da eterotrofi
B. Fotosintesi svolta da autotrofi
C. Fermentazione svolta da autotrofi
D. Fermentazione svolta da eterotrofi
E. Fermentazione svolta da autotrofi e eterotrofi

20. **Chi sono i consumatori di terzo grado?**
A. Autotrofi
B. Erbivori
C. Carnivori solo di erbivori
D. Carnivori di erbivori e di altri carnivori
E. Funghi

21. **Quale delle seguenti affermazioni sul ciclo dell'azoto è falsa?**
A. La fissazione dell'azoto può avvenire sfruttando l'energia dei fulmini
B. La fissazione dell'azoto può avvenire grazie a specifici batteri
C. Il processo di ammonificazione consiste nel trasformare l'azoto presente negli amino acidi in ione ammonio
D. Le piante possono utilizzare l'azoto in forma gassosa
E. Nessuna delle precedenti

22. **Quale delle seguenti associazioni nome-definizione è corretta?**
A. Popolazione - l'insieme delle varie comunità presenti in un'area geografica
B. Habitat - il luogo occupato dalla singola comunità
C. Biotopo - spazio occupato da una singola comunità
D. Ecosistema - l'insieme dei vari habitat
E. Nicchia biologica - l'habitat primordiale della comunità

23. **Quale delle seguenti interazioni biotiche può essere definita come "*le due specie si autolimitano in quanto sono in competizione per la stessa risorsa*"?**
A. Neutralismo
B. Predazione
C. Commensalismo
D. Mutualismo
E. Nessuna delle precedenti

24. **I gas serra sono dei gas presenti nell'atmosfera terrestre responsabili del surriscaldamento della Terra. Quali dei seguenti gas non è un gas serra?**
A. CO_2
B. HCO_3^-
C. N_2O
D. CH_4
E. H_2O

BIOLOGIA

25. Il biotopo è:

A. Il complesso ecologico in cui vive un singola comunità
B. Lo spazio occupato da una singola popolazione
C. L'entità funzionale dell'ecologia
D. L'insieme delle popolazioni che si trovano in una determinata area geografica
E. Lo spazio occupato da una singola popolazione all'interno del suo habitat

26. Quale vegetazione è caratteristica della macchia mediterranea?

A. Muschi e licheni
B. Alberi a foglia ampia
C. Arbusti e sempreverdi
D. Pochi alberi e piante erbacee
E. Non è presente vegetazione

27. Quale tra le seguenti opzioni non può essere un fattore limitante?

A. Luce
B. Temperatura
C. Umidità
D. Presenza di malattie genetiche
E. Vento

28. Quale affermazione riguardante il ciclo del carbonio è errata?

A. Gli organismi autotrofi svolgono un ruolo determinante in questo processo
B. Può essere diviso in tre processi indipendenti: fotosintesi, respirazione e combustione
C. Vengono coinvolte idrosfera, geosfera, biosfera e atmosfera
D. Data la scarsa quantità nell'atmosfera, la sua disponibilità è dovuta principalmente all'erosione delle rocce
E. Un contributo al ciclo del carbonio è anche dato da incendi e eruzioni vulcaniche

CORREZIONE COMMENTATA

1. L'insieme degli organismi appartenenti alla stessa specie è definito popolazione. La comunità è l'insieme di varie popolazioni, animali e vegetali, che si trovano in uno stesso territorio. L'ecosistema è l'insieme delle varie comunità unite con il biotopo (il luogo di vita occupato dalla singola comunità).
Risposta corretta B.

2. La risposta B fa riferimento al commensalismo (+/0). La risposta C al neutralismo (0/0). La risposta D alla predazione o al parassitismo (+/-). La risposta E alla competizione (-/). Infine, la risposta A fa riferimento al mutualismo, processo in cui entrambe le specie traggono vantaggio l'una dall'altra (+/+).
Risposta corretta A.

3. Per inquinamento ambientale si intende l'insieme delle alterazioni che l'attività dell'uomo causa nell'ecosistema in cui viviamo. L'immissione delle sostanze inquinanti può essere sia nell'aria, che nell'acqua, che nel suolo.
Risposta corretta D.

4. L'effetto serra è di per sé utile per la terra: gas come l'ozono (O_3), l'anidride carbonica (CO_2) o il metano (CH_4), sono in grado di assorbire le radiazioni ultraviolette del sole contribuendo alla termoregolazione del pianeta Terra. Il problema principale è l'eccessiva emissione di alcuni di questi gas da parte dell'uomo che rischiano di estremizzare questo effetto, facendolo diventare, di fatto, dannoso.
Risposta corretta C.

5. La fonte di sostentamento all'interno della catena alimentare può essere di tipo naturale (luce solare) o possono essere altri individui (risposta corretta B). La risposta A è errata poichè non è formulata in modo corretto (non è vera l'affermazione per cui è necessario nutrirsi di individui intellettualmente inferiori) e inoltre non include il sostentamento tramite fonti naturali. La fissazione dell'azoto non è una fonte di sostentamento, risposta C errata. La risposta D è errata poichè non è compito di muffe e lieviti concentrare i nutrienti.
Risposta corretta B.

6. I livelli trofici sono i livelli della catena alimentare e il passaggio da un livello all'altro implica la perdita di energia che viene dissipata sotto forma di calore. All'interno della catena,l'energia solare consente il funzionamento dei produttori vegetali, i quali vengono consumati dai consumatori primari, poi secondari, poi altri consumatori. Il quesito richiedeva di individuare l'affermazione errata, pertanto la risposta corretta è la C.
Risposta corretta C.

7. La biosfera è definita come l'insieme di tutti gli ecosistemi presenti sulla terra.
Risposta corretta A.

8. La sostanza principale nell'atmosfera è l'azoto biatomico, presente al 78%. Segue l'ossigeno molecolare al 21% e poi l'Argon al 0.5%; biossido di carbonio, metano e altre molecole sono presenti in tracce.
Risposta corretta C.

9. Per biosfera si intende l'insieme di tutti gli ecosistemi sulla terra (risposta B errata). L'habitat è il particolare spazio che viene occupato da una specie all'interno dell'ecosistema (risposta C errata).

Per biotipo si intende il luogo fisico occupato da una comunità (risposta D errata). Per comunità si intende l'unione di differenti popolazioni, animali e vegetali, che si localizzano in uno stesso spazio risposta E errata).
Risposta corretta A.

10. Nel ciclo del carbonio la CO_2 nell'aria mediante i processi organici viene trasformata in sostanze organiche le quali devono poi ritornare nell'atmosfera mediante i processi di: respirazione animale, fermentazione (pensare alla fermentazione alcolica), respirazione delle piante (ricordare che anche le piante ricorrono alla respirazione cellulare e possiedono i mitocondri) ed infine l'impiego dei combustibili fossili.
Risposta corretta D.

11. La valenza ecologica é il grado di adattabilità di un organismo alle variazioni dei fattori ambientali.
Risposta corretta A.

12. Per consumatori di primo grado si intendono gli erbivori ovvero quegli animali che si cibano dei produttori(risposta A errata). Funghi e muschi sono considerati decompositori in quanto trasformano elementi organici in inorganici, non iene e condor (risposta B errata). Nella rete alimentare i nodi rappresentano gli organismi e non i rapporti tra questi (risposta C errata). I consumatori di secondo grado sono quelli che si cibano esclusivamente di erbivori come il gatto e volpe, ma non la zebra che è invece un erbivoro(risposta D errata). Infine gli erbivori alla base della catena alimentare NON sono produttori infatti vengono considerati consumatori di primo grado.
Risposta corretta E.

13. In ambito ecologico riconosciamo un habitat, ovvero il luogo in cui vive una determinata specie (popolazione). Questo è contenuto all'interno di un biotopo, nel quale interagiscono tra loro organismi di specie diverse (comunità). Diversi biotopi vanno a costituire il bioma, o ecosistema, e infine i diversi biomi presenti sul pianeta costituiscono assieme la biosfera.
Risposta corretta B.

14. Senza dover ricordare per forza la dieta del Brachiosauro, questa viene fornita dal testo, il quale ci dice appunto che si nutre di organismi vegetali (erbivoro). Questa caratteristica pone il Brachiosauro in una condizione di consumatore primario in quanto si nutre dei produttori.
Risposta corretta B.

15. Il fosforo è un elemento che viene utilizzato in forma inorganica dagli organismi autotrofi per produrre composti organici (affermazione III falsa). In un secondo momento viene elaborato da altri organismi e trasformato in rifiuti organici, i quali passano poi attraverso i batteri che li rendono disponibili nuovamente per gli organismi autotrofi. Il fosforo inoltre non è un elemento abbondante e la principale fonte è l'erosione delle rocce fosfatiche (affermazione II vera). La fissazione è un processo tipico del processo dell'azoto che serve proprio a renderlo assimilabile dai vegetali (affermazione I falsa).
Risposta corretta C.

16. Il principio di Gause afferma che due specie in competizione (interspecifica) non possono coesistere nello stesso habitat a valori di popolazione costanti. Questo significa che gli esiti possono essere solo 2:
- la popolazione in svantaggio si estingue
- la popolazione in svantaggio si sposta in un'altra nicchia ecologica per evitare la competizione.

La competizione interspecifica è una dei due tipi di competizione, la quale è invece una tipologia di interazione biotica.
Risposta corretta D.

17. I gas serra sono dei gas presenti nell'atmosfera che incidono sul bilancio energetico della terra e i principali sono: biossido di carbonio, metano e ozono
Risposta corretta E.

18. Gli elementi più abbondanti nell' atmosfera sono, in ordine:
1. Azoto 78%
2. Ossigeno 20%
3. Argon 0.96%
4. Carbonio
5. Idrogeno

Risposta corretta B.

19. Il biossido di carbonio viene trasformato in materia organica attraverso la fotosintesi, che può essere effettuata solo dagli organismi autotrofi, mentre la fermentazione permette di restituire il carbonio all'atmosfera, sempre sotto forma di CO_2.
Risposta corretta B.

20. I produttori sono coloro che possono trasformare composti inorganici in nutrienti (un esempio può essere un organismo autotrofo) mentre i consumatori si dividono in tre gruppi:
1. Di primo grado sono gli erbivori
2. Di secondo grado sono i carnivori che si nutrono solo di erbivori
3. Di terzo grado sono i carnivori che si nutrono di erbivori e carnivori (in cima alla catena alimentare).

Risposta corretta D.

21. Le piante non sono in grado di sfruttare direttamente l'azoto in forma gassosa perciò quest'ultimo deve andare incontro a fissazione. La fissazione dell'azoto può avvenire sia grazie all'energia dei fulmini che grazie a dei batteri. I batteri sono anche responsabili dell'ammonificazione dell'azoto: l'azoto presente negli amminoacidi è trasformato in ione ammonio che può essere poi assimilato dalle piante.
Risposta corretta D.

22. La popolazione è l'insieme degli esseri viventi di una stessa specie. Ogni popolazione occupa un luogo che si definisce come habitat. Il biotopo è lo spazio occupato da una singola comunità che è l'insieme delle varie popolazioni che occupano un luogo. All'interno del biotopo c'è la nicchia biologica, ossia l'insieme di relazioni e ruoli degli organismi che fanno parte di un determinato ambiente. L'ecosistema è costituito dalle varie comunità e dal biotipo che esse occupano.
Risposta corretta C.

23. L'interazione biotica descritta nel quesito è la competizione in cui due specie si autolimitano in quanto sono in competizione per la stessa risorsa. La competizione può essere sia interspecifica (fra specie diverse) o intraspecifica. Nel mutualismo e nel commensalismo vi è una cooperazione da cui possono trarre beneficio rispettivamente entrambe o solo una delle specie coinvolte. La predazione è caratterizzata da una specie che trae beneficio a sfavore di un'altra. Nel neutralismo entrambe le specie non hanno né vantaggi né svantaggi.
Risposta corretta E.

24. I gas serra, presenti nell'atmosfera terrestre, assorbono le radiazioni infrarossi emesse dalla Terra. Questo processo permette la creazione di un clima mite grazie al riscaldamento della superficie terrestre. I principali gas serra presenti nell'atmosfera terrestre sono il vapore acqueo (H_2O), l'anidride carbonica (CO_2), il protossido di azoto (N_2O), il metano (CH_4) e l'esafluoruro di zolfo (SF_6).
Risposta corretta B.

25. Il biotopo viene definito come il complesso ecologico in cui si colloca una singola comunità, ovvero l'insieme di popolazioni che occupano lo stesso ambiente geografico (risposta D errata). Questo concetto è da differenziarsi rispetto all'habitat, che è lo spazio occupato da una singola popolazione (risposta B errata) e dalla nicchia ecologica, definita come lo spazio occupato da una popolazione all'interno dello stesso habitat (risposta E errata). Infine, l'entità funzionale dell'ecologia è riferita all'ecosistema.
Risposta corretta A.

26. La vegetazione propria della macchia mediterranea sono arbusti e piante sempreverdi. Muschi e licheni sono presenti largamente della tundra (Risposta A errata), gli alberi a foglia larga nella foresta decidua (risposta B errata), piante erbacee e pochi alberi sono caratteristici della savana (risposta D errata), mentre la vegetazione è completamente assente nelle zone polari (risposta E errata).
Risposta corretta C.

27. I fattori limitanti sono fattori ecologici, che all'interno di un' ecosistema, limitano la crescita di una popolazione. Ogni specie possiede un valore ottimale per ciascun fattore ecologico e la sua variazione può tradursi in una limitazione della popolazione. Tra le opzioni proposte, l'unica a non essere un fattore limitante è la presenza di malattie genetiche all'interno di una popolazione. Luce, temperatura, vento e umidità sono invece tutti fattori limitanti di carattere fisico.
Risposta corretta D.

28. L'unica risposta errata è l'opzione D, che si riferisce al ciclo del fosforo. Infatti, il ciclo del carbonio è diviso in tre processi indipendenti (fotosintesi, respirazione e combustione). Le piante hanno un ruolo determinante nella fotosintesi, mentre incendi e eruzioni vulcaniche aumentano la presenza di carbonio dell'aria, tramite combustione. Infine, il carbonio è presente nelle rocce del mare (parte dell'idrosfera), nel sottosuolo (geosfera) e nell'aria (atmosfera), che tutti e tre insieme costituiscono la biosfera.
Risposta corretta D.

BIOLOGIA

CHIMICA

Chimica è forse la materia che più spaventa molti di voi, ma in realtà scoprirete che nel test è molto meno nozionistica di quanto si possa pensare; infatti, bastano poche conoscenze per riuscire a svolgere gran parte degli esercizi. Spesso ci si concentra solo sulle altre materie, trascurando chimica perché... "è impossibile", "la odio", "è meglio puntare sul resto". Niente di più sbagliato!

Tantissimi, infatti, non proveranno nemmeno ad approcciarla, ma voi, esercitandovi passo dopo passo, vi accorgerete che anche la tanto temuta chimica può diventare una buona alleata per ottenere quei punti che faranno la differenza al test.

Il programma di chimica è sicuramente vasto, ma devi sicuramente focalizzare la tua attenzione su specifici argomenti:

- tavola periodica;
- legami chimici;
- esercizi di stechiometria;
- reazioni chimiche di base (redox specialmente);
- acidi e basi;
- calcolo del *pH*;
- gruppi funzionali e composti elementari di chimica organica.

Dovrai imparare quali sono gli esercizi più ricorrenti e avere la capacità di svolgerli il più velocemente possibile. Il traguardo è raggiungibile solo con tanta pratica, perciò... ammazzati di quiz.
In quest'ottica gli esercizi che troverai nelle prossime pagine, tutti provvisti di correzioni commentate, potranno esserti di grande aiuto e guidarti nella comprensione della materia.

Amate la chimica e lei amerà voi.

1. MISURE E GRANDEZZE

1. Quale delle seguenti è una grandezza intrinseca ed estensiva?
A. Volume
B. Velocità
C. Densità
D. Pressione
E. Temperatura

2. Quale dei seguenti gruppi di grandezze fisiche comprende solo grandezze fondamentali (e non derivate) del Sistema Internazionale?
A. Corrente elettrica, massa, lunghezza e tempo
B. Resistenza elettrica, lunghezza, massa e tempo
C. Lunghezza, tempo, massa e forza
D. Lunghezza, massa, temperatura e forza
E. Temperatura, corrente elettrica, calore e tempo

3. Due corpi di uguale densità devono necessariamente avere:
A. Stessa massa
B. Stesso volume
C. Massa e volume proporzionali
D. Massa e volume inversamente proporzionali
E. Nessuna delle precedenti

4. La densità di un gas:
A. Diminuisce con l'aumentare della temperatura
B. Diminuisce con l'aumentare della pressione
C. Aumenta con l'aumentare della temperatura
D. È indipendente dalla pressione
E. È indipendente dalla temperatura

5. A quanti centilitri (cL) corrispondono $5 \cdot 10^{-1}$ Mg di acqua?
A. $5 \cdot 10^{3}$ cL
B. 5 cL
C. 50000 cL
D. 0,5 cL
E. $5 \cdot 10^{2}$ cL

6. Quale delle seguenti NON è una grandezza fisica fondamentale?
A. Quantità di sostanza
B. Intensità luminosa
C. Temperatura termodinamica
D. Peso
E. Intensità di corrente elettrica

7. A quanti mm^3 corrispondono 0,5 ML?
A. $5 \cdot 10^{11}$
B. $5 \cdot 10^{12}$
C. 0,5
D. $0,5 \cdot 10^{6}$
E. 5

8. Un micrometro corrisponde a:
A. 10^{-6} m
B. 10^{6} m
C. 10^{-4} m
D. 10^{4} m
E. 10^{-9} m

9. Quanti millimetri cubi sono contenuti in un millilitro?
A. 1
B. 10
C. 100
D. 1000
E. 10000

10. Quando l'acqua alla temperatura di 0° C si trasforma in ghiaccio cede all'ambiente:
A. Calore di evaporazione
B. Calore specifico
C. Calore di fusione
D. Calore di reazione
E. Nulla

11. Il passaggio diretto dallo stato solido allo stato di vapore è detto:
A. Solidificazione
B. Vaporizzazione
C. Sublimazione
D. Brinamento
E. Fusione

12. Come viene chiamato il passaggio di stato da liquido a vapore?
A. Sublimazione
B. Brinamento
C. Fusione
D. Evaporazione
E. Liquefazione

13. Quale dei seguenti sistemi NON è eterogeneo?
A. Schiuma
B. Nebbia
C. Fumo
D. Emulsione
E. Soluzione

14. Indicare quale delle seguenti associazioni "materia – tecnica di separazione" è errata:
A. Pigmenti delle foglie – Cromatografia
B. Sospensione di acqua e sabbia – Filtrazione
C. Acqua e olio – Centrifugazione
D. Vino – Distillazione
E. Sangue – Distillazione

15. Quale dei seguenti è il binomio "tipologia di miscela - miscela" errato?
A. Lega - Acciaio
B. Emulsione - Burro
C. Miscela gassosa - Aria
D. Gel - Formaggio
E. Lega - Oro

16. Quale delle seguenti affermazioni riguardanti la composizione della materia è errata?
A. Un gas ha la caratteristica di occupare tutto il volume del recipiente all'interno del quale è contenuto. Il suo volume dipende dalla temperatura e dalla pressione
B. I gas sono caratterizzati da una densità relativamente bassa
C. Un liquido, come anche un solido, presenta sulla propria superficie una tensione superficiale dovuta alle forze agenti sulle particelle che non sono bilanciate
D. Un fluido si presenta solo allo stato liquido
E. Il passaggio dallo stato solido allo stato gassoso viene definito sublimazione

17. Quale delle seguenti affermazioni riguardanti la classificazione della materia è errata?
A. Le leghe metalliche fanno parte dei miscugli omogenei
B. Le emulsioni fanno parte dei miscugli eterogenei
C. Il latte è un miscuglio eterogeneo
D. I colloidi sono sistemi con caratteristiche intermedie tra miscugli eterogenei e omogenei
E. Una soluzione è un miscuglio eterogeneo formato da un solvente ed un soluto

18. Quale dei seguenti materiali non può essere separato né tramite mezzi fisici né tramite mezzi chimici?
A. Oro
B. H_2O
C. Zucchero
D. Aria
E. NaCl

19. Quale tra le seguenti coppie "tecnica di separazione – proprietà fisica sfruttata" è errata?
A. Filtrazione – Dimensioni delle particelle
B. Centrifugazione – Densità delle sostanze
C. Cromatografia - Velocità di migrazione con cui più sostanze posizionate su un supporto vengono trasportate da un fluido detto eluente
D. Distillazione – Volatilità dei componenti di miscele liquide
E. Nessuna delle precedenti

20. Quale delle seguenti affermazioni riguardo le trasformazioni della materia è vera?
A. La formazione della ruggine è una trasformazione fisica che deriva dalla reazione del ferro con l'ossigeno atmosferico
B. La combustione del legno è una trasformazione chimica reversibile
C. Le trasformazioni chimiche sono modificazioni (generalmente irreversibili) che comportano una variazione della composizione chimica delle sostanze con formazione di nuove sostanze

D. La deposizione è una trasformazione fisica che determina il passaggio dallo stato solido allo stato gassoso
E. Nessuna delle precedenti

21. A cosa è dovuto il fenomeno della capillarità?
A. A condizioni particolari di temperatura e pressione dell'ambiente
B. Alla viscosità dei liquidi
C. All'interazione tra forze di coesione e viscosità
D. All'interazione tra forze di adesione e forze di coesione
E. All'interazione tra forze di adesione e viscosità

22. Si consideri un solido le cui particelle sono disposte in posizioni fisse disordinate. Questo solido non è sicuramente:
A. Un solido amorfo
B. Un polimero
C. Un solido cristallino
D. Un solido rigido
E. Un solido covalente

23. Z e X sono due proprietà degli aeriformi. Z è una proprietà anche dei liquidi; X invece è una proprietà anche dei solidi. Indicare l'opzione corretta.
A. Z = assumere la forma del recipiente; X = volume definito
B. Z = assumere la forma del recipiente; X = volume non definito
C. Z = massa definita; X = volume non definito
D. Z = massa definita; X = massa definita
E. Z = volume definito; X = massa definita

24. All'aumentare della temperatura, la viscosità di un liquido:
A. Aumenta, a causa dell'aumento dell'energia cinetica delle particelle
B. Aumenta, a causa della diminuzione dell'energia cinetica delle particelle
C. Diminuisce, a causa dell'aumento dell'energia cinetica delle particelle
D. Diminuisce, a causa della diminuzione dell'energia cinetica delle particelle
E. Nessuna delle precedenti

CORREZIONE COMMENTATA

1. Una grandezza è la proprietà di un fenomeno o di una sostanza che può essere definita qualitativamente e determinata quantitativamente (ovvero misurata). Le grandezze si possono classificare in quattro tipologie: intrinseche, quando non dipendono dal sistema di riferimento scelto (pressione, volume); estrinseche, quando dipendono dal sistema di riferimento scelto (velocità, giacitura); estensive, quando dipendono dalla quantità di materia del sistema (volume, entalpia, entropia); intensive, quando non dipendono dalla quantità di materia del sistema (pressione, temperatura, densità).
Il quesito richiede di trovare la grandezza sia estensiva che intrinseca. È possibile ragionare per esclusione: si possono eliminare con certezza le opzioni densità (opzione C), pressione (opzione D), temperatura (opzione E) perché corrispondono a grandezze intensive. Inoltre, la velocità è una grandezza estrinseca e perciò è anch'essa da escludere (opzione B). L'unica grandezza che è sia estensiva che intrinseca è il volume.
Risposta corretta A.

2. Anche questa è una domanda prettamente nozionistica. Le grandezze fondamentali del SI sono:

Lunghezza	Metro	m
Massa	Chilogrammo	kg
Tempo	Secondo	s
Corrente elettrica	Ampere	A
Temperatura	Kelvin	K
Quantità di sostanza	Mole	Mol
Luminosità	Candela	cd

L'unica delle risposte in cui sono presenti solo grandezze fondamentali è l'opzione A (corrente elettrica, massa, lunghezza e tempo). Invece la resistenza elettrica, la forza e il calore sono grandezze derivate.
Risposta corretta A.

3. Questo quesito nozionistico richiede una buona conoscenza delle unità di misura. La densità di una sostanza è definita come il rapporto tra la sua massa e il suo volume: d = m/V. Dunque, due corpi hanno stessa densità se hanno massa e volume direttamente proporzionali tra di loro: per esempio un oggetto di massa 2m e volume 2V avrà la stessa densità di un oggetto di massa m e volume V, infatti 2m/2v = m/v.
Risposta corretta C.

4. Per risolvere questo esercizio è necessario conoscere le leggi dei gas ideali e alcuni capisaldi della fisica. In particolare, è necessario ricordare l'equazione di stato dei gas perfetti: PV = nRT. Da questa legge sappiamo che un aumento di temperatura è direttamente proporzionale ad un aumento di volume, a pressione costante. La correlazione tra volume e densità è data dalla seguente legge fisica: densità = massa/volume. Da ciò si deduce che un aumento di volume del gas, a parità di massa, è inversamente proporzionale alla densità dello stesso gas e quindi si traduce in una diminuzione della sua densità. L'opzione C indica un aumento di temperatura, che si traduce necessariamente in un aumento di volume (risposta C errata). L'opzione B invece, indica un aumento di pressione il quale, seguendo il precedente schema di ragionamento si traduce in una diminuzione

del volume del gas, intuibile dall'equazione di stato dei gas ideali: V = (nRT)/P (risposta B errata). Di conseguenza una diminuzione del volume porterebbe ad un aumento di densità del gas. Le precedenti spiegazioni escludono anche le opzioni D ed E, poiché la densità è dipendente sia dalla pressione che dalla temperatura (risposte D ed E errate).
Risposta corretta A.

5. Per risolvere questo quesito è necessaria una buona conoscenza delle unità di conversione e delle equivalenze tra le varie grandezze fisiche. Nello studio della chimica e della fisica, specialmente ai fini del test, è necessario che lo studente sia in grado di convertire un'unità di misura da un multiplo ad un altro.
Essendo a conoscenza del fatto che 1 L di acqua corrisponde ad 1 Kg di acqua, si deve convertire la massa data da Mg in Kg. 1 Mg corrisponde a 10^3 Kg, pertanto $5 \cdot 10^{-1}$ Mg corrispondono a $5 \cdot 10^2$ Kg.
Seguendo il concetto espresso precedentemente, $5 \cdot 10^2$ Kg corrispondono a $5 \cdot 10^2$ L di acqua.
Considerando ora, che 1 L corrisponde a $5 \cdot 10^2$ cL, si può convertire il volume di acqua in centilitri: $5 \cdot 10^2$ L corrispondono a $5 \cdot 10^4$ cL, ovvero 50000 cL.
Risposta corretta C.

6. Questa è una domanda prettamente nozionistica. Nel SI (Sistema internazionale) adottato in Italia le grandezze fondamentali sono 7 e da esse derivano tutte le altre. Esse sono:

intensità di corrente elettrica (opzione E errata);
intensità luminosa (opzione B errata);
lunghezza;
massa;
quantità di sostanza (opzione A errata);
temperatura termodinamica (opzione C errata);
intervallo di tempo.

È molto importante ricordare che massa e peso sono due grandezze fisiche diverse, infatti la massa è una delle grandezze fondamentali e si misura in Kg, il peso invece è una forza e si misura in Newton. La relazione che lega le due grandezze è descritta dal secondo principio della dinamica per cui $P = m \cdot g$. Il peso è quindi l'unica opzione che non corrisponde ad una delle grandezze fondamentali.
Risposta corretta D.

7. Per rispondere a questo quesito è necessario conoscere molto bene le unità di misura e possedere una buona competenza nelle equivalenze.
Sappiamo che 1 L=1 dm^3. Sarà quindi necessario convertire 0,5 ML in L.
Procediamo per step:

Se 1 ML = 10^6 L allora 0,5 ML = $5 \cdot 10^{-1}$ ML = $5 \cdot 10^5$ L
Se 1 L = 1 dm^3 allora $5 \cdot 10^5$ L = $5 \cdot 10^5$ dm^3
Se 1 dm^3 = 10^6 mm^3 allora $5 \cdot 10^5$ dm^3 = $5 \cdot 10^{11}$ mm^3

Risposta corretta A.

8. Questo quesito molto nozionistico sulle unità di conversione, richiede la conoscenza delle unità di conversione e la competenza nelle equivalenze. Un micrometro corrisponde a 10^{-6} m, ovvero 0,000001 m (opzione A corretta). Invece 10^6 m (opzione B) corrispondono a un megametro, 10^{-4} m (opzione C) e 10^4 m (opzione D) corrispondono rispettivamente a 0,0001 e a 10000. Infine, 10^{-9} m (opzione E) corrisponde a un nanometro.
Risposta corretta A.

9. Per rispondere a questo quesito è necessaria una buona abilità nelle equazioni e una buona conoscenza delle unità di conversione. Essendo a conoscenza dell'equivalenza per cui 1 L = 1dm^3, per risolvere l'esercizio bisogna iniziare trasformando il valore di un millilitro in litro: 1 mL = 10^{-3} L.
Data la prima equivalenza tra litri e decimetri cubi, sappiamo che 1 mL equivale a 10^{-3} dm^3. A questo punto basta trasformare il valore dei dm^3 in mm^3: se 1 dm^3 = 10^6 mm^3, allora 10^{-3} dm^3 = $10^6 \cdot 10^{-3}$ mm^3 = 10^3 mm^3.
Risposta corretta D.

10. Questa è una domanda nozionistica e si può ottenere la risposta corretta ragionando con logica e con una buona conoscenza delle trasformazioni fisiche della materia. Sapendo infatti che la reazione che permette il passaggio dell'acqua da uno stato solido a uno stato liquido prende il nome di fusione, si può arrivare alla risposta. Il calore di fusione corrisponde al calore che viene utilizzato per rompere i legami fra le particelle e non per aumentare la temperatura del sistema, permettendo dunque la fusione e che il composto rimanga allo stato liquido (vedi: capitolo 6.3 "La termodinamica"). Essendo però l'acqua trasformata in ghiaccio, questa avrà ceduto il calore di fusione all'ambiente fino a scendere alla temperatura di solidificazione.
Risposta corretta C.

11. Per la risoluzione di questo quesito era richiesta una buona conoscenza dei passaggi di stato della materia. Per definizione, infatti, il passaggio di stato che permette la transizione dallo stato solido allo stato di vapore si chiama sublimazione. Le altre opzioni, invece, consideravano altre situazioni: la solidificazione è il passaggio di stato da liquido a solido (risposta A errata), la vaporizzazione è il passaggio da liquido a gassoso (opzione B errata), il brinamento da gassoso a solido (opzione D errata) e la fusione da solido a liquido (opzione E errata).
Risposta corretta C.

12. Per la risoluzione di questo quesito era richiesta una buona conoscenza dei passaggi di stato della materia. Come già trattato nella domanda precedente, il passaggio di stato che trasforma una sostanza da liquido a vapore o gas prende il nome di evaporazione o vaporizzazione. Tutte le altre opzioni erano errate: la sublimazione corrisponde al passaggio di stato da solido ad aeriforme (opzione A errata), il brinamento al passaggio da gassoso a solido (opzione B errata), la fusione da solido a liquido (opzione C errata), la liquefazione o fusione da solido a liquido (opzione E errata).
Risposta corretta D.

13. Per rispondere al seguente quesito è necessario fare chiarezza sul concetto di sistema omogeneo ed eterogeneo. Premettendo che la fase è definita come una porzione di materia fisicamente distinguibile e delimitata che ha proprietà intensive uniformi; il sistema è una porzione di materia che può essere costituita da più fasi. I sistemi si dividono in omogenei ed eterogenei: i sistemi omogenei sono costituiti da una sola fase e i sistemi eterogenei da due o più fasi.
Analizzando un'opzione per volta è possibile definire la natura di ciascun sistema proposto: la schiuma è un sistema eterogeneo perché formata da gas disperso in un liquido (opzione A errata). La nebbia è un miscuglio eterogeneo di piccolissime gocce d'acqua nell'aria (opzione B errata). Il fumo è formato da particelle solide sparse in un gas (opzione C errata). L'emulsione è semplicemente il miscuglio eterogeneo di due sostanze immiscibili agitate vigorosamente tra loro (opzione D errata). Infine, una soluzione è per definizione un sistema omogeneo in cui sono contenute una, due o più sostanze allo stato solido/liquido/gassoso.
Risposta corretta E.

14. Le tecniche di separazione della materia sono uno strumento utile per verificarne la composizione. A seconda della tipologia di miscuglio preso in esame, si utilizzeranno tecniche differenti che sfrutteranno alcune proprietà fisiche. La centrifugazione è una tecnica che va a sfruttare le differenti densità delle sostanze presenti nel miscuglio; è quindi una tecnica che si può utilizzare per separare acqua e olio (opzione C errata) e nella pratica clinica è una tecnica standardizzata per la separazione del sangue in plasma e frazione corpuscolata. La filtrazione è una tecnica di separazione che può essere utilizzata per separare una sostanza in fase solida dal liquido in cui è dispersa; può essere utilizzata quindi per separare una sospensione di acqua e sabbia (opzione B errata). La cromatografia è una tecnica di separazione basata sulla diversa velocità di migrazione con cui più sostanze posizionate su un supporto vengono trasportate da un fluido detto eluente; può essere utilizzata per separare i pigmenti che danno la colorazione alle foglie (opzione A errata). La distillazione, infine, è una tecnica di separazione che sfrutta la diversa volatilità delle sostanze (entrambe liquide) che compongono un miscuglio: minore è la temperatura di ebollizione di una sostanza, più velocemente essa si porterà in fase gassosa; utilizzando questa tecnica si possono separare le componenti del vino, ovvero acqua e alcool (opzione D errata), ma non si può separare il sangue, in quanto all'interno si ha una parte liquida e una corpuscolata. Infatti, come detto precedentemente la tecnica di separazione corrispondente al sangue è la centrifugazione.
Risposta corretta E.

15. Le miscele si dividono in omogenee o eterogenee a seconda del numero di fasi da cui sono composte: le omogenee sono composte da una sola fase e le eterogenee da due o più fasi. Le miscele eterogenee sono composte da una fase dispersa e una fase continua. La domanda chiede di valutare il binomio tipologia di miscela – miscela errato. Per risolvere questo quesito è necessario analizzare una risposta alla volta e valutare la correttezza dell'accoppiamento. Le emulsioni sono tipologie di miscele eterogenee i cui esempi sono burro e maionese che presentano come fase dispersa un liquido e come fase continua un altro liquido (opzione B errata). Un'altra tipologia di miscela eterogenea è quella dei gel con fase dispersa il liquido e fase continua il solido; un esempio molto particolare di miscela è il formaggio (opzione D errata). L'aria è una tipologia di miscela gassosa (opzione C errata). Le leghe sono soluzioni fatte di due o più elementi, un esempio è l'acciaio (lega ferro - carbonio) (opzione A errata). L'oro non è una lega, ma un elemento puro.
Risposta corretta E.

16. Si tratta di una domanda puramente teorica: è necessario conoscere le principali caratteristiche dei 3 stati di aggregazione. Una materia gassosa è caratterizzata dal fatto che le particelle sono tenute insieme da forze molto deboli e sono distanti l'una dall'altra. Pertanto, i gas tendono ad espandersi nell'ambiente e ad occupare il volume massimo. Di conseguenza il volume è influenzato sia dalla pressione, in quanto se essa aumenta, diminuisce il volume e le particelle vengono compresse, che dalla temperatura, infatti se essa aumenta, le particelle si muovono più velocemente e il volume aumenta (opzione A errata).
Posto che i gas tendono ad espandersi, le particelle si posizionano cercando di essere il più lontane possibile le une dalle altre. Si può quindi affermare che i gas sono soliti avere una densità relativamente bassa (opzione B errata).
L'opzione C potrebbe trarre in inganno, per il semplice fatto che si potrebbe pensare che la tensione superficiale sia una caratteristica dei soli liquidi. Essa invece è caratteristica anche dei solidi (opzione C errata).
Si definisce sublimazione il passaggio di stato da solido a gas, mentre il passaggio contrario prende il nome di brinamento (opzione E errata).
Infine, con la definizione di "fluido" si considerano sia le sostanze liquide, che le sostanze gassose. L'opzione D è pertanto errata e quindi quella corretta ai fini dell'esercizio.
Risposta corretta D.

17. I miscugli sono sistemi di materia formati da due o più sostanze pure, hanno composizione chimica variabile e possono essere divisi in miscugli omogenei ed eterogenei.
I miscugli omogenei si presentano in un'unica fase, ne fanno parte le leghe metalliche (opzione A errata), le soluzioni e le miscele gassose.
I miscugli eterogenei si presentano in due o più fasi che sono chimicamente e fisicamente distinguibili. Ne fanno parte nebbie, fumi, sospensioni, emulsioni (opzione B errata) e schiume. Un esempio è il latte, infatti al microscopio si notano le goccioline di grasso immerse nel liquido (opzione C errata).
I colloidi sono sistemi con caratteristiche intermedie tra miscugli omogenei ed eterogenei. Il colloide è formato da una sostanza uniforme, definita fase disperdente, in cui si trovano disperse (e NON disciolte come nelle soluzioni) le particelle di una sostanza, definita fase dispersa (opzione D errata).
Infine, una soluzione (vedi: capitolo 7 "Le soluzioni") è formata da un solvente ed un soluto, ma non fa parte dei miscugli eterogenei, bensì dei miscugli omogenei.
Risposta corretta E.

18. Questo esercizio nozionistico richiede una buona conoscenza della classificazione della materia e delle sue caratteristiche.
La materia si può suddividere in base alle tecniche di separazione: se i materiali si separano tramite mezzi fisici sono dei miscugli, di cui ne è un esempio l'aria (opzione D errata), se invece non è possibile separarli tramite mezzi fisici sono delle sostanze pure.
A loro volta le sostanze pure possono essere divise tramite mezzi chimici: se è possibile, appartengono al gruppo dei composti, come ad esempio l'acqua (opzione B errata), lo zucchero (opzione C errata) e il cloruro di sodio (opzione E errata); se le sostanze non possono essere separate chimicamente sono degli elementi, come ad esempio l'oro. L'oro, quindi, non può essere separato né fisicamente né chimicamente.
Risposta corretta A.

19. Per isolare le sostanze che compongono un miscuglio, si possono utilizzare delle tecniche di separazione fisiche, le quali sfruttano le proprietà fisiche delle sostanze che compongono il miscuglio per poterle separare.
Le principali tecniche di separazione sono:
la filtrazione: tecnica che sfrutta le diverse dimensioni delle particelle, le quali vengono separate attraverso un filtro con maglie dalla larghezza predefinita. Le particelle più piccole del diametro delle maglie passano attraverso il filtro, quelle più grandi rimangono intrappolate (opzione A errata);
la centrifugazione: tecnica di separazione che permette di separare due sostanze di un miscuglio eterogeneo tramite la forza centrifuga. Viene solitamente utilizzata per separare i miscugli eterogenei solido-liquido o i miscugli liquido-liquido, sfruttando le differenti densità delle sostanze (opzione B errata);
la cromatografia: tecnica di separazione basata sulla diversa velocità di migrazione con cui più sostanze posizionate su un supporto vengono trasportate da un fluido detto eluente. Le varie sostanze che compongono il miscuglio si stratificano in posizioni differenti sul supporto (opzione C errata);
la distillazione: tecnica di separazione che si basa sulla diversa volatilità, cioè la tendenza ad evaporare, dei componenti di miscele liquide. Minore è la temperatura di ebollizione di una determinata sostanza, prima essa si porterà in fase gassosa, facendo sì che possa essere incanalata tramite un sistema di tubi in un differente Becher ed essere ricondensata. L'altra sostanza rimarrà invece nel primo recipiente dove era stata inserita la miscela iniziale, poiché avrà un punto di ebollizione maggiore rispetto alla prima sostanza (opzione D errata).

CHIMICA

Il quesito chiedeva di individuare l'opzione errata ma tutte le proposte sono corrette. La risposta corretta è quindi "nessuna delle precedenti".
Risposta corretta E.

20. Questo quesito è molto nozionistico e richiede di trovare l'unica affermazione vera tra le cinque proposte.
È consigliato procedere analizzando le opzioni una alla volta e valutandone la veridicità.
L'opzione A è errata perché, nonostante la formazione della ruggine derivi effettivamente dalla reazione del ferro con l'ossigeno atmosferico, si tratta di una trasformazione chimica e non fisica.
L'opzione B è errata, in quanto la combustione del legno è una trasformazione chimica irreversibile che porta alla formazione di vari prodotti tra cui cenere e calore.
L'opzione D è errata in quanto la deposizione, o brinamento, è una trasformazione fisica che determina il passaggio dallo stato gassoso allo stato solido.
L'unica opzione corretta è la C, infatti, le trasformazioni chimiche sono modificazioni (generalmente irreversibili) che comportano una variazione della composizione chimica delle sostanze con formazione di nuove sostanze.
Risposta corretta C.

21. La viscosità è una proprietà della materia per la quale le particelle di un fluido incontrano resistenza nello scorrere le une rispetto alle altre. La capillarità invece è una proprietà dei liquidi dovuta alle interazioni tra forze di adesione e forze di coesione. Nell'acqua le forze di adesione superano quelle di coesione: di conseguenza, il liquido risale lungo un tubo finché la forza di gravità non bilancia l'azione capillare.
Risposta corretta D.

22. Il quesito si incentra sulla conoscenza delle classificazioni dei solidi e delle loro proprietà. Per definizione un solido amorfo è un solido in cui non c'è un ordine nelle posizioni degli atomi o delle molecole che lo costituiscono: ciò però non influisce sulla loro rigidità (ad esempio il vetro è un solido amorfo) (opzioni A e D errate). Le molecole di un solido amorfo possono essere legate covalentemente (opzione E errata). I polimeri presentano zone con struttura cristallina e zone con struttura amorfa. Mentre I solidi cristallini sono caratterizzati da particelle disposte in posizioni fisse ordinate a formare un reticolo cristallino che si ripete con regolarità; di conseguenza il solido citato nel quesito SICURAMENTE non è un solido cristallino.
Risposta corretta C.

23. Il quesito richiede una buona conoscenza delle proprietà degli stati fisici della materia. Z e X sono prima di tutto, come ci indica il testo del quesito, due proprietà degli aeriformi: possiamo quindi escludere le opzioni A ed E, in quanto gli aeriformi non hanno un volume definito (caratteristica di solidi e liquidi). Assumere la forma del recipiente è una proprietà sia di liquidi che di aeriformi; tuttavia, il volume non definito NON è una proprietà dei solidi (né dei liquidi), ma solo degli aeriformi (opzioni B e C errate). La massa definita è invece una proprietà comune ai tre stati della matéria.
Risposta corretta D.

24. La viscosità è una proprietà caratteristica dei liquidi che esprime l'attrito tra le molecole di un liquido. L'attrito tra le molecole dipende da più fattori: esso aumenta infatti con l'aumentare delle dimensioni delle molecole (dato che l'attrito si può immaginare come lo strofinamento tra superfici, più superficie si ha a disposizione più ci saranno forze di attrito); aumenta all'aumentare delle forze intermolecolari e di coesione tra le molecole. L'aumento di temperatura di qualsiasi sostanza determina un aumento dell'energia cinetica delle sue particelle (opzioni B e Di errate).

L'aumento dell'energia cinetica a sua volta tende a disperdere le particelle, rompendo i loro legami, facendo diminuire così la loro coesione. All'aumento della temperatura, dunque, diminuisce l'attrito, e di conseguenza anche la viscosità.
Risposta corretta C.

CHIMICA

2. DAI COMPOSTI DELLA MATERIA ALLA TAVOLA PERIODICA

1. Quale tra le seguenti affermazioni è corretta?

A. Gli isotopi dell'idrogeno sono tutti stabili
B. L'anione Cl^- ha un raggio atomico minore del catione Cl^+
C. La carica di un elettrone è in valore assoluto uguale alla carica di due protoni
D. È possibile che un elemento non abbia neutroni all'interno del suo nucleo
E. L'energia di ionizzazione è assente nei gas nobili

2. Quale dei seguenti metalli forma ioni bivalenti?

A. Al
B. K
C. Ba
D. Au
E. Sc

3. Quale delle seguenti opzioni rappresenta la sequenza corretta di neutroni, protoni ed elettroni contenuti nell'isotopo ^{37}Cl?

A. 37; 17; 17
B. 20; 17; 17
C. 17; 37; 17
D. 17; 17; 20
E. 17; 35; 17

4. Quale delle seguenti affermazioni riguardo alla struttura dell'atomo NON è corretta?

A. Elettrone e protone hanno carica uguale e di segno opposto e la massa del primo è molto minore rispetto a quella del secondo
B. Per orbitale si intende la zona di massima probabilità dove trovare l'elettrone, diverso da "orbita" che invece descrive una traiettoria ben definita
C. La massa del protone è $1{,}67 \cdot 10^{-24}$ Kg e la sua carica elettrica è $+1{,}6 \cdot 10^{-19}$ C
D. In un atomo neutro il numero atomico è uguale al numero dei protoni e il numero di massa è uguale alla somma di neutroni e protoni
E. Gli isotopi sono atomi dello stesso elemento che hanno stesse proprietà chimiche e stesso numero di protoni, ma possiedono numero di massa (A) diverso perché contengono un numero diverso di neutroni

5. Un atomo che ha perso un elettrone è definito:

A. Nuclide radioattivo
B. Anione
C. Zwitterione
D. Catione
E. Isotopo stabile

6. Una sola delle seguenti affermazioni con-cernenti lo ione potassio (Z = 19, P.A. = 39) è errata. Quale?

A. La massa atomica relativa è 39
B. Nel nucleo sono presenti 19 protoni
C. Nel nucleo sono presenti 39 neutroni
D. La configurazione elettronica è $1s^2 2s^2 2p^6 3s^2 3p^6$
E. Attorno al nucleo sono presenti 18 elettroni

7. L'atomo di selenio Se, con un numero di massa 80 e numero atomico 34, contiene nel nucleo:

A. 46 protoni e 34 neutroni
B. 17 protoni e 80 neutroni
C. 17 protoni e 63 neutroni
D. 34 protoni e 46 neutroni
E. 94 neutroni e 46 protoni

8. Quale formula utilizzo per calcolare il numero di neutroni presenti in un nucleone?

A. A - Z
B. A + Z
C. A · B
D. A / Z
E. Nessuna delle precedenti

9. **A quanto equivale la massa dei neutroni di una molecola di NH_3? [P.M. N = 14 g/mol; H = 1 g/mol]**
   A. $1{,}17 \cdot 10^{-26}$ Kg
   B. $1{,}67 \cdot 10^{-26}$ Kg
   C. 0.017 Kg
   D. $2{,}34 \cdot 10^{-26}$ Kg
   E. $1{,}17 \cdot 10^{-27}$ Kg

10. **Carbonio 12 e 14 differiscono in quanto il secondo possiede:**
   A. Due nucleoni in più
   B. Due neutroni in più
   C. Due nucleoni in meno
   D. Due elettroni in più
   E. Due protoni in più

11. **Quale di questi binomi "isotopo ^{A}X – numero di neutroni" è errato?**
   A. ^{32}Na – 21 neutroni
   B. ^{3}H – 2 neutroni
   C. ^{41}K – 23 neutroni
   D. ^{18}O – 10 neutroni
   E. ^{22}F – 13 neutroni

12. **Considerando il numero di protoni, di elettroni e di neutroni, quando siamo in presenza di elementi isobari?**
   A. Se Z è uguale, ma A diverso
   B. Se e^- è uguale a Z
   C. Se A è uguale, ma Z diverso
   D. Se $N - Z > 2$
   E. Se e^- è diverso a Z

13. **Quale delle seguenti associazioni è corretta?**
   A. B = berillio
   B. Mn = magnesio
   C. Br = boro
   D. Si = zolfo
   E. Nessuno

14. **A quale gruppo appartengono S e Se?**
   A. Sesto
   B. Quinto
   C. Terzo
   D. Settimo
   E. Quarto

15. **Quale tra i seguenti elementi è un semi-metallo?**
   A. Zn
   B. Se
   C. Ni
   D. B
   E. Ga

16. **Quale dei seguenti elementi non è un metallo alcalino-terroso?**
   A. Mg
   B. Sr
   C. K
   D. Be
   E. Ca

17. **Quale tra i seguenti elementi non è un metallo di transizione?**
   A. Cr
   B. Zn
   C. Cu
   D. Al
   E. Mn

18. **Per quale dei seguenti elementi è caratteristica la formazione di ioni colorati?**
   A. Metalli alcalino terrosi
   B. Elementi di transizione
   C. Alogeni
   D. Neon
   E. Metalli alcalini

19. **Le proprietà chimiche degli elementi di uno stesso gruppo dipendono dal numero di:**
   A. Elettroni totali
   B. Neutroni
   C. Protoni di valenza
   D. Elettroni di valenza
   E. Livelli energetici esterni

20. **Gli elementi di transizione:**
   A. Hanno un carattere metallico
   B. Hanno elevata elettronegatività
   C. Sono molto instabili
   D. Hanno proprietà intermedie tra metalli e non metalli
   E. Formano ossidi acidi

CHIMICA

21. **Nel sistema periodico degli elementi gli atomi Li, Na, K:**
A. Hanno uguale elettronegatività
B. Hanno un elettrone nell'orbitale p esterno
C. Formano anioni
D. Hanno lo stesso numero di neutroni
E. Nessuna delle precedenti

22. **L'affinità elettronica è:**
A. Un'energia
B. La tendenza di un atomo a rilasciare elettroni
C. Sempre compresa tra 321 e 676 Kcal/mol
D. La tendenza di un atomo a ionizzarsi
E. La tendenza di un atomo ad attrarre gli elettroni di legame

23. **L' elettronegatività è:**
A. La capacità di un atomo di cedere elettroni
B. La capacità di un atomo di attrarre gli elettroni
C. Una proprietà intrinseca degli elettroni
D. Una proprietà intrinseca dei neutroni
E. L'energia necessaria per strappare un elettrone da un atomo

24. **Quale tra questi elementi ha la più bassa energia di ionizzazione?**
A. Mg
B. Na
C. P
D. Cl
E. S

25. **L'elemento F:**
A. Ha raggio atomico superiore a Br
B. È poco elettronegativo
C. È presente in forma biatomica
D. Ha una bassa energia di ionizzazione
E. Ha parziale carattere metallico

26. **Un elemento con elevata energia di ionizzazione:**
A. Ha una bassa elettronegatività
B. È probabilmente un metallo di transizione
C. È probabilmente un metallo alcalino
D. Si ionizza spontaneamente
E. Ha un basso valore del raggio atomico

27. **Sapendo che il numero atomico di un dato elemento è 16, indicare quale dei seguenti valori è quello corrispondente al suo numero di ossidazione massimo:**
A. + 3
B. + 4
C. + 5
D. + 6
E. + 7

28. **Quanti stati di ossidazione possiede il carbonio?**
A. 4
B. 5
C. 8
D. 3
E. 9

29. **Qual è il numero di ossidazione del fosforo in H_3PO_4?**
A. +1
B. +7
C. +5
D. +3
E. -1

30. **La somma algebrica dei numeri di ossidazione di tutti gli atomi contenuti in un anione bivalente è:**
A. -2
B. +2
C. 0
D. -4
E. È indefinibile perché dipende dalla natura dell'anione

31. **Quale delle seguenti opzioni mostra un corretto decadimento radioattivo β-?**
A. $^{24}_{11}Na \rightarrow ^{24}_{12}Mg$
B. $^{22}_{11}Na \rightarrow ^{23}_{11}Na$
C. $^{7}_{3}Li \rightarrow ^{7}_{5}B$
D. $^{75}_{33}As \rightarrow ^{76}_{32}Ge$
E. $^{13}_{6}C \rightarrow ^{13}_{7}C$

32. L'isotopo instabile $^{75}_{33}As$ decade secondo decadimento α.
Quale tra le seguenti opzioni rappresenta il corretto prodotto del decadimento?

A. $^{73}_{31}Ga$
B. $^{71}_{31}Ga$
C. $^{71}_{33}As$
D. $^{75}_{29}Cu$
E. $^{71}_{31}Cu$

33. Individuare il prodotto della reazione di decadimento ß- dell'isotopo ^{14}C.

A. ^{15}N
B. ^{14}B
C. ^{15}C
D. ^{13}C
E. ^{14}N

CHIMICA

CORREZIONE COMMENTATA

1. Per rispondere a questa domanda è necessaria una buona conoscenza sui composti e gli elementi chimici.
È richiesto di individuare l'affermazione corretta, quindi è consigliabile analizzare tutte lo opzioni, una per volta.
Partendo dall'opzione A si può affermare che gli isotopi stabili dell'idrogeno sono il prozio, il deuterio e il trizio. Essi sono presenti in natura, mentre gli isotopi che vanno dal numero di massa 4 al numero di massa 7 sono altamente instabili con un'emivita di un millesimo di secondo (opzione A errata).
Il raggio atomico è una proprietà della tavola periodica, ed equivale alla metà della distanza tra i nuclei di atomi contigui, in questo caso ci ritroviamo con un anione e un catione dello stesso elemento. È risaputo che l'anione Cl^- ha un raggio atomico maggiore del catione Cl^+ poiché quest'ultimo possiede un elettrone in meno e, tendenzialmente, i cationi sono più piccoli anche del loro atomo neutro (opzione B errata).
La carica di un elettrone equivale a $-1{,}6 \cdot 10^{-19}$ C, mentre la carica di un protone equivale a $+1{,}6 \cdot 10^{-19}$ C.
In valore assoluto quindi la carica di un elettrone equivale alla carica di un protone (opzione C errata).
L'energia di ionizzazione, altra proprietà della tavola periodica, equivale alla quantità minima di energia necessaria per strappare un elettrone a un atomo isolato (cioè in forma gassosa), formando uno ione con carica positiva (catione) ed è presente all'interno dei gas nobili (opzione E errata).
La risposta corretta è la D poiché l'isotopo dell'idrogeno, il prozio, non presenta nessun neutrone all'interno del nucleo.
Risposta corretta D.

2. Seguendo le proprietà della tavola periodica, formare ioni bivalenti è una caratteristica tipica dei metalli del secondo gruppo (alcalino terrosi), e di alcuni metalli di transizione, ossia di tutti quei metalli che possiedono 2 tra i loro numeri di ossidazione e hanno quindi la capacità di perdere un doppietto. L'alluminio ha come numero di ossidazione +3 ed appartiene al terzo gruppo, preferibilmente formerà anioni trivalenti (opzione A errata). Il potassio è un metallo alcalino, con numero di ossidazione +1, quindi non sarà in grado di cedere due elettroni avendone solo uno nel guscio esterno (opzione B errata). L'oro è un metallo di transizione ma come numeri di ossidazione ha +1 e +3 (opzione D errata). Lo scandio, altro metallo di transizione, ha come numero di ossidazione +3 (opzione E errata). Rimane il bario, che appartiene al secondo gruppo, e che ha numero di ossidazione +2. Caratteristica che lo rende in grado di formare ioni bivalenti.
Risposta corretta C.

3. Per risolvere questo quesito è necessario conoscere la definizione di isotopo: è un atomo dello stesso elemento chimico con numero atomico uguale, ma diverso numero di massa perché ha un numero di neutroni differente. Il cloro raffigurato nella tavola periodica ha numero di massa 35 e numero atomico 17.
Ciò significa che l'isotopo, che ha come numero di massa 37, ha 2 neutroni in più.
Il numero di neutroni si ricava sottraendo dal numero di massa il numero di protoni (ovvero il numero atomico). L'isotopo ^{37}Cl contiene 37 – 17 = 20 neutroni.
Il numero di elettroni è 17, in quanto gli elettroni sono presenti nella stessa quantità dei protoni in un atomo neutro.
Risposta corretta B.

4. Attenzione, la domanda richiede quale affermazione non è corretta! Per risolvere questo quesito è necessaria una buona conoscenza della struttura atomica. L'atomo è formato da tre particelle fondamentali: protoni e neutroni, che insieme compongono il nucleo e gli elettroni che invece si trovano negli orbitali. Per orbitale si intende la zona di massima probabilità dove trovare l'elettrone, che è diverso dal concetto di orbita (risposta B errata). Elettrone e protone hanno carica uguale e segno opposto; inoltre la massa del protone è più grande di quattro unità di grandezza rispetto a quella dell'elettrone (risposta A errata). In un atomo neutro il numero atomico è uguale al numero dei protoni e il numero di massa è uguale alla somma di neutroni e protoni (risposta D errata).
Gli isotopi sono atomi dello stesso elemento che hanno stesse proprietà chimiche e stesso numero di protoni, ma possiedono numero di massa (A) diverso perché contengono un numero diverso di neutroni (risposta E errata).
È necessario, infine, porre molta attenzione sulla risposta C, in quanto la carica elettrica del protone è pari a $+1,6 \cdot 10^{-19}$ C, ma la sua massa è $1,67 \cdot 10^{-24}$ g o $1,67 \cdot 10^{-27}$ Kg.
Risposta corretta C.

5. Questa domanda molto nozionistica prova a valutare cosa accade ad un atomo a cui viene tolto un'elettrone. Si procede analizzando tutte le opzioni, una alla volta.
Ogni specie atomica, con il nucleo formato da un determinato numero di protoni e di neutroni, è chiamata "nuclide". Un nuclide radioattivo è un nuclide instabile che decade emettendo radiazioni (opzione A errata). Lo zwitterione è una molecola elettricamente neutra che presenta cariche negative o positive localizzate (opzione C errata). Un isotopo è un atomo avente numero di massa diverso rispetto ad un altro atomo dello stesso elemento in quanto possiede numero diverso di neutroni (opzione E errata). L'unico dubbio si viene a creare tra anione e catione, ma l'anione è un atomo che non ha perso un elettrone, bensì lo ha acquistato (opzione B errata). L'unica risposta corretta è quindi catione, che si ottiene proprio quando un atomo perde un elettrone.
Risposta corretta D.

6. Questa è una domanda nozionistica riguardante gli elementi. Il numero atomico (Z) indica il numero di protoni presenti nel nucleo di un dato elemento (opzione B errata). Il numero di massa (A) indica la somma tra il numero di protoni e quello di neutroni in un elemento. Nel caso dello ione potassio K risulta essere di 39, (opzione A errata). Il potassio in forma ionica tende a perdere un elettrone in modo da raggiungere la configurazione elettronica dell'argon, quindi possiede 18 elettroni (opzione E errata). Partendo dall'argon, si risale anche alla configurazione elettronica dello ione, identica a quella del gas nobile, che corrisponde a quanto espresso nell'opzione D. I neutroni presenti nel nucleo dello ione saranno dati dalla sottrazione tra il numero di massa e il numero di protoni: 39 – 19 = 20.
Risposta corretta C.

7. Il numero di massa (A) è dato dalla somma dei protoni e dei neutroni presenti nel nucleo di un dato atomo. Il numero atomico (Z), invece, corrisponde al numeo di protoni presenti nel nucleo dell'atomo. Sapendo che il numero di protoni del selenio Se è 34 e che il numero di massa è 80, si deve sottrarre al numero di massa il numero dei protoni in modo da ottenere il numero dei neutroni: 80 – 34 = 46.
Risposta corretta D.

8. Per rispondere a questo quesito è necessario conoscere il significato di nucleoni: esse sono le particelle subatomiche componenti il nucleo, quali protoni e neutroni. Dato che "A" corrisponde al numero di massa, ovvero alla somma di protoni e neutroni (nucleoni) e "Z" al numero atomico, ovvero il numero di protoni presenti nel nucleo dell'atomo, allora la loro differenza (A – Z) darà il numero esatto di neutroni presenti nel nucleone.
Risposta corretta A.

9. La massa molecolare dell'ammoniaca si ottiene sommando le masse degli atomi che la compongono: 14 + 3 = 17 uma. Essa corrisponde alla somma delle masse di protoni e neutroni, in quanto la massa degli elettroni si considera trascurabile rispetto alla massa dei nucleoni).
In particolare, un neutrone pesa $1{,}67 \cdot 10^{-27}$ Kg, così come un protone.
Il numero atomico dell'azoto, ovvero il numero di protoni che lo compongono, è 7; pertanto il numero di neutroni presenti nel nucleo si ottiene sottraendo il numero di massa al suo numero atomico, nella seguente maniera: 14 - 7 = 7.
Quindi, 7 neutroni pesano $7 \cdot 1{,}67 \cdot 10^{-27}$ Kg = $1{,}17 \cdot 10^{-26}$ Kg. L'idrogeno non ha neutroni, pertanto nell'ammoniaca sono soltanto i neutroni dell'azoto a dare "peso" alla molecola.
Risposta corretta A.

10. Per rispondere a questo quesito deve essere chiaro il concetto di isotopo. Carbonio 12 e 14 sono due isotopi, cioè atomi dello stesso elemento che differiscono per il numero di neutroni presenti nel nucleo. Siccome appartengono allo stesso elemento, il numero di protoni (che è unico per ciascun elemento), non varia (opzione E errata). Inoltre, in uno stesso elemento siccome non varia il numero di protoni, non varia nemmeno quello di elettroni in quanto si stanno conside-rando atomi neutri (opzione D errata). L'unica opzione corretta è la B, in quanto effettivamente, per definizione, due isotopi variano per il numero di neutroni che costituiscono il nucleo. Bisogna prestare attenzione e non farsi trarre in inganno dall'opzione A, due nucleoni in più, in quanto anche se i neutroni sono effettivamente dei nucleoni, bisogna sempre preoccuparsi di scegliere la risposta più giusta di tutte. Infatti, i nucleoni non comprendono solamente i neutroni, ma anche i protoni. Pertanto, l'opzione B, protoni, è sicuramente più precisa.
Risposta corretta B.

11. La risoluzione di questa domanda richiede un'ottima conoscenza della tavola periodica. Lo studio per il test di medicina richiede un accurato interesse nello studio di alcuni gruppi della tavola periodica, in particolare i gruppi 1, 2, 13, 14, 15, 16, 17, 18. Conoscendo questi gruppi è possibile dedurre i numeri atomici degli elementi che vi appartengono, che indicano il numero di protoni presenti nel nucleo dell'atomo.
Inoltre, può essere necessario ricordare anche i numeri di massa di alcuni elementi, come ad esempio per risolvere questo quesito. La domanda richiede di trovare il binomio isotopo – numero di neutroni errato.
Per ottenere la risposta esatta bisogna sottrarre al numero di massa proposto il numero di protoni presenti nell'elemento, in maniera tale da trovare il numero di neutroni presenti nel nucleo.
Analizzando una risposta alla volta:

- ^{32}Na: il sodio presenta 11 protoni, 32 - 11 = 21 neutroni;
- ^{3}H: l'idrogeno presenta 1 protone, 3 - 1 = 2 neutroni;
- ^{41}K: il potassio presenta 19 protoni, 41 - 19 = 22 neutroni;
- ^{18}O: l'ossigeno presenta 8 protoni, 18 - 8 = 10 neutroni;
- ^{22}F: il fluoro presenta 9 protoni, 22 - 9 = 13 neutroni.

Risposta corretta C.

12. Per rispondere a questa domanda è necessario conoscere il concetto di elementi isobari o nuclidi isobari. Si dicono isobari due nuclidi che hanno lo stesso numero di massa A, ma differente numero atomico. Ciò significa che hanno proprietà fisiche abbastanza simili pur avendo un comportamento chimico che può essere nettamente differente. Il simbolo Z corrisponde al numero atomico (numero di protoni), N, invece, rappresenta il numero di neutroni e A il numero di massa (Z + N).

Nel caso in cui due elementi presentino lo stesso Z, ma diverso A siamo in presenza di due isotopi (opzione A errata). Se il numero di elettroni presenti nell'atomo (e^-) è uguale a Z siamo in presenza di un qualsiasi atomo neutro (opzione B errata).
L'affermazione "Se N – Z > 2" non ha senso per la domanda posta (opzione D errata).
Se il numero di elettroni è diverso da Z, invece, siamo in presenza di uno ione (opzione E errata).
Risposta corretta C.

13. Questa domanda è molto nozionistica e richiede una buona conoscenza della tavola periodica. Durante il test è molto importnate ricordare a memoria una buona parte della tavola periodica e i rispettivi simboli e posizione di ciascun elemento. In questo caso è necessario individuare l'associazione "simbolo dell'elemento – nome dell'elemento" corretto. Analizzando le risposte si potevano escludere B = boro poichè Be = berillio (opzione A errata), Mn = manganese poichè Mg = magnesio (opzione B errata), Br = bromo poiché B = boro (opzione C errata), Si = silicio poichè S = zolfo (opzione D errata).
Risposta corretta E.

14. Anche per rispondere a questo quesito è necessaria una buona conoscenza della tavola periodica. Può essere molto utile utilizzare delle mnemofrasi per ricordare gli elementi che compongono i vari gruppi. In particolare, lo zolfo ed il selenio appartengono al sesto gruppo. È consigliabile utilizzare l'acronimo "CNOSSe", il quale indica carbonio, azoto e ossigeno, che si susseguono nello stesso periodo e ossigeno, zolfo e selenio che si trovano nello stesso gruppo. Diventa facile ottenere la risposta dal momento che il carbonio appartiene al quarto gruppo e partendo da quest'ultimo è possibile spostarsi sulla tavola periodica facilitandosi usando l'acronimo per arrivare ai due elementi di interesse.
Risposta corretta A.

15. Come le precedenti, anche questa domanda richiede una buona conoscenza della tavola periodica. In particolare, i semimetalli sono una classe di elementi che si trova tra i metalli e i non metalli nella tavola periodica. Hanno caratteristiche intermedie tra metalli e non metalli. I semimetalli sono: boro (B), silicio (Si), germanio (Ge), arsenico (As), antimonio (Sb), tellurio (Te), polonio (Po) e astato (At). Quindi, al contrario degli altri che sono dei metalli (opzioni A, B, C, E errate), il boro è l'unico semimetallo presente nella domanda.
Risposta corretta D.

16. Per ricordarsi gli elementi di un gruppo o di un periodo si possono utilizzare mnemofrasi come "bere magma causa surriscaldamento, basta ragionare", che indica l'ordine dall'alto verso il basso del gruppo dei metalli alcalino terrosi (2A): berillio (Be), magnesio (Mg), calcio (Ca), stronzio (Sr), bario (Ba), radio (Ra). Il nostro consiglio è di inventarne di nuove e di proprie affinchè si riesca a ricordarle meglio, ma si possono anche utilizzare quelle che già esistono, che si possono trovare facilmente sui nostri libri o sul web. Nel quesito in questione risulta evidente come il potassio K non sia compreso nel secondo gruppo.
Risposta corretta C.

17. Per prepararsi correttamente al test è utile ricordare anche alcuni dei metalli di transizione, in particolare quelli del quarto periodo. È utile utilizzare la seguente mnemofrase: "ScotTi Vuol Creare ManFesti di CoNigli Cucinati con Zanzare". Questa indica: scandio (Sc), titanio (Ti), vanadio (V), cromo (Cr), manganese (Mn), ferro (Fe), cobalto (Co), nichel (Ni), rame (Cu), zinco (Zn).
L'alluminio (Al) è un metallo, ma non rientra nel blocco dei metalli di transizione, appartiene infatti al terzo gruppo.

Attenzione poi a non confondere il manganese (Mn), un metallo di transizione, con il magnesio (Mg), un metallo del secondo gruppo.
Risposta corretta D.

18. Questa domanda è molto nozionistica e specifica. Riguarda caratteristiche molto peculiari dei metalli di transizione. Il neon è utilizzato per produrre lampade che emettono luce colorata, ma ciò non riguarda la formazione di ioni da parte di questo elemento, che, essendo un gas nobile, non forma ioni (opzione D errata). La formazione di ioni colorati si ottiene invece dalla ionizzazione del cosiddetto complesso chimico, un composto in cui un atomo centrale, che è un elemento di transizione, lega un numero di altre specie chimiche superiore al suo numero di ossidazione. Quando i legami tra l'atomo centrale e le altre specie chimiche, che si instaurano dall'interazione tra orbitali d dell'elemento di transizione e gli s o p, si rompono per effetto della ionizzazione, essi producono un'energia sotto forma di radiazioni elettromagnetiche tali da avere diverse lunghezze d'onda nello spettro del visibile. Per questo molti ioni, il cui atomo centrale è un metallo di transizione, derivanti dal complesso chimico, sono colorati.
Risposta corretta B.

19. Per risolvere questo quesito nozionistico è richiesta una buona conoscenza delle proprietà periodiche della tavola periodica. Gli elementi di uno stesso gruppo hanno stesso comportamento chimico in virtù dello stesso numero di elettroni che orbitano nell'orbitale più esterno, ossia di elettroni di valenza. Questi infatti vanno a determinare le 5 proprietà periodiche, che sono: raggio atomico, energia di ionizzazione, affinità elettronica, elettronegatività e carattere metallico. Si potrebbe considerare l'opzione A corretta, ovvero gli elettroni totali, ma la D è la più corretta in quanto gli elettroni occupanti gli altri orbitali in realtà non vanno ad interessare le proprietà chimiche degli elementi. In questo caso, come in numerosi altri, è richiesto di scegliere la risposta più corretta: infatti, nonostante siano presenti due risposte possibili, una delle due è più adatta alla risoluzione del quesito.
Risposta corretta D.

20. Questa domanda è molto nozionistica e richiede un'ottima conoscenza della tavola periodica e in particolare degli elementi di transizione e delle loro caratteristiche e proprietà. Questi elementi hanno proprietà metalliche, pertanto non formano ossidi acidi, come fanno i non metalli, ma ossidi basici (opzione E errata) (vedi: capitolo 4 "La nomenclatura"). L'opzione D è sbagliata perchè si riferisce ai semimetalli: infatti, sono proprio questi ultimi ad avere caratteristiche a metà tra metalli e non metalli. L'opzione C è da scartare, perchè esistono sia metalli di transizione stabili che instabili ed è scorretto dire che siano tutti molto instabili. Infine, occupando le posizioni inferiori della tavola periodica, risulta evidente come questi elementi non abbiano un'alta elettronegatività, ma bassa (opzione B errata). Era quindi possibile raggiungere la conclusione corretta ragionando per esclusione o più semplicemente essendo a conoscenza del fatto che gli elementi di transizione hanno un accentuato carattere metallico.
Risposta corretta A.

21. Posto che gli elementi considerati appartengono tutti al primo gruppo (è possibile ricordarselo utlizzando la mnemofrase "Ho Libri Nascosti Ke ho Rubato a Casa di Francesca"), si possono analizzare tutte le opzioni una alla volta.
L'opzione A è errata perchè l'elettronegatività decresce lungo il gruppo e non è uguale per tutti i suoi elementi.
L'opzione B è errata perchè gli elementi del primo gruppo possiedono tutti un elettrone nell'orbitale s più esterno e non nell'orbitale p, che si riempie solo quando l'orbitale s ha saturato i suoi due spazi.

Anche l'opzione C è errata poichè gli elementi del primo gruppo tendono a perdere l'elettrone più esterno, per cui, quando avviene, la carica complessiva risulta essere positiva, quindi formano cationi.
Infine, l'opzione D è errata perché gli elementi proposti hanno diverso numero di protoni e quindi anche un diverso numero di neutroni (escludendo eventuali isotopi).
Risposta corretta E.

22. Si definisce affinità elettronica l'energia espressa in Kcal/mol (o KJ/mol) liberata da un atomo allo stato gassoso quando accetta un elettrone. Essa è quindi un'energia, come afferma l'opzione A, che è la risposta corretta. Analizzando le altre opzioni era possibile confermarne l'erroneità.
L'opzione C è errata, perchè l'affinità elettronica non oscilla tra i valori proposti.
L'opzione E corrisponde alla definizione di elettronegatività.
Le opzioni B e D si riferiscono in modo impreciso all'energia di ionizzazione, ovvero la quantità minima di energia necessaria per strappare un elettrone a un atomo isolato (cioè in forma gassosa), formando uno ione con carica positiva (catione).
Risposta corretta A.

23. Si definisce elettronegatività la tendenza di un atomo ad attrarre gli elettroni di legame di un altro atomo.
Essa è una proprietà dell'atomo e non dei suoi costituenti elettroni e neutroni (opzioni C e D errate).
La capacità di un atomo di cedere elettroni è la definizione di capacità di ossidarsi (opzione A errata).
L'energia necessaria per strappare un elettrone da un atomo è errata in quanto è la definizione dell'energia di ionizzazione (opzione E errata).
Risposta corretta B.

24. L'affinità elettronica corrisponde alla quantità di energia assorbita o rilasciata quando un elettrone viene aggiunto ad un atomo neutro isolato a formare uno ione con carica negativa (anione).
Essa aumenta lungo il periodo e diminuisce lungo il gruppo (aumenta da sinistra a destra e dal basso verso l'alto). Dal momento che Mg, Na, P, Cl e S appartengono tutti al terzo periodo, bisogna individuare quale di questi appartiene al gruppo più a sinistra. Il sodio (Na) si trova nel primo gruppo e quindi ha elettronegatività minore di tutti (mnemofrase: Ho Libri Nascosti Ke Rubai a Casa di Franci).
Risposta corretta B.

25. Il fluoro è un non metallo (opzione E errata). Siccome elettronegatività ed energia di ionizzazione aumentano lungo il periodo e diminuiscono lungo il gruppo, non possono essere basse nel fluoro che occupa la penultima posizione del proprio periodo e la prima del proprio gruppo (opzioni B, D errate).
Il raggio atomico invece aumenta lungo il gruppo, quindi F avrà raggio atomico minore rispetto a Br, in quanto quest'ultimo è nel suo stesso gruppo ma due periodi più in basso (opzione A errata).
Il fluoro d'altra parte è una delle molecole presenti in forma biatomica e omonucleare (formata da due atomi dello stesso elemento).
Risposta corretta C.

26. Questo quesito richiede una buona conoscenza delle proprietà della tavola periodica e delle proprietà periodiche degli elementi. L'energia di ionizzazione è la quantità minima di energia necessaria per strappare un elettrone a un atomo isolato (cioè in forma gassosa), formando uno ione con carica positiva (catione). Essa aumenta progressivamente.

CHIMICA

Un atomo che si ionizza spontaneamente non ha bisogno di ricevere un'elevata quantità di energia per ionizzarsi (opzione D errata).
L'energia di ionizzazione aumenta lungo il periodo e decresce lungo il gruppo, quindi un elemento con elevata energia di ionizzazione probabilmente non appartiene ai primi gruppi e nemmeno agli elementi di transizione (opzioni B, C errate).
Infine, questa proprietà varia come l'affinità elettronica e l'elettronegatività, che in questo caso sono ugualmente alte (opzione A errata), e in modo opposto al raggio atomico, che in questo caso sarà preferenzialmente basso.
Risposta corretta E.

27. Questa è una domanda nozionistica. Al fine di svolgere un buon test può tornare molto utile ricordare a memoria una buona parte della tavola periodica. Ricordandosi infatti i gruppi della tavola periodica si conclude che l'elemento con numero atomico 16 è lo zolfo S, che appartiene al sesto gruppo.
Il fatto che appartenga a un gruppo pari è importante perché nella maggior parte dei casi gli elementi appartenenti ad esso hanno numeri di ossidazione pari. Quelli dello zolfo infatti sono: -2, +2, +4, +6.
Può essere utile ricordare che tutti gli elementi appartenenti al sesto gruppo condividono alcuni numeri di ossidazione, quali +2, +4 e +6.
Risposta corretta D.

28. È fondamentale conoscere gli stati di ossidazione del carbonio per comprendere meglio i composti inorganici, ma soprattutto quelli organici. Con il termine numero di ossidazione (abbreviato N.O.) si intende il numero di elettroni che vengono scambiati da un atomo all'interno di una molecola. Conoscere questi valori è molto importante per poter essere in grado di capire argomenti articolati come le redox, le dissociazioni in soluzione e la nomenclatura inorganica (vedi: capitoli 4 "La nomenclatura", 6 "Le reazioni chimiche", 7 "Le soluzioni").
Il carbonio può assumere diversi stati di ossidazione a seconda che si trovi in una molecola inorganica o organica. Nel primo caso esso assume solo 3 numeri di ossidazione: -4, +2, +4; nel caso in cui si trovi in una molecola organica, esso può assumere tutti i numeri di ossidazione compresi tra +4 e -4, ovvero -4, -3, -2, -1, 0, +1, +2, +3, +4. In totale, quindi, i numeri di ossidazione del carbonio sono 9.
Risposta corretta E.

29. Per rispondere a questo quesito è necessario essere in grado di assegnare i numeri di ossidazione ai vari atomi. La molecola presa in esame è neutra ed è opportuno ricordare che la somma dei numeri di ossidazione degli atomi che la compongono deve necessariamente fare 0 (per gli ioni, invece, la somma non sarà 0 ma pari alla carica elettrica complessiva della molecola).
Per trovare il numero di ossidazione di P nella molecola H_3PO_4 bisogna prima di tutto considerare i numeri di ossidazione dell'ossigeno e dell'idrogeno: H ha numero di ossidazione +1, mentre O ha numero di ossidazione -2. A questo punto si deve moltiplicare il numero di ossidazione di ciascun elemento per il suo numero di atomi. Sono presenti tre atomi di idrogeno: $3 \cdot (+1) = +3$ e quattro atomi di ossigeno: $4 \cdot (-2) = -8$. Infine, considerando che il valore sommatorio dei numeri di ossidazione deve essere uguale a 0, il numero di ossidazione del fosforo (P), indicato come x nella seguente equazione, lo si ricava facendo $3 + x - 8 = 0$. Il risultato sarà quindi +5.
Risposta corretta C.

30. In chimica, il numero di ossidazione di un atomo in una sostanza è definito come la differenza tra il numero di elettroni di valenza dell'atomo considerato e il numero di elettroni che mantiene dopo aver assegnato tutti gli elettroni di legame all'atomo più

elettronegativo di ogni coppia. In un composto chimico privo di carica la somma dei numeri di ossidazione degli elementi che lo compongono deve essere 0. Nel caso di un anione si ha uno squilibrio di cariche negative (opzione E errata), quindi la somma dei numeri di ossidazione sarà inferiore a 0 (opzioni B e C errate). La dicitura ione bivalente indica che le cariche negative sono 2 e quindi la somma dei numeri di ossidazione degli elementi che formano lo ione sarà -2 (opzione D errata).
Risposta corretta A.

31. Il decadimento radioattivo β- consiste nella trasformazione di un neutrone in un protone, di conseguenza dovremo ragionare su numeri atomici e numeri di massa degli elementi indicati. Con l'aggiunta di un protone, il numero atomico va da Z a Z + 1, mentre con la contemporanea perdita di un neutrone il numero di massa rimane invariato (A + 1 – 1). Procediamo per esclusione: nell'opzione B notiamo un aumento del numero di massa e un numero atomico invariato (risposta B errata). Nell'opzione C abbiamo un aumento del numero atomico ed un numero di massa che rimane invariato, ma si nota che sono stati aggiunti due protoni al posto di uno, quindi il processo non è corretto (risposta C errata). Nell'opzione D notiamo che il numero atomico diminuisce e inoltre il numero di massa aumenta, quindi possiamo escluderla (risposta D errata). Nell'opzione E notiamo un aumento del numero atomico (di un protone) e un numero di massa che rimane invariato, ma notiamo che l'elemento rimane carbonio anche dopo il decadimento. Questo è un errore, in quanto con la variazione del numero di protoni si ha anche la variazione dell'elemento con quello corrispondente nella tavola periodica (risposta E errata). Infine, l'opzione A era l'unica corretta, in quanto abbiamo l'aumento di un protone del numero atomico e il numero di massa che rimane invariato, ed inoltre il sodio decade in magnesio (corrispondente a Z = 12 sulla tavola periodica).
Risposta corretta A.

32. Il decadimento alfa è caratterizzato dalla perdita di un nucleo di ${}^{4}_{2}He$ da parte dell'atomo di partenza. Come prima cosa è importante notare che il nucleo di elio ha numero di massa 4 e numero atomico 2, perché ha due protoni e due neutroni. Di conseguenza, per individuare correttamente un decadimento alfa, dovremo valutare in quale dei composti abbiamo la diminuzione di 4 nel numero di massa e di 2 del numero atomico. Le uniche opzioni in cui questi criteri sono rispettati sono la B e la E. La discriminante tra le due opzioni è però il numero atomico finale, che deve essere corrispondente all'elemento accostato: in questo caso l'elemento con il numero atomico 31 è il Ga. Questa informazione si ottiene tramite una buona conoscenza della tavola periodica.
Risposta corretta B.

33. Nel decadimento ß- un neutrone decade in una coppia protone-elettrone, più un antineutrino. Il protone resta nel nucleo, mentre le altre due particelle vengono emesse: il numero A rimane quindi inalterato, mentre Z aumenta di una unità. L'isotopo instabile si trasforma quindi in un elemento differente con diverso numero atomico (Z = Z+1). In questo caso, pur non conoscendo il numero atomico del C (Z=6), si poteva risolvere l'esercizio semplicemente ricordandosi che l'azoto è l'elemento successivo al carbonio sulla tavola periodica.
Risposta corretta E.

3. TEORIA ATOMICA

1. Quale delle seguenti è una delle differenze principali fra la teoria atomica di Bohr e il principio di Heisenberg?

A. La teoria di Heisenberg prevede l'utilizzo di un modello ondulatorio, quella di Bohr non ha un modello ben definito
B. Bohr parla di orbitale come una traiettoria non ben definita, Heinsenberg parla di orbita come una zona di probabilità in cui trovare l'elettrone
C. Bohr riprende molto il modello di Rutherford, Heisenberg non lo considera
D. Quello che realmente cambia fra le due teorie è la formula matematica di base
E. Heisenberg non definisce l'orbitale come una traiettoria ben definita, come sostiene Bohr, ma come una zona di probabilità in cui si troverà l'elettrone

2. A quale numero quantico fa riferimento la legge di Pauli?

A. A tutti e quattro i numeri quantici
B. Principalmente a "n" e "m"
C. Solo al numero quantico magnetico "m"
D. Solo al numero quantico di spin "s"
E. Non fa riferimento ai numeri quantici

3. L'equazione di Schrödinger:

A. Calcola la velocità dell'elettrone attorno al nucleo
B. Calcola il diametro dell'orbitale dell'elettrone attorno al nucleo
C. È la dimostrazione del modello atomico di Thomson
D. Individua lo spazio dove c'è maggior possibilità di trovare l'elettrone attorno al nucleo
E. Calcola la posizione dell'elettrone nel suo moto attorno al nucleo

4. Quale delle seguenti affermazioni riguardanti le teorie atomiche è corretta?

A. Il modello atomico di Thomson sostiene che ci sia un nucleo centrale contenente tutta la massa e cariche negative puntiformi poste a grande distanza
B. Il modello atomico di Rutherford sostiene l'esistenza di una carica positiva omogeneamente distribuita con elettroni incastonati
C. Il modello atomico di Bohr sostiene che gli elettroni si collocano in orbitali atomici, definiti da numeri quantici
D. Il modello atomico di Schrödinger sostiene che gli elettroni si muovono intorno al nucleo su orbite circolari quantizzate
E. Nessuna delle precedenti

5. Quale delle seguenti affermazioni è errata?

A. Un orbitale f può contenere al massimo 2 elettroni
B. Il sottolivello d può contenere 4 elettroni in più del sottolivello p
C. Se il numero quantico principale di un elettrone è 2, esso non può avere numero quantico magnetico -2
D. Un orbitale s può contenere 4 elettroni in meno di un orbitale p
E. Il numero di spin può essere pari a ±1/2

6. Gli orbitali atomici sono:

A. Orbite in cui si muovono i neutroni
B. Zone di spazio attorno al nucleo entro cui è probabile trovare uno o due elettroni
C. Zone spaziali occupate dal nucleo
D. Traiettorie percorse dagli atomi nel loro moto
E. Spazi contenenti un elettrone spaiato che ha sempre spin positivo

7. Nella configurazione elettronica, il numero quantico secondario nel seguente esempio: $1s^2 2s^2$, è indicato da:

A. Il numero "2" posto all'apice della seconda lettera "s"
B. Il numero "2" antecedente alla seconda lettera "s"
C. Genericamente dai numeri prima delle lettere
D. Genericamente dalle lettere che seguono i numeri
E. Il numero quantico secondario non è indicato nella configurazione elettronica

8. Sapendo che:

- Un elemento X ha configurazione elettronica $1s^2\ 2s^2\ 2p^6$;
- Un elemento Y ha configurazione elettronica [Ne] $3s^2\ 3p^3$;
- Un elemento Z ha configurazione elettronica [Xe] $6s^2$;
- Un elemento W fa parte dello stesso gruppo dell'elemento Z ma fa parte del quinto periodo; disporre i seguenti elementi in ordine crescente di elettronegatività.

A. X<W<Y<Z
B. X<Y<W<Z
C. Z<W<Y<X
D. Y<W<Z<X
E. X<Z<W<Y

9. Quale delle seguenti affermazioni riguardanti gli orbitali degeneri è corretta?

A. Gli orbitali 1s e 2s non sono degeneri
B. Il sottolivello 2p contiene tre orbitali degeneri
C. Il sottolivello 5d contiene 5 orbitali degeneri
D. Un atomo di berillio non presenta orbitali degeneri
E. Tutte le precedenti

10. Quale delle seguenti composizioni di numeri quantici non è possibile?

A. n=1; l=0; m_l=0; m_s=1/2
B. n=3; l=2; m_l=-2; m_s=1/2
C. n=5; l=1; m_l=-2; m_s=1/2
D. n=2; l=1; m_l=0; m_s=1/2
E. Tutte le precedenti sono possibili

11. A quale numero quantico secondario corrisponde il sottolivello d?

A. 0
B. 1
C. 2
D. 3
E. 4

12. L'elemento con configurazione elettronica $1s^2 2s^2 2p^6 3s^2 3p^6 4s^2$ è un:

A. Metallo alcalino terroso
B. Alogeno
C. Gas Nobile
D. Metallo alcalino
E. Elemento di transizione

13. In relazione alla configurazione elettronica degli atomi, quale di queste affermazioni è corretta?

A. Esistono massimo 6 livelli energetici
B. La configurazione elettronica esterna è quella degli ultimi due livelli energetici
C. Gli elettroni iniziano a riempire gli orbitali partendo da quelli meno energetici
D. L'orbitale f può contenere massimo 5 coppie di elettroni
E. La configurazione elettronica degli elementi in un gruppo è la stessa

14. Quale tra queste è la configurazione elettronica di Cl?

A. $1s^2 2s^2 2p^6 3s^2 3p^4$
B. $1s^3 2s^3 2p^6 3s^3 3p^5$
C. $1s^2 2s^2 2p^6 3s^2 3d^{10} 3p^5$
D. $1s^2 2s^2 2p^6 3s^2 3p^5$
E. $1s^2 2s^2 2p^6 3s^2 3d^{10} 3p^4$

15. La configurazione elettronica totale dello ione fluoruro F^- è:

A. $1s^2 2s^2 2p^5$
B. $1s^2 2s^2 2p^4$
C. $1s^2 2s^2 2p^6$
D. $1s^2 2s^2 2p^5 3s^1$
E. $1s^2 2s^2 2p^5 3s^2$

16. Il principio di esclusione di Pauli afferma che in un atomo non ci possono essere due elettroni caratterizzati:

A. Dalla stessa quaterna di numeri quantici

CHIMICA

B. Dallo stesso valore del numero quantico principale, del numero quantico secondario e numero di spin
C. Dallo stesso valore del numero quantico magnetico
D. Dalla stessa terna di numeri quantici n, l, ml.
E. Nessuna delle precedenti

17. Qual è la configurazione elettronica dell'elemento "Sb"?
A. $[Kr]4d^{10}5s^25p^3$
B. $[Ar]4d^{10}5s^25p^3$
C. $[Kr]4d^{10}5s^25p^4$
D. $1s^22s^22p^63s^23p^63d^{10}4s^24p^64d^{10}5s^25p^2$
E. $[Kr]4d^95s^25p^3$

18. A quale elemento corrisponde la seguente configurazione elettronica: $1s^22s^22p^63s^23p^63d^{10}4s^24p^65s^25p^5$?
A. Iodio
B. Bromo
C. Astato
D. Tellurio
E. Nessuno dei precedenti

19. Quale tra le seguenti è la configurazione elettronica del calcio?
A. $1s^22s^22p^63s^23p^64s^1$
B. $1s^22s^22p^63s^23p^64s^23d^{10}4p^65s^1$
C. $1s^22s^22p^63s^23p^64s^2$
D. $1s^22s^22p^63s^23p^64s^23d^{10}4p^65s^2$
E. $1s^22s^22p^63s^2$

20. "Gli elettroni occupano tutti gli orbitali dello stesso sottolivello prima di accoppiarsi fra loro in uno stesso orbitale." A quale regola o principio corrisponde questo enunciato?
A. Principio di Aufbau
B. Principio di esclusione di Pauli
C. Regola di Hund
D. Modello di Bohr
E. Nessuna delle precedenti

21. Quale dei seguenti elementi della tavola periodica NON fa parte del blocco p?
A. Radio
B. Boro
C. Tellurio
D. Argon
E. Tallio

22. Quale dei seguenti elementi della tavola periodica appartiene al blocco f?
A. Titanio
B. Ferro
C. Nichel
D. Rame
E. Nessuno dei precedenti

23. Qual è l'ibridazione dello zolfo nella molecola SO_2?
A. Sp^3
B. Sp^2
C. Sp
D. Ibridazione di Steligss
E. Nessuna delle precedenti

24. La molecola di HCN:
A. È ibridata sp^2 con un totale di due legami σ e uno π
B. È ibridata sp^2 con un totale di due legami σ e due π
C. È ibridata sp con un totale di due legami σ e due π
D. È ibridata sp con un totale di due legami σ e uno π
E. Non ha bisogno di ibridazione

25. Qual è la forma geometrica di una ibridazione sp^2?
A. Tetraedrica
B. Quadrata
C. Cubica
D. Cilindrica
E. Triangolare planare

26. Quali tra le seguenti molecole NON è polare?
A. NH_3
B. H_2O
C. HCl
D. CO_2
E. CH_3OH

27. Quale delle seguenti è la coppia "ibr-dazione – angolo di legame" corretta secondo il VSEPR?
A. sp^3 – 120°
B. sp^2 – 109,5°
C. sp – 120°

D. sp^3 – 109,5°
E. sp^2 – 180°

28. Quale delle seguenti affermazioni è ERRATA?
A. Due coppie di legame nel guscio di valenza si respingono e formano una struttura lineare
B. La geometria di una molecola con due coppie elettroniche libere e due coppie di legame si definisce piegata
C. Nella teoria VSEPR i legami covalenti doppi sono considerati come un legame singolo e i legami covalenti tripli come un legame doppio
D. Le coppie elettroniche libere richiedono più spazio di quelle condivise
E. La forma assunta da una molecola con 3 coppie di legame e 0 coppie libere è simmetrica

29. La teoria VSEPR afferma che quando un atomo forma legami covalenti:
A. Tutti i suoi elettroni si respingono e si dispongono il più possibile lontano fra loro
B. I suoi elettroni respingono gli elettroni di un altro atomo e si dispongono il più lontano possibile
C. Le coppie di elettroni nel guscio più esterno si dispongono il più vicino possibile tra loro
D. Le coppie di elettroni nel guscio più esterno si dispongono il più lontano possibile tra loro
E. I domini elettronici tendono a disporsi il più vicino possibile scambiandosi anche elettroni

30. Una sola delle molecole sottoindicate non ha alcun doppietto elettronico libero. Quale?
A. Metano
B. Acido cloridrico
C. Ammoniaca
D. Acqua
E. Idrogeno solforato

31. Quale delle seguenti affermazioni è corretta secondo il modello atomico di Dalton?
A. Viene anche chiamato modello a panettone
B. Sia il prozio che il trizio sono atomi di idrogeno
C. Le leggi ponderali non interpretano correttamente la realtà
D. Gli atomi di due elementi diversi possono avere ugual massa
E. Nessuna delle precedenti

32. Il modello atomico di Dalton:
A. Si ispira alla legge di Dalton, da lui precedentemente formulata
B. Non ammette la correttezza della legge di Lavoisier
C. È un modello atomico ormai considerato obsoleto
D. Confuta la legge di Proust
E. Teorizza il decadimento alfa

33. Quale tra le seguenti categorie chimiche è compresa nel modello atomico di Dalton?
A. Il decadimento radioattivo
B. Gli isotopi
C. I composti
D. Fotone
E. Nessuna delle precedenti

CORREZIONE COMMENTATA

1. Ci sono diverse teorie atomiche, che dal 1800 si sono succedute nel panorama della Fisica, con lo scopo di arrivare alla definizione migliore dell'atomo.
Il modello di Bohr si definisce "quantistico" ed è pertanto ben caratterizzato dal suo ideatore (opzione A errata). Esso si basa sull'idea che l'elettrone circoli attorno a traiettorie ben definite matematicamente, denominate "orbite" e sostiene che per passare da un'orbita all'altra l'elettrone emetta o riceva pacchetti di energia definiti "quanti" (opzione B errata). Rutherford, invece, sostiene che al centro dell'atomo siano presenti cariche positive, mentre le negative siano poste a distanza molto ampia; a detta di ciò non si può affermare che Heisenberg non abbia considerato questa teoria, né tantomeno Bohr, infatti le teorie di entrambi sono sviluppi delle precedenti (opzione C errata).
Heisenberg afferma, per il principio di indeterminazione, che non è possibile definire posizione e velocità dell'elettrone contemporaneamente, ma che esistono invece zone dove c'è un'alta probabilità di trovare l'elettrone. La risposta D è parzialmente esatta ma molto imprecisa: la formula matematica è altresì diversa, ma non fa la differenza netta tra le due teorie (opzione D errata). La differenza tra Bohr e Heisenberg è pertanto ben espressa dall'opzione E.
Risposta corretta E.

2. Questa è una domanda molto nozionistica. Il principio di Pauli afferma che elettroni diversi di un atomo non possono avere tutti e quattro i numeri quantici uguali. Questo equivale a dire che ogni orbitale può contenere al massimo 2 elettroni con spin opposti.
Lo spin è definito dal numero quantico "s" e vale ±1/2. Infatti, se oltre ai numeri quantici "n", "l" e "m_l", anche il numero quantico "s" fosse uguale, i due elettroni avrebbero tutti e quattro i numeri quantici identici e sarebbero, di fatto, lo stesso elettrone.
Risposta corretta D.

3. Questo quesito è estremamente teorico e nozionistico. L'equazione di Shrödinger non è altro che una vera e propria funzione, chiamata anche funzione d'onda, che se risolta ci consente di identificare la zona dove è più probabile riscontrare una densità di cariche negative (elettroni) attorno al nucleo. Non ne calcola la velocità, non la posizione e non valuta nemmeno il diametro dell'orbitale (opzioni A, B, E errate).
Non si tratta nemmeno della dimostrazione del modello atomico di Thomson poiché quest'ultimo sosteneva che l'atomo fosse un'omogenea carica positiva con elettroni carichi negativamente sparsi, incastrati come uvette nel panettone (opzione C errata).
Secondo il modello atomico (ondulatorio) di Schrödinger (a cui collaborarono anche Heisenberg e De Broglie) gli elettroni si collocano in orbitali atomici, definiti da numeri quantici. Non sono traiettorie ben definite, come le orbite, ma delle "zone di alta probabilità in cui è possibile trovare l'elettrone".
Risposta corretta D.

4. Questo quesito molto nozionistico richiede una buona conoscenza delle quattro teorie atomiche. Di seguito sono enunciate in ordine cronologico.

- Il modello atomico di Thomson ("a panettone") sostiene l'esistenza di una carica positiva omogeneamente distribuita con elettroni incastonati. Opzione A errata.
- Il modello atomico di Rutherford ("planetario") sostiene che ci sia un nucleo centrale contenente tutta la massa e cariche negative puntiformi poste a grande distanza. Opzione B errata.
- Il modello atomico di Bohr ("quantistico") sostiene che gli elettroni si muovono intorno al nucleo su orbite circolari quantizzate. Le orbite sono traiettorie ben definite. Opzione C errata.

- Il modello atomico di Schrödinger ("ondulatorio") sostiene che gli elettroni si collocano in orbitali atomici, definiti da numeri quantici. Non sono traiettorie ben definite, come le orbite, ma delle "zone di alta probabilità in cui è possibile trovare l'elettrone". Opzione D errata.
  Tutte le teorie proposte nell'esercizio esistono, ma non sono correttamente abbinate al nome del rispettivo teorico. Pertanto, nessuna delle opzioni è effettivamente corretta.

Risposta corretta E.

5. Per rispondere a questa domanda è necessaria una buona conoscenza del concetto di orbitali e di numeri quantici. È doveroso notare che l'esercizio richiede di trovare la risposta errata.
In questi casi è consigliato analizzare tutte le risposte, una alla volta.
L'opzione A è corretta in quanto il sottolivello f è composto da 7 orbitali e ciascuno di essi può contenere un massimo di due elettroni. È molto importante non confondere il concetto di orbitale con quello di sottolivello. Il sottolivello va ad indicare tutti gli orbitali di uno stesso livello che presentano forma uguale. Un orbitale, invece, è la zona in cui la probabilità di trovare l'elettrone è massima e può contenere un massimo di due elettroni.
L'opzione B è corretta in quanto il sottolivello p può contenere 3 orbitali per un totale di 6 elettroni, mentre l'orbitale d può contenere 5 orbitali per un massimo di 10 elettroni, ben 4 in più del sottolivello p.
Anche l'opzione C è corretta poiché il numero quantico magnetico m_l può assumere un valore che va da -l a +l; l corrisponde al numero quantico secondario e può assumere un valore compreso tra 0 e (n -1). Se il numero quantico principale di un elettrone è 2, il suo numero secondario massimo sarà 1 e pertanto il numero quantico magnetico non potrà mai essere pari a -2.
L'opzione E è corretta in quanto il numero quantico di spin può assumere solo due valori, cioè ± 1/2.
L'opzione D invece è errata in quanto un orbitale di qualunque sottolivello può contenere sempre e solo un massimo di due elettroni. Nel caso in cui, come è stato detto precedentemente, si parli di sottolivelli, si vanno ad intendere tutti gli orbitali che lo compongono.

Risposta corretta D.

6. Questa domanda è molto nozionistica e considera il concetto di orbitali. Si analizzino tutte le possibili opzioni.
I neutroni si trovano all'interno del nucleo insieme ai protoni, pertanto non si trovano negli orbitali atomici (opzione A errata).
Il nucleo, la parte centrale dell'atomo, non viaggia negli orbitali (opzione C errata).
Gli orbitali atomici sono funzioni d'onda in cui è probabile trovare uno o due elettroni. Pertanto, sono gli elettroni coloro che occupano gli orbitali e non l'atomo nel suo insieme a percorrerlo (opzione D errata).
Un orbitale può essere vuoto, contenere un elettrone spaiato o essere occupato da una coppia; nel caso in cui ci sia un elettrone singolo, esso può avere spin sia negativo che positivo (opzione E errata).
Gli orbitali sono quindi definiti come regioni di spazio attorno al nucleo entro cui si ha la massima probabilità di trovare uno o due elettroni (principio di indeterminazione di Heisenberg).

Risposta corretta B.

7. Per rispondere a questa domanda è necessaria una buona conoscenza dei numeri quantici e del concetto di configurazione elettronica. Il numero quantico secondario (l) indica la forma dell'orbitale e per un certo valore di "n" assume tutti i valori compresi tra

"0" e "n - 1".
Nella configurazione elettronica è indicato da delle lettere, che per l'appunto indicano il sottolivello, cioè il tipo di orbitale. In particolare, per l = 0 l'orbitale è indicato dalla lettera "s"; per l = 1 dalla lettera "p"; per l = 2 dalla lettera "d"; per l = 3 dalla lettera "f".
Risposta corretta D.

8. Per rispondere a questo quesito è necessaria un'ottima conoscenza della tavola periodica e del concetto di configurazione elettronica.
Come prima cosa, si deve capire quali elementi della tavola periodica corrispondano alle lettere X, Y, Z, W. La configurazione elettronica può darci molte informazioni sulla posizione di un elemento nella tavola periodica. Infatti, il livello di energia dove sono collocati gli elettroni di valenza indica il periodo a cui appartiene l'elemento; mentre il numero di elettroni presenti nel livello di energia più esterno indica a quale gruppo appartiene l'elemento (solo per quanto riguarda i gruppi A, che non comprendono gli elementi di transizione e di transizione interna).
Partendo dall'elemento X, con configurazione elettronica $1s^2 2s^2 2p^6$, si può dedurre che il livello energetico dove sono collocati gli elettroni di valenza è n = 2, quindi appartiene al secondo periodo; gli elettroni presenti in questo livello sono 2 + 6 = 8, quindi l'elemento farà parte del gruppo 8A (ovvero il gruppo dei gas nobili). Non è importante sapere quale elemento sia in particolare, ma in questo caso basta saperlo collocare sulla tavola periodica. In questo caso si tratta del neon, che fondamentalmente non ha elettronegatività, perché non ha tendenza ad attirare la nube elettronica di altri atomi.
Seguendo questo ragionamento possiamo collocare sulla tavola periodica anche gli altri elementi Y, Z, W.
L'elemento Y, con configurazione elettronica [Ne] $3s^2 3p^3$, appartiene al 3° periodo e al gruppo 5A (perché gli elettroni del livello più esterno sono 2 + 3 = 5). Esso corrisponde al fosforo (P).
L'elemento Z ha configurazione elettronica [Xe] $6s^2$, quindi appartiene al 6° periodo e fa parte del gruppo 2A, il gruppo dei metalli alcalino terrosi. Esso corrisponde al bario (Ba).
L'elemento W fa parte dello stesso gruppo di Z ma, trovandosi sopra di esso, apparterrà al 5° periodo e corrisponde allo stronzio (Sr).
L'elettronegatività cresce andando da sinistra a destra lungo un periodo e decresce scendendo lungo un gruppo. Quindi l'ordine crescente di elettronegatività dovrebbe essere per logica $Z<W<Y<X$. Tuttavia, X è un gas nobile, in particolare è il neon, il quale, avendo tutti i sottolivelli esterni pieni non tende a reagire con altri elementi e per questo la sua elettronegatività è nulla (opzione C errata). L'ordine giusto è quindi $X<Z<W<Y$.
Risposta corretta E.

9. Con l'espressione orbitali degeneri si intendono orbitali aventi la stessa energia.
Gli orbitali 1s e 2s non sono degeneri, in quanto hanno contenuti energetici differenti; in particolare 2s appartiene ad un livello energetico superiore rispetto ad 1s (opzione A corretta).
I numeri quantici che indicano il livello energetico sono: il numero quantico principale (n) e il numero quantico secondario che indica il sottolivello (l). Nel sottolivello p si osservano tre orbitali con stessi numeri quantici n e l, pertanto essi sono isoenergetici e perciò degeneri (opzione B corretta) e lo stesso ragionamento vale per il sottolivello d che contiene 5 orbitali degeneri (opzioni C corretta).
Il berillio (Be) appartiene al secondo gruppo e al secondo periodo e ha configurazione elettronica $1s^2 2s^2$. I suoi elettroni occupano solo orbitali del sottolivello s appartenenti, inoltre, a due livelli energetici differenti (1s, 2s) e quindi non presenta orbitali degeneri (opzione D corretta).
Tutte le opzioni proposte sono corrette.
Risposta corretta E.

10. Per risolvere questa domanda è necessaria una buona conoscenza dei numeri quantici. Essi sono dei numeri che vanno a specificare il valore di una proprietà dell'elettrone, come lo stato energetico o la tipologia di un orbitale in cui potrebbe trovarsi un elettrone.
I numeri quantici sono quattro:

- numero quantico principale (n): indica il livello energetico dell'elettrone e può assumere tutti i valori da 1 a infinito;
- numero quantico secondario (l): indica la forma dell'orbitale e può assumere valori compresi tra 0 e (n -1);
- numero quantico magnetico (m_l): indica l'orientamento dell'orbitale e può assumere valori compresi tra -l, 0, +l;
- numero quantico di spin (m_s): indica il verso di rotazione dell'elettrone e può assumere solo due valori ±1/2.

Ad un numero quantico principale pari a 5 possono corrispondere ben 5 numeri quantici secondari: 0, 1, 2, 3, 4. Il numero quantico secondario scelto nell'opzione C è l = 1. A questo, possono essere associati solo 3 numeri quantici magnetici: -1, 0, +1 pertanto, m_l = -2 non può essere associato ad un valore di l = 1. L'unica opzione non possibile è quindi la C.
Risposta corretta C.

11. Questo è un quesito molto nozionistico riguardante i numeri quantici. Il numero quantico secondario indica la forma dell'orbitale e corrisponde al sottolivello. La forma assunta dagli orbitali varia dalla più semplice sferica (orbitali s), a quella bilobata sui tre assi (orbitali p), fino alle sagome più complesse (orbitali d ed f).
Assume valori da 0 a (n -1) e ciascun valore corrisponde ad un tipo di sottolivello:

- l=0 corrisponde al sottolivello s;
- l=1 corrisponde al sottolivello p;
- l=2 corrisponde al sottolivello d;
- l=3 corrisponde al sottolivello f.

Risposta corretta C.

12. Per rispondere a questo quesito è necessaria una buona conoscenza del modello atomico, degli orbitali e del concetto di configurazione elettronica. La configurazione elettronica corrisponde alla disposizione degli elettroni negli orbitali atomici. Gli elettroni di valenza, gli elettroni nello strato più esterno, sono il fattore determinante per l'unicità chimica dell'elemento.
In esercizi come questo può tornare molto utile ricordare che tutti gli atomi dello stesso gruppo hanno la stessa configurazione elettronica esterna ad eccezione del numero atomico n, per questo hanno proprietà chimiche simili. Il gruppo di appartenenza di un elemento è indicato dall'orbitale più esterno e dal numero di elettroni in esso contenuti. Pertanto, analizzando la configurazione proposta si può facilmente ricavare il gruppo di appartenenza dell'elemento trattato. Di seguito sono elencate le configurazioni elettroniche degli elementi dei gruppi principali:

- 1A: s^1
- 2A: s^2
- 3A: s^2p^1
- 4A: s^2p^2
- 5A: s^2p^3
- 6A: s^2p^4
- 7A: s^2p^5
- 8A: s^2p^6

Nel caso specifico la configurazione elettronica in questione è $1s^22s^22p^63s^23p^64s^2$. L'orbitale più esterno, s^2, contiene due elettroni, il che permette di dedurre che l'elemento appartenga al secondo gruppo, ossia quello dei metalli alcalino terrosi.
Risposta corretta A.

CHIMICA

13. Per risolvere questo quesito è necessaria una buona conoscenza della tavola periodica. Esistono tanti livelli energetici quanti sono i periodi della tavola periodica, ossia 7 e non 6 (opzione A errata). La "configurazione elettronica esterna" si riferisce alla configurazione elettronica dell'ultimo livello energetico e non delle ultime due (opzione B errata). L'orbitale f può contenere 14 elettroni, ossia 7 coppie e non 5 (opzione D errata). L'opzione E è errata perchè tra gli elementi di uno stesso gruppo resta invariata solo la configurazione elettronica esterna, ma i livelli energetici cambiano. L'opzione C invece si riferisce al fatto che gli elettroni iniziano a riempire gli orbitali con meno energia per dare maggior stabilità all'atomo.
Risposta corretta C.

14. Per risolvere questo quesito è necessaria una buona conoscenza della tavola periodica e della configurazione elettronica. Prima di tutto è fondamentale riuscire a ricavare la posizione del cloro (Cl) nella tavola periodica. Cl appartiene al 7° gruppo e 3° periodo e ha 17 elettroni. Si possono intraprendere due strade: la prima presuppone la conoscenza del numero atomico del cloro, ossia 17. Siccome in un atomo neutro il numero dei protoni è uguale a quello degli elettroni, basta sommare gli esponenti degli orbitali e vedere quale opzione dà come risultato 17. Un modo più rapido presuppone la conoscenza del fatto che il cloro appartiene al penultimo gruppo degli alogeni e che quindi gli manca un solo elettrone per completare l'orbitale p e per essere stabile. Conoscendo la configurazione elettronica degli alogeni si può quindi dedurre subito quella del cloro, in quanto tutti gli elementi del 7° gruppo si esprimono con la seguente configurazione: s^2p^5.
Inoltre, si può facilmente dedurre che se il cloro è nel 3° periodo, esso è posizionato prima degli elementi di transizione e quindi nella configurazione elettronica non presenterà l'orbitale d. Dunque, le opzioni C e E sono errate.
L'opzione A è errata poiché mancano 2 elettroni per completare l'ottetto.
L'opzione B è errata perché gli orbitali s possono contenere solo 2 elettroni.
Risposta corretta D.

15. Per risolvere questo quesito è necessario possedere una buona conoscenza della tavola periodica e della configurazione elettronica.
Prima di tutto è necessario ricordare che il fluoro ha numero atomico 9, per cui lo ione fluoruro, che è un anione monovalente, ha un elettrone in più.
Questi 10 elettroni vanno disposti seguendo l'ordine di riempimento degli orbitali.
È importante riempire gli orbitali seguendo il principio di Aufbau, secondo cui gli orbitali sono riempiti partendo da quelli a minima energia (quindi partendo dai livelli energetici più bassi). Si ricordi che gli orbitali "s" contengono un massimo di 2 elettroni, gli orbitali "p" ne contengono 6 e gli orbitali "d" ne contengono 10.
Si parte riempendo l'orbitale a minor energia, cioè 1s con 2 elettroni.
Si riempie poi l'orbitale 2s con altri 2 elettroni.
Infine, i 6 elettroni rimasti si vanno a disporre nell'orbitale 2p.
La configurazione elettronica finale sarà $1s^22s^2p^6$.
Risposta corretta C.

16. Questo è un quesito teorico che riguarda una delle colonne portanti della chimica inorganica: il principio di esclusione di Pauli. Ai fini del test, questa regola va assolutamente conosciuta a memoria. Questo principio sostiene che elettroni diversi di un atomo non possono avere tutti e quattro i numeri quantici uguali. Equivale a dire che ogni orbitale può contenere al massimo 2 elettroni con spin opposti.
Analizzando le opzioni proposte dall'esercizio se ne possono escludere alcune.
L'opzione B è errata perché due elettroni con stesso numero quantico principale e secondario possono avere lo stesso numero di spin, a patto che abbiano numero quantico magnetico differente.

L'opzione D è errata perché due elettroni possono avere numero quantico principale (n), secondario (l) e magnetico (m_l), a patto che abbiamo numero di spin differente.
L'opzione C è errata perché due elettroni possono avere lo stesso valore quantico magnetico, se almeno uno degli altri numeri quantici è differente.
Risposta corretta A.

17. Per risolvere questo quesito è necessaria una buona conoscenza della tavola periodica e delle configurazioni elettroniche degli elementi.
Sb è il simbolo dell'antimonio ed appartiene al 5° gruppo e al 5° periodo. Per ricordarne l'ubicazione è utile utilizzare la mnemofrase per il quinto gruppo: "**N**on **P**osso **A**scoltare **S**ubito **B**ianca" (azoto, fosforo, arsenico, antimonio, bismuto).
È fondamentale sapere che ciascun gruppo possiede una configurazione elettronica esterna uguale per ogni elemento che lo compone. Gli elementi del quinto gruppo hanno 5 elettroni di valenza e pertanto hanno configurazione elettronica esterna s^2p^3.
Il periodo indica il livello energetico di appartenenza di un elemento, dunque Sb, appartenendo al 5° periodo, ha come numero quantico principale massimo 5.
È inoltre di fondamentale importanza il significato del gas nobile tra parentesi quadre (come ad esempio [Kr]): la prima parte della configurazione elettronica viene abbreviata inserendo tra parentesi il gas nobile che precede l'elemento sulla tavola periodica. Nel caso dell'antimonio, il gas nobile che lo precede è il kripton [Kr]. A partire dal kripton che ha configurazione elettronica $1s^22s^22p^63s^23p^63d^{10}4s^24p^6$, è necessario aggiungere gli elettroni che occupano il 5° periodo, fino al raggiungimento della configurazione elettronica dell'antimonio. Pertanto, si aggiungono: i due elettroni del primo e del secondo gruppo, $5s^2$; i dieci elettroni degli elementi di transizione, che occupano l'orbitale 4d: $4d^{10}$ ed infine si aggiungono gli ultimi 3 elettroni mancanti nell'orbitale p, $5p^3$. La configurazione elettronica finale dell'antimonio è $[Kr]4d^{10}5s^25p^3$.
Risposta corretta A.

18. Per risolvere questo quesito è necessaria una buona conoscenza della configurazione elettronica degli elementi. È fondamentale ricordare che per il riempimento degli orbitali si deve seguire il principio di Aufbau, che viene applicato per determinare la configurazione elettronica di un atomo, molecola o ione. Secondo questo principio un atomo è "costruito" da un progressivo riempimento degli orbitali con gli elettroni. L'ordine in cui gli orbitali vengono riempiti è il seguente: 1s, 2s, 2p, 3s, 3p, 4s, 3d, 4p, 5s, 4d, 5p, 6s, 4f, 5d, ecc...
Se si osserva il quesito salta subito all'occhio che nonostante sia presente il sottolivello 5p, non compare il 4d che, secondo la regola prima citata, deve essere occupato prima. Il sottolivello 4d infatti ha un'energia minore rispetto a 5p. Non esistono elementi in cui il sottolivello 5p è stato riempito prima del 4d.
Risposta corretta E.

19. Per risolvere questo quesito è necessaria una buona conoscenza della tavola periodica e della configurazione elettronica degli elementi.
Prima di tutto è necessario saper localizzare l'elemento sulla tavola periodica. A questo scopo può tornare utile la mnemofrase del secondo gruppo "**Be**re **Mg**ma **Ca**usa Surriscaldamento Basta Ragionare" (berillio, magnesio, calcio, stronzio, bario, radio), che ci permette di individuare il calcio: secondo gruppo, quarto periodo.
A questo punto si possono seguire due processi per svolgere il quesito: una volta ricavato il numero atomico di un determinato elemento, che corrisponde alla quantità di protoni o elettroni che lo compongono, basta sommare gli apici della configurazione elettronica e vedere quale delle opzioni raggiunge questo valore. Il calcio possiede 20 elettroni, pertanto solo l'opzione C raggiunge "20" sommando tutti i suoi apici.
Il secondo processo, invece, è basato sulla conoscenza del fatto che il calcio ha solo due elettroni di valenza e quindi configurazione elettronica esterna s^2 (opzioni A e B errate) e

che si trova prima degli elementi di transizione, perciò non avrà nella sua configurazione elettronica il sottolivello d (opzioni B e D errate). Inoltre, sapendo che si trova nel 4° periodo, il suo livello energetico è pari a 4 e quindi il numero quantico principale massimo che raggiunge è 4 e non 3 (opzione E errata).
La configurazione elettronica del calcio è $1s^2 2s^2 2p^6 3s^2 3p^6 4s^2$.
Risposta corretta C.

20. Questo è un quesito molto nozionistico riguardante le regole che determinano la disposizione degli elettroni negli orbitali atomici.
La configurazione elettronica di un atomo si fonda principalmente su tre regole:

- principio di Aufbau che afferma che gli orbitali sono riempiti partendo da quelli a minima energia (opzione A errata);
- principio di esclusione di Pauli che afferma che elettroni diversi di un atomo non possono avere tutti e quattro i numeri quantici uguali (opzione B errata);
- principio di Hund che afferma che gli elettroni occupano tutti gli orbitali dello stesso sottolivello prima di accoppiarsi fra loro in uno stesso orbitale.

Il modello di Bohr non è correlato a questo argomento, in quanto corrisponde ad una delle quattro teorie atomiche (opzione D errata).
Risposta corretta C.

21. Per rispondere a questo quesito è necessario conoscere la relazione tra struttura elettronica, posizione e proprietà. La tavola periodica, oltre a ordinare gli elementi per numero atomico crescente, fornisce anche una rappresentazione grafica dei numeri quantici, descritti più avanti, nel seguente modo:

- sette periodi corrispondenti ai sette livelli energetici, espressi dal numero quantico principale “n", che può assumere valori da 1 a 7;
- quattro blocchi che raggruppano gli elementi che riempiono come orbitali di valenza rispettivamente s, d, p ed f (numeri quantici secondari che descrivono la forma dell’orbitale atomico).

Infatti, i gruppi 1 e 2 della tavola periodica prendono il nome di blocco s, poiché l’ultimo sottolivello energetico riempito è il blocco s, dato che hanno solo 1 o 2 elettroni di valenza (rispettivamente hanno configurazione elettronica esterna s^1 e s^2).
I gruppi che vanno dal 13 al 18 prendono il nome di blocco p, i metalli di transizione prendono il nome di blocco d, i lantanidi e gli attinidi fanno parte del blocco f.
Quindi, per risolvere questo quesito bisogna saper disporre gli elementi proposti nella tavola periodica e, una volta a conoscenza del loro gruppo di appartenenza, riconoscere quali di questi non appartengono al gruppo p. Il boro (B) appartiene al gruppo 13, il tellurio (Te) al gruppo 16, l’argon (Ar) al gruppo 18 e il tallio (Tl) al gruppo 13.
L’unico elemento che non appartiene al blocco p è il radio, che fa parte del gruppo II della tavola periodica e quindi del blocco s.
Risposta corretta A.

22. Per rispondere a questo quesito è necessaria una buona conoscenza della tavola periodica e delle configurazioni elettroniche degli elementi. La tavola periodica, oltre ad ordinare gli elementi per numero atomico crescente, fornisce anche una rappresentazione grafica dei numeri quantici: sette periodi corrispondenti ai sette livelli energetici e quattro blocchi che raggruppano gli elementi che riempiono come orbitali di valenza rispettivamente s, d, p ed f.
Il 1° e 2° gruppo appartengono al “blocco s”, i gruppi dal 13° al 18° appartengono al “blocco p”, gli elementi di transizione appartengono al “blocco d” e gli elementi di transizione interna appartengono al “blocco f”.
Conoscendo questa suddivisione, per risolvere il quesito era necessario saper localizzare gli elementi proposti sulla tavola periodica.

Tutti gli elementi delle opzioni appartengono al 4° periodo e sono tutti elementi di transizione. È possibile ricordarli tramite una comoda mnemofrase: "**Sc**ot**Ti** **V**uol **Cr**eare **M**a**n**i**Fe**sti di **CoNi**gli **Cu**cinati con **Zn**zare" (scandio, titanio, vanadio, cromo, manganese, ferro, cobalto, nichel, rame, zinco).
Come affermato precedentemente gli elementi di transizione appartengono al gruppo d e perciò tutte le opzioni proposte sono errate.
Risposta corretta E.

23. L'ibridazione (o ibridizzazione) degli orbitali atomici è il processo con cui gli orbitali facenti parte del guscio elettronico più esterno di un atomo, si riarrangiano tra loro restituendo un uguale numero di orbitali atomici (detti, a questo punto, "ibridi") identici tra loro sia per la forma che per energia.
Gli orbitali si dispongono nello spazio tridimensionale secondo un criterio di ottimizzazione della loro divergenza angolare.
Conosciamo tre tipi di ibridazioni: sp, sp^2 e sp^3 (vedi: capitolo 10.1 "La chimica del carbonio").
Si differenziano in base all'angolo di legame che formano:

- sp^3: forma un angolo di legame di 109,5°;
- sp^2: forma un angolo di 120°;
- sp: forma un angolo di 180°.

Per capire quale delle seguenti ibridazioni assume lo zolfo nella molecola di anidride solforosa bisogna analizzare bene gli atomi che la compongono. Sia lo zolfo (S) che l'ossigeno presentano 6 elettroni di valenza. L'atomo di zolfo lega due dei suoi elettroni, con un legame covalente, a due elettroni dell'atomo di ossigeno. Gli atomi di O sono due, pertanto vengono occupati 4 elettroni di S. I due elettroni rimanenti occupano uno stesso orbitale formando un doppietto. La forma degli orbitali dell'atomo di zolfo è quindi una geometria triangolare planare. Questo avviene perché, nonostante lo zolfo formi solo due legami, il doppietto elettronico applica una repulsione nei confronti dei due atomi di ossigeno. L'angolo di legame che forma è di 119° e non di 120°, ma nonostante questo, la sua ibridazione viene comunque considerata di tipologia sp^2.
L'ibridazione di Steligss (opzione D), nonostante il nome molto simpatico e divertente, non esiste.
Risposta corretta B.

24. Questo esercizio può essere risolto in due modi, entrambi richiedono che si rifletta sulla struttura della molecola HCN: in particolare, HCN è una molecola lineare in cui il carbonio forma un legame triplo (σ, π, π) con N e un legame semplice (σ) con H.
Il primo metodo di ragionamento è basato prettamente sulla teoria. La presenza di un legame triplo e di un legame singolo implica almeno due orbitali non ibridi che formino il legame π (che appunto è dato dalla sovrapposizione di due orbitali non ibridi), condizione soddisfatta solo dall'ibridazione di tipo "sp".
Il secondo metodo prevede il conteggio dei legami presenti: in questo caso sono solo due (1 legame singolo e 1 legame triplo, che si conta come uno), per cui si può dedurre che si tratti di una ibridazione "sp", senza apici.
Questo ragionamento prevede quindi che ogni legame, che sia triplo, doppio, singolo o anche doppietto libero, venga contato comunque come uno. Pertanto, molto pragmaticamente, si sommano i legami presenti e così si può dedurre il tipo di ibridazione presente e vengono attribuiti gli apici corretti alla dicitura "sp". Si avrà ibridazione "sp" se sono presenti due legami, "sp^2" se sono presenti 3 legami, "sp^3" se sono presenti quattro legami (vedi: capitolo 10.1 "La chimica del carbonio").
Risposta corretta C.

25. Per rispondere a questa domanda molto teorica è necessaria una buona conoscenza della geometria delle molecole.
In questo genere di quesiti è consigliato procedere analizzando tutte le opzioni una per volta.
La struttura tetraedrica è tipica dei composti ibridati sp^3, come nel caso del metano CH_4 (opzione A errata).
La struttura quadrata è tipica invece dei composti pentatomici con un atomo centrale, come IF_5, con geometria piramidale a base quadrata (opzione B errata).
Le strutture cubiche o cilindriche non vengono prese in considerazione dalla teoria VSEPR. VSEPR è l'acronimo inglese per Valence Shell Electron Pair Repulsion (oppure, in linguaggio nostrano, Teoria della Repulsione delle Coppie Elettroniche dello Strato di Valenza) e serve a definire la disposizione spaziale delle molecole/ioni poliatomici, assumendo che gli elementi legati o i doppietti elettronici isolati, respingendosi, si dispongano alla massima distanza consentita (opzioni C e D errate).
Dalla sovrapposizione tra un orbitale "s" con due orbitali di tipo "p" si ottengono 3 orbitali ibridi detti orbitali "sp^2" che si dispongono su un piano formando angoli di 120° l'uno dall'altro. La geometria è quindi triangolare planare, come nel caso di BF_3.
Risposta corretta E.

26. Una molecola si definisce polare quando su di essa è apprezzabile una separazione di cariche parziali. Per individuare la polarità bisogna tenere in considerazione elettronegatività, eventuali doppietti elettronici spaiati, e, come metodo di rapida risoluzione, la simmetria che la molecola assume. Nel caso in cui sia possibile tracciare un asse di simmetria, la molecola sarà apolare, nel caso contrario polare.
Procedendo per esclusione, l'opzione A indica l'ammoniaca; i tre idrogeni presenti nella molecola andranno a legarsi all'azoto, con un totale di tre coppie di elettroni di legame impiegati. L'azoto tuttavia fa parte del quinto gruppo della tavola periodica, quindi avrà cinque elettroni nello strato più esterno; poiché tre saranno occupati nel legame con gli idrogeni, un doppietto rimarrà spaiato, rendendo la molecola asimmetrica e quindi polare (risposta A errata). Per quanto riguarda l'opzione B, l'ossigeno fa parte del sesto gruppo della tavola periodica e quindi, poiché due elettroni saranno impegnati nel legame con gli idrogeni, quattro elettroni rimarranno spaiati. Si avranno quindi due doppietti elettronici che rendono la molecola asimmetrica con un angolo di legame di 104,5°. La molecola è polare (risposta B errata). L'opzione C è l'acido cloridrico, in cui il cloro è molto più elettronegativo dell'idrogeno; a causa di questa differenza di elettronegatività, gli elettroni di legame saranno attratti con più forza dal cloro rispetto all'idrogeno, quindi si creerà una carica parziale negativa al cloro. La molecola sarà un dipolo, quindi polare (risposta C errata). L'opzione E presenta un alcol, il metanolo, che non presenta assi di simmetria in quanto presenta atomo di C legato a tre idrogeni e un gruppo alcolico (-OH). La molecola sarà dunque polare (risposta E errata). L'opzione D, infine, presenta l'anidride carbonica. Questa molecola è lineare, con quattro elettroni impiegati nel legame tra il carbonio e gli ossigeni, a formare due doppi legami. I doppietti liberi degli ossigeni si dispongono dalla parte opposta rispetto ai legami e, considerando il carbonio, si nota che è possibile tracciare un asse di simmetria, quindi la molecola è apolare.
Risposta corretta D.

27. VSEPR è l'acronimo inglese per Valence Shell Electron Pair Repulsion e serve a definire la disposizione spaziale delle molecole/ioni poliatomici, assumendo che gli elementi legati o i doppietti elettronici isolati, respingendosi, si dispongano alla massima distanza consentita.
Bisogna tenere a mente che ciascuna tipologia di ibridazione è correlata ad una rispettiva disposizione geometrica dei legami nella molecola.

In particolare, gli angoli di legame tipici per ciascun tipo di ibridazione sono:

- l'ibridazione sp^3 presenta un angolo di legame di 109,5°;
- l'ibridazione sp^2 presenta un angolo di legame di 120°;
- l'ibridazione sp presenta un angolo di legame di 180°.

Risposta corretta D.

28. È necessario fare molta attenzione per risolvere questo quesito, perché bisogna indicare la risposta sbagliata e non quella corretta. Si procede analizzando un'opzione per volta.
Due coppie di legame si dispongono sempre quanto più distanti possibile, per cui se sono presenti solamente due coppie, si disporranno esattamente all'opposto, dando una forma lineare, con angolo di 180° (opzione A errata).
La geometria piegata è per esempio quella dell'acqua: sono presenti due coppie di legame, tra H e O, e due coppie di doppietti liberi sull'ossigeno (opzione B errata).
I doppietti liberi sono molto ingombranti per gli atomi centrali, per cui richiedono sempre maggiore spazio (opzione D errata).
La dicitura "simmetrica" nella teoria VSEPR non esiste, tuttavia la presenza di 3 coppie che formano un legame attorno a un atomo suggerisce che si dispongano formando un'angolatura uguale attorno ad esso, come in un triangolo equilatero nella forma trigonale planare (opzione E errata).
La risposta C afferma che i legami tripli sono considerati come un legame doppio e i doppi come singoli, ma nella teoria VSEPR non si fanno discriminazioni: i doppi e i tripli legami si considerano come un legame semplice in quanto la nuvola elettronica del legame multiplo ha un'unica direzione e l'effetto è lo stesso di un'unica coppia.
Risposta corretta C.

29. La teoria VSEPR si basa sul principio che le coppie di elettroni, sia di legame sia doppietti elettronici liberi, si respingano reciprocamente, e si dispongano perciò nello spazio in modo da essere il più lontano possibile tra loro. Gli elettroni coinvolti sono solamente quelli dello strato più esterno, non tutti gli elettroni dell'atomo (opzione A errata).
Quando un atomo forma un legame covalente con un altro, condivide un elettrone che viaggia all'interno di un orbitale, che si ottiene dalla fusione degli orbitali atomici dei due atomi che formano il legame (opzione B errata).
Chiaramente con questo concetto non si vuole lasciare intendere che i domini elettronici si scambino elettroni, in quanto ogni elettrone è impegnato a formare il proprio legame covalente (opzione E errata).
Gli elettroni impegnati a formare i legami covalenti cercheranno di distanziarsi il più possibile e non di avvicinarsi (opzione C errata).
Risposta corretta D.

30. Per capire quale molecola non presenti doppietti elettronici liberi, si deve procedere prendendo in considerazione le strutture di Lewis dei composti indicati.
L'acido cloridrico HCl è dotato di ben tre doppietti liberi sull'atomo di cloro, in quanto l'atomo di Cl impegna solo uno dei suoi sette elettroni di valenza nel legame covalente con l'elettrone dell'idrogeno (opzione B errata).
L'ammoniaca di formula NH_3 è una famosa base di Lewis (vedi capitolo 8 "Acidi e basi") dotata di un doppietto libero sull'azoto, in quanto impegna solo tre dei suoi cinque elettroni nei legami covalenti con i tre elettroni dei tre atomi di idrogeno (opzione C errata).
L'acqua ha due doppietti liberi sull'ossigeno, infatti esso utilizza solo due dei suoi sei elettroni per formare due legami covalenti con gli elettroni dei due atomi di idrogeno (opzione D errata).
L'idrogeno solforato H_2S ha due doppietti elettronici sullo zolfo, che impiega solo due elettroni dei suoi sei per i legami con gli atomi di idrogeno (opzione E errata).
Solo il metano CH_4 è privo di doppietti elettronici liberi.
Risposta corretta A.

31. Questo quesito vuole verificare le conoscenze sul modello atomico di Dalton. Il modello di Dalton si basa sull'interpretazione delle leggi ponderali, ovvero quella di Lavoisier, Proust e Dalton stesso, di conseguenza queste sono considerate corrette (risposta C errata). Secondo questo modello, gli atomi sono oggetti sferici indivisibili e non composti da particelle più piccole; infatti, viene chiamato anche modello della "palla da biliardo" (risposta A errata). Il modello a panettone fa riferimento al modello atomico proposto da Thomson, ormai superato. Il modello di Dalton inoltre, sostiene che gli atomi di uno stesso elemento hanno ugual massa e proprietà chimiche, di conseguenza non ammette l'esistenza di diversi atomi di idrogeno (risposta B errata); viceversa, atomi di elementi diversi hanno massa e proprietà differenti (risposta D errata). Nessuna delle proposte descrive correttamente il modello atomico di Dalton.
Risposta corretta E.

32. Il modello atomico di Dalton è attualmente un modello che interpreta e giustifica correttamente e in modo semplice le leggi ponderali, nonostante qualche inesattezza. Di conseguenza è un modello ancora ampiamente utilizzato (risposta C errata). Bisogna ricordare che questo modello fa riferimento alle leggi formulate da Lavoisier, Proust e da una legge formulata da se stesso precedentemente. Di conseguenza ammette la correttezza della legge di Lavoisier e anche di Proust (risposte B e D errate). Una delle debolezze di questo modello è che non viene minimamente accennata la radioattività e quindi il decadimento alfa e anche gli isotopi.
Risposta corretta A

33. Il modello di Dalton tocca numerosi punti e fa riferimento a diverse leggi ponderali, tuttavia presenta delle inesattezze e non prende in considerazione alcuni aspetti importanti. Ciò nonostante, rimane un modello di riferimento. Una delle mancanze del modello è il decadimento radioattivo: questo modello non fa riferimento al decadimento alfa e beta (risposta A errata) e quindi di conseguenza non considera neanche i fotoni, ovvero pacchetti energetici emessi durante il decadimento (risposta D errata). Infatti, secondo il modello atomico di Dalton gli atomi sono indivisibili e indistruttibili. Inoltre, gli atomi hanno tutti ugual massa e quindi non sono ammessi gli isotopi (risposta B errata). Gli atomi possono però combinarsi tra loro a formare composti differenti in proporzioni piccole e costanti e quindi formare i composti.
Risposta corretta C.

4. LEGAMI CHIMICI

1. Quale fra i seguenti legami forti è il più debole?
A. Legame idrogeno
B. Forze di Debye
C. Forze di London
D. Interazioni dipolo permanente – dipolo permanente
E. Nessuna delle precedenti

2. Nelle seguenti opzioni sono riportati una molecola, l'ibridazione e i legami da lei formati. Quale opzione descrive il giusto accoppiamento tra molecola, ibridazione e legame?
A. $BeCl_2$; sp; 3 legami semplici
B. BF_3; sp^2; 3 legami semplici
C. $BeCl_2$; sp^2; 2 legami semplici
D. BF_3; sp^3, 3 legami semplici e un doppietto libero
E. NH_3; sp^4; 4 legami semplici

3. In quale tra le seguenti molecole/composti vengono condivise più di due coppie di elettroni?
A. NO_2
B. KCl
C. CaO_2
D. NO
E. BeO_2

4. Stabilire l'ordine corretto di forza di legame:
A. Legami intermolecolari > Legame ionico > Legame covalente
B. Legame covalente > Legame metallico > Legame ionico
C. Legame dativo > Legame ionico > Legame covalente
D. Legame ionico > Legame a idrogeno > Forze di van der Waals
E. Forze di London > Forze di van der Waals > Legame a idrogeno

5. Quale tra le seguenti molecole ha una lunghezza di legame minore?
A. N_2
B. H_2
C. O_2
D. Cl_2
E. F_2

6. Per raggiungere la configurazione più stabile, gli elementi:
A. Si combinano tra loro tramite legami intramolecolari
B. Si combinano tra loro tramite legami intermolecolari
C. Si legano ai gas nobili
D. Si legano agli elementi del primo gruppo
E. Nessuna delle precedenti

7. Per elettroni di valenza si intendono:
A. Gli elettroni che orbitano nel primo livello energetico
B. Gli elettroni di legame che si assegnano all'elemento più elettronegativo
C. Gli elettroni che si trovano nell'ultimo livello energetico
D. Gli elettroni che sono presenti all'interno di un catione
E. Gli elettroni che sono presenti all'interno di un anione

8. L'ordine di legame:
A. Indica il numero di coppie di elettroni condivise tra due atomi
B. In H_2 vale 2
C. In N_2 vale 1
D. In O_2 vale 3
E. Nessuna delle precedenti

9. Il legame covalente si genera dalla compartecipazione di:
A. Almeno due elettroni fra due atomi
B. Almeno due protoni fra due atomi
C. Elettroni e protoni fra due atomi
D. Almeno due doppietti elettronici fra due atomi
E. Cariche positive e negative

10. Il legame che si forma tra un metallo alcalino e un alogeno è:
A. Ionico
B. Covalente puro
C. Dativo
D. Metallico
E. Covalente polarizzato

CHIMICA

11. Indicare quale delle seguenti molecole contiene un singolo legame covalente puro:
A. NaCl
B. CO
C. HCl
D. Cl_2
E. N_2

12. Un elemento X si lega con un elemento Y per formare un composto, YX_2. Si sa che:
- **X ha una configurazione elettronica esterna $3s^2 3p^5$;**
- **Y fa parte del periodo IV e del gruppo II.**

Quali sono gli elementi e qual è il tipo di legame?
A. Y = Mg, X = F; Legame covalente polare
B. Y = Mg, X = F; Legame ionico
C. Y = Ca, X = Cl; Legame covalente puro
D. Y = Ca, X = Cl; Legame ionico
E. Nessuna delle precedenti

13. Se una sostanza X si scioglie in esano ma non in acqua, la molecola X è:
A. Polare
B. Ionica
C. Idratata
D. Apolare
E. Dativa

14. L'acqua ha la proprietà di:
A. Formare legami apolari con sé stessa
B. Assumere una struttura perfettamente ordinata allo stato liquido
C. Avere una bassa costante dielettrica indipendente dal suo contenuto in sali
D. Essere un dipolo con estremità negativa sull'ossigeno
E. Formare interazioni idrofobiche con qualsiasi sostanza

15. Il legame chimico presente fra due atomi di carbonio appartenenti a una catena idrocarburica satura (che presenta solo legami semplici tra i carboni) è sempre:
A. Ionico
B. Covalente
C. Dativo
D. Metallico
E. Polarizzato

16. I valori di elettronegatività di quattro elementi, indicati come A, B, C, D, sono: A = 1,7; B = 2,4; C = 0,7; D = 2,1. Quale dei seguenti legami è classificabile come legame covalente omopolare?
A. A – B
B. A – C
C. B – C
D. B – D
E. Nessuna delle precedenti

17. Quale delle seguenti proprietà del legame ionico è errata?
A. Non è un legame direzionale
B. È un legame in cui anioni e cationi possono formare un reticolo cristallino ordinato
C. Si forma sempre tra elementi del primo gruppo e del settimo gruppo
D. In NaCl il cloro raggiunge la stabilità elettronica dell'argon
E. Nessuna delle precedenti

18. Il legame covalente:
A. Si può instaurare tra elementi del primo e settimo gruppo
B. Non è un legame direzionale
C. Esiste solo di due tipi: apolare e polare
D. Non si instaura tra elementi con elettronegatività simile
E. Nessuna delle precedenti

19. Indicare la differenza di elettronegatività del legame metallico:
A. $\Delta E = 0,4 < x < 0$
B. $\Delta E = 0,4 < x < 1,9$
C. $\Delta E = x < 0,4$
D. $\Delta E = x > 1,9$
E. Nessuna delle precedenti

20. Quale tra i seguenti composti può contenere due legami ionici?
A. KCl
B. KF
C. $CaCl_2$
D. NO_2
E. H_2S

21. I legami intramolecolari:
A. Non si possono formare tra due elementi uguali
B. Possono formarsi anche tra più di due elementi
C. Sono di tre tipi: interazione dipolo-dipolo, forze di London, forze di Debye
D. Non si formano tra gli elementi del VII gruppo
E. Nessuna delle precedenti

22. Il legame covalente polare:
A. Si forma tra due atomi che presentano una ΔE compresa tra 0,9 e 1,4
B. Si forma tra due elementi uguali
C. Si forma solo tra due semimetalli
D. Si forma solo tra i gas nobili
E. È presente nell'ammoniaca

23. Quale delle seguenti molecole NON presenta un legame covalente?
A. NH_4^+
B. H_3O^+
C. H_2O
D. CH_4
E. CaF_2

24. Quale coppia può legarsi attraverso una forza di Debye?
A. $BeCl_2$ - $BeCl_2$
B. NH_3 - CH_4
C. H_2O - H_2O
D. CH_3Cl- CH_3Cl
E. CH_3Cl - H_2O

25. Con il termine forze di van der Waals si intendono:
A. Le forze dipolo permanente - dipolo permanente, dipolo permanente - dipolo indotto, dipolo indotto - dipolo indotto
B. Le forze dipolo permanente - dipolo permanente, dipolo permanente - dipolo indotto
C. La forza dipolo permanente - dipolo permanente
D. La forza dipolo permanente - dipolo indotto
E. Le forze dipolo permanente - dipolo permanente, dipolo indotto - dipolo indotto

26. Il legame (o ponte) a idrogeno:
A. È un legame forte
B. È presente nell'acqua allo stato solido e a quello liquido
C. È un legame covalente debole
D. È presente nel cicloesano
E. Si stabilisce fra molecole apolari

27. Quale fra questi composti possiede legami polari?
A. H_2
B. CH_4
C. HCl
D. Br_2
E. NaCl

28. Tra quali delle seguenti coppie possono instaurarsi solo forze di London?
A. C_2H_6 - CH_4
B. HBr - CH_4
C. H_2O - H_2O
D. BF_3 - CH_3Cl
E. HCl - CH_4

29. Le forze di London:
A. Sono legami intramolecolari
B. Sono delle interazioni dipolo istantaneo - dipolo indotto
C. Sono interazioni tra dipolo permanente e dipolo indotto
D. Sono interazioni dipolo-dipolo
E. Non fanno parte delle forze di van der Waals

30. Le forze di Debye:
A. Sono le interazioni dipolo permanente e dipolo indotto nei legami intramolecolari
B. È un tipo di legame intermolecolare
C. Si formano tipicamente tra idrogeno e fluoro
D. Si formano tipicamente tra idrogeno e azoto
E. Si formano tipicamente tra idrogeno e ossigeno

31. Quale dei seguenti opzioni rappresenta un composto molecolare?
A. NaCl
B. O_3
C. Fe
D. $MgCl_2$
E. NO_2

32. Si considerino le differenze e analogie tra composti ionici e molecolari. Quale delle seguenti affermazioni è falsa?

A. I composti ionici sono ottimi conduttori di elettricità mentre i composti molecolari sono pessimi conduttori di elettricità
B. I composti costituiti da ioni presentano in genere una forza di legamem minore rispetto a quella dei composti molecolari
C. Composti ionici e molecolari sono entrambi caratterizzati dalla presenza di atomi neutri
D. Composti ionici e molecolari sonoentrambi stabili per quanto riguarda la configurazione elettronica
E. HCl è un composto molecolare mentre LiCl è un composto ionico

33. $KClO_4$ è un composto molecolare?

A. No, dato che in acqua non conduce corrente
B. Sì, perché è costituito dall'ossoanione ClO_4^-
C. Sì, perché è bassofondente
D. No, perché è costituito da ioni
E. Sì, dato che a condizioni standard di temperatura e pressione lo troviamo sotto forma di liquido

34. Quale tra le seguenti proprietà NON è tipica di un composto ionico?

A. Sono composti da un non metallo e da un metallo
B. La loro capacità di condurre elettricità cambia in base al loro stato fisico
C. Hanno una temperatura di fusioneed ebollizione generalmente piuttosto bassa, inferiore ai composti molecolari
D. Sono costituiti da una struttura rigida e ben definita
E. È possibile individuare un'unità formula

35. Si considerino le seguenti proprietà riferite al composto KCl (cloruro di potassio). Quale delle seguenti affermazioni è falsa?

A. Se disciolto in acqua, è un ottimo conduttore di elettricità
B. In forma solida è un ottimo conduttore di elettricità
C. Se disciolto in acqua, è necessaria più energia affinché questa possa essere portata a bollore
D. Se disciolto in acqua, è necessaria una temperatura più bassa affinché questa possa congelare
E. In forma solida presenta elevata fragilità alla pressione

CORREZIONE COMMENTATA

1. Questo è un quesito molto nozionistico riguardante la forza di legame.
I legami chimici si dividono in due grandi gruppi: i legami intramolecolari o legami forti e i legami intermolecolari o legami deboli.
Fanno parte dei legami forti, in ordine dal più forte al più debole: il legame covalente, il legame ionico e il legame metallico.
Fanno invece parte dei legami deboli: i legami idrogeno e le forze di van der Waals. Dal più forte al più debole sono:

- legami idrogeno;
- interazione dipolo permanente – dipolo permanente;
- forze di Debye;
- forze di London.

Nonostante l'apparente semplicità dell'esercizio, in realtà è necessario prestare molta attenzione al fatto che nella domanda è richiesto di indicare il più debole tra i legami forti, ma tra le opzioni sono proposte solo tipologie di legame deboli. La risposta corretta è quindi nessuna delle precedenti.
Risposta corretta E.

2. Questo esercizio cerca di verificare più nozioni in una sola domanda. Per rispondere corretta-mente a questo quesito bisogna saper governare le regole dei legami chimici e le ibridazioni. È molto utile, prima di iniziare a svolgere l'esercizio, disegnare le molecole che propone il quesito: BF_3, $BeCl_2$ e NH_3.
Una volta disegnate le molecole, l'esercizio si semplifica molto.
Per capire l'ibridazione basta seguire le seguenti regole: si indica con dominio quando un atomo forma un legame con un altro atomo. È importante comprendere che un legame semplice corrisponde ad un dominio e anche un legame doppio o triplo corrisponde sempre ad uno solo.
È possibile differenziare le tre tipologie di ibridazioni in base al numero di domini presenti (vedi: capitolo 10 "La chimica del carbonio"):

- 4 domini = sp^3;
- 3 domini = sp^2;
- 2 domini = sp.

Un doppietto si conta come dominio.
Consolidate queste informazioni si procede nell'analisi delle opzioni:

- $BeCl_2$ è una molecola lineare: il berillio appartiene al secondo gruppo, quindi lega 2 atomi di cloro formando un angolo di 180°. Di conseguenza ha 2 domini, quindi ibridazione sp (opzioni A e C errate).
- NH_3 è l'ammoniaca: l'azoto (5° gruppo) lega tramite 3 legami semplici 3 atomi di idrogeno e posside un doppietto libero. Di conseguenza ci sono 4 domini (3 legami semplici + 1 doppietto) quindi una ibridazione sp^3 (opzione E errata).
- BF_3 è un acido di Lewis: lega 3 atomi di fluoro tramite un legame semplice e in questo modo ha 6 elettroni di legame.
  Secondo la regola dell'ottetto dovrebbe avere un doppietto libero, però in questo caso non lo ha e possiede quindi un orbitale libero (opzione D errata). Per questo motivo viene definito come acido di Lewis, infatti è in grado di accettare degli elettroni. Di conseguenza BF_3 forma 3 legami semplici, ha quindi 3 domini e ha ibridazione sp^2.

Risposta corretta B.

3. L'esercizio richiede quali dei seguenti composti presenta più di due legami covalenti.
Prima di procedere è necessario conoscere bene il concetto alla base di legame covalente:

CHIMICA

affinchè un legame sia covalente, la differenza di elettronegatività tra i due atomi che lo formano deve essere minore di 1,7/1,9. Si parla invece di legame ionico quando la differenza di elettronegatività tra i due atomi è maggiore di 1,7/1,9.
Procedendo per esclusione, si possono escludere KCl, CaO_2, BeO_2 perché non sono presenti legami covalenti ma sono presenti legami ionici, infatti la differenza di elettronegatività tra i due elementi è maggiore di 1,9 in tutti e tre i casi. La ΔE dei tre composti è infatti rispettivamente pari a 2,34 per il cloruro di potassio, 2,44 per l'ossido di calcio e 2,13 per l'ossido di berillio (opzioni B, C, E errate).
Sia il monossido di azoto (NO) che il diossido di azoto (NO_2) presentano dei legami covalenti poiché la loro differenza di elettronegatività è minore di 1,9. Infatti, la ΔE di entrambi i composti è pari a 0,4.
La domanda chiede qual è la molecola in cui vengono condivise più di due coppie di elettroni (quindi si sta cercando la molecola con più di un legame doppio), poiché il monossido di azoto presenta soltanto un legame doppio quindi mette in condivisione due coppie di elettroni, la risposta corretta è NO_2 in quanto essa presenta due legami doppi, quindi mette in condivisione quattro coppie di elettroni.
Risposta corretta A.

4. I legami si possono classificare sulla base di due caratteristiche: la differenza di elettronegatività e l'energia di legame.
Questo quesito richiede di ordinare correttamente i legami in base alla loro forza.
Di seguito sono indicati i legami in ordine decrescente (dal più forte al più debole): legame covalente > legame ionico > legame metallico > legame a ponte di idrogeno > forze di van der Waals.
Risposta corretta D.

5. In un legame chimico covalente, la distanza presente tra i nuclei di due atomi, quando l'attrazione e la repulsione tra questi sono bilanciate, è detta lunghezza o distanza di legame.
In base al numero di coppie di elettroni che vengono condivise fra i due atomi si possono avere:
- legame covalente singolo, in cui viene condivisa una sola coppia di elettroni;
- legame covalente doppio, in cui vengono condivise due coppie di elettroni;
- legame covalente triplo, in cui vengono condivise tre coppie di elettroni.

All'aumentare del numero di legami, diminuisce la lunghezza di legame, ma aumenta la forza di legame. Pertanto, atomi che si legano con un legame doppio o triplo sono più vicini rispetto a due atomi che si legano con legame singolo.
È consigliato procedere per esclusione:
- l'idrogeno biatomico H_2 presenta un legame singolo e quindi non possiede una lunghezza di legame contenuta (opzione B errata);
- lo stesso ragionamento vale per fluoro e cloro, non saranno loro ad avere minor lunghezza di legame (opzioni D ed E errate);
- l'ossigeno biatomico O_2 presenta un legame doppio al suo interno, quindi ha una lunghezza di legame minore rispetto alle molecole delle opzioni B, D ed E;
- l'azoto biatomico N_2 presenta un legame triplo e poiché in chimica inorganica all'aumentare dei legami aumenta l'energia e diminuisce la lunghezza di legame sarà l'azoto ad avere minor lunghezza di legame (opzione C errata).

Risposta corretta A.

6. Ogni atomo tende ad assumere una configurazione stabile, cioè a raggiungere la configurazione del gas nobile più vicino, con otto elettroni a livello dell'anello esterno, fatta eccezione per l'idrogeno che cerca di raggiungere due elettroni nel livello più esterno.
I legami intermolecolari si formano tra le molecole che compongono la materia e la loro

presenza influenza notevolmente gli stati di aggregazione della materia stessa (opzione B errata).
Gli elementi non si combinano con i gas nobili perché quest'ultimi non reagiscono o reagiscono molto raramente, poiché hanno già raggiunto la stabilità elettronica (opzione C errata).
È vero che alcuni elementi possono legarsi con elementi del I gruppo per raggiungere la stabilità elettronica, ma non è corretto affermare che, in generale, tutti gli elementi della tavola periodica possono o devono legarsi agli elementi del I gruppo per raggiungere l'ottetto (opzione D errata).
La risposta corretta è la A, infatti gli elementi della tavola periodica si combinano tra di loro tramite legami intramolecolari per raggiungere la stabilità elettronica. I legami intramolecolari sono il legame covalente, il legame ionico e il legame metallico.
Risposta corretta A.

7. Quesito prettamente nozionistico; per elettroni di valenza si intendono gli elettroni che si trovano nell'ultimo livello energetico, da non confondere con il numero di ossidazione che indica gli elettroni di legame che si assegnano all'elemento più elettronegativo (opzione B errata). Le risposte A, D ed E sono fuorvianti e prive di senso.
Risposta corretta C.

CHIMICA

8. L'ordine di legame (o.d.l.) indica il numero di coppie di elettroni condivise tra due atomi. Solitamente o.d.l. vale 1, 2 o 3, in base al numero di legami che si formano. Analizzando le opzioni proposte nell'esercizio, in H_2 o.d.l. vale 1 perché è presente un legame covalente singolo (opzione B errata), in O_2 vale 2 perché è presente un legame covalente doppio (opzione D errata) e in N_2 vale 3 perché è presente un legame covalente triplo (opzione C errata).
Risposta corretta A.

9. Un legame chimico coinvolge sempre e soltanto gli elettroni, mentre i protoni e i neutroni (chiamati insieme nucleoni perché si trovano nel nucleo) non vengono coinvolti. Il legame covalente è, nello specifico, un legame in cui vengono condivisi dagli atomi in questione degli elettroni.
L'opzione B è errata in quanto, come precedentemente affermato, non sono mai i protoni a for-mare un legame.
L'opzione C, "elettroni e protoni", è errata per lo stesso motivo.
L'opzione D è errata perché per formare un legame covalente serve una coppia di elettroni che provengono ciascuno da uno dei due atomi che formano il legame. È errato, quindi, affermare che per formare un legame covalente siano necessari due doppietti elettronici, cioè quattro elettroni.
Nell'opzione E con cariche positive e negative si intendono ioni che formano un composto ionico, ad esempio NaCl (vedi CC della domanda 2), attraverso un legame ionico, cioè un legame dove gli atomi hanno una differenza di elettronegatività elevatissima (maggiore di 1,7/1,9). In questi casi l'atomo meno elettronegativo perde il suo elettrone diventando un catione (Na^+) e lo cede all'atomo più elettronegativo che diventa un anione (Cl^-). L'alternativa corretta è quindi la A: bastano due elettroni fra due atomi. Un esempio lampante è dato dalla molecola di Cl_2, in cui viene coinvolto per ciascun atomo un solo elettrone.
Risposta corretta A.

10. Per rispondere a questa domanda bisogna conoscere le proprietà e soprattutto la struttura degli elementi della tavola periodica. Per ricordarsi i metalli alcalini che appartengono al gruppo è utile questa mnemofrase: **H**o **Li**bri **Na**scosti **K**e ho **Rb**ato a Casa di Francesca (idrogeno, litio, sodio, potassio, rubidio, cesio e francio) (vedi: capitolo 1 "Composti ed elementi").

Vengono definiti alcalino-terrosi gli elementi del II gruppo; gli alogeni appartengono al gruppo VII e sono: fluoro, cloro, bromo, iodio, astato.
Il legame covalente puro si forma tra due atomi con elettronegatività uguale o molto simile, per esempio O_2, (opzione B errata).
Il legame dativo si forma tra due atomi, in cui uno ha già raggiunto la stabilità e mette in compartecipazione un intero doppietto elettronico con l'altro atomo, che invece non condivide alcun elettrone. In questo caso, né un metallo alcalino né un alogeno dispongono di un doppietto libero o di un orbitale libero per due elettroni. Infatti, solitamente il legame dativo coinvolge non metalli, come per esempio nella molecola NH_4^+, in cui è presente un doppietto libero sull'N che lega l'H formando il catione ammonio (opzione C errata).
Il legame metallico, che è un legame particolare in cui sono coinvolti i metalli, in questo caso non può esserci, in quanto sono coinvolti gli alogeni, che sono dei non metalli (opzione D errata).
Il legame covalente polarizzato avviene tra atomi che hanno una differenza di elettronegatività superiore a 0,4 e inferiore a 1,7/1,9: tra alogeni e metalli alcalini la differenza è maggiore (opzione E errata).
L'unico legame che andrà a formarsi è un legame di tipo ionico. Esso si forma nei casi in cui la differenza di elettronegatività tra gli elementi è superiore a 1,7/1,9.
Risposta corretta A.

11. Per rispondere a questa domanda è necessaria una buona conoscenza dei legami intra-molecolari e delle loro proprietà. Un legame covalente polare puro si forma quando la differenza di elettronegatività tra i due atomi è compresa tra 0 e 0,4.
In questo genere di quesito si procede analizzando i legami proposti per ogni opzione: NaCl contiene due atomi che hanno una elevata differenza di elettronegatività, in quanto il sodio appartiene al I gruppo e il cloro al VII, pertanto formano un legame ionico (opzione A errata).
Il monossido di carbonio CO dell'opzione B presenta due atomi che hanno una differenza di elettronegatività bassa, infatti il carbonio del gruppo IV e l'ossigeno del gruppo VI sono vicini. Nonostante ciò la differenza di elettronegatività tra carbonio e ossigeno non è sufficientemente piccola per formare un legame covalente puro, bensì essi formano un legame covalente polare. Infatti, in questa molecola è presente un triplo legame, formato da due covalenti polari e uno dativo (opzione B errata).
L'acido cloridrico, HCl, forma un legame covalente, ma non puro, bensì polare, in quanto la differenza di elettronegatività è compresa tra 0,4 e 1,7) (opzione C errata).
Le ultime due opzioni da valutare sono la D e la E, in cui sono proposti dei composti formati da due atomi uguali. La differenza di elettronegatività in entrambi i casi sarà pari a 0, pertanto vi sarà la formazione di un legame covalente puro. La domanda però chiede di indicare il legame covalente singolo puro. Si può quindi escludere N_2 dell'ultima alternativa, poiché presenta un legame triplo anche se puro (opzione E errata), mentre in Cl_2 il legame è covalente puro e singolo.
Risposta corretta D.

12. Per risolvere questo quesito è necessaria una buona conoscenza dei legami chimici e della tavola periodica.
In questo genere di quesiti è consigliato procedere per step: il primo passo da compiere è sicuramente quello di stabilire la localizzazione sulla tavola periodica degli elementi proposti. Per quanto riguarda l'elemento X, è possibile analizzarne la posizione sulla tavola periodica tramite la sua configurazione elettronica (vedi: capitolo 1 "Composti ed elementi"). Appartiene al 3° periodo, in quanto il numero quantico principale massimo che ha è 3; inoltre, appartiene al 7° gruppo, in quanto il numero di elettroni indicati nella sua configurazione elettronica esterna, dato dalla somma degli apici è uguale a 7 (2 + 5 = 7). Questo sta ad indicare che gli elettroni di valenza dell'atomo Y sono 7 e di conseguenza

il suo gruppo di appartenenza è il settimo. L'elemento che fa parte del terzo periodo e settimo gruppo è il cloro (Cl) (opzione A e B errate).
L'elemento Y corrisponde al calcio (Ca), che fa parte dei metalli alcalino terrosi.
A questo punto bisogna individuare il tipo di legame presente tra gli elementi del composto.
Il cloro presenta una elettronegatività di 3,16 mentre il calcio presenta una elettronegatività di 1,00. Poiché la differenza di elettronegatività è maggiore di 1,7/1,9, il legame che si creerà sarà di tipo ionico. Il composto che si formerà è il cloruro di calcio $CaCl_2$.
Risposta corretta D.

13. Per risolvere questo quesito è necessaria una buona conoscenza del concetto di polarità. Per capire se una sostanza si scioglie in un'altra bisogna seguire la regola "il simile scioglie il simile". Questo concetto chimico è di fondamentale importanza, in quanto sostiene che una sostanza polare sia incline a sciogliersi in una sostanza altrettanto polare, mentre una sostanza apolare in un solvente apolare.
Non conoscendo la natura della sostanza X, si può provare a dedurne la natura concentrandosi sulla natura e le caratteristiche delle sostanze "esano" e "acqua".
L'acqua è una molecola con una forma angolata, avendo due doppietti liberi (cioè due coppie di elettroni) sull'ossigeno che spingono i due idrogeni più vicini tra loro, pertanto è una molecola polare, con elettronegatività maggiore sull'ossigeno. Essa presenta quindi un dipolo negativo sull'ossigeno e un dipolo positivo sui due idrogeni.
L'esano è un idrocarburo alcano lineare con formula C_6H_{14}, perfettamente apolare.
La sostanza X si scioglie nell'esano, quindi in una molecola apolare.
Seguendo il concetto esposto prima, la sostanza X avrà natura simile a quella della sostanza in cui si scioglie, ovvero sarà apolare.
A questo punto segue un'accurata analisi della natura delle sostanze proposte nelle opzioni.
L'opzione A "polare" è errata.
L'opzione B "ionica" non ha significato per quanto riguarda la solubilità (opzione B errata), così come l'opzione C "idratata", cioè legata a una molecola di acqua (opzione C errata).
L'opzione E "dativa", cioè una molecola che dona un doppietto elettronico a un'altra molecola con un orbitale vuoto, non fornisce alcuna informazione riguardo la solubilità (opzione E errata).
L'opzione D "apolare" risponde perfettamente al quesito, infatti, essendo X solubile nell'esano apolare, sarà anch'essa apolare.
Risposta corretta D.

14. Per rispondere a questo quesito molto nozionistico sulle proprietà dell'acqua è utile analizzare tutte le opzioni una per volta.
L'acqua presenta una struttura polare e forma legami polari con sè stessa (opzione A errata).
Allo stato liquido le molecole sono instabilmente legate tra di loro, a differenza dello stato solido in cui le molecole sono organizzate in un reticolo (opzione B errata).
La polarità di un solvente può essere misurata a mezzo della costante dielettrica o del momento di dipolo elettrico: in particolare, i solventi polari presentano elevati valori della costante dielettrica e del momento di dipolo, mentre i solventi apolari presentano bassi valori della costante dielettrica e del momento di dipolo (opzione C errata).
L'acqua si lega con altre molecole mediante interazioni idrofiliche, non idrofobiche, altrimenti avrebbe 'paura' di sé stessa e non instaurerebbe dei legami (opzione E errata).
A causa dell'alta elettronegatività l'ossigeno attrae maggiormente a sè la nube elettronica, creando un dipolo positivo sugli atomi di idrogeno e un dipolo negativo su sè stesso.
Risposta corretta D.

15. Si parla di catena idrocarburica satura per intendere una catena di atomi di carbonio che è composta solamente da legami singoli. Il legame che si instaura tra gli atomi di carbonio è permesso dall'ibridazione sp^3 dello stesso, che consente all'atomo di formare quattro legami covalenti semplici o con altri carboni della catena organica o eventualmente con dei sostituenti diversi.
Il quesito richiedeva di specificare la natura del legame tra due carboni: esso può essere solamente covalente puro, in quanto due atomi di carbonio che si legano hanno una differenza di elettronegatività pari a zero. Come precedentemente evidenziato, infatti, un legame covalente si dice puro quando la differenza di elettronegatività dei due atomi che lo formano è minore di 0,4.
Risposta corretta B.

16. Per risolvere questo quesito è necessaria una buona conoscenza dei legami chimici ed in particolare del legame chimico covalente polare.
La differenza di elettronegatività degli elementi è un'indispensabile informazione per prevedere il tipo di legame tra due atomi. Una differenza di elettronegatività molto bassa e inferiore a 0,4 indica che il legame è covalente omopolare, se invece la differenza è compresa tra 0,4 e 1,7 - 1,9 il legame sarà covalente polare.
In questo quesito è necessario calcolare le differenze di elettronegatività presenti tra tutte le coppie proposte e valutare se una di esse è minore o uguale a 0,4.
Analizzando tutte le opzioni risulta che:

- la differenza di elettronegatività tra A e B è pari a 0,7;
- la differenza di elettronegatività tra A e C è pari a 1;
- la differenza di elettronegatività tra B e C è pari a 1,7;
- la differenza di elettronegatività tra B e D è pari a 0,3.

Una volta svolte tutte queste valutazioni, risulta molto più semplice risolvere il quesito: infatti, l'unica opzione che consente la formazione di un legame covalente polare è la coppia B – D.
Risposta corretta D.

17. Per risolvere questo esercizio è molto importante accorgersi che richiede di ritrovare la risposta errata.
Per la risoluzione di questa domanda, è necessario conoscere molto bene i legami chimici, in particolare il legame ionico. Il legame ionico è un legame intramolecolare che si forma quando la differenza di elettronegatività tra i due elementi è superiore a 1,7/1,9.
A differenza del legame covalente che si produce lungo la direzione stabilita dagli orbitali di legame, il legame ionico non è direzionale. L'attrazione tra cariche di segno opposto, infatti, non si sviluppa in un'unica direzione ma agisce con ugual forza in tutte le direzioni (opzione A errata).
Il legame ionico è un legame in cui anioni e cationi possono formare un reticolo cristallino ordinato (opzione B errata).
In NaCl il cloro raggiunge la stabilità elettronica dell'argon strappando un elettrone al sodio, il quale, perdendo un elettrone, raggiunge la stabilità elettronica del neon (opzione D errata).
La risposta corretta è la C, infatti il legame ionico non si forma sempre tra elementi del primo e del settimo gruppo, poiché all'interno del primo gruppo è presente l'idrogeno che presenta un'elettronegatività maggiore rispetto ai metalli alcalini (2,2) e che forma dei legami di tipo covalente con gli alogeni. Un esempio è l'acido cloridrico, in cui idrogeno e cloro sono legati da un legame covalente polare.
Risposta corretta C.

18. Il legame covalente è un tipo di legame intramolecolare che si instaura tra due atomi che mettono in compartecipazione una coppia di elettroni.

Spazialmente tale concetto si può indicare come una concreta zona dello spazio occupata con un'alta probabilità dagli elettroni condivisi tra due atomi. Il valore dell'energia di legame varia a seconda della direzione in cui esso si estende, pertanto è un legame direzionale (opzione B errata).
Sono presenti tre tipi di legame covalente: legame covalente puro o apolare, legame covalente polare o eteropolare e legame covalente dativo o di coordinazione (opzione C errata).
Il legame covalente si instaura quando la differenza di elettronegatività è compresa tra 0 e 1,7/1,9, oltre questo valore si parla di legame ionico (opzione D errata).
Tendenzialmente, tra gli atomi del primo gruppo e quelli del settimo gruppo, data l'elevata differenza di elettronegatività, si instaurano dei legami ionici. Un'esempio è il cloruro di sodio NaCl. Nonostante ciò, è un'eccezione la presenza di idrogeno (H), che appartiene al primo gruppo, ma possiede un valore di elettronegatività molto alto, 2,2. Questo elemento, pertanto, instaura legami covalenti con gli elementi del settimo gruppo.
Risposta corretta A.

19. Questo quesito nozionistico richiede un'accurata conoscenza dei legami intramolecolari. I legami forti vengono classificati in base alla differenza di elettronegatività esistente fra gli atomi che partecipano al legame:

- se la differenza di elettronegatività presente tra i due atomi che formano il legame è minore di 0,4, il legame che si forma è di tipo covalente puro;
- se la differenza di elettronegatività è compresa tra 0,4 e 1,7/1,9, il legame che si forma è di tipo covalente polare;
- se la differenza di elettronegatività è superiore di 1,7/1,9 allora il legame è di tipo ionico.

La consistenza di un metallo fa pensare che gli atomi siano uniti da legami forti, non si tratta però di legami covalenti in quanto i metalli hanno bassa elettronegatività e bassa energia di ionizzazione. Essi infatti sono composti che tendono a cedere facilmente gli elettroni di valenza portando alla formazione di cationi.
Il legame metallico non presenta differenza di elettronegatività, quindi non è paragonabile da questo punto di vista al legame ionico o covalente. Esso infatti è un legame particolare in cui sono coinvolti i metalli, i quali si trasformano in cationi positivi, permettendo agli elettroni del guscio di valenza di girare liberi nella "nube metallica". È quindi un legame dato dall'attrazione che si forma tra gli ioni metallici di carica positiva e gli elettroni negativi che ruotano attorno e permettono l'impacchettamento del cristallo metallico.
Risposta corretta E.

20. Per risolvere questo quesito è necessaria una buona conoscenza dei legami forti e in parti-colare del legame ionico.
L'esercizio richiede quali dei seguenti composti presenta almeno due legami ionici.
Si procede per esclusione: si possono escludere H_2S e NO_2 perché non sono presenti legami ionici ma solo legami covalenti, infatti la differenza di elettronegatività tra gli elementi che compongono le due molecole è minore di 1,7/1,9.
$\Delta E_{H2S} = 2,58 - 2,20 = 0,38$; $\Delta E_{NO2} = 3,44 - 3,04 = 0,40$ (opzioni D ed E errate).
Per quanto riguarda le altre molecole proposte, sono tutte formate da elementi con differenze di elettronegatività abbastanza alte da formare dei legami ionici. A questo punto, quindi, basta individuare in quali di queste molecole sono presenti ben due legami ionici. Il cloruro di potassio KCl e il floruro di potassio KF presentano soltanto un legame ionico, mentre il cloruro di calcio $CaCl_2$ presenta due legami ionici.
Risposta corretta C.

21. Questo quesito molto nozionistico richiede una buona conoscenza dei legami forti. I legami intramolecolari, o forti, si dividono in tre grandi tipologie: il legame ionico, il legame covalente e il legame metallico (opzione C errata).

Si possono instaurare tra elementi uguali, determinando la formazione di molecole biatomiche presenti sulla terra come H_2, F_2, O_2. Questi legami possono quindi instaurarsi anche tra elementi dello stesso tipo e di qualunque gruppo, anche del VII (opzioni A, D errate).
I legami intramolecolari possono instaurarsi anche tra più di due elementi, come accade nel caso di sali ternari, idrossidi e acidi.
Risposta corretta B.

22. Il legame covalente è una tipologia di interazione intramolecolare che si instaura tra due atomi che mettono in compartecipazione una coppia di elettroni. Si tratta quindi di una condivisione biunivoca di elettroni.
Ci sono tre tipologie di legami covalenti:
- apolare o puro o omeopolare;
- polare o eteropolare;
- dativo.

Il legame covalente polare si instaura tra due elementi che hanno una differenza di elettrone-gatività compresa tra 0,4 e 1,7/1,9 (opzione A errata).
Se due elementi sono uguali si ha una differenza di elettronegatività pari a 0 e si forma un legame covalente puro (opzione B errata).
Il legame covalente polare può instaurarsi tra diversi elementi della tavola periodica non solo tra semimetalli (opzione C errata).
È errato affermare che si possano instaurare solo tra gas nobili, poiché questi elementi tendono a non reagire con nessun elemento e in generale a reagire molto raramente (opzione D errata).
La risposta corretta è la E perché la differenza di elettronegatività nell'ammoniaca tra l'azoto e l'idrogeno è compresa tra 0,4 e 1,7/1,9, pertanto sono presenti dei legami covalenti polari tra questi due elementi. $\Delta E_{NH3} = 3{,}04 - 2{,}2 = 0{,}84$.
Risposta corretta E.

23. Il legame covalente è un legame che si instaura tra due atomi che mettono in compartecipazione una coppia di elettroni. Si tratta quindi di una condivisione biunivoca di elettroni.
Ci sono tre tipologie di legami covalenti:
- apolare o puro;
- polare o eteropolare;
- dativo.

In NH_4^+ e in H_3O^+ è presente un legame covalente dativo. Si tratta di un legame che si forma tra due atomi, di cui uno dei due ha già raggiunto l'ottetto nel suo ultimo orbitale e presenta almeno un doppietto elettronico solitario, mentre l'altro presenta un orbitale vuoto. In questa situazione il legame si formerà grazie alla messa in condivisione del doppietto solitario di uno dei due atomi che si andrà a collocare all'interno dell'orbitale vuoto dell'altro atomo (opzioni A, B errate).
In H_2O è presente un legame covalente polare, in quanto la differenza di elettronegatività tra ossigeno e idrogeno è compresa tra 0,4 e 1,7/1,9 (opzione C errata).
In CH_4, invece, è presente un legame covalente puro, in quanto la differenza di elettronegatività tra carbonio e idrogeno è inferiore a 0,4 (opzione D errata).
La risposta corretta è la E, infatti nel fluoruro di calcio (CaF_2) sono presenti due legami di tipo ionico.
Risposta corretta E.

24. Per risolvere questo quesito è necessaria una buona conoscenza delle forze intermolecolari.Le forze di Debye sono proprio una tipologia di legami deboli.
Nelle forze di Debye si stabilisce un'induzione elettrostatica in cui le molecole polari attraverso i loro dipoli permanenti inducono la formazione di dipoli in molecole apolari.

Pertanto, per risolvere il quesito, bisogna analizzare la polarità delle molecole.
Nell'opzione A il cloruro di berillio ha una geometria lineare con angolo di legame di 180° (vedi: capitolo 2 "La teoria atomica"), pertanto risulta una molecola apolare; tra due molecole apolari si generano le forze di London o interazioni dipolo istantaneo-dipolo indotto (opzione A errata).
L'acqua, opzione C, presenta anch'essa un doppietto libero sull'ossigeno, risulta quindi una molecola polare, creando una forza dipolo-dipolo con un'altra molecola d'acqua o legami idrogeno (opzione C errata).
Il clorometano dell'opzione D, per il fatto di avere un sostituente diverso rispetto al metano, è polare, pertanto non forma una forza di Debye ma un'interazione dipolo-dipolo (opzione D errata).
L'opzione E presenta una coppia di molecole polari, come nell'opzione precedente, pertanto non corrisponde alla definizione richiesta (opzione E errata).
La risposta B presenta ammoniaca e metano: l'ammoniaca è una molecola polare in quanto presenta un doppietto libero sull'azoto e ha una geometria piramidale trigonale; mentre il metano ha una forma tetraedrica, risultando apolare. Queste due molecole sono adatte alla formazione di forze di Debye.
Risposta corretta B.

25. Le forze di van der Waals includono tre tipi diversi di interazioni intermolecolari.
- Dipolo permanente - dipolo permanente: si formano quando due dipoli si attraggono tra loro mediante forze di natura elettrostatica. In questa interazione l'estremità positiva di una molecola è quindi attratta dall'estremità negativa dell'altra molecola.
- Interazioni tra dipolo permanente e dipolo indotto o forze di Debye: si stabilisce un'induzione elettrostatica in cui le molecole polari attraverso i loro dipoli permanenti inducono la formazione di dipoli in molecole neutre apolari. Ad esempio, molecole polari come l'acqua inducono un dipolo in molecole che non hanno dipoli permanenti, come l'O_2.
- Interazioni dipolo istantaneo/indotto o forze di London: si formano quando per brevi istanti si accumulano elettroni soltanto da una parte della molecola, creando un dipolo istantaneo che scompare all'allontanarsi delle molecole fra loro. Questo dipolo istantaneo induce poi la formazione di un dipolo (indotto) nell'altra molecola. È l'unica forza intermolecolare che permette a due molecole apolari di avvicinarsi tra loro.

L'unica alternativa che conteneva le corrette interazioni era la A.
Risposta corretta A.

26. Il legame idrogeno fa parte dei legami intermolecolari e si stabilisce tra un atomo di H e un atomo tra fluoro, ossigeno e azoto (sigla "FON"), che sono fortemente elettronegativi. Rientrando tra le forze intermolecolari, il legame idrogeno non è un legame forte, bensì debole (opzione A errata).
Va comunque sottolineato che tra le forze intermolecolari è il legame più forte. Facendo parte di queste, non è ovviamente neanche un legame covalente debole, che è forte e intramolecolare (opzione C errata).
Il cicloesano è un cicloalcano di formula C_6H_{12} (vedi: capitolo 10 "La chimica del carbonio"). Esso, quindi, non presenta nessun atomo tra F, O o N come è richiesto per la formazione del legame a idrogeno (opzione D errata). Rimangono le alternative B ed E, che si escludono a vicenda, in quanto l'acqua è una molecola polare, che peraltro contiene un H, e il legame che forma con altre molecole di acqua è proprio il ponte a idrogeno, per le proprietà spiegate prima. Quindi il ponte a idrogeno non si forma tra molecole apolari, bensì polari, ed è presente in acqua liquida o ghiaccio (opzione E errata).
Risposta corretta B.

27. Per risolvere questo quesito è richiesta una buona conoscenza del concetto di polarità. Un legame covalente polare si instaura tra una coppia di due atomi con una differenza di elettronegatività compresa fra 0,4 e 1,7/1,9.
Chiaramente i gas biatomici hanno una differenza di elettronegatività uguale a 0, in quanto sono formati da due atomi dello stesso elemento. Questo genere di molecole presenta quindi legami covalenti puri, come nel caso di H_2 e Br_2 (opzioni A e D errate). Il metano (CH_4) è il più semplice degli alcani, e come tutti gli alcani è apolare. Il carbonio, infatti, forma quattro legami con quattro atomi di idrogeno che, disponendosi con angoli di legame di 109,5°, mantengono la nube elettronica centrata sull'atomo di carbonio (opzione B errata).
NaCl è un sale in cui esistono solo legami ionici (opzione E errata).
Andando per esclusione rimane solamente l'acido cloridrico, molecola con un legame covalente polare. Infatti, la differenza di elettronegatività presente tra idrogeno e cloro è pari a 0,8.
Risposta corretta C.

28. Per risolvere questo quesito è necessaria una buona conoscenza dei legami deboli e del concetto di polarità.
Il concetto di polarità interviene nei casi in cui tra due atomi si instaura un legame covalente polare. Quest'ultimo si forma tra due atomi che presentano una ΔE compresa tra 0,4 e 1,7/1,9. In questo caso, dal momento che uno dei due elementi presenta un'elettronegatività preponderante rispetto all'altro, la nube elettronica sarà spostata maggiormente verso l'atomo più elettronegativo, causando una delocalizzazione elettronica che porterà alla formazione di cariche parziali indicate come "δ+" e "δ-".
Per quanto riguarda invece le forze di London, esse fanno parte dei legami intermolecolari e sono legami molto deboli.
Si formano quando per brevi istanti si accumulano elettroni soltanto da una parte della molecola, creando un dipolo istantaneo che scompare all'allontanarsi delle molecole fra loro. Questo dipolo istantaneo induce poi la formazione di un dipolo (indotto) nell'altra molecola. È l'unica forza intermolecolare che permette a due molecole apolari di avvicinarsi tra loro. Per risolvere questo quesito è quindi molto utile analizzare le varie coppie e valutare in quale di queste figurano due molecole apolari, tra cui quindi possono esistere solo interazioni dipolo istantaneo – dipolo indotto (anche conosciute come forze di London).
Nell'opzione A sono presenti due alcani: etano e metano. Essi sono entrambi due molecole organiche apolari per definizione. Queste due molecole sono molto poco reattive e l'unica interazione che può verificarsi tra loro è rappresentata proprio dalle forze di London.
Tutte le altre opzioni sono errate poiché nessuna presenta due molecole apolari. L'opzione B, presenta il metano, molecola organica apolare, in coppia con l'acido bromidrico, molecola fortemente polare; l'opzione C presenta due molecole di acqua (polare), tra cui possono instaurarsi interazioni dipolo-dipolo e legami idrogeno; l'opzione D presenta il trifluoruro di boro, molecola apolare e il cloro-metano, molecola organica polare; l'opzione E, infine, presenta l'acido cloridrico, molecola molto polare e il metano, molecola apolare.
Risposta corretta A.

29. Per rispondere a questo quesito è necessario conoscere bene i legami intramolecolari. Le forze di London sono dei legami intermolecolari (opzione A errata) che si formano tra le molecole che compongono la materia. La loro presenza influenza notevolmente gli stati di aggregazione della materia stessa.
Fanno parte delle forze di van der Waals (opzione E errata) che riguardano le interazioni di molecole e si suddividono in tre tipologie:

- interazioni dipolo - dipolo;
- interazioni dipolo permanente - dipolo indotto o forze di Debye ;
- interazioni dipolo istantaneo - dipolo indotto o forze di London.

In particolare, le forze di London si formano quando per brevi istanti si accumulano elettroni soltanto da una parte della molecola, creando un dipolo istantaneo che scompare all'allontanarsi delle molecole fra loro. Questo dipolo istantaneo induce poi la formazione di un dipolo (indotto) nell'altra molecola.
Risposta corretta B.

30. Le forze di Debye sono le interazioni dipolo permanente e dipolo indotto nei legami intermolecolari, non nei legami intramolecolari (opzione A errata).
In questa tipologia di legami si stabilisce un'induzione elettrostatica in cui le molecole polari attraverso i loro dipoli permanenti inducono la formazione di dipoli in molecole neutre apolari.
Ad esempio, molecole polari come l'acqua inducono un dipolo in molecole che non hanno dipoli permanenti, come l'ossigeno bivalente.
Le opzioni C, D ed E sono fuorvianti in quanto il legame che si forma tra di loro è di tipo covalente, pertanto la risposta corretta è la B, le forze di Debye sono un tipo di legame intermolecolare.
Risposta corretta B.

31. Il quesito è puramente nozionistico e permette di testare le conoscenze riguardanti le suddivisioni dei composti e degli elementi. Andando più nello specifico le sostanze si dividono, appunto, in composti ed elementi. Questi ultimi vengono a loro volta distinti in elementi atomici, ovvero la più piccola parte di un elemento che conserva le proprietà chimiche dell'elemento stesso (risposta C errata), ed elementi molecolari formati da raggruppamenti di atomi dello stesso elemento (risposta B errata). Per quanto riguarda i composti, invece, vengono suddivisi in composti molecolari formati da atomi legati in modo covalente e in composti ionici formati da atomi legati da un legame ionico (risposte A e D errate), ovvero da atomi che hanno una differenza di elettronegatività che supera 1,9 e solitamente contengono un metallo ed un non metallo.
Risposta corretta E.

32. La domanda è relativa a composti ionici (formati da ioni) e molecolari (formati da molecole).
I primi sono caratterizzati da legame ionico, e pertanto presentano un'energia di legame molto elevata. Gli ultimi sono invece caratterizzati da legame covalente e presentano una maggior energia di legame in quanto il legame covalente è più forte del legame ionico e pertanto più difficile da spezzare (risposta B errata).
Si tratta in entrambi i casi di un esempio del meccanismo di formazione di composti, per il quale le specie chimiche cedono, acquistano o mettono in compartecipazione degli elettroni per raggiungere una configurazione elettronica stabile (risposta D errata). Nel caso dei composti ionici, questi sono ottimi conduttori quando disciolti in un mezzo liquido grazie alla presenza di ioni liberi che li caratterizza; al contrario i composti molecolari sono pessimi conduttori poiché non possiedono elettroni liberi essendo tutti impegnati nel legame. (Risposta A errata). Consideriamo ora i due composti presentati: il primo (HCl) è un idracido, ovvero un acido binario caratterizzato quindi da un legame di tipo covalente, il secondo (LiCl) è invece un sale ed è caratterizzato da un legame di tipo ionico (risposta E errata). Infine, è vero che entrambi i tipi di composti sono caratterizzati da una configurazione stabile, ma questa non è da confondere con la neutralità degli atomi da cui sono formati!
I composti ionici sono infatti il prodotto dell'interazione tra atomi caricati positivamente (cationi) e atomi caricati negativamente (anioni), mentre quelli molecolari sono effettivamente caratterizzati dalla presenza di atomi neutri.
Risposta corretta C.

33. Per risolvere questo quesito è utile conoscere le differenze fra i composti ionici e i composti molecolari. In acqua $KClO_4$ (perclorato di potassio) si dissocia negli ioni K^+ e ClO_4^-, particelle cariche che possono condurre corrente elettrica, avendo elettroni liberi di muoversi (risposta A errata); i composti molecolari non possono essere formati da cationi e anioni (risposta B errata). $KClO_4$ è un composto ionico e, quindi, altofondente (risposta A errata); a condizioni standard di temperatura e pressione (25oC o 298 K; 1 atm) il perclorato di potassio, essendo un composto ionico (e quindi altofondente), lo troviamo allo stato solido (risposta E errata).
Risposta corretta D.

34. Questa è una domanda piuttosto nozionistica e, dunque, richiede una conoscenza delle proprietà più importanti degli ioni. Gli ioni sono composti formati da un metallo e uno o più non metalli (risposta A errata) che si organizzano in una struttura tridimensionale rigida e ordinata, definita reticolo cristallino (risposta D errata). Nel reticolo è possibile individuare l'unità base, ovvero l'insieme più piccolo elettricamente neutro all'interno di uno ione (risposta E errata). Allo stato solido gli ioni vibrano attorno a posizioni fisse. Se il reticolo è però disciolto, anioni e cationi possono muoversi liberamente. Applicando una corrente, gli anioni migrano verso l'anodo, i cationi migrano verso il catodo. Gli ioni allo stato liquido, quindi, possono essere in grado di condurre - sempre tenendo conto delle variabilità individuali - l'elettricità (risposta B errata). Grazie alla struttura del reticolo cristallino si hanno legami forti e difficili da spezzare, ovvero legami ionici, che comportano una temperatura di fusione ed ebollizione generalmente maggiore rispetto ai composti molecolari.
Risposta corretta C.

35. La domanda tratta delle proprietà dei solidi ionici, e in particolare di un sale formato dagli elementi Cloro e Potassio.
Un soluto disciolto in una soluzione varia le proprietà di tale soluzione. È importante infatti ricordare le proprietà colligative quali: innalzamento ebullioscopico (aumento della temperatura di ebollizione in una soluzione rispetto al relativo solvente puro) e abbassamento crioscopico (diminuzione della temperatura di congelamento di una soluzione relativamente al solvente puro) (risposte C e D errate). I sali presentano elevata durezza ma bassa resistenza alla pressione (si pensi al sale da cucina che viene frantumato) (risposta E errata). Il sale, essendo un composto ionico, quando viene disciolto in acqua si dissocia nei relativi ioni, i quali sono carichi elettricamente. Pertanto il sale disciolto in acqua è un ottimo conduttore di elettricità (risposta A errata). In forma solida, al contrario, presenta una struttura a reticolo cristallino a causa delle forze elettrostatiche che tengono uniti gli ioni da cui è composto, la mobilità elettronica è quindi molto bassa in forma solida, così come la capacità di condurre elettricità.
Risposta corretta B.

5. COMPOSTI INORGANICI

1. L'ossido di potassio reagendo con l'acqua forma:
A. Un sale
B. Una base
C. Potassio libero
D. Non reagisce
E. Un acido

2. Per ottenere un metallo allo stato di elemento da un minerale che lo contiene sotto forma di ossido, quale tra le seguenti trasformazioni chimiche si deve effettuare?
A. Ossidazione
B. Neutralizzazione
C. Acidificazione
D. Riduzione
E. Distillazione frazionata

3. Partendo da un metallo, quali delle seguenti associazioni "reazione – prodotto" è corretta?
A. Idrogenazione – idracido
B. Idratazione – anidride
C. Idratazione – idrossido
D. Idrogenazione – idruro
E. Combustione – ossido basico

4. Quali sono i corretti passaggi di reazione per ottenere un ossiacido a partire da un non metallo?
A. Idratazione → Ossidazione
B. Ossidazione → Idratazione
C. Ossidazione → Idrogenazione
D. Idratazione → Idrogenazione
E. Ossidazione → Ossidazione

5. Individuare l'opzione errata:
A. Il numero di ossidazione dell'idrogeno è pari a -1 negli idruri e pari a +1 negli idracidi
B. L'ossigeno può avere come numero di ossidazione -1, -2 e +2
C. I metalli alcalini hanno numero di ossidazione pari a +1
D. Il fluoro in qualsiasi composto si trovi ha come numero di ossidazione sempre -1
E. L'alluminio ha lo stesso numero di ossidazione del boro

6. Quale dei seguenti elementi, quando compone un ossido basico, ha numero di ossidazione maggiore?
A. Na
B. P
C. Al
D. Li
E. S

7. Qual è la corretta nomenclatura tradizionale del composto CuO?
A. Anidride rameosa
B. Ossido rameico
C. Ossido rameoso
D. Anidride rameica
E. Ossido di rame

8. Un idrossido:
A. Si chiama così perché contiene una o più molecole di acqua
B. È il prodotto di reazione tra un'anidride e un ossido
C. È ciò che si ottiene mettendo un acido in acqua
D. È il prodotto di idratazione di un ossido basico
E. È sempre una base forte

9. Secondo la reazione di neutralizzazione (non bilanciata):
H_2CO_3 + idrossido $\rightleftharpoons$ $CaCO_3 + H_2O$.
Qual è la formula bruta e il nome dell'idrossido che reagisce con l'acido carbonico?
A. CaOH – idrossido di calcio
B. $Ca(OH)_3$ – triidrossido di calcio
C. CaO – monoidrossido di calcio
D. $Ca(OH)_2$ – idrossido di calcio
E. $Ca_2(OH)$ – idrossido calcio

10. Individuare, tra quelle proposte, la formula bruta corretta dell'anidride clorica.
A. Cl_2O_7
B. Cl_2O_3
C. C_2O_5
D. HClO
E. Cl_2O_5

CHIMICA

11. Indicare quale elemento appartenente ai non metalli ha il numero di ossidazione più basso nei seguenti composti:

A. N_2O_5 – Anidride nitrica
B. CO_2 – Anidride carbonica
C. Cl_2O_5 – Anidride clorica
D. Ga_2O_3 – Anidride gallica
E. SO_3 – Anidride solforica

12. Negli ossiacidi inorganici:

A. L'atomo di idrogeno è sempre legato all'atomo centrale
B. L'atomo di idrogeno dissociabile presenta un legame ionico
C. L'atomo di idrogeno dissociabile presenta un legame covalente
D. Il legame tra l'ossigeno e l'idrogeno è un legame a idrogeno
E. L'atomo centrale è un metallo

13. Indicare l'ossiacido tra i composti proposti:

A. H_3BO_3
B. HNaO
C. H_2S
D. PbO_2
E. NaClO

14. Quali delle seguenti coppie composto-formula bruta è corretta?

A. HPO_3, acido metafosforico
B. HPO_4, acido fosforico
C. H_3PO_4, acido metafosforico
D. H_3PO_3, acido fosforico
E. Nessuna delle precedenti

15. Qual è il nome corretto del composto dalla cui reazione origina HIO_4?

A. Anidride iodica
B. Ossido periodico
C. Anidride periodica
D. Anidride iperiodica
E. Ossido iodico

16. Qual è la corretta nomenclatura IUPAC per $H_4P_2O_7$?

A. Eptaossofosfato
B. Acido eptaossofosforico (V)
C. Acido esaossofosforico (V)
D. Fosfato acido (V)
E. Acido eptaossofosforoso

17. Indicare il nome corretto del composto CaH_2 e la reazione con la quale è stato formato a partire dal metallo:

A. Acido calcidrico – idratazione
B. Idruro calcico – idrogenazione
C. Idruro di calcio – idrogenazione
D. Acido calcico – idrogenazione
E. Idruro calcioso – idratazione

18. Qual è la corretta nomenclatura IUPAC del composto H_2S?

A. Solfuro di diidrogeno
B. Acido solfidrico
C. Solfato di idrogeno
D. Acido solforoso
E. Monosolfuro idrogenato

19. Indicare la corretta nomenclatura tradizionale del composto PCl_5:

A. Cloruro fosforico
B. Fosfato di pentacloro
C. Cloruro fosforoso
D. Pentaclorato di fosforo
E. Pentacloruro di fosforo

20. Qual è la formula corretta del prodotto della reazione tra idrossido di gallio e acido solfidrico?

A. GaH_3
B. GaS_3
C. Ga_2HS
D. Ga_2S_3
E. $S(OH)_2$

21. Quale di questi NON è un sale binario o ternario?

A. $FeSO_4$
B. KHS
C. Cl_2O_7
D. Li_2S
E. Na_2SO_4

22. Come si chiama il composto con formula bruta $Sn(ClO)_2$?

A. Cloruro stannoso
B. Cloruro ossidato di stagno
C. Ipoclorato stannoso
D. Diclorato stannico
E. Ipoclorito stannoso

23. Il composto $Fe(NO_2)_3$ si chiama:

A. Nitrito ferroso
B. Nitrato ferrico

C. Nitrito ferrico
D. Nitrato ferroso
E. Cianuro ferrico

24. Quali fra i seguenti composti indicano in ordine il nitrato di calcio e il nitrito di sodio?
A. $Ca(NO_3)_2$ – $NaNO_2$
B. $Ca(NO_3)_2$ – $NaNO_5$
C. $Ca_3(NO_2)_2$ – $NaNO_2$
D. $Ca(NO_3)_2$ – $NaNO_3$
E. $CaNO_2$ – $NaNO_2$

25. La formula del bicarbonato di calcio è:
A. $CaCO_3$
B. $Ca(HCO_3)_2$
C. $CaHCO_3$
D. $Ca_3(CO_3)_2$
E. $CaH(CO_3)_2$

26. Qual è la formula dell'idrogenosolfato di rubidio?
A. $RbHSO_4$
B. $HRuO_4$
C. Rb_2HSO_4
D. $RbHS$
E. $RuHSO_4$

27. A quale formula corrisponde il bicarbonato di ammonio?
A. $NH_4(CO_3)_2$
B. $(NH_4)_2HCO_3$
C. $(NH_4)HCO_3$
D. $(NH_4)_3CO_3$
E. $NH_4(HCO_3)_2$

28. Un alogeno, il bromo, ha valenza 5 e subisce inizialmente una reazione di ossidazione, poi una reazione di idratazione e infine una reazione di neutralizzazione con l'idrossido di potassio. Stabilire la nomenclatura in ordine di reazione:
A. Anidride bromica, Acido bromico, Bromato di potassio
B. Anidride bromica, Acido bromico, Bromuro di potassio
C. Anidride perbromica, Acido bromico, Bromato di potassio
D. Anidride bromica, Acido bromoso, Bromuro di potassio
E. Anidride ipobromosa, Acido ipobromoso, Bromato di potassio

29. Quale delle seguenti opzioni indica, nell'ordine, acido solforico, nitrato rameico, idrossido ferrico?
A. H_2SO_4, $Cu(NO_3)_2$, $Fe(OH)_3$
B. H_2SO_4, $Cu(NO_3)$, $Fe(OH)_3$
C. H_2SO_3, $Cu(NO_3)_2$, $Fe(OH)_2$
D. H_2SO_3, $Cu(NO_2)_2$, $FeOH$
E. H_2SO_3, $Cu(NO_3)_2$, $Fe(OH)_3$

30. Quale serie di composti è costituita, in ordine, da un ossido acido, un ossiacido, un sale acido e un idracido?
A. H_2CO_3, CO_2, KH_2PO_4, HCN
B. CO, H_2SO_3, $C_6H_{14}O$, HS
C. Cl_2O_7, H_2CO_3, $NaHCO_3$, HI
D. H_2O, $HClO$, LiH_2PO_3, HCl
E. Na_2O, OH^-, H_2S, HF

CORREZIONE COMMENTATA

1. Parlando dei composti inorganici, un ossido basico si ottiene da un metallo aggiungendo ossigeno. Attraverso una reazione di idratazione, si arriva poi ad ottenere un idrossido. L'ossido di potassio ha come formula K_2O (perché il numero di ossidazione del potassio è +1 mentre quello dell'ossigeno è -2) e quando incontra H_2O è in grado di reagire (risposta D errata). La reazione tra ossido basico ed acqua non può dare come prodotto un sale; infatti esso ha come formula di base: metallo + non metallo + ossigeno, mentre ciò che otterremo è un idrossido con formula di base KOH (risposta A errata). Nei reagenti, il potassio si trova sotto forma di ossido e per riottenerlo allo stato libero servirebbe una reazione di riduzione, non di idratazione (risposta C errata). Dalla reazione descritta si ottiene un idrossido, in particolare KOH, che essendo un idrossido di un metallo del primo gruppo sarà una base forte (vedi: capitolo 8 – Acidi e Basi), completamente dissociata in soluzione negli ioni K+ e OH- (risposta E errata). La risposta cercata sarà quindi la B.
Risposta corretta B.

2. Il quesito chiede di ottenere un metallo allo stato di elemento partendo da un minerale che lo ha al suo interno sotto forma di ossido. Si tratta di una domanda prettamente teorica. La reazione tra ossigeno e metallo ha come prodotto un ossido basico di formula generica M_xO_y in cui l'ossigeno ha numero di ossidazione -2. Possiamo porre come numero di ossidazione del metallo +2; ne consegue che per ottenere il metallo allo stato elementare è necessaria una riduzione da +2 a 0. A questo scopo sono sicuramente fuori luogo reazioni di neutralizzazione (risposta B errata) e di acidificazione (risposta C errata). La distillazione frazionata è un'operazione che serve a separare due o più sostanze tra loro differenti, ma questo avviene sul principio della loro differente volatilità, opzione non praticabile visto che stiamo considerando un minerale allo stato solido (risposta E errata). Essendo necessaria una riduzione, certamente si deve escludere il suo opposto, ossia un'ossidazione, che infatti comporterebbe l'aumento del N.O. (risposta A errata).
Risposta corretta D.

3. La risoluzione di questo quesito richiede una buona conoscenza della nomenclatura inorganica e delle reazioni che portano da un composto all'altro. Procediamo per esclusione e valutiamo tutte le risposte. L'opzione A presenta una reazione di idrogenazione che porta ad un idracido; questa formulazione è errata, perché a partire da un metallo una reazione di idrogenazione porta ad un idruro (risposta A errata). L'opzione B presenta una reazione di idratazione che porta ad un'anidride; questa formulazione è sbagliata perché le anidridi originano dai non metalli in seguito ad una reazione di ossidazione (risposta B errata). L'opzione C presenta una reazione di idratazione che porta ad un idrossido; questa formulazione è errata perché, sebbene l'idrossido sia composto da un metallo insieme a gruppi OH, per ottenerlo è necessario partire da un ossido basico e non da un metallo (risposta C errata). L'opzione E presenta una reazione di combustione che porta ad un ossido basico; questa formulazione è errata perché la reazione di combustione è propria degli idrocarburi (vedi: Capitolo 10 – La chimica del carbonio) e porta alla formazione di acqua e anidride carbonica (risposta E errata). L'opzione D è l'unica corretta, in quanto presenta una reazione di idrogenazione che porta ad un idruro che, come detto sopra, è una formulazione corretta.
Risposta corretta D.

4. Per risolvere questo quesito è necessaria una buona conoscenza della nomenclatura inorganica e si devono conoscere i passaggi di reazione che portano da un composto all'altro. Per arrivare ad un ossiacido partendo da un non metallo è necessario passare dallo stato di anidride.

Un non metallo diventa anidride tramite ossidazione (risposte A e D errate). A questo punto, per arrivare a un ossiacido è necessaria una reazione di idratazione, cioè di aggiunta di acqua.
Risposta corretta B.

5. Prima di iniziare con la risoluzione dell'esercizio è necessario notare che il quesito chiede di individuare la risposta ERRATA. Il numero di ossidazione dell'idrogeno è pari a -1 negli idruri, perché l'idrogeno ha un'elettronegatività relativamente alta e quindi quando si trova in un composto con metalli possiede un'elettronegatività maggiore, di conseguenza tutti gli elettroni di legame sarebbero assegnati all'H (definizione di elettronegatività). L'idrogeno, nel resto dei composti, ha numero di ossidazione +1: questo avviene anche in composti quali gli idracidi. L'opzione A è quindi concettualmente corretta (risposta A errata). L'ossigeno può avere come numeri di ossidazione i tre elencati: assume -1 nei perossidi (H_2O_2), +2 nei composti con elementi più elettronegativi (nei composti con il fluoro, elemento più elettronegativo della tavola periodica, mentre assume -2 in tutti gli altri composti. L'opzione B è quindi concettualmente corretta (risposta B errata). I metalli alcalini sono i metalli del primo gruppo della tavola periodica e il loro stato di ossidazione è pari a +1, perché tendono a perdere l'elettrone che possiedono nello strato di valenza per raggiungere l'ottetto. L'opzione C è quindi concettualmente corretta (risposta C errata). Sia l'alluminio che il boro si trovano nel 13° gruppo, di conseguenza il loro numero di ossidazione caratteristico è +3. L'opzione E è quindi concettualmente corretta (risposta E errata). Infine, il fluoro ha come unico stato di ossidazione -1; tuttavia, in forma biatomica F_2 assume il valore "0" a causa della stessa elettronegatività tra i due atomi di fluoro (vedi: capitolo 1.3 – Numero di ossidazione). L'opzione D è quindi concettualmente errata. Attenzione, sullo stesso ragionamento dell'opzione D, anche le opzioni A e B possono sembrare errate; la discriminante è che nella risposta D viene usata la parola "sempre".
Risposta corretta D.

6. Per risolvere il quesito è importante innanzitutto comprendere quale sia la richiesta: ci viene chiesto di individuare, in un ossido basico, il composto con N.O. maggiore. Su questa prima informazione possiamo già escludere due opzioni, in quanto per formare gli ossidi basici è necessario un metallo e l'ossigeno: escluderemo quindi il fosforo e lo zolfo (risposte B ed E errate). Il sodio e il litio fanno parte del primo gruppo della tavola periodica, quindi hanno entrambi numero di ossidazione +1 negli ossidi basici. L'alluminio fa invece parte del tredicesimo gruppo della tavola periodica e nei composti con l'ossigeno ha numero di ossidazione +3 (vedi: Capitolo 1.3 – Numero di ossidazione).
Risposta corretta C.

7. Per nominare correttamente il composto è necessaria una buona conoscenza della nomen-clatura tradizionale. Il composto CuO è formato da un metallo di transizione e da un ossigeno; questa struttura è propria degli ossidi basici, quindi possiamo escludere tutte le nomenclature che indicano le anidridi (risposta A e D errate). A questo punto è necessario concentrarsi sui numeri di ossidazione: i N.O. del rame possono essere +1 oppure +2, di conseguenza la nomenclatura "ossido di rame" è errata perché si dovrà necessariamente aggiungere un suffisso (risposta E errata). Nel composto il rame possiede N.O. +2, perché è preso una volta e deve controbilanciare il N.O. dell'ossigeno che è -2. Il suffisso da utilizzare sarà quindi "-ico" e la nomenclatura corretta sarà: ossido rameico.
Risposta corretta B.

8. Il quesito tratta di composti inorganici, in particolare di idrossidi, che hanno una formula bruta caratteristica: $M(OH)_n$ (metallo-ossigeno-idrogeno). Un idrossido si ottiene dopo aver idratato un ossido basico, a sua volta originato dalla reazione tra un metallo e ossigeno.

CHIMICA

La reazione tra anidride e ossido è una delle diverse reazioni possibili per la formazione di sali (risposta B errata). Mettendo un acido in acqua si ottiene una soluzione acida, non un idrossido (risposta C errata). Il nome idrossido sottintende la presenza di un processo di idratazione, ma non indica che all'interno della molecola siano presenti una o più molecole di H_2O (risposta A errata). Un idrossido non è sempre una base forte (vedi: capitolo 8 – Acidi e Basi), perché le basi forti sono per definizione gli idrossidi dei metalli del primo e secondo gruppo escluso quello del Be; da questa definizione è chiaro che vengano esclusi alcuni metalli, ad esempio quelli di transizione (risposta E errata). Il processo di idratazione è una reazione che avviene tra un ossido basico e l'acqua.
Risposta corretta D.

9. Per risolvere il quesito, è importante innanzitutto completare la reazione facendo attenzione alla conservazione della massa. L'idrossido che dobbiamo ricercare è quello del calcio, informazione dedotta dal fatto che tra i prodotti si forma il carbonato di calcio $CaCO_3$. Il calcio ha N.O. +2 perché appartiene al gruppo dei metalli alcalino-terrosi (2° gruppo della tavola periodica) e nell'idrossido lo ione OH^- deve quindi essere preso due volte perché la molecola sia neutra: $Ca(OH)_2$. Il nome di questa molecola è "idrossido di calcio", perché il calcio possiede un unico numero di ossidazione. La reazione completa in questo modo sarà: $H_2CO_3 + Ca(OH)_2 \rightleftharpoons CaCO_3 + H_2O$, che bilanciando diventerà $H_2CO_3 + Ca(OH)_2 \rightleftharpoons CaCO_3 + 2H_2O$.
Risposta corretta D.

10. Per ricostruire correttamente la formula bruta del composto è necessario innanzitutto analizzare le parole: "anidride" indica un composto formato da non metallo e ossigeno (risposta D errata), mentre "clorica" indica che dovrà essere preso il cloro nel suo massimo numero di ossidazione. Attenzione! Il cloro ha quattro numeri di ossidazione, quindi nella sua nomenclatura sono presenti anche i prefissi "per-" e "ipo-" e, nel caso in cui il N.O. da prendere dovesse essere il massimo (+7) avremmo "perclorica" al posto di "clorica"; ne consegue che il N.O. del cloro dovrà essere quello subito inferiore (+5). Ponendo ora gli elementi all'interno della molecola avremo Cl_2O_5, poiché la somma algebrica delle cariche della molecola deve essere zero (l'ossigeno ha N.O. -2): $+ 5 \cdot 2 + (-2) \cdot 5 = 0$. Attenzione al fatto che nella risposta C è presente il carbonio e non il cloro (risposta C errata).
Risposta corretta E.

11. I requisiti fondamentali per svolgere correttamente questo esercizio sono: riconoscere un elemento appartenente alla categoria dei non metalli da uno appartenente alla categoria dei metalli o dei semimetalli; saper ricavare i numeri di ossidazione dei vari elementi all'interno di un composto. L'anidride nitrica contiene l'azoto che è un non metallo e il suo numero di ossidazione è pari a +5, perché è preso 2 volte e deve controbilanciare la carica totale data dagli atomi di ossigeno: $-2 \cdot 5 = -10$. L'anidride carbonica contiene il carbonio, anch'esso un non metallo, e il suo numero di ossidazione è pari a +4, perché è preso una volta e deve controbilanciare la carica totale degli atomi di ossigeno: $-2 \cdot 2 = -4$. L'anidride clorica contiene il non metallo cloro e il suo numero di ossidazione è pari a +5, perché è preso due volte e deve controbilanciare la carica totale degli atomi di ossigeno: $-2 \cdot 5 = -10$. Il numero di ossidazione del gallio è pari a +3 perché deve controbilanciare la carica totale degli atomi di ossigeno: $-2 \cdot 3 = -6$. Tuttavia, l'anidride gallica non esiste: Ga_2O_3 è un ossido basico chiamato ossido di gallio; il gallio è infatti un metallo e non un non metallo che appartiene al terzo gruppo della tavola periodica (risposta D errata). L'ultimo composto è l'anidride solforica, che è formata dallo zolfo, un non metallo, e dall'ossigeno; lo zolfo ha numero di ossidazione pari a +6 per controbilanciare la carica totale degli atomi di ossigeno:
$-2 \cdot 3 = -6$. Alla luce dei numeri di ossidazione dei non metalli, ricavati nelle varie anidridi, il carbonio è l'elemento con il numero di ossidazione inferiore.
Risposta corretta B.

12. Gli ossiacidi sono composti ternari formati da un atomo di idrogeno, un non metallo e un ossigeno. In queste molecole l'idrogeno non deve necessariamente legarsi all'atomo centrale (risposta A errata). Non può essere presente un legame a idrogeno (vedi: Capitolo 3 – Legami chimici) all'interno della struttura della molecola perché questo è INTERmolecolare e non INTRAmolecolare (risposta D errata). L'atomo centrale negli ossiacidi è un non-metallo, non un metallo, perché deriva dall'idratazione di un'anidride (risposta E errata). Infine, l'atomo di idrogeno dissociabile non presenta un legame ionico (risposta B errata), bensì il legame che caratterizza la struttura molecolare degli ossiacidi, ossia il legame covalente.
Risposta corretta C.

13. Un ossiacido è un composto inorganico con una struttura ben precisa: è composto da idrogeno, non metallo e ossigeno. Osservando le opzioni sopra elencate, l'unica che rispetta questa definizione è la A: si tratta infatti dell'acido borico. Analizzando le altre opzioni, avremo che la risposta B presenta un idrossido, precisamente l'idrossido di sodio (scritto in modo errato per confondere ma il sodio è un non metallo quindi non possono esserci ambiguità), la cui formulazione è metallo + gruppo OH (risposta B errata). La risposta C presenta un idracido, precisamente l'acido solfidrico, la cui formulazione è idrogeno + alogeno o zolfo (risposta C errata). La risposta D presenta un ossido basico, precisamente il diossido di piombo, con formulazione metallo + ossigeno (risposta D errata). La risposta E, infine, presenta un sale ternario, l'ipoclorito di sodio, con formulazione metallo + non metallo + ossigeno (risposta E errata).
Risposta corretta A.

14. Tutti i composti inorganici proposti nelle opzioni sono composti da fosforo (P) e sono classificati all'interno della categoria dei poliacidi. Questa tipologia di composti è caratterizzata dal fatto che la nomenclatura varia a seconda di quante molecole d'acqua vengono addizionate durante la reazione di formazione dell'acido. Fanno parte di questa categoria gli elementi fosforo, arsenico e silicio. Il fosforo e l'arsenico possono legare una, due o tre molecole di acqua alle anidridi, e le nomenclature saranno rispettivamente "acido" "meta-/piro-/orto-" – nome dell'elemento – "-ico/-oso". Il silicio invece può formare acidi addizionando una o due molecole d'acqua all'anidride, formando gli "acidi" "meta-/orto-" – silic – "-ico/-oso". Focalizzandoci sul fosforo, l'acido metafosforico si ottiene dalla reazione tra l'anidride fosforica e una molecola d'acqua $P_2O_5 + H_2O \rightarrow H_2P_2O_6 \rightarrow 2HPO_3$ (risposta C errata). L'acido pirofosforico si ottiene dalla reazione tra l'anidride fosforica e due molecole d'acqua $P_2O_5 + 2H_2O \rightarrow H_4P_2O_6 \rightarrow 2H_2PO_3$.
L'acido ortofosforico, detto anche acido fosforico, si ottiene invece dalla reazione tra l'anidride fosforica e tre molecole d'acqua $P_2O_5 + 3H_2O \rightarrow H_6P_2O_8 \rightarrow 2H_3PO_4$ (risposte B e D errate).
Risposta corretta A.

15. HIO_4 è un ossiacido, perché composto da un non metallo, in particolare lo iodio (un alogeno), dall'idrogeno e dall'ossigeno. Un ossiacido deriva da un'anidride attraverso una reazione di idratazione (risposte B ed E errate). Per risalire all'anidride è necessario innanzitutto risalire al nome dell'ossiacido e per fare questo serve conoscere il N.O. dello iodio. L'idrogeno ha numero di ossidazione +1 e l'ossigeno -2; per determinare il N.O. dello iodio si può impostare l'equazione seguente: $+1 + x + (-2) \cdot 4 = 0$, perché la somma algebrica dei numeri di ossidazione della molecola neutra deve fare zero. Di conseguenza il numero di ossidazione dello iodio sarà +7, il massimo che può assumere. La molecola prenderà quindi il nome di "acido periodico", poichè assumendo il numero di ossidazione più alto tra i quattro, presenterà il prefisso per- e il suffisso -ico. L'acido periodico deriverà quindi dall'anidride in cui lo iodio ha N.O. +7, cioè I_2O_7, l'anidride periodica.
Risposta corretta C.

16. La nomenclatura IUPAC può sembrare complessa da comprendere, ma una volta capito il meccanismo si utilizzano sempre i medesimi passaggi. Per tutti gli ossiacidi è prevista la desinenza -ico e opportuni prefissi per indicare il numero di atomi di ossigeno, seguiti dalla porzione -osso-.
Inoltre, è importante indicare alla fine della nomenclatura lo stato di ossidazione del fosforo, usando il numero romano tra parentesi (risposte A ed E errate). Il N.O. del fosforo nel composto si ottiene tramite la risoluzione dell'equazione: $+1 \cdot 4 + x \cdot 2 + (-2) \cdot 7 = 0$, ricordiamo che il N.O. dell'idrogeno è +1 mentre quello dell'ossigeno è -2. Il N.O. del fosforo è quindi +5 e sarà indicato nella nomenclatura come (V). A questo punto è possibile comporre il nome della molecola: sarà "acido", "epta-osso-" perché sono presenti sette ossigeni, "fosfor-ico" perché le desinenze di tutti gli ossiacidi per la IUPAC sono in -ico, e lo stato di ossidazione (V). La nomenclatura corretta sarà quindi: acido eptaossofosforico (V).
Risposta corretta B.

17. Il composto CaH_2 è formato da un metallo e dall'idrogeno: questo tipo di composto si definisce idruro. Sulla base di questa affermazione possiamo quindi escludere l'opzione A e l'opzione D, poiché la prima riporta quella che sarebbe la nomenclatura di un idracido, mentre la seconda riporta la nomenclatura di un ossiacido (risposte A e D errate). La nomenclatura corretta degli idruri è composta dalla la parola "idruro" e, siccome il calcio ha solo un numero di ossidazione (+2), sarà seguita semplicemente da "di calcio" (risposte B ed E errate). La reazione tramite la quale si ottiene un idruro a partire da un metallo è una reazione di idrogenazione, cioè l'aggiunta di idrogeni.
Risposta corretta C.

18. La nomenclatura IUPAC ha delle modalità differenti da quella tradizionale, per cui è necessario conoscere le differenze tra le due per riuscire a individuare quella corretta. La prima prevede l'utilizzo di prefissi numerali greci (mono, di, tri, etc.) per indicare i rapporti numerici fra gli atomi che costituiscono la molecola; mentre quella tradizionale prevede l'uso di prefissi (ipo-, per-, etc.) e suffissi (-oso, -ico). La nomenclatura IUPAC degli idracidi prevede l'utilizzo del suffisso -uro per l'elemento del VI o VII gruppo, nel nostro caso lo zolfo, seguito dal termine "di idrogeno", insieme ad un prefisso che indica la quantità di idrogeni presenti all'interno della molecola; in questo caso sono due, di conseguenza il prefisso sarà di-. Il nome corretto della molecola sarà quindi: "solfuro di diidrogeno". Anche "acido solfidrico" è corretto ma si tratta di nomenclatura tradizionale e non IUPAC, come richiesto dall'esercizio.
Risposta corretta A.

19. Per la costituzione di questa nomenclatura si prende il nome del non metallo e vi si aggiunge il suffisso -uro: "cloruro". In secondo luogo, è necessario considerare i numeri di ossidazione dei vari elementi: il cloro ha numero di ossidazione -1 mentre il fosforo ha numero di ossidazione +5 perché deve controbilanciare la carica del cloro che è preso 5 volte: $(-1) \cdot 5 + 5 = 0$.
Il N.O. +5 è il maggiore che il fosforo può assumere, avrà quindi il suffisso -ico; la nomenclatura corretta sarà dunque "cloruro fosforico". La risposta E presenta una nomenclatura corretta ma si tratta di IUPAC, mentre la domanda richiedeva quella tradizionale.
Risposta corretta A.

20. La reazione tra un idrossido e un idracido porta alla formazione di un sale binario e di acqua. In questo caso, l'acqua non appare tra le risposte, quindi il prodotto che dobbiamo ricercare è il sale. Scriviamo innanzitutto le formule corrette a partire dalle nomenclature: l'idrossido di gallio è un composto formato da un metallo e il gruppo OH preso x volte per bilanciare la molecola; il gallio appartiene al 13° gruppo della tavola periodica, per cui ha N.O. +3 e di conseguenza la formula bruta sarà $Ga(OH)_3$. L'acido solfidrico è invece un idracido, composto da zolfo e idrogeno, con formula H_2S perché l'idrogeno deve controbilanciare il N.O. dello zolfo (-2). Scriviamo ora la reazione: $2Ga(OH)_3 + 3H_2S \rightleftharpoons Ga_2S_3 + 6H_2O$. Visti i numeri di ossidazione dello zolfo (-2) e del gallio (+3) è necessario che la loro somma sia zero: $(-2) \cdot 3 + 3 \cdot 2 = 0$; serviranno quindi 2 atomi di gallio e 3 atomi di zolfo. Il sale binario ottenuto avrà quindi formula Ga_2S_3 e si chiamerà solfuro di gallio.

Risposta corretta D.

21. Un sale binario è un composto formato da un metallo e un non metallo. Un sale ternario è composto da un metallo, non metallo e ossigeno. Nell'opzione A, che presenta il solfato ferroso, il ferro è un metallo, lo zolfo è un non metallo e in più abbiamo l'ossigeno: si tratta quindi di un sale ternario (risposta A errata). Nell'opzione B, che presenta il solfuro acido di potassio, il potassio è un metallo alcalino, l'idrogeno e lo zolfo sono non metalli: ciò che si forma è un sale ternario acido (risposta B errata). Nell'opzione D, che presenta il solfuro di litio, il litio è un metallo alcalino e lo zolfo è un non metallo: il composto rientra quindi nei sali binari (risposta D errata). Nell'opzione E, che presenta il solfato di sodio, il sodio è un metallo alcalino, lo zolfo è un non metallo e in aggiunta abbiamo l'ossigeno: si tratta quindi di un sale ternario (risposta E errata). Nell'opzione C abbiamo invece l'anidride perclorica, si tratta dell'unico composto che non rientra nella categoria di sale; si tratta infatti di un ossido acido, composto da non metallo (il cloro) e ossigeno.

Risposta corretta C.

22. Il sale ternario deriva dall'acido HClO, cioè l'acido ipocloroso. Per passare dalla nomenclatura dell'ossiacido a quella del sale è necessario seguire una regola, che può essere riassunta dalla mnemofrase: "il morOSO è partITO, l'amICO è tornATO". Poiché il cloro in questo composto ha numero di ossidazione +1, ci troviamo davanti al N.O. minore che può possedere: la nomen-clatura dell'ossiacido avrà un prefisso ipo- e un suffisso -oso, mentre lo ione manterrà il prefis-so ipo- e varierà il suffisso in -ito. Lo ione sarà quindi ipoclorito (ClO^-). La seconda parte della nomenclatura è invece definita dal metallo. In questo caso lo stagno possiede numero di ossidazione +2 (calcolato secondo somma algebrica in modo che la molecola sia neutra), che è il N.O. minore che l'elemento può assumere. Di conseguenza, la seconda parte della nomenclatura dovrà possedere il suffisso -oso. Riassumendo, la nomenclatura tradizionale del composto sarà: ipoclorito stannoso.

Risposta corretta E.

23. Negli esercizi di nomenclatura ci torna utilissimo utilizzare la mnemofrase che permette di ricordare la trasformazione delle desinenze degli anioni durante il passaggio da anidridi ad acidi: "il morOSO è partITO, l'amICO è tornATO". Lo ione nitrito NO_2^- deriva dall'acido nitroso HNO_2 dove N ha numero di ossidazione +3 (il suo massimo numero di ossidazione è +5, caso in cui prenderebbe il nome di acido nitrico e quindi di ione nitrato). Capiamo allora che il ferro nella molecola $Fe(NO_2)_3$ ha numero di ossidazione +3. Per denominare la seconda porzione della nomenclatura dobbiamo ricordare che con il N.O. più alto si deve utilizzare il suffisso -ico. Secondo le regole citate prima chiameremo il nostro composto nitrito ferrico (si tratta di nomenclatura tradizionale).

Risposta corretta C.

24. Per risolvere questo quesito è necessario conoscere la nomenclatura e ricordare la seguente mnemofrase "Il morOSO è partITO, l'amICO è tornATO". Questa tecnica serve per non dimenticare che i sali che presentano il suffisso ATO, come nitrato di calcio, derivano dallo ione derivante dall'acido dello stesso elemento nel quale esso ha numero di ossidazione maggiore e in cui ha suffisso ICO; invece, i sali con suffisso ITO, come il nitrito

CHIMICA

di sodio, derivano dall'acido dello stesso elemento in cui esso ha numero di ossidazione minore e suffisso OSO. Gli acidi, a loro volta, derivano dalle anidridi corrispondenti, per cui avremo "acido -ico" che deriva da "anidride -ica" e "acido -oso" che deriva da "anidride -osa". Partendo quindi dal nitrato di calcio, esso deriva dall'acido nitrico, che deriva a sua volta dall'anidride nitrica. L'anidride nitrica è un ossido acido in cui l'azoto ha N.O. maggiore possibile +5, per cui, bilanciando la molecola avremo: N_2O_5. Attraverso una reazione di idratazione otterremo l'acido nitrico: $N_2O_5 + H_2O \rightleftharpoons H_2N_2O_6 \rightleftharpoons 2HNO_3$, da cui origina lo ione nitrato, con la seguente reazione di dissociazione: $HNO_3 \rightleftharpoons H^+ + NO_3^-$. Lo ione calcio ha una carica positiva di +2 e crea il sale neutralizzando le cariche con due ioni nitrato, formando il nitrato di calcio $Ca(NO_3)_2$. Il nitrito di sodio invece deriva dall'acido nitroso, che deriva a sua volta dall'anidride nitrosa. L'anidride nitrosa è composta dall'azoto con numero di ossidazione +3, per cui bilanciando la molecola avremo N_2O_3. Attraverso una reazione di idratazione si arriva all'acido nitroso: $N_2O_3 + H_2O \rightleftharpoons H_2N_2O_6 \rightleftharpoons 2HNO_3$, da cui origina lo ione nitrito, secondo la seguente reazione: $HNO_2 \rightleftharpoons H^+ + NO_2$. Lo ione sodio ha una carica positiva +1 che si neutralizza con quella di uno ione nitrito formando il sale nitrito di sodio $NaNO_2^-$.
Risposta corretta A.

25. Il composto in questione è un sale. Nei composti inorganici esso può essere binario o ternario. I sali binari sono formati da un metallo e un non metallo, mentre i ternari da metallo, non metallo e ossigeno e si possono ottenere con diversi tipi di reazione, ad esempio quella tra un idrossido e un ossiacido. Per arrivare alla formula bruta concentriamoci inizialmente sulla prima parola; "bicarbonato" indica la presenza dello ione carbonato che deriva dall'acido carbonico H_2CO_3 (seguendo la mnemofrase "il morOSO è partITO, l'amICO è tornATO" il suffisso -ato deriva da un acido con suffisso -ico). La presenza del prefisso bi- indica che l'acido carbonico durante la dissociazione ha mantenuto un H^+; lo ione bicarbonato avrà quindi formula HCO_3^-. In seguito, è necessario aggiungere il calcio alla molecola. Il calcio appartiene al secondo gruppo della tavola periodica e ha quindi numero di ossidazione +2. Per bilanciare la molecola si useranno quindi due idrogenocarbonati e la formula bruta corretta sarà $Ca(HCO_3)_2$.
Risposta corretta B.

26. L'idrogenosolfato di rubidio fa parte dei composti ionici che contengono ioni poliatomici. Lo ione idrogenosolfato deriva dall'acido solforico H_2SO_4 (ricordiamo la mnemofrase "il morOSO è partITO, l'amICO è tornATO") a cui è stato tolto un idrogeno, per questo assume una carica negativa di -1 e diventa lo ione HSO_4^-. Per risalire alla formula dell'acido solforico, si deve consideare che esso deriva dall'anidride solforica per aggiunta di acqua, secondo la formula $SO_3 + H_2O \rightleftharpoons H_2SO_4$ (l'anidride solforica ha formula SO_3 perché il N.O. dello zolfo è +6). Il rubidio, che troviamo come Rb sulla tavola periodica (risposte B ed E errate), appartiene al gruppo dei metalli alcalini, quindi avrà numero di ossidazione +1. Per far sì che l'idrogenosolfato di rubidio risulti neutro, la formula dovrà essere necessariamente $RbHSO_4$.
Risposta corretta A.

27. Per rispondere correttamente è necessario conoscere sia la nomenclatura che la carica degli ioni coinvolti. Lo ione idrogenocarbonato, o bicarbonato, è HCO_3^-; esso deriva dall'acido carbonico (ricordiamo la mnemofrase "il morOSO è partITO, l'amICO è tornATO"), che a sua volta si ottiene per idratazione dell'anidride carbonica. Essendo bicarbonato, lo ione manterrà un idrogeno all'interno della formula bruta. Lo ione ammonio è NH_4^+. Si tratta in questo caso di una tipologia di nomenclatura tradizionale che va a definire come ammoniaca il composto NH_3 e come ione ammonio il composto che deriva dall'addizione dell'ammoniaca con uno ione H^+. Ne consegue che la molecola, dovendo essere complessivamente neutra, sarà formata da uno ione bicarbonato e da uno ione ammonio, che avendo carica opposta (-1 e +1), la annullano.
Risposta corretta C.

28. Il bromo, essendo un alogeno (appartenente al 17° gruppo, vedi: Capitolo 1.2.1 – La Tavola Periodica), presenta quattro stati di ossidazione quando si lega con l'ossigeno: +1, +3, +5, +7. Quando il bromo ha valenza +5 si lega con l'ossigeno per formare l'anidride bromica Br_2O_5; l'anidride perbromica è Br_2O_7, un ossido acido in cui il bromo ha N.O. +7, il massimo possibile, mentre l'anidride ipobromosa è Br_2O, un ossido acido in cui il bromo ha N.O. +1, il minimo che può possedere (risposte C ed E errate). Successivamente se aggiungessimo una molecola d'acqua all'anidride bromica si verrebbe a formare un composto ternario, l'acido bromico, secondo la reazione $Br_2O_5 + H_2O \rightleftharpoons H_2Br_2O_6 \rightleftharpoons HBrO_3$. Si tratta di un ossiacido, e la nomenclatura definisce che passando da una "anidride -ica" si ottiene un "acido -ico" (risposta D errata). Una volta formato l'acido bromico, esso viene fatto reagire con una base forte per produrre un sale, secondo la reazione di neutralizzazione: $HBrO_3 + KOH \rightleftharpoons KBrO_3 + H_2O$. Si ha la formazione del sale di potassio, che prende il nome di bromato di potassio perché lo ione passando da "acido -ico" ha il suffisso -ato (ricordiamo la mnemofrase "il morOSO è partITO, l'amICO è tornATO"), di conseguenza avremo lo "ione bromato" al quale aggiungiamo "di potassio" perché il potassio ha solo un numero di ossidazione; non si può definire bromuro di potassio perché quella utilizzata sarebbe la nomenclatura dei sali binari, e quindi avrebbe formulazione KBr (risposta B errata).
Risposta corretta A.

CHIMICA

29. Per ricavare le formule richieste in questo esercizio è necessaria una buona conoscenza della nomenclatura organica. Innanzitutto, per ottenere l'acido solforico si parte dall'anidride solforica, che è SO_3 poiché il suffisso -ica è dato al N.O. maggiore dello zolfo, in questo caso +6. Per ottenere l'acido solforico si aggiunge una molecola di acqua all'anidride, secondo la reazione $SO_3 + H_2O \rightleftharpoons H_2SO_4$. Per ottenere il nitrato rameico, per prima cosa bisogna notare che il suffisso -ato indica un sale derivato da un idracido che ha suffisso -ico (N.B. ricorda la mnemofrase "il morOSO è partITO, l'amICO è tornATO"), che a sua volta deriverà da un'anidride con suffisso -ica. L'anidride di partenza sarà quindi l'anidride nitrica N_2O_5 (il N.O. dell'azoto deve essere +5) e l'acido nitrico si otterrà secondo la reazione $N_2O_5 + H_2O \rightleftharpoons H_2N_2O_6 \rightleftharpoons 2HNO_3$. Da qui, si può ottenere lo ione nitrato (togliendo l'idrogeno) che sarà NO_3^- e ad esso sarà unito il rame con N.O. +2, poiché si dovrà avere il suffisso -ico. Il nitrato rameico avrà quindi formula $Cu(NO_3)_2$, per far sì che la molecola sia neutra. L'idrossido ferrico, infine, sarà composto dal ferro preso con N.O. +3 (perché si deve avere il N.O. più alto per il suffisso -ico) e lo ione idrossido OH^-, quindi la formula finale, affinché la molecola sia neutra, sarà $Fe(OH)_3$. L'unica opzione che riporta correttamente tutte le formule è la A.
Risposta corretta A.

30. Un ossido acido (o anidride) è un composto binario costituito da ossigeno legato a un non metallo. Gli ossiacidi sono composti ternari costituiti da atomi di idrogeno, da un non metallo e da ossigeno. I sali acidi sono sali quaternari, costituiti da un metallo, un non metallo, un idrogeno e un ossigeno, derivanti dalla parziale dissociazione dell'ossiacido da cui derivano. Gli idracidi sono acidi binari composti da idrogeno insieme a un non metallo del gruppo 6 e 7 (ossia un alogeno), oppure insieme a zolfo, selenio, tellurio, azoto o un gruppo cianidrico. L'unica opzione che rispetta la successione dei composti è l'opzione C.
Risposta corretta C.

6. UNITÀ DI MISURA DELL'ATOMO, STECHIOMETRIA

1. Qual è l'unità di misura usata per esprimere il peso atomico relativo?
A. g
B. kg
C. mg
D. ng
E. Nessuna delle precedenti

2. L'unità di misura delle masse atomiche è pari a:
A. Un grammoatomo
B. Massa dell'atomo di idrogeno in quanto è l'atomo di massa minore
C. 1/16 della massa di un atomo di ossigeno
D. 1/16 della massa di un atomo di carbonio
E. 1/12 della massa di un atomo di carbonio

3. Quante moli di glucosio ci sono in 900 g di tale sostanza?
A. 38
B. 150
C. 75
D. 5
E. 50

4. Quanti atomi sono contenuti in 0,1 moli di ossigeno molecolare?
A. $6{,}023 \cdot 10^{22}$
B. $6{,}023 \cdot 10^{23}$
C. $12{,}044 \cdot 10^{23}$
D. $12{,}044 \cdot 10^{22}$
E. $12{,}023 \cdot 10^{22}$

5. Una mole di $Ba_3(PO_4)_2$ pesa 601,96 g e contiene:
A. $6{,}023 \cdot 10^{22}$ molecole
B. $12{,}046 \cdot 10^{22}$ molecole
C. $0{,}6 \cdot 10^{23}$ molecole
D. $1{,}81 \cdot 10^{24}$ atomi di bario
E. $1{,}2 \cdot 10^{23}$ atomi di fosforo

6. Sapendo che il peso molecolare dell'acqua è 18 g/mol, quante moli di acqua sono presenti in 100 mL?
A. 5,5 mol
B. 8,5 mol
C. 16,5 mol
D. 2,5 mol
E. 11 mol

7. Il peso atomico del ferro è 55,8 g/mol. Pertanto:
A. 55,8 atomi di ferro pesano 55,8 g
B. Un grammoatomo di ferro pesa circa 55,8 uma
C. Un grammoatomo di ferro pesa 55,8 g
D. Una mole di ferro pesa 55,8 mg
E. Una mole di ferro pesa 55,8 uma

8. Quanti grammi di ossigeno sono contenuti in 10 moli di acqua?
A. 8 g
B. 16 g
C. 80 g
D. 160 g
E. 320 g

9. Quanti atomi di H sono contenuti in 9,8 g di acido fosforico? [M.M. P = 31 g/mol]
A. $1{,}806 \cdot 10^{23}$
B. $6{,}022 \cdot 10^{22}$
C. $1{,}806 \cdot 10^{22}$
D. $6{,}022 \cdot 10^{23}$
E. $1{,}2 \cdot 10^{23}$

10. Quanti grammi pesano 11,2 L di CH_4 a condizioni standard?
A. 4
B. 8
C. 10
D. 11
E. 16

11. Quanti atomi di fosforo ci sono in 1,78 Kg di acido pirofosforico? [M.M. H = 1 g/mol; P = 31 g/mol; O = 16 g/mol)
A. $1{,}2044 \cdot 10^{25}$
B. $6{,}022 \cdot 10^{23}$
C. $12{,}044 \cdot 10^{25}$
D. $7{,}066 \cdot 10^{24}$
E. $7{,}066 \cdot 10^{23}$

12. Quanti atomi di azoto sono contenuti in 160 g di nitrato di ammonio? [M.M. N = 14 g/mol]

A. 9,9363 · 10^{23}
B. 6,022 · 10^{23}
C. 12,044 · 10^{23}
D. 24,088 · 10^{23}
E. 2

13. 21 g di Li reagiscono completamente con un eccesso di acqua. Sapendo che il gas si trova in condizioni standard, qual è il volume di idrogeno prodotto? [M.M. Li = 7 g/mol]

A. 33,6 dm^3
B. 24 dm^3
C. 72,7 dm^3
D. 67,2 dm^3
E. 48 dm^3

14. 0.5 mol di He con massa atomica 4 sono mescolate con 0,5mol di O_2 con massa atomica 16. In condizioni standard di pressione e temperatura il volume occupato dalla miscela gassosa è:

A. 11,2 L
B. 20 L
C. 22,4 L
D. 36 L
E. 44,8 L

15. Un composto non puro presenta all'analisi i seguenti risultati: C = 36% H = 9% O = 48%.
Il peso molecolare del composto è 186 g/mol. Determinare la formula molecolare. Approssimare per difetto.
[M.M. C = 12 g/mol; H = 1 g/mol; O = 16 g/mol]

A. $C_6H_{12}O_6$
B. $C_6H_{18}O_6$
C. $C_6H_{14}O_6$
D. $C_8H_{16}O_8$
E. $C_6H_{12}O_8$

16. Un composto presenta all'analisi i seguenti risultati: H = 3% P = 36% O = 50%, la restante percentuale non viene riconosciuta.
Determinare la formula minima del composto basandosi solo sulle percentuali ottenute dall'analisi, approssimando i risultati:
[M.M. P = 31 g/mol; O = 16 g/mol; H = 1 g/mol]

A. HPO_3
B. H_3PO_2
C. $H_3P_2O_3$
D. HPO
E. Nessuna delle precedenti

17. Se si fanno reagire 4 g di idrogeno con 160 g di ossigeno, quante moli di acqua si ottengono?

A. 4
B. 10
C. 2
D. 5
E. 164

18. Sapendo che il peso atomico del ferro è 55, dello zolfo è 32 e dell'ossigeno è 16, quante moli si ottengono facendo reagire 55 g di ferro con acido solforico in eccesso?

A. 0,1 mol di solfato ferrico
B. 0,5 mol di solfato ferrico
C. 1,0 mol di solfato ferrico
D. 2,0 mol di solfato ferrico
E. 0,33 mol di solfato ferrico

19. Calcolare i litri di H_2 (in condizioni standard) che si ottengono facendo reagire 108 g di Al con un eccesso di acido solforico, secondo la reazione (già bilanciata):
$2Al + 3H_2SO_4 \rightleftharpoons Al_2(SO_4)_3 + 3H_2$
[M.M. Al = 27 g/mol]

A. 100,1 L
B. 88,5 L
C. 180,2 L
D. 20,9 L
E. 134,4 L

20. Quanti grammi di HCl devono essere utilizzati affinchè reagiscano completamente con 5 mg di carbonato di calcio, secondo la reazione $HCl + CaCO_3 \rightleftharpoons CaCl_2 + CO_2 + H_2O$?
[M.M. Ca = 40 g/mol; Cl = 35 g/mol]

A. 3,6 · 10^{-4} g
B. 2 · 10^{-5} g
C. 2 · 10^{-3} g
D. 3,6 · 10^{-3} g
E. 7,2 · 10^{-4} g

21. 110 g di cloruro di calcio vengono fatti reagire con un eccesso di fosfato di sodio e come prodotti si ottengono il fosfato di calcio e il cloruro di sodio. Quante moli di fosfato di calcio sono ottenute dalla reazione?
[M.M. Ca = 40 g/mol; Cl = 35 g/mol]

A. 1 mol
B. 0,33 mol
C. 0,5 mol
D. 2 mol
E. 1,75 mol

22. 6 moli di magnesio vengono fatte reagire con 4 moli di arsenico, secondo la reazione da bilanciare: $Mg + As \rightleftharpoons Mg_3As_2$.
Quanti grammi di Mg_3As_2 si ottengono dalla reazione?
[M.M. Mg = 24 g/mol; As = 75 g/mol]

A. 127 g
B. 482 g
C. 89 g
D. 444 g
E. 380 g

23. Bilanciare la seguente reazione: $KNO_3 + Al + KOH + H_2O \rightleftharpoons NH_3 + KAlO_2$

A. 4,8,5,2 → 3,4
B. 4,8,3,2 → 3,4
C. 2,8,3,2 → 2,8
D. 3,8,5,2 → 3,8
E. 6,4,10,2 → 6,8

24. Bilanciare la seguente reazione e determinare il coefficiente d:
$aK_3PO_4 + bMg(NO_3)_2 \rightleftharpoons cMg_3(PO_4)_2 + dKNO_3$

A. 3
B. 4
C. 1
D. 5
E. 6

25. Bilanciare la seguente reazione e attribuire i corretti coefficienti stechiometrici:
$aBCl_3 + bP_4 + cH_2 \rightleftharpoons dBP + eHCl$

A. 4,1,6, → 4,12
B. 4,2,3, → 4,4
C. 3,1,6, → 4,6
D. 5,3,3, → 6,4
E. 6,1,4, → 4,12

26. Stabilire, dopo aver bilanciato, quanti atomi di ossigeno sono contenuti in totale all'interno della reazione seguente:
$Sn + xHNO_3 \rightleftharpoons ySnO_2 + 4NO_2 + zH_2O$

A. 18
B. 22
C. 24
D. 26
E. 28

27. Una volta completata e bilanciata l'equazione chimica relativa alla reazione tra il fosfato di calcio $Ca_3(PO_4)_2$ e il cloruro di ammonio NH_4Cl, i coefficienti stechiometrici che compaiono nell'equazione sono nell'ordine:

A. 3,2 → 1,4
B. 3,4 → 3,1
C. 1,6 → 2,3
D. 3,2 → 4,1
E. 2,3 → 3,1

28. Bilanciare la seguente reazione:
$a\,C_4H_{10} + b\,O_2 \rightleftharpoons c\,CO_2 + d\,H_2O$

A. a: 2, b: 7, c: 4, d: 5
B. a: 4, b: 23, c: 12, d: 10
C. a: 2, b: 13, c: 8, d: 10
D. a: 1, b: 7, c: 4, d: 5
E. Nessuna delle precedenti

29. Quali valori devono assumere a, b e c affinché la seguente reazione risulti bilanciata?
$a\,FeS + 7O_2 \rightleftharpoons b\,Fe_2O_3 + c\,SO_2$

A. a: 3, b: 2, c: 2
B. a: 2, b: 4, c: 1
C. a: 3, b: 1, c: 5
D. a: 4, b: 1, c: 3
E. a: 4, b: 2, c: 4

30. Nella seguente reazione da bilanciare indica i coefficienti stechiometrici:
$Cl_2 + NaOH \rightleftharpoons NaClO_3 + NaCl + H_2O$

A. 3,6 → 1,4,4
B. 1,2 → 3,2,3
C. 3,6 → 1,5,3
D. 2,4 → 1,3,1
E. 6,12 → 2,10,6

31. Nella seguente reazione REDOX già bilanciata $2KMnO_4 + 16HCl \rightleftharpoons 2KCl + 2MnCl_2 + 5Cl_2 + 8H_2O$ reagiscono 316 g di $KMnO_4$ e vengono prodotti 86,4 g di H_2O.
Qual è la resa della reazione?
[M.M.: K = 39; Mn = 55; O = 16; H = 1; Cl = 36]

A. 100%
B. 80%
C. 75%
D. 60%
E. 50%

32. All'interno di una reazione, 96 g di O_2 reagiscono con 155 g di P per ottenere l'anidride P_2O_5. Sapendo che la resa effettiva della reazione è dell'80%, quanti grammi di prodotto si formano? Approssimare i risul-tati ottenuti all'unità.
[M.M. P = 31 g/mol; O = 16 g/mol]

A. 159 g
B. 136 g
C. 185 g
D. 215 g
E. 99 g

33. Nella reazione acido base tra acido nitrico e idrossido di calcio si forma nei prodotti il nitrato di calcio. Da 74 g di idrossido di calcio si formano 41 g di nitrato di calcio. Qual è la resa?
[M.M. Ca = 40 g/mol; N = 14 g/mol]

A. 50%
B. 15%
C. 25%
D. 74%
E. 32%

34. Dopo aver adeguatamente bilanciato la seguente reazione, calcolarne la resa sapen-do che si sono ottenute 6 moli di prodotto da 6 moli di P_4 e 12 moli di Cl_2.
$P_4 + Cl_2 \rightleftharpoons PCl_3$

A. 133%
B. 25%
C. 70%
D. 75%
E. 50%

35. L'ammoniaca può essere sintetizzata facendo reagire NO ed idrogeno secondo la reazione (già bilanciata): $2NO + 5H_2 \rightleftharpoons 2NH_3 + 2H_2O$. Partendo da 90 g di NO e 30 g di idrogeno, trovare la resa teorica dell'ammoniaca in grammi.

A. 37 g
B. 2 g
C. 435 g
D. 87 g
E. 51 g

CHIMICA

CORREZIONE COMMENTATA

1. La massa atomica relativa (o peso atomico relativo) è una grandezza fisica adimensionale data dal rapporto tra la massa media degli atomi di un elemento e l'unità di massa atomica unificata (u), quindi tutte le risposte contenenti un'unità di misura sono errate.
Risposta corretta E.

2. L'unità di massa atomica (u.m.a) è un'unità di misura che determina la massa dell'atomo; essa viene introdotta perché le masse degli atomi misurate in chilogrammi o in grammi hanno valori molto piccoli e ciò non è utile da un punto di vista pratico. L'u.m.a. si definisce come 1/12 della massa dell'atomo ^{12}C, ed è relativa per ogni elemento, cioè ogni elemento ha la propria. L'u.m.a. si trova indicata nella tavola periodica.
Risposta corretta E.

3. Innanzitutto calcoliamo il peso molecolare del glucosio. Sappiamo che il glucosio ha come formula molecolare $C_6H_{12}O_6$ è basterà quindi sommare la massa molare degli elementi che compongono il glucosio, ovvero C = 12 g/mol; H = 1 g/mol; O = 16 g/mol. Avremo quindi MM = 12 · 6 + 12 + 16 · 6 = 180 g/mol (per il test può essere utile ricordarsi la MM del glucosio, per evitare di dover svolgere conti al test). A questo punto per trovare le moli di glucosio bisogna usare la formula: n(mol) = m(g)/M(mol/l) quindi (900 g)/(180 g/mol) = 5 mol.
Risposta corretta D.

4. Per calcolare il numero di molecole contenute in 0,1 mol è sufficiente moltiplicare il numero di moli per il numero di Avogadro, secondo la formula: Np = N · n = 0,1 · 6,022 · 10^{23} = 6,022 · 10^{22}, questo numero indica però il numero di molecole di O_2 e non il numero di atomi di ossigeno.
Poiché ci viene detto che l'ossigeno si trova in forma molecolare (biatomica) e quindi in natura contiene 2 atomi di ossigeno basterà utilizzare la formula N_{atomi} = Np · i = 6,022 · 10^{22} · 2 = 12,044 · 10^{22}. Il risultato rappresenta quindi il numero di atomi contenuti in 0,1 moli di ossigeno molecolare.
Risposta corretta D.

5. In questo esercizio è molto efficace procedere per esclusione, dato che la risposta non è immediata: è certo che una mole di $Ba_3(PO_4)_2$ contiene 6,022 · 10^{23} particelle (numero di Avogadro) (risposte A, B e C errate). Avendo escluso già tre opzioni, l'unica cosa che si può fare è calcolare il numero di atomi di fosforo contenuti all'interno di $Ba_3(PO_4)_2$. Per quanto riguarda il numero di atomi di fosforo, è necessario moltiplicare per due il numero di Avogadro perché all'interno del composto il fosforo è preso due volte: $N_{atomi\ fosforo}$ = Np · i = 6,022 · 10^{23} · 2 = 12,044 · 10^{23} (risposta E errata). A questo punto rimangono solo gli atomi di bario da calcolare: in questo caso, si moltiplica il numero di Avogadro per tre. Quindi $N_{atomi\ bario}$ = Np · i = 6,022 · 10^{23} · 3 = 1,8 · 10^{24}.
Risposta corretta D.

6. Tenendo in considerazione che la densità dell'acqua, ovvero il rapporto tra massa e volume, equivale ad 1 g/mL (Vedi: Capitolo 0 – Misure e grandezze), si può ricavare la massa dell'acqua tramite la formula inversa della densità d = m/V. Di conseguenza avremo: m = d · V = 100 mL · 1 g/mL= 100 g. Una volta ottenuti i grammi è sufficiente calcolare il numero di moli secondo la formula n = m/M.M. Quindi, tenendo a mente che il M.M. dell'acqua è 18, avremo: n = (100 g)/(18 g/mol) = 5,5 mol.
Risposta corretta A.

7. Per grammoatomo si intende la quantità in peso di un elemento chimico espressa in grammi da un numero uguale al peso atomico dell'elemento stesso. Per cui in questo caso, un grammoatomo di Fe è uguale al suo peso atomico, cioè 55,8 uma. Possono essere escluse velocemente le opzioni A, D ed E perché la definizione corretta sarebbe: una mole di ferro (quindi $6{,}022 \cdot 10^{23}$ atomi) pesa 55,8 grammi.
Risposta corretta C.

8. L'acqua possiede formula bruta H_2O e, siccome l'ossigeno è preso una volta sola, possiamo dire che il numero di moli di acqua è uguale al numero di moli di ossigeno in essa contenute. Di conseguenza, in 10 moli di acqua sono contenute 10 moli di ossigeno. A questo punto, basterà semplicemente calcolare i grammi di ossigeno utilizzando la formula inversa $m = n \cdot M = 10\ mol \cdot 16\ g/mol = 160\ g$.
Risposta corretta D.

9. L'acido fosforico è anche denominato acido ortofosforico, cioè un poliacido del fosforo (Vedi: Capitolo 4.2.3 – Anidridi e ossiacidi) che si ottiene sommando all'anidride forforica P_2O_5, 3 molecole di H_2O. Svolgendo la reazione si ottiene che l'acido fosforico avrà formula bruta H_3PO_4. A questo punto si calcola la massa molare di H_3PO_4, ricordando che la massa atomica dell'idrogeno è 1g/mol e quella dell'ossigeno è 16 g/mol (quella del fosforo ci viene fornita dal testo); avremo quindi $PM = 3\ g/mol + 31\ g/mol + 16 \cdot 4\ g/mol = 98\ g/mol$. Ora possiamo ricavare il numero di moli: $n = m/PM = (9{,}8\ g)/(98\ g/mol) = 0{,}1\ mol$. Per definizione, una mole di sostanza contiene $6{,}022 \cdot 10^{23}$ (numero di Avogadro) di particelle, nel nostro caso di molecole. Impostando una proporzione possiamo calcolare quante molecole sono presenti in 0,1 mol del composto: $1\ mol : 6{,}022 \cdot 10^{23} = 0{,}1\ mol : x \rightarrow x = 6{,}022 \cdot 10^{22}$. Ora, per determinare il numero di atomi di idrogeno bisogna moltiplicare questo risultato per 3: $6{,}022 \cdot 10^{22} \cdot 3 = 1{,}8066 \cdot 10^{23}$ atomi di H.
Risposta corretta A.

10. Calcoliamo come prima cosa la massa molare di $CH_4 = 12\ g/mol + 4\ g/mol = 16\ g/mol$. Sappiamo, grazie al principio di Avogadro che una mole di gas in condizioni standard occupa 22,4 L. Se CH_4 occupa solo 11,2 L, ovvero la metà della capacità di una mole di gas a condizioni standard, anche il numero di moli sarà dimezzato, ovvero sarà uguale a 0,5 mol (anche una proporzione può essere utile alla risoluzione del quesito). A questo punto basterà utilizzare la formula inversa del calcolo delle moli per ottenere i grammi di CH_4: $m = n \cdot M = 0{,}5\ mol \cdot 16\ g/mol = 8\ g$.
Risposta corretta B.

11. Per risolvere questo quesito è necessario ricavare la formula dell'acido pirofosforico (vedi: capitolo 4.2.3 – Anidridi e ossiacidi). Esso si ottiene per definizione facendo reagire l'anidride fosforica con due molecole di acqua secondo la reazione: $P_2O_5 + 2H_2O \rightleftharpoons H_4P_2O_7$. Successivamente è necessario calcolare il peso molecolare della molecola con la seguente operazione: $PM = 4 \cdot 1 + 31 \cdot 2 + 16 \cdot 7 = 178\ g/mol$. Successivamente si calcola il numero di moli dividendo la massa fornita dall'esercizio, dopo averla trasformata in grammi, per il peso molecolare, con la seguente formula: $n = m/PM = 1780\ g / 178\ g/mol = 10\ mol$. Per definizione una mole di sostanza contiene $6{,}022 \cdot 10^{23}$, un numero di Avogadro di particelle, nel nostro caso di molecole.
Moltiplicando il valore per 10 possiamo calcolare quante molecole sono presenti in dieci moli di composto: $6{,}022 \cdot 10^{23} \cdot 10\ mol = 6{,}022 \cdot 10^{24}$ molecole. Poiché in ciascuna molecola di acido pirofosforico sono presenti due atomi di fosforo, si deve moltiplicare il valore trovato per due: $6{,}022 \cdot 10^{24} \cdot 2 = 1{,}2044 \cdot 10^{25}$ atomi di fosforo.
Risposta corretta A.

12. Per risolvere l'esercizio è necessario trovare la formula del nitrato di ammonio (vedi: capitolo 4.2.6 – Sali Ternari). Sappiamo che lo ione nitrato è NO_3^-, poiché deriva dall'acido nitrico (ricorda la mnemofrase "il morOSO è partITO, l'amICO è tornATO") che avrà formula HNO_3 perché deriva dall'idratazione dell'anidride nitrica secondo la formula: $N_2O_5 + H_2O \rightarrow H_2N_2O_5 \rightarrow 2HNO_3$.
Lo ione ammonio sarà invece NH_4^+ derivato dall'assunzione di uno ione H^+ da parte dell'ammoniaca; di conseguenza, la formula del nitrato di ammonio sarà NH_4NO_3. Dopodiché, dobbiamo calcolare la massa molare di NH_4NO_3 sommando le masse atomiche degli elementi che figurano nella molecola (è necessario ricordare che la massa atomica dell'ossigeno è 16 g/mol mentre quella dell'idrogeno è 1 g/mol); quindi avremo $PM = 14 \cdot 2 + 4 + 16 \cdot 3 = 80$ g/mol.
A questo punto troviamo le moli di nitrato di ammonio dividendo la massa del composto per il suo peso molecolare: n = m/PM = 160 g/mol 80 g/mol = 2 mol. Sappiamo che una mole di sostanza contiene $6{,}022 \cdot 10^{23}$ (un numero di Avogadro) di particelle, nel nostro caso quindi avremo $2 \cdot 6{,}022 \cdot 10^{23} = 12{,}044 \cdot 10^{23}$ molecole di NH_4NO_3. Per determinare quanti atomi di azoto sono presenti dobbiamo moltiplicare questo risultato per il numero di azoti presenti nella formula. Vedendo che ci sono due azoti, possiamo dedurre che il risultato finale sarà $2 \cdot 12{,}044 \cdot 10^{23} = 24{,}088 \cdot 10^{23}$ atomi di azoto.
Risposta corretta D.

13. Per prima cosa scriviamo e bilanciamo la reazione in corso: $2Li + 2H_2O \rightleftharpoons 2LiOH + H_2$ (anche la reazione tra un metallo e acqua può formare direttamente un idrossido).
Ricaviamo quindi le moli di Li dividendo la massa per la massa molecolare: n = m/M.M. = 21g /7g/mol = 3 mol. Grazie al bilanciamento della reazione, è possibile ricavare il rapporto stechiometrico tra il reagente noto (Li) e il prodotto richiesto dal testo (H_2), che sarà 2:1. A questo punto, si possono trovare le moli di idrogeno che vengono prodotte impostando la proporzione 2 : 3 mol = 1 : x. Le moli ottenute saranno quindi 1,5 mol. A questo punto sappiamo che, secondo la legge di Avogadro, in condizioni standard, una mole di un gas occupa un volume di 22,4 L (che corrisponde a 22,4 dm^3). Per sapere quanti L occuperanno 1,5 moli possiamo quindi impostare la proporzione 1 mol : 22,4 dm^3 = 1,5 mol : x, da cui si ricava che il volume di H_2 ottenuto sarà 33,6 dm^3.
Risposta corretta A.

14. Per definizione di Avogadro una mole di un qualunque gas occupa lo stesso volume in condizioni standard, in particolare a 1 atm e 0° C (cioè in STP) 1 mole di gas occupa 22,4 L. Questo valore può essere ottenuto anche matematicamente sostituendo i dati nell'equazione dei gas perfetti PV = nRT e ricordando di convertire le unità di misura in quelle fondamentali del SI (0°C → 273 K). In questo caso il gas è costituito da due elementi diversi (elio e ossigeno) in quantità pari a 0.5 moli ciascuno, per cui 0.5 mol + 0.5 mol = 1 mol. A questo punto abbiamo ricavato il numero di moli totali e inoltre, come riportato nel testo della domanda, sappiamo che il gas si trova in condizioni standard di temperatura e pressione. È quindi applicabile il Principio di Avogadro: una mole di gas in STP occupa un volume pari a 22,4 L.
N.B. Prestare attenzione al fatto che il testo del problema riporta la massa atomica degli elementi, dato totalmente inutile al fine della risoluzione del quesito, poiché il volume dipende dal numero di moli considerate e non dalla natura dei gas.
Risposta corretta C.

15. La formula minima indica quali elementi costituiscono la molecola o il composto e qual è il rapporto minimo tra essi. La formula molecolare invece indica gli elementi presenti e il numero esatto di atomi di ciascun elemento nella molecola.
Per determinare la formula minima bisogna trasformare le percentuali in grammi, essendo un composto non puro, le percentuali non raggiungeranno il 100%.

36% = 36 g di C; 9% = 9 g di H; 48% = 48 g di O.
Calcoliamo innanzitutto il numero di moli: C = 36 g / 12 g/mol = 3 mol; H = 9 g / 1 g/mol = 9 mol; O = 48 g / 16 g/mol = 3 mol.
Dopo aver trovato il numero di moli per ricavare gli indici numerici della formula minima è sufficiente dividere il numero di moli di ciascun elemento per il più piccolo valore trovato (in questo caso 3): C = 3 / 3 = 1; H = 9 / 3 = 3; O = 3 / 3 = 1.
Di conseguenza, la formula minima sarà CH_3O.
A questo punto si calcola la massa molare di CH_3O = 12 g/mol + 3 g/mol + 16 g/mol = 31 g/mol.
Si determina la formula molecolare: (M.M. composto molecolare)/(PM formula minima)=186 g/mol / 31 g/mol = 6
Di conseguenza sarà sufficiente moltiplicare la formula minima per 6 per ottenere $C_6H_{18}O_6$.
Risposta corretta B.

16. Per determinare la formula minima bisogna trasformare le percentuali in grammi: 3 % = 3 g di H; 36 % = 36 g di P; 50 % = 50 g di O. Si utilizzano valori comodi per semplificare i calcoli.
A questo punto è necessario calcolare le moli degli atomi: H = 3 g / 1 g/mol = 3 mol; P = 36 g / 31 g/mol = 1,13 mol; O = 50 g / 16 g/mol = 3,12 mol.
Dopo aver trovato il numero di moli, per ricavare gli indici numerici della formula minima basta dividere il numero di moli di ciascun elemento per il più piccolo valore trovato (in questo caso 1,13): H = 3 / 1,13 = 2,65 → 3; P = 1,13 / 1,13 = 1; O = 3,12 / 1,13 = 2,76 → 3.
Attenzione ad approssimare i risultati come ci viene detto dalla consegna dell'esercizio.
La formula minima sarà quindi H_3PO_3.
Risposta corretta E.

17. Scriviamo la reazione chimica: $2H_2 + O_2 \rightarrow 2H_2O$
Sappiamo che H ha peso molecolare 1 g/mol mentre O 16 g/mol. Per calcolare le moli usiamo la stessa formula dell'esercizio precedente: n = m/MM, quindi nH_2 = (4 g)/(2 g/mol)=2 mol mentre nO_2 = (160 g)/(32 g/mol)=5 mol. A questo punto sarà necessario trovare il reagente limitante: il metodo più veolce da applicare è quello di dividere il numero di moli per il coefficiente stechiometrico e individuare quale dei due valori è il minore. In questo caso abbiamo 2/2 = 1 per l'idrogeno e 5/1 = 5 per l'ossigeno; di conseguenza il reagente limitante di questa reazione è l'idrogeno. A questo punto valutiamo i rapporti stechiometrici: l'idrogeno sta in rapporto all'acqua di 2 : 2, riducibile ad 1 : 1. Di conseguenza il numero di moli dell'idrogeno sarà uguale al numero di moli dell'acqua: 2 mol.
Risposta corretta C.

18. In questo esercizio ci viene chiesto di trovare le moli di solfato ferrico prodotte in una reazione nella quale si ha acido solforico in eccesso. La prima cosa da fare è scrivere la reazione bilanciata: $3H_2SO_4 + 2Fe \rightleftharpoons Fe_2(SO_4)_3 + 3H_2$. Dal testo è specificato che ci sono 55 grammi di ferro e che questo è il reagente limitante. Quindi, si trovano le moli di ferro n = (55 g)/(55 g/mol) = 1 mole. A questo punto si imposta una proporzione con i coefficienti stechiometrici della reazione per determinare quante moli di solfato ferrico si ottengono dalla reazione. 1 : x = 2 : 1 = 0,5.
Si ottengono quindi 0,5 moli di solfato ferrico.
Risposta corretta B.

19. La reazione è già bilanciata, quindi possiamo iniziare dal calcolo del numero di moli dell'al-luminio n = m/M.M. = (108 g)/(27 g/mol) = 4 mol. Ci viene detto che la reazione avviene in eccesso di acido solforico, quindi Al è il reagente limitante e queste moli verranno considerate durante il calcolo dei rapporti stechiometrici. Per arrivare alle moli di H_2 si imposta la proporzione: 2 : 4 = 3 : nH_2. Di conseguenza si ottengono 6 mol di H_2. In base al principio di Avogadro una mole di gas in condizioni standard occupa un volume di

CHIMICA

22,4 L quindi è sufficiente moltiplicare il numero di moli per 22,4 L. Avremo allora: V_{H2} = 6 mol · 22,4 L = 134,4 L.
Risposta corretta E.

20. Il primo passo da fare per la corretta risoluzione del quesito è bilanciare la reazione: $2HCl + CaCO_3 \rightleftharpoons CaCl_2 + CO_2 + H_2O$. A questo punto è necessario calcolare le moli di carbonato di calcio secondo la formula: n = m/ M.M. = 5 mg / (40 + 12 + 16 · 3) g/mol = 5 · 10^{-3}g /100 g/mol = 5 · 10^{-5} mol.
Attenzione! La massa di carbonato di calcio è espressa in mg e non in g. A questo punto possiamo considerare i rapporti stechiometrici: il carbonato di calcio e l'acido cloridrico si trovano in rapporto 1 : 2, di conseguenza possiamo impostare la proporzione 1 : (5 · 10^{-5}) = 2 : x. Si trova che le moli di acido cloridrico sono 10^{-4} mol. A questo punto dobbiamo calcolare la massa di HCl utilizzando la formula inversa: m = n · M.M. = 10^{-4} mol · (1+35) g/mol = 3,6 · 10^{-3} g.
Risposta corretta D.

21. Il primo passo da fare nella risoluzione dell'esercizio è quello di scrivere la reazione: a questo proposito ci tornano utili le conoscenze di nomenclatura inorganica (Vedi: Capitolo 4 – La nomenclatura). Il cloruro di calcio è un sale binario e, poiché il calcio ha N.O. +2, il cloro dovrà essere preso due volte (ha infatti N.O. -1): $CaCl_2$. Nel fosfato di sodio, lo ione fosfato deriva dall'acido fosforico che ha formula H_3PO_4. Togliendo gli idrogeni otteniamo un anione con tre cariche negative, che dovranno essere bilanciate da tre atomi di sodio (con N.O. +1): Na_3PO_4.
Scriviamo ora la reazione completa e bilanciamola: $3CaCl_2 + 2Na_3PO_4 \rightarrow Ca_3(PO_4)_2 + 6NaCl$. Ora calcoliamo le moli di cloruro di calcio n = m/M.M. = 110 g / (40 + 35 · 2) g/mol = 1 mol. A questo punto possiamo considerare i rapporti stechiometrici per calcolare le moli di fosfato di calcio. Il reagente e il prodotto stanno in rapporto 3 : 1, di conseguenza possiamo impostare la proporzione: 3 : 1 mol = 1 : x mol. Le moli di fosfato di calcio saranno quindi 1/3 = 0,33 mol.
Risposta corretta B.

22. Per risolvere l'esercizio è necessario innanzitutto bilanciare la reazione: $3\ Mg + 2\ As \rightarrow Mg_3\ As_2$. A questo punto è necessario trovare il reagente limitante, per cui valuteremo i rapporti tra le moli dei reagenti con i loro coefficienti stechiometrici: per il magnesio avremo 6 mol / 3 = 2, mentre per quanto riguarda l'arsenico avremo 4 mol / 2 = 2. I rapporti sono uguali, quindi non esiste un reagente limitante perché entrambi si consumano completamente durante la reazione. Potremo quindi procedere con i calcoli considerando indifferentemente magnesio o arsenico. Consideriamo i rapporti stechiometrici tra magnesio e il Mg_3As_2, essi stanno in rapporto di 3 : 1. Possiamo adesso impostare la proporzione: 3 : 6 mol = 1 : x mol → x = 6 mol / 3 = 2 mol di Mg_3As_2.
Infine, possiamo calcolare la massa del prodotto utilizzando la formula inversa: m = n · M.M. = 2 mol · (24 · 3 + 75 · 2) g/mol = 444 g.
Risposta corretta D.

23. Questa tipologia di esercizi può essere risolta attraverso due metodi, si può procedere empiricamente oppure attraverso un metodo più logico. Seguendo il primo metodo, il più veloce tra i due, si inseriscono i coefficienti elencati nelle risposte all'interno della reazione e in seguito si controlla se la legge di conservazione della massa è rispettata. Seguendo il secondo metodo invece, si procede per esclusione osservando i coefficienti; le risposte A e B, che riportano KNO_3 e $KAlO_2$ con lo stesso coefficiente sono da scartare a priori dal momento che il potassio, sempre con pedice 1, è presente in due composti diversi nei reagenti e in uno solo nei prodotti (risposte A e B errate). Considerando poi che l'alluminio è presente solo una volta, si deve controllare che il coefficiente dell'alluminio

in quanto tale nei reagenti sia uguale al coefficiente davanti a $KAlO_3$: solo le risposte C e D rispondono a tale requisito. Giunti ad avere solo due risposte possibili, si può procedere per esclusione provandole entrambe.
Risposta corretta D.

24. Procediamo passo per passo: innanzitutto bilanciamo il magnesio, dato nei prodotti esso è preso tre volte; di conseguenza iniziamo a porre il coefficiente stechiometrico "3" al posto della lettera "b". A questo punto si può bilanciare l'azoto: nei reagenti abbiamo 3 · 2 = 6 atomi di azoto, quindi mettiamo al posto della "d" un 6. Ora, è sicuro che nei prodotti ci siano anche 6 atomi di potassio, quindi nei reagenti si sostituisce la "a" con un 2 in modo tale da avere 2 · 3 = 6 atomi di potassio. Ora non resta altro che bilanciare il fosforo: nei reagenti ci sono 2 atomi di fosforo e nei prodotti sono già presenti due atomi di fosforo. Quindi la "c" assume valore = 1. Ora è bene controllare il numero di ossigeni, per essere sicuri che la reazione sia bilanciata correttamente: nei reagenti ci sono 26 atomi, mentre nei prodotti anche. La reazione correttamente bilanciata sarà quindi $2K_3PO_4 + 3Mg(NO_3)_2 \rightarrow Mg_3(PO_4)_2 + 6KNO_3$.
Risposta corretta E.

25. La reazione può essere bilanciata secondo due metodi: il metodo empirico o il metodo delle semireazioni (si tratta infatti di una redox). Usando il metodo empirico si possono escludere due opzioni come prima cosa, perché osservando i pedici, notiamo che il coefficiente stechiometrico di P4 deve essere il quadruplo del coefficiente di BP (risposte B e D errate). In seguito, consideriamo che i coefficienti di BCl_3 e di BP devono essere uguali, si possono quindi escludere le opzioni C ed E (risposte C ed E errate). Il metodo delle semireazioni è leggermente più macchinoso; si scrivono le semireazioni $P_4 + 12e^- \rightarrow BP$ (gli elettroni scambiati sono 12 perché nei reagenti P è preso 4 volte e scambia 3 elettroni) e $H_2 \rightarrow HCl + 2e^-$. Per equiparare lo scambio di elettroni si dovrà moliplicare la seconda semireazione per 6 (con l'attenzione però che HCl dovrà avere come coefficiente stechiometrico 12, perché nei reagenti H è preso due volte mentre nei prodotti solo una). Si ottiene così la seguente reazione: $aBCl_3 + bP_4 + 6H_2 \rightleftharpoons dBP + 12HCl$. A questo punto possiamo bilanciare nel metodo tradizionale, e troviamo che la risposta corretta è la A.
Risposta corretta A.

26. Si tratta di una redox ma, siccome ci sono stati già forniti dei coefficienti stechiometrici corretti, possiamo bilanciare nel modo tradizionale. Si bilancia la reazione partendo dall'azoto: al posto di "x" nei reagenti si inserisce il coefficente "4", visto quanto si trova nei prodotti. Dopodiché si nota che lo stagno è presente solo una volta nei reagenti, quindi bisognerà sostituire nei prodotti il coefficiente stechiometrico "y" con "1". Basterà, infine aggiungere il coefficiente "4" al posto di "z" per bilanciare gli idrogeni. Calcoliamo il numero di atomi di ossigeno presenti nella reazione: nei reagenti e nei prodotti sono presenti 12 atomi di O (la reazione è bilanciata correttamente), quindi in totale sono presenti 24 atomi di ossigeno nella reazione.
Risposta corretta C.

27. L'equazione chimica presentata dal quesito è una reazione di doppio scambio tra il fosfato di calcio $Ca_3(PO_4)_2$ e il cloruro di ammonio NH_4Cl; la reazione, completata e correttamente bilanciata, è la seguente: $Ca_3(PO_4)_2 + 6NH_4Cl \rightleftharpoons 2(NH_4)_3PO_4 + 3CaCl_2$, i coefficienti stechio-metrici sono pertanto 1,6 → 2,3. Per risolvere il quesito in maniera operativa è necessario innanzitutto intuire che si tratta di una reazione di doppio scambio, quindi scriverla e bilanciarla. Per quanto riguarda il bilanciamento si ricorda che ossigeno e idrogeno devono sempre essere bilanciati alla fine; quindi partendo dal calcio si pone coefficiente 3 davanti al cloruro di calcio; bilanciando poi il cloro, nei prodotti è preso sei volte, quindi davanti al cloruro di ammonio si porrà il coefficiente 6; infine si

CHIMICA

bilancerà lo ione ammonio che nei reagenti è preso sei volte, mentre nei prodotti è preso tre volte nella molecola, quindi davanti al fosfato di ammonio si porrà il coefficiente 2; si controlla ora lo ione fosfato e si nota che è bilanciato, perché sia nei reagenti che nei prodotti è preso due volte, il coefficiente del fosfato di calcio è quindi correttamente 1.
Risposta corretta C.

28. Per risolvere i bilanciamenti il metodo più rapido è sicuramente il metodo empirico. Esso consiste nel sostituire all'interno della reazione i coefficienti stechiometrici forniti dalle risposte e verificando che la legge di conservazione della massa sia rispettata. Applicando questo metodo si giungeva rapidamente alla risposta corretta, cioè l'opzione C. In alternativa al metodo empirico, si può ragionare a logica: dalla reazione si nota che i coefficienti c ed a dovranno necessariamente essere l'uno il quadruplo dell'altro, perché il carbonio nei reagenti è preso quattro volte mentre nei prodotti è preso una volta. Di conseguenza si potevano escludere queste opzioni a priori (Risposte A e B errate). A questo punto si dovevano sostituire la metà delle opzioni all'interno dell'equazione. L'equazione corretta risulta quindi: $2C_4H_{10} + 13O_2 \rightleftharpoons 8CO_2 + 10H_2O$.
Risposta corretta C.

29. Il quesito può essere risolto in vari modi, seguendo il metodo empirico o con un metodo più matematico; in entrambi i casi, dovrà essere rispettata la legge di conservazione della massa di Lavoisier. Se si sceglie di seguire il metodo empirico è necessario considerare le opzioni proposte: si procederà sostituendo i valori fino a trovare la risposta corretta. Scegliendo invece di seguire il metodo matematico, si può notare che per bilanciare l'equazione, il coefficiente a deve essere il doppio del coefficiente b, dato che nei prodotti non abbiamo Fe ma Fe_2. In questo modo possiamo già escludere tutte le opzioni tranne la E, dove a = 2b.
Risposta corretta E.

30. Per risolvere il seguente quesito è necessario bilanciare la reazione proposta, facendo attenzione al fatto che è una redox. Come primo passaggio si devono individuare i numeri di ossidazione: Cl nella molecola biatomica ha N.O. 0; Na ha N.O. +1 in NaOH e l'ossigeno e l'idrogeno hanno N.O. rispettivamente uguale a -2 e +1; in $NaClO_3$ il sodio ha invece N.O. +1, l'ossigeno ha N.O. -2, e di conseguenza il cloro ha N.O. +5 (si calcola per somma algebrica sapendo che la molecola deve essere neutra); in NaCl il sodio ha N.O. +1, mentre il cloro ha N.O. -1. L'elemento che ha variato il suo numero di ossidazione all'interno della reazione è il cloro, che ai reagenti ha numero di ossidazione 0 e nei prodotti si riduce a -1 e si ossida a +5 (ricordiamo la mnemofrase "O.P.e.R.A.": "chi si Ossida Perde Elettroni, chi si Riduce li Acquista"). Il passaggio successivo è scrivere le semireazioni: la semireazione di ossidazione, cioè quella in cui vengono donati elettroni, in cui l'elemento coinvolto aumenta il suo N.O., è $Cl_2 \rightarrow 2NaClO_3 + 10e^-$; la semireazione di riduzione, cioè quella in cui vengono assunti elettroni, in cui l'elemento coinvolto diminuisce il suo N.O., è invece $Cl_2 + 2e^- \rightarrow 2NaCl$. Attenzione al fatto che le semireazioni devono essere a loro volta bilanciate: si passa infatti da un Cl_2 a composti in cui il Cl è preso una volta. Ne consegue che saranno liberati il doppio degli elettroni. Per bilanciare la quantità di elettroni che vengono scambiati, e fare in modo che gli elettroni donati siano uguali a quelli acquistati, si deve moltiplicare per 5 la semireazione di riduzione e per 1 quella di ossidazione, ottendendo: $Cl_2 \rightarrow 2NaClO_3 + 10e^-$ e $5Cl_2 + 10e^- \rightarrow 10NaCl$. Si riportano i coefficienti stechiometrici così calcolati nella reazione che diverrà: $6Cl_2 + NaOH \rightleftharpoons 2NaClO_3 + 10NaCl + H_2O$. Bilanciando infine sodio, idrogeno e ossigeno si otterrà: $6Cl_2 + 12NaOH \rightarrow 2NaClO_3 + 10NaCl + 6H_2O$. Nel caso in cui ci fermassimo a questo passaggio la risposta corretta sarebbe E, ma è necessario notare che i coefficienti devono essere ridotti ai minimi termini. Semplificando tutti i coefficienti stechiometrici per due si ottiene la reazione bilanciata: $3Cl_2 + 6NaOH \rightleftharpoons NaClO_3 + 5NaCl + 3H_2O$.
Risposta corretta C.

31. La reazione è già stata bilanciata, per cui come prima cosa calcoliamo il peso molecolare del permanganato di potassio che ci servirà per cavolare le moli: M.M. = (39 + 55 + 16 · 4) g/mol = 158 g/mol. Ora, possiamo calcolare le moli utilizzando la formula n = m/M.M. = 316 / 158 g/mol = 2 mol.
A questo punto possiamo considerare i rapporti stechiometrici del permanganato di potassio e dell'acqua (stanno in rapporto 2 : 8) per calcolare le moli teoriche di acqua che si dovrebbero formare alla fine della reazione; impostiamo la proporzione: 2 : 2mol = 8 : x, risolvendo si ottiene che le moli di acqua saranno 8. A questo punto calcoliamo la massa teorica di acqua che dovrebbe essere ottenuta dalla reazione, attraverso la formula m = n · M.M. = 8mol · 18 g/mol = 144g.
Ricordiamo che il peso molecolare dell'acqua si calcola sommando due masse dell'idrogeno (1g/mol) e una massa dell'ossigeno (16 g/mol) quindi: M.M. = 1g/mol · 2 + 16 g/mol = 18 g/mol.
Avendo ottenuto la massa teorica possiamo quindi calcolare la resa percentuale, che si definisce come il rapporto fra la resa effettiva (dato che viene fornito dal testo), in grammi o moli, e la resa teorica (calcolata): R% = (resa effettiva) / (resa teorica) · 100 = 86,4 g / 144 g · 100 = 60%.
Risposta corretta D.

32. Questa tipologia di esercizi è piuttosto complessa, perché sono necessari numerosi passaggi. Come primo passaggo è necessario scrivere la reazione e bilanciarla. La reazione corretta è: $5O_2 + 4P \rightarrow 2P_2O_5$.
A questo punto, è necessario calcolare le moli di ciascun composto servendosi del peso molecolare: n_P= m/M.M. = 155 g/31 g/mol = 5 mol di P; nO_2 = m/M.M. = 96 g/32 g/mol = 3 mol di O_2 (attenzione al peso molecolare dell'ossigeno: deve essere moltiplicato per due perché l'ossigeno si trova in forma biatomica).
In seguito, sarà necessario trovare il reagente limitante, cioè il reagente che si consuma per primo tra i due e che quindi andrà a determinare la quantità di prodotto che si formerà. Per trovare il reagente limitante bisogna dividere il numero delle moli di un reagente con il suo coefficiente stechiometrico. Di conseguenza avremo:
Fosforo → 5 mol / 4 = 1,25
Ossigeno → 3 mol / 5 = 0,6
Poiché l'ossigeno dà il valore minore, sarà individuato come reagente limitante. Tutti i calcoli successivi partiranno quindi da questo numero di moli.
A questo punto, si può procedere a calcolare la resa TEORICA, cioè la quantità di prodotto che si dovrebbe ottenere se la reazione andasse a compimento.
Procediamo considerando i rapporti stechiometrici: l'ossigeno (reagente limitante) sta in rapporto 5 : 2 con l'anidride fosforica; di conseguenza, per trovare le moli dell'anidride, impostiamo la proporzione: 5 : 3 = 2 : x → x = 2 · 3/5 = 1,2 mol. A questo punto possiamo risalire alla massa dell'anidride (e quindi alla resa teorica) tramite la formula m = n · M.M. = 1,2 · (16 · 5 + 31 · 2) = 170,4 g, possiamo approssimare a 170 g per semplificare i calcoli. La richiesta dell'esercizio però è la resa effettiva, che ci viene detto essere 80% della resa teorica: R_E = 170 · 80/100 = 136 g.
Risposta corretta B.

33. Per risolvere questo quesito si deve impostare la reazione di neutralizzazione per la formazione del nitrato di calcio: $Ca(OH)_2 + 2HNO_3 \rightleftharpoons Ca(NO_3)_2 + 2H_2O$. Si nota come la proporzione delle moli tra idrossido di calcio e nitrato di calcio sia 1:1, pertanto con una mole di reagente si forma una sola mole di prodotto. È necessario calcolare le moli di idrossido iniziali con la seguente formula: n = m/M.M.; il M.M. dell'idrossido di calcio si calcola sommando i pesi atomici degli atomi che formano la molecola (è necessario sapere che il peso atomico dell'ossigeno è 16 g/mol e il peso atomico dell'idrogeno è 1 g/mol): M.M.($Ca(OH)_2$) = 40 + (16 + 1) · 2 = 74 g/mol. Il numero di moli di idrossido

CHIMICA

corrisponde quindi a 74 g / 74 g/mol = 1 mol. Pertanto, le moli teoriche di nitrato di calcio saranno pari a 1 mole. A questo punto si calcola la massa teorica di nitrato con la formula inversa rispetto a quella usata precedentemente per calcolare le moli: questa massa sarà la resa teorica della reazione. Il M.M.($Ca(NO_3)_2$) = 40 + (14 + 16 + 16 + 16) · 2 = 164 g/mol. La massa teorica è uguale a m = n · PM = 164 g/mol · 1 mol = 164 g. A questo punto, per concludere l'esercizio basta calcolare la resa con la seguente formula: Resa = $m_{effettiva}$/ $m_{teorica}$ · 100 = 41 g/164 g · 100 = 0,25 · 100 = 25%.
Risposta corretta C.

34. Come prima cosa è necessario bilanciare la reazione: $P_4 + 6Cl_2 \rightleftarrows 4PCl_3$. Per calcolare la resa teorica, che in questo esercizio corrisponde alle moli di PCl_3 ottenute teoricamente dalla reazione, si deve trovare il reagente limitante; questo è il reagente che si consuma per primo all'interno della reazione e che quindi va a determinare quante moli di prodotto si formeranno.
Un modo rapido per calcolare il reagente limitante è fare il rapporto tra il numero di moli e il coefficiente stechiometrico corrispondente sia per P_4 che per Cl_2; di conseguenza, per P_4 avremo 6/1 = 6, mentre per Cl_2 12/6 = 2.
Il reagente limitante sarà quindi Cl_2 e a partire da questo calcoleremo le moli di PCl_3, prendendo in considerazione i rapporti stechiometrici; poiché Cl_2 sta in rapporto di 6 : 4 con PCl_3, possiamo scrivere: 6 : 12 mol = 4 : x mol → x = 12 · 4/6 = 8 mol.
La resa percentuale si calcola come $R_{reale}/R_{teorica}$ · 100 = 6 mol/8 mol · 100 = 75%.
Risposta corretta D.

35. Per risolvere questo esercizio dobbiamo trovare il reagente limitante, cioè quel reagente che si consuma per primo e va a definire quante moli di prodotto saranno ottenute durante la reazione. Innanzitutto calcoliamo le moli dei due reagenti: NO ha peso molecolare PM = (14 + 16) g/mol = 30 g/mol e le sue moli corrisponderanno a n = m/PM = 90 g/30 g/mol = 3 mol; H_2 ha invece peso molecolare PM = 1 g/mol + 1 g/mol = 2 g/mol e le sue moli corrisponderanno a n = m/PM = 30 g/2 g/mol = 15 mol. Attenzione! È importante ricordare il peso molecolare dei principali elementi della tavola periodica. A questo punto, per individuare il reagente limitante, è necessario dividere il numero di moli per il coefficiente stechiometrico del reagente: per NO avremo 3 / 2 = 1,5, mentre per H_2 avremo 15 / 5 = 3. Il valore minore è quello del NO, quindi questo sarà il nostro reagente limitante. A questo punto andiamo a considerare i rapporti stechiometrici: NO e NH_3 si trovano in rapporto 2 : 2, che è assimilabile a 1 : 1, quindi le moli di NO saranno uguali a quelle di NH_3.
Calcoliamo infine la resa teorica della reazione, cioè la massa dell'ammoniaca che si dovrebbe teoricamente ottenere dalla reazione: si utilizzerà la formula m = n · PM = 3 mol · (14 + 1 + 1 + 1) g/mol = 51 g.
Risposta corretta E.

7. REAZIONI CHIMICHE, EQUILIBRIO E CINETICA

1. Data la seguente reazione:
$KNO_3 + NaOH \rightleftharpoons NaNO_3 + KOH$
Indicare la classe di reazione che la rappresenta:
A. Neutralizzazione
B. Doppio scambio
C. Scambio semplice
D. Sintesi
E. Scambio acido-base

2. Indicare la coppia "tipologia di reazione – reazione" corretta:
A. Scambio semplice – $2NaOH + H_2SO_4 \rightleftharpoons Na_2SO_4 + 2H_2O$
B. Doppio scambio – $Na_2CO_3 + 2HCl \rightleftharpoons 2NaCl + CO_2 + H_2O$
C. Decomposizione – $N_2 + 3H_2 \rightleftharpoons 2NH_3$
D. Sintesi – $NaOH + HCl \rightleftharpoons NaCl$
E. Doppio scambio – $Zn + H_2SO_4 \rightleftharpoons ZnSO_4 + H_2$

3. Individuare l'affermazione errata:
A. La reazione di decomposizione porta alla formazione di due o più prodotti a partire da un composto
B. La reazione di sintesi porta alla formazione di uno o più prodotti
C. Nelle reazioni di scambio semplice, se un elemento non è abbastanza reattivo non riesce a scalzare l'elemento nel composto
D. Nelle reazioni di doppio scambio i due reagenti si scambiano gli elementi
E. Una reazione di neutralizzazione non può essere una reazione di decomposizione

4. Il riducente in una qualsiasi reazione di ossido-riduzione:
A. Assume sempre protoni
B. Assume sempre ossigeno
C. Cede sempre ossigeno
D. Assume sempre idrogeno
E. Cede sempre elettroni

5. Una reazione di ossido-riduzione è caratterizzata dal fatto che:
A. Un prodotto viene frazionato in più parti
B. Uno o più elementi di una sostanza si trasformano in altri elementi a più basso peso atomico
C. Uno o più elementi modificano il loro stato di ossidazione
D. Un elemento aumenta il proprio numero di ossidazione
E. Si ha una diminuzione del peso molecolare del reagente

6. Un elemento la cui formula elettronica sia $1s^2\ 2s^2\ 2p^6\ 3s^1$ si comporta come:
A. Un forte riducente
B. Un forte ossidante
C. Un elemento inerte
D. Un potente elettrofilo
E. Un acido forte

7. Quale delle seguenti rappresentazioni di reazioni di ossido-riduzione è corretta?
A. $Mg \rightleftharpoons Mg^+$
B. $F^- - 2e^- \rightleftharpoons F$
C. $Ba^+ \rightleftharpoons Ba$
D. $Cl^- + 1e^- \rightleftharpoons Cl^{2-}$
E. $Pb^{2+} + 1e^- \rightleftharpoons Pb$

8. Quale delle seguenti reazioni NON è una reazione di ossidoriduzione?
A. $3MnCl_2 + 2HNO_3 + 6HCl \rightleftharpoons 2NO + 3MnCl_4 + 4H_2O$
B. $2K_2Cr_2O_7 + 2H_2O + 3S \rightleftharpoons 4KOH + 2Cr_2O_3 + 3SO2$
C. $Al_2O_3 + 3H_2SO_4 \rightleftharpoons Al_2(SO_4)_3 + 3H_2SO_4$
D. $6Fe^{2+} + Cr_2O_7^{2-} + 14H^+ \rightleftharpoons 6Fe^{3+} + 2Cr^{3+} + 7H_2O$
E. Nessuna delle precedenti

9. L'anione cromato $(CrO_4)^{2-}$ si trasforma nel catione Cr^{3+} e in questa reazione l'atomo Cr:
A. Passa da numero di ossidazione +6 a +3 e si riduce
B. Passa da numero di ossidazione +6 a +3 e si ossida
C. Passa da numero di ossidazione -2 a +3 e si riduce
D. Passa da numero di ossidazione -2 a +3 e si ossida
E. Non subisce variazioni del numero di ossidazione

10. Nella seguente reazione $K_2Cr_2O_7 + 4H_2SO_4 + 3H_2O_2 \rightleftharpoons Cr_2(SO_4)_3 + 3O_2 + K_2SO_4 + 7H_2O$ indicare quale elemento si comporta come ossidante:

A. Potassio
B. Zolfo
C. Ossigeno
D. Cromo
E. Idrogeno

11. Individuare la corretta associazione "specie chimica che si ossida – tipologia di reazione" nella seguente reazione:
$2HgO \rightleftharpoons 2Hg + O_2$

A. O_2 – reazione di scambio semplice
B. Hg – reazione di decomposizione
C. O_2 – reazione di decomposizione
D. Hg – reazione di scambio semplice
E. Nessuna specie chimica si ossida – reazione di decomposizione

12. Nella reazione $10FeSO_4 + 2KMnO_4 + 8H_2SO_4 \rightleftharpoons 5Fe_2(SO_4)_3 + 2MnSO_4 + K_2SO_4 + 8H_2O$ dove avviene la reazione di ossidazione e come cambiano i numeri di ossidazione?

A. $Fe^{+2} \rightarrow Fe^{+3}$
B. $Fe^{+3} \rightarrow Fe^{+2}$
C. $Mn^{+7} \rightarrow Mn^{+2}$
D. $Mn^{+2} \rightarrow Mn^{+3}$
E. $Mn^{+7} \rightarrow Fe^{+2}$

13. Determinare quale di queste reazioni è una reazione di ossidoriduzione ed identificare l'agente ossidante e l'agente riducente:

- **$2Mg + O_2 \rightleftharpoons 2MgO$**
- **$2HBr + Ca(OH)_2 \rightleftharpoons 2H_2O + CaBr_2$**
- **$Cl_2 + 2OH^- \rightleftharpoons Cl^- + ClO^- + H_2O$**

A. (a) redox, ossidante = O_2, riducente = Mg; (b) non redox; (c) redox, ossidante = Cl, riducente = H
B. (a) redox, ossidante = Mg, riducente = O_2; (b) non redox, (c) redox, ossidante = H, riducente = Cl
C. (a) redox, ossidante = O_2, riducente = Mg; (b) non redox; (c) redox, ossidante = Cl, riducente = Cl
D. (a) redox, ossidante = Mg, riducente = O_2; (b) non redox; (c) redox, ossidante = Cl, riducente = Cl
E. (a) redox, ossidante = Mg, riducente = O_2; (b) redox, ossidante = Br, riducente = Ca; (c) redox, ossidante = Cl, riducente = Cl

14. Una reazione si definisce endotermica quando:

A. Avviene con assorbimento di calore
B. Avviene con sviluppo di calore
C. Si trova all'equilibrio
D. Presenta una velocità di reazione elevata
E. Non può avvenire a temperatura ambiente

15. Quale delle seguenti affermazioni è corretta?

A. Una reazione endotermica non può mai essere spontanea
B. L'entropia indica la quantità di calore che viene scambiata da un sistema all'altro
C. L'energia libera di Gibbs indica lo stato d'ordine della reazione
D. Una reazione esotermica ha $\Delta S > 0$
E. Una reazione esotermica può essere non spontanea

16. Una reazione è spontanea ed esotermica a 1 K. Quali dei valori di entropia ed entalpia possono appartenere verosimilmente alla reazione?

A. $\Delta H = +89$ kJ; $\Delta S = +48$ kJ
B. $\Delta H = +45$ kJ; $\Delta S = -24$ kJ
C. $\Delta H = -52$ kJ; $\Delta S = +32$ kJ
D. $\Delta H = -67$ kJ; $\Delta S = -100$ kJ
E. $\Delta H = +10$ kJ; $\Delta S = -37$ kJ

17. In una reazione all'equilibrio:

A. I reagenti diminuiscono progressivamente fino ad esaurirsi
B. La temperatura non ha effetto sulla K_{eq}
C. La quantità dei prodotti non può mai superare la quantità dei reagenti
D. La velocità è zero
E. Le concentrazioni di prodotti e reagenti non variano nel tempo

18. La costante di equilibrio di una reazione chimica è costante:

A. Al variare della temperatura
B. A temperatura costante
C. Al variare del volume
D. Al variare della pressione
E. Sempre

19. Considerando la seguente reazione esotermica: $N_{2(g)} + 3H_{2(g)} \rightleftharpoons 2NH_{3(s)}$ Quale delle seguenti modifiche ci permette di spostare l'equilibrio verso destra?

A. Abbassamento della temperatura
B. Aggiunta di NH_3
C. Sottrazione di N_2
D. Diminuzione della pressione
E. Aggiunta di un catalizzatore

20. Considerando la seguente reazione all'equilibrio, quale affermazione è sicuramente errata?
$A + B + Q \rightleftharpoons AB$

A. Con un abbassamento della temperatura l'equilibrio si sposta a destra
B. La reazione ha $\Delta H > 0$
C. La reazione potrebbe avere $\Delta G > 0$
D. Un aumento della temperatura favorisce la reazione
E. La reazione potrebbe avere $\Delta G < 0$

21. Nella seguente reazione chimica: $FeCl_2 + Na_2CO_3 \rightleftharpoons FeCO_3 + 2NaCl$ Indicare quale opzione provocherebbe sicuramente uno spostamento dell'equilibrio chimico verso sinistra:

A. Aggiunta di $FeCl_2$ e di $FeCO_3$
B. Sottrazione di NaCl
C. Aggiunta di $FeCO_3$
D. Aggiunta di $FeCO_3$ e di Na_2CO_3
E. Sottrazione di un eventuale catalizzatore

22. Su basi cinetiche la pressione di un gas è determinata da uno dei seguenti elementi. Scegli l'UNICO assolutamente CORRETTO:

A. La massa delle particelle
B. Il numero di urti delle particelle del gas tra loro
C. La somma del numero di urti delle particelle del gas tra loro e sulle pareti del recipiente
D. Il numero degli urti e delle particelle del gas sulle pareti del recipiente che avvengono con un'energia superiore all'energia cinetica media
E. Il numero di urti delle particelle del gas sulle pareti del recipiente

23. Nella reazione all'equilibrio $2CH_{4(g)} + O_{2(g)} \rightleftharpoons 2CO_{(g)} + 4H_{2(g)}$ cosa succede quando aumenta la pressione?

A. Non si ha alcun effetto sull'equilibrio
B. L'equilibrio viene spostato a destra
C. La reazione inversa è favorita
D. Aumenta la produzione solo di ossigeno allo stato gassoso
E. Aumenta la produzione di monossido di carbonio

24. Quale delle seguenti affermazioni riguardanti l'equilibrio di reazione è esatta?

A. Se una reazione è esotermica sarà favorita da una diminuzione della temperatura
B. La costante di equilibrio può variare in seguito alla presenza di un catalizzatore
C. Se una reazione è endotermica sarà favorita dall'aumento di reagenti, se è esotermica no
D. La concentrazione ha un'influenza sulla posizione dell'equilibrio di reazione solo se la temperatura è costante
E. Le variazioni di pressione influenzano la posizione dell'equilibrio solo delle reazioni che avvengono in soluzione

25. Gli enzimi catalizzano le reazioni chimiche. Questo significa che:

A. Accelerano le reazioni aumentando la probabilità di collisione tra i reagenti
B. Forniscono energia ai reagenti
C. Sottraggono energia ai reagenti
D. Con l'intervento di un catalizzatore, i reagenti richiedono una maggiore quantità di energia per raggiungere lo stato di transizione
E. Aumentano la temperatura delle reazioni

26. Quale delle seguenti affermazioni relative alla velocità di reazione è errata?

A. La sua unità di misura è mol s^{-1} l^{-1}
B. La velocità di reazione non rimane costante nel tempo
C. La temperatura influenza la velocità solo delle reazioni gassose
D. La velocità di reazioni chimiche che avvengono nel nostro corpo è influenzata da catalizzatori detti enzimi
E. La velocità di una reazione chimica corrisponde alla velocità con cui i reagenti mutano in prodotti

27. Quale dei seguenti fattori NON influenza sempre la velocità di una reazione?

A. Temperatura
B. Caratteristiche intrinseche dei reagenti di venire a contatto tra di loro
C. Concentrazione dei reagenti
D. Pressione
E. Presenza di catalizzatore

28. Lo stato di transizione:

A. Non viene raggiunto in assenza di catalizzatore
B. Possiede energia più bassa rispetto a quella dei reagenti
C. È caratterizzato da elevata instabilità
D. Viene assunto dai prodotti della reazione
E. Viene raggiunto attraverso una riduzione di energia dei reagenti

29. Osservando la seguente reazione, quale delle seguenti affermazioni è errata?

$CaCO_3 + 2HCl \rightleftharpoons CaCl_2 + CO_2 + H_2O$

A. Non si ha variazione nei numeri di ossidazione
B. Si tratta di una reazione di doppio scambio
C. Con una perdita di carbonato di calcio l'equilibrio della reazione si sposta a sinistra
D. Poiché ci sono tre prodotti a fronte di due reagenti, un aumento di pressione sposta l'equilibrio verso sinistra
E. Aumentando la temperatura, la velocità di reazione aumenta

30. Riguardo ad una reazione endoergonica è corretto affermare che:

A. È sempre endotermica
B. La pressione non modifica mai l'equilibrio della reazione
C. La sua velocità diminuisce all'aumentare della temperatura
D. Può essere esotermica
E. Diminuendo i reagenti l'equilibrio non viene spostato

CORREZIONE COMMENTATA

1. Osserviamo la reazione fornita dal testo del quesito: $KNO_3 + NaOH \rightleftharpoons NaNO_3 + KOH$. Tra i reagenti si riconoscono rispettivamente i seguenti composti: il nitrato di potassio (sale derivante dall'acido nitrico) e l'idrossido di sodio (base molto forte). Tra i prodotti invece si riconoscono i seguenti composti: il nitrato di sodio (che in soluzione rilascia due ioni spettatori derivanti da un acido e da una base forte, non modificando quindi il pH della soluzione) e l'idrossido di potassio (una base forte). Si può quindi notare come il pH rimanga basico sia prima che dopo la reazione (vedi capitolo 8 – Acidi e basi). Nonostante la somiglianza della reazione presente nel quesito con la reazione di neutralizzazione che coinvolge l'acido nitrico e l'idrossido di sodio, non si tratta in questo caso di una reazione di neutralizzazione; questo tipo di reazioni ha per definizione come reagenti un acido e una base e si assiste alla formazione di acqua e sale come prodotti; è quindi evidente che non sia il caso della reazione proposta, in quanto i composti nei reagenti e nei prodotti conservano la loro natura di sale derivante da acido forte e da base forte (risposta A errata). Si può facilmente dedurre che abbiamo di fronte una reazione di doppio scambio, poiché si ha scambio di elementi tra i due composti. Vista la struttura della reazione possono essere escluse le opzioni C e D: la sintesi porta a formazione di un unico prodotto, mentre la reazione di scambio semplice è una reazione in cui un elemento libero reagisce con un composto sostituendo uno dei componenti (risposte C e D errate). Infine la risposta E è errata perché la reazione di scambio acido-base non esiste.
Risposta corretta B.

2. Per risolvere il quesito proposto dobbiamo innanzitutto avere ben chiare le tipologie di reazioni. La reazione di sintesi è una reazione in cui da due reagenti si va a formare un solo prodotto: $A + B \rightarrow C$. La risposta D propone quella che a prima vista potrebbe sembrare una reazione di sintesi, ma che in realtà non lo è: essa è infatti scritta in modo errato, in quanto non rispetta il principio di conservazione della massa di Lavoisier (cfr. capitolo 5.4 – Stechiometria), perché abbiamo la "sparizione" di una molecola di acqua. La reazione scritta correttamente sarebbe: $NaOH + HCl \rightleftharpoons NaCl + H_2O$ (risposta D errata). La reazione di decomposizione è una reazione in cui da un reagente si passa ad avere due prodotti: $AB \rightarrow A + B$. La risposta C associa invece ad una reazione di decomposizione una reazione che ha la struttura di una reazione di sintesi (Risposta C errata). La reazione di scambio semplice è una reazione in cui un elemento libero reagisce con un composto sostituendo uno dei componenti: $A + BC \rightarrow B + AC$. La risposta A propone una reazione che è invece di doppio scambio, poiché entrambi i reagenti si scambiano vicendevolmente i componenti (risposta A errata). La reazione di doppio scambio può quindi essere schematizzata come: $AB + CD \rightarrow AD + BC$. Tra le due opzioni rimaste, quella corretta è la B, poiché la E rispecchia la definizione di reazione di scambio semplice (risposta E errata). La risposta B poteva trarre in inganno: da due reagenti si formano infatti tre prodotti. Tuttavia, ciò non contrasta con la definizione di reazione di doppio scambio poiché avviene comunque scambio, di un ossigeno (da Na_2CO_3) con un cloro (da HCl).
Risposta corretta B.

3. Il quesito proposto è prettamente teorico e il modo più veloce per risolverlo è quello di procedere per esclusione. È necessario notare innanzitutto che il quesito richiede di trovare l'affermazione ERRATA. L'opzione A è corretta perché riporta esattamente la definizione di reazione di decomposizione, che può essere schematizzata come: $AB \rightarrow A + B$ (risposta A errata). L'opzione C indica una diretta conseguenza della definizione di reazione di scambio semplice, in cui un elemento più reattivo scalza quello meno reattivo presente nel composto. Nel caso l'elemento sia meno reattivo di quello del composto, non è possibile che la reazione avvenga (risposta C errata). L'opzione D è corretta in quanto

CHIMICA

riporta la definizione di reazione di doppio scambio, che si schematizza come: AB + CD → AD + BC (risposta D errata). La reazione di neutralizzazione è per definizione una reazione in cui un acido e una base reagiscono andando a formare un sale e acqua. A causa della struttura di questa reazione, essa non può essere una reazione di decomposizione, che ha invece struttura AB → A + B (risposta E errata). La risposta da ricercare era la B, che infatti è concettualmente errata, perché per definizione la reazione di sintesi porta alla formazione di un solo prodotto a partire da due o più reagenti.
Risposta corretta B.

4. Per risolvere il quesito, è necessario conoscere il significato del termine "riducente"; il riducente è l'elemento che induce una riduzione in un altro elemento. Per imparare il meccanismo delle ossidoriduzioni, è utile ricordare la mnemofrase "O.P.E.R.A.", cioè "chi si Ossida Perde Elettroni, chi si Riduce li Acquista". La mnemofrase esplicita il funzionamento delle redox e quindi, se una specie chimica è detta riducente, allora significa che si ossida e che perde elettroni (la carica della specie chimica idealmente è più positiva e quindi si assiste ad un aumento del numero di ossidazione). Il riducente si ossida per cedere elettroni all'elemento che si riduce (e che quindi li assume). Un atomo può scambiare elettroni o possedere un numero diverso di neutroni (isotopo), ma il numero di protoni rimane fisso per ogni elemento (risposta A errata). Inoltre, gli scambi di ossigeno e idrogeno in sé non contraddistinguono necessariamente una reazione di ossidoriduzione (risposte B, C e D errate).
Risposta corretta E.

5. In una reazione di ossido-riduzione gli elementi variano il loro numero di ossidazione scambiandosi elettroni (cfr. capitolo 1.3 – Numero di ossidazione). L'opzione D potrebbe essere vera considerando il caso particolare, ma risulta incompleta quando la richiesta è di una definizione generale (risposta D errata). Le opzioni A, B ed E sono totalmente errate; infatti, non ha senso parlare di frazionamento del prodotto, perché una redox si riconosce confrontando i numeri di ossidazione di elementi dei prodotti e dei reagenti (risposta A errata). Inoltre una redox non presuppone una diminuzione del peso atomico e del peso molecolare dei composti (risposte B ed E errate). La risposta corretta è quindi la C, che corrisponde alla definizione generale di redox.
Risposta corretta C.

6. Contando gli elettroni presenti nella configurazione riportata nel testo del quesito, si può ricavare che il composto in esame è il sodio (appartenente al primo gruppo della tavola periodica). Infatti, l'ultimo orbitale del suo ultimo livello energetico (l'orbitale s) non è saturato: appartenendo al primo gruppo della tavola periodica (cfr. capitolo 1.2 -Tavola periodica) ha un solo elettrone nell'orbitale elettronico esterno. Ricordando le proprietà della tavola periodica, l'elemento in esame ha un'energia di ionizzazione molto bassa e di conseguenza è necessaria una scarsa quantità di energia per allontanare un suo elettrone: l'elemento tenderà a perdere un elettrone. Tenendo a mente la mnemofrase "O.P.E.R.A" ("chi si Ossida Perde Elettroni, chi si Riduce li Acquista") tale elemento si comporta come un forte riducente, perché tende a cedere l'ultimo elettrone, e quindi si ossida. Dalla precedente spiegazione si può dedurre che: una specie ossidante si riduce e quindi acquista elettroni, mentre un elettrofilo per definizione è avido di elettroni (risposte B e D errate). Inoltre, poiché gli elementi comunemente detti inerti sono i gas nobili, mentre il sodio è un elemento del primo gruppo (risposta C errata). Infine, il sodio non ha il comportamento tipico degli acidi forti ma, al contrario, tende a formare una base forte, cioè l'idrossido di sodio NaOH (risposta E errata).
Risposta corretta A.

7. Aggiungere degli elettroni ad un atomo significa dare più cariche negative, per cui, al contrario, togliendo elettroni la carica dell'atomo risulterà meno negativa. Sia la reazione con il magnesio che quella con il bario non hanno segnati gli elettroni che devono essere persi o acquisiti per il passaggio di carica, quindi le formulazioni corrette dovrebbero essere: $Mg \rightarrow Mg^{+} + 1e^{-}$ e $Ba^{+} + 1e^{-} \rightarrow Ba$ (risposte A e C errate). Per quanto riguarda la reazione con il fluoro, esso possiede una carica negativa, quindi se gli venissero tolti due elettroni esso dovrebbe risultare come uno ione con una carica positiva: $F^{-} - 2e^{-} \rightarrow F^{+}$ (risposta B errata). Nella reazione con il piombo, esso è presente come un catione con due cariche positive, quindi se assumesse un elettrone esso dovrebbe risultare come uno ione con una carica positiva. La reazione corretta sarebbe quindi: $Pb^{2+} + 1e^{-} \rightarrow Pb^{+}$ (risposta E errata). Infine, la reazione con il cloro risulta essere l'unica corretta: infatti, aggiungendo un elettrone all'anione con una carica negativa, si ottiene un anione con due cariche negative.
Risposta corretta D.

8. Una redox è una reazione caratterizzata dal fatto che gli elementi partecipanti cambiano numero di ossidazione. Solitamente si tratta dell'ossidazione di un elemento, e quindi la perdita di elettroni, contemporanea alla riduzione di un altro elemento, che assume gli elettroni persi. A questo proposito ricordiamo la mnemofrase "chi si Ossida Perde Elettroni, chi si Riduce li Acquista".
Per risolvere al meglio questo esercizio bisogna calcolare i N.O. di tutti gli elementi delle reazioni. Procediamo per esclusione: l'opzione A vede una variazione del numero di ossidazione del manganese, che passa da +2 a +4, perdendo elettroni e ossidandosi. Contemporaneamente l'azoto passa da +5 a +2, assumendo elettroni e quindi riducendosi (risposta A errata). L'opzione B vede una variazione del numero di ossidazione del cromo, che passa da +6 a +3, assumendo elettroni e quindi riducendosi. Contemporaneamente lo zolfo passa da 0 (stato monoatomico) a +4, perdendo elettroni e quindi ossidandosi (risposta B errata). L'opzione D vede una variazione del numero di ossidazione del cromo che passa da +6 a +3 (la carica dello ione monoatomico corrisponde al N.O. dell'elemento), che assume elettroni riducendosi. Contemporaneamente il ferro passa da +2 a +3 (entrambe sono le cariche dello ione monoatomico), perdendo elettroni e quindi ossidandosi (risposta D errata). Infine, l'opzione C non vede variazione nei N.O.: l'alluminio rimane +3 in tutti i composti, lo zolfo rimane +6, l'idrogeno rimane +1 e l'ossigeno rimane -2.
Risposta corretta C.

9. L'anione cromato deriva dall'acido cromico H_2CrO_4 che in soluzione si dissocia liberando due ioni H^{+}. Per la risoluzione del quesito non è necessario fare il passaggio precedente, ma è sufficiente riuscire a ricavare il numero di ossidazione di Cr prima nello ione cromato e poi nel catione e infine confrontarli. Partiamo dallo ione cromato: la carica totale, come indicato in apice, è pari a -2, quindi la somma algebrica dei numeri di ossidazione degli atomi di ossigeno e di quelli dell'atomo di cromo dovrà risultare -2. Sappiamo che il numero di ossidazione di un atomo di ossigeno, tranne in rari casi, è pari a -2, ed avendo 4 atomi di ossigeno il numero di ossidazione totale degli atomi di ossigeno sarà pari a $(-2) \cdot 4 = -8$. Con una semplice equazione ($X - 8 = -2$) si ricava il numero di ossidazione del cromo, che sarà pari a +6.
Passiamo ora al calcolo del numero di ossidazione del catione Cr^{3+}; il numero di ossidazione per tale ione coincide con la carica indicata in apice, ovvero +3. Il numero di ossidazione passa da +6 a +3, e quindi diminuisce; la diminuzione del numero di ossidazione è data dall'assunzione di elettroni, e di conseguenza ci troviamo davanti ad una riduzione (Ricordiamo la mnemofrase "O.P.E.R.A.": "chi si Ossida Perde Elettroni, chi si Riduce li Acquista").
Risposta corretta A.

CHIMICA

10. Si comporta come ossidante una specie chimica che acquista elettroni da un'altra specie chimica; come si può dedurre dal termine "ossidante", esso fa ossidare e di conseguenza si riduce. Dalla mnemofrase "O.P.E.R.A." ("chi si Ossida Perde Elettroni, chi si Riduce li Acquista") si ricorda che una specie chimica che si riduce acquista elettroni, quindi diminuisce il suo numero di ossidazione (N.O.). La richiesta dell'esercizio è di individuare l'elemento che nel passaggio da reagente a prodotto abbassa il proprio numero di ossidazione. Procediamo allora partendo dai numeri di ossidazione che conosciamo per certi: O = -2, K = +1, H = +1. A questo punto possiamo ricavare i numeri di ossidazione di S e Cr: nei reagenti Cr = +6 e S = +6; nei prodotti Cr = +3 e S = +6. Possiamo notare come Cr è l'elemento che si è ridotto, comportandosi da ossidante (risposta D corretta), mentre S non ha variato il suo numero di ossidazione. Notiamo come l'elemento che invece si è ossidato è l'ossigeno, il cui numero di ossidazione passa da -2 nei reagenti (in particolare in $K_2Cr_2O_7$) a 0 nei prodotti (in O_2). Notiamo anche che in H_2O_2 il numero di ossidazione dell'ossigeno è -1, ma nel passaggio dai reagenti ai prodotti il N.O. aumenta quindi l'ossigeno anche in questi composti si ossida.
Per quanto riguarda il potassio e l'idrogeno, per entrambe le specie chimiche il numero di ossida-zione rimane pari a +1 (risposte A ed E errate). Lo zolfo non varia il suo numero di ossidazione (+6), infatti si trova sempre legato all'ossigeno nello ione solfato (SO_4^{2-}). L'opzione C è errata perché l'ossigeno, come abbiamo detto precedentemente, si ossida in entrambi i composti, comportandosi da riducente.
Risposta corretta D.

11. Per risolvere il quesito si deve individuare la corretta associazione "specie che si ossida – tipologia di reazione". Come prima cosa individuiamo la tipologia della reazione; si tratta di una reazione di decomposizione, poiché da un unico reagente si passa a due prodotti. In questo modo, possiamo escludere le risposte A e D. Successivamente, valutiamo quale tra le specie chimiche della reazione è quella che si ossida, ricordando che "ossidarsi" significa perdere elettroni e quindi aumentare il proprio numero di ossidazione (vedi mnemofrase "O.P.E.R.A": "chi si Ossida Perde Elettroni, chi si Riduce li Acquista"). Nella reazione, Hg passa da +2 a 0, mentre O passa da -2 a 0, perché entrambi sono presenti nei prodotti come elementi (Hg) o molecole biatomiche (O_2). Deduciamo che la specie chimica che si ossida è O e possiamo escludere la risposta B e la risposta E, perché abbiamo un elemento che aumenta il suo N.O. La risposta da ricercare è quindi la C, che presenta sia la corretta specie che si ossida (O), sia la corretta tipologia di reazione (decomposizione).
Risposta corretta C.

12. Prima di iniziare ad assegnare i numeri di ossidazione ai composti della reazione si può considerare la definizione di ossidazione; quando un elemento si ossida il suo numero di ossidazione aumenta. Di conseguenza, possiamo escludere tutte le opzioni tranne la A e la D (risposte B, C ed E errate). Possiamo ora andare a dare i numeri di ossidazione ai vari elementi. La risposta cercata è quella che riguarda il ferro: esso inizialmente ha +2 quando è legato con un singolo ione solfato, nel solfato ferroso, poiché lo ione solfato ha carica complessiva -2; in seguito esso assume il N.O. +3, quando è legato con tre ioni solfato, che complessivamente hanno da bilanciare una carica pari a $-2 \cdot 3 = -6$.
Risposta corretta A.

13. Come prima cosa dobbiamo concentrarci sulla nomenclatura: è importante ricordare che l'agente riducente è la specie chimica che si ossida (aumenta il suo numero di ossidazione), perde elettroni e fa ridurre l'altra specie che li assume, mentre l'agente ossidante è la specie chimica che si riduce (diminuisce il suo numero di ossidazione), acquista elettroni e fa ossidare l'altra specie nella reazione. La reazione (a) è una reazione redox, poiché il magnesio aumenta il suo numero di ossidazione da 0 a +2 mentre l'ossigeno diminuisce il proprio numero di ossidazione da 0 a -2.

Quindi, il magnesio si ossida e sarà l'agente riducente; mentre l'ossigeno si riduce e sarà l'agente ossidante (risposte B, D, E errate). La reazione (b) non è una reazione redox in quanto nessuno degli atomi subisce una variazione nel numero di ossidazione. La reazione (c) è, infine, una reazione redox particolare, ovvero una dismutazione redox: il cloro è l'unica specie chimica che varia il suo numero di ossidazione e dunque sarà allo stesso tempo sia il riducente che l'ossidante (Risposta A errata).
Risposta corretta C.

14. Una reazione è definita endotermica quando necessita di calore per avvenire: A + B + Q → C + D, il calore viene quindi indicato come un reagente della reazione. Una reazione che avviene con sviluppo di calore viene detta esotermica (risposta B errata) e una reazione endotermica non è necessariamente all'equilibrio (risposta C errata). La risposta D risulta invece errata perché etichetta una reazione endotermica come se fosse sempre veloce; la velocità di una reazione endotermica aumenta con un aumento di temperatura, e quindi un aumento dell'agitazione delle particelle, ma non è necessariamente una reazione veloce (risposta D errata). La risposta E infine risulta errata concettualmente, poiché visto che ogni reazione può avvenire a una determinata temperatura che può anche coincidere con la temperatura ambiente (risposta E errata).
Risposta corretta A.

15. Si tratta di un quesito prettamente teorico, per cui bisogna avere solide nozioni di termodinamica. Procediamo per esclusione: l'opzione A è errata perché il fatto che una reazione sia endotermica non implica necessariamente che l'energia libera di Gibbs sia maggiore di zero. Considerando la formula $\Delta G = \Delta H - T \cdot \Delta S$, se il termine $-T \cdot \Delta S$ è maggiore in valore assoluto rispetto a ΔH, l'energia libera di Gibbs risulta minore di zero e quindi la reazione è spontanea (risposta A errata). L'opzione B confonde entalpia con entropia: l'entalpia è infatti la quantità di calore scambiato, mentre l'entropia indica la tendenza del sistema al disordine (risposta B errata). L'opzione C confonde invece l'energia libera di Gibbs con l'entropia: ΔG definisce infatti la variazione di energia libera della reazione (risposta C errata). L'opzione D è errata perché una reazione esotermica ha un $\Delta H < 0$ per definizione, ma non indica nulla riguardo l'entropia (risposta D errata). L'opzione E è l'unica corretta: il fatto che una reazione sia endotermica implica solo che ΔH sia minore di zero, ma con un valore di entropia (ΔS) sufficientemente negativo, la somma algebrica dell'energia libera potrebbe avere un valore positivo. La reazione può essere quindi non spontanea.
Risposta corretta E.

16. Per risolvere correttamente questo quesito è necessario conoscere la formulazione dell'ener-gia libera di Gibbs: $\Delta G = \Delta H - T \cdot \Delta S$ e conoscere il significato dei termini spontaneo ed esotermico. Una reazione si definisce spontanea quando la sua energia libera di Gibbs è minore di zero, mentre si definisce esotermica quando la sua variazione di entalpia ΔH è negativa (di conseguenza quando la reazione avviene si ha perdita di calore). Sulla base di queste affermazioni possiamo escludere le opzioni A, B ed E perché in tutte è presente un'entalpia positiva, di conseguenza saranno reazioni endotermiche perché assumono calore (risposte A, B ed E errate). A questo punto possiamo considerare le restanti opzioni, applicando la formulazione dell'energia libera di Gibbs e verificando che il ΔG sia minore di zero (reazione spontanea). Per quanto riguarda l'opzione D avremo: $\Delta G = \Delta H - T \cdot \Delta S = -67 - [1 \cdot (-100)] = +33$ kJ, la reazione non è spontanea (risposta D errata). Per quanto riguarda l'opzione C, invece, avremo: $\Delta G = \Delta H - T \cdot \Delta S = -52 - [1 \cdot (+32)] = -84$ kJ, la reazione è quindi spontanea.
Risposta corretta C.

CHIMICA

17. Una reazione all'equilibrio è per definizione una reazione in cui la velocità della reazione diretta (quella che porta dai reagenti ai prodotti) è uguale alla velocità della reazione inversa (quella che porta dai prodotti ai reagenti). In questa tipologia di reazioni si arriverà ad una situazione in cui le concentrazioni dei reagenti non varieranno più in modo sensibile, e lo stesso vale per le concentrazioni dei prodotti. Di conseguenza non si arriverà mai ad un esaurimento dei reagenti, perché la reazione inversa continuerà ad avvenire, si definirà uno stato di equilibrio dinamico (risposta A errata). Nello stato di equilibrio dinamico, è possibile che le quantità finali di prodotti e reagenti siano differenti tra di loro, e quindi anche che i prodotti siano presenti in quantità maggiore dei reagenti; l'equilibrio definisce solo l'uguaglianza tra le velocità (risposta C errata). La costante di equilibrio, anch'essa per definizione, è costante a temperatura costante (risposta B errata). Come abbiamo specificato, le reazioni continuano ad avvenire, semplicemente avvengono alla stessa velocità: da ciò ne consegue che la velocità non potrà essere uguale a zero (risposta D errata). Per i motivi che abbiamo citato sopra, l'unica risposta corretta è la E.
Risposta corretta E.

18. La costante di equilibrio di una reazione si definisce come il rapporto tra le concentrazioni dei prodotti e quelle dei reagenti, ciascuna elevata al proprio coefficiente stechiometrico: $k = ([C]^c \cdot [D]^d)/([A]^a \cdot [B]^b)$. La costante di equilibrio indica se la reazione è spostata verso i reagenti (se la k è minore di 1) oppure spostata verso i prodotti (se la k è maggiore di 1). La costante di equilibrio dipende solamente dalle variazioni di temperatura: quindi a temperatura costante la costante di equilibrio di una reazione è costante. Di conseguenza, le opzioni A ed E risultano errate, poiché entrambe contraddicono quanto appena detto. Anche le opzioni C e D non sono corrette, infatti sia una variazione del volume che una variazione della pressione non influiscono sulla costante di equilibrio.
Risposta corretta B.

19. Per prima cosa osserviamo la reazione: si tratta di una reazione di sintesi, poiché si parte da due reagenti e si ottiene un solo prodotto, esotermica e avente i reagenti in forma gassosa e il prodotto in fase solida. Il passo successivo per il corretto svolgimento dell'esercizio è ricordarsi che negli esercizi sulle reazioni e sull'equilibrio il calore va trattato come se fosse un reagente o un prodotto; nel caso di una reazione esotermica, il calore viene trattato come un prodotto. Di conseguenza, una diminuzione di calore si traduce in una diminuzione dei prodotti, con conseguente spostamento dell'equilibrio verso destra per il Principio di Le Chatelier (risposta A corretta). La risposta B indica un aumento di prodotto che si traduce in uno spostamento dell'equilibrio verso sinistra (risposta B errata). Lo stesso vale per una diminuzione di reagente, che per il Principio di Le Chatelier, riporterebbe l'equilibrio verso sinistra (risposta C errata). Inoltre, i prodotti infatti non sono in fase gassosa, di conseguenza non è applicabile il principio di Le Chatelier sulla pressione. Si ricorda che tale principio, che stabilisce che un aumento di pressione sposta l'equilibrio verso il lato in cui sono presenti meno moli, è applicabile solamente nel caso tutti i componenti della reazione siano in fase gassosa e la reazione sia all'equilibrio (risposta D errata). Infine, la presenza di un catalizzatore, aumenta la velocità della reazione senza andare, però, a modificarne l'equilibrio (risposta E errata).
Risposta corretta A.

20. Per la corretta risoluzione del quesito è necessario notare che esso richiede la risposta ERRATA. La reazione generica che viene presentata è una reazione endotermica, cioè una reazione che avviene con assunzione di calore (rappresentato infatti tra i reagenti). Una reazione endotermica ha per definizione $\Delta H > 0$, perché i prodotti presentano entalpia maggiore dei reagenti (risposta B errata). La reazione fornita è generica, non sappiamo quindi quale sia il valore della sua entropia (ΔS), per cui l'energia libera di Gibbs potrebbe

essere sia maggiore che minore di zero (risposte C ed E errate). Infine, poiché per avvenire la reazione necessita che le sia fornito calore, un aumento della temperatura va a favorirla; questo avviene perché il calore è considerato come un reagente ed una sua aggiunta sposta l'equilibrio verso i prodotti (risposta D errata). Un abbassamento della temperatura invece è equivalente a una deplezione di uno dei reagenti, per cui l'equilibrio si sposta a sinistra.
Risposta corretta A.

21. L'esercizio prevede una buona conoscenza dell'equilibrio di reazione e dei fattori che ne possono provocare una variazione. Il Principio di Le Chatelier è la legge che regola le variazioni dell'equilibrio chimico; tale principio afferma che una perturbazione dell'equilibrio fa reagire il sistema spostandolo verso la direzione che tende a ridurre al minimo l'effetto della perturbazione stessa, cercando di ripristinare le condizioni originarie. Perché l'equilibrio si sposti verso sinistra attraverso la variazione della concentrazione delle specie chimiche, devono essere aggiunti dei prodotti oppure devono essere sottratti dei reagenti. L'opzione C risulta infatti corretta proprio perché ipotizza un aumento della concentrazione dei prodotti che si tradurrebbe inevitabilmente in uno spostamento dell'equilibrio verso sinistra. L'opzione B presenta una sottrazione di prodotto per cui, secondo il Principio di Le Chatelier, essa provocherebbe una maggior produzione di NaCl, con un conseguente spostamento dell'equilibrio verso destra (risposta B errata). Le risposte A e D prevedono una diminuzione o un aumento sia dei reagenti che dei prodotti contemporaneamente, senza specificarne la quantità di uno e dell'altro, di conseguenza non si può essere certi della direzione in cui sarà spostato l'equilibrio (risposte A e D errate). Infine, la risposta E presenta la sottrazione di un catalizzatore, il quale influisce unicamente sulla velocità di una reazione ma non ne modifica l'equilibrio (risposta E errata).
Risposta corretta C.

22. La domanda presuppone che si conosca l'equazione di stato dei gas perfetti: $PV = nRT$ (cfr. Mate&Fisica per approfondire). Essa descrive il comportamento dei gas a temperatura, pressione o volume costante in una trasformazione. Riferendoci a questa equazione, si può dire che la pressione di un gas perfetto, o ideale, dipende dalla temperatura, dal volume del gas e dal suo numero di moli (e quindi dalla sua massa, che ricordiamo essere n · M.M). Le opzioni B, C, D ed E sono errate, perché la pressione di un gas non dipende dagli urti delle sue particelle contro le pareti o dalla sua natura.
Risposta corretta A.

23. La reazione che abbiamo davanti avviene in fase gassosa e, poiché c'è differenza tra il numero di moli dei reagenti e quello dei prodotti, possiamo avere la certezza che un aumento di pressione avrà un effetto sull'equilibrio (risposta A errata). A questo punto dobbiamo contare le molecole, sommando i coefficienti stechiometrici sia dei reagenti che dei prodotti: i reagenti saranno 2 + 1 = 3, mentre i prodotti saranno 2 + 4 = 6. Sappiamo che un aumento di pressione porta ad uno spostamento dell'equilibrio verso il lato della reazione con un minor numero di molecole, quindi nel nostro caso verso i reagenti. L'equilibrio sarà quindi spostato a sinistra (risposta B errata). L'opzione E è errata perché viene favorita la produzione di reagenti, mentre il CO è un prodotto (risposta E errata). L'opzione D è errata perché incompleta: non viene infatti prodotto solo l'ossigeno, ma viene prodotto anche il metano (risposta D errata). Da ciò che abbiamo detto possiamo quindi confermare quanto scritto nell'opzione C: viene favorita la reazione inversa, cioè quella che dai prodotti porta ai reagenti.
Risposta corretta C.

24. Questo quesito è prettamente teorico. È richiesta una buona conoscenza del comportamento delle reazioni di equilibrio. Secondo il Principio di Le Chatelier l'equilibrio varia sulla base di temperatura, concentrazione e pressione. Se una reazione è esotermica essa è favorita da una diminuzione della T, se è endotermica, al contrario, è favorita da un aumento della T; questo concetto è comprensibile se si va a considerare il calore come un reagente o come un prodotto: nelle endotermiche sarà un reagente ($A + B + Q \rightarrow C + D$) mentre nelle esotermiche sarà un prodotto ($A + B \rightarrow C + D + Q$). La concentrazione provoca sempre una variazione della posizione dell'equilibrio, indipendentemente dal comportamento della temperatura (risposta D errata). In particolare, l'aumento dei reagenti e la diminuzione dei prodotti spostano l'equilibrio verso destra in tutte le reazioni, non solo nelle endotermiche (risposta C errata), mentre una diminuzione dei reagenti e un aumento dei prodotti provoca sempre uno spostamento dell'equilibrio verso sinistra. Anche le variazioni di pressione possono influenzare le reazioni di equilibrio, ma solo se avvengono tra gas e con differenza nel numero di moli tra i reagenti e i prodotti, non se avvengono in soluzione (risposta E errata). La presenza di un catalizzatore, invece, comporta l'abbassamento dell'energia di attivazione e una conseguente accelerazione della reazione, ma non varia minimamente la costante di equilibrio (risposta B errata).
Risposta corretta A.

25. Gli enzimi sono catalizzatori biologici (cfr. Biologia per approfondire) che aumentano la velocità della reazione su cui agiscono. Aumentano la velocità, abbassando l'energia di attivazio-
ne della reazione, e alla fine della stessa il catalizzatore rimane inalterato e può essere riutiliz-zato. I catalizzatori non forniscono né sottraggono energia ai reagenti, ma il loro meccanismo d'azione si basa, come detto precedentemente, sull'abbassare la soglia dell'energia di attivazione (risposte B e C errate). Nella risposta D l'azione del catalizzatore è esattamente l'opposto di quanto abbiamo affermato precedentemente; lo stato di transizione (o complesso attivato) corrisponde al momento della reazione in cui i reagenti rompono i loro legami per formarne di nuovi e diventare prodotti (risposta D errata). La risposta E considera l'aumento di temperatura correlandolo al meccanismo di azione dei catalizzatori. Tuttavia, la variazione di temperatura è totalmente slegata dal funzionamento di un catalizzatore, di conseguenza anche quest'ultima opzione risulta errata (risposta E errata).
Risposta corretta A.

26. Innanzitutto dobbiamo prestare attenzione al fatto che il quesito ci chiede di indicare l'affermazione errata. Sappiamo che la velocità di reazione consiste nella velocità con cui i reagenti si trasformano in prodotti (risposta E errata). La continua formazione di prodotti a scapito del consumo di reagenti porta a un rallentamento della velocità di reazione, che arriverà alla fine a un valore costante; quindi la velocità della reazione non rimane costante nel tempo (risposta B errata). Inoltre, nel nostro organismo sono presenti catalizzatori, detti enzimi, che accelerano diverse reazioni (risposta D errata). L'unità di misura della velocità è quella riportata nella risposta A, quindi l'affermazione è corretta (risposta A errata). L'unica affermazione errata è presente nella risposta C, che asserisce che la temperatura influenzi la velocità solo nelle reazioni riguardanti specie chimiche gassose. L'affermazione precedente sarebbe stata valida se al posto della temperatura ci fosse stata la pressione. La temperatura invece influenza la velocità di qualsiasi tipo di reazione.
Risposta corretta C.

27. Le molecole dei reagenti possono scambiarsi gli atomi e formare prodotti solo se, urtandosi, vengono in reciproco contatto; quindi è la quantità di urti efficaci a influenzare la velocità di una reazione. La temperatura influisce sulla velocità di una reazione, infatti

un aumento di temperatura stimola il moto delle particelle, aumentando la probabilità di interazione (risposta A errata). Sia la concentrazione di reagenti che le caratteristiche intrinseche dei reagenti provocano un aumento di velocità, perché una maggiore concentrazione aumenta la probabilità di urto e le caratteristiche intrinseche dei prodotti possono aumentare la probabilità di un orientamento e un "incastro" corretto tra i reagenti (risposte B e C errate). Un catalizzatore aumenta la velocità di una qualsiasi reazione abbassando l'energia di attivazione (risposta E errata). L'unico fattore che non incide SEMPRE sulla velocità di reazione è la pressione; essa incide solamente sulla velocità delle reazioni in cui sia reagenti che prodotti sono in fase gassosa.
Risposta corretta D.

28. Lo stato di transizione è una situazione transitoria che viene raggiunta dai reagenti di una reazione poco prima che essi vengano trasformati in prodotti. In questo stato i reagenti formano un complesso detto "attivato", non si tratta quindi di uno stato proprio dei prodotti (risposta D errata). Si tratta di uno stato che viene raggiunto in ogni reazione, indipendentemente dalla presenza del catalizzatore (risposta A errata). Questo stato possiede un'energia maggiore rispetto a quella dei reagenti, che viene definita energia di attivazione: di conseguenza dovrà essere fornita energia ai reagenti per raggiungerlo (risposte B ed E errate). Lo stato di transizione è una situazione caratterizzata da elevata instabilità.
Risposta corretta C.

CHIMICA

29. Prima di iniziare la risoluzione del quesito è necessario notare che ci viene chiesto di indicare l'affermazione ERRATA. Procediamo per esclusione. La reazione proposta, anche se possiede due reagenti e tre prodotti, rientra nella categoria delle reazioni di doppio scambio; infatti, i due reagenti si "scambiano delle componenti" anche se poi si ha produzione di acqua come terzo prodotto (risposta B errata). La reazione non rientra nella categoria delle reazioni di ossidoriduzione, perché le specie chimiche dei composti non cambiano il proprio numero di ossidazione (risposta A errata). Quando si ha una diminuzione di uno tra reagenti o prodotti, l'equilibrio della reazione si sposterà: con una perdita del carbonato di calcio ($CaCO_3$, uno dei reagenti della reazione) l'equilibrio si sposta verso sinistra per compensare la perturbazione operata dall'esterno (risposta C errata). Un aumento della temperatura, indipendentemente dalla tipologia di reazione considerata, aumenta l'agitazione delle particelle dei composti portando ad un aumento degli urti tra molecole. Questo aumento fa sì che, per via statistica, ci sia un aumento degli urti efficaci che portano ad una maggiore produzione di prodotti. Di conseguenza, un aumento della temperatura aumenta la velocità della reazione (risposta E errata). Infine, un aumento di pressione nel contesto di questa reazione non provoca alcuno spostamento dell'equilibrio, anche se le moli sono differenti tra reagenti e prodotti; non tutti i membri di questa reazione sono in fase gassosa (ad esempio $CaCO_3$, carbonato di calcio, è infatti in fase solida) e di conseguenza una variazione di pressione non provoca perturbazione dell'equilibrio.
Risposta corretta D.

30. Una reazione endoergonica è per definizione una reazione non spontanea, il che vuol dire che la sua energia libera di Gibbs è maggiore di zero e che l'energia dei prodotti è maggiore rispetto a quella dei reagenti. Affinché l'energia libera di Gibbs sia maggiore di zero non è necessario che la reazione sia endotermica, perché se anche nella reazione $\Delta G = \Delta H - T \cdot \Delta S$ il ΔH fosse minore di zero (e la reazione fosse esotermica), sarebbe sufficiente che il prodotto $T \cdot \Delta S$ fosse minore di ΔH. In questo modo ΔG sarebbe comunque maggiore di zero per somma algebrica (risposta A errata). La pressione potrebbe modificare l'equilibrio di una reazione endoergonica, nel caso in cui essa si svolgesse in fase gassosa (risposta B errata). La velocità di una reazione dipende in modo direttamente

proporzionale dalla temperatura, per cui aumenta all'aumentare della stessa (risposta C errata). Diminuendo i reagenti, in tutte le reazioni all'equilibrio, esso viene spostato verso sinistra, anche nelle reazioni endoergoniche (risposta E errata). Per i motivi elencati sopra, la risposta D è l'unica corretta.
Risposta corretta D.

8. SOLUZIONI ACQUOSE

1. Sono quasi sempre elettroliti forti:
A. Gli acidi
B. Gli esteri
C. Le basi
D. Sali solubili
E. Le anidridi

2. Quale delle seguenti sostanze è un elettrolita debole?
A. Cloruro di sodio
B. Acido solforico
C. Acido acetico
D. Idrossido di potassio
E. Solfato di potassio

3. Qual è la corretta dissociazione del solfato di sodio?
A. Na^{+}; SO_4^{-}
B. Na^{2+}; SO_4^{2-}
C. $2Na^{+}$; SO_4^{2-}
D. Na^{2+}; $2SO_4^{-}$
E. $4Na^{2+}$; SO_4^{2-}

4. In 500 mL di una soluzione acquosa sono presenti 2 g di NaOH (M.M. = 40 g/mol); la concentrazione della soluzione è:
A. 1 M
B. 0,1 M
C. 1 m
D. 0,1 m
E. 0,05 M

5. Quanti grammi di HCl (M.M. = 36 g/mol) sono contenuti in 100 mL di una soluzione 1 M?
A. 2 g
B. 0,36 g
C. 3,6 g
D. 36 g
E. 0,25 g

6. Una soluzione $1,0 \cdot 10^{-7}$M di NaCl contiene:
A. $1,0 \cdot 10^{-7}$ g di NaCl in un litro
B. $1,0 \cdot 10^{-6}$ moli di NaCl in 10 litri
C. $1,0 \cdot 10^{-7}$ mg di NaCl in un litro
D. $1,0 \cdot 10^{-7}$ millimoli di NaCl in un litro
E. $1,0 \cdot 10^{-7}$moli di NaCl in un kg di acqua

7. 360 g di fruttosio (P.M. 180 g/mol) vengono disciolti in 0,072 L di acqua, qual è la frazione molare del soluto e la molarità della soluzione?
A. 0,012; 56,25 M
B. 0,8; 33,4 M
C. 0,54; 43,4 M
D. 0,33; 27,78 M
E. 0,036; 56,25 M

8. 20 grammi di NaOH sono disciolti in 480 mL di acqua, qual è la percentuale in massa del soluto?
A. 4,3 %
B. 4 %
C. 7,32 %
D. 3,2 %
E. 3,85 %

9. Sapendo che il peso atomico del bario è 137 g/mol e del cloro è 35 g/mol, quanti grammi di soluto contiene un litro di soluzione 0,5 M di cloruro di bario?
A. 207 g
B. 155,25 g
C. 192 g
D. 103,5 g
E. 51,75 g

10. Prendendo in esame una determinata soluzione, nelle condizioni standard di temperatura e pressione, che cosa esprime la sua normalità?
A. Il suo stato di aggregazione
B. La tensione di vapore
C. La concentrazione
D. La tensione superficiale
E. La saturazione

11. Se 28 grammi di $CaCl_2$ vengono mescolati con 400 millilitri di acqua, qual è la molalità della soluzione? [M.M. Ca = 40 g/mol; Cl = 35 g/mol]
A. 0,625 M
B. 0,754 m
C. 0,625 m
D. 0,423 M
E. 0,1 M

CHIMICA

12. Sono date due soluzioni 5 M: in una soluzione S1 sono inseriti 216 g di HCl, mentre nella soluzione S_2 è inserito NaOH. Se l'idrossido di sodio è disciolto nel doppio della quantità di soluzione in cui è inserito HCl, quanti grammi di NaOH sono stati inseriti nella soluzione?
[M.M. H = 1 g/mol; Na = 23 g/mol; Cl = 35 g/mol, O = 16 g/mol]

A. 244 g
B. 480 g
C. 252 g
D. 340 g
E. 446 g

13. A quale volume bisogna portare 25 mL di NaOH 2,5 M per raggiungere una concentrazione di 0,5 M?

A. 0,1 L
B. 325 mL
C. 0,2 L
D. 125 mL
E. 467 mL

14. Che volume di acqua devo aggiungere ad una soluzione di partenza formata da 196 g di acido solforico e 0,5 litri di acqua per ottenere una soluzione finale con M = 0,25?
[MM S = 32 g/mol]

A. 7,5 L
B. 10 L
C. 4,5 L
D. 8 L
E. 6,7 L

15. Vengono aggiunti 50 cL di acqua a una soluzione di $MnCl_2$ con volume pari a 15 dL e molarità pari a 3 M. Qual è la nuova concentrazione della soluzione?

A. 4 m
B. 2,25 M
C. 3 M
D. 2,25 m
E. 4 M

16. Quale deve essere la molarità di una soluzione di solfato di potassio se, aggiungendo una soluzione 2 M di K_2SO_4 di volume 3 L, si ottiene una soluzione finale 3,5 M in un volume di 5L?

A. 4 M
B. 5,75 M
C. 6,22 M
D. 3 M
E. Non è possibile calcolarlo perché si tratta di soluzioni differenti

17. Data una soluzione 0,5 M di $Ca(OH)_2$, bisogna aumentare la concentrazione di $Ca(OH)_2$ fino a 1,3 M. Pertanto, si aggiunge $Ca(OH)_2$ 4,2 M a 90 mL della soluzione 0,5 M.
Quanto vale il volume finale della soluzione risultante?

A. 250 mL
B. 0,25 L
C. 0,034 L
D. 115 mL
E. 0,16 L

18. Due soluzioni con uguale normalità contengono uguale numero di:

A. Grammi di soluto per litro di soluzione
B. Moli di soluto per litro di soluzione
C. Equivalenti di soluto per litro di soluzione
D. Equivalenti di soluto per kg di solvente
E. Equivalenti di solvente per kg di soluto

19. Qual è la normalità di una soluzione al 4% di NaOH?

A. 1 N
B. 0,1 N
C. 0,4 N
D. 4 N
E. Nessuna delle precedenti

20. Un grammo equivalente di $Ca(OH)_2$ è uguale a:

A. 1 mole
B. 0,5 moli
C. 2 moli
D. 4 moli
E. 0,33 moli

21. In acqua, un solvente polare, si scioglie meglio:
A. NaCl
B. Etere
C. Benzina
D. Grasso
E. Sapone

22. Se una soluzione è satura di un soluto:
A. Non può sciogliere altri soluti
B. La quantità di soluto è maggiore di quella del solvente
C. Non può disciogliere altro soluto alla stessa temperatura
D. Il soluto è gassoso
E. È una condizione che non viene praticamente mai raggiunta

23. La solubilità di un gas in un liquido:
A. Diminuisce all'aumentare della pressione parziale del gas
B. Aumenta all'aumentare della temperatura
C. Aumenta al diminuire della temperatura
D. È indipendente dalla pressione parziale del gas
E. È indipendente dalla temperatura

24. Individuare quale delle seguenti sostanze non è solubile nella benzina:
A. CH_4
B. SO_3
C. SO_2
D. CO_2
E. Olio

25. A 25°C la solubilità AgCl è di s = $1,3 \cdot 10^{-5}$ M. Qual è il prodotto di solubilità del sale?
A. $1,7 \cdot 10^{-10}$
B. $2,3 \cdot 10^{-10}$
C. $3,4 \cdot 10^{-5}$
D. $1,8 \cdot 10^{-5}$
E. $1,1 \cdot 10^{-6}$

26. Le proprietà colligative delle soluzioni sono proprietà che dipendono:
A. Dal numero delle particelle di soluto
B. Dalla natura delle particelle di soluto
C. Dal pH della soluzione
D. Dalla forza ionica
E. Dalla natura del solvente e del soluto

27. Aumentando la pressione esterna su un liquido, il punto di ebollizione:
A. Dipende dalla quantità di liquido
B. Si abbassa
C. Si innalza
D. Non cambia
E. Dipende dalla tensione superficiale

28. Quale dei seguenti soluti porterà ad un innalzamento ebullioscopico maggiore se sciolto in 1 kg di acqua?
A. 1 mol di Fruttosio
B. 1 mol di $Fe_3(PO_4)_2$
C. 1 mol di HCl
D. 1 mol di NaOH
E. 1 mol di $Ca(OH)_2$

29. Si prenda in esame una soluzione acquosa di cloruro di sodio: come varia il punto di congelamento della soluzione se viene raddoppiato il volume della soluzione per aggiunta di acqua pura?
A. Diminuisce
B. Aumenta
C. Non subisce variazioni
D. Non subisce variazioni solo se la pressione è costante
E. Aumenta di un valore pari al doppio della costante crioscopica dell'acqua

30. Quale membrana viene usata per mettere in evidenza la pressione osmotica?
A. Membrana permeabile
B. Membrana impermeabile
C. Membrana semipermeabile
D. Non si usano membrane speciali
E. Nessuna delle risposte precedenti

31. L'osmolarità di una soluzione:
A. È direttamente proporzionale al volume totale della soluzione
B. Dipende dal peso molecolare ma non dalla concentrazione dei soluti
C. È correlata al numero di particelle individuali nell'unità di volume, e non alla loro natura
D. Aumenta con la viscosità della soluzione
E. Diminuisce con il pH della soluzione

CHIMICA

32. In quali delle seguenti soluzioni acquose la pressione osmotica risulterà maggiore?

A. Glucosio 1 M
B. Cloruro di sodio 0,6 M
C. Cloruro di calcio 0,5 M
D. Acido cloridrico 0,7 M
E. Saccarosio 1,4 M

33. Se si lascia evaporare a temperatura costante parte del solvente di una soluzione, la pressione osmotica della nuova soluzione:

A. Aumenta
B. Non varia
C. Diminuisce
D. Varia in relazione alla natura del soluto del solvente
E. Resta costante solo se il solvente è l'acqua

34. Qual è il volume di una soluzione contenente 3 moli di $CaCl_2$ sapendo che la pressione osmotica vale 200 atm a STP?

A. 2,20 L
B. 1,10 L
C. 0,09 L
D. 0,37 L
E. 0,03 L

35. Se si hanno soluzioni diverse (con soluti diversi), ma tutte a concentrazione 2 M, per quale delle seguenti soluzioni sarà maggiore la pressione osmotica?

A. NaCl
B. K_2O
C. $CaCl_2$
D. H_2SO_4
E. K_3PO_4

36. Quale dei seguenti composti è in grado, se aggiunto ad una soluzione sovrasatura di K_2S, di aumentare il corpo di fondo?

A. H_2SO_4
B. HCl
C. CaS
D. $CaSO_4$
E. Nessuno dei precedenti

37. Il fluoruro di calcio CaF_2 è un sale poco solubile in acqua. Che cosa succede quando si aggiunge ad una soluzione satura del primo composto un secondo sale che è il cloruro calcio $CaCl_2$, un sale che invece è molto solubile?

A. La concentrazione di F^{2-} aumenta per l'effetto dello ione comune
B. Si forma un precipitato di cloruro di calcio
C. Si forma un precipitato di fluoruro di calcio
D. La concentrazione di Cl^{2-} diminuisce per effetto dello ione comune
E. Nessuna delle precedenti

38. Individua l'opzione errata riguardante l'effetto dello ione comune:

A. È anche detto effetto di retrocessione
B. È l'effetto dovuto alla dissoluzione in una soluzione di due soluti con lo stesso ione
C. La sua presenza sopprime la ionizzazione di un acido o una base debole
D. La sua aggiunta ad una soluzione satura contenente un sale poco solubile provoca l'aumento della solubilità del sale
E. Nessuna delle precedenti

39. Quale tra i seguenti composti non potrebbe costituire un elettrodo?

A. $CaBrO_3$
B. $C_6H_{12}O_6$
C. $CuSO_4$
D. $KMnO_4$
E. NaCl

40. Si consideri una pila il cui catodo è immerso in una soluzione 1M di solfato rameico e l'anodo in una soluzione equimolare di solfato di zinco. La corrente elettrica è generata dalla seguente reazione redox complessiva:

$$Zn_{(s)} + Cu^{2+}_{(aq)} \rightarrow Zn^{2+}_{(aq)} + Cu_{(s)}$$

In base a questi dati si può affermare che:

A. Al catodo avviene la semireazione di ossidazione

B. La riduzione della concentrazione dei reagenti aumenterebbe la conducibilità del sistema
C. L'aumento della temperatura aumenterebbe la conducibilità del sistema, perché diminuirebbe la cinetica degli spostamenti
D. La conducibilità diminuisce all'aumentare della distanza tra gli elettrodi
E. Zn è l'agente ossidante, Cu è il riducente

41. Indicare l'affermazione corretta:
A. Nelle pile sono presenti due circuiti, quello interno formato dagli elettrodi e quello esterno, formato dal ponte salino
B. Nelle pile la liberazione di energia elettrica è dovuta al trasferimento diretto di elettroni dalla specie riducente a quella ossidante
C. H_3PO_4 può essere contenuto nel ponte salino
D. La conduzione di corrente elettrica attraverso il circuito esterno è chiamata corrente ionica, mentre quella che avviene attraverso il circuito esterno è detta corrente elettronica
E. Nessuna delle precedenti

CHIMICA

CORREZIONE COMMENTATA

1. Per definizione un elettrolita è una sostanza che in soluzione si dissocia in ioni. Un elettrolita si definisce forte quando dissocia completamente in ioni e la soluzione ha un'elevata conducibilità. Non tutti gli acidi come non tutte le basi sono elettroliti forti: gli acidi deboli e le basi deboli sono elettroliti deboli (risposte A e C errate). Gli esteri (cfr. capitolo 10 – La chimica del carbonio) con 3-5 atomi di carbonio sono solubili in acqua ma non si dissociano in ioni, così come le anidridi (risposte B ed E errate). Quasi tutti i sali, invece, dissociano bene in acqua e quindi sono elettroliti forti.
RICORDA: esistono anche sali insolubili o almeno poco solubili in acqua come AgCl, i quali non sono sicuramente elettroliti forti. Il testo specifica, però, "sali solubili", che sono i sali di litio, sodio, potassio e ammonio, quindi si tratta dell'affermazione corretta.
Risposta corretta D.

2. Un elettrolita è un composto che in soluzione ionizza dando origine a particelle cariche elettricamente. Si definiscono elettroliti forti i composti che in soluzione ionizzano completamente (c'è corrispondenza con acidi e basi forti, ad esempio), mentre si definiscono elettroliti deboli i composti che in soluzione ionizzano solo in maniera parziale. Procediamo per esclusione: il cloruro di sodio è un composto ionico (NaCl) e in soluzione ionizza completamente dividendosi in Na^+ e Cl^- (risposta A errata); l'acido solforico H_2SO_4 è un acido forte, il che vuol dire che in soluzione dissocia completamente gli ioni H^+, dividendosi in H^+ e HSO_4^-, si tratta quindi di un elettrolita forte (risposta B errata); l'idrossido di potassio KOH è una base forte, perché si tratta di un idrossido con un metallo del primo gruppo e in soluzione dissocia completamente in K^+ e OH^-. Si tratta quindi di un elettrolita forte (risposta D errata). Il solfato di potassio è un sale ternario K_2SO_4, derivato dalla reazione di neutralizzazione tra idrossido di potassio e acido solforico, ionizza completamente in soluzione liberando due ioni spettatori $2K^+$ e SO_4^{2-}. Si tratta quindi di un elettrolita forte (risposta E errata). L'acido acetico, infine, è un acido debole CH_3COOH, che in soluzione ionizza solo parzialmente (cfr. capitolo 8: Acidi e basi). Si tratta pertanto dell'unico elettrolita debole elencato.
Risposta corretta C.

3. Per risolvere correttamente il quesito è necessaria una buona conoscenza della nomenclatura inorganica e del comportamento di un sale in soluzione. Il solfato di sodio deriva dallo ione solfato SO_4^{2-}, che a sua volta deriva dalla dissociazione dell'acido solforico H_2SO_4 e dallo ione sodio Na^+. La formula bruta della molecola sarà quindi Na_2SO_4 e la sua dissociazione in soluzione porterà alla formazione di DUE ioni Na^+ e uno ione SO_4^{2-}. L'unica opzione che riportava la corretta dissociazione era la C.
Risposta corretta C.

4. La concentrazione di una soluzione può essere espressa in differenti modi, ma considerando i dati che ci vengono forniti dal testo la concentrazione richiesta è implicitamente la molarità (M). Sapendo che la formula della molarità è M = n / V, dobbiamo calcolare il numero di moli di NaOH. Sapendo che le moli si calcolano con la formula n = m / M.M, è sufficiente inserire i dati nelle formule: n = 2 g / (40 g / mol) = 0,05mol. Di conseguenza la molarità sarà: M = 0,05mol / 0,5L = 0,1 M.
Risposta corretta B.

5. Per la risoluzione di questo esercizio è sufficiente avere presente due formule fondamentali: quella della molarità e quella del numero di moli. Per prima cosa si ricava il numero di moli dalla molarità della soluzione, tramite la formula: M = n / V; di conseguenza avremo: n = M · V = 1 mol/L· 0,1L = 0,1 mol. A questo punto, per trovare i grammi di HCl

si uilizzerà la formula: n = m / M.M. Ricavando la massa avremo quindi: m = n · M.M. = 0,1mol · 36 g/mol= 3,6 g.
Risposta corretta C.

6. Per questo esercizio bisogna conoscere non solo la formula della molarità, ma è necessario avere in mente con precisione le unità di misura di questa. La molarità ha la seguente formula: M = n (mol di soluto) / V (L di soluzione). I grammi e i milligrammi non hanno alcun significato in questa formula, perché si parla, appunto di numero di moli e non di massa (risposte A e C errate). È possibile ragionare in millimoli al posto delle moli, ma in questo caso sarebbe necessario convertire matematicamente anche i litri in millilitri; in caso contrario non tornano i calcoli (risposta D errata). Non è possibile, invece, ragionare in massa di soluzione, perché in tal caso non staremmo considerando la molarità (M) della soluzione, ma staremmo considerando la molalità (m); di conseguenza, affichè la risposta sia corretta, è necessario ragionare in volume di soluzione (risposta E errata). Consideare una soluzione di $1{,}0 \cdot 10^{-7}$ M di NaCl equivale ad avere $1{,}0 \cdot 10^{-6}$ moli di NaCl in 10 litri, infatti se andiamo a sostituire nell'equazione precedente: $1{,}0 \cdot 10^{-6}$ mol/(10 L) = $1{,}0 \cdot 10^{-7}$ M.
Risposta corretta B.

7. Per prima cosa calcoliamo le moli di fruttosio: n = 360 g / 180 g/mol = 2 mol. A questo punto si trovano le moli di solvente, tenendo a mente che i mL corrispondono ai g per l'acqua, e che la sua M.M. è 18 g/mol (MM: ossigeno 16 g/mol e idrogeno 1 g/mol). Il numero di moli si trova secondo la formula n = 72 g/ 18 g/mol = 4 mol. A questo punto bisogna ricordare la definizione di frazione molare, che è il rapporto tra numero di moli di soluto e il numero di moli della soluzione (costituita dalla somma di solvente + soluto): n_{soluto}/n_{tot} = 2 mol / 6 mol = 0,33 mol. La molarità invece è data dal numero di moli del soluto diviso il volume in L della soluzione M = n / V = 2 mol/0,072 L = 27,78 M. I calcoli possono risultare a volte complessi in questa tipologia di esercizi, per cui è consigliabile arrivare a risolvere la prima parte del quesito ed escludere le opzioni; in questo caso, risolvendo anche solo la frazione molare si poteva arrivare alla risposta corretta.
Risposta corretta D.

8. La percentuale in massa è una tipologia di misura della concentrazione e si calcola come % m/m = g di soluto / g di soluzione. Per prima cosa bisogna sempre tenere a mente che 480 mL di acqua corrispondono a 480 g. Il testo fornisce i grammi di soluto, mentre i grammi di soluzione sono dati dai grammi di solvente (480 g) sommati ai grammi di soluto (20 g), quindi la massa totale sarà di 500 g. A questo punto si inseriscono i dati nella formula: % m/m = 20 g/500 g = 0,04 · 100 = 4 %.
Risposta corretta B.

9. Conoscendo il volume della soluzione (1 L) e la molarità (0,5 M) possiamo calcolare le moli attraverso la formula inversa della molarità n = M · V = 0,5 mol/L · 1L = 0,5 mol. Risulta fondamentale sapere la tavola periodica per questo esercizio (cfr. capitolo 1.2 – la tavola periodica): il bario è nel secondo gruppo (ricorda la memofrase "Bere Magma Causa Surriscaldamento, Basta Ragionare!") mentre il cloro è nel settimo gruppo (ricorda la memofrase "Fischia Claudio Brutto Ignorante Atipico!"). Di conseguenza questi elementi si combineranno a formare il cloruro di bario con formula $BaCl_2$. La MM del composto è dato dalla somma delle masse atomiche: MM = (137 + 35 + 35) g/mol = 207 g/mol. A questo punto si trovano i grammi corrispondenti con la formula inversa del numero di moli: m = n · MM = 0,5 mol · 207 g/mol = 103,5 g.
Risposta corretta D.

CHIMICA

10. La normalità esprime il numero di equivalenti di un soluto in un litro di soluzione secondo la formula: N = soluto (eq) / soluzione (L). Gli equivalenti sono una misura alternativa della quantità di sostanza, ormai sostituiti dalle moli, e la loro definizione dipende dalla tipologia di sostanza che stiamo andando a considerare; un equivalente di un acido o di una base corrisponde alle moli di H^+ o di OH^- liberate in soluzione; un equivalente di un sale corrisponde alla quantità di specie ioniche (si considerano solo le specie negative o quelle positive) liberate dal sale stesso; un equivalente, per quanto riguarda i composti che prendono parte a una rezione di ossidoriduzione, corrisponde alla quantità di elettroni persi o acquisiti. Ad esempio, nel cloruro di calcio $CaCl_2 \rightarrow Ca^{2+} + 2Cl^-$ vengono liberate 2 cariche positive (o negative), di conseguenza saranno liberati due equivalenti (notiamo come questo numero sia differente a livello concettuale al coefficiente di van't Hoff, che invece sarebbe stato 3 in questo caso).
Risposta corretta C.

11. Per molalità si intende la concentrazione di una soluzione espressa dal numero di moli di soluto disciolte in un kg di solvente, dalla formula: m = n / kg. Bisogna innanzitutto calcolare le moli di $CaCl_2$ con la formula n = m / MM = 28 g / 110 g/mol = 0,25 mol. Il solvente è rappresentato dall'acqua e, dato che abbiamo noto il volume di 400 mL, possiamo ricavarne la massa sapendo che la densità dell'acqua equivale a 1 kg/L o in questo caso 1 g/mL; secondo la formula della densità avremo: d = m / V, e quindi m = d · V = 400 mL · 1 g/mL= 400 g = 0,4 kg. A questo punto calcoliamo la molalità, che sarà: m = n / kg = 0,25 mol / 0,4 kg = 0,625 m.
Risposta corretta C.

12. Per risolvere l'esercizio troviamo per prima cosa il numero di moli dell'HCl, poiché ci viene data una massa: n = m / M.M. = 216 g/(35 + 1) g/mol = 6 mol; il MM è stato calcolato sommando le masse atomiche per i singoli elementi. Per trovare il volume di soluzione in cui è disciolto l'HCl, si usa la formula inversa della molarità: $M = n / V_1 \rightarrow V_1 = n / M$ = 6 mol / 5 M = 1,2 L. Il testo del quesito ci dice che NaOH è disciolto nel doppio del volume della soluzione in cui è disciolto HCl, perciò avremo: V_2 = 1,2 L · 2 = 2,4 L.
Inseriamo questo volume nella formula della molarità per trovare il numero di moli di NaOH che sono state inizialmente disciolte nella soluzione: $M = n / V_2 \rightarrow n = M \cdot V_2$ = 5 M · 2,4 L = 12 mol. A questo punto, per trovare i grammi di idrossido di sodio, si moltiplica il numero di moli per la massa molecolare: m = n · MM = 12 mol · (23 + 1 + 16) g/mol = 480 g.
Risposta corretta B.

13. Questo è un esercizio di diluizione, per il quale vale una semplice formula che permette di risolvere l'esercizio in modo rapido ed efficace: $M_1 \cdot V_1 = M_2 \cdot V_2$.
Conosciamo M_1, V_1, e M_2: abbiamo solo una variabile incognita, quindi basterà inserire i dati all'interno dell'equazione. Isoliamo l'incognita e svolgiamo il calcolo: $V_2 = M_1 \cdot V_1 / M_2$ = 2,5 M· 0,025 L / 0,5 M = 0,125 L corrispondono a 125 mL.
Risposta corretta D.

14. Come prima cosa è necessario saper scrivere la formula dell'acido solforico, esso deriva dall'idratazione dell'anidride solforica: $SO_3 + H_2O \rightarrow H_2SO_4$. Calcoliamo ora la massa molare di H_2SO_4 con i dati forniti, e troviamo che essa sarà uguale a MM = (1 · 2 + 32 + 16 · 4) g/mol = 98 g/mol (ricordiamo M.M. H = 1 g/mol, O = 16 g/mol). Il numero di moli dell'acido solforico è quindi n = m / M.M. = 196 g / 98 g/mol = 2 mol. Il passo successivo è calcolare la molarità della soluzione di partenza, che sarà M = n / V = 2 mol / 0,5 L = 4 M. Sfruttando ora la formula delle diluizioni $M_1 \cdot V_1 = M_2 \cdot V_2$, possiamo ottenere il volume finale tramite la formula inversa: $V_2 = (M_1 \cdot V_1) / M_2$ = (4 M · 0,5 L) / 0,25 M = 8 L. Il quesito, però, richiede di cercare il volume di acqua da aggiungere al volume iniziale, quindi faremo la sottrazione $V_2 - V_1$ = 8 L – 0,5 L= 7,5 L.
Risposta corretta A.

15. Il quesito presenta una diluizione, perciò passando da una soluzione all'altra le moli del soluto disciolto rimangono costanti: $n_{iniziale} = n_{finale}$. Di conseguenza, poiché il numero di moli può essere considerato come n=M·V, tramite la formula inversa della molarità, possiamo scrivere: $M_{iniziale} \cdot V_{iniziale} = M_{finale} \cdot V_{finale}$. Il volume finale sarà dato dalla somma del volume iniziale e del volume di acqua aggiunto, quindi avremo 1,5 L + 0,5 L = 2 L. Risolvendo l'equazione per la molarità avremo: $M_2 = (M_1 \cdot V_1) / V_2$ = (3 M · 1,5 L)/2 L = 2,25 M. È importante notare che il risultato corretto è 2,25 M, e non 2,25 m, dove m indica la molalità e non la molarità richiesta.
Risposta corretta B.

16. Per risolvere l'esercizio è necessario come prima cosa riconoscere che il composto K_2SO_4 è il solfato di potassio, quindi si tratta di due soluzioni identiche che vengono mescolate. La via più veloce per arrivare alla risoluzione del quesito è quella di applicare la formula dell'addizione di soluzioni: $M_1 \cdot V_1 + M_2 \cdot V_2 = M_3 \cdot V_3$. È necessario trovare il volume della soluzione di partenza, che si calcola facendo $V_1 = V_3 - V_2$ = 5 L - 3 L = 2 L. Ora, applicando la formula citata sopra e risolvendo per M_1 otterremo: $M_1 = (M_3 \cdot V_3 - M_2 \cdot V_2)/V_1$ = (3,5 M · 5 L - 2 M · 3 L)/2 L = 5,75 M.
Risposta corretta B.

17. Il quesito tratta il mescolamento delle soluzioni. La soluzione finale conterrà n moli pari alla somma delle moli presenti nelle due soluzioni mescolate (ricavata tramite la formula M = n / V → n = M · V). Per risolvere il quesito, bisognerà considerare la formula della somma delle soluzioni: $M_1 \cdot V_1 + M_2 \cdot V_2 = M_3 \cdot V_3$
A questo punto il metodo più veloce per risolvere il quesito è procedere matematicamente: analizziamo i dati che ci vengono forniti. La molarità della soluzione 1 sarà M_1 = 0,5 M, e il suo volume sarà V_1 = 0,09 L. La molarità della soluzione 2 sarà invece M_2 = 4,2 M, mentre il volume rimane incognito e quindi possiamo definirlo come V_2 = Y. La molarità della soluzione da ottenere è invece M_3 = 1,3 M e il suo volume sarà dato dalla somma dei due volumi delle soluzioni V_3 = Y + 0,09 L.
A questo punto si può andare a ricavare $M_2 \cdot V_2 = M_3 \cdot V_3 - M_1 \cdot V_1$.
Sostituiamo infine i dati all'interno dell'equazione e risolviamo per Y:
4,2 · Y = 1,3 · (0,09 + Y) – 0,5 · 0,09
4,2 · Y = 0,117 + 1,3 · Y – 0,045
4,2 · Y - 1,3 · Y = 0,117 - 0,045
2,9 · Y = 0,072
Y = 0,072/2,9 = 0,025L = 25 mL.
Pertanto, il volume finale V_3 sarà uguale alla somma tra il volume della soluzione 1 e della soluzione 2: 25 mL + 90 mL = 115 mL.
Risposta corretta D.

18. Per quanto la normalità sia ormai considerata obsoleta, è importante conoscerne la definizione: la normalità descrive il numero di equivalenti (di soluto) per litro di soluzione. L'alternativa B è la definizione di molarità (risposta B errata). Le opzioni A, D, E non sono unità di misura rilevanti oppure sono sbagliate (risposte A, D ed E errate). L'unica alternativa che contiene la definizione corretta è la C.
Risposta corretta C.

19. Quando viene indicata la concentrazione come percentuale, si ragiona su grammi di soluto in un volume di 100 mL : quindi 4% di NaOH significa che ci sono 4 g in 100 mL. Quindi in 1 L di soluzione ci sono 40 g di soluto basico. A questo punto, conoscendo la massa e il MM di NaOH (40 g/mol, perché il sodio ha massa atomica 23 g/mol, l'ossigeno di 16 g/mol e l'idrogeno di 1 g/mol), si possono ricavare le moli tramite la formula: n = m / MM = 40 g / 40 g/mol = 1mol. Considerando la molarità come numero di moli su

litro di soluzione si avrà: M = n / V = 1 mol / 1 L = 1 M. Utilizzando poi la formula della normalità otterremo il risultato: N = M · eq, per NaOH, essendo una base, gli equivalenti si definiscono come il numero di OH^- che vengono rilasciati con la dissociazione, in questo caso il numero di equivalenti sarà 1. Di conseguenza, inseriamo i dati nell'equazione precedente: N = M · eq = 1 M · 1 eq = 1 N.
Risposta corretta A.

20. Quando si parla di equivalente di una base, si vuole indicare la capacità della base di fornire una mole di OH^-. Quindi, dato che $Ca(OH)_2$ è in grado di donare $2OH^-$, gli equivalenti forniti sono due. Facendo una proporzione possiamo arrivare al risultato: se 1 mole di $Ca(OH)_2$ corrisponde a 2 equivalenti, un grammo equivalente corrisponderà a 0,5mol. 1 mol : 2 eq = x mol : 1 eq.
Risposta corretta B.

21. Secondo la regola "il simile scioglie il simile", in acqua (solvente polare) si scioglie al meglio un altro composto polare. Esaminiamo in ordine le varie opzioni. L'etere è un composto organico, caratterizzato dalla formula generica R–O–R (cfr. capitolo 10 – La chimica del carbonio), con bassa polarità data dall'ossigeno che viene contrastata dalla presenza delle due catene apolari R (risposta B errata). La benzina è una miscela, composta prevalentemente da idrocarburi paraffinici (cioè alcani), che essendo catene di carbonio e idrogeno sono fortemente apolari (risposta C errata). I grassi per definizione sono composti insolubili in acqua, quindi apolari; si tratta infatti di catene di carbonio e idrogeno, sature o insature, che in alcuni casi possono avere gruppi scarsamente polari, come nei fosfolipidi (risposta D errata). I saponi sono composti anfoteri, significa che hanno una componente polare e una apolare. Si tratta generalmente di sali di sodio o di potassio di acidi carbossilici alifatici a lunga catena. Si pensi quindi alla funzione dei saponi: si dispongono in acqua a formare micelle, in modo da esporre la loro parte polare e isolare quella apolare, sono scarsamente solubili in acqua (risposta E errata). Resta solo NaCl che NON è un composto polare, ma tutti i sali di litio, sodio, potassio e ammonio sono solubili. In questo caso NaCl si dissocia in acqua immediatamente in Na^+ e Cl^-.
Risposta corretta A.

22. Per definizione, una soluzione si definisce satura quando contiene la massima quantità di soluto possibile disciolto ad una data temperatura, senza che si formi un corpo di fondo (cioè un precipitato). Se si innalza la temperatura della soluzione satura (quindi si fornisce energia), il punto di saturazione della soluzione si innalza. L'alternativa A è errata, perché non è vero che non si possono più disciogliere altri soluti, semplicemente è necessario alzare la temperatura della soluzione (risposta A errata). La quantità di soluto di una soluzione non può mai essere maggiore della quantità della soluzione, perché questo va contro le definizioni di soluto e soluzione stesse (risposta B errata). Il soluto di una soluzione può essere gassoso, ma non necessariamente deve esserlo perché la soluzione venga definita satura (risposta D errata). La condizone di saturazione non è una situazione rara, viene raggiunta con facilità (risposta E errata). Una soluzione satura non è in grado, come detto prima, di disciogliere altro soluto alla stessa temperatura.
Risposta corretta C.

23. La solubilità di un gas in un liquido si modifica nei seguenti modi: aumenta al diminuire della temperatura e aumenta all'aumentare della pressione parziale del gas all'interno. Per quanto riguarda la temperatura, si pensi a quando viene lasciata al sole una bottiglietta di acqua gasata: con energia (calore) la CO_2 contenuta sfugge molto più facilmente dalla soluzione (in gergo comune l'acqua si "sgasa"). In termini di pressione, per facilitare il concetto, si immagini qualcosa che applichi forza su una cappa di gas: le particelle verranno spinte con forza all'interno de liquido, quindi queste faranno più fatica

ad evaporare e rimarranno in soluzione (cfr. capitolo 7.3 - QR code con approfondimento sulla legge di Henry).
Risposta corretta C.

24. I fattori che influenzano la solubilità sono tre: la natura del solvente e del soluto, la temperatura e la pressione. In questo quesito è necessario considerare solo la natura del solvente e del soluto, il cui principio generale da seguire è "Il simile scioglie il simile". La benzina è una sostanza apolare, per cui la risposta corretta dovrà coincidere con un composto polare. In particolare, in questo esercizio, è necessario ricordare la teoria VSEPR (cfr. capitolo 2.6.2), che va a definire la geometria delle molecole, la quale a sua volta andrà a definire la polarità. Analizzando le varie opzioni, CH_4 è un composto apolare; si tratta infatti di un composto in cui i legami sono tutti covalenti polari (C-H) ma in cui la dispozione degli atomi di H rende la molecola simmetrica. La molecola assume forma tetraedrica (risposta A errata). SO_3 è apolare per la disposizione dei 3 atomi di ossigeno, che si legano con 3 doppi legami all'atomo di zolfo, con forma trigonale planare (risposta B errata). CO_2 è apolare poiché i due dipoli dati dai due atomi di ossigeno si annullano per geometria: la molecola ha infatti geometria lineare (risposta D errata). L'olio è una sostanza apolare per eccellenza, poiché fa parte dei grassi, che per definizione sono strutture apolari. L'apolarità dell'olio è dovuta alla presenza degli acidi grassi internamente alle molecole, che possono essere saturi o insaturi (risposta E errata). SO_2 è invece polare, perché con la formazione dei legami abbiamo gli ossigeni che si legano con due doppi legami e lasciano libero un doppietto sullo zolfo. Secondo la teoria VSEPR la disposizione sarà angolare, con i due legami in basso e un doppietto libero al di sopra della molecola.
Risposta corretta C.

25. Il prodotto di solubilità indica il prodotto tra la costante di equilibrio per una reazione di dissociazione e la concentrazione del sale. In questo caso è definita da $Kps = [Ag^+] \cdot [Cl^-]$. Per risolvere l'esercizio è fondamentale scrivere la reazione di dissociazione per valutare i rapporti stechiometrici delle particelle ioniche: $AgCl \rightarrow Ag^+ + Cl^-$. Dalla reazione si può notare che i componenti reagiscono in rapporto 1 : 1, quindi se si indica la solubilità di AgCl, rappresenterà anche la concentrazione di Ag^+ e Cl^- (considerando che si dissocia completamente): $s = [Ag^+] = [Cl^-]$.
Kps è quindi dato dal $s^2 = (1{,}3 \cdot 10^{-5})^2 = 1{,}7 \cdot 10^{-10}$.
Risposta corretta A.

26. Per definizione le proprietà colligative sono proprietà delle soluzioni che non dipendono dalla natura dei soluti e dei solventi (risposte B ed E errata), ma solo dal numero di particelle di soluto presenti nella soluzione. Non importa quale sale si metta in acqua e quindi quale forza ionica sarà sviluppata nella soluzione (risposta D errata). Le proprietà colligative non vengono influenzate nemmeno dalla variazione del pH della soluzione (risposta C errata). Di conseguenza, l'unica risposta corretta era la A.
Risposta corretta A.

27. Il punto di ebollizione è definito come la temperatura alla quale la tensione di vapore del liquido diviene uguale alla pressione esterna. Se si aumenta la pressione esterna su un liquido vuol dire che viene esercitata una forza maggiore sulla sua superficie. Questo significa che, prendendo come esempio la pentola dell'acqua che bolle, le molecole di solvente faranno più fatica ad evaporare proprio perché devono contrastare una forza maggiore. Quindi, all'aumentare della pressione si innalza anche il punto di ebollizione. Un esempio esplicativo della quotidianità è la pentola d'acqua in montagna (cfr. capitolo 7.4.1 - QR code per approfondire): quando aumenta l'altitudine, come in montagna, la pressione diminuisce, infatti l'acqua comincia a bollire poco prima rispetto a quando si è in pianura (abbassamento del punto ebullioscopico). La risposta A è concettualmente

errata, perché la temperatura di ebollizione è peculiare (a pressione costante) per ogni tipo di solvente. Ciò che varia rispetto alla massa del liquido è la quantità di calore latente che serve per rompere i legami intermolecolari; la temperatura e il calore sono però due concetti differenti (risposta A errata).
Risposta corretta C.

28. L'innalzamento ebullioscopico è una delle proprietà colligative, cioè ci si riferisce a delle proprietà delle soluzioni che dipendono soltanto dal numero di particelle di soluto presenti in soluzione e non dalla loro natura. In particolare, la temperatura di ebollizione dipende dalla formula $\Delta T_{eb}=m \cdot k_{eb} \cdot i$; dove m è la molalità, la K_{eb} è la costante di ebollizione propria di ogni liquido e i è il coefficiente di van't Hoff (il quale corrisponde al numero di specie ioniche liberate in soluzione). Per trovare il soluto che provocherà un maggiore innalzamento ebullioscopico, a parità di molalità e di K_{eb}, bisogna considerare il coefficiente di van't Hoff. Il fruttosio non si scinde in acqua, quindi avrà i = 1. $Fe_3(PO_4)_2$, l'ortofosfato ferroso, viene a ionizzarsi in $3Fe^{2+}$ e $2PO_4^{2-}$, creando quindi cinque soluti osmoticamente attivi e un coefficiente i = 5. L'acido cloridrico HCl si divide in H^+ e Cl^-, di conseguenza creando due soluti osmoticamente attivi avrà i = 2. L'idrossido di sodio NaOH si scinde in Na^+ e OH^-, creando due soluti osmoticamente attivi e quindi un coefficiente i = 2. Infine, l'idrossido di calcio $Ca(OH)_2$ si scinde in Ca^{2+} e $2OH^-$ creando tre soluti osmoticamente attivi e quindi un i = 3. Il soluto che va ad innalzare maggiormente l'osmolarità è quello espresso dalla risposta B e sarà quindi quello che creerà un maggiore innalzamento ebullioscopico.
Risposta corretta B.

29. Il punto crioscopico (o di congelamento) fa parte delle proprietà colligative, le quali dipen-dono solo dalla quantità del soluto e non dalla sua natura. Sia per quanto riguarda il punto di congelamento, che per quanto riguarda il punto di ebollizione, vale la seguente regola: se si aggiunge un soluto ad una soluzione, il suo punto crioscopico si abbassa (il punto di ebollizione invece si alza). Viceversa, nel caso di un'aggiunta di solvente alla soluzione, il punto crioscopico si innalzerà nuovamente (mentre il punto di ebollizione si abbasserà). Nel caso in cui fosse sorto il dubbio sull'alternativa E, non ci sono indicazioni precise su quanto aumenti o diminuisca il punto crioscopico alla variazione della quantità di soluto.
Risposta corretta B.

30. La pressione osmotica viene definita come la pressione che si deve esercitare sulla parete di una membrana semipermeabile per impedire il flusso di solvente da una soluzione meno concentrata ad una soluzione più concentrata. Per lo studio della pressione osmotica viene utilizzata quindi una membrana semipermeabile (cfr. Biologia per approfondire), in modo tale che il passaggio sia consentito solo alle molecole di solvente e non a quelle di soluto. In ambito biologico, le cellule del nostro organismo sono costituite da membrane semipermeabili che permettono gli scambi selettivi tra ambiente extra e intra-cellulare e mantengono in equilibrio gli elettroliti e altre sostanze.
Risposta corretta C.

31. L'osmolarità si definisce come il numero totale di molecole e ioni presenti in un litro di soluzione, e rappresenta il numero di osmoli per litro di soluzione; l'osmole è l'unità di misura del numero di particelle che contribuiscono alla pressione osmotica della soluzione. Un'osmole corrisponde alla mole moltiplicata per il numero di particelle in cui il soluto si dissocia in soluzione: osm = n·i, dove i viene definito "coefficiente di van't Hoff" e rappresenta il numero di ioni in cui l'elettrolita si dissocia in soluzione.
Procediamo per esclusione e analizziamo le opzioni. Per sapere quale relazione esiste tra osmolarità e volume, è sufficiente scrivere la formula dell'osmolarità, definita come numero di osmoli su volume di soluzione: Osmolarità = osm (mol) / V (L) = n · i / V. Si

ricava dunque che l'osmolarità è inversamente proporzionale al volume della soluzione (risposta A errata).
L'osmolarità dipende dalla concentrazione dei soluti, infatti, tenendo fede all'equazione sopra riportata, si può sostituire il rapporto tra il numero di moli e il volume con la molarità: osmolarità = n · i / V = M · i, per cui la risposta è errata (risposta B errata). L'osmolorità non è inoltre correlata al pH o alla viscosità della soluzione, ma si tratta unicamente di un'espressione della concentrazione delle particelle osmoticamente attive nella soluzione (risposte D ed E errate). È importante ricordare che la pressione osmotica è una delle proprietà colligative, e per definizione queste non dipendono dalla natura dei composti, ma esclusivamente dalla quantità nell'unità di volume.
Risposta corretta C.

32. Sapendo che la formula della pressione osmotica che tiene conto della dissociazione dei composti in soluzione è π = M · R · T · i, possiamo calcolare le rispettive pressioni osmotiche dei composti. In questo caso è possibile non tenere conto della costante R e della temperatura T in quanto sono costanti. Ricordiamo che i, detto coefficiente di van't Hoff, rappresenta il numero di ioni in cui l'elettrolita si dissocia in soluzione.
Avremo che: il glucosio non dissocia in soluzione quindi ha coefficiente i = 1 → π = 1; NaCl dissocia in Na^+ e Cl^-, quindi ha coefficiente i = 2 → π = 1,2; $CaCl_2$ si separa in Ca^{2+} e 2 Cl^- quindi ha coefficiente i = 3 → π = 1,5; HI diventa H^+ e I^- quindi ha coefficiente i = 2 → π = 1,4; il saccarosio non si dissocia in soluzione quindi ha coefficiente i = 1 → π = 1,4.
La pressione osmotica risulta quindi maggiore nel cloruro di calcio.
Risposta corretta C.

33. Conoscendo ormai le formule della pressione osmotica e della molarità (π = M · R · T · i e M = n / V), si può dedurre che al diminuire del volume della soluzione (passando dallo stato liquido allo stato gassoso tramite evaporazione), la molarità aumenta secondo una relazione di proporzionalità inversa. Di conseguenza, contestualmente all'aumento della molarità, aumenterà anche la pressione osmotica, per proporzionalità diretta. Notiamo come la natura del solvente non vada in alcun modo ad influenzare la pressione osmotica, perché ragioniamo sempre in termini di concentrazione (risposte D ed E errate).
Risposta corretta A.

34. Per risolvere il quesito, è necessario conoscere la formula della pressione osmotica in chimica π = M · R · T · i dove: M è la molarità, espressa in mol/L; T è la temperatura, che ha STP che corrisponde a 25° C, che dovranno essere convertiti secondo il SI in Kelvin: T = 25 + 273 = 298 K; R è la costante dei gas che ha valore 0,082 L · atm / mol · K; i, infine, è il coefficiente di vant' Hoff, il quale esprime la quantità di particelle osmoticamente attive che si trovano in soluzione. Affinché una sostanza possa avere questo coefficiente diverso da 1, deve liberare in soluzione degli elettroliti, quindi deve dissociare. Ogni sale ha un proprio coefficiente corrispondente al numero di ioni liberati in soluzione. $CaCl_2$ si dissocia in 1Ca^{2+} + 2Cl^- quindi i avrà valore 3. Il quesito chiede di calcolare il volume, quindi è necessario sostituire nella formula il volume ricavato dalla formula della molarità (M = n / V). Di conseguenza potremo scrivere che π = (n / V) · R · T· i e quindi ricavando il volume avremo: V = moli · R · i · T / π = 3 · 0,082 · 3 · 298/200 = 1,099 L approssimato a 1,10 L.
Risposta corretta B.

35. Per la risoluzione di questo esercizio è necessaria la conoscenza della formula della pressione osmotica: π = M · R · T · i, in cui M è la concentrazione in mol/L; R è la costante dei gas e misura 0,082 l · atm / mol ·K; T è la temperatura espressa in gradi Kelvin; i è il coefficiente di van't Hoff che esprime la quantità di particelle osmoticamente attive che si formano dalla dissoluzione di un soluto. È inutile in questo caso andare a calcolare in modo preciso la pressione osmotica di ogni composto, infatti il testo ci dice che tutte le

soluzioni si trovano a concentrazioni uguali. Di conseguenza è sufficiente osservare quale composto ha il coefficiente di van't Hoff più alto. Sarà questo termine a far aumentare la pressione osmotica, in quanto tutti gli altri valori della formula sono costanti. Per calcolare il coefficiente basta conoscere le dissociazioni dei composti. NaCl in soluzione dissocia in Na^+ e Cl^-, quindi il suo coefficiente i sarà 2, perché si avranno due particelle in soluzione. K_2O in soluzione si dissocia in $2K^+$ e O^{2-}, di conseguenza il suo coefficiente i sarà 3. Lo stesso ragionamento vale per $CaCl_2$ che si dissocia in Ca^{2+} e $2Cl^-$ e quindi avrà coefficiente i uguale a 3. H_2SO_4, l'acido solforico, in soluzione si dissocia in H^+ e HSO_4^- durante la prima dissociazione, di conseguenza avrà coefficiente i uguale a 2. Infine, K_3PO_4, il fosfato di potassio, si dissocia in soluzione in $3K^+$ e PO_4^{3-}, di conseguenza il suo coefficiente i sarà 4. Il composto con maggiore coefficiente di van't Hoff e quindi con maggiore pressione osmotica è quello proposto dalla risposta E.
Risposta corretta E.

36. K_2S in soluzione dissocia negli ioni K^+ e S^{2-} e, sapendo che la soluzione è sovrasatura, questi si trovano in equilibrio dinamico con il sale iniziale K_2S. Aggiungendo un sale come CaS, esso dissocia in soluzione negli ioni Ca^{2+} e S^{2-}, quindi la presenza dello ione S^{2-} sposta l'equilibrio di dissociazione del sale presente precedentemente nella soluzione, secondo la reazione: $K_2S \leftrightarrow K^+ + S^{2-}$. Di conseguenza l'equilibrio di reazione viene spostato verso sinistra (la formazione del sale) perché viene aggiunto un prodotto. Gli altri composti non spostano invece l'equilibrio di reazione perché HCl non possiede lo ione comune S^{2-}, mentre H_2SO_4 e $CaSO_4$ non dissociano nello ione comune ma in SO_4^{2-}, che quindi non va ad influenzare l'equilibrio di reazione.
Risposta corretta C.

37. Questa tipologia di quesito è stata presente per la prima volta nel test di medicina 2021. L'argomento preso in considerazione è l'effetto dello ione comune. Questo effetto si manifesta nel momento in cui vengono posti in un'unica soluzione due sali, uno poco solubile, in questo caso il fluoruro di calcio, e uno molto solubile come il cloruro di calcio. Lo ione comune è Ca^{2+}. La soluzione è satura per il sale poco solubile e quando viene aggiunto il sale molto solubile questo si dissocia spostando l'equilibrio di dissociazione del sale poco solubile verso la fase solida e indissociata, poichè aumenta la concentrazione dello ione comune; in questo modo si formerà un precipitato di sale poco solubile, il fluoruro di calcio (risposta B errata). Questo vuol dire che diminuirà la concentrazione del fluoro e non del cloro.
Risposta corretta C.

38. In questa tipologia di esercizio si devono analizzare bene tutte le opzioni ricordandosi di individuare la risposta errata. L'effetto dello ione comune è anche detto effetto di retrocessione (risposta A errata); la definizione consiste nella presenza di uno ione in comune tra due composti (ad esempio CuCl, un sale poco solubile e CaCl2 in cui lo ione comune è Cl) che vengono posti in una soluzione. La sua presenza provoca una ulteriore diminuzione, e non un aumento, della solubilità del sale poco solubile che porterà alla formazione di un precipitato. Inoltre può sopprimere la ionizzazione di un acido o di una base debole.
Risposta corretta D.

39. Per risolvere l'esercizio basta ricordare che le soluzioni conducono energia elettrica soltanto se contengono ioni. Ciò significa che i composti in esame, per poter costituire un elettrodo, devono essere degli elettroliti, ovvero specie chimiche che in soluzione dissociano nei loro ioni costituenti. Quanto più l'elettrolita è forte, tanto più la soluzione sarà conducibile. Fra quelli proposti, il glucosio è l'unico che, pur sciogliendosi in acqua, non si dissocia in ioni, pertanto non può costituire un elettrodo.

Per completezza, vediamo insieme come si comportano gli altri composti in soluzione:

- $CaBrO_3 \leftrightharpoons Ca^{2+} + BrO_3^{2-}$
- $CuSO_4 \leftrightharpoons Cu^{2+} + SO_4^{2-}$
- $KMnO_4 \leftrightharpoons K^+ + MnO_4^-$
- $NaCl \leftrightharpoons Na^+ + Cl^-$

Risposta corretta B.

40. Il quesito proposto verte sulla conducibilità delle soluzioni; analizziamo insieme i dati a nostra disposizione. In questa pila, come in tutte quante del resto, gli elettrodi sono posti in contenitori differenti: il catodo è immerso in soluzione di $CuSO_4$, mentre l'anodo è immerso in una soluzione di $ZnSO_4$.
La corrente elettrica è generata dalla redox fornita dal testo, che può essere scomposta in:

- semireazione di ossidazione: $Zn_{(s)} \rightarrow Zn^{2+}_{(aq)} + 2e^- \rightarrow$ avviene all'anodo
- semireazione di riduzione: $Cu^{2+}_{(aq)} + 2e^- \rightarrow Cu_{(s)} \rightarrow$ avviene al catodo (risposta A errata).

Ricordando la mnemofrase "OPERA", ovvero "chi si ossida perde elettroni, chi si riduce ne acquista", deduciamo che lo zinco si ossida ed è quindi l'agente riducente, mentre il rame si riduce ed è quindi l'ossidante (risposta E errata).
A questo punto non resta che valutare le opzioni riguardanti i fattori influenzanti la conducibilità del sistema che, oltre a variare in funzione della natura degli elettrodi, aumenta al diminuire della distanza degli elettrodi, all'aumentare della concentrazione e della superficie degli elettrodi in soluzione (risposta B errata) e all'aumentare della temperatura. L'opzione C è errata perché l'aumento di temperatura favorisce la conducibilità della soluzione grazie all'incremento cinetico.
Risposta corretta D.

41. Ci troviamo di fronte ad un quesito puramente nozionistico. Il modo più semplice e veloce per risolverlo è valutare ogni opzione singolarmente. Le pile non sono altro che dei sistemi in cui gli elettroni passano dall'anodo, polo negativo in cui avviene la semireazione di ossidazione, al catodo, polo positivo in cui si verifica la semireazione di riduzione. Questo passaggio di elettroni avviene attraverso il conduttore metallico che unisce i due elettrodi, il cosiddetto "circuito esterno", in cui la conduzione di corrente elettrica è chiamata "corrente elettronica". La corrente ionica invece, è quella condotta attraverso il circuito interno, in quanto è dovuta al passaggio di elettroni attraverso il ponte salino (risposta A e D errata).
La liberazione di energia elettrica non è dovuta al trasferimento diretto di elettroni dalla specie riducente a quella ossidante: questo avviene nelle redox e permette la liberazione di energia chimica. Nelle pile, invece, l'energia chimica viene trasformata in energia elettrica proprio perché il passaggio di elettroni avviene indirettamente, attraverso un conduttore metallico (risposta B errata).
Infine, il ponte salino collega le due soluzioni e, a sua volta, contiene una soluzione satura di un sale differente da quelli presenti negli elettrodi (generalmente KCl o KNO_3), permettendo il passaggio di anioni e cationi (risposta C errata).
Risposta corretta E.

9. ACIDI E BASI

1. Una base è una sostanza che:
A. Acquista una coppia elettronica
B. Ha disponibile un orbitale vuoto
C. Ha un gusto amarognolo
D. È capace di accettare elettroni
E. È capace di accettare protoni

2. Una soluzione basica è caratterizzata:
A. Dalla concentrazione degli ioni ossidrile inferiore a quella degli ioni idrogeno
B. Dalla concentrazione di ioni ossidrile superiore a quella degli ioni idrogeno
C. Dall'ossigeno disciolto ad una pressione uguale a quella atmosferica
D. Dall'ossigeno disciolto ad una pressione inferiore a quella atmosferica
E. Da un composto inorganico ossigenato

3. I sali sono composti che si formano dalla reazione di:
A. Un ossidante e un riducente
B. Un ossido ed un metallo
C. Un non-metallo con ossigeno
D. Un acido e una base
E. Una base ed acqua

4. Un acido reagisce con una base per formare acqua e un sale. Questo processo è chiamato:
A. Neutralizzazione
B. Esterificazione
C. Idrolisi
D. Combustione
E. Decalcificazione

5. Secondo la definizione di Brønsted-Lowry, indicare quale dei seguenti ioni può compor-tarsi soltanto come acido:
A. NH_4^+
B. PO_4^{3-}
C. HPO_3^{2-}
D. HPO_4^{2-}
E. HSO_4^-

6. Quale delle seguenti opzioni è errata?
A. Le teorie di Arrhenius, Brønsted – Lowry e di Lewis si ampliano a vicenda e tutte e tre definiscono acido e base in modo corretto, ma in situazioni diverse
B. Zn^{2+}è un tipico acido di Lewis
C. Secondo la teoria di Arrhenius, un acido dona sempre un protone
D. Secondo Brønsted – Lowry un acido è una sostanza che dona un protone ad una base in grado di accettarlo
E. Nessuna delle precedenti

7. Quale fra i seguenti composti/ioni è una base di Lewis?
A. BF_3
B. SO^{2-}
C. HNO_3
D. NaCl
E. H^+

8. Quale fra i seguenti composti/ioni è sia un acido di Lewis che un acido di Brønsted?
A. BCl_3
B. HCl
C. $FeCl_3$
D. H^+
E. CO_3^{2-}

9. Quale delle seguenti affermazioni su acidi e basi è errata?
A. HNO_2 è un acido più debole di $HClO_4$ nonostante siano entrambi monoprotici
B. Zn^{2+} può essere considerato un acido secondo Lewis
C. Tutti gli idracidi (composti dell'idrogeno con gli alogeni) sono acidi forti
D. L'acqua è un acido secondo Brønsted-Lowry
E. I prodotti della reazione tra alogenuri alchilici e ammoniaca sono basi deboli

10. Individuare, tra le seguenti sostanze, l'acido forte:

A. Acido acetico
B. Acido carbonico
C. Acido nitrico
D. Acido oleico
E. Idrossido di sodio

11. Quale di questi composti rende acida una soluzione acquosa?

A. CO_2
B. CH_4
C. KBr
D. NaOH
E. NaCl

12. Quale dei seguenti composti è un acido di Lewis?

A. NH_3
B. CO_3^{2-}
C. OH^-
D. H_2SO_4
E. Nessuno dei precedenti

13. Quale delle seguenti triplette di acidi è disposta in ordine decrescente (da sinistra a destra) di forza acida?

A. Acido perclorico → acido solforico → acido nitrico
B. Acido acetico → acido nitroso → acido permanganico
C. Acido solforico → acido cianidrico → acido solforoso
D. Acido acetico → acido nitroso → acido nitrico
E. Acido cianidrico → acido cloroso → acido solforico

14. Disporre i seguenti acidi secondo la forza acida crescente; acido meno forte a sinistra, acido più forte a destra: X) $HClO_4$; Y) HNO_3; Z) HNO_2.

A. X < Y < Z
B. Z < Y < X
C. X < Z < Y
D. Y < X < Z
E. Z < X < Y

15. Sapendo che l'acido tricloroacetico è un acido forte e che l'acido benzoico è un acido debole, si potrà sicuramente dire che una soluzione di acido tricloroacetico è più acida di una soluzione di acido benzoico quando:

A. Le due soluzioni hanno la stessa concentrazione
B. Il volume della prima è almeno doppio di quello della seconda
C. La temperatura di entrambe è quella standard
D. La prima soluzione è più diluita della seconda
E. Sempre

16. Quale tra le seguenti molecole si comporta da acido secondo Lewis ma non secondo Arrhenius?

A. HCN
B. H_2XeO_4
C. H_3BO_3
D. CH_3SOH
E. BH_3

17. Ordinare i seguenti composti in ordine decrescente di acidità:

A. $HClO_4$, HI, HCl, CH_3COOH, NH_3
B. HBr, HI, HCl, NaOH, NH_3, HF
C. HI, HBr, HCl, $HClO_4$, CH_3COOH
D. HF, HCl, HBr, HI, $HClO_4$
E. Nessuna delle precedenti

18. Quale delle seguenti affermazioni riguardanti la forza degli acidi e delle basi è errata?

A. La soluzione di un acido forte, ad esempio l'acido nitrico, in acqua è descritta dalla seguente reazione: $HNO_3 \rightleftharpoons H^+ + NO_3^-$
B. La soluzione di un acido debole, ad esempio l'acido acetico, in acqua è descritta dalla seguente reazione: $CH_3COOH \rightleftharpoons CH_3COO^- + H^+$
C. Un acido o una base deboli possono essere definiti anche "elettroliti deboli"
D. HF è un acido molto debole perché il fluoro, avendo un'elevatissima elettronegatività, attrae a sé l'idrogenione, il quale fa fatica ad essere donato
E. Nessuna delle precedenti

19. Indicare in quale dei seguenti equilibri l'acqua si comporta da acido:

A. $HCN + H_2O \rightleftharpoons H_3O^+ + CN^-$
B. $HCO_3^- + H_2O \rightleftharpoons OH^- + H_2CO_3$
C. $HBr + H_2O \rightleftharpoons H_3O^+ + Br^-$
D. $NH_4^+ + H_2O \rightleftharpoons H_3O^+ + NH_3$
E. $CH_3COOH + H_2O \rightleftharpoons H_3O^+ + CH_3COO^-$

20. Quale delle seguenti è una coppia acido/base coniugata?

A. I_2/I_3^-
B. H_2CO_3/CO_3^{2-}
C. $H_3PO_4/H_2PO_4^-$
D. H_2NO_3/NO_3^{2-}
E. H_2O/H^+

21. Quale fra le seguenti opzioni descrive la reazione di una sostanza che si comporta da acido trasformandosi nella propria base coniugata corretta? [$K_aHCO_3^-$=4,7x10^{-11}]

A. $H_2SO_3^- + H_2O \rightleftharpoons H_2SO_3 + OH^-$
B. $H_2CO_3 + H_2O \rightleftharpoons CO_3^{2-} + H_3O^+$
C. $SO_3^{2-} + H_2O \rightleftharpoons HSO_3^- + OH^-$
D. $HCO_3^- + H_2O \rightleftharpoons CO_3^{2-} + H_3O^+$
E. $H_2SO_4 + H_2O \rightleftharpoons HSO_4^- + H_3O^+$

22. Date le seguenti reazioni con le rispettive costanti di dissociazione acida, quale reazione è corretta?

A. $NH_3 + HCl \rightleftharpoons NH_2^- + H_2Cl$
(KaNH$_3$ = 5,56 · 10^{-10}; KaHCl = 1,3 · 10^6)
B. $HPO_4^{2-} + HCO_3^- \rightleftharpoons H_2PO_4^- + CO_3^{2-}$
($K_aHPO_4^-$ = 4 · 10^{-13}; $K_aHCO_3^-$ = 4,7 · 10^{-11})
C. $HClO_2 + HF \rightleftharpoons H_2ClO_2 + F^-$
(K_aHClO_2 = 1,1 · 10^{-2}; K_aHF = 6,6 · 10^{-4})
D. $CH_3COOH + HNO_2 \rightleftharpoons CH_3COO^- + H_2NO_2$
(K_aCH_3COOH = 1,8 · 10^{-5}; K_aHNO_2 = 7,2 · 10^{-4})
E. Nessuna delle precedenti

23. Quale delle seguenti NON è una coppia acido-base coniugata?

A. H_2SO_4/HSO_4^-
B. H_2O/OH^-
C. $H_2PO_4^-/HPO_4^{2-}$
D. HCl/Cl^-
E. Nessuna delle precedenti

24. Indicare quali fra questi acidi sono poliprotici:
HCl; HI; H_3PO_4; $HClO_4$; CH_3CH_2COOH; H_2S; $CH_3(COOH)_2$.

A. HCl, H_3PO_4, H_2S
B. H_3PO_4 e CH_3CH_2COOH
C. CH_3CH_2COOH, H_2S e HI
D. HI, $HClO_4$ e HCl
E. H_2S, H_3PO_4 e $CH_3(COOH)_2$

25. Individua quale delle seguenti triplette di acidi è disposta in ordine decrescente di acidità:

A. NH_3 - HF - H_2O
B. HNO_3 - H_2O -HF
C. H_2CO_3 - HCl - NH_3
D. HBr -NH_3 - H_2O
E. Nessuna delle precedenti

26. Quale delle seguenti reazioni è errata?

A. $HCl \rightarrow H^+ + Cl^-$
B. $H_2SO_4 \rightleftharpoons H^+ + SO_4^{2-}$
C. $CH_3COOH \rightleftharpoons CH_3COO^- + H^+$
D. $H_3PO_4 \rightleftharpoons 3H^+ + PO_4^{3-}$
E. Nessuna delle precedenti

27. Qual è la concentrazione di ioni idrogeno in una soluzione di 500 mL contenente 0,2 moli di un qualsasi acido diprotico?

A. 0,8 M
B. 0,5 M
C. 1,3 M
D. 3,1 M
E. 0,77 M

28. Indicare l'opzione che riporta in modo corretto il numero di sostanze monoprotiche/monobasiche e diprotiche/dibasic-he in questo elenco: $Ca(OH)_2$, $NaOH$, HCl, H_3PO_4, H_2SO_4, $Cu(OH)_2$, $CH_2CH_2(COOH)_2$.

A. 2,4
B. 2,5
C. 5,4
D. 5,2
E. 3,4

29. Indicare l'opzione errata che riporta il numero di moli di H^+ o di OH^- liberate in una soluzione di 1L:

A. 0,1 M HCl → 0,2 mol
B. 0,3 M H_2SO_4 → 0,6 mol
C. 3 M $Ca(OH)_2$ → 6 mol
D. 0,5 M NaOH → 0,5 mol
E. Nessuna delle precedenti

30. Si definisce una sostanza anfotera se:

A. È un dipolo
B. È un tensioattivo con una testa polare e una coda apolare
C. Ha un'estremità positiva e una negativa che attraggono protoni o elettroni
D. A seconda del partner di reazione può comportarsi da acido o da base
E. È sia un nucleofilo che un elettrofilo

31. Quale delle seguenti affermazioni sugli anfoteri è corretta?

A. Sono sostanze che in soluzione acquosa liberano sia ioni positivi sia ioni negativi
B. Essendo sostanze anfipatiche, possono sciogliersi sia in fase oleosa sia in fase acquosa
C. L'acqua in soluzione con l'ammoniaca si comporta secondo la reazione $H_2O + NH_3 \rightleftharpoons H_3O^+ + NH_2^-$
D. Lo ione $H_2PO_4^-$ è una specie anfotera
E. Nessuna delle precedenti

32. Una sola delle seguenti sostanze/ioni ha carattere anfotero. Quale?

A. HCO_3^-
B. H_2CO_3
C. CO^{2-}
D. H_2SO_4
E. NaCl

33. Indicare l'opzione che riporta correttamente il numero di acidi, basi e sostanze anfotere in questo elenco. NaOH, $FeCl_3$, NH_3, NaCl, H_2O, HSO_4^-, HCO_3^-, HS^-

A. 1, 3, 2
B. 1, 2, 4
C. 2, 4, 3
D. 3, 2, 4
E. 4, 2, 1

34. Indicare l'opzione che contiene sia la reazione che l'affermazione corretta:

A. $NH_4^+ + H_2O \rightleftharpoons NH_3 + H_3O^+$; l'acqua agisce da acido
B. $H_2SO_4 + NaOH \rightleftharpoons Na_2SO_4 + H_2O$; l'acido solforico è un anfotero
C. $HNO_3 + H_2O \rightleftharpoons NO_3^- + H_3O^+$; l'acido nitrico è un acido forte e l'acqua agisce da base
D. $HSO_4^- + HCl \rightleftharpoons H_2SO_4 + Cl^-$; HCl; è un anfotero
E. $H_2PO_4^- + OH^- \rightleftharpoons H_3PO_4$

35. Gli ossidi possono essere basici, acidi o anfoteri. Un esempio di ossido anfotero è l'ossido di zinco (N.O. Zn = +2). Quale opzione riporta correttamente il comportamento dell'ossido di zinco come base?

A. $ZnO + 2HCl \rightleftharpoons ZnCl_2 + H_2O$
B. $ZnO + H_2O + 2OH^- \rightleftharpoons [Zn(OH)_4]^{2-}$
C. $ZnO_2 + H_2O \rightleftharpoons Zn(OH)_3$
D. $Al_2O_3 + 3H_2O + 6H_3O^+ \rightleftharpoons 2[Al(H_2O)_6]^{3+}$
E. Nessuna delle precedenti

CHIMICA

CORREZIONE COMMENTATA

1. Secondo Brønsted e Lowry un acido è una sostanza in grado di donare ioni H^+ ad una base che li possa accettare. Di conseguenza una base è definita come una specie in grado di accettare protoni. Analizziamo tutte le opzioni proposte. Una base non accetta elettroni, bensì protoni (risposte A e D errate). Una sostanza che ha un orbitale vuoto è per definizione un acido di Lewis: si tratta di una sostanza che può accettare degli elettroni avendo spazio nel suo orbitale, come ad esempio BF_3 → il boro forma 3 legami semplici con tre atomi di fluoro, ottenendo così 6 elettroni in totale. Non raggiunge l'ottetto e quindi ha ancora spazio per 2 elettroni (risposta B errata) (vedi: capitolo 2 "La teoria atomica"). Una base sicuramente non è definita dal fatto che ha un gusto amarognolo (risposta C errata). Di conseguenza l'unica opzione corretta è la E, infatti le basi accettano protoni da un acido in grado di donarli.
Risposta corretta E.

2. L'acidità o la basicità di una soluzione acquosa dipende dalla concentrazione di ioni H^+ e OH^-. Se $[H^+] > [OH^-]$ avrò un pH acido, se $[OH^-] > [H^+]$ avrò un pH basico. Questo significa che la quantità di ossigeno disciolto a pressioni diverse non va a caratterizzare la basicità di una soluzione, di conseguenza possiamo escludere 2 opzioni (risposte C e D errate). Anche la presenza di un composto inorganico ossigenato non influenza la basicità di una soluzione (risposta E errata). Affinchè una soluzione risulti basica, la concentrazione degli ioni ossidrile deve superare quella degli idrogenioni (risposta A errata).
Risposta corretta B.

3. La reazione che coinvolge un acido e una base è detta di neutralizzazione e ha come prodotti acqua e un sale: $NaOH + HCl \rightleftharpoons NaCl + H_2O$. Le altre opzioni sono facilmente escludibili in quanto non coinvolgono acidi. La reazione tra un ossidante e un riducente fa parte di un'ossidoriduzione (vedi: capitolo 6 "Le reazioni chimiche") che non produce alcun sale (riposta A errata). Un ossido e un metallo formano un ossido basico, il quale reagendo con l'acqua forma gli idrossidi (risposta B errata). I non-metalli con l'ossigeno formano gli ossidi acidi, i quali in acqua formano un ossiacido (risposta C errata) (vedi: capitolo 4 "La nomenclatura"). Mentre una base in acqua si dissocia nelle sue componenti ioniche, liberando ioni ossidrile (risposta E errata): $NH_3 + H_2O \rightarrow NH_4^+ + OH^-$.
Risposta corretta D.

4. Si tratta di conoscere le reazioni che corrispondono ai nomi proposti dal quesito. La reazione di esterificazione coinvolge un alcol e un acido, solitamente carbossilico, anche se esistono esteri di acidi inorganici, e forma un estere e l'acqua (risposta B errata). L'idrolisi è la reazione che avviene quando si solubilizza un sale in acqua (risposta C errata). La combustione coinvolge ossigeno e un combustibile (risposta D errata). La decalcificazione invece comporta la rimozione di calcio e non è pertinente per il quesito (risposta E errata). Viene detta neutralizzazione la tipica reazione fra un acido e una base a dare acqua e un sale.
Risposta corretta A.

5. Secondo la teoria di Brønsted e Lowry, un acido è una specie chimica capace di donare uno ione H^+ ad una base, la quale è in grado di accettare uno ione H^+ da un acido donatore. Una sostanza che si può comportare solo ed esclusivamente da acido, possiede un protone, ma non può accettare altri protoni oltre quello che già possiede. Sostanze che possono sia accettare sia donare protoni vengono definite anfotere. Verifichiamo tutte le opzioni. PO_4^{3-} è la prima sostanza che si può escludere, infatti non possiede degli H^+ da donare (risposta B errata). Le opzioni C, D ed E sono altrettanto da escludere in quanto è

vero che possono donare uno ione idrogeno, ma è anche vero che avendo carica negativa possono accettarne altri (risposte C, D ed E errate).
Aquisto di protoni:
$HPO_3^{2-} + 2H^+ \rightarrow H_3PO_3$; $HPO_4^{2-} + 2H^+ \rightarrow H_3PO_4$; $HSO_4^- + H^+ \rightarrow H_2SO_4$
Perdita di protoni:
$HPO_3^{2-} \rightarrow PO_3^{3-} + H^+$; $HPO_4^{2-} \rightarrow PO_4^{3-} + H^+$; $HSO_4^- \rightarrow SO_4^{2-} + H^+$
L'unico composto in grado esclusivamente di donare un protone è lo ione ammonio NH_4^+, infatti ha carica positiva, questo significa che può soltanto donare il suo protone in eccesso:
$NH_4^+ \rightleftharpoons NH_3 + H^+$.
Risposta corretta A.

6. Si tratta di una domanda molto nozionistica che va a valutare la conoscenza delle tre teorie sugli acidi e le basi. Il quesito ci chiede di trovare l'opzione ERRATA. Zn^{2+}è per definizione un acido di Lewis, infatti essendo carico positivamente può accettare un doppietto elettronico e comportarsi da elettrofilo (risposta B errata). L'opzione D descrive esattamente la teoria di Brønsted e Lowry, mettendo in relazione l'acido che dona ad una base che può accettare (risposta D errata). È assolutamente vero che le tre teorie non si escludono a vicenda e che sono tutte valide, ampliandosi a vicenda (risposta A errata). È importante ricordarsi che la teoria di Arrhenius descrive il comportamento di un acido e di una base SOLO ed esclusivamente in soluzione acquosa, come se fossero strettamente legate. Quindi per Arrhenius un acido è tale se dona protoni solo in soluzione acquosa, di conseguenza è l'opzione C la risposta giusta al quesito, rappresentando un'affermazione errata.
Risposta corretta C.

7. Una base di Lewis è un composto o ione che può donare una coppia elettronica ad un'altra specie detta acido di Lewis, in grado di accettarla. Un acido di Lewis ha un orbitale libero e può quindi accettare degli elettroni. Secondo questa definizione possiamo escludere BF_3, tipico acido di Lewis (risposta A errata). Anche il cloruro di sodio e l'acido nitrico non sono delle basi di Lewis, infatti non presentano doppietti liberi che possono donare (risposte C e D errate). Lo ione idrogeno è un caso estremo di acido di Lewis in quanto può solo accettare un doppietto elettronico (risposta E errata). L'unico composto che ha un doppietto disponibile è lo ione solfato SO_4^{2-}.
Risposta corretta B.

8. Un acido di Lewis è definito come una sostanza in grado di accettare un doppietto elettronico: quindi sostanze che non hanno l'ottetto completo e ioni positivi rientrano sotto questa definizione. Un acido di Brønsted invece è in grado di donare protoni ad una base che li possa accettare: quindi tutte quelle sostanze che hanno un idrogeno donabile nella formula sono acidi di Brønsted. Il quesito ci chiede di trovare una sostanza che possa rientrare in entrambe le definizioni. Verifichiamo tutte le opzioni.

- BCl_3 è un tipico acido di Lewis, ma non di Brønsted. Infatti non ha idrogenioni.
- HCl è un acido di Brønsted, ma non di Lewis. Infatti non abbiamo orbitali liberi.
- $FeCl_3$ è un acido di Lewis, ma non di Brønsted. Infatti non ha idrogenioni.
- H^+ è un acido sia di Lewis che di Brønsted. Infatti è sia uno ione positivo che può accettare degli elettroni, sia un idrogenione.
- CO_3^{2-} è sia una base di Lewis, sia di Brønsted.

Risposta corretta D.

9. Per risolvere questa tipologia di esercizio è consigliabile procedere per esclusione esaminando le varie opzioni. L'opzione A risulta essere vera, infatti entrambi gli acidi sono monoprotici (cioè possono rilasciare un solo ione H^+) e HNO_2 risulta essere più debole di

$HClO_4$ perché quest'ultimo è un acido forte mentre il primo è debole. ATTENZIONE! Si possono riconoscere gli ossiacidi deboli da quelli forti facendo una semplice operazione di sottrazione tra il pedice dell'ossigeno e il pedice dell'idrogeno: se il risultato è minore di 2 l'acido è debole, mentre se il risultato è maggiore di 2 l'acido è forte (risposta A errata). L'opzione B risulta vera, perché gli acidi secondo Lewis sono quei composti in grado di accettare un doppietto elettronico e Zn^{2+} essendo uno ione che manca di due cariche negative, rientra perfettamente nella definizione (risposta B errata). L'opzione D risulta vera, perché l'acqua è un composto anfotero (si comporta sia da acido che da base) e rientra nella definizione di acido secondo Brønsted-Lowry, in quanto è in grado di rilasciare ioni H^+ (risposta D errata). L'opzione E risulta vera, perché i prodotti della reazione tra alogenuri alchilici e ammoniaca, cioè le ammine, sono basi deboli per definizione (risposta E errata). L'opzione C è l'unica falsa, infatti gli idracidi non sono tutti acidi forti, in quanto l'acido fluoridrico fa eccezione perché è un acido debole.
Risposta corretta C.

10. Come possiamo valutare la forza acida di una sostanza? La forza di un acido o di una base in soluzione acquosa può essere determinata in funzione del valore di una costante di dissociazione detta K_a nel primo caso e K_b nel secondo. Per acido o base forte si intendono quelle sostanze che dissociano completamente in soluzione, il cui valore delle costanti di dissociazione è > 1. Se la K_a < 1 allora si tratta di un acido debole che non dissocia completamente. Sapendo ciò, possiamo sicuramente escludere l'idrossido di sodio, essendo una base forte, dato che il quesito parla di acidi forti (risposta E errata). Per quanto riguarda gli acidi carbossilici, questi sono per definizione deboli, quindi acido acetico e acido oleico sono deboli (risposte A e D errate). Per valutare la forza degli ossiacidi, vale la seguente regola: se la differenza tra il numero di atomi di ossigeno e il numero di atomi di idrogeno è minore di 2, allora l'acido è debole; se la differenza è uguale o maggiore di 2, l'acido è considerato forte. Maggiore è la differenza, più forte sarà l'acido. Applicando questa regola, l'acido carbonico H_2CO_3 ha come differenza 3-2 = 1, quindi è un acido debole (risposta B errata). Fra gli acidi proposti l'unico forte è il l'acido nitrico con formula HNO_3, infatti la differenza tra atomi di ossigeno e di idrogeno è 3-1 = 2. Quindi da tenere a mente:

- $K_a > 1$ acido forte ($K_b > 1$ base forte);
- Acidi carbossilici sempre deboli;
- Per gli ossiacidi: n°O - n°H ≥ 2 acido forte, n°O - n°H < 2 acido debole.

Risposta corretta C.

11. Fra i composti elencati bisogna trovare quello che rende la soluzione acida, quindi dobbiamo sapere come le sostanze proposte si comportano in soluzione acquosa. Partendo con NaOH, sappiamo che si tratta di una base forte, quindi in acqua darà un pH basico (risposta D errata). KBr e NaCl sono due sali che danno idrolisi neutra, provenendo entrambi da una base forte (KOH o NaOH) e da un acido forte (HBr o HCl) (risposte C ed E errate). Per quanto riguarda il metano CH_4 è un idrocarburo e quindi in acqua non ionizza e non si scinde in alcun modo (risposta B errata). CO_2 invece è un ossido acido (anidride) e reagisce con l'acqua secondo la reazione $CO_2 + H_2O \rightarrow H_2CO_3$ a dare l'acido carbonico, un acido che quindi abbassa il pH, pur essendo debole.
Risposta corretta A.

12. Secondo la teoria di Lewis si definisce acido qualsiasi sostanza in grado di accettare una coppia di elettroni e si definisce base qualsiasi sostanza in grado di cedere una coppia di elettroni non condivisi. Le basi di Lewis hanno comportamento nucelofilo, mentre gli acidi elettrofilo. Per capire se un composto è un acido o una base di Lewis è consigliabile disegnare le molecole e valutare se i comporti hanno la possibilità di accettare o donare doppietti elettronici. I composti CO_3^{2-} e OH^- sono degli esempi di base

di Lewis perchè hanno una carica negativa e quindi la capacità di donare un doppietto elettronico (risposte B e C errate); NH_3 è una base di Lewis perchè ha la capacità di donare un doppietto elettronico formando lo ione ammonio NH_4^+ (risposta A errata). H_2SO_4 è una molecola satura di elettroni che non ha la possibilità di accettare una coppia di elettroni e quindi non dovrebbe rientrare fra gli acidi di Lewis, ma di Bronsted, che definisce acido una sostanza in grado di donare ioni H^+ ad una base; l'acido solforico quindi può fornire protoni e poiché il protone H^+ è un acido di Lewis, perchè può accettare una coppia di elettroni, così gli acidi di Bronsted possono rientrare indirettamente fra gli acidi di Lewis.
Risposta corretta D.

13. Per arrivare più velocemente alla risposta conviene escludere subito le opzioni più ovvie. Sapendo che gli acidi carbossilici sono per definizione tutti deboli e che anche l'acido cianidrico è debole, possiamo escludere già tre opzioni senza dover leggere tutta l'opzione (risposte B, D ed E errate). Rimangono due opzioni: A e C. Sicuramente sappiamo che l'acido solforico è un acido forte, infatti la differenza tra atomi di ossigeno e idrogeno è 2. Procedendo sequenzialmente individuiamo l'opzione A come corretta, in quanto troviamo tre acidi forti disposti per ordine di acidità. Infatti, l'acido solforico ha una K_a molto più alta dell'acido nitrico. Visto che per il test non bisogna sapere i valori delle costanti acide, è molto utile conoscere almeno l'ordine di acidità delle sostanze più importanti. La risposta C è errata in quanto l'acido cianidrico è molto più debole dell'acido solforoso.
Risposta corretta A.

14. Anche qui si tratta di valutare la forza acida delle sostanze proposte. Senza guardare le opzioni, ragioniamo sui tre composti proposti. Sicuramente l'acido perclorico è l'acido più forte in assoluto, quindi dovrà essere quello più a destra. Con solo questa informazione vediamo che l'unica opzione che soddisfa questo criterio è la B. Quindi avremmo già trovato la risposta corretta. Per scrupolo confrontiamo anche le altre due sostanze: l'acido nitrico è sicuramente più forte dell'acido nitroso, infatti il primo ha una differenza tra atomi di ossigeno e idrogeno di 2, mentre il secondo di 1. L'ordine esatto di acidità crescente è Z > Y > X.
Risposta corretta B.

15. Il quesito ci pone di fronte a questa situazione: dobbiamo confrontare due soluzioni, una contenete un acido forte e l'altra un acido debole. Si tratta quindi di valutare la forza acida e il loro comportamento in soluzione. Sicuramente se le due soluzioni contengono la stessa concentrazione di acido, quella che contiene l'acido tricloroacetico sarà più acida, in quanto l'acido forte dissocia completamente, mentre l'acido benzoico essendo debole dissocia parzialmente e renderà la soluzione meno acida. Non è tanto il volume delle soluzioni a definire l'acidità della soluzione, quanto più la concentrazione di acido presente. Infatti, posso avere un volume tanto maggiore di acido forte, ma decisamente meno concentrato, e quindi la soluzione con acido debole a minor volume, ma più concentrata potrebbe essere più acida (risposta B errata). Anche la temperatura non influisce sull'acidità, certo, aumenta l'agitazione termica, ma un acido debole non arriverà mai a dissociare completamente (risposta C errata). Se la soluzione con acido forte è più diluita, non necessariamente sarà comunque più acida della seconda soluzione contenente un acido debole. Dipende infatti da quanto è diluita (risposta D errata). Anche l'ultima opzione non è veritiera, come abbiamo visto ci sono più situazioni in cui la prima soluzione potrebbe non essere più acida della seconda (risposta E errata).
Risposta corretta A.

16. Esistono tre definizioni di acido e di base che non si escludono a vicenda: secondo Arrhenius un acido è una sostanza che libera ioni H^+ solo in ambiente acquoso; secondo

Bronsted-Lowry un acido è invece una sostanza che dona ioni H^+ ad una base in grado di accettarli e infine secondo Lewis un acido è una sostanza che accetta un doppietto elettronico, detto anche elettrofilo. Analizzando le singole opzioni si può capire quali composti sono solo acidi di Arrhenius, Bronsted -Lowry e Lewis e quali composto corrispondono a più definizioni di acido. In particolare bisogna fare una precisazione, tutti gli acidi di Bronsted o di Arrhenius che donano H^+ sono indirettamente acidi di Lewis perchè H^+ è in grado di accettare un doppietto elettronico, diventando quindi un acido di Lewis.
L'acido cianidrico HCN può liberare H^+, pertanto si comporta sia come acido di Arrhenius che di Lewis (risposta A errata).
L'acido xenico altrettanto è in grado di liberare $2H^+$, quindi per lo stesso motivo dell'opzione A non è la risposta esatta (risposta B errata).
L'acido ortoborico libera $3H^+$, per cui è un acido si di Arrhenius che di Lewis (risposta C errata).
L'acido solfenico è un acido organico, in grado di liberare H^+ (risposta D errata).
L'unico acido secondo Lewis, quindi che può accettare un doppietto elettronico, ma che non può comportarsi da acido di Arrhenius quindi non può donare H^+ è quindi il borano, BH_3; questo perchè il boro in questo composto è ibridato sp_2 quindi presenta tre orbitali isoenergetici per i tre idrogeni e un orbitale vuoto non ibridato che accetta il doppietto elettronico.
Risposta corretta E.

17. Anche in questo esercizio si tratta di mettere in ordine decrescente di acidità le sostanze proposte. Per rispondere correttamente al quesito bisogna avere presente la scala di acidità. Inoltre, è utile sapere che per quanto riguarda gli idracidi, la loro acidità aumenta con il peso molecolare (oltre che con l'aumentare del raggio atomico), scendendo lungo un gruppo. Di conseguenza vale: HI>HBr>HCl>HF. Sapendo ciò si può escludere l'opzione B, in quanto HBr è meno forte di HI e l'opzione D, visto che HBr è più forte di HCl e HCl è più forte di HF (risposte B e D errate). Bisogna tenere a mente che l'acido perclorico è l'acido più forte, quindi è più acido degli idracidi (risposta C errata). La prima opzione invece descrive l'ordine corretto di acidità decrescente: infatti l'acido perclorico è il più forte, seguito dai due idracidi secondo il peso molecolare. Troviamo poi l'acido acetico che come tutti gli acidi carbossilici è debole ed infine l'ammoniaca che essendo una base debole, risulta essere la meno acida di tutti.
Risposta corretta A.

18. Si tratta di un quesito nozionistico riguardo la forza di acidi e basi. Procediamo per esclusione. Un acido o una base vengono definiti forti quando dissociano completamente in acqua. Per questa loro proprietà possono essere anche definiti elettroliti forti, mentre acidi e basi deboli, dissociando solo parzialmente, sono degli elettroliti deboli (risposta C errata). HF è uno degli acidi più deboli, sicuramente il più debole tra gli idracidi. Questo è proprio dovuto all'elevata elettronegatività del fluoro che ostacola la cessione dell'idrogenione (risposta D errata).
Rimaniamo in dubbio tra le prime due opzioni: entrambe descrivono una reazione chimica corretta, tuttavia l'errore sta nella doppia freccia: infatti, l'acido nitrico essendo un acido forte dissocia completamente in acqua, quindi non si troverà in equilibrio, ma la reazione sarà spostata completamente verso destra, quindi verso i prodotti. La reazione sarebbe corretta se ci fosse una singola freccia: $HNO_3 \rightarrow H^+ + NO_3^-$. L'opzione B descrive la dissociazione incompleta dell'acido acetico (debole) ed è quindi giusto usare la doppia freccia che indica un equilibrio (risposta B errata).
Risposta corretta A.

19. L'acqua è una sostanza anfotera, quindi si può comportare da acido donando il suo idrogeno, oppure si può comportare da base accettando un idrogenione. Quando si comporta da acido si trasforma in ione OH^-, mentre quando si comporta da base si trasforma in H_3O^+. Per risolvere il quesito è sufficiente cercare la reazione in cui nei prodotti abbiamo lo ione ossidrile, indice del fatto che l'acqua ha donato un protone comportandosi da acido. L'unica opzione che soddisfa questo criterio è la B, infatti il bicarbonato ha una tendenza a comportarsi come base per diventare acido carbonico, quindi l'acqua si comporta da acido donandogli un protone.
Risposta corretta B.

20. In una reazione acido-base, l'acido, cedendo un protone H^+, si trasforma nella sua base coniugata, mentre la base, accettando un protone H^+, si trasforma nel suo acido coniugato. Una coppia acido/base coniugata differisce per la mancanza di uno ione idrogeno nella base coniugata. Questo ci permette di escludere la prima opzione, in quanto non è coinvolto uno ione idrogeno. Per quanto riguarda le opzioni B e D possiamo escludere perche vi è una differenza di due idrogenioni e non uno solo come da definizione. Inoltre, H_2NO_3 non esiste come sostanza (risposte B e D errate). Anche l'opzione E non è scritta correttamente, l'acqua da base diventa H_3O^+ e da acido OH^-. L'unica coppia acido – base coniugata corretta è l'acido fosforico/ ione diidrogenoortofosfato.
Risposta corretta C.

21. Si tratta di verificare le coppie acido-base proposte e valutare il comportamento da acido o base delle sostanze. Il testo ci chiede di trovare una sostanza che si comporti da acido, quindi andiamo ad escludere tutte le opzioni che presentano nei prodotti ioni ossidrile (indice di comportamento basico) (risposte A e C errate). In questo modo abbiamo già escluso due opzioni. Valutando solo le reazioni in cui nei prodotti sono presenti dei protoni, possiamo sicuramente escludere l'opzione B, in quando l'acido carbonico, pur comportandosi da acido, perde direttamente due ioni idrogeno. Ricordiamoci che una coppia acido-base coniugata differisce per solo un idrogeno, quindi la base coniugata corretta sarebbe l'idrogenobicarbonato (risposta B errata). Apparentemente le opzioni D ed E possono sembrare entrambe corrette, tuttavia il testo ci dà un ulteriore informazione, ovvero la costante acida dell'idrogenobicarbonato. È vero, a volte vengono date informazioni aggiuntive che non sono utili alla risoluzione dell'esercizio, ma non è questo il caso. Infatti, la reazione proposta nell'opzione D non avviene di fatto, perché se si confrontano le costanti acide dell'idrogenobicarbonato e dell'acqua ($K_a=10^{-7}$), si osserva che l'acqua ha più tendenza rispetto all'idrogenocarbonato a comportarsi da acido. Quindi l'idrogenocarbonato tende a comportarsi da base (risposta D errata). L'unica opzione giusta è la E, infatti l'acido solforico si comporta da acido e si trasforma nella propria base coniugata HSO_4^-.
Risposta corretta E.

22. Il modo migliore per approcciare questo esercizio è sicuramente escludere le opzioni più semplici: la prima opzione descrive una semplice reazione tra una base debole NH_3 e l'acido forte HCl. Sicuramente è errata, in quando l'ammoniaca reagisce da base e quindi accetta gli idrogenioni dall'acido cloridrico, diventando così ione ammonio: NH_3 + HCl NH_4^+ + Cl^- (risposta A errata). Per verificare le altre opzioni bisogna confrontare le varie costanti di dissociazioni acida e verificare se la tendenza delle rispettive sostanze è stata rispettata. $HClO_2$ ha una costante maggiore di HF, quindi avrà più tendenza a comportarsi da acido e quindi a rilasciare il suo ione idrogeno. Di conseguenza si dovrebbe trasformare nella sua base coniugata ClO_2^-, mentre l'acido fluoridrico dovrebbe acquistare un protone (risposta C errata). Lo stesso discorso vale per l'opzione D, in cui l'acido acetico è meno forte rispetto all'acido nitroso, quindi avrà la tendenza a comportarsi da base e ad acquistare un protone dall'acido nitroso (risposta D errata).

HPO_4^{2-}, avendo una costante acida più piccola rispetto all'idrogenocarbonato, tenderà a comportarsi da base e quindi ad acquistare un protone e a diventare la base coniugata $H_2PO_4^-$.
Risposta corretta B.

23. Una coppia acido/base coniugata differisce per la mancanza di uno ione idrogeno nella base coniugata. L'acido cedendo un protone si trasforma nella base coniugata, mentre la base accettando un protone si trasforma nell'acido coniugato. Osservando tutte le coppie proposte dal quesito, si noterà che sono tutte coppie acido-base coniugata corrette: è sempre stata rispettata la differenza di 1 idrogenione e le formule sono tutte giuste.
Risposta corretta E.

24. In base al numero di idrogeni dissociabili, gli acidi del tipo H_nA possono essere distinti in:

- monoprotici se n =1 → la concentrazione di H^+ è uguale alla molarità dell'acido;
- poliprotici se n > 1 → la concentrazione di H^+ è uguale alla molarità dell'acido moltiplicata per il pedice n.

Secondo questa definizione, rientrano fra gli acidi poliprotici i seguenti dell'esercizio proposto: H_3PO_4, H_2S, e $CH_2(COOH)_2$. L'acido acetico vale come monoprotico, infatti pur avendo più atomi di idrogeno, quello che in soluzione viene liberato e determina il comportamento acido della sostanza è l'atomo di idrogeno legato al gruppo carbossilico.
Risposta corretta E.

25. Si tratta di una domanda nozionistica nella quale bisogna riconoscere acidi forti e acidi deboli. Procediamo per esclusione: l'ammoniaca (NH_3), che è una base debole sarà più basica dell'acido fluoridrico (HF) che è un acido debole (risposta A errata). L'acqua (H_2O) ha pH neutro ed è meno acida dell'acido fluoridrico che è un acido debole (risposta B errata). L'acido cloridrico (HCl) è un acido molto forte quindi con forza acida maggiore rispetto all'acido carbonico (H_2CO_3) debole per definizione (risposta C errata). L'ammoniaca (NH_3) essendo una base debole è un acido molto debole, addirittura più debole dell'acqua.
Risposta corretta E.

26. Per valutare se una reazione è corretta, bisogna verificare che i reagenti e i prodotti siano di numero uguale a destra e a sinistra, se le cariche sono bilanciate e se la freccia corrisponde al tipo di reazione. Sono tutte dissociazioni di acidi in acqua. La prima opzione è corretta: l'acido cloridrico è un acido forte quindi la freccia è singola, inoltre le cariche e i prodotti sono giusti (risposta A errata). Lo stesso discorso vale per la reazione di dissociazione dell'acido fosforico: le cariche sono bilanciate e lo è anche il numero di idrogeni che libera l'acido fosforico (risposta D errata). Per quanto riguarda l'acido acetico, essendo un acido debole, la reazione non avviene completamente ed è quindi giusto inserire la doppia freccia. Le cariche sono bilanciate (risposta C errata). Rimane l'acido solforico: l'errore nella reazione è nel numero di idrogenioni. L'acido solforico essendo un acido forte libera 2 ioni idrogeno e nella reazione, per essere corretta, doveva quindi essere presente un 2 davanti all'H^+: $2H^+$.
Risposta corretta B.

27. Per questo quesito non ci interessa sapere di quale acido si tratti, ci basta sapere che è diprotico, quindi libera il doppio di moli di idrogenioni in soluzione. Conoscendo il volume della nostra soluzione, come anche le moli, possiamo applicare la formula per il calcolo della molarità M =n/V. Tuttavia essendo l'acido diprotico, bisogna moltiplicare le moli per due prima di dividerle per il volume. Quindi: M = 0,4/0,5 = 0,8 M.
Risposta corretta A.

28. Per questo esercizio bisogna saper riconoscere sostanze che sono in grado di liberare uno ione idrogeno o uno ione ossidrile e altre che possono liberare o due ioni idrogeno o due ioni ossidrile.
Vediamole una alla volta:

- $Ca(OH)_2$ libera 2 ioni ossidrile, quindi è dibasica;
- NaOH libera 1 ione ossidrile, quindi è monobasica;
- HCl libera 1 idrogenione, quindi è monoprotico;
- H_3PO_4 libera 3 idrogenioni, quindi è poliprotico, non rientra nelle sostanze mono o diprotiche. Non va contato;
- H_2SO_4 libera 2 idrogenioni, quindi è diprotico;
- $Cu(OH)_2$ libera 2 ioni ossidrile, quindi è dibasico;
- $CH_2CH_2(COOH)_2$ libera 2 idrogenioni, in quanto possiede due gruppi carbossilici che possono reagire, quindi è diprotico.

Se contiamo le specie mono e le specie di, otteniamo: 2 sostanze che liberano uno ione e 4 sostanze che liberano due ioni.
Risposta corretta A.

29. Anche in questo esercizio si tratta di capire la quantità di moli che vengono liberate in soluzione. L'acido solforico è diprotico quindi in una soluzione, supponiamo di 1 L, con una concentrazione 0,3 M, verranno liberate $0{,}3 \cdot 2 = 0{,}6$ mol (risposta B errata). Anche l'idrossido di calcio è dibasico, quindi verranno liberate $3 \cdot 2 = 6$ mol di ione ossidrile (risposta C errata). L'idrossido di sodio invece è monobasico, quindi in una soluzione di 1 L, con una concentrazione 0,5 M, verranno liberate 0,5 mol (risposta C errata). L'acido cloridrico è monoprotico, quindi libera un idrogenione in soluzione: se la concentrazione è 0,1 M, in 1 L di soluzione, libererà 0,1 mol, non 0,2 mol.
Risposta corretta A.

30. Una sostanza è anfotera quando in base al proprio partner di reazione si può comportare o da acido o da base. L'essere una sostanza anfotera non è legata al dipolo, al tensioattivo o all'avere cariche positive o negative alle estremità (risposte A, B e C errate). Anche la definizione di nucleofilo e elettrofilo non è collegata al comportamento anfotero (risposta E errata).
Risposta corretta D.

31. Un anfotero è una sostanza che a seconda del partner di reazione si può comportare o da acido o da base. Possiamo quindi escludere le opzioni A e B in quanto non pertinenti con la definizione (risposte A e B errate). L'acqua è un ottimo esempio di anfotero: infatti quando reagisce con una base si comporta da acido mentre quando reagisce con un acido si comporta da base. Reagendo con l'ammoniaca (una base), l'acqua si comporta da acido cedendo un idrogenione e diventando ione ossidrile: $H_2O + NH_3 \rightleftharpoons OH^- + NH_4^+$ (risposta C errata). Infine, lo ione $H_2PO_4^-$ è una specie anfotera, infatti un esempio di sostanze anfotere sono alcuni sali di acidi diprotici o poliprotici proprio come questo ione che può comportarsi sia da acido secondo Brønsted e Lowry cedendo uno ione H^+, che da base accettandone uno.
Risposta corretta D.

32. Una sostanza si dice anfotera quando può comportarsi o da acido, donando protoni, o da base, accettando protoni. Una sostanza anfotera deve quindi avere almeno un idrogenione da donare, e una carica negativa (o un orbitale libero) per accettare protoni. L'opzione E è escludibile perché si tratta di un sale, il cloruro di sodio (risposta E errata). Le opzioni B e D non possono fisicamente accettare ulteriori ioni idrogeno, infatti sono per definizione l'acido carbonico e l'acido solforico e possono solo donare protoni (risposte B e D errate). CO_3^{2-} a sua volta può solo accettare protoni, non avendo atomi di idrogeno nella sua formula, quindi può comportarsi solo da base (risposta C errata). Mentre il bicarbonato HCO_3^- è una sostanza anfotera: in ambiente basico si comporta da acido secondo la reazione $HCO_3^- \rightarrow CO_3^{2-} + H^+$, mentre in ambiente acido si comporta da base secondo la reazione $HCO_3^- + H^+ \rightarrow H_2CO_3$.

Risposta corretta A.

33. Il modo più veloce per risolvere il quesito è definire ogni sostanza proposta dal testo.

- NaOH è una base forte;
- $FeCl_3$ è un tipico acido di Lewis;
- NH_3 l'ammoniaca è una base debole;
- NaCl è un sale, quindi non è né una base, né un acido, né una sostanza anfotera. Non va contato
- H_2O è una sostanza anfotera;
- HSO_4^- è una sostanza anfotera ;
- HCO_3^- è una sostanza anfotera
- HS^- è una sostanza anfotera.

Se contiamo le varie specie otteniamo: 1 acido, 2 basi e 4 anfoteri.

Risposta corretta B.

34. Visto che l'esercizio ci chiede di verificare la correttezza della reazione e dell'affermazione, conviene prima di tutto controllare le reazioni in modo da escludere qualche opzione. Vediamo che la seconda reazione non è bilanciata, infatti abbiamo nei reagenti un atomo di sodio, mentre nei prodotti 2. Anche l'affermazione è sbagliata perché l'acido solforico si può comportare solo da acido (risposta B errata). L'opzione E riporta una reazione completamente sbagliata: per formare l'acido fosforico, lo ione diidrogenofosfato dovrebbe reagire con un idrogenione e non uno ione ossidrile (risposta E errata). In questo modo abbiamo escluso 2 opzioni. Rimangono l'opzione A, C e D. Nella prima reazione l'acqua (sostanza anfotera) reagisce con lo ione ammonio (un acido), comportandosi da base (risposta A errata). L'acido cloridrico è un acido e non una sostanza anfotera (risposta D errata). L'opzione C invece è corretta, la reazione è giusta come anche l'affermazione.

Risposta corretta C.

35. L'ossido di zinco ha come formula ZnO, infatti lo zinco ha numero di ossidazione +2 e l'ossigeno -2. Possiamo quindi escludere l'opzione C che riporta una formula sbagliata (risposta C errata). L'opzione D riporta una reazione corretta e dimostra come l'ossido di alluminio (un anfotero) si possa comportare da base. Nonostante questo la risposta non è inerente al testo che richiede il comportamento dell'ossido di zinco (risposta D errata). Le reazioni nelle opzioni A e B sono entrambe corrette, ma solo la prima descrive il comportamento dell'ossido di zinco come base che reagisce con l'acido cloridrico. La seconda opzione invece mostra il suo comportamento da acido in ambiente basico (risposta B errata).

Risposta corretta A.

10. IL PH E LE SOLUZIONI TAMPONE

1. Il prodotto ionico dell'acqua è definito dalla formula:
A. $[H^+] \cdot [OH^-]$
B. $[H^+] \cdot [H^+]$
C. $[OH^-] \cdot [OH^-]$
D. $[H_2O] \cdot [H^+]$
E. $[H_2O] \cdot [H_2O]$

2. Quale delle seguenti soluzioni è più acida?
A. 0,3 M NaCl
B. 0,2 M NaOH
C. 0,3 M HCl
D. 1 M CH_3COOH
E. 0,5 M H_2CO_3

3. Come viene definito il pH?
A. L'esponente della potenza in base dieci che esprime la concentrazione degli ioni H^+, preso senza segno
B. Il logaritmo dell'inverso della concentrazione di ioni H^+ e OH^-
C. Il logaritmo del reciproco della concentrazione ossidrilionica
D. Il logaritmo dell'inverso della concentrazione di ioni H^+
E. Il logaritmo naturale della concentrazione di ioni H^+

4. A quale dei seguenti valori si avvicina maggiormente il pH di una soluzione acquosa 10^{-10} molare di HCl?
A. pH = 11
B. pH = 5
C. pH = 7
D. pH = 9
E. pH = 6

5. Quando si scioglie in acqua il composto NaOH in dosi considerevoli, il pH della soluzione ottenuta è sempre:
A. 7
B. < di 7
C. > di 7
D. Compreso fra 6 e 8
E. 8

6. Ciro ha mangiato un'arancia. Sapendo che gli acidi presenti nell'arancia sono deboli, e che l'acido cloridrico contenuto nel succo gastrico è forte, allora il pH (normalmente tra 2 e 3) del succo gastrico di Ciro dopo aver mangiato l'arancia:
A. Non si modifica
B. Diventa maggiore di 7
C. Si abbassa di almeno 1 unità
D. Diventa minore di 1
E. Diventa neutro

7. Addizionando 900 mL di acqua pura a 100 mL di soluzione di acido forte avente pH 4, il pH finale della soluzione è:
A. Invariato
B. Circa 3,9
C. 5
D. 3
E. 4,5

8. Una soluzione acquosa A contiene due moli per litro dell'acido forte HCl e una soluzione acquosa B contiene una mole per litro di HCl. Il pH della soluzione A:
A. È inferiore a quello della soluzione B
B. È superiore a quello della soluzione B
C. È uguale a quello della soluzione B
D. È comunque superiore a 1
E. Non è calcolabile

9. Quante moli per litro di ossidrilioni contiene l'acqua pura a 25 °C?
A. 0,00001 mol
B. 0,0000001 mol
C. 0,0000000001 mol
D. 0,000001 mol
E. 0,00000000000001 mol

10. Indicare quante moli di HCl sono presenti per litro in una soluzione di HCl a pH = 3.
A. 0,1 mol
B. 0,001 mol
C. 3 mol
D. 103 mol
E. 0,003 mol

11. La concentrazione dell'ossidrile in una soluzione è $1 \cdot 10^{-6}$. Qual è il pH della soluzione?

A. 6
B. 7
C. 8
D. 9
E. 10^{-8}

12. La concentrazione espressa in moli per litro di idrogenioni nel sangue è compresa fra?

A. 0,0000001 – 0,000001
B. 0,00000001 – 0,0000001
C. 0,000001 – 0,0000001
D. 0,00002 – 0,000002
E. 0,0000002 – 0,000002

13. Una soluzione di NaOH ha pOH = 3, supponendo che sia possibile, quanti grammi di NaOH bisogna togliere affinché si possa raggiungere un pH = 6?

A. Non è possibile raggiungere quel valore di pH
B. 0,04 g
C. $40 \cdot 10^{-11}$ g
D. $40 \cdot 10^{-5}$ g
E. $40 \cdot 10^{-6}$ g

14. Sapendo che il peso molecolare dell'idrossido di sodio è 40, il pH di una soluzione che contiene 4 g/L di esso è:

A. 7
B. 9
C. 13
D. 1
E. 10

15. Una soluzione di NaOH a 25 °C ha una concentrazione $2{,}7 \cdot 10^{-4}$ M. Qual è il pH della soluzione?

A. 10,43
B. 1,043
C. 3,57
D. 1
E. 14

16. L'idrolisi salina è il fenomeno:

A. Dovuto al passaggio di corrente continua attraverso le soluzioni acquose dei sali
B. Corrispondente alla scissione in ioni di carica opposta dei componenti dei sali quando questi vengono posti in ambiente acquoso
C. Che provoca la formazione di soluzioni acide o basiche quando determinati tipi di sali, anche se stechiometricamente neutri, vengono disciolti in acqua
D. Della scissione dell'acqua a mezzo della corrente elettrica
E. Della scissione dell'acqua provocata dalla dissoluzione dei sali

17. Il bicarbonato di sodio sciolto in acqua dà una soluzione il cui pH è:

A. Basico
B. Neutro
C. Acido
D. Fortemente acido
E. Acido o basico a seconda della concentrazione

18. Se si fanno sciogliere 5 g di solfato di calcio in 1 L di acqua, quanto vale il pH? [P.M.$CaSO_4$ = 136 g/mol]

A. 5,37
B. 5,63
C. 6,5
D. 7
E. 9,45

19. Indicare l'opzione che riporta l'ordine corretto di idrolisi acida/ basica/ neutra dei seguenti sali: NaCl, Na_2SO_4, CH_3COONa, NH_4NO_3, NH_4Cl

A. Neutra, neutra, basica, acida, acida
B. Neutra, basica, acida, neutra, neutra
C. Acida, acida, neutra, basica, basica
D. Neutra, basica, acida, neutra, acida
E. Nessuna delle precedenti

20. Quali fra le seguenti reazioni porta alla formazione di un sale che dà idrolisi basica?

A. $KOH + HCl \rightleftharpoons KCl + H_2O$
B. $H_2SO_4 + Cu(OH)_2 \rightleftharpoons CuSO_4 + 2H_2O$
C. $NaOH + H_2CO_3 \rightleftharpoons H_2O + NaHCO_3$
D. $HNO_3 + LiOH \rightleftharpoons LiNO_3 + H_2O$
E. $C_3H_8 + O_2 \rightleftharpoons CO_2 + H_2O$

21. In 100 mL di una soluzione di HCl 0,1 M vengono sciolte 0,01 moli di idrossido di sodio. Una sola delle seguenti affermazioni è corretta. Quale?

A. Il pH aumenta perché la soluzione è costituita da elettroliti forti
B. Il pH diminuisce perché la soluzione è costituita da elettroliti forti
C. Il pH aumenta perché la ionizzazione dell'acido cloridrico diminuisce
D. Il pH aumenta perché aumenta la concentrazione degli ossidrilioni
E. Il pH aumenta perché la soluzione è costituita da elettroliti di forza differente

22. Aggiungendo contemporaneamente 18 g di HCl (PM = 36) e 22 g di NaOH (PM = 40) a un litro di acqua, il pH risultante sarà:

A. Acido
B. Basico
C. Neutro
D. Compreso tra 2 e 5
E. Uguale a 5

23. Se si vuole neutralizzare una soluzione di 75mL di H_2SO_4 2 M e una di 100 mL di HCOOH 2 M, quanti mL di NaOH bisogna aggiungere a ciascuna soluzione?

A. 100 mL 2 M a H_2SO_4 e 50 mL 2 M a HCOOH
B. 50 mL 2 M ad entrambe
C. 50 mL 6 M a H_2SO_4 e 50 mL 4 M a HCOOH
D. 50 mL 2 M a H_2SO_4 e 100 mL 3 M a HCOOH
E. 125 mL 1 M a H_2SO_4 e 85 mL 3 M a HCOOH

24. Che pH ha la soluzione che si ottiene facendo reagire 0,09 mol di acido cloridrico con 4 g di idrossido di sodio considerando che il volume finale della soluzione è di 1 decilitro?

A. 1
B. 7
C. 9
D. 12
E. 13

25. A 1 L di HCl 0,01 M vengono aggiunti 0,8 g di NaOH. Qual è il pH prima e dopo l'aggiunta di NaOH?

A. 3,12
B. 2,13
C. 7,12
D. 2,12
E. 14,3

26. Quanti grammi di HCl bisogna sciogliere in acqua per ottenere un pH di 3? [P.M.H = 1 g/mol,Cl = 35 g/mol]

A. 2 g
B. 0,54 g
C. 0,02 kg
D. 36 mg
E. 0,8 g

27. Quanti grammi di NaCl bisogna sciogliere in acqua per ottenere un pH di 4,75? [P.M.Na = 23 g/mol,OH = 17 g/mol]

A. 3 g
B. 2,6 g
C. 0,22 g
D. 675 mg
E. Nessuna delle precedenti

28. Il sistema tampone è formato da:

A. Acidi forti e basi forti
B. Acidi o basi deboli in parte salificati
C. Un acido debole aggiunto a NaCl
D. Un acido o una base debole neutralizzati
E. Soluzioni diluite di acidi deboli

29. Se un litro di una soluzione tampone formata da un acido debole ed un suo sale con una base forte viene diluito con acqua a 3 litri, il pH della soluzione ottenuta:

A. Diventa acido
B. Aumenta
C. Diminuisce
D. Resta invariato
E. Aumenta o diminuisce a seconda del volume della soluzione tampone

CHIMICA

30. Il pH di una soluzione tampone di un acido debole corrisponde alla pK_a dell'acido quando:

A. È presente anche una base forte
B. È presente anche un acido forte
C. Non è mai possibile
D. La concentrazione dell'acido è uguale a quella del sale
E. La concentrazione del sale è maggiore di quella dell'acido

31. Quale delle seguenti coppie forma una soluzione tampone?

A. NH_3/NH_4Cl
B. CH_3COOH/HCl
C. $HCl/NaOH$
D. HI/I^-
E. Nessuna delle precedenti

32. Quale delle seguenti coppie forma un sistema tampone?

A. H_2SO_4/HSO_4^-
B. HCl/Cl^-
C. H_2CO_3/HCO_3^-
D. HF/NaF
E. $H_3PO_4/H_2PO_4^-$

33. Qual è il pH di una soluzione 0,07 M di acido acetico e 0,07 M di acetato di sodio? [$K_a = 10^{-5}$]

A. 4,7
B. 6
C. 5
D. 3,8
E. 7

34. Calcolare il pOH di una soluzione HF 0,2 M con 84 g di NaF. [P.M. Na = 23 g/mol, F = 19 g/mol, $Ka_{HF} = 10^{-4}$]

A. 12
B. 11
C. 9
D. 10
E. 6

35. Quale delle seguenti affermazioni è corretta?

A. Nel sangue il pH acido è mantenuto dal sistema tampone acido carbonico/bicarbonato
B. Un aumento di anidride carbonica non cambia l'equilibrio del tampone
C. La reazione che avviene nel sangue: $H_2O + CO_2 \rightleftharpoons H_2CO_3 \rightleftharpoons HCO_3^- + H^+$
D. Il tampone principale nel sangue è quello dei fosfati
E. Nessuna delle precedenti

36. Quale delle seguenti soluzioni acquose è acida?

A. Cloruro di potassio
B. Solfato di sodio
C. Acetato di sodio
D. Bicarbonato di sodio
E. Cloruro di ammonio

37. Sciogliendo in acqua una quantità arbitraria di citrato di sodio, si ottiene una soluzione:

A. Acida
B. Neutra
C. Dipende dalla quantità disciolta
D. Basica
E. Dipende dalla temperatura

38. Una soluzione di acido, il cui pH è 3, contiene 0,001 moli di un acido monoprotico per litro. Ciò significa che la soluzione:

A. Contiene un acido debole
B. Contiene un acido forte
C. Costituisce un sistema tampone
D. Contiene un acido triprotico
E. Contiene una miscela di acido forte e acido debole

39. Quale tra le seguenti opzioni può essere utilizzata per determinare il pH di una soluzione?

A. Piaccametro
B. Soluzione tampone
C. Ione comune
D. Pressione osmotica
E. Nessuna delle precedenti

40. A quali colori corrispondono la massima acidità, neutralità, basicità rispettivamente, su una cartina al tornasole?

A. Giallo, arancione, rosso
B. Verde, viola, blu
C. Rosso, verde, viola
D. Giallo, verde, blu
E. Blu, giallo, verde

41. Il rosso di metile è un indicatore di pH. Qual è la sua formula? Se aggiunto ad una soluzione questa diventasse di colore rosso, quale forma dell'acido prevale?

A. $C_{12}H_9$, prevale la forma dissociata
B. $C_9H_{12}N_2Cl_3$, prevale la forma dissociata
C. $C_{15}H_8N_1$, prevale la forma indissociata
D. $C_{15}H_{15}N_3O_2$, prevale la forma indissociata
E. $C_{12}H_9N_1$, prevale la forma dissociata

CHIMICA

CORREZIONE COMMENTATA

1. Il prodotto ionico dell'acqua è per definizione uguale al prodotto delle concentrazioni molari degli ioni H^+ e OH^- ed è costante al variare della temperatura. Descrive l'equilibrio in cui l'acqua si comporta da anfotero secondo la reazione $2H_2O \rightleftharpoons H_3O^+ + OH^-$.
Alla temperatura di 25 °C, il suo valore sperimentale risulta essere pari a $1{,}0 \cdot 10^{-14}$.
Risposta corretta A.

2. Basandoci su un volume di 1 L, possiamo considerare le concentrazioni date nelle opzioni come il numero di moli. A questo punto è sufficiente concentrarsi solo sulla sostanza in esame: dato che il testo ci chiede di individuare la soluzione più acida, possiamo escludere l'opzione che contiene la base forte NaOH (risposta B errata), come anche l'opzione che descrive una soluzione contenente il sale NaCl (risposta A errata). Rimaniamo con tre opzioni, di cui due riferite a soluzioni contenenti acidi deboli: l'acido acetico e l'acido carbonico, pur essendo in concentrazioni maggiori, sono molto deboli e quindi determineranno un pH meno acido rispetto all'acido cloridrico (risposte D ed E errate). Certamente se viene proposta una soluzione estremamente concentrata di acido debole, questa potrebbe essere più acida rispetto ad una contenente una quantità di acido forte molto diluito. Nel dubbio bisogna affidarsi alla formula per il calcolo del pH di acidi deboli:$[H^+] = \sqrt{K_a} \cdot [acido]$.
Risposta corretta C.

3. Il pH è una scala che permette di definire la concentrazione degli ioni idrogeno, misurando l'acidità delle soluzioni acquose in numeri decimali. La lettera "p" di "pH" rappresenta il logaritmo in base dieci ed il successivo cambio di segno del risultato ($p = -\log_{10}$), mentre la H rappresenta la concentrazione degli ioni idrogeno. Coincide quindi con l'esponente della concentrazione di ioni H^+ preso senza il segno. Tutte le altre definizioni di pH sono sbagliate.
Sicuramente escludiamo l'opzione che mette in relazione pH e ioni ossidrile, infatti il pH si calcola sulla base della concentrazione degli idrogenioni (risposta B errata). Anche l'ultima opzione è facilmente escludibile in quando non si tratta di un logaritmo naturale, bensì di un logaritmo in base 10 (risposta E errata). A questo punto bisogna escludere le due opzioni che parlando di logaritmo inverso: il logaritmo inverso di un numero è l'opposto del logaritmo del numero stesso e si riferisce alla formula $\log_a 1/x = -\log_a x$. Non è come dire "il logaritmo negativo della concentrazione degli idrogenioni" (risposte B e D errate).
Risposta corretta A.

4. Un acido forte in soluzione deve dare sempre un pH acido. Quando la concentrazione di un acido forte in soluzione acquosa è $\leq 10^{-7}$ M non è possibile usare la formula logaritmica per arrivare al risultato. Questo significa che l'acido è talmente diluito da non influire neppure sulla soluzione. Il pH pertanto sarà circa 7, infatti la concentrazione di 10^{-10} dell'acido è estremamente bassa. Un pH inferiore a 7 non sarebbe in grado di dare una concentrazione così bassa, mentre pH basici non possono essere determinati da un acido così forte come l'acido cloridrico.
Risposta corretta C.

5. NaOH è una base forte, quindi in soluzione determinerà sempre un pH basico, sicuramente maggiore di 7. Se si aggiunge una quantità di base forte estremamente diluita, il pH sarà vicino alla neutralità.
Risposta corretta C.

6. Il pH fortemente acido nello stomaco dovuto alla secrezione di acido cloridrico ha la funzione di attivare determinati enzimi, in modo da poter esplicare la propria funzione e iniziare a scindere determinati composti.

È importante che questo pH non si alteri: quando acidi deboli (peraltro in modesta quantità, come quelli dell'arancia) vengono aggiunti ad una soluzione, in cui il pH è molto basso, non influiscono sullo stesso, se non di pochissimi decimali. Sicuramente il pH non può diventare alcalino o neutro se la soluzione contiene un acido molto forte (risposte B ed E errate), ma non raggiunge di certo un pH di 1 perché si aggiunge un acido debole (risposta D errata). Il dubbio poteva esserci sull'opzione C, tuttavia l'aggiunta di un acido debole non determinerà mai una variazione di una unità, al massimo di un decimale (risposta C errata).
Risposta corretta A.

7. Per risolvere l'esercizio basta utilizzare la formula $M_1 \cdot V_1 = M_2 \cdot V_2$, in quanto si tratta di un esercizio di diluizione. Questa formula si utilizza tutte le volte in cui si deve trovare la concentrazione di una soluzione che è stata diluita, come in questo caso. Consideriamo $M_2=10^{-4}$ M, V_1=100 mL, $V_2=V_1$+ 900 mL=1000 mL=1 L. Sostituendo, si ottiene che $M_1 = 10^{-5}$ M. Ora che conosciamo la concentrazione, possiamo calcolare il valore del pH: $[H^+] = 10^{-pH} \rightarrow 10^{-5} = 10^{-pH} \rightarrow pH = 5$.
Risposta corretta C.

8. La soluzione A ha una concentrazione maggiore di idrogenioni perché presenta 2 mol/L di acido cloridrico, rispetto alla soluzione B, la quale presenta 1 mol/L dello stesso acido. Questo significa che per ogni litro di soluzione, nella prima abbiamo 2 moli di acido, mentre nella seconda solo 1 mole. Di conseguenza nella soluzione A si riscontra un pH più acido rispetto alla soluzione B e dunque più basso.
Risposta corretta A.

9. Il prodotto ionico dell'acqua vale $1 \cdot 10^{-14}$ e la concentrazione di ioni H^+ è uguale a quella degli ioni OH^-, ovvero 10^{-7}, corrispondente ad un pH neutro. Di conseguenza per risolvere questo esercizio è sufficiente contare il numero degli zero e scegliere l'opzione contenente 7 volte lo zero. La concentrazione di una sostanza si misura in moli su litro, pertanto si trovano 0,0000001 mol/L di H^+.
Risposta corretta B.

10. L'acido cloridrico è un acido forte, quindi dissociando completamente, tutti gli idrogenioni presenti in soluzione derivano dalla dissociazione dell'acido. Considerando la definizione di pH possiamo identificare la concentrazione di H^+, considerando che $[H^+] = 10^{-pH} = 10^{-3}$ M. Possiamo ottenere le moli con la formula $n = M \cdot V$ (vedi: capitolo 5 "Stechiometria"). Siccome il volume equivale a 1 litro il numero di moli coincide con la concentrazione, quindi 10^{-3}.
Risposta corretta B.

11. Avendo una soluzione contenente una base, prima di ricavare il pH bisogna calcolare il pOH dalla concentrazione degli ioni ossidrile. Il pOH è definito dalla formula $pOH = -\log[OH^-] \rightarrow [OH^-] = 10^{-pOH} \rightarrow pOH + pH = 14$. Se calcoliamo il pOH della soluzione proposta svolgendo la semplice operazione sopra descritta otteniamo 6. A questo punto possiamo ricavare il pH con il semplice calcolo $pOH + pH = 14 \rightarrow 14 - 6 = 8$.
Risposta corretta C.

12. Il pH del sangue, e di qualsiasi altro fluido, riflette la concentrazione degli idrogenioni in esso disciolti. In condizioni normali il sangue è leggermente alcalino, con un pH che varia entro limiti piuttosto ristretti, tra 7,35 e 7,45. Considerando una media di pH di 7,4 la concentrazione degli idrogenioni $[H+] = 10^{-pH} = 10^{-7,4}$. Questo valore è quindi compreso tra 10^{-7} e 10^{-8}.
Risposta corretta B.

13. Il quesito proposto può sembrare più difficile di com'è in realtà; infatti si tratta di una domanda trabocchetto. Una soluzione di NaOH con pOH = 3 corrisponde ad un valore di pH = 14 - 3 = 11. La concentrazione di NaOH però si calcola considerando il pOH, quindi $[OH^-] = 10^{-pOH} = 10^{-3}$.
Leggendo bene la consegna della domanda però, ci viene chiesto di togliere da una soluzione basica una quantità di base tale per far diventare la soluzione acida. Questo non sarà mai possibile, poiché togliendo ioni ossidrile rilasciati si potrà al massimo tornare ad una situazione di neutralità, quindi un pH acido di 6 non potrà mai essere raggiunto.
Risposta corretta A.

14. Siccome NaOH è una base forte, dissocia completamente in soluzione acquosa secondo la reazione: $NaOH \rightarrow Na^+ + OH^-$. Con un litro di soluzione abbiamo 4 grammi di NaOH. Calcoliamo le moli secondo la formula $n = \frac{m}{P.M.} = \frac{4\ g}{40\ g/mol} = 0{,}1$ mol.
Ora calcoliamo il pOH secondo la formula $pOH = -\log[OH^-]$ dove $[OH^-] = 0{,}1$ mol/L, pOH = 1.
Infine, calcoliamo il pH con la formula pH = 14 - pOH = 14 - 1 = 13.
Risposta corretta C.

15. Di primo acchito sembrerebbe essere necessaria la calcolatrice, ma approssimando il quesito è facilmente risolvibile con una discreta capacità di calcolo. L'idrossido di sodio è un elettrolita forte che in acqua dissocia completamente liberando ioni ossidrile secondo la reazione $NaOH \rightarrow Na^+ + OH^-$.
Ricordiamoci che il composto di partenza è una base, quindi attraverso la concentrazione della base data dal testo, possiamo ricavare il pOH applicando la formula $pOH = -\log[OH^-] = -\log 2{,}7 \cdot 10^{-4} = 3{,}57$. Per ottenere il pH è sufficiente sottrarre da 14 il pOH: pH = 14 - 3.57 = 10,43.
Non è necessario svolgere il calcolo completo del pH risolvendo il logaritmo. Infatti, basta guardare l'ordine di grandezza della concentrazione di OH^- e dedurre che il pOH corrisponde ad un valore che si aggira intorno al 4. il pH, di conseguenza, si aggirerà intorno al valore di 10. L'unica risposta plausibile è appunto la A.
Risposta corretta A.

16. Si definisce idrolisi salina il processo per il quale un sale quando reagisce con l'acqua determina la comparsa di ioni H^+ o ioni OH^- in soluzione. Infatti, essendo un sale formato da una base e da un acido, una volta posto in ambiente acquoso, dissocia, portando alla formazione degli ioni derivanti dalla base e dall'acido di partenza. Questi, compatibilmente alle possibilità offerte dalle loro costanti di dissociazioni acida/basica, reagiscono nuovamente con l'acqua andando a formare in parte l'elettrolita di partenza, provocando anche una liberazione di ioni OH^- e H^+. Il dubbio poteva essere riguardo la risposta C, ma non tutte le idrolisi saline alterano il pH, infatti un sale neutro derivante da un acido e da una base forti, come ad esempio NaCl, in soluzione acquosa a seguito della sua dissociazione non causa alterazione del pH.
Risposta corretta B.

17. Il bicarbonato di sodio $NaHCO_3$ è un sale di sodio dell'acido carbonico. In soluzione acquosa idrolizza completamente secondo la seguente reazione: $NaHCO_3 \rightarrow Na^+ + HCO_3^-$. Na^+ si comporta da ione spettatore, questo significa che non reagisce con l'acqua e "osserva senza coinvolgimento" quello che accade in soluzione; HCO_3^- invece, ha un comportamento molto particolare: esso è la base coniugata dell'acido carbonico H_2CO_3, il quale è un acido debole. Il bicarbonato è una sostanza anfotera, quindi bisogna confrontare la costante di dissociazione acida e basica: $K_a = 4{,}4 \cdot 10^{-11}$ è la tendenza del bicarbonato a comportarsi come acido, mentre $K_b = 2{,}2 \cdot 10^{-8}$ descrive la tendenza a comportarsi come base.

Pertanto, il bicarbonato in soluzione è più spinto a comportarsi da base, avendo una costante di dissociazione basica più alta rispetto a quella acida, secondo la reazione HCO_3^- + $H_2O \rightarrow H_2CO_3 + OH^-$. La liberazione di ioni ossidrile quindi rende il pH basico.
Un metodo più veloce per risalire alla risposta corretta è guardare la provenienza del sale: infatti il bicarbonato di sodio deriva dalla base forte NaOH e dall'acido debole H_2CO_3, quindi il pH sarà determinato maggiormente dalla base e sarà alcalino.
Bisogna tenere a mente queste considerazioni:

- sale di base forte / acido forte → pH neutro;
- sale di base forte / acido debole → pH basico;
- sale di base debole / acido forte → pH acido;
- sale di base debole / acido debole → bisogna controllare le rispettive costanti di dissociazione.

Risposta corretta A.

18. Questo testo ci fornisce molte informazioni che apparentemente potrebbero sembrare utili, ma che in realtà hanno soltanto lo scopo di deviare l'attenzione dal vero nocciolo della questione. I sali contenenti i solfati, come tanti altri sali, sono INSOLUBILI in acqua; di conseguenza non si dissociano e non vanno a modificare il pH. Sia il P.M. fornitoci dal testo come anche la quantità di sale aggiunto sono inutili per la risoluzione del quesito.
Risposta corretta D.

19. Verifichiamo insieme la provenienza dei sali proposti dal quesito:

- NaCl deriva da NaOH e HCl, entrambi forti → idrolisi neutra;
- Na_2SO_4 deriva da 2NaOH e H_2SO_4, entrambi forti → idrolisi neutra;
- CH_3COONa deriva da CH_3COOH e NaOH, acido debole e base forte → idrolisi basica;
- NH_4NO_3 deriva da NH_3 e HNO_3, base debole e acido forte → idrolisi acida;
- NH_4Cl deriva da NH_3 e HCl, base debole e acido forte → idrolisi acida.

Di conseguenza l'ordine corretto è: neutra, neutra, basica, acida, acida.
Risposta corretta A.

20. Bisogna avere ben chiara la differenza tra sale acido/basico e sale che dà idrolisi acida/basica.

- Un sale è acido se contiene degli idrogeni residui dell'acido da cui deriva: $2H_2SO_4 + 2Na \rightarrow 2NaHSO_4 + H_2$;
- Un sale è basico se rimane legato ad un gruppo ossidrile: $Ca(OH)_2 + HCl \rightarrow Ca(OH)Cl + H_2$;
- Un sale dà idrolisi acida se deriva da un acido forte e una base debole (NH_4Cl);
- Un sale dà idrolisi basica se deriva da una base forte e un acido debole (CH3COO-Na).

Il quesito ci chiede quale delle reazioni porti alla formazione di un sale che dia idrolisi basica, quindi cerchiamo un sale che derivi da un acido debole e una base forte. Escludiamo subito l'opzione E, in quanto si tratta di una reazione di combustione (risposta E errata). Possiamo escludere le reazioni che coinvolgono basi forti e acidi forti, queste infatti formano dei sali che danno idrolisi neutra (o meglio non danno idrolisi). KCl, $CuSO_4$ e $LiNO_3$ sono tutti sali che derivano da una base e da un acido forti (risposte A, B e D errate). L'unica opzione corretta è quella contenente il bicarbonato di sodio: questo deriva dalla base forte idrossido di sodio e dall'acido carbonico, un acido debole.
Risposta corretta C.

21. Inizialmente abbiamo una soluzione contenente $M = n/V \rightarrow n = M \cdot V = 0{,}1\ M \cdot 0{,}1\ L = 0{,}01$ mol.
Una soluzione che contiene 0,01 mol di acido forte avrà un pH acido secondo la formula $10^{-2} = 10^{-pH} \rightarrow pH = 2$.

Qualsiasi aggiunta di una base a questa soluzione acida determinerà un aumento del pH, quindi possiamo escludere tutte le opzioni che suggeriscono una diminuzione di esso, infatti una diminuzione sarebbe data solo da un'aggiunta di un altro acido (risposta B errata). Se aggiungiamo una base altrettanto forte, come NaOH, questa dissocierà completamente: si vanno a liberare ioni ossidrile che andranno ad innalzare il pH. L'innalzamento del pH è dato solo ed esclusivamente dall'aumento di ioni ossidrile: la ionizzazione dell'acido rimane la stessa nonostante si aggiunga una base (risposta C errata); la soluzione dopo l'aggiunta è costituita da elettroliti di forza uguale, infatti abbiamo un acido forte e una base forte (risposta E errata). Che una soluzione sia costituita da elettroliti forti non spiega il perché il pH con l'aggiunta di una base aumenti, gli elettroliti forti determinano semplicemente una variazione del pH più importante (risposta A errata).
Risposta corretta D.

22. Per risolvere questo esercizio per prima cosa dobbiamo calcolare le moli dei composti in questione. Quando non sappiamo da dove partire negli esercizi di chimica, una cosa molto utile da fare è iniziare con il calcolo delle moli, le quali sono la chiave di ogni esercizio. Le moli si ottengono applicando la formula n = m/P.M. .
$n_{HCl} = \frac{18\ g}{36\ g/mol} = 0,5$ mol; $n_{NaOH} = \frac{22\ g}{40\ g/mol} = 0,55$ mol.
Vi è quindi un debole eccesso di moli di base forte, quindi tutte le moli di acido vengono neutralizzate dagli ioni ossidrile. Rimarranno quindi 0,55 – 0,5 = 0,05 mol di base forte in soluzione. Per questo motivo la quantità di base restante dissocia in soluzione e rende il pH basico.
Risposta corretta B.

23. Se si vuole neutralizzare un acido bisogna aggiungere la stessa quantità in moli di una base. Quindi come prima cosa calcoliamo le moli degli acidi:
n_{H2SO4} = 0,075 L · 2 mol/L = 0,15 mol .
H_2SO_4 tuttavia è un acido diprotico, quindi bisogna moltiplicare le moli per due: 0,15 · 2 = 0,3 mol.
n_{HCOOH} = 0,1 L · 2 mol/L = 0,2 mol, monoprotico.
Ora bisogna calcolare le moli di base che vengono aggiunte a ciascuna soluzione e verificare che coincidano con le moli di acido.

- Opzione A: n_{NaOH}=2 M · 0,1 L = 0,2 mol; n_{NaOH}=2 M · 0,05 L = 0,1 mol
- Opzione B: 0,1 mol
- Opzione C: 0,3 mol; 0,2 mol → coincidono
- Opzione D: 0,1 mol; 0,3 mol
- Opzione E: 0,125 mol; 0,255 mol

Risposta corretta C.

24. Bilanciamo innanzitutto la reazione (vedi: capitolo 6 "Le reazioni chimiche"): HCl + NaOH → NaCl + H_2O. Vediamo che i rapporti fra i coefficienti di reazione sono unitari. 4 g di NaOH corrispondono a 0,1 mol: le 0,09 mol di acido cloridrico vengono netralizzate da 0,09 mol di idrossido di sodio, quindi a reazione completa avanzano 0,1 – 0,09 = 0,01 mol di idrossido di sodio. Per calcolare il pH della soluzione dobbiamo prima calcolare la molarità degli ioni idrossido in soluzione che risulta essere 0,01/0,1 = 0,1 M. Il pOH sarà uguale a -log[OH^-] = 1. Il pH deriva dalla formula pH = 14 - pOH = 13.
Risposta corretta E.

25. Abbiamo una soluzione iniziale di 1L contenente HCl 0,01 M. Come prima cosa calcoliamo il numero di moli di acido in soluzione: 0,01 M · 1 L = 0,01 mol.
Il pH iniziale:

- prima dell'aggiunta della base, è determinato dalla dissociazione dell'acido cloridrico.

Un acido forte dissocia completamente in soluzione, per questo motivo la concentrazione degli H^+ è uguale alla concentrazione dell'acido stesso: 10^{-2} M;
- calcoliamo il pH: è dato dalla formula: $[H^+] = 10^{-pH} \rightarrow pH = 2$.

Il pH finale:
- a questo punto viengono aggiunti 0,8 g di base forte, quindi calcoliamo le moli corrispondenti: n_{NaOH} = m / P.M. = 0,8 / 40 = 0,02 mol;
- le moli della base sono in eccesso, quindi tutte le moli di HCl vengono neutralizzate dalla base forte e rimangono in soluzione 0,02 – 0,01= 0,01 mol di base, le sole a determinare il pH. Essendo una base, ricaviamo prima il pOH tramite la concentrazione degli ioni ossidrile. In una base forte la concentrazione degli OH^- è uguale alla concentrazione della base stessa: 0,01 mol / 1L = 0,01 mol / L → 10^{-2} M;
- calcoliamo il pOH: è dato dalla formula: $[OH^-] = 10^{-pOH} \rightarrow pOH = 2$;
- l'esercizio richiedeva però di calcolare il pH finale che ricaviamo dalla formula: pH + pOH = 14 → pH = 12.

Risposta corretta D.

26. Il testo ci fornisce tutti i dati necessari per risolvere l'esercizio. Conosciamo il pH della solu-zione, quindi da esso ricaviamo la concentrazione degli idrogenioni: $[H^+] = 10^{-pH} \rightarrow [H^+] = 10^{-3}$.
Come volume consideriamo 1 L di soluzione, quindi avremo 0,001 mol di acido. Conoscendo le moli ed il peso molecolare, possiamo trovare la massa in grammi di acido: 0,001 mol · (1 + 35) g /mol = 0,036 g = 36 mg.
Risposta corretta D.

27. Per quanto simile possa sembrare questa domanda alla precedente, c'è un trabocchetto: il cloruro di sodio è un sale che deriva da una base forte e un acido forte, di conseguenza la sua idrolisi sarà neutra (o meglio non darà indrolisi) e non andrà quindi ad influenzare il pH.
Risposta corretta E.

28. Si definisce una soluzione tampone una soluzione che si oppone alla variazione del pH per aggiunte moderate di acidi o basi.
Si tratta generalmente di soluzioni di un acido debole e il suo sale con una base forte (per esempio il sistema acido acetico - acetato di sodio) o, viceversa, di una base debole e il suo sale con un acido forte (per esempio il sistema ammoniaca - cloruro d'ammonio).
L'unica opzione che comprende queste categorie è quella di acidi o basi deboli in parte salificati, essendo entrambi presenti in soluzione e in equilibrio fra di loro.
Risposta corretta B.

29. Premettendo che una soluzione tampone si opporrà sempre a piccole variazioni di pH, siano esse verso l'acidità o verso la basicità, aggiungendo una qualsiasi quantità di acqua ad una soluzione tampone il pH non varia, in quanto l'acqua è neutra.
Risposta corretta D.

30. Data una soluzione tampone di un acido debole, il suo pH è dato dalla formula $pH = pK_a + \log C_s / C_a$. Premesso ciò è evidente che il pH sarà uguale alla pK_a quando il logaritmo delle concentrazioni sarà uguale a zero, ossia se $C_s / C_a = 1$. Questa situazione si verifica quando sono uguali le concentrazioni di acido e sale.
Risposta corretta D.

31. Una soluzione tampone contiene un acido debole (o una base debole) e il suo sale. Tra le opzioni proposte, l'unica che contiene un acido debole e il suo sale è la prima opzione: infatti, l'ammoniaca è una base debole che con l'acido cloridrico forma il cloruro d'ammonio (sale).

- NH_3/NH_4Cl base debole/sale
- CH_3COOH/HCl acido debole/acido forte
- HCl/NaOH acido forte/base forte
- HI/I^- acido forte/base debole

Risposta corretta A.

32. Il quesito ci propone molte coppie acido-base coniugate, tuttavia affinchè si formi un sistema tampone, è necessario avere una base o un acido debole e il proprio sale. Una coppia acido-base coniugata da sola non forma un sistema tampone. Soltanto nell'opzione D troviamo l'acido debole HF e il suo sale, il fluoruro di sodio. Questo forma un sistema tampone.
Risposta corretta D.

33. Vediamo che si tratta di un sistema tampone, in quanto sono presenti un acido debole e il suo sale. Come prima cosa determiniamo la concentrazione degli idrogenioni tramite la formula $[H^+] = K_a \cdot C_a / C_s = 10^{-5} \cdot 0,07/0,07 = 10^{-5}$. Ora che abbiamo la concentrazione degli idrogenioni possiamo facilmente ricavare il pH: $[H^+] = 10^{-pH} \rightarrow pH = 5$. Un metodo più veloce per giungere al risultato è notare che la concentrazione dell'acido debole e del suo sale sono uguali, quindi la concentrazione degli idrogenioni è uguale alla costante di dissociazione acida.
Risposta corretta C.

34. Si tratta di un sistema tampone. Procediamo per step.

- Come prima cosa calcoliamo le moli di acido e di sale considerando il volume costante (1L): abbiamo 0,2 mol di HF e n = m / P.M. = 84 / 42 = 2 mol di NaF.
- A questo punto applichiamo la formula per il calcolo degli idrogenioni in una soluzione tampone: $[H^+] = K_a \cdot C_a / C_s = 10^{-4} \cdot n_a / n_s = 10^{-4} \cdot 0,2 / 2 = 10^{-5}$.
- Ora possiamo ricavare il pH: $[H^+] = 10^{-pH} \rightarrow pH = 5$.
- Il pOH invece lo ricaviamo dalla seguente relazione: $14^{-pH} = 9$

Risposta corretta C.

35. Il pH del nostro sangue è leggermente basico (risposta A errata) e deve essere mantenuto rigorosamente tra 7,35 e 7,45. Questo è possibile grazie alla presenza del tampone acido carbonico/bicarbonato che è il principale tampone presente (risposta D errata). Avviene secondo l'equilibrio $H_2O + CO_2 \rightleftharpoons H_2CO_3 \rightleftharpoons HCO_3^- + H^+$, per cui un aumento dei reagenti, come ad esempio l'anidride carbonica, sposta l'equilibrio verso un ulteriore dissociazione dell'acido carbonico (risposta B errata) (vedi: capitolo 6.4 "Equilibrio di reazione").
Risposta corretta C.

36. Per arrivare alla soluzione corretta conviene scrivere le formule dei composti indicati. Nell'ordine:

- KCl - cloruro di potassio;
- Na_2SO_4 - solfato di sodio;
- CH_3COONa - acetato di sodio;
- $NaHCO_3$ - bicarbonato di sodio;
- NH_4Cl - cloruro di ammonio.

Sappiamo inoltre che un sale che deriva da acido e base forti dà idrolisi neutra e non modifica il pH di una soluzione, mentre quelli che derivano da acido forte e base debole o viceversa rendono rispettivamente una soluzione acida o basica. Questo premesso, possiamo escludere KCl e Na_2SO_4, in quanto derivano da acidi forti (HCl e H_2SO_4), e basi forti (KOH e NaOH) (risposte A e B errate).

Per quanto riguarda l'acetato di sodio e il bicarbonato di sodio, entrambi provengono da un acido debole (acido acetico e acido carbonico) e dalla base forte idrossido di sodio. Quindi entrambi rendono una soluzione acquosa basica (risposte C e D errate). NH_4Cl deriva da una base debole, l'ammoniaca, e dall'acido cloridrico, un acido forte. Quindi la soluzione acquosa sarà acida.
Risposta corretta E.

37. Il citrato di sodio è un sale che dà idrolisi basica, in quanto deriva da un acido debole, l'acido citrico, che è carbossilico, e da una base forte di idrossido di sodio. Sciogliendosi in acqua darà origine ad una soluzione basica.
Risposta corretta D.

38. Apparentemente questo esercizio potrebbe sembrare molto difficile, ma una volta compreso il ragionamento che vi sta alla base, diventa più facile. Il pH si calcola con la formula pH=-log[H^+]. Invertendo la formula vale: [H^+]=10^{-pH}. Se la mia soluzione ha un pH di 3, significa che la concentrazione degli ioni è H^+=0,001 mol/L. Il testo ci parla di una soluzione che contiene giusto 0,001 mol di acido monoprotico, ovvero un acido che dissocia completamente in rapporto 1:1, quindi è un acido forte. Questa relazione, [H^+]=10^{-pH}, vale solo per acidi forti.
Risposta corretta B.

39. Per risolvere il quesito è necessario conoscere quali sono i diversi metodi per determinare sperimentalmente il pH. Questi si possono suddividere in tre gruppi: indicatori, ovvero acidi organici deboli che assumono un colore diverso in funzione del pH; cartine indicatrici acido - base (cartine al tornasole), striscette di carta imbevute di un indicatore; piaccametro, dispositivo elettronico collegato a un elettrodo di vetro immerso in una soluzione, che è in grado di calcolarne il pH (risposta E errata). Le soluzioni tampone sono particolari tipi di soluzione che possiedono la proprietà di non variare sensibilmente il proprio pH all'aggiunta di una quantità moderata di un acido o di una base forte (risposta B errata). Lo ione comune, invece, è un concetto che riguarda la solubilità (risposta C errata). La pressione osmotica fa parte delle proprietà colligative ed è definita come la pressione necessaria ad impedire che avvenga lo spostamento di un solvente attraverso una membrana semipermeabile, in modo da annullare gli effetti dell'osmosi (risposta D errata).
Risposta corretta A.

40. Il quesito riguarda generalmente quelli che sono gli indicatori del pH e, più nello specifico, le cartine al tornasole. Queste sono delle strisce di carta che vengono imbevute di un indicatore, quando successivamente vengono immerse all'interno di una soluzione assumono un determinato colore che permette di ricavarne il pH. In particolare una soluzione con massima acidità, ovvero pH = 1, fa assumere alla cartina il colore rosso, una soluzione neutra, pH = 7, un colore verde, mentre un soluzione con massima basicità, pH = 14, un colore viola.
Risposta corretta C.

41. Gli indicatori sono acidi organici deboli che assumono un colore diverso in funzione della forma in cui si trovano (dissociata o indissociata), che dipende a sua volta dal pH della soluzione a cui gli indicatori stessi vengono aggiunti. Il rosso di metile è un indicatore di pH che a temperatura ambiente si presenta come un solido rosso-violetto ed ha formula $C_{15}H_{15}N_3O_2$. In soluzione possiede un intervallo di viraggio a pH = 4,2 - 6,3 con una variazione di colore dal rosso al giallo. In particolare, la soluzione è di colore rosso se prevale quella che è la forma indissociata di questo acido, mentre la soluzione è di colore giallo quando prevale la forma dissociata.

Sapendo questo, era possibile rispondere al quesito escludendo le opzioni A, B ed E, anche senza conoscere la formula del rosso di metile.
Risposta corretta D.

11. LA CHIMICA DEL CARBONIO

1. Un atomo di carbonio è asimmetrico quando:
A. Presenta ibridazione sp^2
B. La molecola che lo contiene presenta diversi elementi di asimmetria
C. È legato a quattro sostituenti diversi
D. È legato ad altri quattro atomi di carbonio
E. Presenta ibridazione sp

2. Che tipo di ibridazione presentano gli atomi di C nell'etere dimetilico?
A. sp^3
B. sp^2
C. sp
D. sp^3d^2
E. Nessuna ibridazione

3. Quale tra i seguenti composti organici presenta almeno un carbonio con ibridazione sp^2?
A. Eptanolo
B. Propino
C. Acido propionico
D. Eptano
E. Nessuna delle precedenti

4. Gli alcani a temperatura ambiente:
A. Sono gas
B. Sono liquidi
C. Sono solidi
D. Il loro stato fisico dipende dalla lunghezza della catena
E. Il loro stato fisico dipende dalla lunghezza e dalla ramificazione della catena

5. La temperatura di ebollizione di un alcano è:
A. Crescente con la lunghezza della catena
B. Invariato con la lunghezza della catena
C. Crescente con la ramificazione della catena
D. Decrescente con la lunghezza della catena
E. Sempre maggiore di quella di un alchene

6. In un alchene il numero di atomi di carbonio è sempre uguale:
A. Al numero di atomi di idrogeno
B. Al doppio del numero di atomi di idrogeno
C. Alla metà del numero di atomi di idrogeno
D. Alla terza parte del numero di atomi di idrogeno
E. Alla metà del numero di atomi di idrogeno aumentato di due

7. Quale fra questi non è un alchene?
A. Etene
B. Butene
C. Isoprene
D. Propene
E. Acetilene

8. Quanti atomi di idrogeno possiede il 1,3-eptadiene?
A. 8
B. 10
C. 12
D. 14
E. Nessuna delle precedenti

9. Quale tra le seguenti formule di idrocarburi rappresenta un alchino?
A. $CH_3CH_2CH_3$
B. CH_3CHCH_2
C. $CHCCH_3$
D. CH_2CH_2
E. Nessuna delle precedenti

10. Il metino:
A. Deriva dalla condensazione di un alchino e di un metano
B. È l'alchino base
C. Si ottiene per ossidazione del metano
D. Si ottiene per ossidazione spinta del metano
E. Non esiste

11. L'isoottano è poco solubile nell'etanolo perché:
A. Fra le due molecole si stabiliscono legami H e apolari deboli

CHIMICA

B. Fra le due molecole si stabiliscono legami apolari deboli
C. L'isoottano non è solubile in etanolo
D. A temperatura ambiente e pressione atmosferica l'isoottano è gassoso e l'etanolo è liquido
E. Fra le due molecole si stabiliscono legami H

12. Gli idrocarburi aromatici:
A. Hanno come formula bruta C_nH_{2n-6}
B. Sono composti lineari
C. Sono detti anche "arani"
D. Sono solo monociclici
E. Sono particolarmente instabili per il loro anello benzenico

13. Pirrolo, furano, piridina, benzene NON:
A. Sono tutti composti ciclici
B. Sono tutti composti aromatici
C. Hanno tutti struttura planare
D. Hanno tutti un eteroatomo
E. Hanno tutti gli atomi che condividono gli orbitali p

14. Nel cicloesano la conformazione a sedia è più stabile di quella a barca perché:
A. Nella disposizione a barca gli angoli tra gli atomi di carbonio non sono di 120°
B. Nella disposizione a sedia c'è una maggiore attrazione tra le nuvole elettroniche
C. Nella disposizione a sedia ci sono meno atomi di idrogeno
D. Nella conformazione a barca due idrogeni sono vicini quindi ci sarà una tensione sterica
E. Nella conformazione a barca ci sono più atomi di idrogeno

15. Il ciclopentano ha un numero di idrogeni pari:
A. Al pentano
B. Al pentino
C. Al benzene
D. Al pentene
E. Alla piridina

16. Benzene e cicloesano:
A. Sono idrocarburi alifatici
B. Sono idrocarburi ciclici aromatici
C. Hanno lo stesso numero di atomi di idrogeno
D. Hanno gli atomi di carbonio ibridati sp^2
E. Nessuna delle precedenti

17. I fenoli:
A. Sono più acidi degli alcoli
B. Sono composti alchilici
C. Contengono il gruppo NH_2 legato ad un anello aromatico
D. Sono acidi forti
E. Nessuna delle precedenti

18. Quando si ha l'isomeria ottica?
A. Quando due composti diversi hanno la stessa formula grezza
B. Quando si ha la presenza di un doppio legame tra due atomi di carbonio
C. Quando si ha la presenza di un sostituente su una catena di atomi di carbonio
D. Quando si ha la presenza di un carbonio chirale
E. Quando si ha la presenza di un triplo legame fra due atomi di carbonio

19. Quale dei seguenti isomeri presenta le medesime caratteristiche chimico-fisiche, ma differisce per il potere ottico rotatorio?
A. Isomeri
B. Diasteroisomeri
C. Enantiomeri
D. Isomeri strutturali
E. Isomeri conformazionali

20. Quanti stereoisomeri esistono della molecola 3-ammina-2-butanolo?
A. 2
B. 4
C. 3
D. Non ne ha
E. Ha solo isomeri configurazionali

21. Quali fra questi isomeri sono convertibili l'uno nell'altro senza la rottura di legami?
A. Stereoisomeri conformazionali
B. Stereoisomeri configurazionali
C. Tutti gli stereoisomeri
D. Solo gli enantiomeri
E. Solo i diastereoisomeri

22. Quanti sono gli isomeri strutturali del pentano?
A. 2
B. 3
C. 4
D. 5
E. Non ha isomeri di tipo strutturale

23. Quali dei seguenti composti NON sono tra loro isomeri?
A. 1-propanolo e 2-propanolo
B. Metilciclopropano e ciclobutano
C. Etanolo e estere dimetilico
D. 1-butene e ciclobutano
E. Pentano e 2,2-dimetilpropano

24. Cos'è una miscela racemica?
A. Una miscela di due enantiomeri
B. Una miscela di due diastereoisomeri
C. Una miscela di un enantiomero e un diastereoisomero
D. Una miscela di due isomeri
E. Una miscela di due isomeri conformazionali

25. L'angolo della luce piano-polarizzata varia quando la molecola:
A. Non possiede centri stereogenici
B. Ha come configurazione dei centri stereogenici S
C. Ha come configurazione dei centri stereogenici R
D. Possiede almeno un centro stereogenico
E. È un amminoacido

26. Alcool n-propilico ed alcool isopropilico sono:
A. Isomeri di posizione
B. Isomeri ottici
C. Enantiomeri
D. Isomeri cis-trans
E. Non sono isomeri

27. Individuare l'opzione corretta:
A. Le proprietà fisiche sono determinate solo dal gruppo ossidrilico
B. Gli alcoli non sono derivati degli idrocarburi
C. Gli alcoli terziari sono legati a tre gruppi ossidrili
D. Gli alcoli quaternari sono legati a quattro atomi di carbonio
E. Gli alcoli sono sostanze anfotere, come l'acqua

28. La formula bruta dell'esanale è:
A. $C_6H_{14}O$
B. $C_6H_{12}O$
C. $C_6H_{10}O_2$
D. $C_6H_{10}O$
E. Uguale a quella del cicloesanone

29. NH_3 è un composto inorganico basico, quale ammina ha una K_b più simile a NH_3?
A. R_2NH
B. NH^{4+}
C. R_3N
D. R_3NH^+
E. NH_4Br

30. Il composto C_3H_5N è:
A. Un sale di ammonio terziario
B. Un'ammina
C. Un'ammide
D. Un nitrile
E. Una nitrosammina

31. Quale coppia di composti è tenuta insieme da legami a idrogeno?
A. Etano – sodio metallico
B. Acqua – metano
C. Propano – butano
D. Etanolo – isopropanolo
E. Benzene – fenantrene

32. Il 2-metilfenolo è uno dei composti che contribuiscono al tipico aroma dei whisky torbati ed è solubile nell'etanolo. Considerando la curva di riscaldamento di una soluzione di diversi composti, durante il processo di distillazione quando evaporerà la maggior parte del 2-metilfenolo?
A. Prima dell'etanolo
B. Non evapora

CHIMICA

C. Contemporaneamente all'etanolo
D. La domanda non ha senso
E. Dopo l'etanolo

33. Che cosa si intende per gruppo acile?
A. È il nome generico del gruppo funzionale corrispondente ad un acido-carbossilico privato del suo gruppo ossidrile
B. È il nome generico del gruppo funzionale corrispondente ad un'aldeide privato del suo gruppo carbonile
C. È il nome generico del gruppo funzionale corrispondente ad un alcol privato del suo gruppo ossidrile
D. Il nome generico del gruppo funzionale corrispondente ad un chetone privato del suo gruppo carbonile
E. Nessuna delle precedenti

34. I saponi sono:
A. Il prodotto ricavato dall'idrolisi acida di un trigliceride
B. Sali di acidi grassi con metalli (Na, Ca, Fe, Cr)
C. Detergenti composti da due porzioni idrofile
D. Composti con un pH alcalino
E. Derivati di acidi grassi e eteri

35. Individuare la formula corretta dell'acido eptanoico:
A. CH_3-$(CH_2)_5$-CO_2H
B. CH_3-CH_2-$(CH_2)_5$-COOH
C. CH_2-$(CH_2)_4$-COOH
D. CH_3-$(CH_2)_4$-COOH
E. $(CH_2)_6$-CO_2H

36. Quale tra i seguenti gruppi funzionali darebbe la desinenza al nome di un composto polifunzionale?
A. Aldeide
B. Alcol
C. Acido carbossilico
D. Chetone
E. Alchino

37. Individuare il nome della seguente molecola: $CH_2OHCHCH_3CCH_3ClCOOH$:
A. Acido 3 - cloro - 6 - idrossi esanoico
B. Acido 2 - cloro - 5 - idrossi - 4 - metil - pentanoico
C. Acido 2 - cloro - 1 - idrossi - 2,3 - dimetil butanoico
D. Acido 2 - cloro - 2,3 - dimetil - 4 - idrossibutanoico
E. Acido 2 - cloro - 2,3 - dimetil - 1 - idrossibutanoico

38. Quale dei nomi proposti rispetta tutte le regole della nomenclatura delle molecole organiche non lineari?
A. Acido 4 - cloro - 2 - bromo - 2,5 - dimetilesanoico
B. Acido 2 - bromo - 4 - cloro - 2,5 -dimetilesanoico
C. Acido 2,5 - dimetil - 2 - bromo - 4 - cloro - esanoico
D. Acido esanoico - 2 - bromo - 4 - cloro - 2,5 - dimetile
E. Acido 2,5 - dimetilesanoico - 2 - bromo - 4 - cloro

39. Quale dei seguenti composti è un discreto riducente?
A. CH_3
B. CH_3-CH_2-CO-CH_2-CH_3COOH
C. CH_3-CH(Cl)-COOH
D. CH_3-CH_2-O-CH_2-CH_3
E. CH_3-CH_2-SH

40. Quale delle seguenti reazioni rappresenta un'eliminazione?
A. $HCl + NaOH \rightleftharpoons NaCl + H_2O$
B. $CH_3CH_2Cl + OH^- \rightleftharpoons CH_2CH_2 + Cl^- + H_2O$
C. $CH_2CH_2 + H_2 \rightleftharpoons CH_3CH_3$
D. $RCH_2OH^- \rightleftharpoons RCHO$
E. Nessuna delle precedenti

41. Nelle reazioni dei composti organici:
A. Gli alchini tendono a fare reazioni di sostituzione che portano alla formazione di alcheni e successivamente alcani
B. Il benzene reagisce più facilmente con composti nucleofili rispetto a quelli elettrofili
C. Dall'ossidazione di un alcol secondario si ottiene un'aldeide
D. Un etere si può ottenere, con opportuni catalizzatori, dalla condensazione di due alcoli
E. Da un alcol secondario, con una forte ossidazione, si ottiene un acido carbossilico

42. Quale fra le seguenti affermazioni riguardanti le reazioni della chimica organica è errata?

A. La reazione di sostituzione nucleofila di un alcol primario forma un alcol secondario
B. I chetoni si riducono formando un alcol secondario e si ossidano formando acidi carbossilici, ma con moltissima difficoltà
C. Sostituendo un gruppo amminico in un acido carbossilico si ottiene un'ammide
D. La formazione di un cloruro acilico è una reazione di sostituzione elettrofila degli acidi carbossilici
E. L'esterificazione con alcoli degli acidi carbossilici portano alla formazione di esteri

43. Qual è il prodotto della reazione tra un alchene e Br_2?

A. Un alchene bromurato e acido bromidrico
B. Un dibromo alcano
C. Alcano e acido bromidrico
D. Non reagiscono perché il carbonio ha già formato 4 legami
E. Monobromo alcano e acido bromidrico

44. Dopo aver ridotto pesantemente un alchino ottengo un composto:

A. Ibridato sp^2
B. Ibridato sp^3
C. Senza idrogeni
D. Con il doppio degli idrogeni
E. Altamente reattivo alle idrogenazioni

45. Quale tra le seguenti molecole è maggiormente ossidata?

A. Metano
B. Butene
C. Propino
D. Eptene
E. Trietilammina

46. Quale prodotto si ottiene dalla riduzione di metiletilchetone con boroidruro di sodio?

A. Acido butanoico
B. Butanale
C. Propanone
D. Acido popanoico
E. 2-butanolo

47. Nella reazione tra anidride acetica ed etanolo si forma:

A. Etere dietilico
B. Etilene
C. Acetato di metile
D. Acetato di etile
E. Anidride etanoica

48. L'etanolo per ossidazione blanda forma:

A. Aldeide acetica o etanale
B. Acetone
C. Aldeide formica o metanale
D. Acido acetico
E. Etano e ossigeno

49. Quale delle seguenti reazioni dà come prodotto un estere?

A. Etanolo + etere dietilico
B. Metanolo + etere dietilico
C. Etanolo + acido cloridrico
D. Butanolo + acido citrico
E. Acido salicilico + etere metilico

50. Cosa accade facendo reagire il 1-cicloesil-2-metil-4-ottene con acqua?

A. Si riduce il doppio legame a legame singolo
B. Si libera ossigeno
C. Non reagiscono
D. Si forma l'alcol
E. Si ossida la molecola

51. L'etene reagisce con l'acido cloridrico, con l'acqua ossigenata e con l'acido iodidrico. Si tratta, in tutti e tre i casi, di reazioni di:

A. Sostituzione nucleofila
B. Addizione elettrofila
C. Addizione nucleofila
D. Sostituzione elettrofila
E. Meccanismo diverso da quelli indicati nelle risposte

52. Qual è il prodotto della reazione di addizione di acqua ad un alchene?

A. Alcol
B. Etere
C. Aldeide
D. Chetone
E. Alcano

53. Quanti atomi di H possiede il prodotto della reazione tra benzene e Cl_2 (più catalizzatore)?

A. Non reagiscono perché il benzene è chimicamente inerte
B. 5
C. 4
D. 7
E. 8

54. Quali delle seguenti sostanze forma, a seguito di una reazione di riduzione, il 2-propanolo?

A. L'etere etilico
B. Il propanone
C. La propanale
D. L'acido propionico
E. Nessuna delle precedenti

55. I fattori coinvolti nell'idrolisi delle ammidi sono:

A. Estere e ammina
B. Chetone e ammina
C. Acidi carbossilici, ammina e catalizzatori acidi o basici
D. Acido carbonico e ammina
E. Alcol e ammina

CORREZIONE COMMENTATA

1. Un carbonio è simmetrico se un piano passante per il centro lo divide in due parti specularmente uguali. È dunque evidente che se l'atomo di C risulta legato a 4 sostituenti o gruppi diversi non può presentare questa caratteristica e viene definito asimmetrico. Si tratta di un carbonio chirale.
Risposta corretta C.

2. Per risolvere gli esercizi sull'ibridazione è fondamentale saper disegnare le molecole chieste dal quesito. Come si può notare dall'immagine, nell'etere dimetilico ciascun atomo di carbonio è unito tramite un legame sigma semplice all'ossigeno e a tre atomi di idrogeno. Di conseguenza contiamo 4 domini (ovvero quattro legami semplici), questo corrisponde all'ibridazione sp^3. Un dominio corrisponde ad un tipo di legame: il legame semplice, il legame doppio, il legame triplo e il doppietto elettronico vengono considerati ciascuno un dominio. Ricordiamo le seguenti regole:

4 domini (4 legami semplici) → sp^3
3 domini (2 legami semplici e un doppio legame) → sp^2
2 domini (2 legami doppi o un triplo legame e un legame semplice) → sp

(vedi: capitolo 10.1 "la chimica del carbonio").
Risposta corretta A.

3. Procediamo per esclusione: sappiamo che l'ibridazione sp^2 è data da un carbonio che forma un legame doppio e due legami semplici. Gli alcani, avendo solo legami semplici, hanno ibridazione sp^3, quindi possiamo escludere subito l'eptano (risposta D errata). Anche l'eptanolo presenta solo legami singoli (risposta A errata). Il propino presenta due carboni con un triplo legame che avranno ibridazione sp (risposta B errata). L'unico composto organico che presenta un doppio legame è l'acido propionico, un acido carbossilico dove vi è un carbonio che lega un ossigeno attraverso un doppio legame e un gruppo OH tramite legame semplice.
Risposta corretta C.

4. Un alcano è un idrocarburo apolare caratterizzato generalmente da una bassa temperatura di ebollizione. È evidente che all'aumentare della lunghezza della catena, aumenta la superficie di reazione e quindi aumentano anche le interazioni idrofobiche tra gli atomi, aumentando di conseguenza la temperatura di ebollizione. Tra le molecole non polari, come gli alcani, si esercitano deboli forze attrattive note come forze di London. L'intensità di queste forze cresce con l'aumento delle dimensioni molecolari: è per questo motivo che lo stato fisico degli alcani passa gradualmente – al crescere del numero di atomi di C – da gassoso a liquido e infine solido. Inoltre, la ramificazione, a parità di atomi di carbonio, comporta un abbassamento della temperatura di ebollizione. Il motivo è legato ad una diminuizione dell'area superficiale della molecola, che a sua volta causa minore attrazione tra le molecole stesse.
Risposta corretta E.

5. Gli alcani sono degli idrocarburi saturi il cui punto di ebollizione varia all'aumentare della lunghezza e ramificazione della catena. Nello specifico: aumenta all'aumentare della lunghezza della catena carboniosa e diminuisce invece all'aumentare della ramificazione. Per ulteriori approfondimenti vedi la CC della domanda 4.
Risposta corretta A.

CHIMICA

6. Per rispondere a questa domanda bastava disegnare un semplice etene. Ci si accorgeva immediatamente che il numero di idrogeni è doppio rispetto al numero di carboni. Quindi il numero di atomi di carbonio è sempre uguale alla metà del numero di atomi di idrogeno. Una soluzione alternativa per risolvere l'esercizio consiste nel ricordare la generica formula degli alcheni: C_nH_{2n}. In particolare C_nH_{2n-2} rappresenta la formula generica per gli alchini.
Risposta corretta C.

7. Attenzione! Domanda trabocchetto: sono tutti alcheni tranne l'acetilene, che è il nome tradizionale dell'alchino più semplice, l'etino.
Risposta corretta E.

8. Per rispondere a questa domanda bisognava per prima cosa disegnare la molecola del 1,3-eptadiene: si tratta di un alchene con doppio legame in posizione 1 e 3. Dopodichè si devono contare gli atomi di idrogeno legati a tutti i carboni.
Un altro modo per arrivare alla soluzione, evitando di svolgere il disegno della molecola, è quello di partire dalla formula bruta dell'eptano C_7H_{16}. Sappiamo che per ogni doppio legame presente dobbiamo sottrarre 2 atomi di idrogeno. Il nostro composto ha 2 legami doppi quindi: $16 - (2 \cdot 2) = 12$.
Risposta corretta C.

9. Un alchino è un composto organico in cui è presente un triplo legame tra due atomi di carbonio. Le formule di struttura dei composti sono:
- $CH_3CH_2CH_3$ si tratta di un propano, abbiamo solo legami semplici;
- CH_3CHCH_2 si tratta di un propene, abbiamo un legame doppio;
- $CHCCH_3$ si tratta di un propanone, abbiamo un legame triplo;
- CH_2CH_2 si tratta di un etene, abbiamo un legame doppio.

Risposta corretta C.

10. Gli alchini sono idrocarburi caratterizzati dalla presenza di un triplo legame all'interno della catena carboniosa, di conseguenza queste molecole sono composte almeno da due atomi di carbonio. L'alchino più semplice sarà quindi l'etino, mentre il metino non esiste, essendo teoricamente composto solo da un atomo di carbonio.
Risposta corretta E.

11. Di primo impatto l'isoottano, essendo un idrocarburo apolare, sembra insolubile in tutti i solventi polari, come l'etanolo. Tuttavia, si deve considerare che l'etanolo possiede una parte alifatica nella molecola che è in grado di formare legami idrofobici apolari con l'isoottano: per tale motivo l'isoottano è poco solubile nell'etanolo. Ricorda: questa è un'eccezione, e che il simile scioglie sempre il simile.
Risposta corretta B.

12. Gli idrocarburi aromatici sono composti organici ciclici (sia mono- che policiclici) (risposte B e D errate). Inoltre, vengono chiamati anche "areni" e non "arani"(risposta C errata). Infine, essendo composti da uno o più anelli benzenici, sono particolarmente stabili data la nube elettronica che circonda la molecola sul piano superiore ed inferiore (risposta E errata). Infine, la loro formula bruta è sempre C_nH_{2n-6} (hanno 3 doppi legami).
Risposta corretta A.

13. I composti proposti sono tutti ciclici, aromatici (planari e con i rispettivi atomi che condividono orbitali di tipo p), ma non tutti possiedono un eteroatomo. Un eteroatomo in chimica organica viene definito come un atomo appartenente ad una molecola organica, o catena carboniosa, che sia diverso da carbonio ed idrogeno.

Infatti, mentre il pirrolo e la piridina posseggono un atomo di azoto e il furano un atomo di ossigeno, il benzene è formato da soli atomi di carbonio e idrogeno.
Risposta corretta D.

14. Nel cicloesano la conformazione a sedia è più stabile di quella a barca perché in quest'ultima si ha una repulsione tra le due nuvole elettroniche vicine, che porta a tensione sterica e quindi a instabilità. Entrambe le disposizioni hanno la medesima formula bruta, quindi hanno lo stesso numero di idrogeni (risposte C ed E errate), ma nella disposizione a barca si hanno due idrogeni molto vicini, causa della maggiore instabilità della conformazione (risposta D corretta). L'angolo di legame non sarà 120° né nella conformazione a sedia né nella conformazione a barca, in quanto mantenere questa distanza tra i legami del carbonio richiederebbe una continua spesa di energia e un'instabilità insita nell'ipotetica conformazione (risposta A errata).
Risposta corretta D.

15. Il ciclopentano è un alcano ciclico a 5 atomi di carbonio. La sua formula bruta segue la regola dei cicloalcani, ovvero C_nH_{2n}. Il numero di atomi di idrogeno è quindi doppio rispetto a quello di atomi di carbonio, ovvero 10. La regola per la formula bruta dei cicloalcani è inoltre, la stessa degli alcheni, pertanto il ciclopentano avrà lo stesso numero di idrogeni del pentene.
Risposta corretta D.

16. Il benzene C_6H_6 è un idrocarburo aromatico a 6 atomi di carbonio tutti ibridizzati sp^2, invece il cicloesano (C_6H_{12}) è un idrocarburo alifatico a 6 atomi di carbonio tutti ibridizzati sp^3 (risposte A, B e D errate). Inoltre, il cicloesano presenta il doppio degli atomi di idrogeno rispetto al benzene (risposta C errata).
Risposta corretta E.

17. I fenoli sono composti organici di derivazione aromatica (risposta B errata) con un gruppo ossidrilico legato ad un anello aromatico (risposta C errata). Gli alcoli sono acidi molto deboli, infatti la loro costante di dissociazione acida si trova tra 10^{-16} e 10^{-19}. I fenoli invece sono più acidi degli alcoli, in quanto le basi coniugate che formano in soluzione sono più stabili rispetto alla base coniugata dell'alcol, l'alcossido. Tuttavia, non si possono definire acidi forti (risposta D errata).
Risposta corretta A.

18. L'isomeria ottica è un'isomeria configurazionale che si verifica quando due molecole si possono distinguere in base al modo in cui 4 sostituenti diversi sono legati a un atomo di carbonio. Per meglio comprendere: quando i due stereoisomeri (molecole che presentano uno stereocentro o carbonio chirale, ovvero un atomo di C legato a 4 sostituenti diversi) sono l'uno l'immagine speculare dell'altro non sovrapponibile, si parla di enantiomeri. Due enantiomeri hanno stesse proprietà fisiche e chimiche, ma diversa deviazione della luce polarizzata. Gli stereoisomeri non enantiomeri sono detti diastereoisomeri e hanno proprietà chimiche-fisiche differenti.
Risposta corretta D.

19. Gli unici isomeri a presentare le stesse caratteristiche chimico-fisiche come punto di fusione e di ebollizione, ma a non avere lo stesso potere ottico rotatorio, sono gli enantiomeri. Infatti, una miscela racemica (miscela 1:1 di due enantiomeri di un composto chirale), ha potere ottico rotatorio pari a zero, dal momento che i due enantiomeri ruotano la luce polarizzata degli stessi gradi, ma in due direzioni opposte.
Risposta corretta C.

20. Con il termine stereoisomeri si intendono particolari isomeri che hanno la stessa connettività, ma differiscono per la loro disposizione spaziale. Per risolvere in modo rapido questo esercizio, bisognava riconoscere che si trattava di una molecola contenente due centri stereogenici, quindi il numero di stereoisomeri si poteva ricavare dalla formula 2^n, dove n = n° di centri stereogenici. Allora $2^2 = 4$ isomeri strutturali.
Risposta corretta B.

21. Gli stereoisomeri conformazionali sono gli unici isomeri convertibili gli uni negli altri senza la rottura di legami, ma per semplice rotazione. Gli isomeri configurazionali sono convertibili solo rompendo legami chimici e scambiando di posizione gruppi legati ad un atomo di carbonio (risposta B errata); "Stereoisomeri" è una risposta troppo generica che comprende sia quelli conformazionali, sia quelli configurazionali (risposta C errata); l'opzione D è errata, perché due enantiomeri sono due isomeri configurazionali. Infine, la famiglia dei diastereoisomeri comprende tutti gli stereoisomeri che non sono entantiomeri e fanno parte degli stereoisomeri configurazionali (risposta E errata).
Risposta corretta A.

22. Gli isomeri strutturali (o costituzionali) sono quei composti che hanno la stessa formula bruta, ma connettività diversa tra gli atomi (diversa formula di struttura). È sufficiente disegnare il pentano a catena lineare e spostare il gruppo metilico in posizione 2 per avere il primo isomero, mentre è necessario spostare un secondo metile sempre in posizione 2 per avere il secondo isomero. È fondamentale ricordarsi di contare anche il pentano a catena lineare oltre ai due isomeri appena trovati, anche esso è considerato un isomero.
Risposta corretta B.

23. L'isomeria è il fenomeno per il quale due o più composti hanno stessa formula molecolare, ma presentano diversa formula di struttura e di conseguenza diverse proprietà fisiche-chimiche. Il metodo più veloce per risolvere l'esercizio è disegnare le molecole e in seguito verificare che le formule brute corrispondano tra i due composti. In particolare, 1-propanolo e 2-propanolo sono isomeri di posizione, cioè tra essi cambia la posizione del gruppo funzionale sulla catena principale (risposta A errata). Il metilciclopropano e il ciclobutano sono invece isomeri di catena, cioè tra di essi cambia il modo in cui gli atomi di carbonio sono concatenati tra loro (risposta B errata). L'1-butene e il ciclobutano sono due isomeri di gruppo funzionale, perché pur avendo la stessa formula bruta, uno contiene un doppio legame mentre l'altro è un composto ciclico (risposta D errata). Il pentano e il 2,2-dimetilpropano invece, sono isomeri di catena (risposta E errata). Gli unici a non essere isomeri sono i composti indicati dall'opzione C perché le formule brute si differenziano per un ossigeno (che si trova in più nell'estere per il gruppo R-COO-R').
Risposta corretta C.

24. Una miscela racemica è per definizione una miscela formata da due enantiomeri della stessa molecola, con potere ottico rotatorio pari a zero. Dato che il potere rotatorio dei due enantiomeri è uguale in valore assoluto, ma opposto in segno, un racemo non provoca alcuna rotazione del piano della luce polarizzata perché i contributi dei due opposti enantiomeri si annullano vicendevolmente. Si ottiene sempre un racemo da una reazione chimica quando un composto chirale viene sintetizzato a partire da composti achirali. È tuttavia possibile alterare il racemo, arricchendolo di uno dei due enantiomeri, introducendo asimmetria nel sistema, ad esempio utilizzando un catalizzatore chirale.
Risposta corretta A.

25. Si definisce "centro stereogenico" un atomo di carbonio legato a quattro gruppi diversi (condizione sufficiente). Due enantiomeri hanno stesse proprietà fisiche e chimiche, ma diversa deviazione della luce polarizzata.

Gli stereoisomeri non enantiomeri sono detti diastereoisomeri e hanno proprietà chimiche-fisiche differenti. Una molecola con più centri stereogenici può non essere chirale. Se è chirale può avere fino a 2^n stereoisomeri, con n = numero di centri stereogenici. La molecola fa variare di un angolo +/- X° il piano della luce piano-polarizzata solo se possiede almeno un centro stereogenico. Questa proprietà è l'unica che ci permette di differenziare visivamente due enantiomeri.
Risposta corretta D.

26. L'alcol n-propilico e l'alcol isopropilico sono isomeri di posizione, in quanto hanno la stessa formula bruta ($CH_3CH_2CH_2OH$), ma differiscono tra loro poiché i loro atomi di carbonio sono legati nella catena in modo differente.
N.B. l'alcol isopropilico è il 2-propanolo, mentre l'alcol n-propilico è l'1-propanolo; si tratta di una tipologia di nomenclatura differente da quella canonica IUPAC, ma per il test può essere utile ricordare le corrispondenze.
Risposta corretta A.

27. Le proprietà fisiche sono determinate non solo dal gruppo ossidrilico, ma anche dal gruppo alchilico (risposta A errata). Gli alcoli sono derivati degli idrocarburi (risposta B errata). Gli alcoli si dividono in primari, secondari e terziari, a seconda che siano rispettivamente legati ad uno, due o tre atomi di carbonio; gli alcoli quaternari non esistono (risposte C e D errate). Gli alcoli a seconda delle condizioni in cui si trovano possono comportarsi da acidi e basi deboli.
Risposta corretta E.

28. Il metodo migliore per risolvere il quesito è disegnare la molecola proposta e contare quante volte sono presenti le varie specie atomiche. Innanzitutto, si disegna uno scheletro carbonioso composto da sei atomi di carbonio; la desinenza -ale indica che il composto è un'aldeide, quindi sul carbonio in posizione 1 si avrà un gruppo aldeidico; l'ultima cosa da fare per disegnare la molecola correttamente è saturare tutti i legami disponibili del carbonio con idrogeni. La formula dell'esanale è quindi $C_6H_{12}O$.
Il cicloesanone, essendo un chetone ciclico, ha 2 idrogeni in meno rispetto all'esanale (risposta E errata). C6H10O2 presenta due atomi di O (risposta C errata). Nelle restanti opzioni è sbagliato il numero di atomi di idrogeni (risposte A e D errate).
Risposta corretta B.

29. Per risolvere correttamente il quesito bisogna ricordarsi la successione della basicità delle ammine. Innanzitutto, possiamo escludere le opzioni B, D ed E perché non sono ammine, come invece la domanda chiedeva. La A e la C sono due ammine e le rispettive K_b sono $5 \cdot 10^{-4}$ e $6 \cdot 10^{-5}$. NH_3, l'ammoniaca, è una base più debole rispetto alle ammine, quindi per individuare il composto con una K_b comparabile dobbiamo individuare l'ammina più debole tra quelle proposte. Per risolvere questo quesito basta ricordare che le ammine secondarie sono più basiche delle ammine primarie e terziarie. R_3N, che è un ammina terziaria, ha quindi una Kb più simile a NH_3 ($Kb = 1{,}8 \cdot 10^{-5}$) e questo è deducibile anche dal fatto che la struttura di queste due molecole è più simile rispetto alla coppia NH_3 e R_2NH.
Risposta corretta C.

30. Per individuare la molecola dalla formula bruta è necessario disegnarla, in modo da essere certi che tutti i legami del carbonio siano saturati. Si inizia quindi con una catena carboniosa composta da tre atomi di carbonio, e in seguito si aggiunge l'azoto. C_3H_5N è un nitrile, in particolare il propionitrile. I nitrili sono composti organici caratterizzati dal gruppo funzionale -C≡N; si arriva al corretto disegno della formula tenendo presente che nella molecola gli idrogeni sono solo cinque, quindi non possono essere disposti in altro modo se non ponendo un triplo legame tra C e N. Un'ammide è formata da un carbonio

legato ad un atomo di ossigeno tramite un doppio legame e ad un atomo di azoto (risposta C errata). Un'ammina ha come gruppo funzionale NH_2 (risposta B errata), mentre un sale d'ammonio terziario si forma secondo la seguente reazione: $R_3N + H_2O \rightleftharpoons R_3NH^+ + OH^-$, in cui i prodotti reagiscono per attrazione ionica (risposta A errata). La nitrosammina invece contiene il gruppo nitroso N=O legato all'azoto amminico.
Risposta corretta D.

31. I ponti ad idrogeno sono dei legami intermolecolari che si instaurano quando l'idrogeno è legato ad atomi fortemente elettronegativi (F, O, N). Le risposte A, C ed E sono da escludere, perché nessuna delle molecole coinvolte nei legami conta un atomo abbastanza elettronegativo che possa formare legami a idrogeno. Il metano ha una pessima solubilità in acqua (in quanto apolare) e perciò non forma legami ad idrogeno (risposta B errata). Etanolo e isopropanolo (risposta D) invece sono due alcoli caratterizzati da gruppi ossidrile che grazie alla presenza degli atomi di ossigeno instaurano legami a idrogeno.
Risposta corretta D.

32. I fenoli sono alcoli che presentano un anello benzenico (alcol arilici). Rispetto agli alcoli alchilici, ovvero quelli lineari, hanno un punto di ebollizione più alto dovuto alla delocalizzazione degli elettroni nell'anello benzenico. Secondo il tipico grafico di riscaldamento di una soluzione qualsiasi, la temperatura sale fino a stabilizzarsi attorno al valore di ebollizione del composto con T_{eb} più bassa. Una volta evaporato tutto, la temperatura sale fino a raggiungere quella del composto con T_{eb} più alta e così via. Avendo il 2-metilfenolo una temperatura di ebollizione più alta, idealmente l'evaporazione maggiore si avrà una volta evaporato tutto l'etanolo.
Risposta corretta E.

33. Domanda prettamente nozionistica: per gruppo acile si intende il nome generico del gruppo funzionale corrispondente ad un acido carbossilico privato del suo gruppo ossidrile.
Risposta corretta A.

34. I saponi sono detergenti costituiti da sali di sodio o di potassio degli acidi grassi a lunga catena (cioè composti da 10-18 atomi di carbonio). Essi si formano secondo il processo di saponificazione, che consiste nell'idrolisi basica dei trigliceridi (risposta A errata). I saponi sono sali di acidi grassi con metalli alcalini, soprattutto sodio e potassio, e non con qualsiasi tipo di metallo (risposta B errata). Dal punto di vista della struttura, i saponi sono molecole anfipatiche, che contengono sia una testa idrofila che una coda idrofobica (risposta C errata); come detto prima, è vero che i saponi sono derivati degli acidi grassi, ma non è corretto dire che derivino anche dagli eteri (risposta E errata).
La risposta corretta da ricercare è quindi quella proposta dall'opzione D, poiché in caso di dissociazione della molecola il pH della soluzione verrebbe ad essere alcalino, in quanto il sale è creato dalla reazione tra un acido debole e una base forte; la catena dell'acido grasso infatti, essendo un acido monocarbossilico, è un acido debole, mentre il metallo alcalino deriva da una base forte (gli idrossidi dei metalli alcalini sono sempre basi forti). Di conseguenza, in soluzione, l'acido debole tenderà a rimanere in forma indissociata, mentre la base forte tenderà a rimanere dissociata, causando un surplus di ioni OH^- nella soluzione e facendo virare il pH verso la basicità.
Risposta corretta D.

35. Per lo svolgimento corretto di questo quesito si consiglia di disegnare la formula: si tratta innanzitutto di un acido carbossilico (sia la dicitura "CO_2H" che "COOH" rappresentano il gruppo funzionale carbossilico). Il numero di atomi di carbonio presenti nella catena carboniosa è pari a 7 (risposte B, C, D errate).

L'opzione E è errata in quanto non può esistere tale formula bruta.
Risposta corretta A.

36. Per composto polifunzionale si intende una molecola organica che possiede più gruppi funzionali di differente natura. La priorità esistente tra i gruppi funzionali nel dare la desinenza a un composto polifunzionale è la seguente:

- acido carbossilico;
- anidride;
- estere;
- ammide;
- aldeide;
- chetone;
- alcol;
- ammina;
- etere;
- alogenuro;
- alchino, alchene e alcano.

Di conseguenza, essendo il gruppo carbossilico quello a maggiore priorità, il nostro composto avrà la parola "acido" davanti e la desinenza -ico alla fine della propria nomenclatura.
Risposta corretta C.

37. Per risolvere questo esercizio è necessario conoscere molto bene la nomenclatura organica. Il primo passaggio nella nomenclatura di una molecola organica è l'individuazione della catena di carbonio più lunga, contenente il gruppo funzionale più importante. Salta subito all'occhio la presenza di un acido carbossilico (COOH). Contando gli atomi di carbonio si nota che ce ne sono 6 di cui due che formano gruppi metili sostituenti. La catena principale sarà quindi a 4 carboni e si tratta di un acido butanoico. Questo ci permette di escludere le prime due opzioni (Risposte A e B errate). Si numerano i carboni della catena partendo dal carbonio legato all'ossigeno e al gruppo ossidrile. Seguendo questa tecnica si avranno due gruppi metili (CH_3), uno sul carbonio 2 e uno sul carbonio 3 e un gruppo ossidrile (OH-) sul carbonio 4 e un cloro (Cl) sul carbonio 2. Si ordinano i nomi dei sostituenti alfabeticamente ottenendo il nome completo della molecola: Acido 2-cloro-2,3-dimetil-4-idrossibutanoico.
Risposta corretta D.

38. Per risolvere questo esercizio prettamente teorico si devono conoscere le regole di base della nomenclatura organica. Quando si va a nominare la molecola, si deve per prima cosa individuare la catena più lunga di atomi di carbonio e in seguito identificare i gruppi sostituenti sulla catena principale. Successivamente, si deve indicare la posizione di ogni sostituente con un numero, iniziando a numerare la catena in modo che il sostituente a priorità maggiore abbia la numerazione minore possibile. In seguito, il nome della molecola verrà composto posizionando i nomi di tutti i sostituenti (correttamente numerati) in ordine alfabetico. Per quanto riguarda le priorità dei gruppi funzionali, si deve seguire una successione di priorità stabilita dalla teoria (da maggiore a minore): acido carbossilico, anidride, estere, ammide, aldeide, chetone, alcol, ammine, etere. Il gruppo funzionale a priorità maggiore sarà quello che darà la porzione finale della molecola. Secondo quest'ultima affermazione si può escludere subito la risposta D, in quanto "-esanoico" (essendo caratteristico dell'acido carbossilico, che ha priorità maggiore) deve essere messo alla fine. Analizzando le altre opzioni si nota che l'unica che rispetta l'ordine di priorità e alfabetico è la B.
Risposta corretta B.

39. Un discreto riducente è un composto chimico che, in una reazione di ossidoriduzione, cede facilmente elettroni, aumentando il proprio numero di ossidazione e ossidandosi. In chimica organica in particolare, per ossidazione si intende la rimozione di atomi di idrogeno dal composto considerato. Osservando le opzioni, la A indica un idrocarburo, composto inerte che reagisce difficilmente (non può essere considerato un riducente); le risposte B e C indicano due acidi carbossilici, che tendono a cedere protoni e non elettroni, quindi non possono essere considerati riducenti; la risposta D indica un etere, composto piuttosto inerte (non si ossida né si riduce); la risposta E invece indica un tiolo, un discreto riducente, in quanto nel suo gruppo funzionale lo zolfo (legato all'idrogeno) è in grado di stabilizzare la perdita dell'elettrone perché ha un raggio molto grande. La reazione caratteristica dei tioli è quella di ossidazione, in cui si va a formare un ponte disolfuro a partire da due tioli: $R\text{-}SH + R\text{-}SH \rightarrow R\text{-}S\text{-}S\text{-}R + 2H^+ + 2e^-$.
Risposta corretta E.

40. In una reazione di eliminazione dal substrato di partenza vengono "eliminati" atomi o gruppi atomici che prendono il nome di gruppi uscenti, portando alla formazione di legami multipli. Si possono definire come le reazioni opposte a quelle di addizione. Alcuni esempi tipici di reazioni di eliminazione sono: la disidratazione dell'alcol e la deidrogenazione. L'opzione A rappresenta una reazione acido-base che porta alla formazione di un sale (vedi: capitolo 8 "Acidi e basi") (risposta A errata). L'opzione C presenta un alchene che reagisce con l'idrogeno: si tratta di un'addizione che porta alla formazione di un alcano (risposta C errata). Nell'opzione D viene proposta l'ossidazione di un generico alcol primario ad un'aldeide (risposta D errata). Nell'opzione B invece abbiamo un alogenuro alchilico con il cloro che reagisce con una base, in questo caso OH^-. In questa reazione un atomo di idrogeno reagisce con la base a formare una molecola d'acqua, quindi è sicuramente una disidratazione, inoltre esce il cloro che rimane sotto forma di ione nei prodotti. Questa viene definita come reazione di beta-eliminazione.
Risposta corretta B.

41. Si tratta di un quesito prettamente teorico, per cui per risolverlo è necessario avere in mente le principali reazioni dei composti citati. Gli alchini portano alla formazione di alcheni e successivamente alcani tramite l'addizione di idrogeno, o idrogenazione, e non tramite sostituzione (risposta A errata). Il benzene compie principalmente reazioni di sostituzione elettrofila, ossia con sostituenti elettrofili in quanto, perdendo un H^+ per liberare un legame, rimane una parziale carica negativa sull'anello (risposta B errata). Dall'ossidazione di un alcol secondario si ottiene un chetone, e non un'aldeide, che invece si ottiene dall'ossidazione di un alcol primario (risposta C errata). Da un'aldeide con un'ulteriore ossidazione si ottiene un acido carbossilico, mentre da un chetone, con un'ulteriore ossidazione, non si possono ottenere acidi carbossilici (risposta E errata). Infine, gli eteri possono essere ottenuti dalla condensazione, ossia con la perdita di una molecola d'acqua, di due alcoli.
Risposta corretta D.

42. Per risolvere il quesito è necessaria una buona conoscenza delle reazioni della chimica organica. Bisogna analizzare una risposta alla volta e individuare quella errata, come richiesto dall'esercizio. La sostituzione nucleofila di un alcol primario porta alla formazione di un alcol secondario perché uno degli idrogeni che legano il carbonio legato al gruppo ossidrilico viene sostituito da una catena carboniosa, l'affermazione della risposta A è corretta e quindi la risposta è errata. I chetoni possono compiere principalmente due reazioni: la riduzione ad alcol secondario o una difficilissima ossidazione ad acido carbossilico (risposta B errata). Un'ammide si forma in seguito alla sostituzione del gruppo ossidrile degli acidi carbossilici con un gruppo amminico (risposta C errata). Gli esteri sono composti organici prodotti dalla reazione di un alcol o di un fenolo con un acido carbossilico o un suo derivato, detta "esterificazione" (risposta E errata).

I cloruri acilici sono dei composti organici prodotti da una reazione di sostituzione nucleofila di uno ione cloruro negli acidi carbossilici. Lo ione Cl^- infatti è una base di Lewis, nucleofila e non elettrofila.
Risposta corretta D.

43. Gli alcheni sono molecole altamente reattive alle alogenazioni. Infatti, nel caso in cui un alchene reagisca con una molecola biatomica di bromo, avvengono due reazioni di alogenazione, con conseguente formazione di un dibromo alcano. Per ottenere il monobromo alcano sarebbe necessaria un'unica reazione di alogenazione tramite l'utilizzo di acido bromidrico. Avendo noi però un doppio legame che quindi toglie a due atomi di carbonio un possibile legame con un idrogeno, addizionando Br_2 questo doppio legame si rompe e i due atomi di bromo vanno a posizionarsi ciascuno su un carbonio.
Risposta corretta B.

44. Innanzitutto è utile riportare il concetto di riduzione (vedi: capitolo 6.2 "Reazioni redox e bilanciamento"): tale processo consiste in una diminuzione del numero di ossidazione e in un aumento del numero di elettroni. Riducendo pesantemente un alchino, tramite idrogenazione catalitica, si ottiene l'alcano corrispondente che è dunque ibridato sp^3. Maggiore è il numero di idrogeni, più il composto sarà ridotto.
Risposta corretta B.

45. Considerando che l'ossidazione in chimica organica corrisponde alla perdita di atomi di idrogeno, gli alchini sono sicuramente la tipologia di composti più ossidata. Maggiore è il numero di idrogeni (minore è il numero di doppi o tripli legami), maggiore è il grado di riduzione. Può essere d'aiuto ricordare che nelle molecole organiche alifatiche il grado di ossidazione è: alchini > alcheni > alcani.
Risposta corretta C.

46. $NaBH_4$ è un fortissimo riducente: per riduzione dei chetoni si ottengono i relativi alcoli secondari. Il metiletilchetone è un'altra definizione per il butanone. Tramite sua riduzione si ottiene il 2-butanolo. Pur non sapendo che il metiletilchetone è il butanone, si poteva giungere rapidamente alla risposta corretta, in quanto vi è solo un alcol tra le opzioni. Era sufficiente sapere che dalla riduzione di un chetone si ottiene un alcol secondario.
Risposta corretta E.

47. Per rispondere correttamente al quesito è necessario riconoscere correttamente le classi a cui appartengono i composti che vengono proposti. La reazione tra un'anidride, come l'anidride acetica, e un alcol, come l'etanolo, porta alla formazione di un estere e di un acido carbossilico.
Possiamo quindi escludere le risposte A, B ed E, perchè indicano rispettivamente un etere, un alchene e lo stesso composto di partenza (anidride acetica = anidride etanoica). Per quanto riguarda le risposte C e D, entrambe indicano degli esteri; tra le due la risposta corretta è la D, perchè i prodotti in questo tipo di reazione seguono il seguente schema:
$CH_3\text{-COOCO-}CH_3 + \text{R-OH} \rightarrow CH_3\text{COO-R} + CH_3COOH$.
Quindi, poichè l'etanolo (indicato nello schema come R-OH) è composto da 2 atomi di carbonio, questi (indicati nei prodotti come R, catena carboniosa) andranno sommati ai 2 atomi di carbonio del CH_3COO-R. Di conseguenza si formerà un estere con 4 atomi di carbonio, cioè l'acetato di etile.
Risposta corretta D.

48. Da un'ossidazione blanda di un alcol primario, come l'etanolo, si ottiene un'aldeide; si possono quindi escludere tutte le alternative che non presentano un'aldeide (risposte B, D e E errate).

CHIMICA

Permane il dubbio tra etanale e metanale: si esclude il metanale, in quanto possiede un atomo di C in meno (risposta C errata).
Risposta corretta A.

49. Un estere si forma attraverso una reazione tra un alcol e un acido carbossilico, oppure in una reazione tra un alcol e un'anidride. Di conseguenza, per risolvere il quesito, si devono ricercare le classi di composti corrette tra le nomenclature proposte. La risposta corretta è quindi la D, l'unica che propone un alcol e un acido carbossilico. ATTENZIONE a non confondersi sulla risposta C, l'acido cloridrico non è un acido carbossilico, ma un acido inorganico!
Risposta corretta D.

50. Di primo impatto la reazione potrebbe ricordare una semplice addizione elettrofila dell'acqua al doppio legame presente nell'alchene proposto, dando quindi come prodotto l'alcol corrispondente. In realtà la sola addizione di acqua ad un alchene non provoca nessuna reazione; per ottenere un alcol come prodotto è necessaria la presenza di un acido forte con la funzione di catalizzatore; senza, i due composti non reagiscono.
Risposta corretta C.

51. L'etene reagendo con HCl e con HI dà reazioni di addizioni elettrofile; si tratta di reazioni caratteristiche degli alcheni, in quanto saturano il doppio legame. Nel doppio legame vi è una densa carica negativa dovuta ad una concentrazione di elettroni. Si crea quindi un delta negativo in corrispondenza di questa nube elettronica, la quale interagisce con il delta positivo sull'idrogeno dell'acido cloridrico per la maggiore elettronegatività del cloro. In questo modo si rompe il doppio legame e si inserisce su un carbonio l'idrogeno e sull'altro il cloro. Lo stesso meccanismo avviene con l'acqua ossigenata, attraverso una reazione di ossidazione, che fa sì che si possa saturare il doppio legame.
Risposta corretta B.

52. Gli alcheni reagiscono con acqua in ambiente acido dando come prodotto gli alcoli. Si tratta di una reazione di addizione elettrofila che rispetta la legge di Markovnikov, che asserisce che l'elettrofilo si lega al carbonio coinvolto nel doppio legame e meno sostituito così da formare il carbocatione più sostituito e quindi più stabile. Un carbocatione è definito più stabile quando ha una buona possibilità di distribuire la carica positiva in eccesso sulla catena carboniosa, e questa è distribuita più efficientemente all'aumentare della sostituzione del carbonio che si considera; il carbonio più sostituito sarà quindi quello che subirà l'attacco del nucleofilo.
Risposta corretta A.

53. La reazione tra benzene, il quale è un composto altamente reattivo per la delocalizzazione degli elettroni (risposta A errata), Cl_2 e catalizzatore comporta l'alogenazione per sostituzione elettrofila, quindi l'aggiunta di un atomo di cloro. Questa aggiunta comporta la perdita di un atomo di idrogeno. Gli H in totale saranno quindi 5.
È importante ricordare: dato che il benzene possiede tre doppi legami, ci si potrebbe attendere che, come gli alcheni, dia reazioni di addizione elettrofila al doppio legame (come nel caso dell'addizione di cloro biatomico al cicloesene che produce trans-1,2-diclorocicloesano). Quando invece il benzene reagisce con Cl_2, non dà un'addizione elettrofila, bensì una sostituzione elettrofila aromatica, la quale richiede la presenza di un acido di Lewis come catalizzatore.
Risposta corretta B.

54. Il 2-propanolo è un alcool secondario. Gli alcoli secondari possono essere ottenuti attraverso la riduzione di chetoni, per cui dalla riduzione con idrogeno del propanone si ottiene il 2-propanolo.

Se invece di un chetone si riducesse un'aldeide si otterrebbe un alcol primario (risposta C errata). La riduzione di acidi carbossilici ad alcoli richiede l'utilizzo di reagenti molto forti ed è difficile da far avvenire (risposta D errata).
Risposta corretta B.

55. Si tratta di un quesito prettamente teorico, per risolverlo bisogna ricordare le reazioni caratteristiche delle ammidi. Le ammidi, categoria di composti organici con gruppo funzionale $RCONH_2$, sono caratterizzate dalla possibilità di dare sia un'idrolisi acida sia un'idrolisi basica (grazie alla presenza di catalizzatori acidi o basici). In linea teorica le due idrolisi danno come prodotti acidi carbossilici e ammina (risposta C corretta).
N.B. entrando più nel dettaglio, all'interno di un ambiente basico l'acido carbossilico che si forma dal processo di idrolisi è deprotonato, e quindi va a formare un anione carbossilato; questo potrebbe creare un sale dell'acido interagendo con un catione presente nell'ambiente (ad esempio Na^+ derivato dalla dissociazione di NaOH).
In un ambiente acido invece, l'ammina che si forma dal processo di idrolisi è protonata e va a formare lo ione ammonio. Questo ione, analogamente a quanto detto prima, potrebbe formare un sale dell'ammina.
Risposta corretta C.

12. CHIMICA APPLICATA

1. Quanti sono i DPI da indossare per essere in sicurezza in un laboratorio?

A. 2
B. 3
C. 4
D. 5
E. 6

2. Quali sono i principali gas serra?

A. O_3, CO_2, CH_4
B. NH_3, CO_2, CH_4
C. HCl, CH_4, CO_2
D. HCl, CH_4, C_6H_6
E. NH_3, CH_4, C_6H_6

3. L'effetto serra è:

A. Un processo esclusivo del pianeta Nettuno
B. Un processo naturale
C. Un processo che ha luogo solo come conseguenza dell'inquinamento
D. Non c'entra nulla con la dispersione dei CFC nell'aria
E. Nessuna delle precedenti

4. Cosa riporta l'MSDS?

A. La sostanza, il produttore, i pericoli, la composizione con gli ingredienti
B. La sostanza, il produttore, ma non i pericoli
C. La sostanza, la composizione con gli ingredienti, ma non il produttore
D. La composizione con gli ingredienti, i pericoli e le leggi rispettate nella produzione
E. Nessuna delle precedenti

5. Quale fra i seguenti è un'indicazione comune alle etichette alimentari, farmaceutiche e cosmetiche?

A. L'elenco degli eccipienti
B. Gli oli presenti
C. Modalità di somministrazione
D. Indicazioni sulla caffeina presente
E. La data di scadenza

6. Quale delle seguenti informazioni sui *claims* è corretta?

A. Tra i claims figurano gli allergeni che possono essere rinvenuti all'interno di un certo alimento
B. Sono obbligatori da apporre sulle etichette degli alimenti
C. Un esempio di claim è: *il calcio è necessario per il mantenimento di ossa normali*
D. Sono uniformati dal regolamento (UE) 1169/2011
E. Fanno parte delle indicazioni complementari

7. Che cosa si intende per *drogaggio*?

A. È il processo mediante il quale viene riprodotto artificialmente in laboratorio il principio attivo, di origine naturale, di un farmaco
B. Aggiunta di piccole quantità di un certo materiale a un semiconduttore allo scopo di migliorarne la conducibilità elettrica
C. Processo usato in ambito farmaceutico, che consiste nell'aggiunta di eccipienti, ossia sostanze inerti senza proprietà terapeutiche, ad alcuni farmaci
D. Terapia palliativa che ha come scopo quello di sollevare dal dolore un malato nella fase terminale.
E. Nessuna delle precedenti

8. Qual è la differenza tra biodiesel e biomassa?

A. Nessuna, si tratta della stessa cosa
B. Il biodiesel è un derivato degli oli vegetali mentre una biomassa è un derivato degli scarti (agricoli, di allevamenti, ecc.)
C. Il biodiesel da qualche anno è impiegato su vastissima scala come alternativo ai combustibili fossili grazie ai suoi prezzi competitivi, mentre le biomasse sono ancora in fase di sperimentazione
D. Il biodiesel è una risorsa rinnovabile a differenza delle biomasse
E. Il biodiesel è impiegato come carburante mentre le biomasse no

9. Quale tra le seguenti opzioni riferite al *Moplen* non è corretta?

A. Fu un'invenzione che valse al chimico italiano Giulio Natta il premio Nobel per la chimica
B. È il marchio di un polimero, il polietilentereftalato
C. È il marchio della comune plastica, un materiale leggerissimo, flessibile e termoresistente che ha rappresentato una rivoluzione nell'industria dei polimeri degli anni '60
D. Il polimero, riferito a questo marchio, veniva prodotto attraverso un processo di polimerizzazione stereospecifica del propilene in n-eptano
E. Tutte le risposte sono corrette

10. Qual è la definizione corretta di "eutrofizzazione"?

A. Dal greco *eu-*, bene e *trophè*, nutrimento, indica il meccanismo attraverso cui le piante sono in grado di sopravvivere anche a condizioni estreme, grazie alla loro capacità di economia dei nutrienti
B. Processo che consiste nell'uso dei migliori ingredienti, scelti in base al loro valore nutrizionale, per gli alimenti prodotti industrialmente secondo le nuove direttive della CE
C. Prassi medica, usata dopo alcune procedure chirurgiche, che consiste nell'iniezione per via endovenosa di nutrienti allo stato liquido.
D. Aumento eccessivo di sostanze nutritive nell'ambiente acquatico che causa una proliferazione eccessiva di microalghe in superficie
E. Nessuna delle precedenti

CHIMICA

CORREZIONE COMMENTATA

1. La domanda, nozionistica, richiede la conoscenza dei comportamenti corretti da assumere in un laboratorio, in particolare i DPI da indossare; si tratta di dispositivi di protezione individuale, che sono essenzialmente 4: camice, occhiali, guanti e mascherina.
Risposta corretta C.

2. I gas prendono questo nome per l'effetto che la loro presenza induce: intrappolano il calore in un luogo (in questo caso l'atmosfera), ricalcando ciò che accade in una serra. I principali attori in questo processo sono il triossigeno, meglio noto come ozono (O_3), la ben nota anidride carbonica e il metano, la cui diffusione deriva in gran parte dagli allevamenti intensivi in tutto il mondo.
Risposta corretta A.

3. Per quanto spesso si è abituati ad associare questo nome a un qualcosa di non naturale, l'effetto serra è un compito regolarmente svolto dai gas (detti infatti serra) nell'intrappolare i raggi infrarossi che il pianeta restituisce dopo essere stata colpita dai raggi solari (risposta C errata). L'incremento di CFC (CloroFluoroCarburi), cioè idrocarburi in cui cloro e fluoro hanno sostituito quasi del tutto gli idrogeni, ha portato ad assottigliare lo strato di ozono (risposta D errata). L'effetto serra, come sappiamo, è caratteristico anche del pianeta Terra (risposta A errata).
Risposta corretta B.

4. Il quesito è nozionistico e riguarda l'MSDS, cioè la scheda di sicurezza, in cui sono riportate tutte le informazioni possibili riguardo al materiale che si sta maneggiando. Tra queste, sono presenti tutte quelle elencate nelle opzioni tranne: le leggi rispettate nella produzione del materiale.
Risposta corretta A.

5. Le etichette dei prodotti hanno dei punti in comune, ma altre sono esclusive dei singoli prodotti: l'elenco degli eccipienti, definiti come sostanze inerti che non hanno effetto terapeutico, insieme alla modalità di somministrazione, sono proprie del campo farmaceutico; gli oli presenti riguardano il campo alimentare, insieme alla quantità di caffeina presente in un prodotto. La data di scadenza è quindi l'unico elemento che accomuna tutte e tre le tipologie di etichette.
Risposta corretta E.

6. Questo quesito è di tipo nozionistico e riguarda l'etichettatura degli alimenti. In particolare per rispondere bisogna essere a conoscenza del fatto che i *claims* siano un altro modo con cui vengono chiamate le indicazioni nutrizionali e sulla salute (risposta E errata) e non fanno parte delle informazioni obbligatorie da apporre sulle etichette (risposta B errata). Queste indicazioni sono uniformate dal regolamento (CE) 1924/2006 (risposta D errata) e sono definite come tutte quelle indicazioni nutrizionali e sulla salute fornite sui prodotti alimentari, allo scopo di garantire ai consumatori l'accuratezza e la veridicità delle informazioni. Gli allergeni fanno parte delle indicazioni obbligatorie e non dei claims (risposta A errata).
Risposta corretta C.

7. Questa domanda è riferita a un processo chimico usato soprattutto nell'industria tecnologica, il drogaggio. Esso è un processo che consiste nell'aggiunta di piccole quantità di un certo materiale a un semiconduttore con lo scopo di migliorarne la conducibilità elettrica. Viene usato, per esempio, nella produzione dei processori dei cellulari in cui il silicio (semiconduttore) viene opportunamente drogato.
Risposta corretta B.

8. Biodiesel e biomasse sono entrambe delle risorse rinnovabili, ma hanno origini diverse (risposte A e D errate). Mentre il biodiesel è un derivato degli oli vegetali, la biomassa è un derivato di scarti che possono essere di origine diversa (ambientali, degli allevamenti, organici urbani, ecc.). Sono usati in una vastità di campi ma il loro uso più frequente è come carburante: le biomasse vengono usate soprattutto negli impianti di riscaldamento, mentre il biodiesel nei mezzi di trasporto (risposta E errata). Mentre le biomasse sono usate già da alcuni decenni, il biodiesel è ancora in fase di sperimentazione soprattutto perché non è un conveniente sostituto dei combustibili fossili dal punto di vista economico (risposta C errata).
Risposta corretta B.

9. Questo è un quesito nozionistico di chimica applicata al settore industriale e chiede la risposta NON corretta. Moplen è il marchio di un polimero, realizzato negli anni '50 del Novecento dal chimico italiano Natta e dal tedesco Ziegler, che valse a Natta il premio Nobel. Il polimero in questione è il polipropilene isotattico (PP-H), ottenuto, tra i vari modi, dalla polimerizzazione stereospecifica del propilene in n-eptano attraverso il catalizzatore stereospecifico Ziegler-Natta. Il risultato di questo processo è un polimero con catene ordinate, in cui tutti i gruppi metile sono posizionati su un unico lato rispetto all'asse della catena polimerica. In termini pratici questo polimero dava luogo alla comune plastica, un materiale leggerissimo, flessibile e termoresistente che rappresentò una rivoluzione nelle case degli italiani del Dopoguerra.
Risposta corretta B.

10. Questo è un quesito relativo alle alterazioni delle risorse naturali per opera dell'inquinamento. In particolare l'eutrofizzazione è una problematica che riguarda l'ambiente acquatico, più precisamente le acque dolci, e consiste nell'eccessivo aumento di sostanze nutritive al loro interno a causa dell'eccessivo uso di sostanze fertilizzanti. Come conseguenza si ha una proliferazione delle microalghe in superficie che ostacolano la sopravvivenza del resto delle specie acquatiche in quanto diminuisce la disponibilità di ossigeno.
Risposta corretta D.

MATEMATICA

Eccoci arrivati al capitolo di matematica, per anni bistrattata e ignorata da molti, ma che, con l'ultimo decreto del MUR, ha ormai preso le redini di questo test di Medicina. Nei test TOLC, infatti, troveremo diversi quesiti di matematica frammisti a quesiti di "ragionamento" (per un totale di 13 domande).

Come approcciare quindi questo nuovo modello di matematica del test? Eccovi alcune semplici **ISTRUZIONI PER L'USO**:

1. prima di fare questi esercizi, ripassate la **teoria**. No, non ripetetela ad alta voce, né cercate di imparare le dimostrazioni delle formule: approcciatela con un'ottica da test. Concetti veloci, schematizzati in un formulario, assunti con metodi di calcolo rapido e di metodo empirico, tante mnemofrasi;
2. quando dalla teoria passate alla pratica vi consigliamo, in primis, di svolgere gli esercizi dei capitoli di **logica matematica** che adesso vi elencheremo: si tratta di concetti di matematica di base, a cavallo tra la logica matematica nota da tempo e la nuova matematica e ragionamento dei prossimi test. I capitoli in questione sono:
    a. calcolo rapido (capitolo 2.0);
    b. equazioni e sistemi (capitolo 2.1);
    c. percentuali e frazioni (capitolo 2.3);
    d. m.c.m. e M.C.D. (capitolo 2.7);
    e. metodo empirico (capitolo 2.14).

    Una volta svolti questi esercizi, passate a quelli del successivo capitolo;

3. inoltre, non svolgete gli esercizi con il **libro di teoria aperto**: può sembrare un'ovvietà, superflua da specificare, ma sappiamo che molti di voi vorranno iniziare a fare quiz in modalità "facilitata" con entrambi i libri aperti contemporaneamente. Vi consigliamo, invece, di passare alla pratica senza "imbrogli" per attivare al massimo la vostra mente e la vostra memoria: ogni errore fatto ora vi si imprimerà a fuoco nella mente. Sbagliando ora, imparerete più velocemente i concetti che ancora non sapete. Per cui **NO PANIC** e buttatevi;
4. vi starete quindi chiedendo, "ma allora quando posso riguardare la teoria?" Durante **l'autocorrezione** degli esercizi appena svolti, tramite le correzioni commentate a fine capitolo. A quel punto, quando vi renderete conto di aver sbagliato un esercizio, potrete riguardare, con occhio critico, la teoria del manuale TB relativa a quel sottocapitolo. In questo modo ripasserete la teoria in modo mirato.

Quindi ora mettete via i formulari, gli schemi e il libro di teoria e... in bocca al lupo!

1. ARITMETICA

1. Se indichiamo con P il prodotto di 0,018 · 0,0375, il risultato è compreso tra:

A. $10^{-5} < P < 10^{-4}$
B. $10^{-4} < P < 10^{-3}$
C. $10^{-3} < P < 10^{-2}$
D. $10^{-2} < P < 10^{-1}$
E. $P < 10^{-5}$

2. Il valore di $(3^{3/2} + 3^{1/3})^2 - 27 - 3^{2/3}$ è pari a:

A. $2 \cdot 3^{10/6}$
B. $2 \cdot 3^{11/6}$
C. $2 \cdot 3^{3/2}$
D. $2 \cdot 3^{4/5}$
E. $2 \cdot 3^{2/3}$

3. Il valore di $(100 - 4)^2$ è:

A. $(12 \cdot 8)^2$
B. $10000 + 16 + 400$
C. $1000 + 16 - 400$
D. $(100 + 4) \cdot (100 - 4)$
E. $(10 + 2) \cdot (10 - 2)$

4. Il valore di $(500 -1)^2$

A. $25 \cdot 10^4 - 499$
B. $25 \cdot 10^4 + 499$
C. $25 \cdot 10^4 - 501$
D. $25 \cdot 10^4 + 999$
E. $25 \cdot 10^4 - 999$

5. Quale delle seguenti disuguaglianze è FALSA?

A. $10^{100} < 100^{10}$
B. $10^{-100} < 100^{-10}$
C. $-10^{100} < -100^{10}$
D. $-10^{100} < 100^{10}$
E. $-100^{(-10)} < 10^{(-100)}$

6. Se $c^{3/2} = 27$, c è uguale a:

A. 6
B. 9
C. 18
D. 81
E. 40,5

7. Il valore di $2\sqrt{2} + \sqrt{18} - \sqrt{8} + \sqrt{72}$ è uguale a:

A. $8\sqrt{2}$
B. $6\sqrt{2} + 3\sqrt{3}$
C. $9\sqrt{2}$
D. $6\sqrt{3}$
E. $2\sqrt{3} + 3\sqrt{3}$

8. Risolvi: $(3^4 \cdot 27^3)^3/3^{12}$

A. 3^{29}
B. 3
C. 3^{27}
D. 27^6
E. 3^2

9. Il valore di $\sqrt[n-3]{3^{3n-9}}$ è uguale a:

A. 3
B. $\sqrt{3}$
C. $\sqrt{27}$
D. 27
E. 9

10. Ordina dal più grande al più piccolo i seguenti valori: $\sqrt[3]{-27}$, $\frac{1}{3}$, $-\frac{1}{3}$, $\sqrt[3]{-\frac{1}{3}}$

A. $\frac{1}{3}, \sqrt[3]{-\frac{1}{3}}, -\frac{1}{3}, \sqrt[3]{-27}$
B. $\sqrt[3]{-27}, \frac{1}{3}, -\frac{1}{3}, \sqrt[3]{-\frac{1}{3}}$
C. $\frac{1}{3}, -\frac{1}{3}, \sqrt[3]{-27}, \sqrt[3]{-\frac{1}{3}}$
D. $\sqrt[3]{-27}, \frac{1}{3}, \sqrt[3]{-\frac{1}{3}}, -\frac{1}{3}$
E. $\frac{1}{3}, -\frac{1}{3}, \sqrt[3]{-\frac{1}{3}}, \sqrt[3]{-27}$

11. A cosa è uguale la seguente espressione: $\frac{(-8)^2}{(-2)^2} - 8^3 + 128$?

A. -512
B. 80
C. 512
D. -320
E. -28

12. Quale di queste NON è una proprietà delle potenze?

A. $2^3 \cdot 2^2 = 2^5$
B. $2^3 \cdot 2^2 - 2 = 2^4$
C. $(2^3)^2 = 2^6$
D. $2^3 + 2^2 = 12$
E. $2^3 : 2^2 = 2$

13. Semplifica la seguente espressione con potenze di radicali

$$\left(\sqrt[6]{\frac{x-3}{-x}} \cdot \sqrt[6]{\frac{x+1}{7}}\right)^3 \div \sqrt{\frac{1}{1+x}}$$

A. $\sqrt{\frac{(x-3)\cdot(x+1)}{-7x}}$

B. $(x-1)\sqrt{\frac{(x-3)}{-7x}}$

C. $(x+1)\sqrt{\frac{(x-3)}{-7x(1+x)}}$

D. $(x+1)\sqrt{\frac{(x-3)}{-7x}}$

E. Nessuna delle precedenti

14. Razionalizzare la seguente operazione con radicali: $\frac{7}{\sqrt{3}+\sqrt{5}} + \frac{8}{\sqrt{5}}$.

A. $\frac{7\sqrt{5}-7\sqrt{3}}{2} + \frac{8\sqrt{5}}{5}$

B. $\frac{7\sqrt{5}-7\sqrt{3}}{2} - \frac{8\sqrt{5}}{5}$

C. $\frac{8\sqrt{5}}{5} - \frac{7\sqrt{5}-7\sqrt{3}}{2}$

D. $\frac{51}{10}\sqrt{5} + \frac{7}{2}\sqrt{3}$

E. $\frac{7\sqrt{5}-7\sqrt{3}}{5} + \frac{8\sqrt{5}}{2}$

15. Quali condizioni devono verificarsi affinché $(a \cdot b)^n > 0$?

A. a e b concordi oppure a e b discordi

B. a e b discordi

C. a e b concordi solo se con esponente pari

D. a e b concordi, oppure a e b discordi con esponente dispari

E. a e b concordi, oppure a e b discordi con esponente pari

16. Razionalizzare la seguente espressione $\frac{3}{\sqrt{2}-\sqrt{5}}$

A. $3\sqrt{2-5}$

B. $-(\sqrt{2}+\sqrt{5})$

C. -3

D. 37

E. $\frac{3\sqrt{2-5}}{-3}$

17. Quale numero non appartiene all'insieme numerico $\mathbb{Q}$?

A. -155

B. 0,481

C. $\sqrt[2]{3}$

D. 4,56

E. $\sqrt[6]{64}$

18. Calcolare il valore della seguente espressione:

$$\frac{\frac{4}{5}+\frac{2}{15}-0{,}89}{0{,}9-0{,}5\cdot\frac{1}{15}} \cdot 0{,}6 \cdot \left(5+\frac{1}{15}\right)$$

A. 78/250

B. 39/250

C. 259/39

D. 40/300

E. -39/250

19. Quale delle seguenti espressioni rappresenta un numero non appartenente all'insieme $\mathbb{N}$?

A. $\sqrt{2}(\sqrt{2}+9\sqrt{2})$

B. $(\sqrt{7}-4)(\sqrt{7}+4)$

C. $(\sqrt{9}-2) / \sqrt[3]{27}$

D. $\left(\sqrt{\frac{12}{2}}+\sqrt{3}\right)\sqrt{3}$

E. $(\sqrt{15}-3)\cdot(\sqrt{15}+3)$

20. Indicare l'opzione errata:

A. Esistono infiniti numeri naturali

B. La divisione nei numeri reali non è sempre possibile

C. $\forall x_1, x_2$; *con* $x_1 < x_2 \in \mathbb{Q}$, $\exists x_3$ *t.c.* $x_1 < x_3 < x_2$

D. Nell'insieme dei numeri naturali N si possono sempre svolgere operazioni di somma e prodotto

E. I numeri e, 0.3, $\sqrt{2}$ non sono numeri razionali.

21. Sia *p* un numero formato da 88 cifre tutte uguali a 7 e sia *q* un numero formato da 44 cifre tutte uguali a 8. Il numero di cifre del prodotto *p* · *q* è:

A. 147

B. 131

C. 145

D. 132

E. 146

MATEMATICA

22. Qual è il risultato della seguente espressione, assumendo che la somma della medesima quantità $\sqrt{6+\sqrt{6+\dots}}$ prosegua all'infinito?

$$\sqrt{6+\sqrt{6+\sqrt{6+\sqrt{6+\dots}}}} = ?$$

A. $x = \sqrt[\infty]{6}$
B. $x = \sqrt{6+\sqrt{6}}$
C. $x = -2$
D. $x = \sqrt{6}$
E. $x = 3$

23. A quale insieme numerico appartiene il numero $-\frac{18}{7}$?

A. $\mathbb{Z}$, $\mathbb{Q}$ e $\mathbb{R}$
B. $\mathbb{Z}$ ma non $\mathbb{Q}$
C. I e $\mathbb{R}$
D. $\mathbb{Q}$ e $\mathbb{R}$
E. $\mathbb{Z}$ ma non $\mathbb{N}$

24. Trova tutti i valori che può assumere il numero intero x sapendo che m.c.m. (6;|x|) = 12.

A. 4; 12
B. 4; 12; -6
C. -4; 4; ; -12; 12
D. 12; -12
E. 4; 6; 12

25. Quale delle seguenti scritture rappresenta la parte colorata del seguente diagramma di Venn?

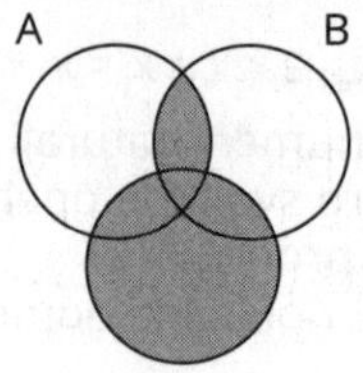

A. $(A \cap B) \cup C$
B. $(A \cup B) \cup C$
C. $(A \cup B) \cap C$
D. $A \cup (B \cap C)$
E. $A \cap (B \cup C)$

26. Tra le seguenti affermazioni riguardanti gli insiemi numerici, determinare quella errata:

A. $\mathbb{Z} \subset \mathbb{Q} \subset \mathbb{R}$
B. $I \subset \mathbb{R}$
C. L'insieme I contiene tutti i numeri decimali illimitati e non periodici
D. $\mathbb{R} = \mathbb{Q} \cap I$
E. $I \cap \mathbb{Q} = \emptyset$

27. Quale tra le seguenti coppie non contiene numeri irrazionali?

A. $\{16^2; 4i + 3\}$
B. $\{\sqrt{9}; 5e\}$
C. $\{2{,}5; \sqrt[3]{27}\}$
D. $\{\sqrt{-3}; log(1)\}$
E. $\{ln(3); \frac{3}{15}\}$

28. Risolvi la seguente espressione

$$\sqrt[2]{a^{6}\cdot\sqrt[2/3]{\sqrt[1/2]{\frac{a}{b^6}}}}$$

A. $(\frac{a}{b})^3$
B. a^3b^3
C. ab
D. $(\frac{a}{b})^6$
E. $(ab)^3$

CORREZIONE COMMENTATA

1. Risolviamo l'esercizio scrivendo i due numeri sotto forma di potenze in base 10 → 0,018 = $18 \cdot 10^{(-3)}$ e 0,0375 = $375 \cdot 10^{(-4)}$. Quindi il loro prodotto sarà uguale a $18 \cdot 10^{(-3)} \cdot 375 \cdot 10^{(-4)}$ = $6750 \cdot 10^{(-7)} = 6{,}75 \cdot 10^{(-4)}$ il quale è maggiore di $10^{(-4)}$ ma minore di $10^{(-3)}$.
Risposta corretta B.

2. Le soluzioni contengono tutte una potenza in base 3, quindi dobbiamo trasformare tutti i termini che non sono già in base 3 → $3^3 + 3^{(2/3)} + 2 \cdot 3^{(11/6)} - 3^3 - 3^{(2/3)} = 2 \cdot 3^{(11/6)}$.
Bisogna fare attenzione al quadrato del binomio: $(A + B)^2 = A^2 + B^2 + 2AB$!
Risposta corretta B.

3. Osservando bene le soluzioni (senza fare mille calcoli), possiamo notare che $12 \cdot 8 = 100 - 4$, per cui $(100 - 4)^2 = (12 \cdot 8)^2$.
Risposta corretta A.

4. Possiamo riscrivere 500 come $(5 \cdot 10^2)$ e in seguito eseguire il quadrato del binomio: $(5 \cdot 10^2 - 1)^2 = 25 \cdot 10^4 + 1 - 2 \cdot 1 \cdot 5 \cdot 10^2 = 25 \cdot 10^4 + 1 - 1000 = 25 \cdot 10^4 - 999$.
Risposta corretta E.

5. Per confrontare le disuguaglianze, dobbiamo trasformare tutti i termini in potenze con base 10, per cui $100^{(10)}$ diventa $(10^2)^{10} = 10^{20}$. Ricordando che nel caso di potenze elevate a un numero negativo, è maggiore la potenza con esponente minore, ci si accorge che tutte le risposte sono corrette, tranne la A: infatti $10^{100} > 10^{20}$.
Risposta corretta A.

6. Se eleviamo entrambi i termini ai lati dell'uguale per 2/3, si ottiene c: $c^{(3/2 \cdot 2/3)} = 27^{(2/3)}$, $c = 27^{(2/3)} = \sqrt[3]{27^2} = 3^2 = 9$.
Risposta corretta B.

7. Per risolvere questa espressione, inizialmente semplifichiamo le singole radici e poi le sommiamo perché tutte hanno la stessa radice → $2\sqrt{2} + \sqrt{3^2 \cdot 2} - \sqrt{2^3} + \sqrt{6^2 \cdot 2} = 2\sqrt{2} + 3\sqrt{2} - 2\sqrt{2} + 6\sqrt{2} = 9\sqrt{2}$.
Risposta corretta C.

8. Risolviamo utilizzando le proprietà delle potenze → per prima cosa portiamo tutte le potenze in base 3, ricordandoci che avendo potenza di potenza dobbiamo moltiplicare gli esponenti ottenuti → $(3^4\ 3^9)^3/3^{12}$ → all'interno della parentesi troviamo un prodotto tra potenze con ugual base, per risolverla riscriviamo la stessa base e sommiamo gli esponenti, poi eleviamo ciò che abbiamo ottenuto sempre utilizzando la potenza di potenza → $(3^{13})^3/3^{12}$ → $(3^{39})/3^{12}$ → ci rimane un quoziente tra potenze con stessa base, quindi riscriviamo la base e facciamo la differenza tra gli esponenti ottenendo così il risultato → $3^{(39-12)}$ → 3^{27}.
Risposta corretta C.

9. Come prima cosa dobbiamo trasformare la radice in una potenza con esponente frazionario, avente come numeratore l'esponente del radicando e come denominatore l'indice della radice; successivamente semplifichiamo numeratore e denominatore della potenza ottenuta.
$\sqrt[n-3]{3^{3n-9}} = 3^{3n-9/n-3} = 3^{3(n-3)/n-3} = 3^3 = 27$.
Risposta corretta D.

10. $\frac{1}{3}$ è il valore più grande perché è l'unico positivo; $\sqrt[3]{-27} = \sqrt[3]{-3^3} = -3$ quindi è il valore più piccolo; tra $-\frac{1}{3}$ e $\sqrt[3]{-\frac{1}{3}} = -\frac{1}{3}^{1/3}$ è più grande $-\frac{1}{3}^{1/3}$ perché una frazione negativa elevata ad un numero minore di 1 è sempre maggiore della stessa frazione elevata alla 1.
Risposta corretta E.

11. Per prima cosa, trasformiamo tutti i fattori in potenze del due: $\frac{(-2)^9}{(-2)^2} - 2^9 + 2^7$.
A questo punto possiamo semplificare l'espressione: $(-2)^7 - 2^9 + 2^7 = -2^9 = -512$.
Risposta corretta A.

12. Sono tutte proprietà delle potenze tranne la B: $2^3 \cdot 2^2 - 2 = 2^5 - 2 = 2(2^4 - 1) = 2 \cdot 15 = 30$ che non è uguale a 2^4.
Risposta corretta B.

13. Per prima cosa possiamo mettere i due membri all'interno della parentesi sotto un'unica radice sesta, ma poiché il tutto è elevato alla terza alla fine si ottiene una radice quadrata: $\sqrt{\frac{x-3}{-x} \cdot \frac{x+1}{7}} \div \sqrt{\frac{1}{1+x}}$
A questo punto possiamo portare tutto sotto un'unica radice, vediamo che (1+x) passa al numeratore e si ottiene: $\sqrt{\frac{(x-3) \cdot (x+1)^2}{-7x}}$.
possiamo portare $(x-1)^2$ fuori dalla radice per avere $(x+1)\sqrt{\frac{(x-3)}{-7x}}$.
Risposta corretta D.

14. Per razionalizzare l'operazione proposta dobbiamo far sì che il denominatore non contenga radicali moltiplicando numeratore e denominatore per uno stesso numero. Per la prima frazione sfruttiamo il prodotto notevole $(a^2 - b^2) = (a + b)(a - b)$ e otteniamo

$$\frac{7}{\sqrt{3}+\sqrt{5}} \cdot \frac{\sqrt{3}-\sqrt{5}}{\sqrt{3}-\sqrt{5}} = \frac{7\sqrt{3}-7\sqrt{5}}{3-5} = \frac{-(7\sqrt{5}-7\sqrt{3})}{-2} = \frac{(7\sqrt{5}-7\sqrt{3})}{2}$$

Invece per la seconda frazione moltiplichiamo sia numeratore che denominatore per $\sqrt{5}$ e otteniamo $\frac{8\sqrt{5}}{\sqrt{5}\sqrt{5}} = \frac{8\sqrt{5}}{5}$. Unendo i due risultati otteniamo $\frac{7\sqrt{5}-7\sqrt{3}}{2} + \frac{8\sqrt{5}}{5}$.
Risposta corretta A.

15. L'equazione proposta con le proprietà delle potenze può essere scritta: $a^n \cdot b^n$. Affinché l'equazione risulti positiva a e b possono essere concordi; infatti $(- \cdot -)^n$ oppure $(+ \cdot +)^n$ dà sempre un risultato positivo, indipendentemente dall' esponente n. A e b possono anche essere discordi, ma con l'esponente n pari.
Risposta corretta E.

16. Per razionalizzare in questo caso non avendo al denominatore un singolo fattore dobbiamo applicare la regola della differenza di quadrati $\rightarrow a^2 - b^2 = (a - b)(a + b)$. Andiamo, quindi, a moltiplicare sia al numeratore che al denominatore per $\sqrt{2} + \sqrt{5} \rightarrow$

$$\frac{3}{\sqrt{2}-\sqrt{5}} \cdot \frac{\sqrt{2}+\sqrt{5}}{\sqrt{2}+\sqrt{5}} \rightarrow \frac{3\sqrt{2}+\sqrt{5}}{2-5} \rightarrow \frac{3(\sqrt{2}+\sqrt{5})}{-3} = -(\sqrt{2}+\sqrt{5}).$$

Risposta corretta B.

17. L'insieme numerico $\mathbb{Q}$ è quello dei numeri razionali relativi, ovvero di tutti quei numeri, positivi e negativi, esprimibili mediante una frazione: si nota facilmente che si possono scrivere in questo modo le opzioni A, B e D; potrebbe trarre in inganno l'opzione E, poiché "di solito" le radici rientrano a far parte dei numeri reali, ma con un rapido conto si nota che $\sqrt[6]{64} = 2$. Per esclusione, quindi, l'unico numero non appartenente a $\mathbb{Q}$ è $\sqrt[2]{3}$.
Risposta corretta C.

18. Per calcolare il valore dell'espressione dell'esercizio, è sufficiente conoscere le operazioni tra frazioni e le frazioni generatrici di numeri decimali. Dividiamo questa espressione in tre termini: il numeratore della frazione, il denominatore della frazione e il termine che va a moltiplicare la frazione. Semplifichiamo questi termini uno alla volta, a partire dal numeratore della frazione facendo il minimo comune denominatore dei suoi termini:

$\frac{4}{5} + \frac{2}{15} - 0{,}89 = \frac{4}{5} + \frac{2}{15} - \frac{89}{100} = \frac{240 + 40 - 267}{300} = \frac{13}{300}$

Facciamo ora lo stesso con il denominatore:

$0{,}9 - 0{,}5 \cdot \frac{1}{15} = \frac{9}{10} - \frac{1}{2} \cdot \frac{1}{15} = \frac{9}{10} - \frac{1}{30} = \frac{26}{30}$

E anche con ciò che va a moltiplicare la frazione:

$0{,}6 \cdot (5 + \frac{1}{5}) = \frac{3}{5} \cdot \frac{26}{5} = \frac{78}{25}$

L'espressione completa è quindi:

$\frac{13}{300} \cdot \frac{30}{26} \cdot \frac{78}{25} = \frac{39}{250}$

Risposta corretta B.

19. Per risolvere questo quesito occorre risolvere tutte le opzioni:

$\sqrt{2}(\sqrt{2} + 9\sqrt{2}) = \sqrt{2}(10\sqrt{2}) = 20$

$\sqrt{7} - 4)(\sqrt{7} + 4) = 7 - 16 = -9$

$\frac{\sqrt{9} - 3}{\sqrt[3]{27}} = \frac{3 - 3}{3} = \frac{0}{3} = 0$

$(\sqrt{\frac{12}{2}} + \sqrt{3})\sqrt{3} = [(2\sqrt{3} + 2\sqrt{3})/2]\sqrt{3} = [(4\sqrt{3})/2]\sqrt{3} = (2\sqrt{3})\sqrt{3} = 6$

$(\sqrt{15} - 3) \cdot (\sqrt{15} + 3) = 15 - 9 = 6$

L'insieme numerico N corrisponde ai numeri naturali, ossia interi non negativi. Quindi, le opzioni A,C,D ed E sono "giuste". 0 è un numero naturale.

Risposta corretta B.

20. L'esercizio richiede delle conoscenze riguardo le proprietà e le operazioni sui numeri (interi, razionali e reali).

È infatti noto che esistano infiniti numeri naturali in quanto l'insieme dei numeri naturali, N = 1, 2, 3, ..., , è illimitato superiormente (risposta A errata). La divisione nei numeri reali non è sempre possibile poiché si può dividere per tutti i numeri tranno zero (risposta B errata). La risposta C afferma che comunque presi due numeri x_1, x_2, con il primo inferiore al secondo, esiste sempre un numero compreso tra di essi nei numeri razionali, ciò è corretto, infatti per esempio: presi 1 e 2, nel mezzo possiamo trovare 3/2, tra 1 e 3/2 si troverà almeno un altro numero e così via all'infinito (risposta C errata). Nell'insieme dei numeri naturali la somma e il prodotto sono interni all'insieme stesso, ciò significa che comunque si prendano due elementi dell'insieme, eseguendo l'operazione "interna", otteniamo un elemento che appartiene all'insieme di partenza (risposta D errata).

La risposta E allora è corretta per esclusione, ma anche guardando la definizione di numeri irrazionali, cioè i numeri decimali illimitati non periodici, come e, $\sqrt{2}$, ma non 0.3, un numero periodico, quindi razionale.

Risposta corretta E.

21. L'esercizio riguarda le potenze di base 10. Le potenze di base 10 sono tutti i numeri interi che si ottengono calcolando 10^ncon $n \in N$. Il valore numerico corrispondente a 10^n con $n \in N$ è si ottiene facendo seguire a 1 n zeri. Risolviamo l'esercizio confrontando le due cifre p e q con le potenze di base 10. Risulta $p < 10^{88}$ e $p < 10^{44}$ pertanto $p \cdot q < 10^{88} \cdot 10^{44} = 10^{88+44} = 10^{132}$ ne deduco che il risultato del prodotto di $p \cdot q$ non ha più di 132 cifre. Inoltre $p > 7 \cdot 10^{87}$ e $q > 8 \cdot 10^{43}$ pertanto $p \cdot q > 56 \cdot 10^{130} = 5{,}6 \cdot 10^{131}$ ne deduco che il risultato del prodotto $p \cdot q$ ha almeno 132 cifre. Sulla base di tali deduzioni concludo che il prodotto $p \cdot q$ ha 132 cifre.

Risposta corretta D.

MATEMATICA

22. La domanda richiede di calcolare $\sqrt{6+\sqrt{6+\sqrt{6+\sqrt{6+\dots}}}}$, che possiamo indicare come la nostra incognita *x*: scriviamo dunque $x = \sqrt{6+\sqrt{6+\sqrt{6+\sqrt{6+\dots}}}}$. Per risolvere quest'equazione, possiamo provare ad elevare al quadrato entrambi i termini: in questo modo otteniamo $x^2 = (\sqrt{6+\sqrt{6+\sqrt{6+\sqrt{6+\dots}}}})^2$ e, ricordando che la radice quadrata è l'operazione inversa dell'elevamento alla potenza di 2, ricaviamo $x^2 = 6+\sqrt{6+\sqrt{6+\sqrt{6+\dots}}}$. Di fatto, in questo modo, abbiamo eliminato una radice: potremmo dunque pensare di procedere ulteriormente con l'elevamento a potenza, ma scopriremmo presto di aver adottato un metodo inconcludente, in quanto la somma di radici è infinita e dovremmo continuare ad elevare alla seconda all'infinito. Concentriamoci dunque sull'ultima equazione che abbiamo trovato: notiamo che, pur avendo eliminato una radice con l'elevamento a potenza, il termine $\sqrt{6+\sqrt{6+\sqrt{6+\dots}}}$ continua ad essere costituito da un numero infinito di radici: possiamo quindi concludere che, sebbene abbiamo ridotto di 1 il numero di radici, questa è una quantità ininfluente rispetto al numero infinito di radici sommate, dunque la quantità $\sqrt{6+\sqrt{6+\sqrt{6+\dots}}}$ (ottenuta dopo l'elevamento a potenza) coincide con la quantità $\sqrt{6+\sqrt{6+\sqrt{6+\sqrt{6+\dots}}}}$ (data nel testo della domanda), proprio perché entrambe sono date dalla somma infinita del medesimo termine. Con questo ragionamento, riprendendo l'ultima equazione, possiamo quindi scrivere $x^2 = 6 + \sqrt{6+\sqrt{6+\sqrt{6+\dots}}} = 6 + x \rightarrow x^2 = 6 + x \rightarrow x^2 - x - 6 = 0$. A questo punto ci troviamo di fronte ad un'equazione di secondo grado, che possiamo risolvere applicando la formula . $x = \frac{-(-1)\pm\sqrt{(-1)2 - 4 \cdot (-1) \cdot (-6)}}{2 \cdot (1)} = \frac{1\pm\sqrt{1+24}}{2} = \frac{1\pm 5}{2}$. Si ottengono come risultati *x* = 3 e *x* = -2, ma quest'ultima soluzione dev'essere scartata per via delle condizioni di esistenza del radicale con indice pari (stiamo infatti considerando una radice di 2), le quali ci impongono che il radicando sia maggiore o uguale a 0. Possiamo quindi concludere che l'unica risposta corretta è *x* = 3.
Risposta corretta E.

23. Il quesito tratta gli insiemi numerici, quindi innanzitutto è importante definirli: ℕ rappresenta l'insieme dei numeri naturali, ovvero i numeri interi non negativi; ℤ sono i numeri interi relativi, ovvero tutti i numeri interi positivi e negativi; ℚ corrisponde ai numeri razionali relativi, cioè tutti i numeri che si esprimono attraverso una frazione e che possono essere positivi o negativi; I comprende i numeri irrazionali, che non possono essere espressi attraverso una frazione; infine, ℝ rappresenta l'insieme dei numeri reali, che corrisponde all'unione tra gli insiemi ℚ e I. A parte c'è poi l'insieme ℂ dei numeri complessi, in cui è presente l'unità immaginaria *i*. È importante ricordare che ℕ è contenuto in ℤ, ℤ in ℚ, e infine ℚ e I in ℝ. Nel quesito viene richiesto -18/7, che è un numero razionale ma non intero: sarà quindi contenuto nell'insieme ℚ e quindi anche in ℝ (ma non in ℕ, ℤ, I).
Risposta corretta D.

24. Osserviamo che $12 = 2^2 \cdot 3$. Per calcolare l'm.c.m. dobbiamo prendere il più grande esponente con cui compare il fattore 2 (quindi 2^2) e quello con cui compare il fattore 3 (quindi 3^1) (ricorda: l'm.c.m. equivale al prodotto tra i fattori comuni e non comuni presi una sola volta con l'esponente maggiore). Poiché nel m.c.m. non possono rientrare altri fattori, allora $|x|$ non può contenere altri fattori che non siano 2 o 3 e quindi abbiamo $|x| = 2^2 \cdot 3$ o $|x| = 2^2$. Quindi x può assumere i valori di -4; 4; -12; 12.
Risposta corretta C.

25. Per risolvere questo esercizio occorre ricordare i simboli di insiemistica in cui indica l'unione, ovvero un insieme che contiene tutti gli elementi degli insiemi considerati; ricordiamo che se gli insiemi contengono elementi comuni, questi vengono presi una sola volta.
Il simbolo $\cap$ indica invece l'intersezione, ovvero quell'insieme che contiene tutti gli elementi comuni agli insiemi considerati.
Alla luce di questo, osserviamo che la parte colorata include l'intero insieme C, notiamo inoltre che a C basta aggiungere l'intersezione tra gli insiemi A e B per considerare tutta la parte colorata.
Perciò la risposta esatta è $(A\cap B)\cup C$.
Risposta corretta A.

26. Per rispondere correttamente a questa domanda sugli insiemi numerici in cui bisogna determinare l'affermazione falsa, è opportuno prima di tutto definire gli insiemi numerici: $\mathbb{N}$ è l'insieme dei numeri naturali, $\mathbb{Z}$ è l'insieme dei numeri relativi, $\mathbb{Q}$ è l'insieme dei numeri razionali, I è l'insieme dei numeri irrazionali e $\mathbb{R}$ è l'insieme dei numeri reali. Il passo successivo nella risoluzione del quesito è rappresentare tutti questi insiemi numerici ricordando il loro diagramma di Eulero-Venn:
Usando il simbolismo matematico questo grafico può essere espresso in tre formule. La prima è:
$\mathbb{N}\subset\mathbb{Z}\subset\mathbb{Q}\subset\mathbb{R}$
Dove il simbolo "$\subset$" significa "è contenuto in". L'affermazione A è quindi corretta (risposta A errata).
La seconda formula è: $I\subset\mathbb{R}$
L'affermazione B è corretta (risposta B errata). Anche l'affermazione C è corretta, in quanto l'insieme dei numeri irrazionali contiene tutti i numeri decimali illimitati non periodici (risposta C errata).
La terza e ultima formula è: $\mathbb{Q}\cap I = \mathbb{R}$
Dove "$\cap$" sta per "intersezione". Questo va a determinare l'erroneità dell'affermazione D, in quanto non l'intersezione, ma l'unione tra $\mathbb{Q}$ e I determina l'insieme $\mathbb{R}$. Infine, dal grafico si può osservare come l'affermazione E sia corretta (risposta E errata), poiché non c'è intersezione tra l'insieme $\mathbb{Q}$ e l'insieme I. L'unica affermazione falsa è quindi la D.
Risposta corretta D.

27. Per trovare la coppia corretta, è necessario ricordare la definizione di insieme dei numeri irrazionali: l'insieme *I* contiene tutti i numeri che non sono esprimibili tramite frazioni. È quindi sufficiente analizzare ogni insieme e provare ad esprimere ogni elemento come valore frazionario.
L'insieme A contiene l'unità immaginaria, che appartiene all'insieme dei numeri complessi. La risposta è pertanto errata.
L'insieme B contiene il numero di Nepero *e*, che non è definibile come valore frazionario. La risposta è quindi errata.
Allo stesso modo l'insieme E contiene un logaritmo naturale, strettamente legato al caso precedente e appartenente all'insieme dei numeri complessi. Risposta E errata.
L'insieme D contiene un logaritmo che potrebbe trarre in inganno, ma trattandosi del logaritmo di 1 si ha che questo vale sempre 0. Il termine $\sqrt{-3}$ contiene invece la radice quadrata di un numero negativo, e di conseguenza è un numero complesso, non appartenente all'insieme *I* (risposta D errata).
Infine, l'insieme C contiene un numero decimale che è tuttavia esprimibile anche come frazione ($2{,}5 = \frac{5}{2}$) e un numero naturale ($\sqrt[3]{27} = 3$). Si tratta quindi della risposta corretta.
Risposta corretta C.

28. Si tratta di un'espressione risolvibile conoscendo le proprietà delle potenze e dei radicali.
Procediamo a semplificare i radicali.
$\sqrt[2]{a^6}$ Possiamo dividere l'esponente del radicando per l'indice della radice semplificando molto l'espressione:
$\sqrt[m]{a^n} = a^{m/n} \rightarrow \sqrt[2]{a^6} = a^3$
$\sqrt[2/3]{\sqrt[1/2]{a}}$ Possiamo eseguire la radice di radice moltiplicando i due indici di radice, possiamo inoltre elevare equivalentemente il radicando al reciproco dell'indice ottenuto:
$\sqrt[m]{\sqrt[n]{a}} = \sqrt[mn]{a} = a^{1/mn} \rightarrow \sqrt[2/3]{\sqrt[1/2]{a}} = \sqrt[1/3]{a} = a^3$
Quindi: $\sqrt[2]{a^{6} \cdot \sqrt[2/3]{\sqrt[1/2]{\frac{a}{b^6}}}} = \frac{a^3 \cdot a^3}{b^6} = \frac{a^6}{b^6} = (\frac{a}{b})^6$
Risposta corretta D.

2. ALGEBRA CLASSICA

1. Per quali valori di x si verifica $x^2 > 36$?

A. $x > -6$
B. $x < -6$ e $x > 6$
C. $-6 < x < 6$
D. $x > 6$
E. Nessuno

2. La temperatura sulla scala Celsius, indicata con x, e la stessa temperatura sulla scala Fahrenheit, indicata con y, sono collegate da una relazione lineare: sapendo che 0° C = 32° F, qual è tra le seguenti?

A. $5y - 9x = 160$
B. $y - 3x = 0$
C. $y + x = 0$
D. $yx = 100$
E. $y - x = -32$

3. Il logaritmo decimale di un numero può essere negativo?

A. Sì, per i numeri negativi
B. Sì, se il numero è minore della base 10
C. Sì, per i numeri positivi minori di 1
D. No, mai
E. Sì, se il numero è compreso fra + 1 e – 1

4. Qual è il coefficiente più elevato nello svolgimento del polinomio $(a+b)^6$?

A. 36
B. 30
C. 20
D. 26
E. 16

5. L'equazione $e - e^{(x-1)} = 0$:

A. $0 < x < 1$
B. $1 < x < 20$
C. $x = 0$
D. $x = 1$
E. $x = 2$

6. Trova le condizioni di esistenza della seguente espressione: $\dfrac{\sqrt{x^2 + 2x - 15}}{x^2 - 49}$.

A. $x < -5 \wedge x > 3$
B. $x \neq \pm 7$
C. $(-\infty; -7) \cup (-7;-5] \cup [3;7) \cup (7; \infty)$
D. $(-7;-5] \cup [3;7)$
E. $(-\infty;-7) \cup (7; \infty)$

7. La somma di due numeri x e y è 20. La loro differenza è 8; x e y valgono:

A. - 10 e 2
B. Non è possibile stabilirlo
C. $\frac{1}{2}$ e $\frac{15}{2}$
D. $\frac{1}{2}$ e $\frac{39}{2}$
E. 14 e 6

8. La seguente disequazione: $\dfrac{x - 8}{x^2 + 5x - 6} \geq 0$ è verificata:

A. Sempre
B. Per $x < -6$ e $x > 8$
C. Per $-6 < x < 1$ e $x \geq 8$
D. Mai
E. Per $x < -6$ e $x > 1$

9. Risolvere la seguente disequazione: $\dfrac{x^2 + 9}{2x} + \dfrac{3x - 9}{2x - 6} < 0$

A. $\forall x \in R$
B. $\nexists x \in R$
C. $x < 0$
D. $x > 0$
E. $0 < x < 3$

10. Se l'equazione $x^2 + ax + b = 0$ ha soluzioni 5 e 1, il discriminante vale:

A. 4
B. 16
C. 56
D. 29
E. 6

11. Il quoziente tra i monomi $- 4xy^5 z$ e $- 2xy^3 z^{-3}$ risulta:

A. $2y^2z^4$
B. $2yz^{-2}$
C. $2y^2z^{-2}$
D. $-2y^2z^4$
E. $-2yz$

12. Gigi stasera ha invitato moltissime persone a casa sua e, dal momento che sa quanto sono golosi i suoi amici, ha deciso di preparare una torta di mele gigantesca.

MATEMATICA

Per capire quante mele comprare si affida a questa equazione, risolvila e indica le soluzioni di questa equazione: $|3x - 2x^2| = 0$

A. Per $0 \le x \le \frac{3}{2}$, $x = 1 \vee x = 0$;
per $x < 0 \vee x > \frac{3}{2}$, $x = 0 \vee x = 2$
B. Per $0 \le x \le \frac{3}{2}$, $x = 0$;
per $x < 0 \vee x > \frac{3}{2}$, $x = 2 \vee x = 1$
C. Per $0 \le x \le \frac{3}{2}$, $x = 0 \vee x = 2$;
per $x < 0 \vee x > \frac{3}{2}$, $x = 0$
D. Per $0 \le x \le \frac{3}{2}$, $\nexists\, x \in R$;
per $x < 0 \vee x > \frac{3}{2}$, $x = 0 \vee x = 2$
E. Per $0 \le x \le \frac{3}{2}$, $x = 0 \vee x = \frac{3}{2}$;
per $x < 0 \vee x > \frac{3}{2}$, $\nexists\, x \in R$

13. Riconoscere tra i seguenti l'abbinamento corretto tra espressione e condizioni di esistenza:

A. $\sqrt{x}$; $x > 0$
B. $\sqrt{\frac{a}{b}}$; $\frac{a}{b} \ge 0$ e $b = 0$
C. $\log(x)$; $x > 0$
D. $\frac{1}{x}$; $x \ne 1$
E. Tutti i precedenti abbinamenti sono errati

14. La somma di tre numeri è 1000. Il primo è due terzi del secondo e il secondo è tre quinti del terzo. I tre numeri sono:

A. 200; 300; 500
B. 200; 200; 600
C. 200; 400; 400
D. 500; 200; 300
E. 150; 300; 450

15. Risolvere la seguente equazione esponenziale: $2^{x^2} + 4^{x+3} + 8 = 0$

A. $x_1 = 3 \vee x_2 = 5$
B. $x_{1,2} = 5$
C. $x_1 = 0 \vee x_2 = 2$
D. $\nexists\, x \in R$
E. $\forall\, x \in R$

16. L'espressione $(a^4 + a^2b^2)$ NON è uguale a:

A. $a^2(a^2 + b^2)$
B. $a^4(1 + b^2/a^2)$
C. $a^2(a - b)^2$
D. $a^2[(a + b)^2 - 2ab]$
E. $a^4[1 + (b/a)^2]$

17. Trova le soluzioni della seguente equazione $|x^2 - 5| = 3x + 7$

A. $x = \frac{3 \pm \sqrt{57}}{2}$ $x = -2$ e $x = -1$
B. $x = \frac{3 \pm \sqrt{57}}{2}$ x
C. $x = -\sqrt{5}$
D. $x = -2$ e $x = -1$
E. Nessuna soluzione

18. Le soluzioni di $\log(x) + \log(x - 2) = \log 3$ sono

A. $x = -1$
B. $x = 2$
C. $x \ge 0$
D. $x = 3$ e $x = -1$
E. $x = 3$

19. Quali sono le soluzioni della seguente disequazione? $5e^x - 2e^{-x} + 3 < 0$

A. $\forall\, x \in R$
B. $x > \ln(\frac{2}{5})$
C. $x < \ln(\frac{2}{5})$
D. $-1 < x < \frac{2}{5}$
E. $x < -1 \wedge x > \frac{2}{5}$

20. Calcolare il valore della x per cui: $5^{2x} = 1$

A. $x = 0$
B. $x = \frac{1}{2}$
C. $x = 5$
D. $x = -1$
E. $x = 2$

21. A che cosa è uguale il seguente polinomio: $(x + 2)^5 + (x - 7)(x + 7)$

A. $(x^5 + 5x^4 + 10x^3 + 10x^2 + 5x + 32) + (x^2 - 7)$
B. $(x^5 + 10x^4 + 40x^3 + 80x^3 + 80x^4 + 32) + (x^2 + 7)$
C. $(x^5 + 10x^4 + 40x^3 + 80x^2 + 80x + 32) + (x^2 + 49)$
D. $(x^5 + 10x^4 + 80x^3 + 40x^2 + 80x + 32) + (x^2 - 49)$
E. $(x^5 + 10x^4 + 40x^3 + 80x^2 + 80x + 32) + (x^2 - 49)$

22. Quali sono le soluzioni di $kx - 4 = 0$?

A. per $k = 0$ impossibile; per $k \ne 0$ $x = 4/k$
B. non ha soluzioni
C. $k = 4/x$
D. $\forall\, x \in R$
E. $k \ne 0$

23. Come si può semplificare la seguente espressione $\frac{(2a + 1)^4(a^2 + b^2 + 2ab + 2ac + c^2 + 2bc)}{(8a^3 + 1 + 12a^2 + 6a)(a + b + c)^2}$:

A. $2a + \frac{1}{a} + b + c$
B. 1
C. $2a + 1$
D. $(a + b + c)^2$
E. $\frac{1}{8a^3} + 12a^2 + 6a + 1$

24. Aldo è in vacanza ad Amman con i suoi tre figli Mattia, Gerolamo e Vincenzo; all'ennesima litigata decide di venderli in cambio di cammelli. Sapendo che vendendo tutti e tre i figli ricaverebbe 18 cammelli, vendendo Mattia e Vincenzo ricaverebbe 11 cammelli e vendendo Vincenzo e Gerolamo ricaverebbe 13 cammelli trovare il valore dei tre figli:

A. Mattia = 5, Gerolamo = 7 e Vincenzo = 6
B. Mattia = 7, Gerolamo = 5 e Vincenzo = 6
C. Mattia = 6, Gerolamo = 7 e Vincenzo = 5
D. Mattia = 4, Gerolamo = 7 e Vincenzo = 8
E. Mattia = 3, Gerolamo = 8 e Vincenzo = 7

25. Trovare le condizioni che verificano la seguente disequazione $\frac{64a^3 + 48a^2b + 12ab^2 + b^3}{(-7)^4} > 0$

A. $\frac{a}{4} > b$
B. $a > -\frac{b}{4}$
C. $a > \frac{b}{4}$
D. $a < -\frac{b}{4}$
E. La disequazione è sempre verificata

26. A cosa è uguale $(a^2 - ab + b^2)(a + b)$?

A. $(a + b)^3$
B. $(a - b)^3$
C. $(3a - 3b)^2$
D. $(a^3 - b^3)$
E. $(a^3 + b^3)$

27. Risolvi $\log_3 x - \frac{2}{3}\log_x 3 = \frac{5}{6} - \frac{1}{2}\log_9 x^2$:

A. $x = \pm\frac{3}{2}$
B. $x = 1$
C. $x_1 = 3$; $x_2 = 3^{-4/9}$
D. $x_1 = 1$; $x_2 = 3^{4/9}$
E. $x_1 = 4^{1/3}$; $x_2 = +2/3$

28. $\frac{\log 8 + \log(1/2) + \log 3 - \log 1}{\log 24 - \log 4}$ è uguale a:

A. $\log(2)$
B. $\frac{\log(12)}{\log(6)}$
C. $\frac{\log(23/2)}{\log(20)}$
D. $\log(6)$
E. 2

29. Qual è il massimo comune divisore dei seguenti polinomi? $P(x) = x^5 - x^3$, $Q(x) = 2x^3 - 4x^2 + 2x$

A. $x(x + 1)$
B. $x^2(x - 1)$
C. $(x - 2)$
D. $x(x - 1)$
E. $(x - 1)(x + 1)$

30. Trovare i valori dell'incognita della seguente equazione:
$$3x^6 + 2\sqrt{3x^3} + 1 = 0$$

A. $x = -\frac{1}{\sqrt[3]{3}}$
B. $x = \frac{1}{\sqrt{3}}$
C. $x = -\frac{1}{\sqrt[6]{3}}$
D. Non esiste nessun valore di x
E. $x = \frac{1}{\sqrt[6]{3}}$

31. Quanto vale x nella seguente espressione? $8^{x - 2/3} = \sqrt{2^{x+1}}$

A. 3
B. 1
C. 2^2
D. 2
E. $\frac{1}{2}$

32. Risolvi la seguente disequazione fratta $\frac{x - 1}{x - 4} \geq -2$

A. $-3 \leq x < 4$
B. $1 \leq x < 3$
C. $x \leq 3$ e $x \geq 4$
D. $x < 1$ e $x > 4$
E. $x \leq 3$ e $x > 4$

33. Qual è il risultato della seguente equazione?
$\log_2(x - 2) - \log_2(8 - x) = \log_2 x - 3$

A. $x = 4$
B. $x = \log_2(8)$
C. $x = 3$
D. $x = \log_2(\frac{1}{8})$
E. $x = -4$

MATEMATICA

34. Dato il seguente sistema di equazioni di primo grado:
$$\begin{cases} 3x + 8y = 5^2 \\ 16y = 2x - 6 \end{cases}$$
Da quali coppie di valori è individuata la soluzione?
A. $x = \frac{11}{2}; y = \frac{17}{16}$
B. $x = 0.5; y = 7$
C. $x = \frac{11}{3}; y = -\frac{17}{16}$
D. $x = 7; y = \frac{1}{2}$
E. $x = \frac{17}{16}; y = \frac{11}{2}$

35. Risolvere la seguente disequazione:
$(x - 2)(x^2 + 1) \geq x(x^2 - 3x + 5) + 75$
A. $\forall x \in R$
B. $x \leq -7 \vee x \geq 11$
C. $-7 \leq x \leq 11$
D. $x \leq -11 \vee x \geq 7$
E. $x \in \emptyset$ (nessuna soluzione)

36. Trovare il valore di x che soddisfa l'equazione logaritmica in base 10: $\log x + \log x - 1 = \log (x^2 + x) + 1 + \log (\sin^2 x + \cos^2 x)$
A. $x = 0; x = -\frac{11}{9}$
B. $x = -\frac{11}{9}$
C. $x = \frac{11}{9}$
D. $x = 0; x = \frac{\pi}{4}$
E. Non esiste nessun valore di x

37. Risolvere la seguente disequazione:
$(2/5)^{x^2 + 3x} > (2/5)^{3x + 16}$
A. $x < -4 \vee x > 4$
B. $-4 \leq x \leq 4$
C. $x < 4$
D. $-4 < x < 4$
E. $x \geq 4$

38. Indicare per quali valori di x la seguente equazione è nulla:
$\sqrt[3]{x^2 - 1} \cdot \sqrt{x - 2} = 0$
A. $x = -1, -2$
B. $x = 2$
C. $x = \pm 1, 2$
D. $x = \pm 1$
E. $x = \emptyset$

39. Si risolva il seguente sistema:
$$\begin{cases} x^2 + x - 2 = 0 \\ \frac{(8x - 4 - 3x)^2(x - 1)}{x - x^3} = 0 \end{cases}$$
A. $x : \{2; -1; \frac{2}{3}; 0; 1\}$
B. $x : \{1; \frac{2}{3}\}$
C. $x : \{-1; 2\}$
D. $x : \{2\}$
E. Nessuna delle precedenti

40. Si risolva la seguente disequazione:
$$\frac{\sqrt{2x^3} + \sqrt{8x}}{x^2 - \sqrt{3x} + \sqrt{2x} - \sqrt{6}} \geq 0$$
A. $-\sqrt{2} < x \leq 0 \vee x > \sqrt{3}$
B. $x < -\sqrt{2} \vee 0 \leq x < \sqrt{3}$
C. $x < -\sqrt{2} \vee x > \sqrt{3}$
D. $-\sqrt{2} < x < \sqrt{3}$
E. $\sqrt{2} < x < \sqrt{3}$

41. Si risolva la seguente disequazione:
$-x^2 + 2x + 15 \leq 0$
A. $x \leq -15 \vee x \geq 6$
B. $-5 \leq x \leq 3$
C. $-3 \leq x \leq 5$
D. $x \leq -3 \vee x \geq 5$
E. $x \leq -5 \vee x \geq 3$

42. Risolvere la seguente disequazione $\frac{x - 2 + \sqrt{5}}{x\sqrt{5}} < 2$
A. Nessun valore di x
B. $0 < x < \frac{2 + \sqrt{5}}{1 - 2\sqrt{5}}$
C. $x < \frac{-2 - \sqrt{5}}{1 - 2\sqrt{5}} \vee x > 0$
D. $0 < x < \frac{8 - 3\sqrt{5}}{19}$
E. $x > \frac{8 + 3\sqrt{5}}{19}$

43. Risolvere la seguente disequazione $|6x + 5| - 16 > |-1 + 6x|$
A. $x < -\frac{12}{13}$ e $x > 10$
B. $x < -22$ e $x > \frac{12}{13}$
C. $x < -22$ e $x > 10$
D. $x < -10$ e $x > \frac{12}{13}$
E. La disequazione è impossibile

44. Per quali valori di k l'equazione $(k + 3)x^2 + (2k + 1)x + 4 = +8$ ammette due soluzioni?
A. $k = -3$
B. $k = -\frac{1}{2}$

C. Per ogni valore di k appartenente ad $\mathbb{R}$
D. $k = -2$
E. Per nessun valore di k appartenente ad $\mathbb{R}$

45. Determinare la soluzione della seguente disequazione
$(x - 1)(x + 3) - (x - 1)(x + 1) > (x + 2)^2 - (x - 3)(x + 2)$
A. $-4 < x < 4$
B. $x > 4$
C. $x < -4$
D. $x \in \emptyset$
E. $x > 4 \wedge x < -4$

46. Determina il valore del seguente logaritmo $\log_2\left(\frac{64\sqrt[4]{2}}{\sqrt{2}}\right)$
A. $\frac{27}{4}$
B. $\frac{23}{4}$
C. $\frac{7}{2}$
D. $\frac{23}{2}$
E. $\frac{25}{2}$

47. Quali delle seguenti coppie non è soluzione del sistema rappresentato?
$$\begin{cases} y^2 - 3xy = 0 \\ (x + y)^2 - 4(1 + xy) = 0 \end{cases}$$
A. $(x,y) = (-2; 0)$
B. $(x,y) = (2; 0)$
C. $(x,y) = (-\frac{\sqrt{2}}{2}; -\frac{3\sqrt{2}}{2})$
D. $(x,y) = (-1; -3)$
E. $(x,y) = (1; 3)$

48. La disequazione $ax^2 + c > 0$ è verificata $\forall x \in \mathbb{R}$ se:
A. $a < c \wedge c < 0$
B. $a \leq 0 \wedge c < 0$
C. $a \geq 0 \wedge c < 0$
D. $a \geq 0 \wedge c > 0$
E. $a < 0 \wedge c \geq 0$

49. Risolvere il seguente sistema
$$\begin{cases} 2(3y - 2x) = -3(3y + 2x) - 6 \\ 3x - 2y = 5 \end{cases}$$
A. $x = \frac{9}{7}$ $y = \frac{4}{7}$
B. $x = -\frac{9}{7}$ $y = \frac{4}{7}$
C. $y = \frac{9}{7}$ $x = -\frac{4}{7}$
D. $x = \frac{4}{7}$ $y = \frac{9}{7}$
E. $x = \frac{9}{7}$ $y = -\frac{4}{7}$

50. Applica le proprietà dei logaritmi per semplificare al massimo la seguente equazione
$ln(a + b) - \frac{1}{2}\ln(a - b) + 3ln(a)$
A. $ln(a + b) - ln(a - b)^{1/2} + ln(a^3)$
B. $3ln(a + b)$
C. $\frac{2}{3}ln(a - b) + 3$
D. $ln(\frac{1}{2}a)$
E. $ln\,\frac{a^3(a + b)}{\sqrt{a - b}}$

MATEMATICA

CORREZIONE COMMENTATA

1. Il metodo più veloce ed intuitivo consiste nel ragionare per immagini: essendo di secondo grado, l'equazione ha ovviamente due soluzioni. Inoltre, la funzione avendo il coefficiente della x^2 positivo è una parabola verso l'alto, che possiede 2 punti di intersezione con l'asse delle ascisse in 6 e -6 quindi la risposta corretta è $x < -6 \vee x > 6$. (vedi capitolo 4.5. Parabola)
Un altro metodo di risoluzione che possiamo usare è quello dello svolgimento della disequazione: $x^2 > 36 \rightarrow x^2 - 36 > 0 \rightarrow (x - 6)(x + 6) > 0 \rightarrow x < -6 \vee x > 6$.
Risposta corretta B.

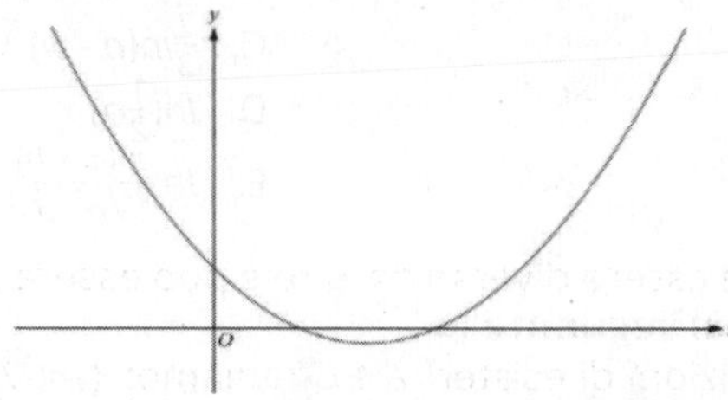

Esempio generico di un grafico di una funzione $y = ax^2 + bx + c$, con $a > 0$

2. Il modo più semplice per risolvere questo esercizio è ragionare con un metodo empirico: sappiamo che quando i gradi Celsius (x) sono 0, si hanno 32 gradi Fahrenheit, quindi si possono sostituire questi valori nelle equazioni riportate nelle possibili soluzioni. L'equazione dalla quale otteniamo lo stesso numero sia a sinistra sia a destra dell'uguale è $5y - 9x = 160$.
Risposta corretta A.

3. Il logaritmo decimale è un'operazione matematica che permette di avere una risposta alla domanda "che esponente devo dare a 10 per avere il numero contenuto nel logaritmo?", di conseguenza il suo risultato può certamente essere negativo, poiché 10 può avere esponenti negativi, ad esempio 10^{-3} fa $1/1000 = 0{,}001$ di conseguenza $\log_{10}(0{,}001) = \log_{10}(10)^{-3} = -3$.
Risposta corretta C.

4. L'elevazione alla potenza di un binomio è sempre qualcosa che può trarre in errore lo studente impreparato, però esiste un modo per risolverlo in maniera semplicissima: il triangolo di Tartaglia (riportato nell'immagine sottostante). Esso non è altro che un triangolo che si sviluppa su dei numeri, il cui numero sottostante è la somma dei due numeri sopra. Per trovare il coefficiente più elevato nello svolgimento del binomio $(a + b)^6$ guardiamo la settima riga del triangolo di Tartaglia (la prima riga è per il binomio con esponente uguale a 0) e scegliamo il numero più alto, in questo caso è 20.

1
1 1
1 2 1
1 3 3 1
1 4 6 4 1
1 5 10 10 5 1
1 6 15 20 15 6 1
1 7 21 35 35 21 7 1
1 8 28 56 70 56 28 8 1
1 9 36 84 126 126 84 36 9 1
1 10 45 120 210 252 210 120 45 10 1

Risposta corretta C.

5. L'equazione $e - e^{x-1} = 0$ si risolve con i seguenti passaggi → $-e^{(x-1)} = -e$ → $e^{(x-1)} = e^1$; per eliminare l'esponenziale, visto che il logaritmo è l'inverso dell'esponenziale, applichiamo la funzione logaritmo a destra e sinistra dell'uguale e otteniamo → $x - 1= 1$ → $x = 2$.
Risposta corretta E.

6. Per comodità possiamo considerare separatamente il numeratore e il denominatore.

- Numeratore: il radicando deve essere ≥ 0 e può essere scritto come $(x + 5)(x - 3) \geq 0$ → $x \leq -5$ $x \geq 3$

	-5	+3
-	+	+
-	-	+
⊕	-	⊕

- Denominatore: deve essere diverso da zero e può essere scritto come $(x + 7) \cdot (x - 7) \neq 0$ → $x \neq \pm 7$.

Infine uniamo le due condizioni di esistenza e otteniamo: $(-\infty;-7) \cup (-7;-5] \cup [3;7) \cup (7; \infty)$.
Risposta corretta C.

7. Esercizio risolvibile con un semplice sistema: noi sappiamo che $x + y = 20$ mentre $x - y = 8$. Di conseguenza, ragionando sulla seconda operazione, si ottiene $x = 8 + y$, che dobbiamo sostituire in $x + y = 20$ → $y + 8 + y = 20$ → $2y = 12$ → $y = 6$. Una volta trovato il primo numero, il secondo si calcola sostituendo y nella seconda operazione, quindi $x = 14$.
Risposta corretta E.

8. Per risolvere questo esercizio, anziché perderci in calcoli nel suo svolgimento, occorre ragionare sulle soluzioni, ed osservare che numeri possiamo sostituire nella disequazione per escluderne alcune. Ad esempio se proviamo a sostituire -5 nell'equazione, possiamo subito vedere se la C è giusta, se no passiamo a sostituire un numero minore di – 6 per osservare se le riposte B ed E dicono il vero. Una volta sostituito -5 (o un qualsiasi altro numero > -6) troviamo al numeratore -13 e al denominatore -6, quindi essendo un rapporto tra due numeri negativi esso è sicuramente positivo.
Con i calcoli invece otteniamo che il numeratore è $x - 8 \geq 0$ → $x \geq 8$ (maggiore e uguale perché è il numeratore) mentre il denominatore è $x^2 + 5x - 6 > 0$ → $(x + 6)(x - 1) > 0$ → $x < -6$ v $x > 1$.
Facendo il grafico dei segni di numeratore e denominatore, otteniamo: $-6 < x < 1$ e v $x \geq 8$.
Risposta corretta C.

9. Cominciamo raccogliendo nel secondo addendo un 3 a numeratore e un 2 a denominatore → $\frac{3(x-3)}{2(x-3)}$ in questo modo possiamo semplificare $(x - 3)$ e l'espressione iniziale risulterà → $\frac{x^2+9}{2x} + \frac{3}{2}$.
L'm.c.m. tra 2x e 2 è 2x; possiamo quindi riscrivere la disequazione con un unico denominatore 2x, moltiplicando per x il numeratore del secondo addendo: $\frac{x^2+9+3x}{2x} < 0$.
Studiamo ora quando il numeratore e il denominatore sono maggiori di zero per andare poi ad osservare gli intervalli in cui l'espressione risulta essere < 0.
Il numeratore $x^2 + 3x + 9$ è > 0 per $\forall x \in \Re$, infatti il delta di $x^2 + 3x + 9$ è minore di 0 e siccome il valore davanti a x^2 è maggiore di 0 il numeratore sarà sempre positivo.
Il denominatore 2x è maggiore di 0 per $x > 0$.
Quindi i valori per cui la nostra espressione risulta essere verificata (< 0) è $x < 0$.
Risposta corretta C.

10. Per risolvere questo esercizio dobbiamo prima sostituire le due soluzioni nell'equazione, per poter andare ad individuare a e b ottenendo $25 + 5a + b = 0$ e $1 + a + b = 0$. Successivamente mettiamo a sistema, ottenendo $a = -6$ e $b = 5$. Infine, dobbiamo sostituire questi due valori nell'equazione iniziale trovando $x^2 - 6x + 5 = 0$. Attenzione che a e b trovati non corrispondono ai coefficienti a e b che si usano per il calcolo del discriminante! Fatto ciò, calcolo il discriminante di questa equazione, cioè $\Delta = b^2 - 4ac = (-6)^2 - 4 \cdot 5 = 36 - 20 = 16$.
Risposta corretta B.

11. Per risolvere questo esercizio bisogna innanzitutto sapere che il quoziente tra due numeri è la divisione tra loro ma anche saper applicare le proprietà delle potenze. Per le proprietà delle potenze il rapporto tra numeri uguali ma con diverso esponente ha come risultato la base che ha come esponente la sottrazione tra gli esponenti, quindi
$\frac{-4xy^5z}{-2xy^3z^{-3}} = 2x^{1-1}y^{5-3}z^{1-(-3)} = 2y^2z^4$.
Risposta corretta A.

12. Data l'equazione con i moduli studiamo i casi in cui i termini al suo interno hanno un valore negativo e quando invece sono positivi, lo facciamo quindi dividendo i casi
CASO 1: per $3x - 2x^2 \geq 0 \rightarrow 3x - 2x^2 = 0$
risolviamo a questo punto l'equazione di secondo grado spuria e otteniamo le soluzioni $x = 0 \vee x = \frac{3}{2}$ che, opportunamente confrontate con la condizione premessa al caso 1 ($3x - 2x^2 \geq 0 \rightarrow 0 \leq x \leq \frac{3}{2}$), risultano essere accettabili poiché comprese nell'intervallo di esistenza della x.
CASO 2: per $3x - 2x^2 < 0 \rightarrow -3x + 2x^2 = 0$
Risolviamo anche in questo caso l'equazione spuria di secondo grado e otteniamo le soluzioni $x = 0 \vee x = \frac{3}{2}$, Però confrontando queste soluzioni con la condizione che avevamo posto all'inizio di questo caso ($3x - 2x^2 < 0 \rightarrow x < 0 \vee x > \frac{3}{2}$) riconosciamo che le soluzioni non risultano essere accettabili.
Risposta corretta E.

13. In ognuno dei seguenti abbinamenti vi è un errore, tranne in quello dell'opzione C, infatti l'argomento di un logaritmo dev'essere > 0. Le CE dell'opzione A sono $x \geq 0$, nella B l'incognita b dev'essere $\neq 0$ e non $= 0$ come è scritto nell'opzione, nella D invece la x a denominatore dev'essere per forza $\neq 0$.
Risposta corretta C.

14. Esercizio risolvibile con un semplice sistema, noi abbiamo tre numeri (x, y, z) e sappiamo che $x = \frac{2}{3}y$ e $y = \frac{3}{5}z$ inoltre sappiamo che $x + y + z = 1000$. Queste tre equazioni vengono quindi messe a sistema ed esprimendo z e x in funzione di y nell'equazione della loro somma, osserviamo che $y = 300$, a questo punto è facile trovare che x è uguale a 200 e z a 500.
Risposta corretta A.

15. Per prima cosa portiamo tutti i termini ad avere una base comune visto che sia 4 che 8 sono multipli di 2, ed avremo: $2^{x^2} + 2^{2(x+3)} + 2^3 = 0$. Possiamo quindi ignorare le basi per la proprietà delle esponenziali e confrontare gli esponenti $x^2 + 2x + 9 = 0$. Risolvo quindi l'equazione di secondo grado e mi accorgo che il $\Delta < 0$, quindi $\nexists\, x \in \mathbb{R}$ che soddisfino l'equazione.
Risposta corretta D.

16. Sono tutte giuste ad eccezione di $a^2(a - b)^2$ che è uguale a $a^2(a^2 - 2ab + b^2) = a^4 - 2a^3b + a^2b^2$.
Risposta corretta C.

17. Si tratta di un'equazione che contiene un valore assoluto dunque per procedere bisogna studiare il segno del valore assoluto, impostando due sistemi:

- per $x^2 - 5 \geq 0 \rightarrow x \leq -\sqrt{5}\ x \geq \sqrt{5}$; l'equazione è $x^2 - 5 = 3x + 7$.
  Ora si risolve l'equazione $x^2 - 3x - 12 = 0$, nel calcolare il delta $\Delta = b^2 - 4ac = 9 - 4 \cdot (-12)$ otteniamo $x_{1,2} = \frac{3 \pm\sqrt{57}}{2}$; sia la soluzione negativa che la soluzione positiva sono accettabili confrontandole con l'intervallo di riferimento $x \leq -\sqrt{5}\ x \geq \sqrt{5}$.
- per $x^2 - 5 < 0 \rightarrow -\sqrt{5} < x < \sqrt{5}$; l'equazione è $-x^2 + 5 = 3x + 7$.

Si risolve l'equazione $x^2 + 3x + 2 = 0 \rightarrow (x + 2)(x + 1) = 0$ quindi le soluzioni sono $x = -2$ e $x = -1$; l'ultimo passaggio è verificare che appartengano all'intervallo $-\sqrt{5} < x < \sqrt{5}$ ed effettivamente è così, anche perchè $-\sqrt{5}$ è circa -2,2.
Non ci resta che unire tutte le soluzioni trovate, quindi l'equazione è risolta per $x = \frac{3 \pm\sqrt{57}}{2}$ e per $x = -2$ e $x = -1$.
Risposta corretta A.

18. La prima cosa da fare è porre le condizioni di esistenza, ricordiamo che per il logaritmo l'argomento deve sempre essere maggiore di $0 \rightarrow x > 0$ per il primo e $x > 2$ per il secondo quindi unendo le due C.E. $x > 0$. Per la proprietà dei logaritmi secondo cui la somma di logaritmi si trasforma nel logaritmo del prodotto otteniamo $\log[x(x - 2)] = \log 3$. A questo punto possiamo togliere il logaritmo quindi $x^2 - 2x = 3 \rightarrow x^2 - 2x - 3 = 0 \rightarrow (x - 3)(x + 1) = 0 \rightarrow x = 3$ e $x = -1$; non dobbiamo però dimenticarci delle C.E. infatti confrontando le soluzioni solo $x = 3$ rispetta la C.E $x > 0$.
Risposta corretta E.

19. Si tratta di una disequazione esponenziale; notiamo inoltre che uno degli esponenti è negativo, quindi servendoci della regola $e^{-x} = 1/e^x$ riscriviamo la disequazione come $5e^x - 2/e^x + 3 < 0$. Portiamo e^x che si trova al denominatore al numeratore moltiplicando entrambi i membri per e^x, possiamo fare quest'operazione perchè tanto e^x siamo sicuri essere un elemento positivo (siamo sicuri di non dover cambiare il verso della disequazione) $\rightarrow 5e^x \cdot e^x - 2 + 3e^x < 0$. Per semplificare i futuri calcoli possiamo sostituire e^x con un'incognita generica $t \rightarrow 5t^2 + 3t - 2 < 0$. Troviamo le soluzioni dell'equazione corrispondente $t_{1/2} = \frac{-b \pm\sqrt{b^2 - 4ac}}{2a} = \frac{-3 \pm\sqrt{9 - 4 \cdot 5 \cdot (-2)}}{10} = \frac{-3 \pm\sqrt{49}}{10} \rightarrow t = 2/5$ e $t = -1$; sapendo che la nostra disequazione deve essere minore di 0 prendiamo i valori interni $-1 < t < 2/5 \rightarrow$ non ci resta che sostituire l'incognita t $-1 < e^x < 2/5$. A questo punto dobbiamo esplicitare la x:

- $e^x > -1$ è sempre vera perché un esponenziale è sempre maggiore di un numero negativo
- per $e^x < 2/5$ applichiamo la definizione di logaritmo e otteniamo $\ln(e^x) < \ln(\frac{2}{5})$ quindi $x < \ln(\frac{2}{5})$; ricordiamo inoltre che essendo la base del logaritmo maggiore di 1 la disequazione mantiene il suo verso.

Risposta corretta C.

20. Esercizio molto semplice, infatti dobbiamo solo ricordarci che qualsiasi numero elevato alla 0 fa 1. Quindi l'unico modo per ottenere 1 da una potenza è avere l'esponente uguale a 0 ($2x = 0$).
Risposta corretta A.

MATEMATICA

21. Per risolvere $(x + 2)^5$ utilizziamo il triangolo di Tartaglia:

$$\begin{array}{ccccccccccc} & & & & & 1 & & & & & \\ & & & & 1 & & 1 & & & & \\ & & & 1 & & 2 & & 1 & & & \\ & & 1 & & 3 & & 3 & & 1 & & \\ & 1 & & 4 & & 6 & & 4 & & 1 & \\ 1 & & 5 & & 10 & & 10 & & 5 & & 1 \end{array}$$

Quindi:$(x + 2)^5 = (x^5 + 5x^4 2 + 10x^3 4 + 10x^2 8 + 5x16 + 32) = (x^5 + 10x^4 + 40x^3 + 80x^2 + 80x + 32)$
Possiamo inoltre vedere $(x - 7)(x + 7)$ come un prodotto notevole: $(x - 7)(x + 7) = (x^2 - 49)$
Il polinomio completo sarà quindi: $(x^5 + 10x^4 + 40x^3 + 80x^2 + 80x + 32) + (x^2 - 49)$
Risposta corretta E.

22. L'esercizio chiede di risolvere un'equazione parametrica di primo grado, si procede isolando l'incognita → $x = 4/k$, si nota quindi che per $k = 0$ l'equazione è impossibile perchè risulterebbe $x = 4/0$, mentre per tutti gli altri valori di k l'equazione è determinata e ha soluzione $x = 4/k$.
Riassumendo
- per $k = 0$ l'equazione è impossibile
- per $k \neq 0$ l'equazione ha soluzione $x = 4/k$.

Risposta corretta A.

23. Guardando l'espressione dovremmo notare che tutti i polinomi sono riconducibili a dei prodotti notevoli:
- $a^2 + b^2 + 2ab + 2ac + c^2 + 2bc \rightarrow (a + b + c)^2$
- $8a^3 + 12a^2 + 6a + 1 \rightarrow (2a + 1)^3$

Quindi riscriviamo l'espressione come $\frac{(2a + 1)^4(a + b + c)^2}{(2a + 1)^3(a + b + c)^2}$ e semplifichiamo ottenendo $2a + 1$.
Risposta corretta C.

24. Per risolvere il quesito è sufficiente impostare un sistema a tre equazioni:

$$\begin{cases} \text{Mattia} + \text{Gerolamo} + \text{Vincenzo} = 18 \\ \text{Mattia} + \text{Vincenzo} = 11 \\ \text{Vincenzo} + \text{Gerolamo} = 13 \end{cases}$$

Risolvendo con il metodo della sostituzione ricaviamo che Mattia vale 5 cammelli, Gerolamo ne vale 7 e Vincenzo ne vale 6.
Risposta corretta A.

25. Si studiano separatamente numeratore e denominatore, il secondo risulta sempre verificato in quanto $(-7)^4$ è sempre >0; il numeratore invece è il cubo di un binomio, in particolare $64a^3 + 48a^2b + 12ab^2 + b^3 = (4a + b)^3$ quindi $4a + b > 0 \rightarrow a > \frac{-b}{4}$.
Risposta corretta B.

26. $(a^2 - ab + b^2)(a + b)$ è il prodotto notevole della somma di cubi $(a^3 + b^3)$. Attenzione a non confondere la somma di cubi con la differenza di cubi, $(a^3 - b^3)$, che è uguale a $(a^2 + ab + b^2)(a - b)$: i segni sono diversi! (Risposta D errata).
Risposta corretta E.

27. Il primo step sarà applicare la formula del cambio base al logaritmo con base x, quindi: $\log_x 3 = \frac{\log_3 3}{\log_3 x} = \frac{1}{\log_3 x}$. A questo punto possiamo applicare una proprietà dei logaritmi anche all'ultimo perché $\frac{1}{2}\log_9 x^2 = \log_9 x$ e quindi applicare di nuovo la formula del cambio base per ottenere $\log_9 x = \frac{\log_3 x}{\log_3 9} = \frac{\log_3 x}{2}$.

Possiamo quindi riscrivere $\log_3 x - \frac{2}{3\log_3 x} = \frac{5}{6} - \frac{\log_3 x}{2}$ ma con un escamotage parametrico possiamo sostituire $a = \log_3 x$ e quindi scrivere $a - \frac{2}{3a} = \frac{5}{6} - \frac{a}{2}$ e risolvere un'equazione lineare in t: $\frac{3a^2 - 2}{3a} = \frac{5 - 3a}{6} \rightarrow 6 \cdot (3a^2 - 2) = 3a \cdot (5 - 3a) \rightarrow 2 \cdot (3a^2 - 2) = a \cdot (5 - 3a) \rightarrow 6a^2 - 4 = 5a - 3a^2 \rightarrow 9a^2 - 5a - 4 = 0$. Calcolando le soluzioni otteniamo quindi $a = -\frac{4}{9}$ e $a = 1$. A questo punto utilizzando la relazione fondamentale dei logaritmi otteniamo $\log_3 x = -\frac{4}{9} \rightarrow 3^{-4/9} = x$ e $\log_3 x = 1 \rightarrow 3^1 = x$.

Risposta corretta C.

28. Subito possiamo eliminare log1 che è uguale a 0, poi per facilitarci risolviamo separatamente numeratore e denominatore:

- $\log 8 + \log(½) + \log 3 \rightarrow$ per le proprietà dei logaritmi in particolare la somma di logaritmi sappiamo che bisogna moltiplicare gli argomenti: $\log(8 \cdot ½ \cdot 3) = \log 12$
- $\log 24 - \log 4 \rightarrow$ la differenza di logaritmi è uguale al logaritmo con argomento il rapporto tra gli argomenti: $\log(\frac{24}{4}) = \log 6$

A questo punto basta scrivere il rapporto tra numeratore e denominatore e otteniamo il risultato: $\frac{\log 12}{\log 6}$.

Risposta corretta B.

29. Raccogliendo i termini in x, è possibile ottenere: $P(x) = x^3(x^2 - 1)$ e $Q(x) = 2x(x^2 - 2x + 1)$. Ora, per quanto riguarda (Px) è possibile riscrivere il secondo termine come doppio prodotto: $P(x) = x^3(x - 1)(x + 1)$.

Mentre per quanto riguarda Q(x) è possibile riconoscere il secondo termine come quadrato di un binomio, ed essere riscritto come: $Q(x) = 2x(x - 1)^2$

Si possono quindi riconoscere i termini comuni tra i due polinomi, come $x(x - 1)$, che è esattamente il minimo comune divisore dei due polinomi.

Risposta corretta D.

30. Si può svolgere questa equazione mantenendo l'incognita x, oppure si può cambiare incognita ponendo $x^3 = t$. In entrambi i casi il termine sinistro dell'equazione risulta essere il quadrato del binomio $\sqrt{3x^3} + 1$, quindi l'equazione si può riscrivere come:

$3x^6 + 2\sqrt{3x^3} + 1 = 0 \rightarrow 3t^2 + 2\sqrt{3t} + 1 = 0 \rightarrow (\sqrt{3t} + 1)^2 = 0 \rightarrow (\sqrt{3x^3} + 1)^2 = 0$

Questo quadrato di binomio è uguale a zero soltanto quando il binomio è uguale a zero; quindi, per trovare i valori dell'incognita bisogna risolvere l'equazione:

$\sqrt{3x^3} + 1 = 0 \rightarrow x^3 = -\frac{1}{\sqrt{3}}$

Il risultato, quindi, sarà $x = -\frac{1}{\sqrt[6]{3}}$.

Risposta corretta C.

31. Per risolvere questo tipo di equazione conviene cercare di ricondurre entrambi i membri a delle potenze con uguale base: in questo caso, notando il termine 8 a sinistra, si consiglia di svolgere i conti lavorando con una base 2. Innanzitutto, quindi, si "trasforma" il termine 8 in 2^3 e si riscrive la radice a destra come una potenza elevata a un esponente frazionario: $(2^3)^{x - 2/3} = (2^{x + 1})^{1/2}$. A questo punto, utilizzando la proprietà della potenza di potenza, si ottiene: $2^{3x - 2} = 2^{x/2 + 1/2}$. Ora si può procedere uguagliando gli esponenti:

$3x - 2 = \frac{x}{2} + \frac{1}{2} \rightarrow 3x - \frac{x}{2} = 2 + \frac{1}{2} \rightarrow \frac{6x - x}{2} = \frac{1 + 4}{2} \rightarrow \frac{5}{2}x = \frac{5}{2} \rightarrow x = 1$.

Risposta corretta B.

MATEMATICA

32. Per prima cosa andiamo a sistemare la disequazione $\frac{x-1}{x-4} \geq -2 \rightarrow \frac{x-1}{x-4} + 2 \geq 0 \rightarrow \frac{x-1}{x-4}$ $+ \frac{2(x-4)}{x-4} \geq 0 \rightarrow \frac{x-1+2x-8}{x-4} \geq 0 \rightarrow \frac{3x-9}{x-4} \geq 0$.

Arrivati a questo punto andiamo a studiare il numeratore e il denominatore

- N: $3x - 9 \geq 0 \rightarrow x \geq 3$
- D: $x - 4 > 0 \rightarrow x > 4$. Attenzione: per il denominatore non possiamo usare il "maggiore o uguale" in quanto dobbiamo ricordarci delle Condizioni di esistenza (ovvero $x \neq 4$).

A questo punto andiamo a studiare la positività, che avremo solo negli intervallo $x \leq 3$ e $x > 4$.

Risposta corretta E.

33. Come primo passo nella risoluzione di quest'equazione scriviamo le condizioni di esistenza, dobbiamo imporre che l'argomento di ogni logaritmo sia positivo: $x - 2 > 0 \rightarrow x > 2$; $8 - x > 0 \rightarrow x < 8$; $x > 0$. Facendo l'intersezione delle condizioni abbiamo che $2 < x < 8$.
A questo punto cominciamo a risolvere l'equazione: al secondo membro, poiché per la definizione di logaritmo si ha $\log_a a = 1$, possiamo scrivere: $3 = 3 \cdot 1 = 3 \cdot \log_2 2$.
Inoltre, sfruttando la regola dell'esponente per i logaritmi, questa quantità diventa: $3 \cdot \log_2 2 = \log_2(2^3) = \log_2 8$. Inserendo questo risultato nell'equazione data otteniamo: $\log_2(x-2) - \log_2(8-x) = \log_2 x - \log_2 8$. Procediamo applicando la proprietà del logaritmo del rapporto, che ci porta a scrivere $\log_2(x-2)(8-x) = \log_2 x/8$; uguagliando poi gli argomenti otteniamo $\frac{x-2}{8-x} = \frac{x}{8}$. Moltiplichiamo ora entrambi i membri per $(8 - x)$ e per 8, in modo tale che l'equazione diventi $8(x - 2) = x(8 - x)$. Svolgendo i conti e portando tutti i termini a sinistra dell'uguale ricaviamo: $8x - 16 = 8x - x^2 \rightarrow 8x - 16 - 8x + x^2 = 0 \rightarrow x^2 - 16 = 0 \rightarrow x^2 = 16$.
Le soluzioni di tale equazione sono $x_1 = 4$ e $x_2 = -4$, ma soltanto x_1 è accettabile, in quanto x_2 vìola la condizioni di esistenza $2 < x < 8$ imposta all'inizio.
Pertanto, l'unica soluzione dell'equazione è $x = 4$.
Risposta corretta A.

34. Per risolvere il sistema lineare è necessario applicare uno dei metodi più comuni: sostituzione, confronto o differenza. In questo caso può essere agevole procedere per sostituzione. Esplicitiamo quindi in entrambe le equazioni l'incognita x:

$$\begin{cases} x = \frac{25 - 8y}{3} \\ x = \frac{16y + 6}{2} = 8y + 3 \end{cases}$$

A questo punto possiamo confrontare i termini a destra del segno di uguaglianza, in quanto essendo entrambi uguali a x, dovranno essere anche uguali tra loro.

$\frac{25 - 8y}{3} = 8y + 3 \rightarrow 32y = 16y = \frac{1}{2}$

Possiamo quindi sostituire il valore di y all'interno di una delle due equazioni in x per trovarne il valore, per semplicità scegliamo la seconda:

$x = 8 \cdot \frac{1}{2} + 3 = 7$

La soluzione è data quindi da:

$$\begin{cases} x = 7 \\ y = \frac{1}{2} \end{cases}$$

Risposta corretta D.

35. L'esercizio chiede di risolvere una disequazione che apparentemente risulta essere di terzo grado, infatti svolgendo un primo passaggio di calcoli:

- $x^3 - 2x^2 + x - 2 \geq x^3 - 3x^2 + 5x + 75$

Si può vedere però che i due termini di terzo grado si eliminano, rendendo la disequazione di secondo grado, quindi portiamo tutti i termini dallo stesso lato.

- $x^3 - 2x^2 + x - 2 - x^3 + 3x^2 - 5x - 75 \geq 0$
- $x^2 - 4x - 77 \geq 0$

Per trovare le soluzioni dell'equazione $x^2 - 4x - 77 = 0$, che ci serviranno per trovare la soluzione della disequazione possiamo usare due metodi: la formula risolutiva delle equazioni di secondo grado, dove data un'equazione $ax^2 + bx + c = 0$, abbiamo due soluzioni $x_{1,2} = x_1, x_2 = \frac{-b \pm\sqrt{b^2 - 4ac}}{2a}$

sostituendo ad a, b e c rispettivamente 1, -4 e -77.

Sostituiamo e troviamo i due valori:

$$x_{1,2} = \frac{4 \pm\sqrt{4^2 - 4 \cdot 1 \cdot (-77)}}{2} = \frac{4 \pm\sqrt{324}}{2} = \frac{4 \pm 18}{2} \rightarrow x = -7; x = 11.$$

Possiamo riscrivere la disequazione quindi come $(x + 7)(x - 11) \geq 0$

Risposta corretta B.

36. Prima di iniziare con la risoluzione dell'esercizio è opportuno porre le condizioni di esistenza, cioè porre tutti gli argomenti dei logaritmi maggiori di zero.

Da questo si ottiene che:

$$\begin{cases} x > 0 \\ x - 1 > 0 \rightarrow x > 1 \\ x^2 + x > 0 \rightarrow x(x + 1) > 0 \rightarrow x > 0 \text{ ; } x + 1 > 0 \rightarrow x > -1 \\ \sin^2 x + \cos^2 x > 0 \rightarrow 1 > 0 \end{cases}$$

Quindi, la condizione di esistenza (con l'intersezione di queste condizioni) è che x debba essere maggiore di 1.

Per risolvere questo quesito bisogna applicare la proprietà della somma di logaritmi con la stessa base:

$\log a + \log b = \log (a \cdot b) \rightarrow \log x + \log (x - 1) = \log (x^2 + x) + 1 + \log (\sin^2 x + \cos^2 x) \rightarrow \log (x^2 - x) = \log [(x^2 + x) \cdot (\sin^2 x + \cos^2 x)] + 1$

Inoltre, occorre ricordarsi, come abbiamo visto nelle condizioni di esistenza che $\sin^2 x + \cos^2 x = 1$.

$\rightarrow \log (x^2 - x) = \log (x^2 + x) + 1$

Infine, per semplificare questa equazione prima di risolverla, bisogna trasformare l'1 nel logaritmo avente la stessa base dei precedenti, in modo da poter essere confrontato con gli altri termini.

$\rightarrow \log (x^2 - x) = \log (x^2 + x) + \log(10)$. Ricorda infatti, che $\log_a(a) = 1$

$\rightarrow \log (x^2 - x) = \log (10x^2 + 10x)$

Una volta approntate queste semplificazioni e applicato l'esponenziale a tutta l'equazione, si ottiene:

$$x^2 - x = 10x^2 + 10x \rightarrow 10x^2 + 10x - x^2 + x = 0 \rightarrow 9x^2 + 11x = 0 \rightarrow x(9x + 11) = 0$$

Da cui risulta $x = 0$ e $x = -\frac{11}{9}$, entrambi però fuori dalle condizioni di esistenza dell'equazione.

Risposta corretta E.

37. Si tratta di un esercizio con una disequazione esponenziale, possiamo subito notare che i termini della disequazione hanno la stessa base, dunque possiamo risolverla lavorando direttamente sugli esponenti.

Dato che la base dell'esponenziale è compresa tra 0 e 1, dobbiamo confrontare gli esponenti in una disequazione con verso opposto a quello di partenza:

$x^2 + 3x < 3x + 16$

semplifichiamo i termini uguali e estraiamo la radice

$x^2 < 16 \rightarrow |x| < 4$

separiamo la disequazione nei 2 casi possibili e l'intersezione

$x < 4$ con $x \geq 0$ $x \in [0,4)$

$-x < 4$ con $x < 0 \rightarrow x > -4$ con $x < 0 \rightarrow x \in (-4,0)$

MATEMATICA

infine troviamo l'unione, nonché la soluzione della nostra disequazione
$x \in (-4,4)$ ovvero, in un'altra forma: $-4 < x < 4$
Risposta corretta D.

38. L'equazione da analizzare è un'equazione con due radicali moltiplicati fra di loro, funziona come una qualunque equazione, ma è importante imporre delle condizioni di esistenza:
L'argomento di una radice di indice pari deve essere sempre maggiore o uguale a zero, quindi:

- $x - 2 \geq 0 \rightarrow x \geq 2$. Per l'altra radice non servono condizioni poichè è di indice dispari.

Ora possiamo proseguire e vedere quando le radici assumono valore nulla, la funzione infatti è nulla quando uno dei suoi fattori ha valore nullo, sempre rispettando le condizioni di esistenza.

- $\sqrt[3]{x^2 - 1} = 0 \rightarrow x^2 - 1 = 0 \rightarrow x^2 = 1 \rightarrow x = \pm 1$.
- $\sqrt{x - 2} = 0 \rightarrow x - 2 = 0 \rightarrow x = 2$.

Abbiamo trovato 3 valori che annullano i fattori della funzione, ma per le condizioni d'esistenza (che richiedono $x \geq 2$) l'unico risultato accettabile è 2.
Risposta corretta B.

39. Per poter risolvere questo esercizio è necessario conoscere i sistemi di equazioni. Per poter risolvere un sistema ad una incognita (è presente solo la x) è opportuno analizzare ogni equazioni singolarmente, per poi valutare quali soluzione sono condivise tra le varie equazioni, escludendo quelle soggette a delle condizioni d'esistenza.
Procediamo ora per step:

- Risolviamo la prima equazione
  $x^2 + x - 2 = 0 \rightarrow x^2 + 2x - x - 2 = 0 \rightarrow x(x + 2) - 1(x + 2) = 0 \rightarrow (x - 1)(x + 2) = 0$
  $\rightarrow x :\{1; -2\}$
  Prendendo in considerazione la seconda equazione si nota essere una fratta quindi
- Stabiliamo le condizioni di esistenza
  $x - x^3 \neq 0 \rightarrow x(1 - x^2) \neq 0 \rightarrow x(1 - x)(1 + x) \neq 0 \rightarrow x \neq 0 \wedge x \neq 1 \wedge x \neq - 1$
- Risolviamo la seconda equazione
  $\frac{(8x - 4 - 3x^2)(x - 1)}{x - x^3} = 0 \rightarrow 8x - 4 - 3x^2 = 0 \wedge x - 1 = 0$
  $x - 1 = 0 \rightarrow x = 1$
  $3x^2 - 8x + 4 = 0; \Delta = b^2 - 4ac = 64 - 48 = 16$
  $x_{1,2} = \frac{-b \pm\sqrt{\Delta}}{2a} = \frac{8 \pm 4}{6} \rightarrow x_1 = \frac{8 + 4}{6} = \frac{12}{6} = 2; x_2 = \frac{8 - 4}{6} = \frac{4}{6} = \frac{2}{3}$
  $\rightarrow x :\{1; \frac{2}{3}; 2\}$
- Consideriamo le soluzioni comuni ed escludiamo rispetto alle condizioni di esistenza Tuttavia non essendoci soluzioni comuni, non abbiamo un valore comunque alle due equazioni.

Risposta corretta E.

40. Per poter risolvere questo esercizio è necessario conoscere le disequazioni fratte di secondo grado.
Procediamo per step:

- Spezziamo la disequazione in numeratore e denominatore, stando attenti a porre il denominatore maggiore strettamente di zero per tener conto dei problemi di esistenza
  $\frac{\sqrt{2x^3} + \sqrt{8x}}{x^2 - \sqrt{3x} + \sqrt{2x} - \sqrt{6}} \geq 0 \rightarrow N: \sqrt{2x^3} + \sqrt{8x} \geq 0; D: x^2 - \sqrt{3x} + \sqrt{2x} - \sqrt{6} > 0$
- Risolviamo singolarmente le disequazioni

Numeratore:
$\sqrt{2x^3} + \sqrt{8x} \geq 0 \rightarrow \sqrt{2x^3} + 2\sqrt{2x} \geq 0 \rightarrow \sqrt{2x}(x^2 + 2) \geq 0 \rightarrow x \geq 0 \lor x^2 \geq -2$
Denominatore:
$x^2 - \sqrt{3x} + \sqrt{2x} - \sqrt{6} > 0 \rightarrow x^2 - \sqrt{3x} + \sqrt{2x} - \sqrt{2} \cdot \sqrt{3} > 0 \rightarrow x(x - \sqrt{3}) + \sqrt{2}(x - \sqrt{3}) > 0$
$\rightarrow (x - \sqrt{3})(x + \sqrt{2}) > 0 \rightarrow x < -\sqrt{2} \lor x > \sqrt{3}$
• Uniamo i risultati ottenuti attraverso il prodotto dei segni
$x < -\sqrt{2} \lor x > \sqrt{3}$
$x \geq 0$
$x^2 \geq -2 \rightarrow \forall x \in \Re$

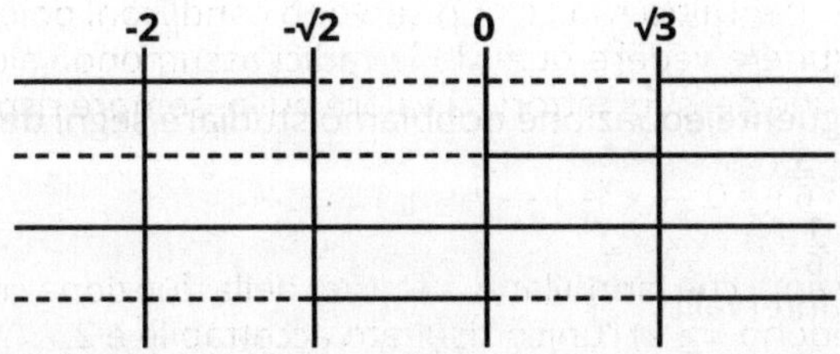

Quindi la soluzione della disequazione è: $-\sqrt{2} < x \leq 0 \lor x > \sqrt{3}$
Risposta corretta A.

41. Per poter risolvere questo esercizio è necessario conoscere le disequazioni di secondo grado.
Procediamo per step:

- Cambiamo il segno dei termini in modo tale che il termine di secondo grado sia positivo
  $-x^2 + 2x + 15 \leq 0 \rightarrow x^2 - 2x - 15 \geq 0$
- Risolviamo l'equazione di secondo grado associata
  $x^2 - 2x - 15 \geq 0 \rightarrow x^2 - 2x - 15 = 0$
  $\Delta = b^2 - 4ac = 4 + 60 = 64$
  $x_{1,2} = \frac{-b \pm\sqrt{\Delta}}{2a} = \frac{2 \pm 8}{2} \rightarrow x_1 = \frac{2 + 8}{2} = \frac{10}{2} = 5; x_2 = \frac{2 - 8}{2} = \frac{-6}{2} = -3$
- Valutiamo ora il segno al variare del valore della x

Poiché abbiamo ≥, allora i valori sono "esterni" quindi: $x \leq -3 \lor x \geq 5$
Risposta corretta D.

42. Questa disequazione è una disequazione di primo grado a coefficienti irrazionali. Procedendo per step a partire dall'equazione iniziale, arriviamo a un punto in cui, dopo aver portato entrambi i membri dell'equazione a sinistra ed averli messi nella stessa frazione, riusciamo ad isolare l'incognita sia al numeratore che al denominatore per poterne studiare il segno.
$\frac{x - 2 + \sqrt{5}}{x\sqrt{5}} < 2 \rightarrow \frac{x - 2 + \sqrt{5}}{x\sqrt{5}} - 2 < 0 \rightarrow \frac{x(1 - 2\sqrt{5}) - 2 + \sqrt{5}}{x\sqrt{5}} < 0$
Ora studiamo il segno del numeratore:
$x(1 - 2\sqrt{5}) - 2 + \sqrt{5} > 0 \rightarrow x > \frac{2 - \sqrt{5}}{1 - 2\sqrt{5}}$
Che è opportuno ricordare essere una quantità positiva. Possiamo razionalizzare questo risultato eliminando la radice al denominatore, moltiplicando numeratore e denominatore per $1 + 2\sqrt{5}$.
$\frac{2 - \sqrt{5}}{1 - 2\sqrt{5}} = \frac{2 - \sqrt{5}}{1 - 2\sqrt{5}} \cdot \frac{1 + 2\sqrt{5}}{1 + 2\sqrt{5}} = \frac{-8+3\sqrt{5}}{-19} = \frac{8 - 3\sqrt{5}}{19}$
Quindi il numeratore della frazione dell'equazione è positivo per i valori di x:
$x > \frac{8 - 3\sqrt{5}}{19}$

Poi studiamo il segno del denominatore, che sarà positivo per $x > 0$.
Infine, aiutandoci con il grafico della composizione dei segni, interfacciando le positività di numeratore e denominatore rispettivamente per $x > \frac{8 - 3\sqrt{5}}{19}$ e $x > 0$ (ricordando che $\frac{8 - 3\sqrt{5}}{19}$ è una quantità positiva), otteniamo che l'equazione
$\frac{x(1 - 2\sqrt{5}) - 2 + \sqrt{5}}{x\sqrt{5}} < 0$
Quindi l'equazione iniziale $\frac{x - 2 + \sqrt{5}}{x\sqrt{5}} < 2$ ha come soluzione i valori di x compresi tra 0 e $\frac{8 - 3\sqrt{5}}{19}$.
Risposta corretta D.

43. Per risolvere la seguente equazione dobbiamo studiare segni dei valori assoluti:
1. $6x + 5 > 0 \rightarrow x > -\frac{5}{6}$
2. $-1 + 6x > 0 \rightarrow x > \frac{1}{6}$

Studiamo ora nei vari intervalli
- $x < -\frac{5}{6} \rightarrow$ 1. negativo e 2. negativo
  $-6x - 5 - 16 > +1 - 6x \rightarrow -21 > +1 \rightarrow$ impossibile
- $-\frac{5}{6} < x < \frac{1}{6} \rightarrow$ 1. positivo e 2. negativo
  $+6x + 5 - 16 > +1 - 6x \rightarrow 12x > 12 \rightarrow x > 1$ nessun valore nell'intervallo in esame
- $x > \frac{1}{6} \rightarrow$ 1. positivo e 2. positivo
  $+6x + 5 - 16 > -1 + 6x \rightarrow -11 > +1 \rightarrow$ impossibile

Siccome in nessuno dei 3 intervalli troviamo degli intervalli di soluzione, nessuna delle opzioni è corretta.
Risposta corretta E.

44. Per prima cosa spostiamo tutte le parti numeriche e letterali dallo stesso lato dell'uguale
$(k + 3)x^2 + (2k + 1)x + 4 - 8 = 0 \rightarrow (k + 3)x^2 + (2k + 1)x - 4 = 0$
Un'equazione di secondo grado ha due soluzioni quando il suo delta è maggiore a 0:
$\Delta > 0 \rightarrow b^2 - 4ac > 0 \rightarrow (2k + 1)^2 - 4 \cdot (k + 3) \cdot (-4) > 0$
$4k^2 + 4k + 1 + 16(k + 3) > 0 \rightarrow 4k^2 + 4k + 1 + 16k + 48 > 0$
$4k^2 + 20k + 49 > 0$
Bisogna ora calcolare con la formula la soluzione
$k_{1,2} = x_1, x_2 = \frac{-b \pm\sqrt{b^2 - 4ac}}{2a} = \frac{-20 \pm\sqrt{400 - 4 \cdot 4 \cdot 49}}{2 \cdot 4} = \frac{-20 \pm\sqrt{400 - 784}}{8}$
Il delta è minore di zero, questo significa che la parabola rappresentata dall'equazione non interseca l'asse delle x. Bisogna quindi guardare la sua concavità, quindi il segno di a. L'equazione è infatti concava verso l'alto in quanto a è di segno positivo, questo significa che l'equazione sarà sempre maggiore di zero considerato anche che non interseca mai l'asse della x.
Risposta corretta C.

45. Per risolvere questa disequazione come prima cosa espandiamo le parentesi.
$(x - 1)(x + 3) - (x - 1)(x + 1) > (x + 2)^2 - (x - 3)(x + 2)$
$(x^2 + 3x - x - 3) - (x^2 - x + x - 1) > (x^2 + 4x + 4) - (x^2 + 2x - 3x - 6)$
$x^2 + 2x - 3 - x^2 + 1 > x^2 + 4x + 4 - x^2 + x + 6$
Semplifichiamo
$2x - 2 > 5x + 10$
$-3x > 12$
$x < -4$
Risposta corretta C.

46. Per risolvere questo esercizio è utile ripassare le proprietà dei logaritmi.
$\log_a(b \cdot c) = \log_a(b) + \log_a(c)$
$\log_a(\frac{b}{c}) = \log_a(b) - \log_a(c)$
$\log_a(b^c) = c \cdot \log_a(b)$
Sfruttiamo ora queste proprietà e scomponiamo il logaritmo
$\log_2(64) + \log2(2^{1/4}) - \log2(2^{1/2}) = \log2(2^6) + \log2(2^{1/4}) - \log2(2^{1/2})$
$\log_2(2^6) = 6$
$\log_2(2^{1/4}) = \frac{1}{4} \cdot \log_2(2) = \frac{1}{4} \cdot 1 = \frac{1}{4}$
$\log_2(2^{1/2}) = \frac{1}{2} \cdot \log_2(2) = \frac{1}{2} \cdot 1 = \frac{1}{2}$
$6 + \frac{1}{4} - \frac{1}{2} = \frac{23}{4}$
Risposta corretta B.

47. Per ricavare le possibili coppie (x,y) che soddisfano il sistema occorre scomporre il polinomio della prima equazione usando la tecnica del raccoglimento totale: se raccogliamo la y, la prima relazione del sistema diventa
$y(y - 3x) = 0$
che grazie alla legge di annullamento del prodotto si spezza nelle due equazioni:
$y = 0 \vee y - 3x = 0$
dove V è il simbolo matematico che indica "oppure".
Alla luce di queste considerazioni il nostro sistema diventa
$$\begin{cases} y = 0 \vee y - 3x = 0 \\ (x + y)^2 - 4(1 + xy) = 0 \end{cases}$$
se y = 0, la seconda relazione del sistema si traduce nell'equazione di secondo grado in x
$x^2 - 4 = 0 \rightarrow x = -2 \vee x = 2$
per cui (x,y) = (-2,0) e (x,y) = (2,0) sono le prime due coppie soluzione del sistema (risposte A e B errate).
Se y - 3x = 0, ovvero se y = 3x, la seconda relazione del sistema diventa
$(x + 3x)^2 - 4(1 + x(3x)) = 0 \rightarrow -8x^2 - 4 = 0$
calcoliamo a questo punto le soluzioni dell'equazione pura che rappresentano le (eventuali) ascisse delle coppie soluzione:
$-8x^2 - 4 = 0 \rightarrow 2x^2 = -1 \rightarrow x = -\frac{\sqrt{2}}{2} \vee x = \frac{\sqrt{2}}{2}$
A ciascuno dei valori di x dobbiamo associare le rispettive y: basta sostituire $-\frac{\sqrt{2}}{2}$ e $\frac{\sqrt{2}}{2}$ a x nella relazione y = 3x. Da cui ricaviamo altre due coppie soluzioni: $(x,y) = (-\frac{\sqrt{2}}{2}, -\frac{3\sqrt{2}}{2})$ e $(x,y) = \frac{\sqrt{2}}{2}, \frac{3\sqrt{2}}{2})$ (risposte D e E errate).
Risposta corretta C.

48. Una disequazione si dice verificata per ogni x appartenente all'insieme dei reali ($\forall x \in \mathbb{R}$) se, qualsiasi valore reale assegnato alla variabile x rende la disuguaglianza vera. Perciò nel nostro caso basta imporre che a sia ≥ 0 così che moltiplicata al quadrato di x, che ricordiamo essere sempre positivo, abbiamo un numero ≥ 0 . Sommato poi alla nostra c imposta > 0 darà sicuramente un numero > 0 come richiesto dal nostro esercizio.
Risposta corretta D.

49. Per risolvere questo sistema conviene risolvere e scrivere la prima equazione.
$2(3y - 2x) = -3(3y + 2x) - 6 \rightarrow 2x + 15y = -6$
Guardando il sistema si possono usare il metodo di sostituzione, in cui si risolve un'equazione in una variabile e si sostituisce nell'altra. Un secondo metodo è quello dell'eliminazione in cui si elimina una variabile sommando tra loro le equazioni. Per la risoluzione usiamo questo secondo metodo.

Vediamo che il coefficiente della variabile y nelle due disequazioni è di segno discordante quindi tramite delle moltiplicazioni rendiamo i due coefficienti uguali mantenendo il segno discordante
La prima equazione moltiplichiamo per 2
$2x + 15y = -6 \rightarrow 4x + 30y = -12$
La seconda equazione la moltiplichiamo per 15
$3x - 2y = 5 \rightarrow 45x - 30y = 75$
Sommiamo tra loro le due equazioni e otteniamo
$49x = 63 \rightarrow x = \frac{9}{7}$
Ottenuto il valore della variabile x la sostituiamo in una delle due equazioni e otteniamo y
$3x - 2y = 5 \rightarrow 3 \cdot \frac{9}{7} - 2y = 5 \rightarrow y = -\frac{4}{7}$
Quindi la soluzione finale è
$(x; y) = (\frac{9}{7}; -\frac{4}{7})$
Risposta corretta E.

50. Essendoci addizioni e sottrazioni ricorreremo alla regola sulle addizioni e sottrazioni dei logaritmi. Per farlo però abbiamo bisogno che abbiano tutti lo stesso coefficiente, perciò riportiamo tutti i coefficienti all'esponente usando all'inverso la regola dell'esponente dei logaritmi
$ln(a + b) - ln(a - b)^{1/2} + ln(a^3) = ln\,\frac{a^3(a + b)}{\sqrt{a - b}}$
la radice quadrata del risultato è comparsa perché, ricordando le regole sui radicali e le proprietà delle potenze, un esponente frazionario diventa una radice il cui indice è proprio il denominatore della frazione.
Risposta corretta E.

3. FUNZIONI

1. Identificare tra le seguenti la funzione solamente suriettiva:

A. 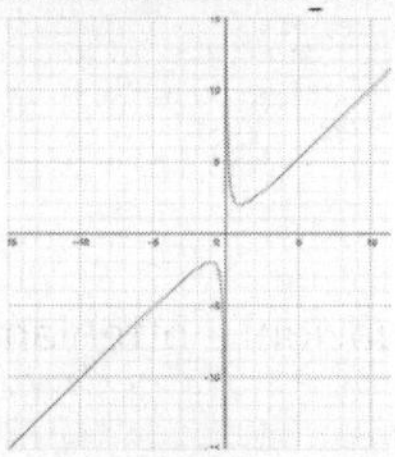

B. 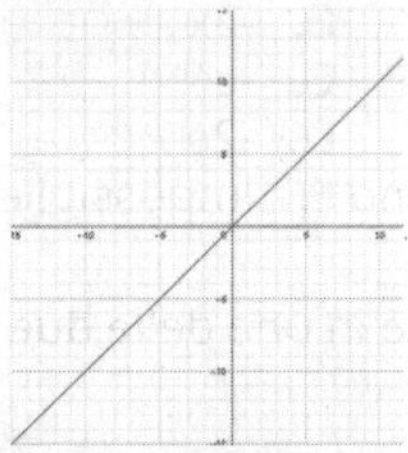

C. 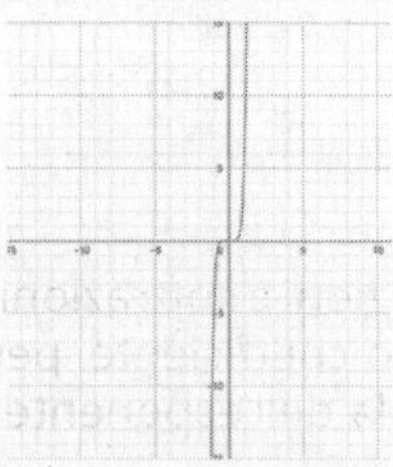

D. 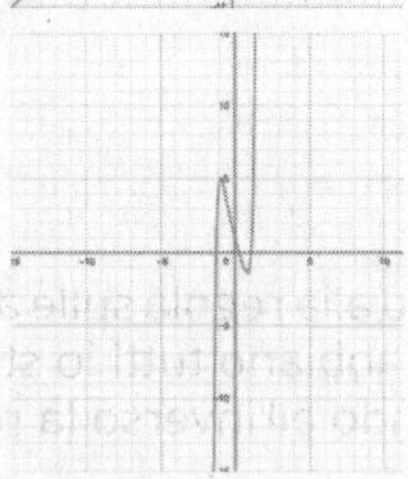

E. 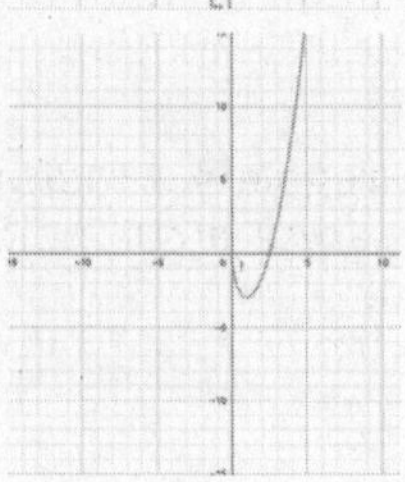

2. La funzione $y = 2^{-x}$:
- A. È sempre positiva
- B. Ha valori positivi e negativi
- C. È sempre negativa
- D. È dispari
- E. Non ha significato

3. La funzione $f(x) = \sin(x) + \cos(x)$ è definita per:
- A. Qualunque valore di x
- B. $-1 \leq x \leq 1$
- C. $-1 < x < 1$
- D. $x > 0$
- E. Nessuna delle precedenti

4. Quale delle seguenti funzioni è pari?
- A. $f(x) = \sin(2x)$
- B. $f(x) = x^2 - 1$
- C. $f(x) = e^x$
- D. $f(x) = x^3$
- E. $f(x) = x^3 - 1$

5. La funzione $y = \sqrt[k]{6x^4} - |x|$ è:
- A. Dispari
- B. Né pari né dispari
- C. Dipende dal valore di K
- D. Pari
- E. Dipende dal valore di x

6. Nel piano cartesiano l'equazione $y = \sqrt{9 - x^2}$ rappresenta:
- A. Un'ellisse
- B. Una parabola
- C. Una semi-ellisse
- D. Una semi-circonferenza
- E. Una circonferenza

7. Quale delle seguenti funzioni rappresenta l'inversa di $y = 1 - e^{x^2}$?
- A. $y = 1 - e^{y^2}$
- B. $y = e^y$
- C. $y = \pm\sqrt{\ln(1 - x)}$
- D. $y = y - e$
- E. $y = \pm\sqrt[e]{y}$

8. La funzione $x = \frac{k}{y}$, dove x e y sono variabili e k un numero negativo, è rappresentata in un piano cartesiano da:
- A. Una parabola
- B. Un'iperbole
- C. Un'ellisse
- D. Una circonferenza con centro nell'origine degli assi
- E. Dipende dal valore di k

9. Quale tra le seguenti affermazioni sulla figura di formula: $y = \frac{x}{8} - 3y^2 + \frac{3}{4}$ è corretta?
- A. È una parabola con asse parallelo a $x = 0$
- B. È una parabola con asse $y = -\frac{1}{6}$
- C. È un arco di parabola
- D. È una parabola con direttrice parallela a $y = 0$
- E. È una parabola con asse parallelo a $y = x$

10. Data la funzione $f(x) = x^2 + 3x + 2$, è corretto dire che essa è:

A. Solo iniettiva
B. Solo suriettiva per valori di $y \geq -\frac{1}{4}$
C. Solo suriettiva per valori di $y \geq -\frac{5}{4}$
D. Biettiva
E. Né suriettiva nè iniettiva

11. Una funzione si definisce dispari se:

A. La funzione è simmetrica rispetto all'asse delle x
B. La funzione è simmetrica rispetto all'asse delle y
C. $f(-x) = f(x)$
D. $f(x) = x^2$
E. $f(-x) = -f(x)$

12. Quale delle seguenti funzioni non è né pari né dispari?

A. $y = x^2 + 2$
B. $y = x^2 + \log x$
C. $y = \text{sen} x$
D. $y = x^3 - x^5$
E. $y = x^4 - \frac{1}{4} x^2$

13. Calcolare la funzione inversa di $4y^2 - 16x + 2 = 0$.

A. $x = \frac{1}{4} y^2 + \frac{1}{8}$
B. $x^2 = \frac{1}{4} y^2 - \frac{1}{8}$
C. $y^2 = \frac{1}{4} x^2 + \frac{1}{8}$
D. $y = \frac{1}{4} x^2 + \frac{1}{8}$
E. $y = \frac{1}{4} x^2 + \frac{1}{8} x$

14. Riconoscere tra i seguenti l'abbinamento corretto tra una funzione e la sua inversa:

A. $y = a^x$; $y = \log_x a$
B. $y = \sqrt[3]{x}$; $y = x^6$
C. $y = x^4$; $y = \sqrt[4]{x^2}$
D. $y = e^x$; $y = \ln x$
E. Tutti i precedenti abbinamenti sono errati

15. Quale delle seguenti NON è una funzione?

A. $y = x^2 - 5x + 6$
B. $y = \sin^2 x$
C. $x - 4y = 0$
D. $x^2 + y^2 = 0$
E. $y = \log_2 x^2$

16. Prendendo in considerazione le funzioni $f(x) = -e^{2x}$ e $g(x) = \ln(x)$, si calcoli la funzione composta $h = g \cdot f$.

A. $\ln(-e^{2x})$
B. $-2x$
C. $-e^{2\ln(x)}$
D. $-2e^{\ln(x)^2}$
E. Impossibile

CORREZIONE COMMENTATA

1. Per risolvere il quesito era necessario usare il metodo grafico, tracciamo linee orizzontali per vedere se tutte le ordinate sono comprese nel grafico. In questo modo si potevano escludere le figure A ed E, che presentano valori di y non associati a niente. Di seguito potevamo escludere anche le figure B e C in quanto biunivoche (ogni elemento di x è associato ad uno e un solo valore di y e viceversa). Potevamo inoltre notare che nel grafico D tutte le y sono associate ad almeno una x, inoltre alcune y sono raggiunte da più di un valore di x, il che rende questa funzione suriettiva e non iniettiva.
Risposta corretta D.

2. La funzione $y = 2^{-x}$ è sempre positiva, infatti ad esempio se $x = 0$, allora $y = 1$.
Con $x < 0$ (esponente positivo ad una base positiva), y sarà > 0; se invece $x>0$ (esponente negativo con base positiva) y è comunque > 0, poiché otterremmo il reciproco della potenza con esponente positivo.
Risposta corretta A.

3. Il valore del seno o del coseno deve essere compreso tra -1 e 1 (opzione C).
Invece l'incognita x rappresenta l'angolo riferito al seno e al coseno (in gradi o in radianti), il quale può assumere qualsiasi valore. (vedi capitolo 6.1. Funzioni Seno e Coseno).
Risposta corretta A.

4. Una funzione è pari se $f(-x) = f(x)$. Risolvendo l'opzione B, dato che il quadrato di un numero è sempre positivo, si ottiene che $(-x)^2 - 1 = x^2 - 1$.
Risposta corretta B.

5. Nell'equazione $y = \sqrt[k]{6x^4} - |x|$ la x compare una volta con esponente pari e una volta sotto valore assoluto: in entrambe le occasioni, dunque, il valore sarà per forza positivo. Vale perciò la proprietà $f(-x) = f(x)$: la funzione è dunque pari.
Risposta corretta D.

6. Possiamo elevare entrambi i termini al quadrato e riscrivere l'equazione come $y^2 = 9 - x^2$
$y^2 + x^2 = 9$.
Riconosciamo la formula di una circonferenza con $a = b = 0$ e dunque avente centro nell'origine degli assi del piano cartesiano. A questo punto non dobbiamo farci ingannare rispondendo l'opzione E: infatti la presenza della radice implica che y sia sempre ≥ 0e che l'equazione rappresenti una semicirconferenza.
Risposta corretta D.

7. Innanzitutto cominciamo con l'isolare la x: $e^{x^2} = 1 - y \rightarrow x^2 = \ln(1 - y) \rightarrow x = \pm\sqrt{\ln(1 - y)}$.
Ora invertiamo la x e la y: $y = \pm\sqrt{\ln(1 - x)}$.
Risposta corretta C.

8. L'equazione rappresenta un'iperbole equilatera, che interseca tra l'altro la bisettrice del secondo e quarto quadrante poiché $k < 0$. (vedi capitolo 4.7. Iperbole).
Risposta corretta B.

9. Per prima cosa riscriviamo l'equazione in forma esplicita come: $x = 24y^2 + 8y - 6$. Capiamo che la figura è una parabola (opzione C errata) con asse di simmetria parallelo all'asse delle x ovvero $y = 0$ (opzioni A e E errate), e direttrice perpendicolare ad esso e quindi parallela all'asse y ovvero $x = 0$ (opzione D errata).
Anche se non è necessario per la risoluzione dell'esercizio, possiamo calcolare l'asse della parabola come: $y = \frac{-b}{2a} = \frac{-8}{48} = \frac{1}{6}$.
Risposta corretta B.

MATEMATICA

10. Per risolvere il quesito si poteva usare il metodo matematico. Per valutare l'iniettività poniamo al posto di x un x_1 e x_2 generici nella funzione ed eguagliamo le due funzioni $f(x_1) = f(x_2)$, se la funzione è iniettiva, semplificando al massimo ci dovrebbe venire un unico risultato equivalente ad $x_1 = x_2$. Verifichiamo quindi l'iniettività:
$f(x_1) = f(x_2) \rightarrow x_1^2 + 3x_1 + 2 = x_2^2 + 3x_2 + 2$
Semplificando il termine noto ci rimane:
$x_1^2 + 3x_1 = x_2^2 + 3x_2 \rightarrow x_1(x_1 + 3) = x_2(x_2 + 3)$
Non potendo più semplificare l'uguaglianza, ci accorgiamo che il risultato non è unico e non risulta $x_1 = x_2$; quindi l'equazione non è iniettiva.
Per valutare la suriettività invece, riscriviamo la funzione esplicitando la x e trovandone i risultati in funzione di y, in questo modo possiamo valutare se la funzione è suriettiva e soprattutto per che valori di y lo è:
$y = x^2 + 3x + 2 \rightarrow x^2 + 3x + 2 - y \rightarrow x_{1,2} = \frac{-3 \pm \sqrt{(9 - 8 + 4y)}}{2}$
Una volta arrivati a questo punto, ci basta vedere se nella soluzione tutti i valori di y sono accettabili (se così fosse la funzione sarebbe suriettiva su tutto R); in questo caso notiamo che y è sotto radice, dobbiamo quindi che la radice sia ≥ 0:
$9 - 8 + 4y \geq 0 \rightarrow 4y \geq -1 \rightarrow y \geq -\frac{1}{4}$
Quindi, possiamo stabilire che la funzione è solo suriettiva per valori di $y > -\frac{1}{4}$.
Per risolvere l'esercizio, si poteva anche usare il metodo grafico, andando a disegnare la parabola e, tracciando linee orizzontali, si poteva notare che il grafico era suriettivo per valori di $y \geq y_v \rightarrow y \geq -\frac{1}{4}$.
Risposta corretta B.

11. Per rispondere al quesito è necessario avere chiaro quando una funzione si definisce pari e quando dispari.
Funzione pari: $f(-x) = f(x)$ (risposta C errata), la funzione pari è simmetrica rispetto all'asse delle y (risposta B errata). Esempio di funzione pari: $f(x) = x^2$ (Risposta D errata). Funzione dispari: $f(-x) = -f(x)$ (risposta E corretta), la funzione dispari è simmetrica rispetto all'origine (risposta A errata). Esempio di funzione dispari: $f(x) = x^3$.
Risposta corretta E.

12. Una funzione è pari se $f(x) = f(-x)$ mentre una funzione è dispari se $-f(x) = f(-x)$ e una funzione pari non può mai essere anche dispari, tranne la funzione nulla: $f(x) = 0$. Quindi per ogni opzione dobbiamo controllare se soddisfa queste condizioni, l'unica opzione che non le soddisfa è la B, dato che si tratta di una funzione logaritmica che ha come dominio $(0, +\infty)$, e non può presentare simmetrie né rispetto all'asse x né rispetto all'origine.
Risposta corretta B.

13. Per calcolare la funzione inversa dobbiamo isolare la x e successivamente invertire i termini "x" ed "y".
Esplicitiamo la x $4y^2 - 16x + 2 = 0 \rightarrow 16x = 4y^2 + 2 \rightarrow x = \frac{1}{4y^2} + \frac{1}{8}$
Invertiamo x e y $\rightarrow y = \frac{1}{4x^2} + \frac{1}{8}$
Risposta corretta D.

14. L'unico abbinamento tra quelli proposti a non contenere errori è il D. Nell'opzione A la funzione inversa è $y = \log_a x$, nella B sarebbe $y = x^3$ ed infine nella C sarebbe $y = \sqrt[4]{x}$.
Risposta corretta D.

15. $y = x^2 - 5x + 6$ rappresenta l'equazione di una parabola e pertanto è una funzione (risposta A errata). $x - 4y = 0$ rappresenta una retta e pertanto è una funzione (risposta C errata). $y = \log_2 x^2$ è una funzione logaritmica e $y = \sin^2 x$ è una funzione goniometrica. $x^2 + y^2 = 0$ rappresenta l'equazione di una circonferenza e pertanto NON è una funzione.
Risposta corretta D.

16. La condizione per cui possiamo calcolare una funzione composta h = g · f è che il dominio di f(x) sia compreso totalmente nel dominio di g(x). Per prima cosa calcoliamo i domini delle funzioni e troviamo che il dominio di f(x) è tutto R mentre il dominio di g(x) corrisponde a $x > 0$. Notiamo che il dominio della funzione f(x) è maggiore del dominio di g(x) quindi è impossibile calcolare la funzione composta. Una ulteriore prova poteva essere calcolare la funzione composta e, dopo aver trovato $h = \ln(-e^{2x})$, rendersi conto che l'argomento ha un valore negativo e che quindi non vengono rispettate le condizioni di esistenza del logaritmo.
Risposta corretta E.

MATEMATICA

4. GEOMETRIA ANALITICA

1. Quali sono le coordinate dei punti di intersezione della curva $2y^2 = 3x + 8$ con l'asse delle y?

A. (0,2) e (0, -2)
B. (0,2) e (-2, 0)
C. (2,0) e (-2,0)
D. (2,0) e (0, -2)
E. (0,2) e (0, 2)

2. La curva che nel piano cartesiano ha equazione $x^2 + y^2 = r^2$ è:

A. Una retta
B. Una circonferenza
C. Una parabola
D. Una ellisse
E. Una iperbole

3. Marco, Elisa, Giulia e Alessandro stanno partecipando al pericolosissimo gioco 'Squad game'. Devono fornire un esempio di due rette parallele tra loro per vincere una grande somma di denaro ed evitare una terribile punizione. Indicare quale dei concorrenti si è salvato.

A. Marco, $y = x + 5$, $y = 3x + 10$
B. Anna, $2y = x + 4$, $4y = 2x + 6$
C. Alessandro, $3y = 2x + 5$, $y = 2x + 5$
D. Giulia, $y = x + 3$, $y = 3x + 1$
E. Nessuno dei concorrenti si è salvato

4. La rappresentazione grafica della funzione $f(x) = (12 - 4x)^2$ è:

A. Una retta con pendenza negativa
B. Una circonferenza di centro (3;0)
C. Una ellisse con i fuochi sull'asse delle x
D. Una parabola con concavità verso il basso
E. Una parabola con concavità verso l'alto

5. La retta $y = (k + 1) + x$ passa per l'origine degli assi?

A. Sì, sempre
B. Solo per $k = 0$
C. Solo per valori positivi di k
D. Solo per $k = -1$
E. No, mai

6. Quale delle seguenti equazioni rappresenta una curva passante per l'origine?

A. $y = 3x + 3$
B. $x = 3$
C. $y = x^2 - 1$
D. $\frac{(x-4)^2}{16} + \frac{y^2}{4} = 1$
E. $y^2 = 2x + 1$

7. Quali di questi punti non appartiene alla retta $y = 2x + 1$?

A. (1, 3)
B. (0, 1)
C. (-1,-1)
D. (1, -1)
E. (2, 5)

8. Qual è la distanza tra i punti (1;3) e (6;6)?

A. 34
B. 6
C. $2\sqrt{17}$
D. 8
E. $\sqrt{34}$

9. Le rette $2y = x + 2$ e $y = -2x + 6$ sono:

A. Parallele
B. Perpendicolari
C. Incidenti
D. Coincidenti
E. Nessuna delle precedenti

10. Dato il coefficiente angolare 6, trova l'equazione della retta passante per il punto (3;5).

A. $y = -6x - 13$
B. $y = x - 13$
C. $y = 6x + 12$
D. $y = 6x - 13$
E. $y = 6x - \frac{1}{13}$

11. Qual è l'equazione della retta passante per il punto (1;6) e parallela alla retta $2y = -x - 2$?

A. $2y = -x + 13$
B. $y = -\frac{x}{2} + 13$
C. $y = -x + 7$
D. $y = x - 7$
E. $y = -\frac{x}{2} - \frac{13}{2}$

12. **L'equazione $\frac{(x-1)^2}{4}+\frac{y^2}{4}=1$ rappresenta:**
   A. Una parabola
   B. Una ellisse
   C. Una circonferenza di raggio 4
   D. Una circonferenza con centro in (-1, 0)
   E. Una circonferenza con centro in (1, 0)

13. **r e s sono due rette tra di loro perpendicolari nel punto F(4;5), la retta r inoltre passa per il punto G(1;-7). Calcolare l'equazione delle due rette e la lunghezza del segmento FG.**
   A. r: y = ¼ x + 6 ; s: y = -4x + 9 ; FG = 11,5
   B. s: y = 4x - 9 ; r: y = -¼ x + 11 ; FG = 13,1
   C. r: y = 4x - 11 ; s: y = -¼ x + 6 ; FG =12,4
   D. r: y = - ¼ x + 6 ; s: y = -¼ x + 9 ; FG = 14,8
   E. s: y = ¼x + 6; r: y = -4x - 11 ; FG = 11

14. **Qual è la distanza della retta y = -3x dal punto (2;4)?**
   A. 10
   B. $\sqrt{10}$
   C. $\frac{1}{2}$
   D. $\frac{1}{5}$
   E. Nessuna delle precedenti

15. **Qual è la retta perpendicolare alla bisettrice del II-IV quadrante e passante per il punto $(-2;-\frac{1}{2})$?**
   A. y = x – 3
   B. 2y = 2x + 3
   C. $y = 2x - \frac{3}{2}$
   D. $\frac{y}{2} = x - \frac{3}{2}$
   E. Nessuna delle precedenti

16. **L'equazione x = y(y - 4) rappresenta:**
   A. Una parabola verticale con concavità superiore
   B. Una parabola verticale con vertice nell'origine
   C. Una parabola orizzontale passante per l'origine
   D. Una parabola orizzontale passante per il punto (-2;2)
   E. Una parabola verticale passante per l'origine

17. **Quale delle seguenti affermazioni riguardo la parabola $y = 4x^2 - 8x + 3$ è FALSA:**
   A. Ha come soluzioni $x = \frac{3}{2}$ e $x = \frac{1}{2}$
   B. Il suo asse è parallelo all'asse y
   C. Ha il vertice in (1;1)
   D. Non passa per l'origine
   E. La concavità è rivolta verso l'alto

18. **Quali sono le coordinate dei punti di intersezione della curva $2y = 2x^2 - x - 3$ con l'asse x?**
   A. $(-\frac{3}{2};1)$
   B. $(\frac{3}{2};\ 0)\ (-1;\ 0)$
   C. $(\frac{3}{2};\ 0)\ (1;\ 0)$
   D. $(-\frac{3}{2}, -1)$
   E. $(0; -1)\ (0; \frac{3}{2})$

19. **Quale delle seguenti affermazioni sull'ellisse è FALSA:**
   A. È il luogo dei punti equidistanti da due punti detti fuochi
   B. L'equazione $\frac{x^2}{16} - \frac{y^2}{4} = 1$ rappresenta una elisse passante per l'origine degli assi
   C. L'equazione $\frac{x^2}{16} + \frac{y^2}{4} = 1$ rappresenta una ellisse con centro nell'origine degli assi
   D. Nell'equazione dell'ellisse, a rappresenta il semiasse maggiore
   E. Nessuna delle precedenti

20. **La curva $(x - 2)^2 + y^2 = 9$:**
   A. È una circonferenza con il centro non appartenente all'asse x
   B. È una circonferenza di raggio 9
   C. È una circonferenza con il centro in (2;1)
   D. Passa per il punto (2;-3)
   E. È una circonferenza di raggio 2

21. **Quale tra le seguenti è l'equazione della circonferenza tangente all'asse delle ordinate e di centro C = (5; 0)?**
   A. $x^2 + y^2 - 10x = 0$
   B. $x^2 + y^2 + 2y = 5$
   C. $x^2 + y^2 - x + 2y = 0$
   D. $x^2 + y^2 + 5x = 0$
   E. Non abbiamo abbastanza dati per calcolarla

22. Il rarissimo pollosauro si sta librando in aria all'altezza di 20 km dal suolo, su di un piano cartesiano, esso è assimilabile ad un punto P (3;16). Pochi secondi dopo, un aereo di linea lo travolge e il povero pollosauro viene triturato dai propulsori.
Qual è l'equazione della retta su cui sta viaggiando l'aereo?

A. Non si può sapere
B. $y = 3x - 7$
C. $y = \frac{1}{3}x + 7$
D. $y = 3x + 7$
E. $y = x + 16$

23. Scrivi gli asintoti della seguente equazione $\frac{x^2}{64} - \frac{y^2}{81} = 1$?

A. $x = \pm \frac{9}{8} y$
B. $y = - \frac{8}{9} x$
C. $y = \frac{81}{64} x$
D. $y = \pm \frac{9}{8} x$
E. $y = \pm \frac{64}{81} x$

24. Conoscendo le coordinate di due diversi punti A (5;12) e B (8;24) calcolare l'ordinata all'origine della retta passante per i due punti.

A. 8
B. -8
C. $\sqrt{8}$
D. $-\sqrt{8}$
E. Nessuna delle precedenti

25. Calcolare Fuoco e Direttrice della parabola $y = 9x^2 - 6x + 4$.

A. $F(\frac{1}{3}; \frac{109}{36})$; $y = \frac{107}{36}$
B. $F(\frac{109}{36}; \frac{1}{3})$; $y = \frac{107}{36}$
C. $F(\frac{109}{36}; \frac{1}{3})$; $y = \frac{109}{36}$
D. $F(\frac{1}{3}; -\frac{107}{36})$; $y = -\frac{109}{36}$
E. $F(\frac{1}{3}; \frac{107}{36})$; $y = \frac{107}{36}$

26. Data la circonferenza di centro C = (-5,3) e noto un punto P = (4,3) appartenente ad essa, si determini l'equazione analitica che la descrive.

A. $(x + 3)^2 + (y - 3)^2 = 9$
B. $(x + 5)^2 + (y - 3)^2 = 81$
C. $(x + 4)^2 + (y - 3)^2 = 9$
D. $(x + 4)^2 + (y - 3)^2 = 81$
E. $(x + 5)^2 + (y - 3)^2 = 9$

27. Dato il sistema di equazioni
$$\begin{cases} 8x + 12y = 32 \\ 12x + 18y = 10 \end{cases}$$
questo individua in un piano cartesiano:

A. Due rette incidenti
B. Infinite rette
C. Una circonferenza
D. Due rette parallele
E. Un fascio di rette

28. Trovare l'equazione della retta passante per il centro della circonferenza di equazione $x^2 + y^2 + 6x + 4y - 5 = 0$ e il vertice della parabola $y = 2x^2 - 4x + 1$.

A. $x + 4y - 5 = 0$
B. $x - 4y - 5 = 0$
C. $3x - 2y + 5 = 0$
D. $y = -\frac{1}{4}x + \frac{5}{4}$
E. $y = \frac{3}{2}x - 5$

29. Determina l'equazione dell'ellisse con gli assi paralleli agli assi cartesiani e tangente in P (1;-1) alla retta r di equazione y = 2x - 3.

A. $\frac{2x^2}{3} - \frac{2y^2}{3} = 1$
B. $\frac{x^2}{3} + \frac{y^2}{3} = 1$
C. $\frac{x^2}{3} - \frac{y^2}{3} = 1$
D. $\frac{2x^2}{3} + \frac{y^2}{3} = 1$
E. $\frac{2x^2}{3} + \frac{2y^2}{3} = 1$

CORREZIONE COMMENTATA

1. Prima ancora di fare i calcoli c'è un trucchetto: le intersezioni con l'asse y avranno per forza ascissa 0, per questo si escludono tutte quelle opzioni in cui una o entrambe le coordinate hanno un'ascissa diversa da zero. Si possono così escludere le risposte B, C, e D. A questo punto si svolgono i calcoli sostituendo x = 0 nell'equazione data, e si ottiene $y = \pm 2$.
Risposta corretta A.

2. L'equazione riportata altro non è che l'equazione di una circonferenza.
Risposta corretta B.

3. Due rette sono parallele tra di loro quando hanno lo stesso coefficiente angolare (m). Tra le opzioni proposte, l'unica ad essersi salvata è Anna. Isolando la y, infatti, le due equazioni risultano avere entrambe un m pari a $\frac{1}{2}$.
Risposta corretta B.

4. Bisogna svolgere la parentesi: $(12 - 4x)^2 = 144 - 96x + 16x^2 = 16x^2 - 96x + 144$. Si tratta quindi di una parabola con concavità verso l'alto, poiché il coefficiente a (quello moltiplicato a x^2 cioè in questo caso 16) è positivo.
Risposta corretta E.

5. Una retta che passa per l'origine è una retta che nell'equazione generica $y = mx + q$ ha il coefficiente q (o intercetta) uguale a 0. In questo caso m = 1 e q = k + 1 per cui affinché $y = (k + 1) + x$ passi per l'origine è necessario che $k + 1 = 0$ e quindi $k = -1$.
Risposta corretta D.

6. Il trucchetto più rapido per risolvere questi esercizi è sostituire 0 al posto delle x e vedere quanto vale la y. Se la y viene uguale a 0 il gioco è fatto, cioè la curva passa per l'origine. In questo caso:

- risposta A: $y = 3x + 3 \rightarrow y = 3$. Si tratta di una retta non passante per l'origine, errata;
- risposta B: si tratta di una retta parallela all'asse y e passante per il punto (3;0), errata;
- risposta C: $y = x^2 - 1 \rightarrow y = -1$. Si tratta di una parabola non passante per l'origine ma con vertice in (0; -1), errata;
- risposta D: $\frac{(x-4)^2}{16} + \frac{y^2}{4} = 1 \rightarrow \frac{16}{16} + \frac{y^2}{4} = 1 \rightarrow \frac{y^2}{4} = 0 \rightarrow y = 0$. Si tratta di una ellisse con centro che giace sull'asse x e passante per l'origine, corretta;
- risposta E: $y^2 = 2x + 1 \rightarrow y^2 = 1 \rightarrow y = \pm 1$. Si tratta di una parabola orizzontale che non passa per l'origine, errata.

Risposta corretta D.

7. Per questo esercizio occorre applicare il metodo empirico. Basta sostituire le varie opzioni all'interno dell'equazione data e vedere quale non è verificata: $1 = 2(-1) + 1 \rightarrow 1 = -2 + 1 \rightarrow 1 = -1$.
Risposta corretta D.

8. Se si osserva il disegno sottostante, si nota che la distanza tra i due punti altro non è che l'ipotenusa di un triangolo rettangolo. Si può quindi usare il teorema di Pitagora conoscendo la lunghezza dei due lati: $d = \sqrt{(6-1)^2 + (6-3)^2} = \sqrt{(5^2 + 3^2)} = \sqrt{(25 + 9)} = \sqrt{34}$.

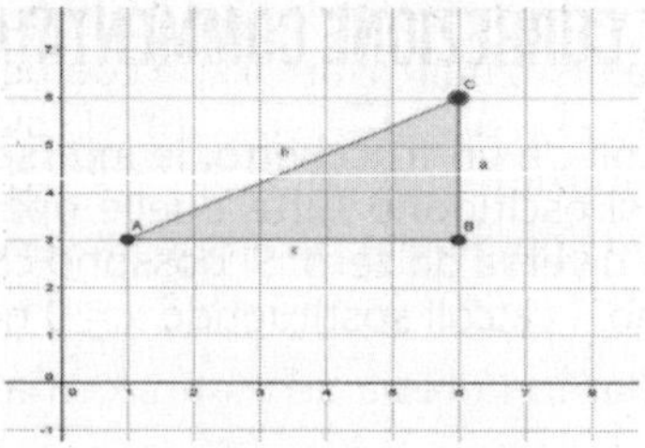

Risposta corretta E.

9. Per prima cosa si scrivono le due rette in forma esplicita: $y = \frac{1}{2} + 1$ e $y = -2x + 6$.
Se si osservano i loro coefficienti si nota che sono uno l'inverso del reciproco dell'altro. In parole povere, moltiplicati danno -1: $\frac{1}{2} \cdot (-2) = -1$. Questo vuol dire che le due rette sono perpendicolari.
Risposta corretta B.

10. Il quesito richiede l'utilizzo della formula della retta passante per un punto noto il coefficiente angolare, ovvero $y - y_p = m(x - x_p)$. Sostituendo i dati già noti: $y - 5 = 6(x - 3)$, $y = 6x - 13$.
Risposta corretta D.

11. Bisogna scrivere la retta in forma esplicita: $y = -\frac{x}{2} - 1$. La retta che si sta cercando è parallela a quella data, quindi anch'essa avrà coefficiente angolare $-\frac{1}{2}$; manca da trovare l'intercetta q. Si sostituisce quindi le coordinate del punto dato nell'equazione $y = -\frac{x}{2} + q \rightarrow 6 = -\frac{1}{2} + q \rightarrow q = \frac{13}{2}$. L'equazione della retta è quindi $y = -\frac{x}{2} + \frac{13}{2} \rightarrow 2y = -x + 13$.
Risposta corretta A.

12. L'equazione data si può scrivere come $(x -1)^2 + y^2 = 4$, che rappresenta l'equazione di una circonferenza (in generale: $x^2 + y^2 = r^2$) con raggio 2 (risposta C errata) e centro in (1;0), per cui la risposta D è errata.
Risposta corretta E.

13. Per calcolare l'equazione delle due rette ci basta innanzitutto calcolare il coefficiente angolare della retta r con la formula $(y2 - y1)/(x2 - x1) = m$.
Otteniamo quindi $\frac{-12}{-3}$, pertanto m = 4; utilizziamo ora la formula per ricavare l'equazione della retta sapendo il coefficiente angolare e un punto di passaggio $y - y1 = m(x - x1)$; semplicemente sostituendo i valori del punto F o del punto G in questa equazione ci ricaviamo quella della retta r: $y = 4x -11$.
Dal momento che le due rette sono perpendicolari conosciamo già il coefficiente angolare di s e ci basterà applicare nuovamente la formula $y - y1 = m(x - x1)$ utilizzando però come punto di passaggio, per forza, F che è il punto di incidenza delle due rette, otteniamo quindi s: $y = -\frac{1}{4} x + 6$.
Non ci resta che calcolare la distanza tra due punti, piuttosto semplicemente, utilizzando la formula $FG = \sqrt{(xF - xG)^2 + (yF - yG)^2} = \sqrt{153} \simeq 12{,}4$.
Risposta corretta C.

14. Si può scrivere la retta come $3x + y = 0$. A questo punto si utilizza la formula per la distanza punto – retta: $d = \frac{|a \cdot x_p + b \cdot y_p + c|}{\sqrt{a^2 + b^2}}$
Per cui avremo $\frac{3 \cdot 2 + 1 \cdot 4}{\sqrt{3^2 + 1^2}} = \frac{10}{\sqrt{10}} = \sqrt{10}$.

Risposta corretta B.

15. Prima di tutto: da ricordare che la bisettrice del II – IV quadrante è y = -x. Per trovare la retta perpendicolare a questa bisogna trovare il suo coefficiente, sapendo che il prodotto dei due coefficienti deve dare -1. (-1) · m = -1 → m =1, ovvero il coefficiente della retta perpendicolare è 1. La sua equazione sarà quindi y = x + q. Per trovare q si sostituisce le coordinate del punto dato che appartengono a questa seconda retta: $y - (-\frac{1}{2}) = 1\,(x - (-2))$ $\rightarrow y + \frac{1}{2} = x + 2 \rightarrow y = x + \frac{3}{2}$.

Tra le opzioni però non troviamo la retta scritta in forma esplicita, aabbiamo invece la forma implicita 2y = 2x + 3.

Risposta corretta B.

16. Si riscrive l'equazione data come $x = y^2 - 4y$. Si tratta di una parabola ma essendo la y (e non la x) al quadrato, si tratterà di una parabola orizzontale. Le uniche risposte possibili sono quindi ora la C e la D (insomma, da qua si può anche sparare). È inoltre evidente che la curva passa per l'origine perché, se si sostituisce 0 alla y, anche la x è 0.

Risposta corretta C.

17. Ragionando per esclusione, se si risolve l'equazione le soluzioni sono $x = \frac{3}{2}$ e $x = \frac{1}{2}$.

Risposta A vera quindi errata (la domanda chiede le affermazioni FALSE). La parabola è poi verticale, quindi asse parallelo all'asse y (risposta B errata) e il coefficiente a, in questo caso 4, è positivo, per cui la concavità è verso l'alto (risposta E errata). Sostituendo la x con 0, si osserva poi che la parabola non passa per l'origine, in quanto per x = 0 risulta che y = 3 (risposta D errata). Si calcola poi il vertice che si trova in (1;-1). Per trovarlo è sufficiente calcolare la x del vertice con la formula $x_v = \frac{-b}{2a}$ e poi sostituirla nell'equazione.

Risposta corretta C.

18. Prima di tutto si scrive l'equazione in forma esplicita: $y = x^2 - \frac{1}{2}x - 3$.

Ponendo y = 0, si trova che le intersezioni con l'asse x sono $x = \frac{3}{2}$ e x = -1.

Risposta corretta B.

19. Si può ragionare per esclusione: la prima è la definizione di ellisse, e quindi è vera. Risposta A dunque errata, visto che la domanda chiedeva l'affermazione FALSA. L'equazione di una ellisse con centro nell'origine degli assi è $\frac{x^2}{a^2} + \frac{y^2}{b^2} = 1$ dove a rappresenta il semiasse maggiore e b il semiasse minore, quindi le affermazioni C e D sono vere (risposte C e D da escludere).

L'affermazione errata è la B, visto che l'equazione data rappresenta una curva che passa per l'origine ma che è un'iperbole e non un'ellisse.

Risposta corretta B.

20. L'equazione data rappresenta una circonferenza con il centro in (2;0), quindi appartenente all'asse x, e di raggio 3. Se poi si sostituiscono nell'equazione le coordinate del punto dato nell'opzione D si osserva che tale punto appartiene alla circonferenza.

Risposta corretta D.

21. Innanzitutto bisogna riconoscere che la circonferenza ha centro sull'asse x e passa per l'origine degli assi (perché il testo ci dice che è tangente ad y). Quindi l'equazione generale si limita ad $x^2 + y^2 + ax = 0$ (perché b = c = 0). Ricorda che c = 0 solo quando la circonferenza passa per l'origine degli assi. Quindi sapendo che le coordinate del centro corrispondono a $C\,(\frac{-a}{2}; \frac{-b}{2})$, a = -10. Dunque, l'equazione è $x^2 + y^2 - 10x = 0$.

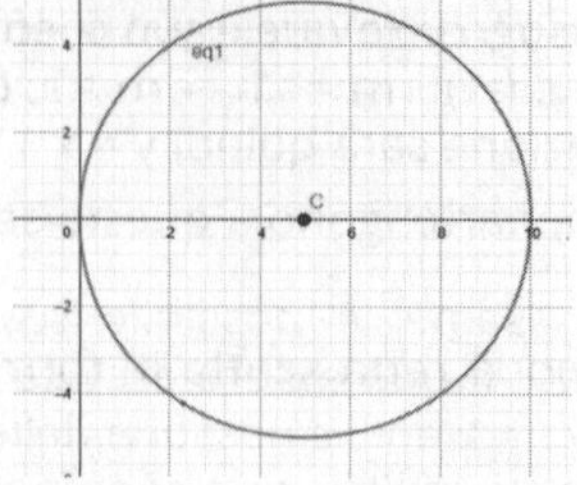

Risposta corretta A.

22. Il quesito richiede di capire a quale retta appartiene il punto P(3;16). Per vederlo, usiamo il metodo empirico, sostituendo la x del punto nell'equazione della retta, per vedere se combacia con la y del punto:
$y = 3 \cdot 3 - 7 = 2 \rightarrow$ Errata
$y = 1/3 \cdot 3 - 7 = -6 \rightarrow$ Errata
$y = 3 \cdot 3 + 7 = 16 \rightarrow$ Esatta
$y = 1 \cdot 3 - 7 = -4 \rightarrow$ Errata
Risposta corretta D.

23. L'equazione data è un'iperbole con i fuochi sull'asse x e gli asintoti si trovano tramite le formule $y = \frac{b}{a}x$ e $y = -\frac{b}{a}x$, quindi sapendo che l'equazione dell'iperbole è $\frac{x^2}{a^2} - \frac{y^2}{b^2} = 1$ basta estrarre la radice di 64 e di 81: $a = \pm 8$; $b = \pm 9$ e troviamo che $y = \pm \frac{9}{8}x$.

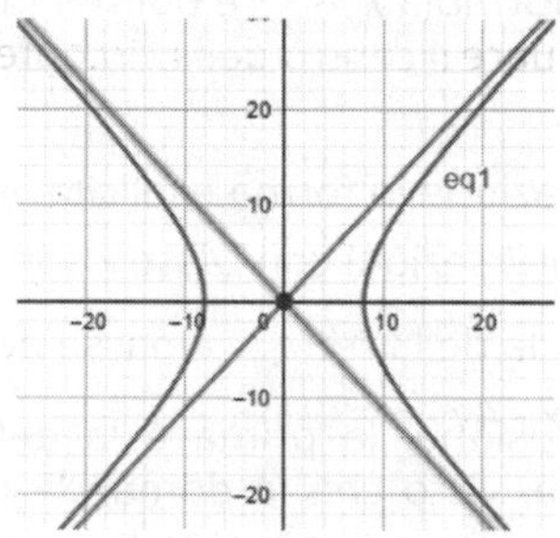

Risposta corretta D.

24. Possiamo risolvere l'esercizio di Geometria Analitica utilizzando la formula
$q = \frac{x_2y_1 - x_1y_2}{x_2 - x_1} = \frac{(8 \cdot 12) - (5 \cdot 24)}{8 - 5} = -8$.
Altrimenti possiamo ricavare prima la retta passante per i due punti con la formula
$\frac{x - x_1}{y_2 - y_1} = \frac{y - y_1}{y_2 - y_1}$, scrivere la formula in forma esplicita e ricavare quindi q.
Risposta corretta B.

25. $F(-\frac{b}{2a}; \frac{1 - \Delta}{4a}) \rightarrow F_x = -\frac{b}{2a} = -\frac{-6}{18} = \frac{1}{3}$; $F_y = \frac{1 - \Delta}{4a} = \frac{1 - (-108)}{36} = \frac{109}{36} \rightarrow F(\frac{1}{3}; \frac{109}{36})$
Direttrice: $y = -\frac{1 + \Delta}{4a} \rightarrow y = -\frac{1 + (-108)}{36} \rightarrow y = \frac{107}{36}$.
Risposta corretta A.

26. La soluzione proposta consiste nel calcolare il modulo del raggio tramite la formula della distanza tra due punti nel piano: $r = \sqrt{(x_P - x_C)^2 + (y_P - y_C)^2} = 9$.

Una volta ottenuto questo valore, è possibile considerare la forma canonica della circonferenza $(x - x_C)^2 + (y - y_C)^2 = r^2$, nella quale basta sostituire i valori delle coordinate del centro e del raggio per ottenere la risposta corretta: $(x + 5)^2 + (y - 3)^2 = 9^2 \rightarrow (x + 5)^2 + (y - 3)^2 = 81$.
Risposta corretta B.

27. Considerato il sistema in esame, è possibile scartare immediatamente alcune risposte. In particolare, la risposta C può essere esclusa in quanto l'equazione canonica della circonferenza è $(x - x_C)^2 + (y - y_C)^2 = r^2$, e nessuna delle equazioni da cui è composto il sistema contiene termini quadratici. Inoltre, non contenendo alcun termine parametrico, è possibile scartare anche le soluzioni B ed E. Rimangono da verificare le risposte A e D, per le quali si può procedere riscrivendo le equazioni che compongono il sistema come rette in forma canonica: $y = mx + q$, in modo da evidenziare se il coefficiente angolare è uguale e in tal caso poter dire che sono parallele.
Per la prima equazione si procede come segue: si riordinano i termini: $12y = -8x + 32$, si esplicita la y $\rightarrow y = -\frac{8}{12x} + \frac{32}{12}$ e infine semplificando i valori $\rightarrow$ $y = -\frac{2}{3x} + \frac{32}{12}$.
Considerando ora la seconda equazione, si può subito notare che tutti i suoi termini sono divisibili per 2 e può quindi essere semplificata ottenendo $\rightarrow$ $6x + 9y = 5$. Ripetendo gli stessi passaggi esplicitati per il caso precedente, si può arrivare alla forma esplicita: $y = -\frac{2}{3x} + \frac{5}{6}$. Si può quindi notare come le due rette siano caratterizzate dallo stesso coefficiente angolare $m = -\frac{2}{3}$, il quale rende le due rette parallele.
Risposta corretta D.

28. Per prima cosa, devo individuare il centro della circonferenza e il vertice della parabola tramite le formule:
$C(\frac{-a}{2}; \frac{-b}{2}) \rightarrow C(\frac{-6}{2}; \frac{-4}{2}) \rightarrow C(-3; -2)$
$V(\frac{-b}{2a}; \frac{-\Delta}{4a}) \rightarrow V(1;-1)$
A questo punto utilizzo la formula della retta che passa per due punti: $\frac{y - y_1}{y_2 - y_1} = \frac{x - x_1}{x_2 - x_1}$
Eseguendo i calcoli, otteniamo $x - 4y - 5 = 0$.
Risposta corretta B.

29. Per risolvere questo esercizio ricorriamo alla formula di sdoppiamento dell'ellisse.
$\frac{x \cdot xp}{a^2} + \frac{y \cdot yp}{b^2} = 1$
dove xp e yp sono le coordinate del punto di tangenza P mentre a e b sono i semiassi dell'ellisse.
Sostituiamo le coordinate di P nella formula e otteniamo:
$\frac{x \cdot 1}{a^2} + \frac{y \cdot (-1)}{b^2} = 1$
$\frac{x}{a^2} - \frac{y}{b^2} = 1$
Riscriviamo la retta in modo tale da avere da un lato dell'uguaglianza 1, così da poter poi uguagliare le due equazioni:
$y = 2x - 3 \rightarrow y - 2x = -3 \rightarrow -\frac{y}{3} + \frac{2x}{3} = 1$
A questo punto possiamo confrontare le due equazioni in virtù del fatto che in (1, -1) i grafici si intersecano (cioè hanno lo stesso valore in quel punto).

Confrontiamo le due formule.
Per le x: $\frac{1}{a^2} = \frac{2}{3}$ quindi $a^2 = \frac{3}{2}$

MATEMATICA

Per le y: $\frac{-1}{b^2} = \frac{-1}{3}$ quindi $b^2 = 3$

Andiamo a sostituire nella formula dell'ellisse prestando attenzione ai segni e otteniamo l'equazione

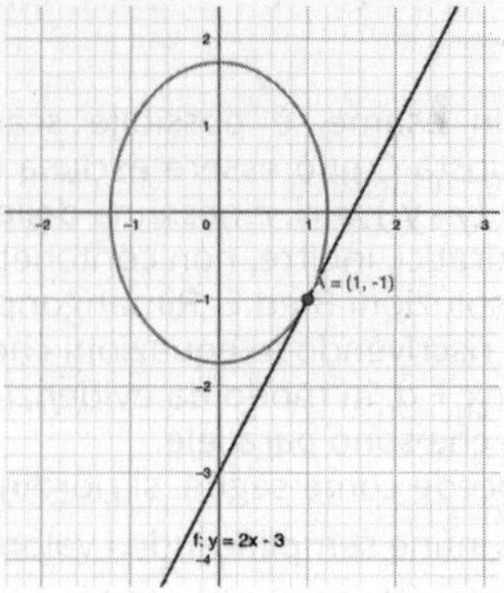

$\frac{2x^2}{3} + \frac{y^2}{3} = 1$

Risposta corretta D.

5. GEOMETRIA EUCLIDEA

1. Il Signor Nook ha costruito il suo orto a forma di triangolo rettangolo, metterà delle camelie a costeggiare tutti i lati e all'interno ci sarà un sentiero di legno che corrisponderà esattamente all'altezza relativa all'ipotenusa. Ogni camelia occupa un metro e il signor Nook ha calcolato che per coprire tutta l'ipotenusa ne serviranno 26, di cui 8 per coprire la proiezione di un cateto su di essa. Se ogni listarella di legno per il sentiero è lunga 0,5 m quante ne dovrà usare?

A. 12
B. 18
C. 16
D. 24
E. 28

2. Un triangolo rettangolo ha un'area di 10 cm²; i suoi lati valgono:

A. 1 cm, 20 cm, ($\sqrt{402}$) cm
B. 2 cm, 10 cm, ($\sqrt{52}$) cm
C. 4 cm, 5 cm, ($\sqrt{41}$) cm
D. 3 cm, 4 cm, 5 cm
E. 2 cm, 5 cm, ($\sqrt{29}$) cm

3. Il triangolo ABC è inscritto in una circonferenza e il lato AB coincide con il diametro della circonferenza stessa. L'area del triangolo ABC è pari a 6 m² e il suo lato BC misura 4 m. Calcolare il perimetro della circonferenza.

A. 16 m
B. 36π m
C. 12 m
D. 3π m
E. 15π m

4. Eustachio è appena uscito dalla discoteca e ha una fame da lupi. Quasi come un miraggio appare all'orizzonte il camioncino di Jack il Paninaro detto "L'unto". Eustachio compra un tramezzino con speck e fontina a forma di triangolo rettangolo.
Mentre lo sta addentando voracemente nota che l'altezza relativa all'ipotenusa del panino divide l'ipotenusa stessa in due segmenti lunghi uno il quadruplo dell'altro.
Aiuta Eustachio (troppo brillo per fare i conti) a capire quanto vale l'area (A) del panino in rapporto all'ipotenusa (i).

A. $A = \frac{1}{5} i^2$
B. $A = \frac{2}{5} i^2$
C. $A = \frac{4}{25} i^2$
D. Non è possibile saperlo poiché manca la misura dell'ipotenusa
E. $A = \frac{25}{4} i^2$

5. La sorellina piccola di Beppe sta giocando a mettere le forme geometriche tridimensionali colorate negli appositi spazi complementari. Riesce a infilare il cubo verde nello spazio circolare di area $\frac{9}{2}\pi$.
Quanto misura al massimo il lato del cubo verde?

A. 9
B. $\frac{3}{2}$
C. 18
D. 3
E. È necessario sapere il colore della sfera

6. Quanto misura il raggio della circonferenza inscritta ad un pentagono regolare di lato l = 4 cm e avente area pari a 60 cm²?

A. 7.3 cm
B. 5.5 cm
C. 4 cm
D. 6 cm
E. 6.8 cm

7. Il lato di un quadrato è uguale al diametro di una circonferenza (o cerchio). Il rapporto tra la misura della lunghezza della circonferenza e quella della diagonale del quadrato è:

A. Maggiore di π
B. Uguale a π
C. Minore di 1
D. $\sqrt{2}\,\pi$
E. Compreso tra $\frac{3}{2}$ e π

MATEMATICA

8. **Quale tra le seguenti affermazioni è errata?**
   A. I triangoli sono sempre inscrivibili e circoscrivibili in una circonferenza
   B. Un poligono irregolare diverso da un triangolo e da un quadrilatero può essere circoscritto solo se tutte le sue bisettrici si incontrano in uno stesso punto
   C. Un poligono irregolare diverso da un triangolo e da un quadrilatero può essere inscritto solo se tutti gli assi dei suoi lati si incontrano in uno stesso punto
   D. L'apotema equivale al raggio della circonferenza circoscritta al poligono
   E. I quadrilateri possono essere inscritti solo se la somma degli angoli opposti è uguale a π radianti

9. **Due amici, Piero e Francesca, sono a una certa distanza l'uno di fronte all'altra, con la spalla attaccata alla parete. Il muro in questione è interrotto dalla presenza di una porta che dà su una scalinata rettilinea. Tinto Retto è in procinto di salire le scale ignaro che in cima ci siano Piero e Francesca ad attenderlo per fargli una sorpresa. Sapendo che Tinto è distante in linea d'aria 3 m da Piero e 4 m da Francesca e che le due linee che lo uniscono agli altri due sono tra loro perpendicolari, quanto sono lunghe le scale?**
   A. $\frac{144}{5}$ m
   B. 5 m
   C. $\frac{1}{2}$ m
   D. $\frac{12}{5}$ m
   E. 10 m

10. **In un triangolo rettangolo le proiezioni dei cateti sull'ipotenusa misurano 12 cm e 3 cm. Quanto misura il cateto minore di un triangolo simile, considerando che l'ipotenusa di tale triangolo misura 30 cm?**
   A. $2\sqrt{35}$ cm
   B. 36 cm
   C. $6\sqrt{5}$ cm
   D. 14 cm
   E. 45 cm

11. **Un quadrilatero di lati 12, 9, 15 e 6 m è sicuramente:**
   A. Circoscrivibile a una circonferenza
   B. Inscrivibile a una circonferenza
   C. Un rombo
   D. Regolare
   E. Nessuna delle precedenti

12. **Un triangolo ABC rettangolo in B ha i cateti che misurano 3 cm e 4 cm. Calcola l'area del triangolo rettangolo ABH che ha come lati l'altezza BH e il lato AB di 3 cm.**
   A. 2.16 cm^2
   B. 4.5 cm^2
   C. 5 cm^2
   D. 3.2 cm^2
   E. 6 cm^2

13. **Un triangolo ha lato 3 cm e area 9 cm^2. Un altro triangolo, simile al primo, ha il lato corrispondente a quello di 3 cm che misura 6 cm. Quanto misura l'area del secondo triangolo?**
   A. Non è possibile stabilirlo
   B. 36 cm^2
   C. $\sqrt{45}$ cm^2
   D. 81 cm^2
   E. 18 cm^2

14. **Quale di questi non è un poligono inscrivibile in una circonferenza?**
   A. Un decagono irregolare il cui incentro corrisponde con il centro della circonferenza
   B. Un quadrilatero la cui somma degli angoli opposti è uguale a 180°
   C. Un ennagono irregolare il cui circocentro corrisponde al centro della circonferenza
   D. Un ottagono regolare
   E. Sono tutti inscrivibili

15. **Un cubo ha volume pari a 36π e uguale a quello di una sfera. Quanto valgono rispettivamente le superfici del cubo e della sfera?**
   A. 36π; $6(36\pi)^{2/3}$
   B. $(9\pi)^{1/3}$; $6(42\pi)^2$

C. 36π; 107
D. $6(42\pi)$; 81
E. $6(36\pi)^{2/3}$; 36π

16. Un triangolo isoscele ha base 12 cm e altezza 6 cm.
Calcolarne il perimetro.
A. $6\sqrt{2} + 12$ cm
B. $12\sqrt{2}$ cm
C. $12(1 + \sqrt{2})$ cm
D. 12 cm
E. 24 cm

17. Quanti bicchierini da 5 cL possono essere interamente riempiti con un cartone del latte di base quadrata (l = 5 cm), alto 20 cm e riempito per $\frac{3}{4}$?
A. 3
B. 2
C. 14
D. 7
E. 10

18. Dato un triangolo rettangolo, le proiezioni dei cateti sull'ipotenusa misurano 5 e 20 cm.
Calcola l'area del triangolo.
A. 125 cm^2
B. 250 cm^2
C. 250 m^2
D. 50 cm^2
E. 150 m^2

19. Trovare la lunghezza del lato AB di un triangolo rettangolo inscritto in una circonferenza con r = 5 sapendo che la sua proiezione sull'ipotenusa BC è BH = 3.
A. 30
B. $\sqrt{30}$
C. 15
D. $\sqrt{15}$
E. 21

20. Immagina un triangolo avente angoli pari a 30°, 60° e 90°. Se il cateto minore vale 6 cm, quanto misura la sua area?
A. $36\sqrt{3}$ cm^2
B. $18\sqrt{2}$ cm^2
C. $18\sqrt{3}$ cm^2
D. 32 cm^2
E. 16 cm^2

21. Un rombo, inteso in senso stretto, rispetto a una circonferenza, è:
A. Sempre circoscrivibile e inscrivibile
B. Mai circoscrivibile e sempre inscrivibile
C. Sempre circoscrivibile, a volte inscrivibile
D. Sempre circoscrivibile, mai inscrivibile
E. Né circoscrivibile, nè inscrivibile

22. Il raggio di una circonferenza misura 18 mm. Calcola la lunghezza di un arco corrispondente ad un angolo al centro ampio 30° di questa circonferenza.
A. $\frac{\pi}{6}$mm
B. 4π mm
C. $\frac{\pi}{4}$ mm
D. 3π mm
E. $\frac{\pi}{2}$ mm

23. Il secondo teorema di Euclide afferma che (dove A, B, C si riferiscono ai vertici di un triangolo retto in A e H si riferisce alla proiezione del vertice A sull'ipotenusa):
A. AB : BH = BC : AB
B. In un triangolo rettangolo ABC, retto in A, il quadrato costruito su un cateto è equivalente al rettangolo che ha per dimensioni l'ipotenusa e la proiezione del cateto sull'ipotenusa
C. $AB \cdot AB = BH \cdot BC$
D. $AC^2 = CH \cdot BC$
E. $AH^2 = BH \cdot CH$

24. Un esagono ha apotema di 3 cm e lato di 5 cm.
Qual è il volume della piramide retta di altezza 10 cm con alla base l'esagono citato?
A. $4{,}5 \cdot 10^{-3}$ m^3
B. 450 cm^3
C. 150 dm^3
D. $1{,}5 \cdot 10^{-4}$ m^3
E. $1{,}5 \cdot 10^{6}$ mm^3

25. Quale fra le seguenti affermazioni è errata?
A. Un triangolo equilatero di lato 3 m è inscrivibile in una circonferenza
B. Un triangolo scaleno di lati 2 m, 5 m e 6 m è inscrivibile in una circonferenza
C. Un esagono regolare di lato 2 m è circoscrivibile da una circonferenza
D. Un trapezio scaleno di lati 3 m e 5 m e basi pari a 2 m e 6 m è circoscrivibile
E. Un trapezio isoscele con lati pari a 4 m e basi pari a 6 m e 4 m è circoscrivibile

26. Se un triangolo equilatero ha un'altezza di $4\sqrt{3}$ m, quanto vale la sua area?
A. 18 m^2
B. $8\sqrt{2}$ m^2
C. $16\sqrt{3}$ m^2
D. 9 m^2
E. 24 m^2

27. Sapendo che due angoli sono supplementari, e che uno è un terzo dell'altro, calcolare quanto valgono i due angoli.
A. 60°, 180°
B. 30°, 90°
C. 90°, 270°
D. 45°, 135°
E. 50°, 150°

28. Il salone di un albergo è di forma ottagonale regolare con il lato di 8 m e l'apotema di 10 m ed è pavimentato con listelle di legno rettangolari lunghe 25 cm e larghe 5 cm.
Quante listelle occorrono per pavimentare il salone?
A. 25600
B. 2500
C. 3200
D. 32000
E. 12800

29. La somma dei perimetri di un triangolo equilatero e di un quadrato è pari a 54 cm.
Sapendo che il lato del quadrato è più lungo di 3 cm rispetto al lato del triangolo equilatero, quanto vale l'area del triangolo?
A. $9\sqrt{3}$ cm^2
B. 28 cm^2
C. $3\sqrt{2}$ cm^2
D. $8\sqrt{5}$ cm^2
E. 51 cm^2

30. L'arco di circonferenza AB ha una misura pari a 14 m. Sia C un punto della circonferenza stessa. Sapendo che la circonferenza misura 56 m, ricava l'ampiezza dell'angolo ACB.
A. 15°
B. 40°
C. 25°
D. 45°
E. 30°

CORREZIONE COMMENTATA

1. Sostanzialmente il quesito ci chiede di calcolare l'altezza relativa all'ipotenusa, dobbiamo quindi usare il secondo teorema di Euclide. Il testo ci dice che una camelia occupa 1 m e che il signor Nook ne usa 8 per una delle due proiezioni quindi BH = 8 m, HC sarà invece uguale a 26 - 8 = 18 (pensare che l'angolo retto sia in A, e l'ipotenusa sia AC). A questo punto applichiamo il secondo teorema di Euclide: BH: AH = AH: HC, $AH = \sqrt{18 \cdot 8} = \sqrt{144} = 12$ m.
Essendo le listarelle per il sentiero spesse 0,5 m dovremo dividere 12 per 0,5: $\frac{12 \text{ m}}{0{,}5 \text{ m}} = 24$.
Risposta corretta D.

2. Essendo Area = 10 cm^2 e trattandosi di un triangolo rettangolo, moltiplicando i due cateti (che corrispondono alle misure minori e possono essere considerati come base e altezza) e dividendoli per 2 (formula dell'area) è necessario ottenere 10 cm^2 affinché i due lati appartengano a questo particolare triangolo. Possiamo in questo modo, facendo la prova empirica, scartare le risposte B, D ed E (NB: $\sqrt{52} < \sqrt{100} < 10$). I tre lati devono poi rispettare il teorema di Pitagora, cosa che ci permette di eliminare la prima opzione e privilegiare la terza.
Risposta corretta C.

3. Per le proprietà degli angoli alla circonferenza, se un lato di un triangolo coincide col diametro della circonferenza, significa che l'angolo sotteso agli altri due lati è un angolo retto, dunque il triangolo ABC in questione è un triangolo rettangolo. A questo punto si può calcolare il valore dell'altro cateto con la formula inversa dell'area per il triangolo rettangolo: $AC = \frac{6 \cdot 2}{4} = 3$ m. Avendo la misura di entrambi i cateti si ottiene il valore di AB tramite il teorema di pitagora: $AB = \sqrt{(3^2 + 4^2)} = \sqrt{25} = 5$m. Siccome il perimetro della circonferenza è $2\pi r$ in questo caso sarà pari a 5πm che si può approssimare a 16 m.
Risposta corretta A.

4. Siamo di fronte ad un problema relativo al secondo teorema di Euclide. Le parole "altezza relativa all'ipotenusa" devono subito indirizzare il pensiero a questa formula:
BH:AH = AH:HC
In tale formula BH e HC sono le proiezioni dei due cateti sull'ipotenusa, AH è l'altezza relativa all'ipotenusa.
AH, ossia l'altezza relativa all'ipotenusa, divide l'ipotenusa stessa nelle proiezioni dei due cateti, e dal testo sappiamo che tali proiezioni sono in rapporto di 1:4.
Possiamo dunque scrivere:
HC = 4BH
Siccome HC è lungo 4 volte BH possiamo dividere l'ipotenusa in 5 parti uguali, delle quali 4 formeranno HC, ed una sola BH. Possiamo dunque affermare che HC vale ⅘i dell'ipotenusa e BH vale ⅕i dell'ipotenusa:
$HC = \frac{4}{5}i$, $BH = \frac{1}{5}i$
A questo punto inseriamo questi valori nell'equazione del secondo teorema di Euclide:
$\frac{1}{5}i : AH = AH : \frac{4}{5}i$
Calcoliamo AH:
$AH^2 = (\frac{1}{5})i \cdot \frac{4}{5}i \rightarrow AH = \sqrt{\frac{4}{25}\, i^2} = \frac{2}{5}i$
Avendo il valore dell'altezza relativa all'ipotenusa posso calcolare l'area del panino moltiplicando l'ipotenusa per la sua altezza e dividendo per 2:
$A = \frac{b \cdot h}{2}$
Che nel nostro caso diventa: $A = i(\frac{2}{5}i)/2 = \frac{1}{5}i^2$.
Risposta corretta A.

MATEMATICA

5. Se è possibile che il cubo sia entrato nello spazio circolare significa che la diagonale della superficie quadrata di questo sia al massimo lunga come il diametro della circonferenza maggiore della sfera. Dalla misura dell'area possiamo ricavare il raggio e quindi il diametro: $A_{cerchio} = \pi r^2 = \frac{9}{2}\pi \rightarrow r = \sqrt{\frac{A}{\pi}}$ quindi $r = \sqrt{\frac{9}{2}} = \frac{3}{\sqrt{2}} = \frac{3\sqrt{2}}{2}$. Visto che $d = 2r \rightarrow d = 3\sqrt{2}$.
Abbiamo quindi la misura della diagonale del quadrato, che a sua volta è uguale a $\sqrt{2}$ lato. Quindi per ottenere il lato non ci resta che dividere la d per $\sqrt{2} \rightarrow l = \frac{3\sqrt{2}}{\sqrt{2}} = 3$.
Risposta corretta D.

6. Per definizione, il raggio della circonferenza inscritta è pari all'apotema del poligono. Dunque ci basta calcolare l'apotema tramite la formula inversa dell'area di un poligono regolare:
$A = \frac{perimetro \cdot a}{2} = \frac{n \cdot l \cdot a}{2} \rightarrow 60 = \frac{5 \cdot 4 \cdot a}{2} \rightarrow 20\,a = 120 \rightarrow a = 6$ cm = raggio della circonferenza inscritta.
Risposta corretta D.

7. Chiamiamo l il lato del quadrato in questione. La diagonale risulta lunga $\sqrt{2} \cdot l$, mentre la circonferenza misura $2\pi\left(\frac{l}{2}\right) \rightarrow \frac{2\pi\left(\frac{l}{2}\right)}{\sqrt{2} \cdot l} = \frac{\pi}{\sqrt{2}}$.
Non è quindi né maggiore o uguale a π né uguale a $\sqrt{2}\pi$. Approssimiamo il risultato a $\frac{3,14}{1,4}$. Si pensi al fatto che $\frac{3}{1,5} = 2$; siccome 3 < 3,14 e 1,5 > 1,4, Il risultato che abbiamo appena ottenuto sarà leggermente minore di quello reale. Ciò significa che il nostro risultato sarà quindi poco maggiore di 2 (di certo non minore di 1).
Risposta corretta E.

8. L'esercizio si può risolvere procedendo per esclusione oppure visualizzando subito l'opzione errata. I poligoni regolari e i triangoli sono sempre inscrivibili e circoscrivibili a una circonferenza (Opzione A errata) mentre tutti gli altri poligoni sono circoscrivibili solo se tutte le loro bisettrici si incontrano in uno stesso punto (Opzione B errata) e sono inscrivibili solo se tutti gli assi dei loro lati si incontrano in uno stesso punto (Opzione C errata). Inoltre i quadrilateri possono essere inscritti solo se la somma degli angoli opposti è uguale a 180° (Opzione E errata) mentre l'apotema rappresenta il raggio della circonferenza inscritta al poligono.
Risposta corretta D.

9. Il testo ci dà abbastanza informazioni per immaginarci che i tre amici si trovino ai vertici di un triangolo rettangolo, la cui l'ipotenusa è rappresentata dalla linea che unisce Piero e Francesca. La distanza invece che intercorre tra Tinto Retto e la porta equivale all'altezza relativa all'ipotenusa. Grazie alla terna pitagorica (o il teorema di Pitagora) 3, 4, 5 m si può facilmente ricavare la distanza tra Piero e Francesca. Si usa poi il primo teorema di Euclide per trovare le proiezioni dei due cateti: $x_1 : 3 = 3 : 5 \rightarrow x_1 = \frac{9}{5}$ e $x_2 : 4 = 4 : 5 \rightarrow x_2 = \frac{16}{5}$. Infine, applicando il secondo teorema di Euclide si calcola l'altezza relativa all'ipotenusa nonché la lunghezza delle scale: $\frac{9}{5} : x = x : \frac{16}{5} \rightarrow \frac{12}{5}$.
Risposta corretta D.

10. Innanzitutto possiamo applicare il secondo teorema di Euclide per ricavare il valore dell'altezza del triangolo. Secondo il teorema di Euclide $12 : h = h : 3 \rightarrow h^2 = 36$, h = 6 cm. Sfruttando il teorema di Pitagora si ottiene la misura del cateto minore del triangolo, che è pari a $\sqrt{6^2 + 3^2} = \sqrt{45} = 3\sqrt{5}$ cm. Se due triangoli sono simili essi devono avere tutti i lati in proporzione, dunque considerando che il secondo triangolo ha l'ipotenusa che misura il doppio di quella del primo, allora così sarà anche per il cateto minore, che misurerà $6\sqrt{5}$ cm.
Risposta corretta C.

11. Un poligono regolare ha tutti i lati e gli angoli congruenti (risposta D errata). Un rombo ha tutti i lati uguali e gli angoli opposti uguali a due a due (risposta C errata). Un quadrilatero è inscrivibile in una circonferenza se e solo se gli angoli opposti sono supplementari (risposta B errata). Un quadrilatero è circoscrivibile ad una circonferenza se e solo se la somma dei due lati OPPOSTI è uguale a quella degli altri due (risposta A errata). In questo caso però non è specificato in che modo siano disposti i lati,nè ci viene data la disposizione o il valore dei singoli angoli.
Risposta corretta E.

12. Iniziamo calcolando l'ipotenusa AC con Pitagora: $\sqrt{4^2 + 3^2} = 5$cm; per calcolare l'area di ABH è necessario calcolare l'altezza BH, prima si calcola con Euclide I la proiezione del cateto AB sull'ipotenusa che è AH: AH : AB = AB : AC quindi $AH = \frac{AB^2}{AC} = \frac{9}{5} = 1.8$ cm e l'altezza BH con Pitagora: $BH = \sqrt{(3^2 + 1.8^2)} = \sqrt{5{,}76} = 2.4$ cm. L'area del triangolo ABH è $\frac{1.8 \cdot 2.4}{2} = 2{,}16$.
Risposta corretta A.

13. Come conseguenza dei criteri di similitudine due triangoli simili sono legati da diverse proprietà: il rapporto tra le altezze è uguale al rapporto tra i lati; il rapporto tra i perimetri è uguale al rapporto tra i lati; il rapporto tra le aree è uguale al quadrato del rapporto tra i lati.
$3^2 : 6^2 = 9 : x \rightarrow 9 : 36 = 9 : x \rightarrow x = 36$.
Risposta corretta B.

14. Un poligono si dice inscritto quando tutti i vertici sono tangenti alla circonferenza. Possono essere inscritti tutti i poligoni regolari e i triangoli (opzione D errata), i quadrilateri la cui somma degli angoli opposti è 180° (opzione B errata), tutti i poligoni il cui circocentro corrisponde al centro della circonferenza (opzione C errata). Il fatto che è l'incentro di un poligono corrisponda al centro della circonferenza lo rende circoscrivibile.
Risposta corretta A.

15. Volume sfera = $\frac{4}{3}\pi r^3$; volume cubo = l^3. Superficie sfera = $4\pi r^2$; superficie cubo = $6l^2$.
$36\pi = \frac{4}{3}\pi r^3 \rightarrow r^3 = 27$ $r = 3$. Superficie sfera = 36π; per esclusione, l'unica risposta possibile è la E; per essere sicuri si può calcolare $l = (36\pi)^{(1/3)}$ e la superficie del cubo = $6(36\pi)^{(2/3)}$.
Risposta corretta E.

16. Il triangolo in questione ha base il doppio dell'altezza. Si può suddividere in due triangoli speculari, con angoli 45° - 45° - 90° come nell'immagine.

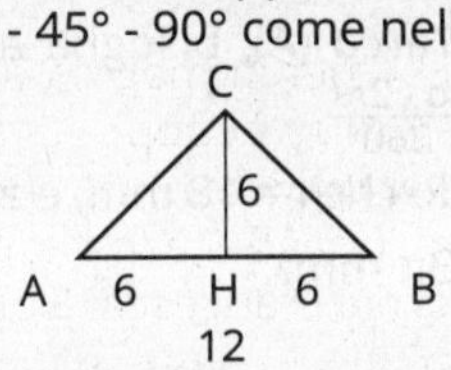

Sappiamo che il triangolo 45° - 45° - 90° è la metà di un quadrato. La sua ipotenusa sarà perciò l'equivalente della diagonale del quadrato. Troviamo così $BC = 6\sqrt{2}$ cm.
Il perimetro del triangolo sarà perciò base + 2 · lato = 12 cm + 2 · $6\sqrt{2}$ cm = $12 + 12\sqrt{2}$ cm.
Raccogliendo il 12 otteniamo $2p = 12\,(1 + \sqrt{2})$ cm.
Risposta corretta C.

17. Cominciamo calcolando il volume totale del cartone del latte, un parallelepipedo alto 20 cm con 5 cm di lato: $V = b \cdot h = (5 \cdot 5) \cdot 20 = 500$ cm³. Sappiamo poi che è riempito per $\frac{3}{4}$, quindi la nostra quantità di latte disponibile è: $500 \cdot \frac{3}{4} = 375$ cm³. Ora, un L equivale a un dm³, perciò un cL sarà 1/100 di dm³, ovvero 10 cm³.

I nostri 375 cm^3 equivalgono quindi a 37,5 cL, con i quali possiamo riempire per intero 7 bicchierini da 5 cL (avanzano 2,5 cL).
Risposta corretta D.

18. Utilizziamo il secondo teorema di Euclide per trovare l'altezza relativa all'ipotenusa: $CH : AH = AH : HB \rightarrow AH^2 = CH \cdot HB = AH = \sqrt{CH \cdot HB} \rightarrow AH = \sqrt{5 \cdot 20} = 10$ cm.
Successivamente, troviamo l'ipotenusa sommando le due proiezioni: $BC = CH + HB = 20 + 5 = 25$ cm, e calcoliamo quindi l'area del triangolo: $A = \frac{BC \cdot AH}{2} = \frac{25 \cdot 10}{2} = 125\ cm^2$.
Risposta corretta A.

19. Essendo inscritto in una circonferenza ed essendo un triangolo rettangolo l'ipotenusa coincide con il diametro ($d = 2 \cdot r = 2 \cdot 5 = 10$). Sapendo la proiezione e il diametro posso ricavare tramite il primo teorema di Euclide la lunghezza del lato AB $\rightarrow BH : AB = AB : BC \rightarrow 3 : AB = AB : 10 \rightarrow AB^2 = 3 \cdot 10 = 30 \rightarrow AB = \sqrt{30}$.
Risposta corretta B.

20. La figura descritta dal testo è un triangolo notevole, che corrisponde a metà di un triangolo equilatero, rettangolo e tutti gli angoli noti. Potevamo risolvere il problema o attraverso la definizione di seno e coseno in trigonometria oppure più velocemente ricordando le formule dei triangoli notevoli: se il cateto minore corrisponde ad a, il cateto maggiore risulterà $a\sqrt{3}$, e l'ipotenusa 2a. Pertanto possiamo calcolare l'area del triangolo come $\frac{6 \cdot 6\sqrt{3}}{2}\ cm^2 = 18\sqrt{3}\ cm^2$.
Risposta corretta C.

21. Un quadrilatero è:
- Circoscrivibile se le somme dei suoi lati opposti sono congruenti
- Inscrivibile se gli angoli opposti sono supplementari

Il rombo ha le somme dei lati opposti congruenti, ma i suoi angoli opposti non sono supplementari: sarà quindi sempre circoscrivibile ma mai inscrivibile.
Risposta corretta D.

22. Possiamo risolvere questo esercizio in due modi:
- L'angolo di 30° corrisponde a $\frac{\pi}{6}$ in radianti, per cui l'arco corrispondente è $r \cdot \frac{\pi}{6} = 18\ mm \cdot \frac{\pi}{6} = 3\pi$ mm
- Per trovare la lunghezza dell'arco (A), bisogna avere in mente la proporzione $\frac{A}{2\pi} = \frac{\alpha}{360°}$, dalla quale ricavo $A = \frac{\alpha \cdot 2\pi r}{360°}$.

Scriviamo $2\pi r$ come 36π mm (sapendo che r = 18 mm) e applichiamo la formula $A = \frac{30° \cdot 36\pi}{360}$.
Semplifichiamo e troviamo che $A = 3\pi$ mm.
Risposta corretta D.

23. L'enunciato del secondo teorema di Euclide recita: "In un triangolo rettangolo, il quadrato costruito sull'altezza relativa all'ipotenusa è equivalente al rettangolo che ha per dimensioni le proiezioni dei cateti sull'ipotenusa". Rappresentando il triangolo rettangolo in esame:

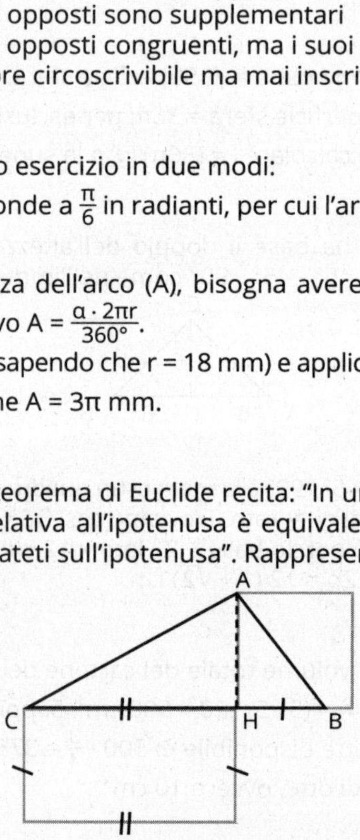

Si può notare come l'unica risposta che può essere corretta sia la E. Infatti, considerata l'equazione $AH^2 = BH \cdot CH$, si evince che AH^2 rappresenta l'area del quadrato che ha per lato l'altezza del triangolo rettangolo, mentre BH e CH rappresentano base e altezza del rettangolo che ha per base la proiezione del cateto AC sull'ipotenusa e per altezza la proiezione del cateto AB sull'ipotenusa. Inoltre analizzando le altre opzioni si nota che l'opzione A non corrisponde a nessun enunciato di nessun teorema e le altre (B, C, D) sono tutti modi per esprimere il primo teorema di Euclide.
Risposta corretta E.

24. Si definisce piramide retta una piramide il cui poligono di base può essere circoscritto ad una circonferenza. In questo caso era un dato superfluo. A noi interessava calcolare l'area di base, cioè l'area dell'esagono, ricavandola, come quella di tutti i poligoni regolari, moltiplicando il perimetro per l'apotema e poi dividendo per 2.

$$A_b = \frac{30\ cm \cdot 3\ cm}{2} = 45\ cm^2$$

Una volta trovata l'area di base si può calcolare il volume della piramide con la formula:

$$V = \frac{A_b \cdot h}{3} = 45\ cm^2 \cdot 10\ cm^3 = 150\ cm^3 = 1{,}5 \cdot 10^{-4}\ m^3$$

Fare attenzione agli ordini di grandezza e alle unità di misura delle opzioni.
Risposta corretta D.

25. Per risolvere il quesito è necessario ricordare i criteri di inscrivibilità e circoscrivibilità dei poligoni. Si sa innanzitutto che i poligoni regolari e i triangoli, anche quelli non equilateri, sono sempre inscrivibili e circoscrivibili (risposte A, B e C errate). Per quanto riguarda i quadrilateri, essi sono inscrivibili se la somma dei loro angoli opposti è pari a 180°, mentre possono essere circoscritti se la somma dei loro lati opposti è congruente. Pertanto, nel caso del trapezio scaleno abbiamo 3 m + 5 m = 2 m + 6 m = 8 m, è pertanto circoscrivibile (risposta D errata). Il trapezio isoscele, invece ha 4 m + 4 m ≠ 6 m + 4 m.
Risposta corretta E.

26. Il triangolo equilatero può essere diviso dalla sua altezza in 2 triangoli rettangoli, con angoli acuti pari a 60° e 30°. Si tratta di triangoli notevoli 30° - 60° - 90°. Possiamo utilizzare le leggi specifiche di questo particolare tipo di triangolo per esprimere i rapporti tra i suoi lati, oppure possiamo applicarvi le formule trigonometriche giungendo al medesimo risultato.
L'altezza del triangolo equilatero corrisponde al cateto maggiore del triangolo rettangolo. Dalle formule del triangolo notevole 30° - 60° - 90°, sappiamo che il cateto maggiore (h) è pari a:
$h = \frac{\sqrt{3}}{2} \cdot i \rightarrow 4\sqrt{3} = \frac{\sqrt{3}}{2} \cdot i \rightarrow i = 8\ m.$
Sapendo che l'ipotenusa del triangolo rettangolo è un lato del nostro triangolo equilatero, possiamo calcolare la sua area come $A = \frac{b \cdot h}{2} = \frac{8 \cdot 4\sqrt{3}}{2} = 16\sqrt{3}\ m^2$.
Risposta corretta C.

27. Per poter risolvere questo esercizio è necessario conoscere alcune definizioni di angoli, in particolare la definizione di angoli supplementari. Affermare che due angoli sono supplementari, significa che la loro somma è pari a 180°, quindi x + y = 180°. Inoltre, uno deve essere un terzo dell'altro. Questo vuol dire che $y = \frac{1}{3}x$, dove x è il valore dell'angolo più grande e y è il valore dell'angolo più piccolo.
Quello che otteniamo è un sistema di equazioni:

$$\begin{cases} x + y = 180° \\ y = \frac{1}{3}x \end{cases} \rightarrow \begin{cases} 3y + y = 180° \\ x = 3y \end{cases} \rightarrow \begin{cases} y = \frac{180°}{4} = 45° \\ x = 3y \end{cases} \rightarrow \begin{cases} y = 45° \\ x = 3 \cdot 45° = 135° \end{cases}$$

Risposta corretta D.

MATEMATICA

28. Per calcolare il numero di listelle necessarie, cominciamo calcolando la superficie coperta da ciascuna listella: $A_L = (0{,}25 \cdot 0{,}05)\ m^2 = 0{,}0125\ m^2$.
A questo punto calcoliamo l'area del triangolo con l'apotema come altezza e il lato come base:
$A_T = \frac{10 \cdot 8}{2} = 40\ m^2$.
L'area totale del salone si trova moltiplicando l'area del triangolo per il numero dei lati
$A_{Sala} = A_T \cdot 8 = 40\ m^2 \cdot 8 = 320\ m^2$.
Non ci resta che calcolare il numero di listelle necessarie
$n = \frac{320\ m^2}{0{,}0125\ m^2} = 25600$.
Risposta corretta A.

29. Indicando con "l" la lunghezza del lato del triangolo equilatero, possiamo scrivere la lunghezza del lato del quadrato come "l + 3". La somma dei perimetri delle due figure è pari a 54 cm, quindi:
$p_{triangolo} + p_{quadrato} = 54$ cm
$3l + 4\,(l + 3) = 54$ cm
$3l + 4l + 12 = 54$
$3l + 4l = 42$
$7l = 42$
$l = 6$.
Trovato il lato del triangolo equilatero, possiamo calcolare la sua area $A = \frac{b \cdot h}{2}$, però prima c'è bisogno dell'altezza. Dividiamo il triangolo equilatero in 2 triangoli rettangoli uguali, che hanno come cateto maggiore l'altezza del triangolo equilatero; come cateto minore metà lato del triangolo equilatero e come ipotenusa il lato del triangolo equilatero. Dobbiamo calcolare il cateto maggiore, cioè l'altezza, attraverso il teorema di Pitagora:
$h = c_1 = \sqrt{(i)^2 - (c_2)^2} = \sqrt{l^2 - (\frac{l}{2})^2} = \sqrt{l^2 - (\frac{l^2}{4})} = \sqrt{\frac{4l^2 - l^2}{4}} = \sqrt{\frac{3l^2}{4}} = l\,\frac{\sqrt{3}}{2}$.
A questo punto, ottenuta l'altezza, possiamo calcolare l'area:
$A = \frac{b \cdot h}{2} = \frac{l \cdot l\,\frac{\sqrt{3}}{2}}{2} = \frac{l^2\,\frac{\sqrt{3}}{2}}{2} = \frac{\sqrt{3}}{4}\,l^2 = \frac{\sqrt{3}}{4}\,6^2 = 9\sqrt{3}\ cm^2$.
Risposta corretta A.

30. Per risolvere il quesito è necessario ricordare che per un arco alla circonferenza esistono infiniti angoli alla circonferenza fra loro congruenti. Pertanto, la posizione del punto C sulla circonferenza non influisce sulla misura della sua ampiezza. Inoltre, si sa che ogni angolo alla circonferenza è esattamente la metà dell'angolo al centro sotteso dallo stesso arco alla circonferenza. Sappiamo che l'arco AB misura 14 m, mentre la circonferenza 56 m. 56 è quattro volte 14: l'arco AB corrisponde a un quarto della circonferenza e spazia quindi un angolo che è un quarto di essa $\frac{360°}{4} = 90°$. L'angolo al centro sotteso ad esso sarà pertanto un angolo retto: ne consegue che l'ampiezza dell'angolo ACB è esattamente la metà di un angolo retto, ovverosia 45°.
Risposta corretta D.

6. GONIOMETRIA E TRIGONOMETRIA

1. Nel triangolo ABC, rettangolo nel vertice B, chiamato α l'angolo di vertice A, è:

A. $\cos\alpha = \frac{AB}{AC}$
B. $\cos\alpha = \frac{AC}{AB}$
C. $\cos\alpha = \frac{BC}{AC}$
D. $\cos\alpha = \frac{AB}{BC}$
E. $\cos\alpha = \frac{AC}{BC}$

2. È FALSO che:

A. $\cos(-\alpha) = \cos\alpha$
B. $\text{sen}(-\alpha) = -\text{sen}\,\alpha$
C. $\text{tg}(-\alpha) = -\text{tg}\,\alpha$
D. $\cos(180° - \alpha) = -\cos\alpha$
E. $\text{sen}(180° - \alpha) = -\text{sen}\,\alpha$

3. Se x + y = π rad, la giusta identità è:

A. $\text{sen}\,x + \text{sen}\,y = 1$
B. $\cos x + \cos y = -1$
C. $\cos x + \cos y = 0$
D. $\text{sen}\,x + \text{sen}\,y = 0$
E. $\text{sen}\,x + \cos y = 0$

4. La funzione $y = \frac{\cos x}{\text{sen}x}$ ha periodo:

A. $\frac{\pi}{4}$
B. $\frac{\pi}{3}$
C. $\frac{\pi}{2}$
D. π
E. 2π

5. Dato un triangolo rettangolo avente: cateti a e b, ipotenusa c, angolo α opposto ad a, angolo β opposto a b, l'espressione corretta è:

A. $a = c \cdot \cos(\frac{\pi}{4} - \alpha)$
B. $b = c \cdot \text{sen}\beta$
C. $a = b \cdot \text{tg}\beta$
D. $b = a \cdot \text{tg}\alpha$
E. $a = \frac{b}{\text{tg}\alpha}$

6. L'insieme dei valori assunti, per x reale (positivo o negativo), dalla funzione $f(x) = (\text{sen}\,x)^2$:

A. È l'intervallo (- 1, 1) estremi inclusi
B. È l'intervallo (0, 1) estremi inclusi
C. È l'insieme dei numeri reali
D. È l'intervallo (0, π) estremi inclusi
E. Dipende dal fatto che x sia espresso in gradi o in radianti

7. L'equazione $2 \cdot \text{sen}(x) + 1 = 0$ ha:

A. Una soluzione
B. Due soluzioni
C. Infinite soluzioni
D. Nessuna soluzione
E. Nessuna delle risposte precedenti è corretta

8. Qualunque siano i valori di x e di y, risulta sempre: sen(x + y) = :

A. $\text{sen}x + \text{sen}y$
B. $\text{sen}x \cdot \text{sen}y$
C. $1 - \cos(x + y)$
D. $\text{sen}x \cdot \cos y + \cos x \cdot \text{sen}y$
E. $\text{sen}x \cdot \text{sen}y + \cos x \cdot \cos y$

9. Quale delle seguenti espressioni è ERRATA?

A. $\cos 90° < \cos 0°$
B. $\cos 60° > \text{sen}\,30°$
C. $\cos 45° = \text{sen}\,45°$
D. $\cos 270° > \cos 180°$
E. $\cos 90° = \text{sen}\,180°$

10. Il coseno dell'angolo di 110° è:

A. Negativo
B. Maggiore di $\frac{1}{2}$
C. Maggiore del seno dell'angolo di 110°
D. Uguale al coseno dell'angolo di 290°
E. Uguale al seno dell'angolo di 20°

11. Calcolare il valore della seguente espressione: $(\cos 0 - \cos\pi)^2 - (\sin\frac{3}{2}\pi - \sin\pi)^2 + \sin\frac{7}{2}\pi + \cos\frac{5}{3}\pi + \sin\frac{11}{6}\pi$. Se necessario, approssima per eccesso.

A. 0
B. 2
C. 4
D. 6
E. 8

12. Se in un triangolo rettangolo l'ipotenusa BC misura 30 cm, l'angolo β ad essa adiacente ha il seno che vale $\frac{4}{5}$, allora la sua area:

A. Misura 216 cm^2
B. Misura 184 cm^2
C. Misura 312 cm^2
D. Non può essere calcolata
E. Misura 324 cm^2

MATEMATICA

13. Un triangolo rettangolo ABC con ipotenusa BC possiede un cateto AC = 9 cm e la tangente dell'angolo β ad esso opposto misura $\frac{3}{4}$. Quanto misura il perimetro?

A. 36 cm^2
B. 72 cm
C. 36 cm
D. 54 cm
E. 18 cm

14. In un triangolo qualsiasi di lati a, b e c e angoli ad essi opposti α, β e γ, se $a = \frac{\sqrt{2}}{2}$cm, $b = \frac{1}{2}$ cm e β = 30°, quanto vale α?

A. 30°
B. 60°
C. 90°
D. Non si può calcolare
E. 45°

15. Un triangolo di lati a, b e c presenta a = 3 cm, b = 8 cm e angolo tra di essi γ = 60°. Quanto vale il perimetro del triangolo?

A. 60 cm
B. 36 cm
C. 21 cm
D. 18 cm
E. 16 cm

16. Sviluppare la seguente funzione goniometrica: $\sin\frac{\pi}{3 - x}$:

A. $\frac{1}{2}\sin x - \frac{\sqrt{3}}{2}\cos x$
B. $\frac{1}{2}\cos x - \frac{\sqrt{3}}{2}\sin x$
C. $\frac{1}{2}\cos x - \frac{1}{2}\sin x$
D. $\frac{\sqrt{3}}{2}\cos x + \frac{1}{2}\sin x$
E. $\frac{\sqrt{3}}{2}\cos x - \frac{1}{2}\sin x$

17. Calcolare la misura dei cateti di un triangolo rettangolo in cui la somma di essi è pari a 21 e la tangente di uno degli angoli ad essi opposto è pari a $\frac{\sqrt{3}}{3}$.

A. $\frac{21(\sqrt{3} + 1)}{2}$ e $\frac{63 + 31\sqrt{3}}{2}$
B. $\frac{21(\sqrt{3} - 1)}{2}$ e $\frac{63 - 21\sqrt{3}}{2}$
C. $\frac{(\sqrt{3} - 1)}{2}$ e $\frac{21\sqrt{3}}{2}$
D. $\frac{21(\sqrt{3} - 1)}{3}$ e $\frac{63 - 21\sqrt{3}}{3}$
E. $\frac{21(\sqrt{3} - 3)}{2}$ e $\frac{63 - \sqrt{3}}{2}$

18. Trovare le soluzioni dell'equazione cosx + 2sinxcosx = 0 nell'intervallo 0 - 2π.

A. $\frac{\pi}{2} \vee \frac{\pi}{6}$
B. $\frac{\pi}{2} \vee \frac{3\pi}{2} \vee \frac{\pi}{6}$
C. $\frac{3\pi}{2} \vee \frac{\pi}{6} \vee \frac{7\pi}{6}$
D. $\frac{\pi}{2} \vee \frac{3\pi}{2} \vee \frac{\pi}{6} \vee \frac{7\pi}{6}$
E. $\frac{\pi}{2} \vee \frac{3\pi}{2} \vee \frac{7\pi}{6} \vee \frac{11\pi}{6}$

19. Quale tra le seguenti espressioni di K rende vera l'identità $(\sin\alpha + \cos\alpha)^2 - 1 = K$?

A. $K = \sin^2\alpha$
B. $K = -\sin(-2\alpha)$
C. $K = \cos 2\alpha$
D. $K = -\sin(-\alpha)$
E. $K = 0$

20. In un triangolo isoscele la base b misura 10 cm e il suo angolo opposto β = 120°. Calcola il perimetro del triangolo.

A. $\frac{20 + 10\sqrt{3}}{\sqrt{3}}$
B. $\frac{20\ \ 10\sqrt{3}}{\sqrt{3}}$
C. 30
D. 10
E. $30\sqrt{3}$

21. Risolvere la seguente disequazione goniometrica senx + cosx + 1 ≥ 0

A. $x = 0$
B. $-\frac{\pi}{2} + 2k\pi < x < \pi + 2k\pi$
C. $\pi + 2k\pi \leq x \leq \frac{3}{2}\pi + 2k\pi$
D. $-\frac{\pi}{2} + 2k\pi \leq x \leq \pi + 2k\pi$
E. $x = -1$

CORREZIONE COMMENTATA

1. In questo tipo di esercizi è molto utile fare un disegno schematizzato del triangolo! Il coseno di un angolo si calcola come il rapporto tra il cateto adiacente (AB) e l'ipotenusa (AC) quindi $\cos\alpha = \frac{AB}{AC}$.
Risposta corretta A.

2. Il coseno è una funzione pari (la A è vera); il seno è una funzione dispari (la B è vera); la tangente è una funziona dispari (la C è vera). (vedi capitolo 3.2. Funzioni pari e dispari). Per scegliere la risposta falsa tra la D e la E si può usare il metodo empirico inserendo al posto di α un angolo a scelta. La risposta D risulta essere vera, mentre la risposta E è falsa, infatti $\text{sen}\,(180° - \alpha) = + \text{sen}\,\alpha$.
Risposta corretta E.

3. Il metodo più semplice per risolvere questo quesito è il metodo empirico: si inseriscono due angoli x e y e si verificano le identità. L'unica identità giusta è $\cos x + \cos y = 0$.
Risposta corretta C.

4. La funzione $y = \frac{\cos x}{\text{sen}\,x}$ corrisponde alla cotangente di x; il periodo della cotangente (come quello della tangente) è π.
Risposta corretta D.

5. Dobbiamo aiutarci con un disegno in cui assegniamo i nomi agli angoli e ai cateti così è facile accorgerci che l'espressione corretta è: $b = c \cdot \text{sen}\,\beta$, ovvero un cateto è uguale al prodotto tra l'ipotenusa e l'angolo opposto ad esso.
Risposta corretta B.

6. La funzione $f(x) = \text{sen}x$ può assumere tutti i valori da -1 a + 1 (estremi inclusi). La funzione $f(x) = (\text{sen}x)^2$ potrà assumere solo i corrispettivi valori elevati al quadrato, quindi i valori da 0 a 1 (estremi inclusi).
Risposta corretta B.

7. Possiamo scrivere l'equazione come $\text{sen}\,x = -\frac{1}{2}$. Essendo il seno una funzione periodica, esso assumerà tutti i valori (compresi tra -1 e +1) infinite volte. Ciò si può anche dimostrare graficamente disegnando il grafico del seno e la retta $y = -\frac{1}{2}$: essi si incontreranno in infiniti punti.
Risposta corretta C.

8. Bisogna applicare le formule di addizione del seno: $\text{sen}\,(x + y) = \text{sen}x \cdot \cos y + \cos x \cdot \text{sen}y$.
Risposta corretta D.

9. L'esercizio si risolve velocemente conoscendo i valori notevoli principali delle funzioni goniometriche:

- $\cos 90° = 0$ e $\cos 0° = 1$ (A vera);
- $\cos 45° = \text{sen}\,45° = \frac{\sqrt{2}}{2}$ (C vera);
- $\cos 270° = \cos 90° = 0$ e $\cos 180° = -1$ (D vera);
- $\cos 90° = \text{sen}\,180° = 0$ (E vera).

Dunque, l'espressione errata è: $\cos 60° > \text{sen}\,30°$, infatti dovrebbe essere $\cos 60° = \text{sen}\,30° = \frac{1}{2}$.
Risposta corretta B.

MATEMATICA

10. Possiamo rappresentare l'angolo (a grandi linee) nella circonferenza goniometrica: il suo coseno (ovvero la proiezione sull'asse delle x) è negativo perché è maggiore di 90° quindi è nel II quadrante, quindi minore di $\frac{1}{2}$ (risposta B errata) e minore del suo seno, che è positivo (risposta C errata). Inoltre, si sa che cos(110°) = –cos(290°) (risposta D errata) e cos(110°) = –sen(20°) (risposta E errata).
Risposta corretta A.

11. Per risolvere l'esercizio, occorre sostituire nell'espressione iniziale i valori corrispondenti delle funzioni goniometriche:
$\cos 0 = 1$
$\cos \pi = -1$
$\sin (\frac{3}{2}\pi) = \sin 270° = -1$
$\sin \pi = 0$
$\sin (\frac{7}{2}\pi) = \sin 630° = \sin (360° + 270°) = \sin 270° = -1$
$\cos (\frac{5}{3}\pi) = \cos 300° = \cos (-60°) = ½$
$\sin (\frac{11}{6}\pi) = \sin 330° = \sin (-30°) = -½$
Quindi: $(1 - (-1))^2 - (-1 - 0)^2 + (-1) + (½) + (-½) = 4 - 1 - 1 = 2$.
Risposta corretta B.

12. Il cateto opposto all'angolo β, che possiamo chiamare AB, sarà uguale a: AB = BC · sin β = 24 cm.
Usando il teorema di Pitagora, l'altro cateto sarà uguale a: $AC = \sqrt{(BC^2 - AB^2)} = 18$ cm.
L'area sarà uguale a: $A = \frac{AB \cdot AC}{2} = 216\ cm^2$.
Risposta corretta A.

13. La tangente di un angolo è definita come il rapporto tra il cateto ad esso opposto e il cateto ad esso adiacente, ovvero tg $\beta = \frac{AC}{AB}$. Dunque, $AB = \frac{AC}{tg\beta} = 12$ cm. Usando il teorema di Pitagora, l'ipotenusa BC sarà uguale a: $BC = \sqrt{AC^2 + AB^2)} = 15$ cm.
Il perimetro sarà uguale a: AB + BC + AC = 12 cm + 15 cm + 9 cm = 36 cm.
Risposta corretta C.

14. Dobbiamo applicare il teorema dei seni per trovare il valore di sin α: $\frac{\sin\alpha}{a} = \frac{\sin\beta}{b}$, dunque $\sin\alpha = \frac{a \cdot \sin\beta}{b} = \frac{\sqrt{2}}{2}$; quindi se sen $\alpha = \frac{\sqrt{2}}{2}$ allora α = 45°.
Risposta corretta E.

15. Applichiamo il teorema del coseno: $c^2 = a^2 + b^2 - 2 \cdot a \cdot b \cdot \cos\gamma = 9 + 64 - 48 \cdot \frac{1}{2} = 49$ dunque $c = \sqrt{49} = 7$ cm. Il perimetro è uguale a: 2p = a + b + c = 3 + 8 + 7 = 18 cm.
Risposta corretta D.

16. In questo esercizio sulle funzioni goniometriche dobbiamo applicare la formula di sottrazione del seno: sin(α - β) = sinαcosb - cosαsinβ. Sapendo che il seno di $\frac{\pi}{3}$ è $\frac{\sqrt{3}}{2}$ e il coseno è $\frac{1}{2}$ otteniamo $\sin\frac{\pi}{3}\cos x - \cos\frac{\pi}{3}\sin x = \frac{\sqrt{3}}{2}\cos x - \frac{1}{2}\sin x$.
Risposta corretta E.

17. In questo esercizio di trigonometria creiamo un sistema di due equazioni.
- Prima equazione: chiamiamo i cateti AB e AC e sappiamo che la loro somma è pari a 21: AB + AC =21

- Seconda equazione: conoscendo le proprietà della trigonometria sappiamo che la tangente di un angolo è pari al rapporto tra il cateto opposto e quello adiacente. In questo caso possiamo scegliere noi quale cateto è opposto e quale adiacente, per cui scriviamo: $\frac{AC}{AB} = \frac{\sqrt{3}}{3}$.

Dalla prima equazione otteniamo AB = 21 - AC e in seguito sostituiamo AB nella seconda equazione.
Otteniamo:
$AC = \frac{\sqrt{3}}{3}(21 - AC) \rightarrow AC = 7\sqrt{3} - \frac{\sqrt{3}}{3}AC \rightarrow AC\left(1 + \frac{\sqrt{3}}{3}\right) = 7\sqrt{3} \rightarrow AC = \frac{7\sqrt{3}}{\frac{3+\sqrt{3}}{3}} \rightarrow AC = \frac{21\sqrt{3}}{3+\sqrt{3}}$
ora razionalizziamo e otteniamo:
$AC = \frac{21\sqrt{3}\cdot(3-\sqrt{3})}{9-3} = \frac{63\sqrt{3}-63}{6} = \frac{21\sqrt{3}-21}{2} = \frac{21(\sqrt{3}-1)}{2}$.
A questo punto calcoliamo il secondo cateto come:
$AB = 21 - AC \rightarrow AB = 21 - \frac{21(\sqrt{3}-1)}{2} = \frac{42 - 21(\sqrt{3}-1)}{2} = \frac{42 - 21\sqrt{3} + 21}{2} = \frac{63 - 21\sqrt{3}}{2}$.
Risposta corretta B.

18. Prima di tutto raccogliamo il coseno: cosx(1 + 2sinx) = 0.
A questo punto troviamo le soluzioni per le due parti, ovvero cosx = 0 e 1 + 2sinx = 0.
Cosx è uguale a 0 (all'interno dell'intervallo 0 - 2π) per $x = \frac{\pi}{2} \vee x = \frac{3\pi}{2}$.
$1 + 2\sin x = 0 \rightarrow 2\sin x = -1 \rightarrow \sin x = -\frac{1}{2}$, che è valido per $x = \frac{7\pi}{6} \vee x = \frac{11\pi}{6}$. A questi risultati si può arrivare in maniera semplice pensando che $\sin\frac{\pi}{6} = \frac{1}{2}$, quindi gli angoli per cui sinx = $-\frac{1}{2}$ saranno $\pi + \frac{\pi}{6}$ e $2\pi - \frac{\pi}{6}$. Questo lo vediamo molto bene anche nel grafico della funzione seno, tirando una riga all'altezza di $y = -\frac{1}{2}$.
Risposta corretta E.

MATEMATICA

19. Sviluppiamo il quadrato del binomio e otteniamo: $\sin^2\alpha + \cos^2\alpha + 2\sin\alpha\cos\alpha - 1 = K$.
Applichiamo la legge fondamentale della goniometria e otteniamo: $1 + 2\sin\alpha\cos\alpha - 1 = K$.
La formula di duplicazione ci dice che $\sin 2\alpha = 2\sin\alpha\cos\alpha$. Quindi la $K = \sin 2\alpha$.
Sappiamo infine che la funzione seno è dispari. Quindi $K = -\sin(-2\alpha)$.
Risposta corretta B.

20. In questo esercizio dobbiamo usare il teorema dei seni, il quale afferma che $\frac{\text{sen}\alpha}{a} = \frac{\text{sen}\beta}{b} = \frac{\text{sen}\gamma}{c}$.
Poiché la somma degli angoli interni di un triangolo è uguale a 180°, possiamo ricavare α e γ facendo $\frac{(180° - 120°)}{2} = 30°$. A questo punto sapendo che a = c possiamo impostare l'equazione $\frac{\text{sen}30}{a} = \frac{\text{sen}120}{b}$. Di questa equazione l'unica incognita è il lato a, quindi possiamo risolvere l'equazione $a = \frac{\text{sen}30 \cdot b}{\text{sen}120} = \frac{1}{2} \cdot 10 \cdot \frac{2}{\sqrt{3}} = \frac{10}{\sqrt{3}}$.
A questo punto dobbiamo solo sommare i lati: $2p = a + b + c = \frac{10}{\sqrt{3}} + \frac{10}{\sqrt{3}} + 10 = \frac{20 + 10\sqrt{3}}{\sqrt{3}}$.

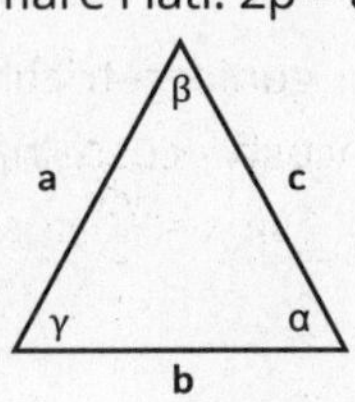

Risposta corretta A.

21. senx + cosx + 1 ≥ 0 è una disequazione goniometriche lineare in seno e coseno perchè appunto la funzione seno o la funzione coseno appaiono al massimo al primo grado. Per risolverla utilizziamo il metodo grafico, che in pratica significa trovare i punti P(x; y) appartenenti sia alla circonferenza goniometrica sia al semipiano $X + Y + 1 \geq 0$ che corrisponde alla disequazione goniometrica considerata.
In altri termini significa scrivere il sistema tra la circonferenza goniometrica e l'equazione associata alla disequazione data, considerando senx = Y e cosx = X

1. $X + Y + 1 = 0 \rightarrow Y = -X - 1$
2. $X^2 + Y^2 = 1$

Ora bisogna risolvere il sistema sostituendo la prima equazione nella seconda, si ottiene $X^2 + (-X - 1)^2 = 1 \rightarrow X^2 + X^2 + 1 + 2X = 1 \rightarrow 2X^2 + 2X = 0 \rightarrow 2X(X + 1) = 0$; le soluzioni di questa equazione sono X = 0 e X = -1. Il primo punto di intersezione sarà dunque X = 0 Y = -1 → cosx = 0 senx = -1 che guardando sulla circonferenza goniometrica corrisponde all'angolo $\frac{3}{2}\pi + 2k\pi$. Il secondo punto di intersezione invece sarà X = -1 Y= 0 → cosx = -1 senx = 0 che corrisponde sulla circonferenza goniometrica a $\pi + 2k\pi$.
Ora dobbiamo rappresentare i punti trovati sulla circonferenza goniometrica e poi riprendere in considerazione la disequazione di partenza esplicitando la Y → $Y \geq -X - 1$, questa espressione significa cercare tutti i punti che si trovano sopra o coincidono con la retta. In questo modo ho trovato la soluzione della disequazione (che è rappresentata evidenziata nel grafico) $-\frac{\pi}{2} + 2k\pi \leq x \leq \pi + 2k\pi$ (ricordiamo che $\frac{3}{2}\pi + 2k\pi$ equivale a scrivere $-\frac{\pi}{2} + 2k\pi$).

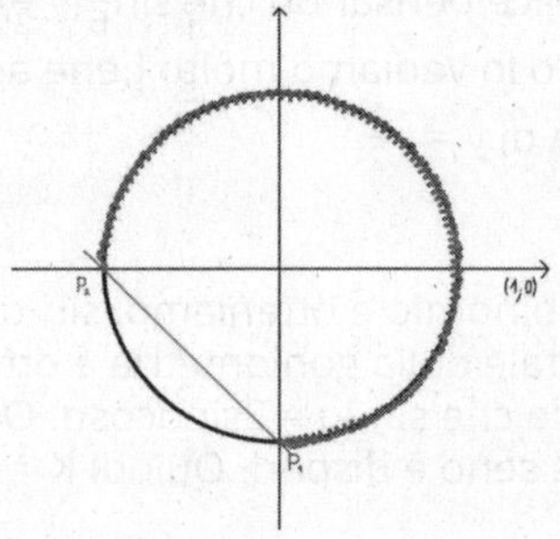

Risposta corretta D.

7. PROBABILITÀ E CALCOLO COMBINATORIO

1. La professoressa di italiano del liceo Maffei sta estraendo i bigliettini per decidere i tre interrogati del giorno. Giulia e la sua amica Francesca sono rispettivamente il numero 13 e 18 del registro. Sapendo che nella loro classe ci sono 20 studenti di cui 12 femmine, calcola la probabilità che vengano estratti il numero di Giulia, il numero di Francesca e il numero di uno dei maschi della classe.

A. 8/6840
B. 6%
C. 48/855
D. 0,01%
E. 2/285

2. Quanti sono i possibili anagrammi della parola "Anagramma"?

A. 7560
B. 11 845
C. 10 645
D. 9745
E. 10 845

3. All'ultima conferenza mondiale della sanità presieduta da Testbusters si propongono di partecipare i 15 rettori delle maggiori università italiane ma i posti loro riservati sono solo 5. In quanti modi diversi questi 5 posti potranno essere occupati?

A. $1{,}3\ 10^{12}$
B. 3003
C. 360360
D. 32760
E. Nessuno dei valori precedenti

4. Avendo a disposizione 7 lettere dell'alfabeto (tutte diverse), il numero di parole con 4 lettere che si possono formare potendo ripetere 2 o 3 o 4 volte la stessa lettera è:

A. 4^4
B. 4^7
C. 7^4
D. 7^7
E. 49

5. Paolo e Francesca stanno giocando a scopa con un mazzo da 52 carte, Francesca riceve 3 carte, in quanti modi può riceverle?

A. 11 200
B. 11 000
C. 22 000
D. 22 100
E. 1

6. Qual è la probabilità che estraendo a caso una carta da un mazzo di 52 esca un fante, una donna o un re?

A. 13/3
B. 3
C. 13
D. 4/52
E. 3/13

7. Marina e Margherita per ingannare il tempo tra due lezioni decidono di giocare a Uno, il mazzo è composto da 19 carte di colore Rosso che vanno dall' 1 al 9 (2 serie) più uno 0; 19 carte di colore Blu che vanno dall' 1 al 9 (2 serie) più uno 0; 19 carte di colore Giallo che vanno dall' 1 al 9 (2 serie) più uno 0; 19 carte di colore Verde che vanno dall' 1 al 9 (2 serie) più uno 0; 8 carte "Pesca Due" dei vari colori sopracitati; 8 carte "Inverti o Cambio giro" dei vari colori sopracitati; 8 carte "Salta o Stop" dei vari colori sopracitati; 4 carte Jolly o "Cambio colore"; 4 carte Jolly "Pesca Quattro".
Per un totale di 108 carte, Marina sta distribuendo le carte: qual è la probabilità che la prima carta data a Margherita sia un 5 o una carta blu?

A. 33/108
B. 25/108
C. 34/108
D. 31/108
E. 21/108

MATEMATICA

8. La probabilità che lanciando 4 volte una moneta non truccata esca sempre testa è:

A. 1/16
B. 1/4
C. 1/8
D. 3/16
E. 15/16

9. Alla scuola media G. Fragio di Rozzano si sta svolgendo la prima campestre in onore del magnanimo fondatore della scuola, alla corsa partecipano 11 maschi e 7 femmine, qual è la probabilità che al primo e secondo posto arrivino due femmine ed al terzo un maschio?

A. 321/2448
B. 642/4896
C. 462/4796
D. 231/2448
E. Nessuna delle precedenti

10. Leonardo si trova nel parcheggio dell'Esselunga e sta andando verso la sua macchina. Nel parcheggio ci sono 16 macchine: 5 Fiat Panda delle quali 3 nere e 2 blu, 3 Ford rosse, 8 Alfa Romeo delle quali 4 nere e 4 rosse. Calcola la probabilità che la macchina di Leonardo sia un'Alfa Romeo o una macchina nera.

A. 1/4
B. 15/16
C. 11/16
D. 3/16
E. 1/8

11. Lautaro ha una probabilità del 40% di fare un goal dall'area di rigore, mentre Candreva ha una probabilità del 20%. È più probabile che Lautaro faccia un goal o che Candreva segni almeno una volta su quattro tiri? Quanto vale quest'ultima probabilità?

A. Lautaro - 0,4
B. Candreva - 0,4
C. Lautaro - 0,5
D. Candreva - 0,6
E. Candreva - 1

12. Margherita fa dei piani per il weekend guardando il meteo. Decide che se sabato c'è il sole, andrà al lago, mentre se piove andrà a una festa. Se domenica piove lavorerà, mentre se ci sarà il sole andrà a Bologna. Consideriamo che in generale la probabilità che ci sia il sole è 1/3 e quella che piova è 1/4; in più c'è un 50% di possibilità che la festa venga disdetta. Qual è la probabilità che Margherita vada al lago e poi a Bologna e quella che vada alla festa e poi lavori?

A. 1/9 ; 1/32
B. 2/3 ; 3/8
C. 2/3 ; 1
D. 1/9 ; 3/8
E. 1/12 ; 1/8

13. Sono presenti due scatole: nella prima ci sono 3 palline rosse, 3 bianche e 3 nere; nella seconda ci sono 4 palline rosse, 2 bianche e 4 nere. Qual è la probabilità che esca una pallina bianca pescando a caso da una delle due scatole?

A. 8/15
B. 4/15
C. 1/15
D. 5/19
E. Nessuna delle precedenti

14. Se si lanciano due dadi contemporaneamente, qual è la probabilità che escano due numeri la cui somma faccia 6?

A. 5/12
B. 6/36
C. 2/6
D. 5/36
E. 1/3

15. La probabilità che il metadone, un farmaco usato contro la dipendenza da morfina, abbia effetto e che il paziente guarisca è del 90% mentre la probabilità che abbia effetti collaterali è del 20%. Qual è la probabilità che in un gruppo di 4 persone nessuno guarisca né abbia effetti collaterali?

A. $(1/10)^4$
B. $(4/5)^4$
C. $(2/25)^4$
D. 2/25
E. $(1/25)^4$

16. Un'urna contiene 10 palline: 2 verdi, 3 gialle e 5 rosse. Qual è la probabilità che estraendo successivamente due palline, senza reimmissione, almeno una sia gialla?

A. 7/15
B. 6/90
C. 8/15
D. 3/10
E. 9/1000

MATEMATICA

CORREZIONE COMMENTATA

1. Si tratta di un esercizio sulla probabilità congiunta, in quanto viene richiesta la probabilità che si verifichino contemporaneamente tre eventi. Dunque, per risolverlo, bisogna partire col calcolare le probabilità dei singoli eventi per poi moltiplicarle tra loro. La probabilità che il primo bigliettino estratto sia quello di Giulia è 1/20; la probabilità che il secondo bigliettino estratto sia quello di Francesca è 1/19: bisogna ricordarsi che, una volta estratto un bigliettino, diminuisce di uno il numero dei casi totali. Infine, la probabilità che l'ultimo bigliettino appartenga a un ragazzo è 8/18. Moltiplicando questi valori tra di loro si ottiene: (1/20) · (1/19) · (8/18) = 8/6840.
Come ultima cosa, però, andava notato che il problema non specifica quale debba essere il primo bigliettino estratto, quale il secondo e quale il terzo, dunque bisognava moltiplicare il valore ottenuto per il numero di permutazioni possibili, ovvero: 3! = 6; (8/6840) · 6 = 48/6840 = 2/285.
Risposta corretta E.

2. Quando viene chiesto l'anagramma di una parola, l'operazione del calcolo combinatorio da utilizzare è sempre la permutazione. Nel caso poi la parola presenti lettere uguali, come in questo caso, si tratta di una permutazione con ripetizione. La formula da utilizzare è quindi $n!/k_1!k_2! \dots k_k!$, dove n è il numero totale delle lettere e k_i è il numero di ripetizioni della i-esima lettera che è presente più volte. Siccome nella parola anagramma la lettera A è ripetuta 4 volte e la lettera M 2 volte, la formula diventa: 9!/(4! · 2!) = 7560.
Risposta corretta A.

3. Bisogna contare il numero di raggruppamenti formati da 5 rettori estratti a partire da un insieme di 15; per fare ciò dobbiamo utilizzare la formula risolutiva delle combinazioni semplici, perché l'ordine non conta: n!/k!(n - k)! = 15!/5!10! = 3003.
Risposta corretta B.

4. Le informazioni fondamentali che ci permettono di risolvere l'esercizio sono:

- La possibilità di utilizzare più volte la stessa lettera
- L'importanza dell'ordine, visto che il quesito riguarda la composizione di una parola

Utilizziamo quindi le disposizioni con ripetizione la cui formula è n^k, dove k è il numero di posti disponibili per formare la parola, ed n è il numero degli elementi che possiamo usare per creare la parola. Nel nostro caso quindi: $n^k \rightarrow 7^4$
Risposta corretta C.

5. Dato che vengono fornite 52 carte da disporre in gruppi di 3, senza che esse si possano ripetere all'interno di uno stesso gruppo, per risolvere l'esercizio utilizziamo la formula delle combinazioni semplici, in quanto l'ordine non conta:

$$\frac{n!}{k!(n-k)!} \rightarrow \frac{52!}{3!49!} = \frac{52 \cdot 51 \cdot 50 \cdot 49!}{3!49!} = 22100.$$

Risposta corretta D.

6. L'esercizio propone tre eventi incompatibili poiché è impossibile che estraendo una carta dal mazzo escano contemporaneamente un fante, una donna ed un re. È necessario quindi trovare le singole probabilità: P(fante) = 4/52, P(donna) = 4/52 e P(re) = 4/52 e sommarle: P(tot) = 4/52 + 4/52 + 4/52 = 3/13.
Risposta corretta E.

7. Il quesito ci propone un caso di eventi compatibili risolvibile usando: $P_t = P_{E1} + P_{E2} - P_{E1,2}$, dobbiamo quindi sommare le probabilità dei singoli eventi e sottrarre quella dei due eventi correlati. La probabilità di ottenere un 5 è 8/108, la probabilità di ottenere una carta blu è 25/108, mentre la probabilità di ottenere un 5 blu è 2/108 quindi P_t = 8/108 + 25/108 – 2/108 = 31/108.
Risposta corretta D.

8. L'esercizio si basa sul fatto che ogni lancio di moneta è indipendente dagli altri, perciò la probabilità totale sarà data dal prodotto delle singole probabilità di ognuno dei 4 eventi : P(di ottenere 4 teste) = 1/2 · 1/2 · 1/2 · 1/2 = 1/16.
Risposta corretta A.

9. Gli eventi proposti dall'esercizio sono dipendenti, infatti se al primo posto del podio della campestre troviamo una ragazza (P = 7/18), la probabilità che ve ne sia una anche al secondo posto risulta diversa dalla precedente (P = 6/17); perciò P(tot) = 7/18 · 6/17 · 11/16 = 231/2448.
Risposta corretta D.

10. L'esercizio chiede di calcolare la probabilità totale di due eventi che sono tra loro compatibili, in quanto la macchina di Leonardo potrebbe essere un'Alfa Romeo nera. La formula da applicare in questo caso è: P(A o B) = P(A) + P(B) - P(AB) = (8/16) + (7/16) - (4/16) = 11/16.
Risposta corretta C.

11. La probabilità che Lautaro faccia un goal, in generale, ci viene data dal testo ed è pari a 0,4. Invece, per calcolare la probabilità che Candreva segni almeno una volta su 4 tiri, si può procedere con questo calcolo: 1 (ovvero la probabilità dell'evento certo) - la probabilità che non segni in nessun tiro. Per calcolare la probabilità che non segni in nessun tiro dobbiamo prima calcolare la probabilità di non segnare facendo un tiro: 1(probabilità dell'evento certo) - la probabilità che segni in un tiro → 1 - 0,2 = 0,8. Adesso, visto che i tiri sono indipendenti tra loro, possiamo calcolare la probabilità di non segnare in nessuno dei 4 tiri come: $0{,}8 \cdot 0{,}8 \cdot 0{,}8 \cdot 0{,}8 = \frac{256}{625}$.
La probabilità di segnare in almeno un tiro sarà pari a: $1 - \frac{256}{625} = \frac{389}{625} \approx 0{,}6$.
Risposta corretta D.

12. Margherita andrà al lago se c'è il sole sabato e a Bologna se c'è il sole domenica, ergo dobbiamo moltiplicare la probabilità che ci sia il sole sabato e domenica: 1/3 · 1/3 = 1/9. Al contrario, Margherita va alla festa se sabato piove (1/4), però c'è 1/2 di probabilità che la festa ci sia effettivamente, ergo la probabilità complessiva che vada alla festa è 1/4 · 1/2. In più sappiamo che domenica lavorerà se piove (1/4 di probabilità). In conclusione, la probabilità complessiva che Margherita vada alla festa e poi lavori è 1/4 · 1/2 · 1/4 = 1/32.
Risposta corretta A.

13. Per risolvere l'esercizio è necessario prima determinare la probabilità di pescare dall'urna 1 e quella di pescare dall'urna 2. Siccome pesco a caso, la probabilità di scegliere l'una o l'altra sarà di ½ (pertanto, ½ per la prima e ½ per la seconda): → p_{u1} = ½ e p_{u2} = ½.
A questo punto è necessario calcolare la probabilità di pescare una pallina bianca dalla prima urna e la probabilità di pescare una pallina bianca dalla seconda urna → p_{b1} = 3/9 e p_{b2} = 2/10.
A questo punto si calcola la probabilità finale come $p_f = p_{u1}p_{b1} + p_{u2}p_{b2}$ = ½ · 3/9 + ½ · 2/10 = 1/6 + 1/10 = 5/30 + 3/30 = 8/30 = 4/15.
Risposta corretta B.

14. Per calcolare il numero dei casi possibili si può ricorrere al concetto delle disposizioni con ripetizione, in quanto abbiamo 6 numeri diversi da dividere in gruppi da 2, con l'eventualità che i due numeri possano anche essere uguali tra loro. Dunque, il numero dei casi possibili è $6^2 = 36$.
Il numero dei casi favorevoli è dato dalle seguenti coppie: (1,5) ; (2,4) ; (3,3) ; (5,1) ; (4,2).
Quindi, i casi favorevoli sono 5 su 36 casi totali.
Risposta corretta D.

MATEMATICA

15. La probabilità che in un gruppo di 4 persone nessuno guarisca è pari a (p di non guarire)^4 = (1 - p di guarire)^4 = (1 - 9/10)^4 = (1/10)^4. Invece la probabilità che nessuno abbia effetti collaterali è pari a (p di non avere effetti collaterali)^4 = (1 - p di avere effetti collaterali)^4 = (1 - 2/10)^4 = (4/5)^4.
A questo punto visto che i due eventi devono avvenire assieme moltiplichiamo le due probabilità tra loro e otteniamo: p = (1/10)^4 · (4/5)^4 = (4/50)^4 = (2/25)^4.
Risposta corretta C.

16. Trattandosi di un problema di probabilità possiamo ricorrere alla risoluzione tramite diagramma ad albero. Scriviamo sempre la richiesta in un riquadro e poi procediamo costruendo il diagramma: il primo livello sarà rappresentato dalla prima estrazione che appunto potrà essere 'pallina gialla' con probabilità 3/10 oppure 'non pallina gialla' con probabilità 7/10. Dal primo nodo 'pallina gialla' partiranno due rami per la seconda estrazione che saranno 'pallina gialla' con probabilità 2/9 e 'non pallina gialla' con probabilità 7/9. Dal primo nodo 'non pallina gialla' (sempre del primo livello) partiranno due rami per la seconda estrazione che saranno 'pallina gialla' con probabilità 3/9 e 'non pallina gialla' con probabilità 6/9.
Il diagramma sarà così strutturato:

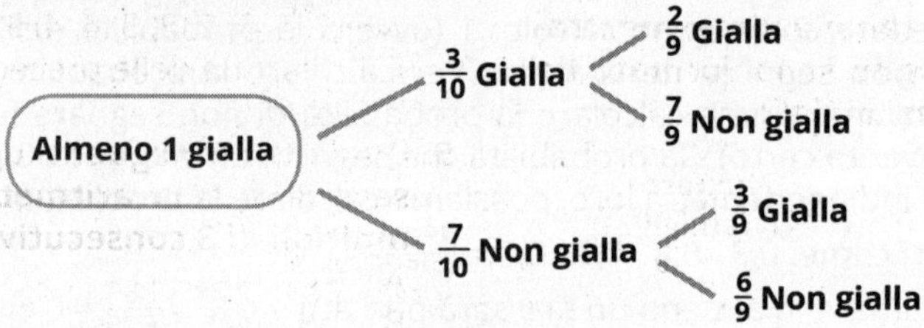

Per calcolare la probabilità che esca almeno una pallina gialla dobbiamo considerare tre percorsi del diagramma:

- entrambe le estrazioni gialla → 3/10 · 2/9
- pallina gialla sono nella prima estrazione → 3/10 · 7/9
- pallina gialla solo nella seconda estrazione → 7/10 · 3/9

Poi andare a sommare tutte queste probabilità → $p(E) = (\frac{3}{10} \cdot \frac{2}{9}) + (\frac{3}{10} \cdot \frac{7}{9}) + (\frac{7}{10} \cdot \frac{3}{9}) = \frac{8}{15}$.
Ricordiamo che questo tipo di problema può anche essere risolto avvalendosi della probabilità complementare → $p(E) = 1 - p(\text{nessuna pallina gialla}) = 1 - \frac{7 \cdot 6}{10 \cdot 9} = 1 - \frac{7}{15} = \frac{8}{15}$.
Risposta corretta C.

8. STATISTICA

1. Luca è in 4° elementare e le maestre stanno per consegnare le pagelle; lui vorrebbe prendere 9 in matematica ma fino ad ora ha preso nelle verifiche scritte 7.5,10 e 8.5 e nelle interrogazioni 8.5 e 10. Che voto dovrà prendere nella prossima interrogazione per essere sicuro di avere 9 in pagella in matematica?

A. 9
B. 9.5
C. 8
D. 8.5
E. Non può essere sicuro di prendere 9 in pagella

2. Nella seguente tabella viene mostrato quante famiglie sono formate da un certo numero di figli:

Numero di figli	Numero di famiglie
0	3
1	3
2	6
3	5
4	2
5	1

Indicare la media di figli per famiglia, la moda e la percentuale di famiglie che hanno un numero di figli sopra la media:

A. media = 2; moda = 3; percentuale = 40%
B. media = 2,3; moda = 2; percentuale = 45%
C. media = 2,15; moda = 2; percentuale = 50%
D. media = 2,15; moda = 2; percentuale = 40%
E. media = 2,3; moda = 3; percentuale = 45%

3. Calcolare la media aritmetica e la mediana dei tempi riportati da 10 atleti in una gara di sci di fondo. I tempi sono i seguenti (in minuti): 12, 14, 11, 11, 13, 15, 16, 12, 10, 18.

A. Media = 13,2; mediana = 12,5
B. Media = 13,2; mediana = 13
C. Media = 13; mediana = 12
D. Media = 13,3; mediana = 12
E. Media =13,3; mediana = 12,5

4. Quale delle seguenti è una sequenza bimodale?

A. {0, 0, 0, 4, 4, 4, 5, 6, 7, 7, 7, 7}
B. {2, 3, 2, 5, 5, 4, 6, 8, 1, 11, 34}
C. {1, 2, 3, 4, 5, 6, 6, 7, 7, 8, 8, 8}
D. {1, 1, 2, 2, 3, 3, 4, 4, 5, 5, 6, 6}
E. Nessuna delle precedenti

5. Quale tra le seguenti opzioni può essere la media aritmetica di cinque multipli di 3 consecutivi?

A. 5
B. 7,5
C. 8
D. 10,3
E. 12

6. Una casa di produzione cinematografica sta conducendo un'indagine per studiare quante persone hanno guardato il suo film di punta. Dei 5000 utenti del cinema Odeon il 12% ha visto il film, dei 7500 utenti di un sito di streaming il 15% ha visto il film, infine 13 nostalgici lo hanno visto perché hanno comprato il DVD. Quante persone hanno visto il film?

A. 1738
B. 1725
C. 600
D. 1125
E. 750

MATEMATICA

7. **In uno studio sui rischi cardiovascolari associati ai livelli plasmatici di colesterolo sono stati calcolati i seguenti dati:**

Livelli di colesterolo	Maschi	Femmine	F(x)	f(x)
120 - 160	40	20	60	0,30
161 - 180	12	10	22	X
181 - 200	10	20	Y	0,15
201 - 240	20	Z	30	0,15
241 - 300	45	13	A	B
Totale	125	75	200	1

Durante il passaggio da un file all'altro, alcune celle hanno perso il proprio contenuto. Sapendo che F(x) corrisponde alla frequenza assoluta e che f(x) corrisponde alla frequenza relativa, quale tra le seguenti opzioni riporta correttamente i dati mancanti?

A. 0,11; 30; 10; 58; 0,29
B. 0,22; 20; 45; 58; 0,45
C. 0,11; 20; 30; 57; 0,29
D. 0,11; 30; 10; 48; 0,29
E. 0,22; 15; 10; 57; 0,57

8. **Nel seguente ideogramma sono riportate le bevande preferite dai 300 allievi di una scuola. Sapendo che tutti gli allievi hanno votato e che ciascuno di essi può esprimere una sola preferenza, qual è il numero di allievi la cui bevanda preferita è l'orzo?**

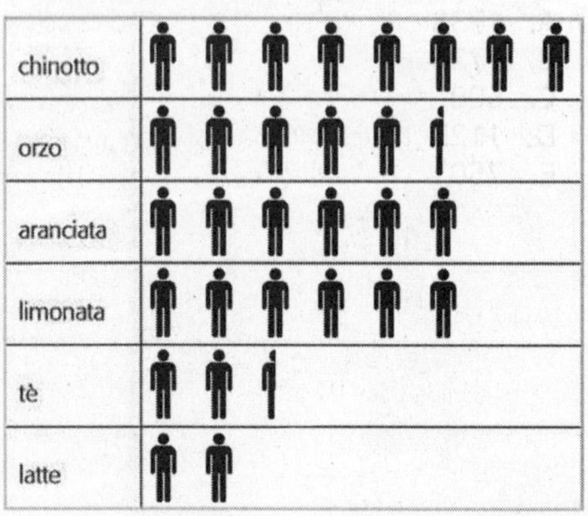

A. 55
B. 28
C. 10
D. 65
E. 80

9. **Gianpiero vorrebbe fare dei tirocini di medicina in Belgio ma è richiesta una media superiore a 26. Per ora ha fatto 3 esami con un peso pari a 20 CFU ciascuno e gli mancano 2 esami da 5 CFU. I voti che ha preso sono 27, 24, 29. Che voti deve prendere come minimo nei due esami mancanti per poter andare in Belgio?**

A. 22, 22
B. 24, 25
C. 24, 26
D. 27, 30
E. 30, 30

10. **I ragazzi dell'istituto Testino Busteri, a seguito di un incontro di sensibilizzazione sulla donazione del sangue, decidono di iscriversi ad un'associazione e diventare ufficialmente donatori. Su 1070 alunni, 70 non possono iscriversi in quanto non soddisfano i criteri di eleggibilità; dei rimanenti, il 20% appartiene al gruppo A, 465 hanno gruppo sanguigno 0, 35 sono di gruppo AB, i restanti di gruppo B. Quanto vale la frequenza relativa dei ragazzi di gruppo B rispetto al totale dei donatori?**

A. 30%
B. 0,35
C. 0,3
D. 45%
E. 0,12

11. **Dai dati ricavati dall'ultimo censimento nazionale un analista dell'ISTAT ha realizzato il seguente istogramma.**

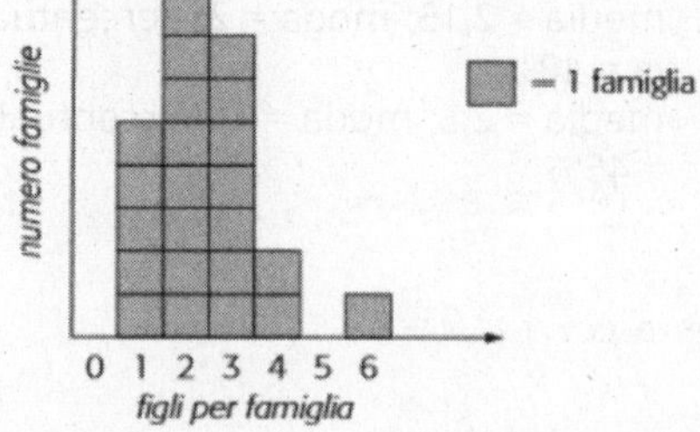

Quale delle seguenti informazioni è possibile ricavare da esso?

A. Ci sono 5 famiglie con 3 figli
B. Il numero dei figli maschi è maggiore del numero delle femmine
C. Ci sono 6 famiglie con un figlio
D. Il numero totale di famiglie considerate è 16
E. Il numero di figli per famiglia più frequente è 2

12. Per le scorse olimpiadi è stato stilato un grafico rappresentante la distribuzione di frequenza delle medaglie date alle squadre dei singoli paesi. Quanti paesi hanno partecipato e quale percentuale di essi ha ottenuto una sola medaglia?

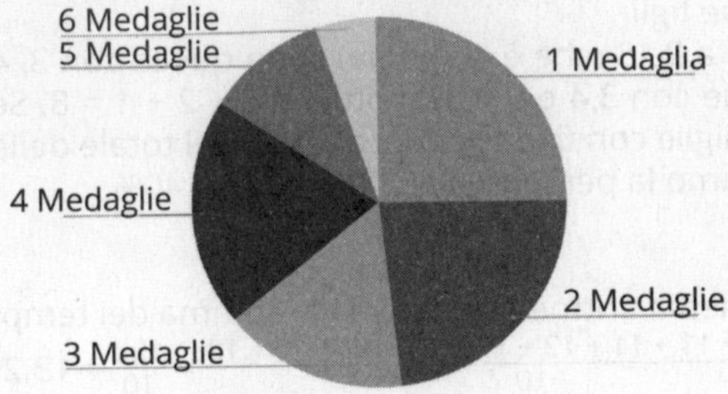

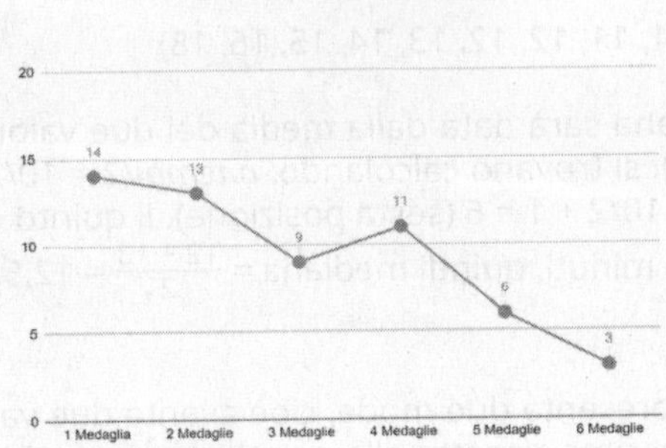

A. 50, 25%
B. 56, 20%
C. 56; 25%
D. 45, 15%
E. 50, 20%

MATEMATICA

CORREZIONE COMMENTATA

1. Per questo esercizio dobbiamo usare la media aritmetica, definita come la somma di tutti i voti presi, diviso il numero di voti totali; in questo caso possiamo quindi impostare un'equazione in questo modo: $9 = \frac{7{,}5 + 10 + 8{,}5 + 8{,}5 + 10 + x}{6}$.

La x non è altro che il voto che Luca dovrà prendere per essere sicuro di avere la media del 9 in matematica; svolgendo l'equazione otteniamo quindi: $9 \cdot 6 = 7{,}5 + 10 + 8{,}5 + 8{,}5 + 10 + x \rightarrow x = 54 - 44{,}5 = 9{,}5$.

Risposta corretta B.

2. La media da calcolare in questo quesito è una media ponderata, data dalla sommatoria del numero delle famiglie moltiplicato per il rispettivo numero di figli e diviso per il numero totale di famiglie:

$$m_{ponderata} = \Sigma \frac{\textit{famiglie con n figli} \cdot \textit{n figli}}{\textit{n totale famiglie}} = \frac{(3 \cdot 0) + (3 \cdot 1) + (6 \cdot 2) + (5 \cdot 3) + (2 \cdot 4) + (1 \cdot 5)}{20} = \frac{0 + 3 + 12 + 15 + 8 + 5}{20} = \frac{43}{20} = 2.15.$$

La moda è il numero di figli che viene riportato dal maggior numero di famiglie, per cui risulta essere 2, essendo 6 le famiglie con due figli.

Le famiglie con un numero di figli superiore a 2,15 (che è la media) sono quelle con 3, 4 e 5 figli. Facendo ora la somma delle famiglie con 3,4 e 5 figli si ottiene 5 + 2 + 1 = 8. Se ora facciamo il rapporto tra il numero di famiglie con figli superiore a 2,15 e il totale delle famiglie e poi moltiplichiamo per 100 otteniamo la percentuale: $8/20 = 0{,}4 \rightarrow 40\%$.

Risposta corretta D.

3. In questo caso la media da calcolare è la media aritmetica, data dalla somma dei tempi diviso il numero degli atleti: $\text{media} = \frac{12 + 14 + 11 + 11 + 13 + 15 + 16 + 12 + 10 + 18}{10} = \frac{132}{10} = 13{,}2$.

Per calcolare invece la mediana occorre:

- disporre i tempi in ordine crescente (10, 11, 11, 12, 12, 13, 14, 15, 16, 18)
- contare il numero di tempi → 10
- essendo il numero di tempi pari, la mediana sarà data dalla media dei due valori centrali; Le posizioni dei due valori centrali si trovano calcolando: *n tempi*/2 = 10/2 = 5 (quinta posizione) e da *n tempi*/2 + 1 = 10/2 + 1 = 6 (sesta posizione). Il quinto e sesto tempo sono rispettivamente 12 e 13 minuti, quindi mediana = $\frac{12 + 13}{2} = 12{,}5$.

Risposta corretta A.

4. Una sequenza bimodale è una sequenza che presenta due mode, cioè avente due valori due valori la cui frequenza risulta essere massima rispetto alla popolazione. L'unica sequenza con due valori che hanno frequenza massima è l'opzione B in cui i valori 2 e 5 hanno entrambi frequenza pari a 2. Analizziamo un attimo le altre opzioni: nell'opzione A la moda è una ed è 7 (con frequenza pari a 4), nella C la moda è una ed è 8 (con frequenza pari a 3), infine nella D si vede che tutti i numeri si ripetono 2 volte quindi è come se la sequenza avesse sei mode.

Risposta corretta B.

5. Per prima cosa dobbiamo sapere come scrivere i cinque multipli consecutivi del numero 3, li indichiamo con 3k, 3(k + 1), 3(k + 2), 3(k + 3) e 3(k + 4). La loro somma vale: 3k + 3k + 3 + 3k + 6 + 3k + 9 + 3k + 12 = 15k + 30. Ora non ci resta che calcolare la media aritmetica: $\frac{15k + 30}{5} = 3k + 6$. L'ultimo passaggio è andare a controllare tra le opzioni quale può essere scritta come 3k + 6 con k numero naturale, si può vedere che ponendo k = 2 si ottiene 12 quindi la risposta corretta è la E.

Risposta corretta E.

6. Il testo ci fornisce le frequenze relative percentuali di coloro che hanno visto il film al cinema e su un sito di streaming, quindi per calcolare la frequenza assoluta, ossia il numero di persone che ha visto il film in totale, occorre applicare la seguente formula F (frequenza assoluta) = f (frequenza relativa) · n (popolazione) e poi sommare i singoli risultati ottenuti. Le persone che hanno visto il film di punta della casa cinematografica al cinema sono → F_{cinema} = 0,12 · 5000 = 600; le persone che lo hanno visto su un sito di streaming sono → $F_{streaming}$ = 0,15 · 7500 = 1125. A queste vanno aggiunte le 13 che hanno acquistato il DVD, concludendo quindi il totale delle persone che hanno visto il film è F_{totale} = 600 + 1125 + 13 = 1738.
Risposta corretta A.

7. L'esercizio chiede di completare la tabella calcolando frequenze assolute e relative dei dati mancanti.
La frequenza relativa è calcolabile come la frequenza assoluta rapportata al totale di soggetti presi in esame, sapendo questo, si può quindi calcolare il valore X come: 22/200 = 0,11 (risposta B ed E errate). Per calcolare la frequenza assoluta di una classe relativa ai livelli di colesterolo, è sufficiente sommare tra loro i valori di maschi e femmine appartenenti a quella classe: si calcola così il valore Y, pari a 10 + 20 = 30 (risposta C errata). Il valore Z si può calcolare per formula inversa della frequenza assoluta, sottraendo quindi il valore dei maschi di quella classe alla frequenza assoluta di quella classe: 30 - 20 = 10. Per ultimo, si procede a calcolare frequenza assoluta e relativa dell'ultima classe: A = 45 + 13 = 58; B = 58/200 = 0,29.
Risposta corretta A.

8. Per capire qual è la chiave di lettura dell'ideogramma riportato, ovvero per capire quanti allievi rappresenta un solo omino, dobbiamo contare gli omini totali rappresentati nel grafico: considerando che due omini a metà ne costituiscono uno unico, ricaviamo facilmente che il loro numero totale è 30. Ciò significa che ogni omino rappresenta 300 allievi / 30 = 10 allievi. A questo punto dobbiamo moltiplicare questa quantità per il numero di omini riportati nella casella dell'orzo: così facendo, otteniamo 10 · 5,5 = 55 allievi.
Risposta corretta A.

9. La media dei voti si calcola come media ponderata, per cui la media totale deve tenere conto del peso in CFU di ogni singolo esame; essa si calcola moltiplicando ogni voto per il suo valore in CFU e dividendo per il totale dei CFU. Il numero totale di CFU è: 20 · 3 + 5 · 2 = 60 + 10 = 70. A questo punto si può scrivere il calcolo della media ponderata come:

- $\frac{27 \cdot 20 + 24 \cdot 20 + 29 \cdot 20 + X \cdot 5 + Y \cdot 5}{70} = 26$

Dove abbiamo indicato con X ed Y i voti ignoti aventi peso pari a 5 CFU ciascuno.

- $(27 + 24 + 29) \cdot 20 + (X + Y) \cdot 5 = 26 \cdot 70 \rightarrow (X + Y) \cdot 5 = 1820 - 1600 \rightarrow X + Y = 220/5 = 44.$

La somma dei due voti deve essere 44, quindi si deve cercare tra le opzioni una risposta che abbia due voti la cui somma sia 44, quindi l'unica opzione possibile è prendere due 22 nei due esami da 5 CFU.
Risposta corretta A.

10. In questo esercizio viene richiesto di calcolare la frequenza relativa di ragazzi che appartengono al gruppo B: la frequenza relativa è data dal rapporto tra la frequenza assoluta di un evento e la numerosità totale del campione. Come prima cosa, è quindi necessario calcolare la numerosità totale del campione, ovvero il totale di ragazzi che decidono di iscriversi come donatori. Sapendo che 70 non soddisfano i criteri di eleggibilità, vanno sottratti al totale di ragazzi che frequentano l'istituto: 1070 - 70 = 1000 ragazzi totali iscritti come donatori. A questo punto è necessario calcolare per sottrazione il numero di ragazzi di gruppo B: si sa che il 20% di ragazzi è di gruppo A, dunque (1000 · 20)/100 = 200 sono i ragazzi di gruppo A.

Sappiamo che 465 iscritti sono di gruppo 0 mentre 35 ragazzi sono di gruppo AB. Sottraendoli al totale si ottiene 1000 - 200 - 465 - 35 = 300 ragazzi, che saranno quindi il numero di ragazzi di gruppo B. A questo punto, si calcola la frequenza relativa: 300/1000 = 0,3. Attenzione: il quesito chiede la frequenza relativa, non la frequenza relativa percentuale: la risposta A è quindi errata perché non presenta il formato corretto.
Risposta corretta C.

11. Si può risolvere questo esercizio procedendo per esclusione: le famiglie con 3 figli non sono 5, bensì 7 (risposta A errata). L'istogramma non fornisce alcuna informazione sul sesso dei figli, dunque non è possibile conoscere il numero di figli maschi e femmine (risposta B errata). Le famiglie aventi un solo figlio non sono 6 ma 5 (risposta C errata). Il numero totale di famiglie prese in esame (che si ricava semplicemente contando tutti i quadratini gialli) non è 16, bensì 23 (risposta D errata). Dunque la risposta corretta è la E, dal grafico è infatti possibile vedere come la moda del numero di figli per famiglia sia pari a 2 (essendo centrata in 2 la colonna più alta dell'istogramma).
Risposta corretta E.

12. Per poter risolvere questo esercizio è necessario saper leggere ed interpretare i diagrammi cartesiani. Per poter conoscere il numero di partecipanti, conoscendo una loro ripartizione, è necessario contare quanti Paesi ci siano per ogni categoria. Quindi il numero di partecipanti è
Numero di partecipanti: = 14 + 13 + 9 + 11 + 6 + 3 = 56.
Per calcolare invece la percentuale di Paesi con una sola medaglia basta osservare il diagramma a torta. L'area corrispondente a "1 medaglia" è 1/4 di circonferenza e quindi il 25%.
Risposta corretta C.

MATEMATICA

FISICA

Come affrontare la fisica da test, che si presenta nel formato "esercizio da risolvere attraverso l'applicazione di formule".

1. Prima di tutto, quando ci troviamo davanti a un esercizio, dobbiamo saper individuare il **macro-argomento** a cui esso appartiene.
   Esempio, parte 1: cinematica, moto rettilineo uniformemente accelerato.

2. Per ogni macro-argomento dobbiamo ricordare immediatamente il gruppo di **formule** a esso correlate. Si può dunque giocare di strategia e considerare il fatto che gli autori del test peschino spesso dallo stesso bacino le formule necessarie a svolgere la maggior parte dei quesiti. Non è quindi strettamente necessario comprendere fino in fondo a livello teorico-astratto quel fenomeno fisico che ci risulta particolarmente ostico: l'importante non è saper spiegare il concetto di condensatore, ma conoscere le formule fisico-matematiche che ci permettono di risolvere i quiz sui condensatori.
   Esempio, parte 2: formule del moto uniformemente accelerato:
   - $S = So + Vot + 1/2\ a\ t_2$;
   - $2a\Delta s = V_{f2} - Vo_2$;
   - $v_f = v_i + at$;
   - $a = v/t$;

3. Successivamente, dobbiamo sempre evidenziare i dati presenti nel testo e la richiesta finale dell'esercizio. Nonostante sembri scontato, proprio perché il numero di formule è abbastanza esiguo all'interno del singolo macro-argomento, i dati sono il punto di partenza da usare saggiamente per velocizzare la risoluzione e non perdere tempo in strategie inconcludenti.
   Esempio, parte 3:
   - dati: $Vo = 0$, $V_f = 10$ m/s, $S = 15$ m;
   - richiesta: accelerazione.

   Alcuni dati possono essere posti come **distrattori**, la stesura preliminare delle formule potenzialmente utili aiuta anche a discriminare i dati importanti da quelli falsi.

4. Il passo successivo è **confrontare** i dati con le formule del bacino individuato. Si può quindi procedere passaggio per passaggio con le formule che ci permettono di individuare le incognite dell'esercizio fino all'individuazione della richiesta.
   Esempio, parte 4: non ho il tempo nei dati, quindi la formula utile in questo caso è $2a\Delta s = V_{f2} - Vo_2$.

5. I **calcoli** sono il penultimo punto! Sostituire i dati delle formule con i valori riportati nel testo e trovare le grandezze mancanti. Se i dati sono insufficienti, porre a sistema due o più formule in modo da avere un numero pari di incognite ed equazioni all'interno del sistema.

6. Esprimere il risultato con le **unità di misura** corrette. Attenzione: nei quiz del test, spesso, tra le opzioni ne troverete alcune corrette in valore assoluto, ma non in unità di misura: non fatevi ingannare e ragionate sempre anche sull'unità di misura del vostro risultato, che deve essere corretta!

Ripetete questi step a ogni esercizio e, pian piano, sarete delle macchine da test!

1. UNITÀ DI MISURA E VETTORI

1. Il supercomputer di Testino esegue circa 60 milioni di operazioni al secondo. Qual è l' ordine di grandezza di tutte le operazioni che tale computer svolge in 2 ore?
A. 10^8
B. 10^9
C. 10^{10}
D. 10^{11}
E. 10^{12}

2. Quale delle seguenti grandezze è vettoriale?
A. Energia cinetica
B. Massa
C. Lavoro
D. Temperatura
E. Nessuna delle precedenti

3. Quale delle seguenti affermazioni è corretta?
A. Secondo il S.I., il calore si misura in calorie
B. La potenza è una grandezza scalare
C. 1 μm = 10^{-12} m
D. L'intensità luminosa si misura in Ampere
E. Nessuna delle precedenti

4. Il prodotto vettoriale tra la velocità e lo spostamento:
A. Ha come modulo il prodotto dei loro moduli
B. Ha un risultato sempre nullo
C. Ha direzione perpendicolare ai due e il verso è sempre uscente dal piano
D. Ha come unità di misura il m^2/s
E. Non è possibile

5. Quanti ordini di grandezza di differenza ci sono tra i femto e i tera?
A. 10^{27}
B. 10^{30}
C. 10^{-27}
D. 27
E. 30

6. Una velocità di 180 m/s equivale a:
A. 6,48 km/h
B. 500 km/h
C. 64,8 km/h
D. 50 km/s
E. 648 km/h

7. La massa di un corpo:
A. Varia con l'accelerazione a cui è soggetto
B. Varia con la sua posizione sul globo terreste
C. Non varia mai
D. Varia se il corpo viene spostato dalla Terra alla Luna
E. Varia se varia la densità del corpo

8. Due vettori (a = 0,3 m e b = 15 cm) sono posizionati come in figura. Calcolare il prodotto scalare tra i due vettori:

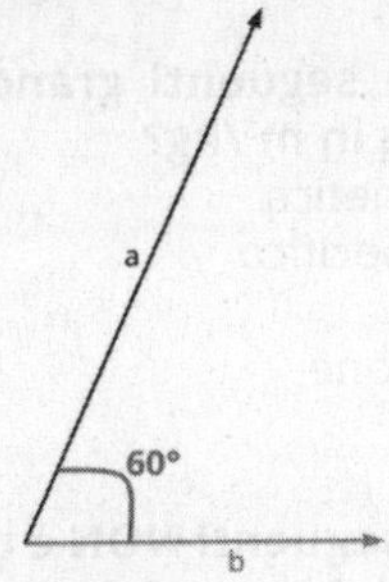

A. 220 cm^2
B. $2{,}25 \cdot 10^2$ m^2
C. 2,25 cm^2
D. $225 \cdot 10^{-2}$ m^2
E. 2,3 m^2

9. Di recente è stato scoperto il Matildone Paravanone, un batterio minuscolo che alberga nelle cortecce delle betulle e ne conferisce il colore bianco. Questo batterio è grande 60 fm (femtometri); quanto equivale la sua grandezza in metri?
A. $60 \cdot 10^{-13}$
B. $6 \cdot 10^{-9}$
C. $6 \cdot 10^{-15}$
D. $60 \cdot 10^{-14}$
E. $6 \cdot 10^{-14}$

FISICA

10. Indicare quali delle seguenti relazioni tra grandezze fisiche è corretta:

A. Lavoro/spostamento = forza
B. Massa · velocità = forza
C. Massa · spostamento = forza
D. Potenza · velocità = forza
E. Massa/velocità = forza

11. Quale delle seguenti unità di misura NON si riferisce a una pressione?

A. Torr
B. Bar
C. Pascal
D. mmHg
E. Kg/m^3

12. Nel Sistema Internazionale l'unità di misura della pressione è il Pascal. A quanto corrisponde 1 Pa?

A. 1 N/m
B. 1 atm
C. 760 mmHg
D. 7,5 Torr
E. $1 N/m^2$

13. Quale delle seguenti grandezze si può misurare in m^3/kg?

A. Energia cinetica
B. Volume specifico
C. Densità
D. Accelerazione
E. Pressione

14. Quale delle seguenti NON è una unità di misura del lavoro?

A. Watt · secondo
B. Newton · metro
C. Joule
D. Erg
E. Joule/secondo

15. Trovare tra le seguenti l'associazione corretta sulle grandezze fisiche:

A. Grandezze scalari: massa, pressione, velocità
B. Grandezze vettoriali: accelerazione, massa
C. Grandezza scalari: massa, temperatura, velocità
D. Grandezze scalari: massa, pressione, accelerazione
E. Grandezze vettoriali: accelerazione, velocità

CORREZIONE COMMENTATA

1. 60 milioni di operazioni equivalgono a $60 \cdot 10^6$, se li moltiplichiamo per 7200 (2 ore espresse in secondi) otteniamo $6 \cdot 10^7 \cdot 7{,}2 \cdot 10^3 = 42 \cdot 10^{10}$ ancora riducibile a $4{,}2 \cdot 10^{11}$. L'ordine di grandezza delle operazione sarà pari a 10^{11}
Risposta corretta D.

2. Una grandezza vettoriale è una grandezza descritta da un vettore caratterizzato da intensità, direzione e verso. Nessuna delle grandezze proposte risponde ai seguenti parametri, infatti sono tutte grandezze scalari, caratterizzate solo dall'intensità.
Risposta corretta E.

3. Si analizzi opzione per opzione. Secondo il S.I., il calore si misura in Joule (risposta A errata). La potenza è effettivamente una grandezza scalare, infatti viene definita solo da un modulo, non ha né verso né direzione (risposta B corretta). Inoltre, 1 μm = 10^{-6} m (risposta C errata). L'intensità luminosa si misura in candele (risposta D errata).
Risposta corretta B.

4. Un prodotto vettoriale è sempre tra due vettori e ha come modulo il prodotto dei due moduli per il seno dell' angolo tra essi compreso, direzione perpendicolare ai due e verso determinabile con la regola della mano destra. L'unità di misura è data dal prodotto delle unità di misura delle due grandezze coinvolte: $m/s \cdot m = m^2/s$
Risposta corretta D.

5. Si tratta di una domanda teorica in cui bisogna conoscere multipli e sottomultipli e ricordare che un ordine di grandezza equivale a 10, quindi per esempio tre ordini di grandezza corrispondono a 10^3. Sapendo che i femto sono 10^{-15} e i tera sono 10^{12} tra i due c'è una differenza di 27 ordini di grandezza.

Valore	Potenza di 10	Prefisso	Simbolo
1.000.000.000.000.000.000	10^{18}	Exa	E
1.000.000.000.000.000	10^{15}	Peta	P
1.000.000.000.000	10^{12}	Tera	T
1.000.000.000	10^{9}	Giga	G
1.000.000	10^{6}	Mega	M
1.000	10^{3}	Chilo	k
100	10^{2}	Etto	h
10	10	Deca	da
0,1	10^{-1}	Deci	d
0,01	10^{-2}	Centi	c
0,001	10^{-3}	Milli	m
0,000001	10^{-6}	Micro	μ
0,000000001	10^{-9}	Nano	n
0,000000000001	10^{-12}	Pico	p
0,000000000000001	10^{-15}	Femto	f
0,000000000000000001	10^{-18}	Atto	a

Risposta corretta D.

6. Per trasformare i m/s in km/h moltiplichiamo la velocità in m/s per 3,6 : 180 · 3,6 = 648 km/h.
Ricorda: i km/h sono più grandi dei m/s, quindi dobbiamo MOLTIPLICARE per 3,6.
Risposta corretta E.

7. La massa di un corpo è un'invariante, cioè una grandezza che non varia in seguito a trasformazioni del sistema in cui si trova. Dunque, non varierà con l'accelerazione (risposta A errata), con la posizione sul globo terrestre (risposta B errata), sulla Luna (risposta D errata) o con la densità (risposta E errata).
Risposta corretta C.

8. Il prodotto scalare tra due vettori si calcola moltiplicando i valori assoluti dei vettori per il coseno dell'angolo che si forma tra i due:
$p = |a| \cdot |b| \cdot \cos\alpha = 30\ cm \cdot 15 cm \cdot 1/2 = 225\ cm^2 = 225 \cdot 10^{-2}\ m^2$.
Risposta corretta D.

9. Per questo esercizio dobbiamo utilizzare gli ordini di grandezza, in particolare, 1 fm (femtometro) equivale a 10^{-15} m. Quindi a 60 fm equivarranno $60 \cdot 10^{-15} = 6 \cdot 10^{-14}$.
Risposta corretta E.

10. La forza è definita come massa per accelerazione (opzioni B, C e E errate), oppure si può calcolare come rapporto tra potenza e velocità (opzione D errata) o come rapporto tra lavoro e spostamento ($L = F \cdot s$).
Risposta corretta A.

11. Pascal, Torr, Bar e mmHg sono tutte unità di misura della pressione (insieme all'atmosfera atm). Invece i Kg/m^3 sono l'unità di misura della densità.
Risposta corretta E.

12. La pressione è definita come il rapporto tra la forza e la superficie su cui la forza agisce, dunque l'unità di misura della pressione sarà N/m^2, 1 Pascal equivale a 1 N/m^2. Inoltre:
- 1 atm = 1 bar = 760 mmHg = 10^5 Pa
- 1 Torr = 1 mmHg = 133 Pa

Risposta corretta E.

13. L'energia cinetica (risposta A) si misura in Joule ($kg \cdot m^2/s^2$), la densità (risposta C) in kg/m^3, l'accelerazione (risposta D) in m/s^2 e la pressione (risposta E) in kg/ms^2. Il volume specifico (risposta B) è definito come il rapporto tra volume e massa di un corpo e dunque si misura in m^3/kg.
Risposta corretta B.

14. Il lavoro è un'energia e quindi si misura in Joule (risposta C). L'Erg è un'altra unità di misura dell'energia nel sistema di misura cgs (dove quindi si usano centimetri, grammi e secondi). $W \cdot s$ (risposta A) e $N \cdot m$ (risposta B) sono altre unità di misura del lavoro ricavate rispettivamente dalla formula della potenza ($P = L/\Delta t$) e dalla definizione di lavoro ($L = F \cdot \Delta s$). Invece J/s (risposta E) non è un'unità di misura del lavoro ma corrisponde ai Watt.
Risposta corretta E.

15. Le grandezze scalari sono quelle definibili con numeri reali, caratterizzate da un'intensità mentre quelle vettoriali sono quelle definibili con un vettore, caratterizzate da intensità, direzione e verso. Massa, pressione e temperatura sono grandezze scalari mentre accelerazione e velocità sono grandezze vettoriali.
Risposta corretta E.

2. CINEMATICA

1. Sapendo che i seguenti grafici sono relativi a due differenti moti uniformemente accelerati e che in entrambi i casi la variabile x rappresenta il tempo, individuare l'affermazione sbagliata.

Grafico A

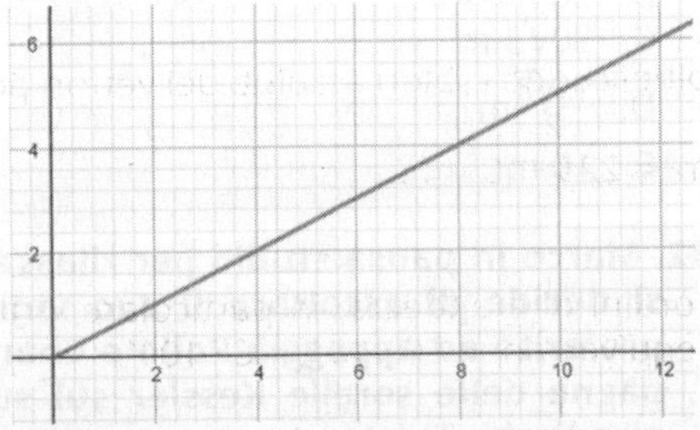

Grafico B

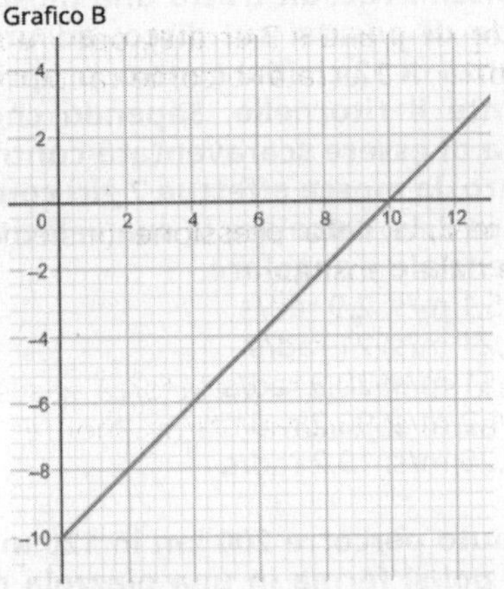

A. L'accelerazione è maggiore nel grafico B
B. L'accelerazione del grafico B è pari a $\frac{1}{2}$ m/s^2
C. L'oggetto in moto nel grafico A era fermo nel momento in cui si è iniziato a misurare il tempo
D. Al tempo t = 8 l'oggetto in moto nel grafico A ha percorso 16 m
E. L'oggetto del grafico B ha cambiato verso nel corso della misurazione

2. L'accelerazione centripeta è:

A. Posseduta da un corpo in moto rettilineo uniforme
B. Subita da un astronauta in fase di lancio di un razzo
C. Subita da un corpo in moto armonico
D. La componente radiale dell'accelerazione
E. La forza centrifuga

3. Un uomo lascia cadere verticalmente una palla facendola partire da ferma da una torre alta 20 m. Quale sarà la velocità della palla subito prima di toccare il suolo?

A. 20 m/s
B. 40 m/s
C. 0 m/s
D. 15 m/s
E. 400 m/s

4. Un corpo di massa M si muove su un piano orizzontale con velocità V. Ad un certo punto A della sua traiettoria incomincia a sentire l'effetto di una forza d'attrito di modulo costante nel tempo e per tutto il resto della traiettoria del corpo, il quale si ferma dopo un intervallo di tempo ΔT. Quanto vale il modulo della forza d'attrito?

A. $F = MV^2\,\Delta T/2$
B. $F = V/\Delta T$
C. $F = MV/\Delta T$
D. $F = 2\,\Delta T/MV$
E. $F = MV\,\Delta T$

5. Alessandro sta studiando per l'esame della patente e legge che se si sta andando a 100 km/h la distanza di sicurezza minima è di 28 m, preso dalla curiosità decide di calcolare l'accelerazione che ipoteticamente la macchina avrebbe percorrendo la distanza di sicurezza a seguito di una brusca frenata.

A. 14 m/s
B. -17,8 m/s^2
C. 28 m/s^2
D. - 7 m/s
E. - 14 m/s^2

6. Il pendolo di un orologio è lungo 1.5m; si vedono 60 oscillazioni in 300 secondi; quanto vale l'accelerazione?

A. $93{,}6\pi^2$ m/s^2
B. $0.83\pi^2$ m/s^2

FISICA

C. π^2 m/s²
D. $2\pi^2$ m/s²
E. $2.5\pi^2$ m/s²

7. Nel moto di caduta naturale di un grave sulla Terra:
A. L'accelerazione cresce rapidamente
B. La velocità è funzione crescente del tempo
C. La velocità è funzione inversa del tempo
D. Si trascura sempre l'attrito dell'aria
E. L'energia potenziale è costante

8. Un corpo di massa 3 kg viene agganciato a una molla. Sapendo che il periodo di oscillazione della molla è pari a 2 s, calcolare la costante elastica della molla.
A. 0,03 N/m
B. 9 N/m
C. 0,1 N/m
D. 15 N/m
E. 30 N/m

9. Un pendolo impiega 2 secondi per fare un'oscillazione completa. Se la lunghezza del pendolo venisse quadruplicata, quale diventerebbe il periodo?
A. 0,5 s
B. 1 s
C. 2 s
D. 4 s
E. 8 s

10. Un'automobile percorre una curva di raggio 20 m con una velocità scalare costante di 40 km/h. L'accelerazione dell'automobile è:
A. Uguale a zero
B. Tangente alla curva
C. Diretta come il raggio e rivolta verso l'interno della curva
D. Diretta come il raggio e rivolta verso l'esterno della curva
E. Nessuna delle precedenti

11. Giocando a calcio con i suoi amici, Piero colpisce la palla con un po' troppa veemenza, e le imprime una velocità di 10 m/s con un angolo di 60° rispetto al terreno. La palla finisce sul tetto di un palazzo alto 45 m. A quale distanza si trovava Piero dal palazzo?
A. 15 m
B. 30 m
C. $30\sqrt{3}$ m
D. $\frac{15\sqrt{3}}{2}$m
E. 10 m

12. Marco in pausa studio per rilassarsi decide di ascoltare il suo vinile preferito ed appoggia Pollo e Champagne delle sorelle Kessler sul suo giradischi. Tutt'un tratto una mosca decide di posarsi sul disco, ad una distanza di 12 cm dal centro, proprio durante il ritornello. Sapendo che, prima di essere scaraventata contro il muro, la mosca effettua 7 giri completi in 2,1s, calcolare la sua velocità tangenziale e angolare.
A. 25,1 m/s; 2,9 rad/s
B. 5,21 m/s; 21 rad/s
C. 2,51 m/s; 20,9 rad/s
D. 51,2 m/s; 90,2 rad/s
E. 1,25 m/s; 19,2 rad/s

13. Un'auto percorre 200 km in 120 minuti, poi si ferma in una piazzola di sosta per 60 minuti, e infine riparte con una velocità media di 80 km/h fino a raggiungere la sua destinazione dopo 1 ora.
Qual è la differenza tra la media delle velocità e la velocità media lungo tutto il viaggio?
A. 20 km/h
B. 40 km/h
C. 90 km/h
D. 70 km/h
E. 0 km/h

14. Nello stesso istante un treno A parte da Milano diretto a Firenze con una velocità costante $v_A = 120$ km/h e un treno B parte da Firenze diretto a Milano con $v_B = 60$ km/h. Se la distanza tra le due città è di 300 km, a quale distanza da Firenze i due treni si incontreranno?

A. 200 km
B. 300 km
C. 50 km
D. Non si incontreranno mai
E. 100 km

15. Beppe e Gianni vogliono andare a fare un giro in scooter; Gianni, essendo molto più veloce, ad un certo punto accosta per aspettare l'amico. Beppe dopo qualche minuto sorpassa l'amico (che al momento è fermo) con una velocità costante di 36 km/h; dopo 6,25 secondi dal sorpasso anche Gianni si rimette in moto con un'accelerazione costante di 1 m/s². Dopo quanto tempo, Gianni avrà raggiunto Beppe?

A. 25 secondi
B. 15000 secondi
C. 5 minuti
D. 5 secondi
E. 45 secondi

16. Un corpo si muove di moto armonico secondo l'equazione $x(t) = 2 \cdot \cos(\pi t)$. Calcolare la posizione e la velocità del corpo con $t = 1$.

A. $s = -2$ m ; $v = 2$m/s
B. $s = 2$ m; $v = 0$ m/s
C. $s = 0$ m; $v = 1$ m/s
D. $s = -2$ m ; $v = 0$ m/s
E. $s = 1$ m; $v = 2$ m/s

17. Homelander e A-Train si stanno sfidando durante una gara di corsa. Se il primo si muove con velocità costante $v_1 = 90$ m/s mentre il secondo con $v_2 = 60$ m/s e partendo con un vantaggio di 20 km, dopo quanto tempo Homelander raggiungerà A-Train?

A. Circa 6 minuti
B. Circa 666 minuti
C. Circa 666 secondi
D. Circa 30 minuti
E. Circa 30 secondi

18. Durante una partita dell'NBA Michael Jordan lancia una palla verticalmente verso l'alto partendo da un'altezza di 1 m e con velocità iniziale di 10 m/s. Riuscirà a sorpassare il canestro posto a 3 m da terra? E se sì di quanto lo supererà? ($g = 10$ m/s²)

A. Sì - 3 m
B. No
C. Sì - 1 m
D. Sì - 2 m
E. Sì - 5 m

19. Un cacciatore sdraiato a terra spara ad un povero cerbiatto, che sta dormendo a terra come il cacciatore. Lo sparo ha un angolo di 30° rispetto al suolo e una velocità iniziale di 80 m/s. Dopo quanto tempo colpirà il cerbiatto? ($g = 10$ m/s²)

A. 10 s
B. 4 s
C. 5 s
D. 8 s
E. 9 s

FISICA

CORREZIONE COMMENTATA

1. La prima cosa che andava capita è che in entrambi i casi viene rappresentato un grafico velocità - tempo. Infatti, nel moto rettilineo uniformemente accelerato, il grafico spazio - tempo è un ramo di parabola, mentre il grafico velocità - tempo è una retta la cui pendenza dipende dall'accelerazione. Passando ad analizzare le opzioni, l'opzione A è corretta in quanto maggiore è la pendenza della retta del grafico velocità - tempo, maggiore è l'accelerazione (risposta A sbagliata). L'opzione C è corretta in quanto il valore corrispondente a t = 0 (ovvero x = 0 nel grafico) è y = 0: ciò significa che la velocità iniziale è nulla e l'oggetto è fermo (risposta C sbagliata). Per risolvere l'opzione D è necessario utilizzare la legge oraria del moto uniformemente accelerato, per la quale $s = \frac{1}{2}a\ t^2$; è necessario quindi calcolare il valore dell'accelerazione, pari a $\alpha = \frac{\Delta v}{\Delta t} = \frac{4}{2} = \frac{1}{2}$; a questo punto possiamo applicare la formula $s = \frac{1}{2} \cdot \frac{1}{2} \cdot 8^2 = 16$ m. (risposta D sbagliata). L'opzione E è corretta, in quanto il grafico indica che la velocità passa da essere negativa a positiva, il che significa che cambia verso rispetto al sistema di riferimento scelto (risposta E sbagliata). Infine, per quanto riguarda l'opzione B, si può procedere selezionando due punti utili del grafico e utilizzare la formula dell'accelerazione già citata precedentemente; per esempio, considerando t = 0 e t = 4, si ha che $\alpha = \frac{\Delta v}{\Delta t} = \frac{-6-(-10)}{4-0} = \frac{4}{4} = 1\ m/s^2$; dunque, l'affermazione dell'opzione B è sbagliata.
Risposta corretta B.

2. L'accelerazione centripeta è per definizione la componente radiale dell'accelerazione, ovvero è diretta verso il centro della circonferenza ed è normale alla traiettoria punto per punto (opzione D). Non è posseduta da un corpo in moto rettilineo uniforme in cui a = 0 (risposta A errata), né da un astronauta in fase di lancio di un razzo (risposta B errata) o da un corpo animato di corpo armonico (risposta C errata) perché non possiedono traiettorie circolari. Infine, non corrisponde a una forza (risposta E errata).
Risposta corretta D.

3. Durante la caduta la palla è soggetta all'accelerazione di gravità g e si muove con un moto uniformemente accelerato, raggiungendo la velocità massima subito prima di toccare il suolo. Conosciamo l'altezza percorsa dalla palla (20 m), la velocità iniziale (0 m/s, infatti la palla parte da ferma) e l'accelerazione ($g = 10\ m/s^2$), mentre non conosciamo il tempo impiegato, e dobbiamo trovare la velocità finale. Quindi possiamo utilizzare la formula senza il tempo del moto del proiettile: $v^2 = v_0^2 + 2a\Delta s$ e sostituendo $v_0 = 0$, a = g e $\Delta s = 20$ m possiamo calcolare la velocità finale $v^2 = 2 \cdot 10 \cdot 20 = 400\ m^2/s^2$ da cui v = 20 m/s.
Risposta corretta A.

4. La forza di attrito (per la definizione di forza) è uguale al prodotto M · a dove M è la massa del corpo e a è la sua decelerazione, causata appunto dalla forza di attrito. La decelerazione può essere calcolata come $a = \frac{V}{\Delta T}$, dunque $F = M \cdot a = \frac{M \cdot V}{\Delta T}$.
Risposta corretta C. (Vedi capitolo 2 Dinamica).

5. Idealmente, nel momento in cui la macchina inizia a frenare si passa da una situazione di moto rettilineo uniforme a una situazione di moto uniformemente accelerato (o meglio decelerato). Tra le formule del moto uniformemente accelerato abbiamo:
$v^2 = v_0^2 + 2as$ (molto utile nei casi in cui non ci viene dato il tempo). Tenendo a mente che la velocità finale v sarà nulla (la macchina si ferma al termine della frenata), ricaviamo la formula inversa per trovare l'accelerazione:
$a = -\frac{V_0^2}{2s}$. Sostituiamo i valori, ricordando di trasformare i 100 km/h in m/s dividendo il valore per 3,6: $a = -\frac{(100 : 3{,}6)^2}{2 \cdot 28} = -\frac{28^2}{56}$, a= - 14 m/s^2.
Risposta corretta E.

6. Sappiamo che l'accelerazione di un pendolo dipende dalla pulsazione che a sua volta si ottiene dalla frequenza quindi: $f = \frac{\text{oscillazioni}}{t} = \frac{60 \text{ oscillazioni}}{300 \text{ secondi}} = 0.2$ Hz. Possiamo ora calcolare la pulsazione: $\varpi = 2\pi f = 2\pi\, 0{,}2 = 1{,}256$ Hz = 7,9 rad/s = 0.4 rad/s. Essa può essere calcolata anche come: $\varpi = \sqrt{\frac{a}{l}}$. Pertanto, ricavo l'accelerazione $\alpha = l \cdot \varpi^2 = 1{,}5\text{m} \cdot (7{,}9 \text{ rad/s})^2 = 93{,}6\pi^2\text{m/s}^2$.
Risposta corretta A.

7. Nella caduta naturale di un grave esso è soggetto all'accelerazione di gravità g, dunque segue un moto uniformemente accelerato (risposta A errata). All'aumentare del tempo, la velocità aumenta fino ad assumere valore massimo a terra (risposta C errata). L'attrito dell'aria non viene sempre trascurato (risposta D errata) e l'energia potenziale non rimane costante ma diminuisce poiché diminuisce l'altezza rispetto al terreno, mentre aumenta l'energia cinetica poiché aumenta la velocità (risposta E errata).
Risposta corretta B. (Vedi capitolo 3 Lavoro e potenza).

8. Per risolvere questo esercizio bisogna ricordare la formula del periodo della molla, ovvero $T = \frac{2\pi}{\omega}$.
A questo punto possiamo sostituire il valore di ω con: $\omega = \sqrt{\frac{k}{m}}$.
Da questa formula si può ricavare la formula inversa, per cui $k = (\frac{2\pi}{T})^2 \cdot m$.
Inserendo i dati forniti dal testo si ha che $k = (\frac{2\pi}{2})^2 \cdot 3 = 29{,}6$.
Risposta corretta E.

9. Il pendolo è formato da un filo inestensibile di lunghezza costante l e da una massa puntiforme m ad esso legato. Negli esercizi sul pendolo è importante conoscere solo una formula fondamentale: quella del periodo, ovvero il tempo impiegato dal pendolo per passare da un estremo all'altro: $T = 2\pi\sqrt{\frac{l}{g}}$. In questo caso sappiamo che inizialmente $T = 2\pi\sqrt{\frac{l_1}{g}} = 2$s e il testo chiede quale sia il periodo nel caso in cui $l_2 = 4l_1$, quindi dobbiamo sostituire la nuova lunghezza del filo nella formula precedente, ottenendo
$T_2 = 2\pi\sqrt{\frac{4l_1}{g}} = 2 \cdot 2\pi\sqrt{\frac{l_1}{g}} = 2T_1 = 2 \cdot 2\text{s} = 4\text{s}$.
Risposta corretta D.

10. L'automobile percorre una traiettoria curvilinea a velocità scalare costante, quindi è soggetta a un'accelerazione centripeta diversa da zero (risposta A errata), diretta come il raggio e rivolta verso l'interno della curva (risposta C corretta, risposta D errata), che modificherà direzione e verso della velocità tangenziale. L'automobile, viaggiando a velocità circolare uniforme, e non uniformemente accelerata, non è soggetta ad un'ulteriore accelerazione.
Risposta corretta C.

11. Si tratta di un esercizio sul moto parabolico, ovvero un moto composto da due differenti componenti: un moto uniformemente accelerato sull'asse delle y, e un moto rettilineo uniforme sull'asse delle x. Per prima cosa possiamo trovare il tempo impiegato dalla palla per raggiungere il bersaglio utilizzando la legge oraria del moto uniformemente accelerato: $s = \frac{1}{2}at^2 \rightarrow t = \sqrt{\frac{2s}{a}}$ Otteniamo un tempo t pari a 3 s. A questo punto possiamo sfruttare la legge oraria del moto rettilineo uniforme sul piano orizzontale: $s = v_{0x}t$. Sappiamo che $v_{0x} = v_0\cos 60°$, dunque è pari a 5 m/s. Lo spazio risulta quindi 5 · 3 = 15 m.
Risposta corretta A.

FISICA

12. Sapendo che il disco fa 7 giri in 2,1s possiamo ricavare il periodo, ovvero il tempo impegato per fare un giro completo: $\frac{2,1s}{7}$ = 0,3 s. Grazie a questo dato possiamo ricavare la velocità tangenziale $v = \frac{2\pi r}{T} = \frac{2\pi \cdot 0,12}{0,3}$ = 2,51 s. Ricaviamo infine la velocità angolare $\omega = \frac{v}{r} = \frac{2,51}{0,12}$ = 20,9 rad/s.

Risposta corretta C.

13. ATTENZIONE! La velocità media e la media delle velocità sono due cose diverse! Prima di tutto bisogna calcolare i dati mancanti.

Nel primo tragitto l'auto percorre s_1 = 200 km in t_1 = 120 minuti = 2 ore, con una velocità media v = s/t = 200 km/2 h = 100 km/h. La velocità non è costante, perché l'auto si ferma; ma per l'esercizio non ci interessa sapere la sua accelerazione o come distribuisce la velocità per fermarsi o ripartire, bensì solo la velocità che mantiene durante i tre momenti del percorso. In seguito, l'auto rimane ferma per un'ora (v = 0 km/h). Infine, percorre uno spazio s_2 a velocità media v_2 = 80 km/h in t_2 =1 h, dunque $s_2 = v \cdot t$ = 80 km.

Calcoliamo la velocità media come il rapporto tra spazio totale percorso e tempo impiegato a percorrerlo: $v_m = \frac{\Delta s}{\Delta t} = \frac{200 + 0 + 80 \text{ km}}{4 \text{ h}}$ = 70 km/h. Invece la media delle velocità la calcoliamo come: $v = \frac{v_1 + v_2}{2}$ = 90 km/h. Dunque, la differenza tra i due valori è 20 km/h.

Risposta corretta A.

14. I due treni si muovono con velocità costante quindi la prima cosa che dobbiamo fare è scrivere le leggi orarie del moto per i due treni: $s_A = 120 \cdot t$ e $s_B = 60 \cdot t$. Poiché t è uguale per entrambi i treni, possiamo ricavare che $t = s_A/120 = s_B/60$ ovvero che $s_A = 2s_B$. Poiché sappiamo anche che $s_A + s_B$ = 300 km, sostituendo la prima equazione nella seconda otteniamo $3s_B$ = 300 km e quindi la distanza da Firenze a cui si incontreranno è s_B = 100 km.

Risposta corretta E.

15. Per risolvere il quesito dobbiamo inizialmente trovare lo spazio percorso da Beppe nei 6,25 secondi in cui Gianni si rende conto del sorpasso e riparte. Per prima cosa trasformiamo 36 km/h in 10 m/s dividendo per 3,6. Sapendo che Beppe si muove di moto rettilineo uniforme per calcolare lo spazio percorso bisogna fare $s = v \cdot t$ = 10 m/s · 6,25 s = 62,5 m.

A questo punto dobbiamo impostare un sistema in cui gli spazi percorsi dai 2 amici si equivalgano (considerando però che Beppe ha già percorso 62,5 m).

XBeppe = 62,5 m + 10 m/s · t

XGianni = $\frac{1}{2} at^2 = \frac{1}{2} \cdot 1 \text{ m/s}^2 \cdot t^2$

Eguagliando le X si ottiene: $62,5 + 10 \cdot t = \frac{1}{2} \cdot t^2$ per risolvere l'equazione di secondo grado la riscriviamo: $t^2 - 20 \cdot t - 125 = 0$. Risolvendo l'equazione di secondo grado si ottiene t_1 = 25 secondi e t_2 = -5 secondi. Il valore negativo (t_2) non è accettabile.

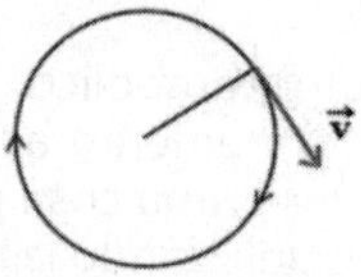

Risposta corretta A.

16. L'esercizio fornisce una legge oraria del moto armonico, la cui dicitura generale è $S = A \cdot \cos(\omega \cdot t)$. Per calcolare lo spazio, basta quindi svolgere i calcoli espressi dalla legge oraria, considerando t come pari a 1 secondo.

Risulta quindi che S = -2 m. Per quanto riguarda invece la velocità, era necessario ricordare la formula $V = A\omega \cdot \sin(\omega t)$ e svolgendo i calcoli si ottiene $V = 2\pi \cdot \sin(\pi) = 2\pi \cdot 0 = 0$ m/s.
Risposta corretta D.

17. In questa tipologia di esercizi è necessario scrivere le leggi orarie dei due moti (in questo caso moti rettilinei uniformi). Se i due corpi si incontrano, sarà necessario eguagliare le due equazioni al fine di trovare l'istante dell'incontro. La legge oraria del moto rettilineo uniforme è: $s = vt + s_0$. Una volta sostituiti i valori dati dal testo otteniamo: $s_1 = 90t$ e $s_2 = 60t + 20000$ m. Eguagliando le due espressioni e ricavando t avremo: $90t = 60t + 20000 \rightarrow 30t = 20000 \rightarrow t = 20000/30 \approx 666$ s.
Risposta corretta C.

18. Si tratta di un moto uniformemente decelerato posto esclusivamente sull'asse delle y. Conoscendo la velocità iniziale, ma non il tempo, possiamo utilizzare la formula senza il tempo: $v_f^2 = v_0^2 - 2gh$ per calcolare il dislivello di altezza tra il punto di partenza e il punto più alto, ponendo $v_f = 0$. Ricaviamo $h = v_0^2/2g = 5$ m, che poi sommiamo all'altezza iniziale ottenendo h = 6 m. Dunque, la palla riuscirà a superare il canestro e lo supererà di 3 m.
Risposta corretta A.

19. Si tratta di un moto parabolico, che può essere scomposto in un moto lungo le x e uno lungo le y. Se consideriamo solo il moto verticale, dalla formula della velocità lungo y $v_y = v_{y0} - gt$ ponendo $v_y = 0$ (la velocità verticale nel punto più in alto è nulla, dal momento che da lì può solo scendere e non salire) e $v_{y0} = v_y \text{sen}30° = 40$ m/s, possiamo ricavare il tempo per raggiungere l'altezza massima: $t = \frac{v_{y0}}{g} = \frac{40}{10} = 4$ s. Il tempo che il proiettile impiegherà a colpire il cerbiatto sarà uguale a due volte questo tempo (ovvero il tempo totale di volo) quindi a 8 s.
Risposta corretta D.

FISICA

3. DINAMICA

1. Se la forza normale è inferiore alla forza peso:

A. Il corpo si muove di moto rettilineo uniforme
B. Il corpo è in equilibrio
C. Il corpo sprofonda nella superficie
D. La forza peso si annulla
E. Il corpo è fermo finché una nuova forza non perturba il suo stato

2. Quando un corpo si definisce in equilibrio rotazionale?

A. Se la somma di tutte le forze che agiscono su di esso è nulla
B. Se la somma di tutti i momenti che agiscono su di esso è nulla
C. Se la distanza tra il fulcro e il punto di applicazione della forza è fissa
D. Se il corpo si muove di moto accelerato intorno al centro di rotazione fisso detto fulcro
E. Se la somma delle forze che agiscono su di esso causa una rotazione

3. Un corpo di massa m al variare del tempo si sposta senza attrito a velocità costante v. La risultante F delle forze applicate sarà:

A. $F = m \cdot v$
B. $F = 0$
C. $F = m/v$
D. $F = m \cdot g$
E. Non si può rispondere

4. Pietro si trova sulle montagne russe, ha molta paura quindi per distrarsi decide di calcolare con che accelerazione si muove la sua carrozza lungo la discesa che ha una pendenza di 60°. Considera che la massa totale della carrozza 800 kg.

A. 9,8 m/s^2
B. 9,8 m/s
C. 5 m/s^2
D. $\sqrt{3}$ m/s^2
E. $5\sqrt{3}$ m/s^2

5. Sapendo che due masse isolate $m_1 = 7 \cdot 10^{22}$ kg e $m_2 = 4 \cdot 10^{18}$ kg si attraggono con una forza di gravità di $30 \cdot 10^{21}$N, calcola il cubo della loro distanza (Arrotondare il valore di G alla prima cifra decimale):

A. $\sqrt{3{,}8 \cdot 10^8}$
B. $(\frac{93{,}8}{15} \cdot 10^8)^{2/3}$
C. $(\frac{938}{15} \cdot 10^8)^{3/2}$
D. $\sqrt{5{,}8 \cdot 10^8}$
E. $(\frac{93{,}8}{15} \cdot 10^8)^{3/2}$

6. Una leva la cui potenza è applicata tra il fulcro e il punto di applicazione della resistenza è:

A. Una leva di prima specie
B. Una leva sempre vantaggiosa
C. Una leva di seconda specie
D. Una leva sempre svantaggiosa
E. Una leva sia vantaggiosa che svantaggiosa

7. Quale affermazione riguardante la legge di Newton è corretta?

A. Due corpi dotati di massa si attraggono in modo reciproco grazie ad una forza direttamente proporzionale alle loro masse e inversamente proporzionale al quadrato della loro distanza
B. Due corpi dotati di massa si attraggono in modo reciproco grazie ad una forza direttamente proporzionale alle loro masse e inversamente proporzionale alla loro distanza
C. Due corpi dotati di massa si attraggono in modo reciproco grazie ad una forza inversamente proporzionale alle loro masse e direttamente proporzionale al quadrato della loro distanza
D. Due corpi dotati di massa si attraggono o respingono grazie ad una forza direttamente proporzionale alle loro masse e inversamente proporzionale alla loro distanza
E. Due corpi dotati di massa si attraggono o respingono grazie ad una forza direttamente proporzionale alle loro masse e inversamente proporzionale al quadrato della loro distanza

8. Una molla con una certa costante elastica k è distesa di x. Se la molla fosse compressa fino ad un punto equivalente a -x, quanto varrebbe la sua forza elastica?

A. $F = g \cdot m$
B. Non si può calcolare senza i dati
C. $F = kx$
D. $F = 0$
E. $F = -k \cdot x$

9. Calcola la costante elastica di una molla sapendo che, in compressione, si accorcia di 5m. Inoltre, si sa che tale molla possiede un'energia potenziale elastica uguale al doppio del modulo della forza applicata su una seconda molla, con k = 100 N/m e Δx = 3,5m.

A. 56 J/m
B. 56 N/m
C. 25 N/m
D. 114 N/m
E. 104 N

10. Secondo la prima legge della dinamica:

A. Se su un corpo agisce un sistema di forze, questo presenta un'accelerazione direttamente proporzionale alla forza applicata e concorde in direzione e verso con essa.
B. Se su un corpo agisce un sistema di forze, questo presenta un'accelerazione direttamente proporzionale alla forza applicata e discorde in direzione e verso con essa
C. Ad ogni azione corrisponde una reazione uguale e contraria
D. La forza peso applicata su un corpo in appoggio su una superficie genera una reazione normale uguale in modulo ma opposta in verso
E. Nessuna delle precedenti

11. Ivan e Marco sono al parchetto con delle birre, decidono di equilibrare l'altalena (lunghezza 6 m) utilizzandole. Ivan mette 8 birre a 1 m dall'estremità sinistra e 5 birre a 1 m dal fulcro (sempre a sinistra), quante birre e dove le dovrà mettere Marco per equilibrare l'altalena (le birre pesano tutte 1 Kg, l'accelerazione di gravità è 10 m/s²)?

A. 6 birre a 1 m dal fulcro a destra e 10 birre a 2 metri dal fulcro a destra
B. 7 birre a 3 m dal fulcro a sinistra
C. 1 birra a 1 m dal fulcro a destra e 10 birre a 1 m dall'estremità destra
D. 13 birre a 1 m dal fulcro a destra
E. 8 birre all'estremità destra

12. Un corpo di massa m è posto su di un piano inclinato di 30°. Senza considerare l'attrito tra il corpo ed il piano, quanto vale la velocità con cui esso sta scivolando dopo 5 secondi?

A. $\frac{5}{2}$ g
B. 7 g
C. $\frac{3}{2}$ g
D. $\frac{5}{2}$ g
E. $\frac{2}{3}$ g

13. Un corpo di massa m = 45 Kg è posto su di un piano inclinato di 60°, quanto vale il modulo della forza normale sviluppata dal piano?

A. $225\sqrt{3}$ N
B. 450 N
C. 500 N
D. $450\sqrt{3}$ N
E. 225 N

14. Secondo la Terza legge di Keplero:

A. $R = K^3T^2$
B. $T^2 = KR^3$
C. $R^2 = KT^3$
D. $T = KR$
E. $T = K^3R^2$

15. Il gatto Nettuno si addormenta su una rampa inclinata di 30° che finisce dritto addosso al cane Ulisse (proprio alla fine della rampa). Considerando che Nettuno e Ulisse distano 9.8 m e che Ulisse si sveglia e si sposta 10 s dopo che Nettuno ha iniziato a scivolare, Nettuno riuscirà a non finire addosso ad Ulisse e quanto ci metterà Nettuno a raggiungere la fine della rampa? (Non considerare gli attriti del piano).

A. Finirà addosso a Ulisse, raggiungendolo dopo 0,2 s

FISICA

B. Eviterà Ulisse, raggiungendo la fine della rampa dopo 12 s
C. Eviterà Ulisse, raggiungendo la fine della rampa dopo 6 s
D. Finirà addosso a Ulisse, raggiungendolo dopo 6 s
E. Non è possibile calcolarlo con i dati del testo

16. Che tipo di leva rappresenta l'articolazione del piede in elevazione sulle punte?
A. 1° tipo
B. 2° tipo
C. 3° tipo
D. Una di tipo sia vantaggioso che svantaggioso
E. Non è possibile rappresentare questa articolazione con un solo modello di leva data la sua complessità

17. Su una barretta di cioccolato lunga 40 cm viene posta all'estremità destra una pallina di gelato alla vaniglia dal peso di 50 kg. Sotto alla barretta viene posto un fulcro in modo tale da dividere la barretta in due parti, quella destra che vale 1/9 dell'altra. Il Mastro Pasticcere Iginio Busteri vuole che la barretta così composta rimanga in equilibrio sul fulcro aggiungendo all'estremità sinistra marshmallows e zuccherini. Per raggiungere il suo scopo quante leccornie deve porre a sinistra?
A. 5,5 hg
B. 55 gr
C. 5,5 kg
D. 5,5 gr
E. 5000 gr

18. Un biker deve trasportare un pesante ordine di 28 cheeseburger per 14 ragazzi. Per trasportarlo, siccome non è molto intelligente, lega alla bici un carrellino di massa 5 kg con un filo che forma un angolo di 60° con il terreno. Sapendo che la forza applicata dal biker per il trasporto è di 200 N, qual è la massa dell'ordine effettuato dai 14 ragazzi?
A. 20 kg
B. 20 g
C. 5 Kg
D. 50 g
E. 10 Kg

19. Margherita sta tornando da un festival di musica hip hop e, mentre trascina la sua valigia da 10 kg, si rende conto di stare camminando in salita. Nonostante ciò, quando lascia la valigia, questa non torna indietro né si muove perché risulta essere in equilibrio. Sapendo che la costante di attrito è $\mu = \frac{\sqrt{3}}{3}$, quanto vale la pendenza della strada?
A. 15°
B. 30°
C. 45°
D. 60°
E. 90°

CORREZIONE COMMENTATA

1. Secondo la prima legge della dinamica, considerando un corpo appoggiato su una superficie (ad esempio un libro sul tavolo), tale corpo sarà fermo perché su di esso agisce un sistema di forze in equilibrio dato dalla somma della sua forza peso e la sua reazione normale, una forza uguale e contraria alla forza peso generata dalla superficie su cui è poggiato. Se la reazione normale è inferiore alla forza peso, il corpo sprofonda nella superficie.
Risposta corretta C.

2. Si può distinguere tra equilibrio rotazionale ed equilibrio traslazionale. Un corpo si trova in uno stato di equilibrio traslazionale se la somma di tutte le forze che agiscono su di esso è nulla (risposta A errata). Un corpo si trova, invece, in uno stato di equilibrio rotazionale se la somma di tutti i momenti meccanici che agiscono su di esso è nulla, le altre opzioni non c'entrano con l'equilibrio.
Risposta corretta B.

3. Per il primo principio della dinamica, se un corpo non subisce l'azione di una forza tende o a rimanere in quiete o a continuare a muoversi di moto rettilineo uniforme. Di conseguenza, dato che il corpo si muove a velocità costante v, non sta subendo l'azione di alcuna forza.
Risposta corretta B.

4. Avendo la massa totale posso subito calcolare il peso $F = m \cdot g = 800\ Kg \cdot 10\ m/s^2 = 8000\ N$. A noi però interessa l'accelerazione con cui percorre la discesa quindi devo considerare la componente orizzontale della forza peso $F_{px} = F\ sen60° = \frac{8000N\sqrt{3}}{2} = 4000\sqrt{3}\ N$ e infine applicare la seconda legge della dinamica $a = \frac{F}{m} = \frac{4000\sqrt{3}}{800} = 5\sqrt{3}\ m/s^2$.
Risposta corretta E.

5. Per risolvere l'esercizio dobbiamo sfruttare la legge di gravitazione universale secondo cui $F = G \cdot \frac{m1 \cdot m2}{r^2}$. Ricaviamo la distanza facendo la formula inversa;

$$r = \sqrt{G \cdot \frac{m1 \cdot m2}{F}} = \sqrt{\frac{6,7 \cdot 10^{-11} \cdot 7 \cdot 10^{22} \cdot 4 \cdot 10^{18}}{30 \cdot 10^{21}}} = \sqrt{\frac{14}{15} \cdot 10^{19} \cdot 6,7 \cdot 10^{-11}} = \sqrt{\frac{93,8}{15} \cdot 10^{8}}$$

A questo punto bisogna fare attenzione alla richiesta del quesito, ovvero il cubo della distanza;

$$r^3 = (\sqrt{\frac{93,8}{15} \cdot 10^8})^3 = (\frac{93,8}{15} \cdot 10^8)^{3/2}$$

Risposta corretta E.

6. Una leva si definisce di terza specie quando la potenza è applicata tra il fulcro e il punto di applicazione della resistenza (ad esempio la pinzetta). Le leve di questo genere sono sempre svantaggiose in quanto il braccio della resistenza è sempre più lungo del braccio della potenza.
Risposta corretta D.

7. La legge di gravitazione universale formulata da Isaac Newton stabilisce che nell'universo due corpi dotati di massa si attraggono in modo reciproco grazie ad una forza direttamente proporzionale alle loro masse e inversamente proporzionale al quadrato della loro distanza; $F = G \cdot \frac{m1 \cdot m2}{r^2}$ (risposte B e C errate).
Inoltre la forza gravitazionale può essere solamente attrattiva e mai repulsiva (risposte D ed E errate).
Risposta corretta A.

FISICA

8. La legge di Hooke dice che $F = - k \cdot x$, considerando che lo spostamento è x, come all'inizio del problema. Nella seconda parte, lo spostamento diventa -x, quindi la forza diventa $F = k \cdot x$.
Risposta corretta C.

9. Prima di tutto dobbiamo ricavare la forza applicata sulla seconda molla utilizzando la legge di Hooke;
$F = -kx = 100 \text{ N/m} \cdot 3{,}5\text{m} = 350\text{N}$
A questo punto, sappiamo che l'energia potenziale posseduta dalla prima molla vale il doppio della forza appena calcolata $\rightarrow U = 700\text{J}$. Ora non resta che ricavare la formula inversa per ottenere la costante elastica: $U = \frac{1}{2}k \cdot \Delta x^2$; $k = \frac{2U}{\Delta x^2} = 2 \cdot \frac{700}{5^2} = 56 \text{ N/m}$.
Risposta corretta B.

10. Secondo la prima legge della dinamica, o principio di inerzia, se su un corpo non agiscono forze o agisce un sistema di forze in equilibrio, il corpo permane nel suo stato di quiete o di moto rettilineo uniforme. La risposta A è errata in quanto riporta il secondo principio della dinamica, mentre la C e la D fanno riferimento al terzo principio.
Risposta corretta E.

11. Si tratta di un esercizio sull'equilibrio rotazionale di cui la grandezza caratteristica è il momento $\tau = F \cdot b$. Per avere equilibrio in un sistema (in questo caso l'altalena) la somma dei momenti che agiscono su di esso deve essere nulla. Marco deve far in modo di equilibrare la birre posizionate da Ivan. Il momento totale da equilibrare è dato da $(8 \text{ kg} \cdot 2) + (5 \text{ kg} \cdot 1) = 210 \text{ N} \cdot \text{m}$.
Ricordiamo che la lunghezza del braccio si conta sempre a partire dal fulcro, quindi dicendo a 1 m dall'estremità è come se dicessi a 2 m dal fulcro centrale. Analizzando tutte le opzioni l'unica corretta è: 1 birra a 1 m dal fulcro a destra e 10 birre a 1 m dall'estremità di destra perchè si ottiene $(1 \text{ kg} \cdot 1) + (10 \text{ kg} \cdot 2) = 210 \text{ N} \cdot \text{m}$.
Risposta corretta C.

12. In questo caso dobbiamo svolgere l'esercizio. La forza peso è definita come FP = mg, e può essere scomposta nelle sue due componenti parallela ($F_{//}$) e perpendicolare ($F_{\perp}$) al piano inclinato, che valgono rispettivamente $F_{//} = m \cdot g \cdot \sin 30°$ e $F_{\perp} = m \cdot g \cdot \cos 30°$. La componente che determina la velocità con cui l'oggetto sta scivolando è $F_{//} = m \cdot g \frac{1}{2}$.
Possiamo quindi calcolare l'accelerazione che agisce sull'oggetto: $F = m \cdot a = \frac{m \cdot g}{2}$ da cui $a = \frac{g}{2}$. A questo punto applichiamo la definizione di accelerazione ($v = a \cdot t$) e calcoliamo quindi la velocità: $v = \frac{g}{2 \cdot 5} = \frac{5g}{2}$.

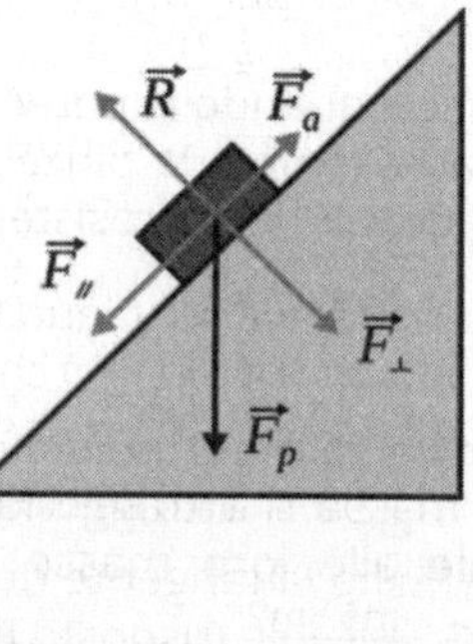

Risposta corretta A.

13. Innanzitutto, bisogna sapere che la forza normale, essendo quella esercitata dal piano sull'oggetto, è esattamente uguale e opposta alla componente perpendicolare della F_p. A

questo punto, sapendo che la forza peso è $F = m \cdot g$, calcoliamo la forza perpendicolare come $F_\perp = m \cdot g \cdot \cos60° = \frac{m \cdot g}{2}$. La forza normale è quindi $R = \frac{m \cdot g}{2} = \frac{450}{2} = 225$ N.
Risposta corretta E.

14. La terza legge di Keplero afferma che $T^2 = KR^3$ ovvero che il quadrato del periodo di rotazione di un pianeta attorno al sole è direttamente proporzionale al cubo della distanza di esso dal sole stesso. In particolare, ciò è importante perché afferma che i pianeti più vicini al sole compiono periodi più brevi rispetto agli altri.
Risposta corretta B.

15. Nettuno viene spinto giù dalla rampa grazie alla componente parallela del suo peso. Possiamo quindi scrivere l'equazione $F_{//} = m \cdot a$, quindi $m \cdot g \cdot \sin30° = m \cdot a$. Da cui ricaviamo che $a = g \cdot \sin30° = 4{,}9$ m/s². A questo punto possiamo inserire il dato appena calcolato nella legge oraria del moto uniformemente accelerato ($S = \frac{1}{2}(a \cdot t^2)$) e ricavare il tempo con la formula inversa.
Otteniamo quindi $t \simeq 0{,}2$ s (< 10 s). Quindi Nettuno raggiunge Ulisse prima che lui si sposti.
Risposta corretta A.

16. L'articolazion e del piede in elevazione sulle punte è una leva di secondo tipo e quindi vantaggiosa (risposta D errata). Il fulcro corrisponde alle dita, la resistenza al peso che grava sulla caviglia e la potenza ai muscoli del polpaccio.
Risposta corretta B.

17. Affinché il sistema sia in equilibrio è necessario che $F_{dx} b_{dx} = F_{sx} b_{sx}$, sappiamo che la barretta è lunga 40 cm e che il $b_{dx} = \frac{1}{9} b_{sx}$ questo ci permette di capire quanto siano lunghi i due bracci: $40 \text{ cm} = b_{dx} + b_{sx} = \frac{1}{9} b_{sx} + b_{sx} = \frac{10}{9} b_{sx} \rightarrow bsx = \frac{40 \cdot 9}{10} = 36$ cm, di conseguenza (per differenza) $b_{dx} = 4$ cm. Sapendo poi che $F_{dx} = mg = 50 \text{ kg} \cdot 10 \text{ m/s}^2 = 500$ N ricaviamo $F_{sx} = \frac{F \cdot b_{dx}}{b_{sx}} = \frac{500 \cdot 4}{36} = 55{,}5$ N e quindi sapendo che $F_{sx} = mg$ ricaviamo la massa $m_{sx} = \frac{F_{sx}}{g} = \frac{55{,}5}{10}$ $= 5{,}5$ kg.
Risposta corretta C.

18. Il biker sta tirando il carrellino in obliquo (con un angolo di 60°), quindi non sta "usando" l'intera sua forza (100 N) per spostarlo in avanti ed arrivare a destinazione. Per prima cosa, dunque, calcoliamo la componente orizzontale della forza applicata dal biker: $F_{orizzontale} = F_{obliqua} \cos\alpha = 200 \cdot 1/2 = 100$ N. A questo punto, possiamo ricavare la massa complessiva del carrellino contenente l'ordine, uguagliando la forza peso dell'ordine con la forza effettiva applicata dal biker per "vincere" il carico da spostare, che abbiamo appena ricavato: $F_o = F_p = m \cdot g \rightarrow m = \frac{F_o}{g} = \frac{100}{10} = 10$ kg. Infine, ci dobbiamo ricordare di sottrarre la massa del carrellino, per trovare solo quella dell'ordine: 10 - 5 = 5 kg.
Risposta corretta C.

19. Bisognava intuire che l'esercizio verteva sul piano inclinato. Se la valigia è in equilibrio sul piano, significa che la forza di attrito ($Fa = \mu \cdot F_\perp$) che agisce su di essa è perfettamente bilanciata con la componente parallela della forza peso ($F_{//}$).
Quindi: $\mu \cdot m \cdot g \cdot \cos\alpha = m \cdot g \cdot \sin\alpha \rightarrow$ possiamo semplificare m e g: $\mu = \sin\alpha/\cos\alpha = tg = \frac{\sqrt{3}}{3}$.
Tra i vari angoli proposti, l'unico che ha la tangente di valore $\frac{\sqrt{3}}{3}$ è quello di 30°.
Attenzione, in questo caso il dato della massa era un distrattore e non serviva alla risoluzione dell'esercizio.
Risposta corretta B.

FISICA

4. LAVORO E POTENZA

1. La quantità di moto si misura in:
A. Metri · secondi
B. Newton · metri
C. Newton · secondi
D. Kilogrammi · metri · secondi
E. Joule · secondi

2. Un'aquila sta salendo in verticale con una velocità di 6 m/s e quando si trova all'altezza di 12 m dal suolo lancia il coniglio che aveva catturato. Indicare la massima altezza rispetto al suolo raggiunta dal coniglio.
A. 10 m
B. 20 m
C. 14 m
D. 16 m
E. 140 m

3. Il motore dello Snowpiercer eroga una potenza di 80 kW, di cui 20 kW vengono dissipati a causa dell'attrito. Se la forza fornita dal treno è pari a $4 \cdot 10^3$ N, a quale velocità si sta muovendo?
A. 30 m/s
B. 15 m/s
C. 20 m/s
D. 15 m/s^2
E. 25 m/s

4. Alberto (40 kg), a bordo della sua moto (160 kg), sfreccia su Viale Campania ad una velocità di 108 km/h fino al momento in cui travolge un chiringuito (50 kg) trascinandolo per 100m alla velocità di 24 m/s. Quanto vale l'energia cinetica dissipata? E la quantità di moto dissipata?
A. $17{,}5 \cdot 10^3$ J; 6000 kg · m/s
B. $18 \cdot 10^3$ J; 0 kg · m/s
C. $55 \cdot 10^3$ J; 6000 kg · m/s
D. 0 J; 0 kg · m/s
E. 0 J; 6000 kg · m/s

5. Due persone di identica massa superano un dislivello di 3 m: A salendo su una pertica verticale, B usando una scala inclinata. Chi ha compiuto il lavoro maggiore contro la forza di gravità?
A. A
B. B
C. Il lavoro compiuto è uguale
D. Occorre conoscere il tempo di salita
E. Occorre conoscere l'inclinazione della scala

6. Braccio di ferro sta sollevando un peso e sta applicando una forza di 500 N per 10 secondi. Sua moglie Olivia, di massa 50 Kg, gli sta correndo incontro con una velocità di 20 m/s ma viene frenata da un'amica gelosa, e la sua velocità diventa 10 m/s. Quanto vale il rapporto fra l'impulso sviluppato da Braccio di ferro e quello di Olivia?
A. 500
B. 10
C. 100
D. 18
E. 22

7. Giacomino cade da una scogliera e tocca l'acqua con una velocità di 72 km/h. Da quale altezza è caduto Giacomino?
A. 8 m
B. 12 m
C. 16 m
D. 20 m
E. 40 m

8. In una manovra ferroviaria un vagone viene lanciato verso un altro, inizialmente fermo, con il quale si aggancia; dopo l'urto ambedue i vagoni procedono uniti, con moto uniforme. Confrontando gli stati del sistema prima e dopo l'urto, quale delle seguenti affermazioni è CORRETTA?
A. L'energia cinetica e la quantità di moto totali non variano
B. L'energia cinetica diminuisce e la quantità di moto non varia
C. L'energia cinetica non varia e la quantità di moto diminuisce

D. Sia l'energia cinetica che la quantità di moto totale diminuiscono
E. Non si può dire nulla riguardo il segno delle variazioni dell'energia cinetica e della quantità di moto se non si conosce la massa dei vagoni

9. Un proiettile di massa m = 50 g viene sparato a 30 m/s contro un blocco di legno fermo e di massa M = 0,45 kg. Durante l'urto, il proiettile si conficca nel legno e i due corpi iniziano a viaggiare assieme.
A quale velocità viaggiano?
A. 3 m/s
B. 10 m/s
C. 0,3 km/h
D. 30 m/s
E. 8 km/h

10. Un pallone da basket viene fatto cadere dalla cima di un palazzo. Quale di queste grandezze influirà sulla sua velocità v a $\frac{2}{3}$ del tragitto?
A. La temperatura del pallone
B. La velocità non dipende da altre grandezze
C. La pressione interna del pallone
D. La massa del pallone
E. L'altezza del palazzo

11. Paris Hilton lancia verso l'alto il suo chihuahua di 4 kg con una velocità di 10 m/s. Quale delle seguenti affermazioni è corretta? (g = 10 m/s²)
A. L'energia cinetica iniziale è 200 N
B. L'altezza massima raggiunta è 50 cm
C. L'energia potenziale nel punto di massima altezza è 200 J
D. Il chihuahua avrà velocità massima nel punto di massima altezza
E. Il chihuahua è soggetto a un'accelerazione rivolta verso l'alto

12. Marta va a giocare a minigolf con i suoi amici. Alla prima buca, colpisce la palla (inizialmente ferma) con una forza media di 40 N per 0,1 s. Arrivata alla seconda buca, colpisce la stessa palla (ferma) con una forza di 60 N per 0,02 s.
In quale delle due buche la pallina raggiunge velocità finale maggiore?
A. Nella prima buca
B. Raggiunge la stessa velocità in entrambe le buche
C. Nella seconda buca
D. Non si può ottenere la velocità maggiore senza sapere la massa della pallina
E. Marta non andrà mai a giocare a minigolf

13. Carlo, un giovane calciatore di 80 kg, è in ritardo per l'allenamento. Per arrivare in tempo Carlo si lancia giù da una collina alta 240m con la sua mountain bike. Che velocità ha raggiunto Carlo con la sua bicicletta quando ha già disceso ¾ della collina?
A. 140 m/s
B. 40 m/s
C. 60 m/s
D. 100 m/s
E. 96 m/s

14. La gatta di Giovannino sta dormendo sul tavolo proprio sui libri di anatomia, ma Giovannino deve studiare quindi decide di spostarla. Per farlo, la solleva verticalmente di mezzo metro, cammina per 1 m e poi la appoggia per terra. Sapendo che il tavolo è alto 1 m e la gatta pesa 5 kg, qual è il lavoro fatto da Giovannino per spostare la gatta?
A. 25 J
B. 55 J
C. -75 J
D. -50 J
E. 75 J

15. Un pallone da calcio che viaggia a 10 m/s viene rispedito nel verso opposto da un tiro che gli applica una forza di 75 N per 0,2 s.
Se il pallone riparte con la stessa velocità, quanto vale la sua massa?
A. 0,8 kg
B. 0,75 kg
C. 1,0 kg
D. 0,5 kg
E. 2,0 kg

16. Durante una lunga spesa all'ortomercato, Emanuela spinge il suo carrello con una forza di 150 N per un tempo totale di 6 min e 40 s. Considerato che il percorso totale compiuto è di 220 metri, quanto vale la potenza media da lei prodotta durante tutta la spesa?

A. 100 W
B. 200 W
C. 82,5 W
D. 110 W
E. 65 W

17. Marco vuole spegnere le candeline sulla sua torta di compleanno, così inizia a soffiare impetuosamente. Durante l'espirazione forzata il muscolo retto addominale di Marco produce una forza di 2000 N per 5.0 s, mentre i muscoli intercostali interni si contraggono con una forza di 1500 N per i 2.2 s finali. Qual è il rapporto fra gli impulsi prodotti, rispettivamente, dal retto addominale e dagli intercostali interni?

A. 4,2
B. 1,33
C. 5,0
D. 0,58
E. 3,03

18. Giulio sta trascinando una cassa di birra una forza di 400 N usando una corda inclinata rispetto al suolo di 45°. Quanto lavoro avrà sviluppato Giulio dopo aver percorso 2 km?

A. $40000\sqrt{2}$ J
B. $4\sqrt{2} \cdot 10^5$ N
C. $4\sqrt{2} \cdot 10^5$ J
D. $40000\sqrt{2}$ N
E. $800000\sqrt{2}$ J

19. Emma è molto arrabbiata con Luca perché guida male e siccome non sa gestire la sua rabbia, decide di lanciargli un petardo addosso. Luca si trova su una lunga scalinata ed è 20 metri sopra Emma, la quale lancia il petardo con una velocità di 30 m/s colpendo, al posto di Luca, una vecchietta che si trova più in alto del ragazzo. A che altezza si trovava l'ormai defunta vecchietta?

A. 45 m
B. 80 m
C. 50 m
D. 35 m
E. 90 m

20. Un minion di massa m_1=1 kg e velocità v_{1i} = 2 m/s urta in modo elastico un altro minion di massa m_2 e velocità iniziale v_{2i} nulla. Sapendo che dopo l'urto il primo minion ha velocità v_{1f} = 1 m/s, calcola la massa del secondo minion e la sua velocità finale.

A. m = 3 kg e v = ⅓ m/s
B. m = ⅓ kg e v = 2 m/s
C. m = ⅓ kg e v = ⅓ m/s
D. m = 2 kg e v = 3 m/s
E. m = ⅓ kg e v = 3 m/s

CORREZIONE COMMENTATA

1. La quantità di moto si misura in kg · m/s. Fra le opzioni proposte, l'unica corretta è la C, ovvero Newton ($N = kg \cdot m/s^2$) · secondi.
Risposta corretta C. (Vedi capitolo 1 Unità di misura e vettori).

2. La massima altezza raggiunta dal coniglio è quella in cui la sua energia cinetica, che tenderebbe a farlo salire, viene pareggiata dall'energia potenziale, che lo spinge verso il basso. Dunque, fatte queste premesse, possiamo impostare l'equazione $mgh = \frac{1}{2} mv^2 \rightarrow 10h = \frac{1}{2} \cdot 6^2 \rightarrow h = \frac{18}{10} = 1{,}8m$. Possiamo ora sommare questa distanza a quella di partenza: 12 + 1,8 = 13,8 m, che approssimati diventano 14 m.
Risposta corretta C.

3. La potenza di un corpo si può calcolare come: $P = \frac{L}{t} = F \cdot v$. Usando come potenza la differenza tra potenza erogata e potenza dissipata, possiamo calcolare la velocità del treno: $v = \frac{P}{F} = \frac{6000}{4000} = 15$ m/s.
Risposta corretta B.

4. L'urto tra Alberto ed il chiringuito è di tipo anelastico perché i due corpi dopo lo scontro viaggiano assieme. In questo tipo di urti si conserva la quantità di moto (quindi la quantità di moto dissipata è 0 kg · m/s), mentre varia l'energia cinetica.
L'energia cinetica iniziale è quella di Alberto sulla moto, mentre quella finale include anche il chiringuito che si muove con essi.
$K_1 = ½ mv^2 = ½ (160 + 40) \cdot 30^2 = 100 \cdot 900 = 90'000$ J (108 km/h → 30 m/s)
$K_2 = ½ mv^2 = ½ (160 + 40 + 50) \cdot 24^2 = 72'000$
$\Delta K = K1 - K2 = 90000 - 72000 = 18000J = 18 \cdot 10^3$ J.
Si può anche rispondere notando che l'opzione B è l'unica dove il primo risultato è diverso da 0 e il secondo risultato è uguale a 0.
Risposta corretta B.

5. Il lavoro compiuto da A e B è uguale, poiché i due si trovano alla stessa altezza e, essendo la gravità una forza conservativa, il suo lavoro non dipende dal percorso compiuto ma solo dalla posizione iniziale e da quella finale. Infatti, la formula Lavoro = $L = F \cdot s$, sapendo che $F = m \cdot a$ ($F = m \cdot g$ in questo caso), può essere riscritta come $L = m \cdot g \cdot h$, perché lo spostamento (s) avviene in verticale (è un'altezza h).
Risposta corretta C.

6. Per quanto riguarda l'impulso sviluppato da braccio di ferro, possiamo ricorrere alla formula $I = F \cdot \Delta t \rightarrow I = 5000$ N · s . Nel caso di Olivia dobbiamo ricordare che l'impulso è pari anche alla variazione di quantità di moto di un corpo, dunque $(m \cdot v_2) - (m \cdot v_1) = (50 \cdot 20) - (50 \cdot 10) = 1000 - 500 = 500$ N · s.
Dunque il rapporto tra i due impulsi è $\frac{5000}{500} = 10$.
Risposta corretta B.

7. Come primo passaggio cambio l'unità di misura della velocità da Km/h a m/s dividendo per 3,6 → 72 Km/h : 3,6 = 20 m/s.
Sapendo che l'Energia Meccanica di un corpo (U = Energia Cinetica + Energia Potenziale) è costante posso uguagliare la $U_{iniziale}$ con la U_{finale} per trovare l'altezza. $U_{iniziale} = mgh$ (perchè Giacomino è fermo e su di lui agisce solo l'energia potenziale). $U_{finale} = \frac{1}{2} mv^2$ (a livello dell'acqua l'altezza è 0 quindi anche l'energia potenziale è 0).

FISICA

Pongo $U_{iniziale} = U_{finale} \rightarrow mgh = \frac{1}{2} mv^2$, elimino le masse presenti in entrambe le formule, e infine isoliamo l'altezza ottenendo $h = \frac{\frac{1}{2} \cdot v^2}{g} = 20m$.
Risposta corretta D.

8. Si tratta di un urto anelastico, perciò è conservata solo la quantità di moto. L'energia cinetica complessiva dei vagoni, invece, diminuisce, poiché dopo l'urto entrambi procedono a una velocità sensibilmente minore rispetto a quella del vagone lanciato all'inizio.
Risposta corretta B.

9. Notiamo subito che l'urto è anelastico perché i due corpi dopo lo scontro viaggiano attaccati (quindi con la stessa velocità). La quantità di moto iniziale è data solo dal proiettile in moto, mentre quella finale è data dall'unione del proiettile con il legno. Imponiamo allora la conservazione della quantità di moto:
$mv = (m + M)v_f \rightarrow 0{,}05 \cdot 30 = 0{,}5 \cdot v_f$
$v_f = \frac{1{,}5}{0{,}5} = 3$ m/s.
Risposta corretta A.

10. Trascurando la resistenza dell'aria, il pallone aumenterà progressivamente la sua velocità durante la caduta, per effetto della forza di gravità. Questo aumento non dipende da nessun'altra grandezza, se non dall'altezza di caduta (più il pallone parte da una posizione alta, più tempo starà in caduta e più aumenterà la sua velocità) e lo possiamo notare dalla formula indicata dalla seguente mnemofrase.
MNEMOFRASE: Regola delle due giacche, ovvero la velocità è uguale a $\sqrt{2gh}$.
Risposta corretta E.

11. Nel momento iniziale il chihuahua possiede solo energia cinetica, calcolabile come: $K = \frac{1}{2} mv^2 = \frac{1}{2} \cdot 4 \cdot 10^2 = 200$ J (opzione A errata, attenzione all'unità di misura!) e questa sarà uguale all'energia potenziale presente nel punto di massima altezza (opzione C corretta). In seguito, il cane sarà soggetto all'accelerazione di gravità, rivolta verso il basso (opzione E errata) e la sua velocità si ridurrà fino a diventare nulla nel punto di massima altezza (opzione D errata).
Infine, per calcolare l'altezza massima raggiunta possiamo eguagliare l'energia cinetica iniziale e l'energia potenziale finale: $\frac{1}{2} mv^2 = mgh \rightarrow h = \frac{v^2}{2g} = \frac{100}{20} = 5$ m (opzione B errata).
Risposta corretta C.

12. Applichiamo il teorema dell'impulso: $I = F \cdot \Delta t = Q_f - Q_i$. Sappiamo inoltre che $V_i = 0$, quindi $Q_i = m \cdot V_i = 0$. Sappiamo quindi che $F \cdot \Delta t = m \cdot V_f$. Quindi $V_{f1} = 4$ Ns/m, $V_{f2} = 1{,}2$ Ns/m . La pallina è la stessa (m = cost, risposta D errata), quindi avrà modulo maggiore la velocità con numeratore maggiore: V_{f1}.
Risposta corretta A.

13. Calcolo prima di tutto l'energia meccanica di Carlo quando si trova in cima alla collina: $U_{iniziale} = mgh = 80 \cdot 10 \cdot 240 = 192.000$ J. Sapendo che l'energia meccanica di un corpo si conserva, e che quindi al diminuire dell'energia potenziale aumenta l'energia cinetica, posso calcolare l'energia cinetica di Carlo quando è a ¾ del suo percorso moltiplicando l'Energia Meccanica per ¾ . Infatti a ¾ di strada Carlo avrà trasformato ¾ della sua energia meccanica in energia cinetica e ne avrà ancora ¼ sotto forma di energia potenziale. Quindi Energia cinetica a ¾ del percorso = 192.000 J · ¾ = 144.000 J
Adesso uso la formula inversa dell'Energia cinetica per isolare la velocità ($K = \frac{1}{2} mv^2$) e ottengo $v^2 = 3600 \rightarrow v = 60$ m/s .
Risposta corretta C.

14. Leggendo i dati proposti dall'esercizio (spostamento e massa), dobbiamo subito pensare formula del lavoro della forza peso. Sappiamo infatti, che $L = F \cdot s \cdot \cos\alpha$, dove α è l'angolo compreso tra lo spostamento e la forza. La forza applicata da Giovannino per sollevare la gatta è diretta verticalmente verso l'alto e si oppone al peso, quindi è uguale e contraria a $P = m \cdot g = 50$ N. Poi dobbiamo scomporre il movimento di Giovannino in 3 tratti. Nel primo tratto $\alpha = 0°$ (F ed s hanno stessa direzione e stesso verso), quindi $L_1 = 50 \cdot 0{,}5 \cdot 1 = 25$ J. Nel secondo tratto, la forza di Giovannino è la stessa, ma lo spostamento è orizzontale e non verticale, quindi $\alpha = 90°$ e $\cos\alpha = 0$, pertanto $L_2 = 0$ J. Infine, nel terzo tratto $\alpha = 180°$, quindi $L_3 = 50 \cdot (0{,}5 + 1) \cdot (-1) = -75$J.
Quindi il $L = 25\ J + 0\ J - 75\ J = -50$ J.
Risposta corretta D.

15. Per risolvere l'esercizio dobbiamo applicare il teorema dell'impulso, ovvero $I = \Delta Q$, dove l'impulso $I = F \cdot t$ e la quantità di moto si indica come $Q = m \cdot v$. Ricordandoci che la velocità è una grandezza vettoriale (perciò dobbiamo scrivere le due velocità di verso opposto con segno opposto), scriviamo la formula completa: $F \cdot t = (m \cdot V_i) - (m \cdot V_f) \rightarrow F \cdot t = [m \cdot V_i] - [m(-V_i)] \rightarrow F \cdot t = m(V_i + V_i) = 2m \cdot V_i$ e troviamo quindi la massa $m = \frac{F \cdot t}{2vi} = \frac{75 \cdot 0{,}2}{2 \cdot 10} = \frac{15}{20} = \frac{3}{4} = 0{,}75$ kg.
Risposta corretta B.

16. Cominciamo calcolando il lavoro totale: $L = Fs = 150 \cdot 220 = 33000$ J. Successivamente troviamo la potenza con la sua formula ($P = \frac{L}{t}$), ricordandoci di esprimere il tempo totale (6 min e 40s = 400s) in secondi.
Quindi abbiamo $P = \frac{L}{t} = \frac{33000}{400} = 82{,}5$ W.
Risposta corretta C.

17. L'impulso di una forza costante si calcola come $I = F \cdot t$, ovvero il prodotto fra la forza stessa e il tempo in cui viene applicata. Calcoliamo quindi il rapporto fra gli impulsi prodotti dai due muscoli scrivendo: $\frac{I_{ADDOME}}{I_{INTERCOS}} = \frac{F_A t_A}{F_I t_I} = \frac{2000 \cdot 5}{1500 \cdot 2{,}2} = \frac{10000}{3300} = \frac{100}{33} = 3{,}03$.
Risposta corretta E.

18. Il lavoro si calcola con la formula $L = F \cdot s \cdot \cos\alpha$, quindi: $L = 400\ N \cdot 2000\ m \cdot \cos 45° = 400000 \cdot \sqrt{2}\ J = 4\sqrt{2} \cdot 10^5$ J.
Risposta corretta C.

19. Per risolvere il quesito utilizziamo il teorema di conservazione dell'energia. L'energia cinetica con cui il petardo parte è uguale quindi all'energia potenziale a cui il petardo arriva: $K_i = U_f \rightarrow \frac{1}{2} mv^2 = mgh$. Semplificando m (ricordando di approssimare g a 10 m/s): $\frac{1}{2} V_i^2 = g \cdot h \rightarrow h = \frac{V_i^2}{2g} = \frac{30^2}{2 \cdot 10} = \frac{900}{20} = 45$ m.
Risposta corretta A.

20. L'urto è elastico quindi sia la quantità di moto ($q = mv$) che l'energia cinetica ($K = \frac{1}{2} mv^2$) si conservano. Creiamo un sistema con 2 equazioni:
$m_1 v_{1i} = m_1 v_{1f} + m_2 v_{2f}$
$\frac{1}{2} m_1 v_{1i}^2 = \frac{1}{2} m_1 v_{1f}^2 + \frac{1}{2} m_2 v_{2f}^2$
Sostituendo i valori otteniamo:
$2 = 1 + m_2 v_{2f} \rightarrow m_2 v_{2f} = 1 \rightarrow m_2 = \frac{1}{v_{2f}}$
$2 = \frac{1}{2} + \frac{1}{2} m_2 v_{2f}^2 \rightarrow m_2 v_{2f}^2 = 3$
$\rightarrow v_{2f} = 3$ m/s
$\rightarrow m_2 = \frac{1}{3}$ kg
Risposta corretta E.

FISICA

5. FLUIDI

1. Una colonna d'acqua alta 10 m esercita sul fondo una pressione il cui valore:

A. È pari a 1000 mmHg
B. È superiore a 2 atm
C. Supera di circa 1 atm la pressione esterna
D. È inferiore a 700 mmHg
E. Dipende dall'area della superficie d'appoggio della colonna

2. Giacomo sta innaffiando le sue piante con una canna di raggio 1 cm in cui l'acqua scorre a una velocità di 5 cm/s; ad un certo punto il suo cane morde la canna e si ha un restringimento così che la sezione diventi la metà. Quanto va veloce nel tratto ristretto l'acqua?

A. 10 m/s
B. 10 cm/s
C. 5 cm/s
D. 2,5 cm/s
E. 2,5 m/s

3. Un liquido non viscoso scorre in un tubo con moto stazionario. Se il raggio del tubo viene moltiplicato di un fattore 2 e la caduta di pressione e la velocità ai suoi estremi rimane la stessa, la portata viene moltiplicata per un fattore:

A. $\frac{1}{2}$
B. 2
C. 4
D. 16
E. 32

4. La nonna di Anna soffre di aterosclerosi. Le sue carotidi sono occluse già del 45% e se l'occlusione raggiunge il 75% è necessaria l'operazione. La nonna di Anna è anche una buongustaia ma sfortunatamente per lei ad ogni bignè che mangia guadagna 1 punto percentuale di occlusione carotidea. Calcolare il numero di bignè che dovrà mangiare per essere operata ed il rapporto tra la velocità del sangue nelle carotidi ora ed al momento dell'operazione.

A. 30 bignè ; diminuisce di 0,45 volte
B. 45 bignè ; diminuisce di 45 volte
C. 30 bignè ; aumenta di 22 volte
D. 60 bignè. aumenta di 2,2 volte
E. 30 bignè ; aumenta di 2,2 volte

5. Giuseppe lancia in mare una lamiera di ferro con area di 1m², che raggiunge una profondità di 40m; quale è la forza esercitata dalla pressione totale sulla superficie della lamiera?

A. 10^5 N
B. $1{,}25 \cdot 10^5$ N
C. $2{,}5 \cdot 10^5$ N
D. $25 \cdot 10^5$ N
E. $5 \cdot 10^5$ N

6. Un palloncino viene gonfiato di elio e comincia a volare verso l'alto, cosa si può affermare riguardo alla forza di Archimede che agisce su di esso?

A. F_A > Peso del palloncino
B. F_A < Peso del palloncino
C. F_A = Peso del palloncino
D. F_A > Peso dell'aria spostata
E. F_A < Peso dell'aria spostata

7. In merito alle spinte di Archimede esercitate su un pezzo di sughero e su un pezzo di ferro di uguale volume, completamente immersi in acqua, si può dire che:

A. Sono tra loro uguali
B. È maggiore quella sul sughero
C. È maggiore quella sul ferro
D. È assente per il ferro perché va a fondo
E. Sono di verso opposto per il sughero e per il ferro

8. Il motivo per cui un palloncino riempito di idrogeno, lasciato a sé, vola verso l'alto, risiede nel:

A. Principio di Pascal
B. Primo principio della dinamica
C. Secondo principio della termodinamica
D. Principio di Avogadro
E. Principio di Archimede

9. Si consideri una mozzarella in carrozza A, di massa 3 kg e volume pari a 3 m³, ed una scaloppina di seitan B la cui massa è 2/9 della massa di A ed il volume la metà di V_A. Entrambi stanno friggendo nell'olio. Quale delle seguenti affermazioni è vera? [P_s olio = 13,25 N/m³]

A. Galleggiano sia la mozzarella che il seitan
B. Galleggia solamente la mozzarella
C. Non galleggia nessuno dei due
D. Galleggia solamente il seitan
E. Non è possibile sapere chi galleggia

10. La spinta di Archimede NON dipende:

A. Dalla densità del mezzo
B. Dal peso specifico del mezzo
C. Dalla profondità alla quale il corpo è immerso
D. Dal volume del corpo
E. Dal valore dell'accelerazione di gravità

11. Se un subacqueo scende alla profondità di 40 m sotto il livello del mare, la pressione è aumentata, rispetto al valore presente alla superficie, di circa:

A. 1 atm
B. 2 atm
C. 3 atm
D. 4 atm
E. 5 atm

12. Un barbiere fa accomodare i suoi clienti su una poltrona sollevabile il cui meccanismo è costituito da un torchio idraulico. La poltrona vuota ha una massa di 25 kg ed è fissata su un pistone di area 0,20 m². Il barbiere può applicare una forza massima di 500 N su un pistone di area 0,080 m² collegato al pedale. Di quanti centimetri si solleva la poltrona quando il pistone collegato al pedale si abbassa di 3,0 cm?

A. 0,75 cm
B. 1,2 cm
C. 1,8 cm
D. 0,2 m
E. 1,5 m

13. Considerato il flusso di sangue in un soggetto in piedi, essendo costante la velocità del sangue, dove risulta maggiore la pressione?

A. All'estremità inferiore
B. All'altezza del cuore
C. La pressione è costante in ogni punto
D. All'estremità superiore
E. Nessuna delle precedenti

14. Un liquido scorre in un fluido a sezione variabile con flusso costante. Se la velocità del tubo quadruplica, allora la sezione del tubo:

A. Quadruplica
B. Raddoppia
C. Si riduce a $\frac{1}{4}$ di quella iniziale
D. Si dimezza
E. Si riduce di $\frac{1}{4}$

15. Tommaso e i suoi amici decidono di preparare un punch da mettere in un recipiente semisferico di raggio 0,4 m per una mega festa. Quanto tempo impiegherà Tommaso a riempire il recipiente se utilizza un tubo che ha una sezione di diametro 2 cm e sapendo che il punch scorre a una velocità di 3 m/s?

A. 284,4 s
B. 35,6 s
C. 71,1 s
D. 142, 2 s
E. 14, 2 s

16. Gino vuole travasare del whisky invecchiato in una bottiglia, e per farlo utilizza un tubo di larghezza non costante. Se nella prima porzione del tubo (diametro: 10 cm) il whisky scorre con una velocità di 2 m/s, quanto sarà la sua velocità nella porzione successiva, con diametro dimezzato?

A. 0,8 m/s
B. 2,0 m/s
C. 5,0 m/s
D. 8,0 m/s
E. 6,25 m/s

FISICA

17. Arianna è stata portata in ospedale, dove i medici decidono di farle una flebo di glucosio (densità = 1500 kg/m³).
A quale altezza si troverà il nostro flacone di glucosio se sappiamo che la nostra soluzione entrerà nel circolo sanguigno a una pressione di $15 \cdot 10^3$ Pa, considerando che il braccio di Arianna si trova a 7 dm da terra?

A. 1,7 m
B. 1 m
C. 1,5 m
D. 8 m
E. 8 dm

18. Al luna park, due recipienti contengono rispettivamente acqua (densità 1,0 g/cm³) e benzina (densità 0,7 g/cm³). Due paperelle di diverso materiale vengono messe ognuna in un recipiente. Sapendo che la paperella blu galleggia sull'acqua con 3/4 del suo volume esposti e la paperella gialla è immersa per $\frac{2}{5}$ nella benzina, quanto vale il rapporto fra le densità dei materiali blu e giallo?

A. 0,3
B. 2,0
C. 0,9
D. 0,6
E. 1,5

19. Il professore di fisica assegna ad Ivan il compito di aumentare la pressione sul fondo di una bottiglia di plastica piena per metà d'acqua. Quale dei seguenti modi è la via più corretta?

A. Praticare un foro nella bottiglia
B. Stringere la bottiglia con un elastico facendo salire il livello dell'acqua
C. Sostituire di nascosto la bottiglia con una di base leggermente più larga
D. Tutti i precedenti
E. Nessuno dei precedenti

20. Tokyo e Rio stanno costruendo una zattera per scappare da un'isola perché sono ricercati. Trovano solo del legno con densità ρ = 505 kg/m³ che gli permette di costruire una zattera larga 6 m, lunga 3 m e alta 0,5 m. Sapendo che la densità dell'acqua di mare è 1010 kg/m³, quanto sarà alta la parte immersa nell'acqua del mare?

A. 0,25 m³
B. 4,5 m³
C. 4,5 m
D. 2,5 cm
E. 0,25 m

CORREZIONE COMMENTATA

1. Bisogna utilizzare la legge di Stevino che ci permette di calcolare la pressione esercitata da una colonna d'acqua.
$P = P(0) + dgh$. La densità dell'acqua è uguale a $1000\ kg/m^3$. Applicando la formula otteniamo $P = P(0) + 1000\ Kg/m^3 \cdot 10\ m/s^2 \cdot 10\ m = P(0) + 100000\ Pa$. Ricordiamo che $1\ atm = 101325\ Pa \approx 10^5\ Pa$.
Per risolvere più facilmente questo tipo di quesiti, dobbiamo inoltre ricordarci che ogni 10 m di fluido, la pressione aumenta di 1 atm.
Risposta corretta C.

2. Questo esercizio sulla legge di Leonardo si può facilmente risolvere senza fare nessun calcolo: ricordandoci la relazione che c'è tra sezione e velocità per cui se una dimezza l'altra raddoppia → quindi dimezzando la sezione sicuramente la velocità sarà doppia rispetto a quella iniziale, quindi $v_2 = 10\ cm/s$.
Risposta corretta B.

3. L'area di una sezione è $A = \pi r^2$ e la formula della portata è $Q = A \cdot v$. Se il raggio raddoppia la portata diventerà $Q = \pi(2r)^2 \cdot v = \pi 4r^2 \cdot v$. La portata quindi, rispetto a $Q = \pi r^2 \cdot v$, viene moltiplicata di un fattore 4.
Risposta corretta C.

4. Sappiamo che le coronarie della vecchina sono occluse già del 45% quindi per raggiungere il 75% necessario per procedere con l'operazione dovrà mangiare 30 bignè; escludiamo perciò le opzioni B e D. Per trovare il rapporto tra le velocità ci rifacciamo alla formula della portata → $Q = S \cdot v \rightarrow v = Q/S$. Consideriamo la sezione di una carotide sana come x, la sezione prima dell'operazione sarà 0,55x (essendo il vaso occluso per il 45% sarà pervio per il 55%) mentre quella al momento dell'operazione sarà 0,25x.

$$\frac{v_2}{v_1} = \frac{\frac{Q}{0{,}25x}}{\frac{Q}{0{,}55x}} = \frac{0{,}55}{0{,}25} = 2{,}2.$$

Risposta corretta E.

5. Iniziamo calcolando la pressione: sappiamo che sul mare agisce una pressione atmosferica $P_0 = 10^5$ quindi la pressione esercitata dal liquido sovrastante la calcoliamo usando la legge di Stevino: $P = P_0 + dgh = 10^5 + 1000\ kg/m^3 \cdot 10\ m/s^2 \cdot 40m = 10^5 + 4 \cdot 10^5 = 5 \cdot 10^5 Pa$. Sappiamo che la pressione si misura come rapporto tra forza e superficie quindi $F = P \cdot A = 5 \cdot 10^5\ Pa \cdot 1m^2 = 5 \cdot 10^5 N$.
Risposta corretta E.

6. Sul palloncino agisce una forza di Archimede applicata dall'aria atmosferica. Il fatto che il palloncino si muova verso l'alto è dato dalla forza di Archimede che supera la forza peso del palloncino riuscendo così a spostarlo.

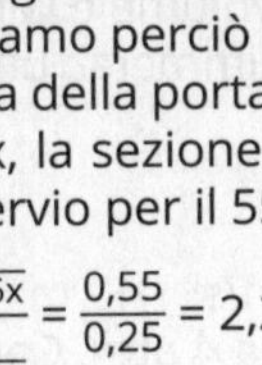

Risposta corretta A.

7. Come spiegato nell'esercizio 4, i due corpi riceveranno la stessa spinta di Archimede perché hanno uguale volume.

FISICA

Attenzione: ricevere la stessa spinta di Archimede non vuol dire che i due corpi si comporteranno allo stesso modo. Come questi si comportino dipende dalla loro densità.
Risposta corretta A.

8. Il palloncino riempito di idrogeno riceve, grazie al principio di Archimede, una spinta verso l'alto pari al peso del fluido (un fluido può essere sia liquido che gassoso) spostato. L'idrogeno ha una densità minore dell'aria quindi volerà in alto. Il principio di Pascal afferma che a pressione esercitata in un punto qualsiasi di un fluido si trasmette in ogni altro punto del fluido con la stessa intensità (risposta A errata). Il primo principio della dinamica esprime il concetto di inerzia di un corpo (risposta B errata). Il secondo principio afferma che F = ma (risposta C errata). Il principio di Avogadro afferma che moli uguali di gas diversi occupano lo stesso volume (risposta D errata).
Risposta corretta E. (Vedi capitolo 2 Dinamica).

9. Un corpo galleggia se il suo peso specifico è minore di quello del corpo in cui è immerso. A presenta peso specifico $P_s = \frac{P}{V} = 3 \cdot 10^3 = 10$ N/m³, considerando g = 10 m/s². B, considerate le opportune proporzioni, invece ha peso specifico $P_s = \frac{40}{9} = 4{,}44$ N/m³. Dato P_s olio = 13,25 N/m³, deduciamo che galleggeranno entrambi.
Risposta corretta A.

10. Il principio di Archimede può essere riassunto nella formula: $F_{Archimede} = g \cdot d_{liq\ spostato} \cdot V_{liq\ spostato}$ dove d è la densità e V il volume (escludiamo le risposte A,D ed E). Anche la risposta B può essere scartata perché il peso specifico è definito come il peso di un campione di materiale diviso per il suo volume. Quindi il peso specifico dipende dal volume e la forza di Archimede dal peso specifico. Solo la profondità, e quindi l'altezza a cui è immerso un corpo, non influisce sulla spinta di Archimede.
Risposta corretta C.

11. Utilizziamo ancora la legge di Stevino: P = P(0) + 1000 Kg/m³ · 10 m/s² · 40 m = P(0) + 400000 Pa. Guardando le risposte possiamo approssimare 400000 Pa a 4 atm. Come per l'esercizio 1, vale la regola di 1 atm ogni 10 m.
Risposta corretta D.

12. La legge di Pascal afferma che ai capi di un condotto contenente un liquido, le pressioni si eguagliano, quindi $P1 = P2 \rightarrow \frac{F1}{S1} = \frac{F2}{S2}$. Però, sapendo che il volume di un liquido incomprimibile (come l'acqua) rimane costante, ricavo che $S1h1 = S2h2 \rightarrow h2 =$ sollevamento della poltrona $= \frac{S1h1}{S2} = \frac{0{,}03 \cdot 0{,}08}{0{,}2} = 0{,}012$ m = 1,2 cm.
Risposta corretta B.

13. Data la legge di Bernoulli, secondo la quale $P + \frac{1}{2} v^2 + gh =$ costante, in un soggetto in piedi all'estremità inferiore risulta minore la componente gravitazionale (gh) e quindi, essendo costante la somma dei fattori, risulta maggiore la pressione. Viceversa all'estremità superiore, il capo.
Risposta corretta A.

14. Utilizziamo la formula della portata Q = A · v. Se la portata è costante (flusso costante) e la velocità del tubo quadruplica, la sezione del tubo si riduce di un fattore 4. Attenzione a non confondere sezione con raggio o diametro. La sezione e la velocità sono legati da un rapporto lineare, raggio e diametro variano invece in modo esponenziale al variare della velocità.
Risposta corretta C.

15. Innanzitutto individuiamo che è un esercizio sulla dinamica dei fluidi e che dobbiamo considerare le formule della portata $Q = \frac{V}{t}$ e $Q = S \cdot v$ (ricorda sempre che sono due: una con il Volume e una con la velocità!). Abbiamo il diametro del tubo con cui Tommaso riempie il recipiente d = 2 cm = 0,02 m e quindi possiamo trovare la sezione $S = \pi r^2 = \pi (0{,}01\ m)^2 = 0{,}0001\ \pi\ m^2$, di conseguenza possiamo anche trovare la portata dato che sappiamo la velocità (v = 3 m/s) con cui il punch scorre nel tubo $Q = 0{,}0001\ \pi\ m^2 \cdot 3\ m/s = 0{,}0003\ \pi\ m^3/s$. Non serve moltiplicare per π perché si semplificherà con il π del volume della semisfera (finché potete, nello svolgimento degli esercizi, lasciatelo espresso). Una volta trovata la portata, calcoliamo il volume della semisfera: $V = \frac{4}{3} \cdot \frac{1}{2} \cdot \pi r^3 = \frac{2}{3} \pi (0{,}4\ m)^3 = \frac{2}{3} \cdot 0{,}064\ \pi\ m^3$, così abbiamo tutti i dati necessari per trovare il tempo: $t = \frac{V}{Q} = \frac{\frac{2}{3} \cdot 0{,}064 \pi m^3}{0{,}0003 \pi m^3/s} = 142{,}2\ s$.

Risposta corretta D.

16. Possiamo risolvere questo esercizio applicando la legge di Leonardo o della conservazione della portata, che ci dice che la portata (Q = Sv) si mantiene costante lungo tutto un tubo, anche a fronte di aumenti o diminuzioni della sua sezione. Calcoliamo quindi la portata, ricordandoci di trasformare il diametro, e quindi il raggio, in metri: $Q = S_1 v_1 = \pi (r_1)^2 (2) = \pi (0{,}05)^2 (2) = (5 \cdot 10^{-3})\ m^3/s$. A questo punto, sapendo che $S_1 v_1 = S_2 v_2$ possiamo trovare la velocità finale: $v_2 = \frac{Q}{S2} = \frac{\pi 5 \cdot 10^{-3}}{\pi 0{,}025^2} = 0{,}8 \cdot 10 = 8{,}0\ m/s$.

(Un trucchetto per risolvere l'esercizio più rapidamente è sfruttare le proporzionalità. La velocità e il raggio del tubo, infatti, sono legati da una proporzionalità quadratica inversa: al dimezzarsi del raggio, quindi, la velocità aumenterà alla quarta e così via).

Risposta corretta D.

17. Si tratta di un esercizio di statica dei fluidi in cui bisogna applicare la legge di Stevino $P = \rho g h$. Da questa formula possiamo trovarci h, cioè la distanza tra il braccio di Arianna e il flacone di glucosio, $h = \frac{P}{\rho g} = \frac{1500\ Pa}{1500\ kg/m^3 \cdot 10\ m/s^2} = 1\ m$. Il problema però ci chiede a quale altezza si trova il nostro flacone (dal suolo) e non la distanza del flacone dal braccio di Arianna, quindi dobbiamo sommare i 7 dm a 1 m. Facciamo un'equivalenza per portare tutto nelle unità del SI, quindi 7 dm = 0,7 m; otteniamo infine che il falcone di glucosio si trova a un'altezza di 1,7 m.

Risposta corretta A.

18. Per risolvere l'esercizio dobbiamo utilizzare la relazione $\frac{V_{imm}}{V_{tot}} = \frac{d_{materiale}}{d_{liquido}}$, evoluzione della legge di Archimede (fondamentale quando si parla di galleggiamento!). Isolando la densità del materiale dalla relazione precedente, abbiamo: $d_{materiale} = \frac{V_{imm} \cdot d_{liquido}}{V_{tot}}$, che per i nostri materiali diventa $d_{BLU} = \frac{V_{imm} \cdot d_{acqua}}{V_{tot}}$ e $d_{GIALLO} = \frac{V_{imm} \cdot d_{benzina}}{V_{tot}}$. Sappiamo poi che la paperella blu è immersa per ¼ del volume totale ("¾ del suo volume esposti") mentre la paperella gialla solo per ⅖, quindi possiamo scrivere: $d_{BLU} = \frac{1}{4} \cdot 1{,}0$ e $d_{GIALLO} = \frac{2}{5} \cdot 0{,}7$. Infine, calcoliamo il rapporto fra le densità dei due materiali: $\frac{d_{BLU}}{d_{GIALLO}} = \frac{\frac{1}{4} \cdot 1{,}0}{\frac{2}{5} \cdot 0{,}7} = \frac{1}{4} \cdot \frac{25}{7} = \frac{25}{28} = 0{,}9$.

Risposta corretta C.

19. Per la legge di Stevino, espressa con la formula p = dgh, la pressione sul fondo di una colonna d'acqua dipende esclusivamente dall'altezza del liquido sovrastante e non dal suo volume totale.

FISICA

Fra le risposte proposte, l'unica che comprende un aumento del livello dell'acqua all'interno della bottiglia è la B.
Risposta corretta B.

20. Si tratta di un esercizio sulla legge di Archimede e di un corpo che galleggia, quindi possiamo utilizzare la formula $V_{immerso} = V_{corpo}\ \rho legno/\rho acqua$ di mare. Come prima cosa calcoliamo il volume totale della zattera $V_{zattera} = 6 \cdot 3 \cdot 0,5 = 9\ m^3$ e poi possiamo calcolare il volume immerso → $V_{immerso} = \frac{9 \cdot 505}{1010} = 4,5\ m^3$. A questo punto basta dividere per le due dimensioni corrispondenti alla lunghezza e alla larghezza della zattera per trovare l'altezza della parte immersa → $h = \frac{V_{IMMERSO}}{6 \cdot 3} = 0,25$ m.
Risposta corretta E.

6. TERMODINAMICA

1. Indicare l'unità di misura corretta del calore specifico.

A. J/(Kg · K)
B. kg/J
C. J^2
D. (J/K) · kg
E. K · kg

2. Giovanni dimentica per tutta un'infuocata giornata d'Agosto l'Ipod e l'orologio sul tavolo del giardino della casa al mare. Quando recupera i due oggetti, che inizialmente erano entrambi a 20° C, possiedono ancora una temperatura uguale tra loro. È corretto affermare che:

A. Hanno la stessa massa e lo stesso volume
B. Hanno lo stesso calore specifico
C. Hanno lo stesso volume e lo stesso calore specifico
D. La loro temperatura iniziale era di 300 K
E. Hanno la stessa capacità termica

3. Un nuovo modello di aereo riesce a volare solo se viene continuamente prodotto un lavoro termodinamico superiore a 200 J. All'interno vi è un gas di cui viene mantenuta una pressione fissa di 50 Pa. Per partire, viene fatto espandere il volume del gas da 6 m^3 a 9 m^3. L'aereo riuscirà a partire e rimanere in volo o cadrà a terra?

A. Non si hanno dati a sufficienza per calcolare il lavoro
B. No, il lavoro è pari a 150 J
C. Si, il lavoro è pari a 450 J
D. Si il lavoro è pari a 300 J
E. No, il lavoro è pari a 100 J

4. In una giornata d'estate le previsioni meteo dicono che la temperatura rimarrà sempre costante e decide di organizzare un festa in piscina, provando a gonfiare più materassini possibili. Il suo polmone ha un volume di 0,004 m^3. Assumendo che contenga un gas perfetto con una pressione pari a 1860 N/m^2, si calcoli il volume dei materassini che riuscirà a gonfiare. Ogni materassino deve avere una pressione di 3 N/m^2.

A. 2,48 m^3
B. 7,44 dm^3
C. 248 m^3
D. 7,40 dm^3
E. 0,24 m^3

5. La temperatura di ebollizione di un liquido ad una data pressione:

A. Dipende esclusivamente dal tipo di liquido che si considera
B. Dipende dalla massa del liquido
C. Dipende dalla quantità di calore assorbito
D. Dipende sia dal tipo di liquido che dalla quantità di calore assorbito
E. Dipende dal volume di liquido

6. Un nuovo modello di forno è in grado di compiere una trasformazione reversibile con un teglia contenuta all'interno. Esso assorbe 574 kcal da una sorgente esterna, e cederà 1200kJ alla teglia. Si calcoli il rendimento di questa macchina.

A. 0,5
B. 0,66
C. 287
D. 0,47
E. 0,0047

7. Trasferire calore da un corpo più freddo a uno più caldo:

A. Non è mai possibile
B. È possibile solo spendendo lavoro
C. Contraddice il primo principio della termodinamica
D. Contraddice il secondo principio della termodinamica
E. Può avvenire solo nel vuoto

8. Un cuoco sta cucinando per un gran numero di persone in una pentola che mantiene la pressione costante 2L di brodo ad una temperatura di 80 gradi. Successivamente, si accorge che era poco e lo lascia raffreddare a temperatura ambiente (25 gradi) sperando che il suo volume aumenti

FISICA

una volta raggiunto l'equilibrio termico. Riuscirà nel suo intento?

A. No, abbassando la temperatura il volume diminuirà, diventando circa 0,5 L
B. No, abbassando la temperatura il volume diminuirà, diventando circa 1,7 L
C. Sì, abbassando la temperatura il volume aumenterà, diventando cir-ca 3,7 L
D. Sì, abbassando la temperatura il volume aumenterà, diventando circa 2,5 L
E. No, è impossibile che variazioni di temperatura influenzino il volume

9. Una trasformazione adiabatica:

A. Avviene sempre ad energia interna costante
B. È una trasformazione in cui non vi è scambio di calore tra ambiente e sistema
C. È una trasformazione in cui la temperatura del sistema si mantiene sempre costante
D. È una trasformazione sempre reversibile
E. È una trasformazione in cui il calore assorbito dal sistema è uguale al lavoro da questo prodotto

10. Quanto calore è necessario per far passare un blocco di ghiaccio di 200 g da 0° C a 4° C, considerando che si deve sciogliere completamente? (f = 80 cal/g)

A. 16 800 J
B. 32 000 kcal
C. 30 00 cal
D. 16 800 cal
E. 40 000 J

11. Calcolare il calore necessario per fondere una batteria di piombo di 3000 g che si trova alla temperatura di 100° C, sapendo che la temperatura di fusione è 1000° C, il calore di latente di fusione è 80 000 J/kg e il calore specifico del piombo è 120 J/kg° C.

A. 564000 J
B. 324000 J
C. 600000 J
D. 564000 J/Kg
E. 500000 J

12. Alessandro sta costruendo una macchina termica come progetto di fisica. Per presentare il suo lavoro, deve fornire alcuni dati mancanti. Sapendo che il rendimento è del 40% e che il calore assorbito in un'ora è pari a 1000 J, quale è la potenza?

A. 400 W
B. 200 W
C. 0.11 W
D. 0.011 W
E. 0.11 J

13. Rispetto al livello del mare, in montagna l'acqua:

A. Bolle a una temperatura maggiore
B. Bolle alla stessa temperatura
C. Bolle a una temperatura minore
D. Non bolle
E. Si solidifica sempre

14. Harry vuole far aumentare la temperatura del bicchiere da 200 g di acqua che Draco sta bevendo, da 20° C a 150° C.
Affinché l'incantesimo vada a buon fine deve però far fornire alla formula "Scottium liquor" la quantità giusta di calore. Tuttavia, non avendo partecipato ai corsi TB Harry si sbaglia, e l'acqua aumenta solo fino a 40° C. Che quantità di calore ha magicamente fornito Harry?

A. 400 cal
B. 200 kcal
C. 4000 cal
D. 40000 J
E. 400000 J

15. I Peaky Blinders per trasportare i loro prodotti illeciti usano una imbarcazione a vapore il cui motore segue le leggi del ciclo di Carnot. Siccome vogliono risparmiare è essenziale massimizzare l'efficienza, vogliono quindi che il rendimento della macchina termica sia pari al 27%.
Per comodità vogliono cedere al motore 146 J (a Birmingham fa freddo).

Quanto calore dovrebbe assorbire la macchina per raggiungere il rendimento desiderato?

A. 146 J
B. 200 J
C. 234 J
D. 3144 kcal
E. 4188 kcal

16. Il piccolo Sheldon è stanco della fisica e quindi si mette a giocare con la chimica. Scopre che, alla temperatura iniziale di 27 °C e alla pressione atmosferica, una reazione con 1 mole di un gas perfetto raddoppia la sua temperatura rilascia 45 kcal. Sapendo che viene scambiato solo il lavoro meccanico e che il sistema è chiuso (non c'è scambio di materia), qual è la variazione di energia interna del sistema? ($R = 1{,}98$ cal °K mol^{-1}).

A. - 15 cal
B. 49940 cal
C. -555 cal
D. 4940 cal
E. 44400 cal

17. Ernest Gnam, un noto pasticcere, sta preparando delle torte nel suo laboratorio di cucina. Prepara una torta al gelato che pesa 4 kg e si trova ad una temperatura t_f. Prepara poi un'altra torta ma al cioccolato e dal cuore morbido che pesa 5 kg e che si trova ad una temperatura $t_c = 7t_f$. Un suo apprendista per sbaglio, le confeziona insieme, nello stesso sistema isolato. Sapendo che la temperatura di equilibrio raggiunta è pari a T_{eq} = 60° C e che $t_f + t_c$ = 80° C, quale sarà il rapporto tra il calore specifico della torta al gelato rispetto quello della torta al cioccolato?

A. -4
B. 17
C. $\frac{1}{4}$
D. -14
E. 7

18. Due amici svizzeri stanno lavorando 8 kg di fonduta, attualmente a 55° C, per portarla alla temperatura ottimale di 70° C. Se il fornello lavora a una potenza oraria di 1200 kW/h e impiega 12 min a riscaldare la fonduta, quanto vale il calore specifico del formaggio?

A. 25 kJ/(kg · K)
B. 350 kJ/(kg · K)
C. 20 kJ/(kg · K)
D. 2,5 kJ/(kg · K)
E. 2,0 kJ/(kg · K)

19. Quanto vale la variazione di energia interna di un gas in seguito a una compressione adiabatica con modulo del lavoro uguale a 350 J?

A. - 700 J
B. 700 J
C. - 350 J
D. 350 J
E. 700 kJ

FISICA

CORREZIONE COMMENTATA

1. Il calore specifico è una grandezza specifica per ogni sostanza che definisce il calore assorbito da 1 kg di sostanza per aumentare la sua temperatura di 1° C o 1 K, e l'unità di misura è J/(Kg · K).
Risposta corretta A.

2. La fonte di calore, il sole, dispensa ad entrambi gli oggetti la stessa quantità di calore ($Q = mc\Delta T$) e determina una ΔT uguale, quindi il prodotto tra massa e calore specifico mc deve essere uguale nei due corpi, ovvero essi devono avere la stessa capacità termica ($C = mc$). Inoltre, per passare da gradi Celsius a Kelvin bisogna aggiungere + 273,15, quindi la temperatura iniziale era 20° C = 293,15 K (risposta D errata). In questo tipo di esercizi può essere utile partire dalle grandezze suggerite dalle risposte per risalire alle formule che risolvono il quesito!
Risposta corretta E.

3. Il lavoro in una trasformazione isobara si calcola come $W = P \cdot \Delta V$. Il testo fornisce già pressione e variazione di volume, quindi è sufficiente sostituirli nella formula $W = 50 \cdot 3 = 150$ J.

L'aereo, producendo un lavoro inferiore a 200J, non riuscirà rimanere in volo.
Risposta corretta B.

4. Il testo ci suggerisce che la temperatura rimarrà sempre costante, si tratta quindi di una trasformazione isoterma. È necessario quindi utilizzare la legge di Boyle $V_1P_1 = V_2P_2$.
Isolando $V_2 = \frac{V_1P_1}{P_2}$, $V_2 = \frac{0{,}004 \cdot 1860}{3}$, $V_2 = 2{,}48\ m^3$.
Risposta corretta A.

5. Considerando un liquido in un contenitore si osserva che si instaura un equilibrio dinamico tra le molecole più superficiali in stato liquido e le molecole che dalla stessa superficie passano allo stato di vapore. Quest'ultime esercitano una certa pressione detta appunto pressione di vapore, la quale aumenta gradualmente se si riscalda il liquido. Quando, a una certa temperatura, la pressione di vapore raggiunge il valore della pressione esterna che agisce sul sistema nel suo complesso, bolle di gas si creano a tutti i livelli del liquido (ebollizione). Per quello che si è detto la temperatura di ebollizione è influenzata fortemente dalla pressione esterna, ma fissata questa, la temperatura critica è determinata solo dalla natura del liquido.
Risposta corretta A.

6. Prima di tutto è necessario convertire tutte le unità di misura in kcal grazie alla proporzione: 1kcal: 4186 J = x: 1200 kJ. x = 287 kcal.

Ora, grazie alla formula si trova il rendimento: $\eta = 1 - \frac{Q_1}{Q_2} = 1 - 0{,}5 = 0{,}5$.
Risposta corretta A.

7. Sappiamo che spontaneamente il calore si trasferisce da un corpo più caldo a uno più freddo per conduzione, convezione o irraggiamento. Proviamo a pensare a un caso in cui avviene il contrario, il frigorifero: il calore è continuamente sottratto all'ambiente interno più freddo e rilasciato all'ambiente esterno più caldo. È dunque un fenomeno possibile (risposta A errata), che però si verifica solamente se svolgiamo un lavoro e forniamo energia al sistema (energia elettrica). Ciò non contraddice né il primo né il secondo principio della termodinamica (risposte C e D errate) e non implica che possa succedere solo nel vuoto (risposta E errata).
Risposta corretta B.

8. Il testo dell'esercizio specifica che si tratta di una trasformazione isobara. Prima di svolgere i calcoli è necessario trasformare i gradi Celsius in gradi Kelvin (+273), ottenendo T_1 = 353 K e T_2 = 298 K. Il volume varia in maniera direttamente proporzionale alla temperatura (prima legge di Gay-Lussac): $T_2V_1 = T_1V_2$, $V_2 = 2/353 \cdot 298 = 1{,}7$ L.
Risposta corretta B.

9. Per definizione in una trasformazione adiabatica non vi è scambio di calore tra ambiente e sistema (risposta B corretta, risposta E errata), mentre gli altri parametri P, V e T possono variare (risposta C errata) e può essere reversibile o irreversibile (risposta D errata). Infine, essendo Q = 0, il primo principio della termodinamica diventa $\Delta U = - L$ quindi può esserci una variazione di energia interna (risposta A errata).
Risposta corretta B.

10. Per prima cosa troviamo il calore necessario per sciogliere il blocco di ghiaccio la cui formula è $Q = L_f\, m = 80 \times 200 = 16\,000$ cal. Dobbiamo poi trovare il calore necessario per alzare la temperatura (durante il passaggio di stato la temperatura non cambia).
$Q = cmT = 1 \times 200 \times 4 = 800$ cal.
Come ultima cosa andiamo a sommare i due valori trovati, ottenendo un totale di 16 800 cal.
Risposta corretta D.

11. Il calore totale sarà pari al calore necessario per portare l'oggetto da 100° C a 1000° C sommato al calore di fusione. Calcoliamo il primo calore come: $Q = mcT = 3 \cdot 120 \cdot 900 = 324000$ J. In seguito calcoliamo il secondo calore come: $Q = L_f\, m = 80000 \cdot 3 = 240000$ J. Infine sommiamo i due valori e otteniamo Q = 564000 J.
Risposta corretta A.

12. Il rendimento di una macchina termica si calcola come il rapporto tra il lavoro prodotto dal ciclo e la quantità di calore fornita alla macchina: $\eta = \frac{\text{lavoro}}{\text{Q assorbito}}$. La potenza non è altro che $\frac{\text{lavoro}}{\text{tempo}}$. Isoliamo il lavoro dalla prima formula $0.40 = \frac{\text{lavoro}}{1000}$, lavoro = 400.
A questo punto, sapendo la formula della potenza e ricordandosi di trasformare le ore in secondi si ottiene: potenza = $\frac{400}{3600} = 0.11$ W.
Risposta corretta C.

13. Un liquido comincia a bollire quando la sua pressione di vapore raggiunge il valore della pressione che agisce sul sistema (vedi correzione commentata esercizio 5) e la temperatura a cui questo avviene è la temperatura di ebollizione. A livello del mare la pressione che agisce sul sistema è maggiore (1 atm) rispetto all'altitudine raggiunta in montagna (dove la colonna d'aria soprastante è minore), dunque è maggiore la temperatura di ebollizione che permette alla pressione di vapore di raggiungere la pressione esterna.
Risposta corretta C.

14. In questo esercizio il testo fornisce la massa di acqua (200 g) e la variazione di temperatura (da 20° C a 40° C) e richiede il calore fornito, dunque possiamo usare la legge fondamentale della calorimetria $Q = mc\Delta T$. Sapendo che il calore specifico dell'acqua è pari a c = 1 cal/g° C, che m = 200 g, $\Delta T = 20$ (N.B. ΔT Kelvin = ΔT °Celsius), il calore fornito è: $Q = \frac{200\text{ g} \cdot 1\text{ cal/g° C}}{\text{g° C} \cdot 20\text{° C}} = 4000$ cal.
Risposta corretta C.

15. Per risolvere l'esercizio dobbiamo conoscere la formula per ricavare il rendimento, ovvero $\eta = 1 - \frac{Q_{ceduto}}{Q_{assorbito}}$. Con la sua formula inversa isoliamo $Q_a \rightarrow Q_a = \frac{Q_c}{1 - \eta}$.

FISICA

Attenzione però, questa formula prevede che il rendimento sia scritto in centesimi (27% = 0,27).

Sostituendo quindi otteniamo → $Q_a = \frac{146}{1 - 0,27} = 200$ J.

Risposta corretta B.

16. Sappiamo che la pressione è costante (isobara), come anche il numero delle moli (perché il sistema è chiuso, senza scambio di materia), e conosciamo la temperatura iniziale (che però trasformiamo in Kelvin → 27° C = 300 K).

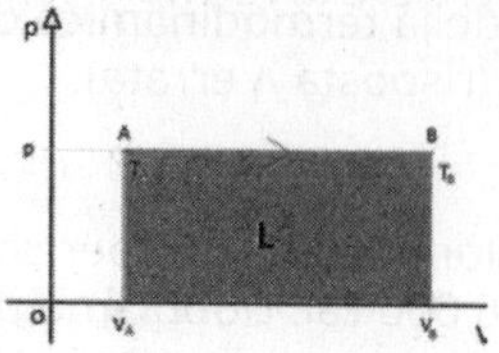

L'esercizio ci chiede la variazione di energia interna, che si calcola come ΔU = Q - L; ma noi abbiamo solo il calore scambiato (Q). Quindi, dobbiamo calcolare il lavoro, che per una trasformazione isobara corrisponde al prodotto tra pressione e differenza di volume (L = P · ΔV).

Bisogna calcolare, dunque, la variazione di volume. Dalla prima legge di Gay-Lussac (o legge di Charles) sappiamo che volume e temperatura, in una trasformazione isobara, variano in maniera direttamente proporzionale: se la temperatura è raddoppiata, vuol dire che anche il volume sarà raddoppiato. Pertanto, applicando l'equazione di stato dei gas perfetti, calcoliamo il volume iniziale Vi: $PV = nRT \rightarrow Vi = \frac{nRTi}{P}$. Il volume finale Vf sarà il doppio, quindi $Vf = \frac{2(nRTi)}{P}$. La variazione di volume ΔV sarà, quindi, pari a $Vf - Vi = \frac{2(nRTi)}{P} - \frac{nRTi}{P} = \frac{nRTi}{P}$ e, ricordandoci che n = 1 mol, otteniamo $\Delta V = \frac{RTi}{P}$. Lo sostituiamo nella formula del lavoro ed otteniamo: $L = \frac{P \cdot RTi}{P} = RTi = 1,98 \cdot 300 \approx 600$ cal.

Quindi ΔU = Q - L = 45000 - 600 = 44400 cal.

Risposta corretta E.

17. Il quesito ci dice che abbiamo due corpi di cui possiamo calcolare la temperatura mettendo a sistema i dati forniti:

$$\begin{cases} t_c = 7t_f \\ t_f + t_c = 80\ °C \end{cases} \quad \begin{cases} t_c = 7t_f \\ t_f + 7t_f = 80 \rightarrow t_f = 10\ °C \rightarrow t_c = 70\ °C \end{cases}$$

Successivamente, sapendo che le due torte sono in contatto termico e che si scambiano calore per raggiungere una temperatura di equilibrio, impostiamo la formula Q = mcΔT, con $Q_f = -Q_c$.

Infatti, sappiamo che il calore acquisito dal corpo più freddo è uguale a quello ceduto dal più caldo $\rightarrow m_f c_f \Delta T_f = -m_c c_c \Delta T_c \rightarrow m_f c_f (T_f - T_{eq}) = m_c c_c (T_{eq} - T_c)$. Isoliamo $\frac{c_f}{c_c}$ e sostituiamo i valori: $\frac{c_f}{c_c} = \frac{m_c(T_{eq} - T_c)}{m_f(T_f - T_{eq})} = \frac{5\ (70 - 60)}{4\ (60 - 10)} = \frac{1}{4}$.

Risposta corretta C.

18. Partiamo sempre dalla formula fondamentale della calorimetria Q = mcT, da cui isoliamo il calore specifico $c = \frac{Q}{m \cdot T}$. Successivamente, troviamo la quantità di calore Q prodotta nei 12 min di tempo (⅕ di ora), sapendo che la potenza è di 1200 kW/h:

$Q = P \cdot t = 1200 \cdot \frac{1}{5} = 240$ kJ.

A questo punto inseriamo tutti i dati nella formula precedente, trovando il calore specifico:
$c = \frac{Q}{m \cdot \Delta T} = \frac{240}{8\ /70 - 55)} = \frac{240}{120} = 2{,}0\ kJ/kg \cdot K.$
Risposta corretta E.

19. Scriviamo il primo principio della termodinamica, che ci dice che la variazione di energia interna è: $\Delta U = Q - L$. Successivamente possiamo eliminare il calore Q, poiché nelle trasformazioni adiabatiche è nullo, rimanendo quindi con $\Delta U = -L$. Sappiamo poi che una compressione presuppone un lavoro negativo, poiché viene compiuto dall'ambiente sul sistema, e possiamo dunque scrivere la formula come $\Delta U = -(-350) = 350$ J.
Risposta corretta D.

FISICA

7. ELETTROSTATICA ED ELETTROMAGNETISMO

1. Due cariche q_1 = 10 C e q_2 = -5 C sono poste a $3 \cdot 10^4$ metri di distanza. Qual è il modulo della forza di Coulomb tra di esse e di che tipo è?

A. 1000 N – attrattiva
B. 500 N – attrattiva
C. 500 N – repulsiva
D. 1000 N – repulsiva
E. 5000 N – attrattiva

2. In un campo magnetico costante, una particella carica in moto, in generale:

A. Segue una traiettoria parabolica
B. Si muove con moto rettilineo uniforme
C. Aumenta progressivamente la propria energia cinetica
D. Segue una traiettoria a forma di elica cilindrica
E. Segue una traiettoria ellissoidale

3. Una lampada ad incandescenza da 120 W ed uno scaldabagno elettrico da 1500 W sono alimentati dalla stessa tensione. Segue che:

A. Le resistenze elettriche dei due apparecchi sono le stesse
B. È più elevata la resistenza dello scaldabagno elettrico
C. È più elevata la resistenza della lampada ad incandescenza
D. Non si può rispondere senza conoscere le correnti
E. Tutte le precedenti risposte sono errate

4. In un circuito è presente un resistore che è sottoposto a una tensione di 20 V e in cui scorre una corrente di 10 A. Quanto valgono la resistenza del resistore e la potenza da esso dissipata?

A. R = 200 Ω e P = 2 W
B. R = 2 W e P = 200 Ω
C. R = 2 Ω e P = 20 W
D. R = 2 Ω e P = 200 W
E. R = 20 Ω e P = 200 W

5. Un condensatore da 100 F viene caricato con una differenza di potenziale pari a 60 V. In seguito la batteria viene staccata e il condensatore viene collegato in parallelo a un altro condensatore scarico. Se la differenza di potenziale ora è pari a 20 V, quanto vale la capacità del secondo condensatore?

A. 100 F
B. 200 F
C. 300 F
D. 200 C
E. 200 V

6. Luigi, che se ne intende di informatica ma poco di elettronica ha deciso che il cavo di ricarica del suo laptop è troppo lento e lo implementa quadruplicandone la sezione e decuplicandone la lunghezza (il materiale rimane lo stesso). Come varierà la resistenza?

A. La resistenza aumenta di 4 volte
B. La resistenza diminuisce di 10 volte
C. La resistenza diminuisce di 2,5 volte
D. la resistenza finale sarà $\frac{4}{10}$ dell'iniziale
E. La resistenza aumenta di 2,5 volte

7. Due resistori di 5 Ω e 20 Ω vengono collegati in parallelo; la resistenza equivalente vale:

A. 0,25 Ω
B. 4 Ω
C. 25 Ω
D. 100 Ω
E. 15 Ω

8. Un circuito con potenziale di 60 V è costituito da 3 resistenze: R1 = 25 Ω, R2 = 10 Ω, R3 = 20 Ω. Sapendo che R2 e R3 sono in parallelo tra loro, ma in serie con R1, quanto vale la corrente del circuito?

A. $\frac{600}{19}$ A
B. 575 A
C. $\frac{36}{19}$ A
D. $\frac{95}{3}$ A
E. $\frac{150}{19}$ A

9. Qual è l'intensità di un campo elettrico generato da una carica Q = 10 C a 10 m di distanza da essa? E come saranno le sue linee di forza?

A. 10^9 N/C – entranti
B. $9 \cdot 10^9$ N/C - entranti
C. $9 \cdot 10^9$ N/C – uscenti
D. $9 \cdot 10^8$ N/C – uscenti
E. $9 \cdot 10^8$ N/C – entranti

10. Al circuito rappresentato in figura viene applicato un potenziale elettrico pari a 8V. Se R1 = 2, R2 = 6, R3 = 3R2, R4 = $\frac{2}{3}$ R3, quanto vale la potenza dissipata?

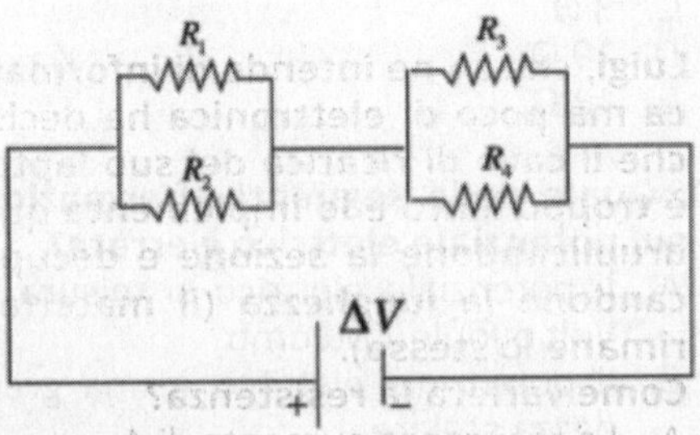

A. P = 64 W
B. P = $\frac{640}{87}$ W
C. P = $\frac{64}{38}$ W
D. P = $\frac{152}{15}$ W
E. Nessuna delle precedenti

11. Lucilla quest'anno ha deciso di appendere gli addobbi il giorno subito dopo la festa di Halloween per non perdersi neanche un briciolo di spirito natalizio: dagli addobbi dell'anno precedente riesce a recuperare un filo di 129 lampadine collegate in serie, le attacca alla presa e subito una di esse esplode. Lucilla prontamente ricollega le due lampadine ai lati di quella rotta; ora le lampadine:

A. Non si accenderanno più
B. Si illumineranno $\frac{1}{129}$ in più ciascuna
C. Si illumineranno allo stesso modo
D. Si illumineranno $\frac{1}{128}$ in più ciascuna
E. Si illumineranno $\frac{1}{130}$ in più ciascuna

12. Nella casa della famiglia Neve gli elettrodomestici si possono utilizzare insieme solo se la loro potenza totale è inferiore a 2000 Watt. Le due sorelle Neve vogliono utilizzare: una la sua nuova piastra per capelli che è alimentata da una tensione di 200 V e ha una resistenza di 100 Ω; l'altra il forno per cuocere delle fragranti crostatine, questo è alimentato da un tensione di 120 V e lavora con una corrente continua di 10 A. Quant'è la potenza totale dei loro elettrodomestici? Possono continuare con le loro attività senza creare un blackout?

A. 2200 W, blackout
B. 1600 W, nessun blackout
C. 3220 W, blackout
D. 160 W, nessun blackout
E. 1220 W, nessun blackout

13. Una carica positiva di +5 C viene spostata da un punto A a un punto B di un campo elettrico tra cui vige una differenza di potenziale pari a 10 V. Quanto vale il lavoro tra i due punti?

A. 2 J
B. 20 J
C. 0,5 J
D. 100 J
E. 50 J

14. Due condensatori da 3 F e 8 F vengono posti in serie in un circuito, la capacità equivalente vale:

A. 2,8 F
B. 3,18 F
C. 2,18 F
D. 2,5 F
E. 11 F

15. Quest'anno il grande freddo è arrivato in anticipo così Elsa ha deciso di accendere la sua stufa elettrica, che assorbe 2416 kW se sottoposta ad un d.d.p pari a 302 V. Anna, che però sta morendo di freddo, riesce, senza farsi scoprire dalla sorella, a quadruplicare il voltaggio (senza applicare modifiche alla struttura della stufa).

La potenza assorbita risulta:

A. $\frac{1}{8}$ P
B. 8 P
C. 16 P
D. $\frac{1}{16}$ P
E. Non varia significativamente

16. Tre cariche uguali di $3 \cdot 10^4$ C sono poste ai vertici di un triangolo rettangolo isoscele con cateti pari a $3 \cdot 10^2$ m. Calcolare la forza totale che agisce sulla carica posta nel vertice dell'angolo retto. ($k = 9 \cdot 10^9$ Nm^2/C^2)

A. $9\sqrt{2} \cdot 10^{13}$ N
B. $9 \cdot 10^{13}$ N
C. $9\sqrt{2} \cdot 10^{10}$ N
D. $\frac{9}{\sqrt{2}} \cdot 10^{13}$ N
E. $9\sqrt{2} \cdot 10^{20}$ N

17. In un circuito elettrico ci sono due resistenze R1 = 2 e R2 = 8 poste in parallelo e scorre una corrente i = 10 A. Calcolare la differenza di potenziale ai lati delle resistenze e la potenza erogata.

A. 16 V e 1600 W
B. 16 V e 160 W
C. 16 V e 16 W
D. 160 V e 16 W
E. 1,6 V e 16 W

18. C1 è la capacità equivalente a tre condensatori uguali (di valore a) di cui uno in serie agli altri due in parallelo tra loro. Invece C2 è la capacità equivalente a due condensatori uguali (di valore b) posti in parallelo. Calcolare la relazione tra a e b in modo che C1 = C2.

A. b = 3a
B. a = 3b
C. a = b + 3
D. b = a + 3
E. a = b

19. Calcolare la resistenza equivalente del seguente circuito sapendo che R1 = 3, R2 = 4, R3 = 5 e R4 = 7.

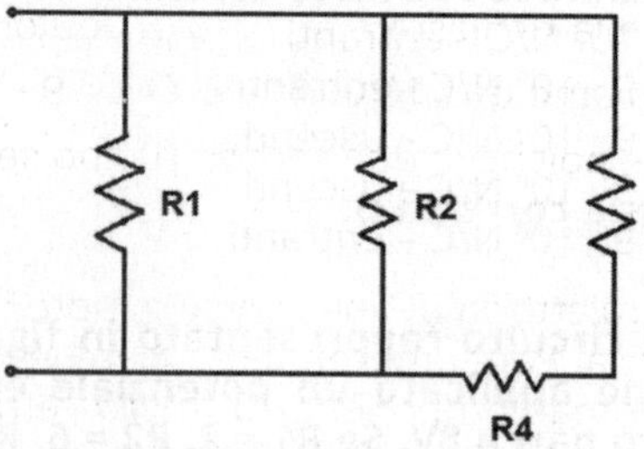

A. 1,5 Ω
B. 2 Ω
C. 3 Ω
D. 19 Ω
E. 12 Ω

20. Quale delle seguenti affermazioni sul potenziale elettrico è errata?

A. Il potenziale elettrico si misura in Volt o Joule/Coulomb
B. Il potenziale elettrico è una grandezza scalare
C. Il potenziale elettrico in un punto P dipende dalla carica di prova
D. Il potenziale elettrico nel punto P è il lavoro per unità di carica per spostare una carica positiva dal punto P all'infinito
E. Il potenziale elettrico di un punto nel vuoto a distanza r dalla carica Q è $V = \frac{kQ}{r}$

21. Due fili percorsi da corrente, lunghi ciascuno 10 m, sono posti l'uno a fianco all'altro. Il filo di destra ha corrente diretta verso l'alto di intensità 10 A, mentre il filo di sinistra ha corrente diretta verso il basso di intensità 15 A.
Com'è il campo magnetico tra i due fili e qual è il loro comportamento?

A. Uscente; si attraggono
B. Entrante; si respingono
C. Uscente; si respingono
D. Entrante; si attraggono
E. Nessuna delle precedenti

CORREZIONE COMMENTATA

1. I dati che abbiamo a disposizione sono i valori delle due cariche e la distanza tra di esse, mentre la richiesta è la forza di Coulomb, quindi possiamo usare la formula $F = \frac{k\,(q_1 \cdot q_2)}{r^2}$. Sostituiamo $q_1 = 10$ C, $q_2 = -5$ C, $k = 9 \cdot 10^9$, $r = 3 \cdot 10^4$ e otteniamo $F = \frac{-9 \cdot 10^9 \cdot 50}{9 \cdot 10^8} = -500$ N. Inoltre, poiché le due cariche hanno segno opposto la forza di Coulomb sarà attrattiva.
Risposta corretta B.

2. La traiettoria di una carica in moto immersa in un campo magnetico è a forma di elica cilindrica. Per comprendere il perché di questo moto è utile spiegare le sue componenti: una prima componente di moto rettilineo uniforme e una seconda di moto circolare uniforme. La prima è dovuta al moto della carica (si stava già muovendo di moto rettilineo uniforme), mentre la seconda è dovuta alla forza di Lorentz, che agisce con direzione perpendicolare a quella della velocità. A questo punto mettendole insieme si può comprendere il perché di questa traiettoria. Una situazione analoga si verifica nel moto dei satelliti che ruotano intorno alla Terra e sono soggetti alla forza di gravità.
Risposta corretta D.

3. Il testo ci fornisce i valori delle potenze (P) e del potenziale d'azione (V), dunque possiamo fare riferimento alla formula che lega queste due grandezze $P = \frac{V^2}{R}$. A parità di voltaggio, dato che la lampada ad incandescenza utilizza una potenza inferiore significa che la sua resistenza sarà maggiore (dato che nella formula la resistenza si trova a denominatore).
Risposta corretta C.

4. Conosciamo il potenziale e la corrente e dobbiamo trovare la resistenza, quindi possiamo usare la MNEMOFRASE "VIRil PIVello" per cui $V = iR$ e $P = iV$. Sostituendo i valori otteniamo $R = \frac{V}{i} = \frac{20}{10} = 2\ \Omega$ e $P = 200$ W. N.B. Potevamo escludere fin da subito la risposta B perchè le unità di misura di resistenza e potenza erano invertite.
Risposta corretta D.

5. Per prima cosa calcoliamo la carica presente sul primo condensatore: $q = C1 \cdot V1 = 100 \cdot 60 = 6000$ C. In seguito all'aggiunta del secondo condensatore, la carica si distribuirà su entrambi, quindi possiamo calcolare la capacità del condensatore equivalente: $C_{EQ} = \frac{q}{V2} = \frac{6000}{20} = 300$ F. Infine, sapendo che le capacità in parallelo si sommano come interi, calcoliamo la capacità del secondo condensatore: $C2 = C_{EQ} - C1 = 300 - 100 = 200$ F.
Risposta corretta B.

6. La resistenza si trova come $R = \frac{\rho \cdot l}{S}$. Troviamo quindi la $R_2 = \frac{\rho \cdot 10l}{4S}$ e la poniamo in rapporto con la R_1 di partenza $\rightarrow \frac{\frac{\rho \cdot 10l}{4S}}{\frac{\rho \cdot l}{S}} = \frac{10}{4} = 2{,}5$.
Risposta corretta E.

7. In questo esercizio (come in tutti gli esercizi con resistori/condensatori in parallelo) si può usare la MNEMOFRASE "Resistere Stasera INTeramente" per cui le resistenze in serie si sommano come interi, le resistenze in parallelo tramite reciproci, e viceversa per i condensatori. Dunque, in questo caso le due resistenze sono in parallelo, quindi la resistenza totale è: $\frac{1}{R_T} = \frac{1}{R_1} + \frac{1}{R_2} = \frac{1}{5} + \frac{1}{20} = \frac{5}{20}$, da cui $R_T = \frac{20}{5} = 4\ \Omega$.

FISICA

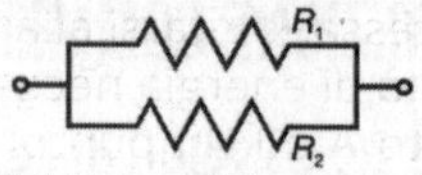

Figura 7.1 Due resistori in parallelo

Risposta corretta B.

8. Sappiamo che la corrente I di un circuito si calcola $i = \frac{V}{R}$ quindi per calcolarla dobbiamo studiare prima la resistenza totale del circuito. Possiamo dedurre dalla mnemo frase "resistere stasera interamente" che nel caso di resistenze in parallelo, per trovare il reciproco della resistenza equivalente, si sommano i reciproci delle resistenze originarie: $\frac{1}{R_{eq}} = \frac{1}{10} + \frac{1}{20} = \frac{3}{20}$ quindi $R_{eq} = \frac{20}{3}$. Invece nel caso di resistenze in serie si sommano gli interi: $R_{eq} = 25 + \frac{20}{3} = \frac{95}{3}$. Ora possiamo calcolare la corrente del circuito $i = \frac{V}{R} = \frac{60 \cdot 3}{95} = \frac{180}{95} = \frac{36}{19}$ A.
Risposta corretta C.

9. Abbiamo a disposizione il valore della carica generatrice e la distanza tra di essa e il punto di interesse, dunque possiamo usare la formula per calcolare il campo elettrico $E = k\,Q/r^2$. Sostituiamo i dati $Q = 10$ C, $r = 10$ m, $k = 9 \cdot 10^9$ e otteniamo $E = 9 \cdot 10^9 \cdot 10/100 = 9 \cdot 10^8$ N/C. Inoltre, poiché la carica generatrice è positiva, le linee di forza saranno uscenti.
Risposta corretta D.

10. Per risolvere l'esercizio è necessario anzitutto calcolare la resistenza totale: R1e R2 sono poste in parallelo tra loro, e lo stesso vale per R2 e R3. Calcoliamo quindi $\frac{1}{R_{1\text{-}2}} = \frac{1}{2} + \frac{1}{6}$, da cui $R_{1\text{-}2} = \frac{3}{2}$; $\frac{1}{R_{3\text{-}4}} = \frac{1}{18} + \frac{1}{12}$, da cui $R_{3\text{-}2} = \frac{36}{5}$. In seguito $R_{1\text{-}2}$ e $R_{3\text{-}4}$ vanno sommate per intero poiché sono poste in serie: $R_{tot} = \frac{3}{2} + \frac{36}{5} = \frac{87}{10}$.
Infine, conoscendo la prima legge di Ohm e l'effetto Joule ("ViRil PIVello"), possiamo calcolare la potenza dissipata: $P = \frac{V^2}{R} = \frac{640}{87}$ W.
Risposta corretta B.

11. Nel testo è chiaramente specificato che Lucilla in seguito alla rottura della lampadina ricongiunge i capi delle due presenti a lato in modo che l'esplosione non comprometta il funzionamento di tutta la serie (risposta A errata). Inoltre la mancanza di una lampadina fa sì che ci sia una ridistribuzione dell'energia tra le altre (risposta C errata). A questo punto possiamo pensare alla luce emessa dalla lampadina rotta come unità (1), tale unità dovrà essere distribuita a tutte le 128 lampadine rimanenti che quindi dissiperanno energia sotto forma di luce ognuna di $\frac{1}{128}$ in più.
Risposta corretta D.

12. Si tratta di un esercizio sull'effetto Joule: sappiamo che la potenza si esprime come $P = IV$ ma si può anche calcolare come $P = \frac{V^2}{R}$ oppure come $P = I^2R$. Osservando i dati del quesito notiamo che possiamo usare $P = \frac{V^2}{R}$ per calcolare la potenza della piastra perchè abbiamo la tensione e la resistenza, mentre per il forno possiamo usare la classica $P = IV$ perché abbiamo voltaggio e corrente. Sostituendo i dati nelle rispettive formule otteniamo $P_{piastra} = \frac{200^2}{100} = \frac{40000}{100} = 400$ W; $P_{forno} = 120 \cdot 10 = 1200$ W. Ora sommiamo $P_{totale} = 400 + 1200 = 1600$ W, essendo minore di 2000 W che era il limite per la casa dei Neve, le due sorelle possono continuare con le loro attività senza creare un blackout.
Risposta corretta B.

13. Per rispondere al quesito è necessario rifarsi alla definizione di potenziale elettrico: il potenziale elettrico (ΔV) è la quantità di energia necessaria (ovvero il lavoro da compiere) per portare una carica da un punto A ad un punto B all'interno di un campo elettrico. Rifacendoci alla formula $\Delta V = \frac{L}{q}$, ricaviamo $L = \Delta V \cdot q = 10 \cdot 5 = 50$ J.
Risposta corretta E.

14. Anche in questo esercizio possiamo usare la MNEMOFRASE "Resistere Stasera INTeramente" (vedi CC 7): in questo caso i condensatori sono in serie, quindi la capacità totale è: $\frac{1}{C_T} = \frac{1}{C_1} + \frac{1}{C_2} = \frac{1}{3} + \frac{1}{8} = \frac{11}{24}$, da cui $C_T = \frac{24}{11} = 2{,}18$ F.

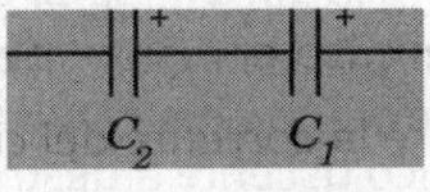

Figura 7.2 Due condensatori in serie

Risposta corretta C.

15. La formula che mette in relazione Potenza, voltaggio e resistenza è $P = \frac{V^2}{R}$; quindi se $P_1 = \frac{V^2}{R}$ e $V_2 = 4V_1$, allora $P_2 = \frac{(4V_1)^2}{R} = \frac{16V_1}{R}$, da cui $P_2 = 16\ P_1$.
Risposta corretta C.

16. Sulla carica posta nel vertice agiscono due forze di Coulomb uguali in modulo ma perpendicolari tra loro, dunque, per la regola del parallelogramma, la forza risultante sarà la diagonale del quadrato formato da questi due vettori forza. Per prima cosa quindi calcoliamo il modulo delle forze come $F = \frac{k\ q_1\ q_2}{r^2} = \frac{9 \cdot 10^9 \cdot 3 \cdot 10^4 \cdot 3 \cdot 10^4}{9 \cdot 10^4} = 9 \cdot 10^{13}$ N. A questo punto ho due forze pari a $9 \cdot 10^{13}$ N che rappresentano i lati del quadrato di cui devo calcolare la diagonale (il vettore somma): la diagonale del quadrato si calcola come lato$\sqrt{2}$, di conseguenza la risultante sarà $9\sqrt{2} \cdot 10^{13}$ N.
Risposta corretta A.

17. Partendo dalla mnemofrase Resistere Stasera INTeramente sappiamo che le resistenze in serie si sommano come interi e quindi che le resistenze in parallelo si sommano come reciproci, per cui la resistenza totale si calcola come $\frac{1}{R_{tot}} = \frac{1}{2} + \frac{1}{8}$ da cui $R_{tot} = \frac{8}{5} = 1{,}6$. Ora con la mnemofrase "VIRil PIVello" possiamo calcolare la differenza di potenziale come $V = i \cdot R = 10 \cdot 1{,}6 = 16$ V (quindi possiamo escludere le opzioni D ed E) e la potenza erogata come $P = i \cdot V = 10 \cdot 16 = 160$ W.
Risposta corretta B.

18. Partendo sempre dalla mnemofrase Resistere Stasera INTeramente otteniamo che la capacità C1 è pari alla capacità equivalente delle due in parallelo ovvero a + a = 2a posta in serie alla terza capacità per cui $\frac{1}{C1} = \frac{1}{2}a + 1a \rightarrow C1 = \frac{2}{3}$ a. Invece C2 è pari alla capacità equivalente di due capacità in parallelo: C2 = 2b. Poniamo C1 = C2 e sostituendo troviamo $\frac{2}{3}$ a = 2b $\rightarrow$ a = 3b.
Risposta corretta B.

19. A partire dalla mnemofrase Resistere Stasera INTeramente sappiamo che le resistenze in serie si sommano come interi e quelle in parallelo come reciproci. Per prima cosa calcoliamo R3 e R4 come R3,4 = 5 + 7 = 12 . In seguito, sappiamo che R1, R2 e R3,4 sono in parallelo per cui $\frac{1}{Rtot} = \frac{1}{3} + \frac{1}{4} + \frac{1}{12} = \frac{4+3+1}{12} \rightarrow R_{tot} = \frac{12}{8} = 1{,}5$.
Risposta corretta A.

20. Le opzioni A, B, D, E sono corrette, infatti il potenziale elettrico si misura in $V = \frac{J}{C}$, è una grandezza scalare (mentre il campo elettrico è vettoriale), è definito come il lavoro per unità di carica per spostare questa da un punto P all'infinito e per un punto è pari a $\frac{kQ}{r}$. Invece l'opzione C è errata perchè il potenziale elettrico NON dipende dalla carica di prova.
Risposta corretta C.

21. Per risolvere questo quesito di elettromagnetismo è necessario conoscere la regola della mano destra, la quale stabilisce il verso del campo magnetico generato da un filo percorso da corrente. Si può infatti facilmente scoprire come è diretto puntando il pollice nel verso della corrente e chiudendo le altre dita della mano: in questo modo scopriremo come sono dirette le linee del campo magnetico. Possiamo vedere che il filo di destra genera un campo magnetico uscente a sinistra ed entrante a destra mentre il filo di sinistra genera un campo magnetico uscente a destra ed entrante a sinistra.
Tra i due fili è presente un campo magnetico uscente.
Per quanto riguarda il comportamento reciproco, quando le correnti nei due fili hanno lo stesso verso si attraggono, quando hanno verso opposto si respingono. Ne consegue che i due fili si respingono.
Risposta corretta C.

8. OTTICA

1. Alice si trova a 120 cm da uno specchio concavo di diametro pari a 4 metri. Come sarà la sua immagine?
A. Reale, diritta e ingrandita
B. Reale, diritta e rimpicciolita
C. Virtuale, diritta e ingrandita
D. Reale, capovolta e ingrandita
E. Virtuale, capovolta e rimpicciolita

2. L'angolo di incidenza è:
A. L'angolo compreso tra il raggio incidente e la superficie riflettente
B. L'angolo compreso tra il raggio riflesso e la superficie riflettente
C. L'angolo compreso tra la superficie riflettente e la normale alla superficie
D. L'angolo compreso tra la normale alla superficie e il raggio riflesso
E. L'angolo compreso tra la normale alla superficie e il raggio incidente

3. Un raggio di luce che sta viaggiando attraverso l'aria colpisce una superficie all'interno della quale viaggia con una velocità di $1{,}5 \cdot 10^8$ m/s. Se l'angolo di rifrazione è pari a 30°, qual è la misura dell'angolo di incidenza?
A. 90°
B. 45°
C. 60°
D. 30°
E. 15°

4. Quale di questi esempi è un'importante applicazione della riflessione totale delle luce?
A. La fibra ottica
B. Il cannocchiale
C. Il microscopio
D. Gli specchi concavi
E. Gli occhiali da sole

5. Un fascio luminoso colpisce la superficie di un fluido, formando con essa un angolo di 60°. L'indice di rifrazione relativo dei due mezzi è pari a $\frac{\sqrt{3}}{3}$. Qual è il valore dell'angolo di rifrazione?
A. 3 cm
B. 1,5 cm
C. 2,5 cm
D. 2 cm
E. 0,5 cm

6. Selezionare l'affermazione falsa:
A. Se un raggio di luce passa dall'aria all'acqua e viene rifratto, l'angolo di rifrazione sarà minore dell'angolo di incidenza
B. Se un raggio di luce passa dall'acqua all'aria e viene rifratto, l'angolo di rifrazione sarà maggiore dell'angolo di incidenza
C. Un raggio di luce che entra in un mezzo perpendicolarmente alla superficie non viene mai deviato
D. La rifrazione si verifica a qualsiasi angolazione del raggio incidente
E. La velocità di un raggio luminoso in un mezzo é inversamente proporzionale all'indice di rifrazione del mezzo

7. Un raggio luminoso incide su un prisma con un angolo di incidenza di 20° ed emerge con un angolo di ampiezza 40°. Sapendo che l'angolo al vertice del prisma è pari a 15°, determinare l'angolo di deviazione.
A. 45°
B. 40°
C. 90°
D. 5°
E. 20°

8. Un prisma di vetro, la cui sezione normale è un triangolo equilatero, viene investito da un raggio di luce monocromatico. Tale raggio incide sul prisma e determina un raggio rifratto avente direzione parallela ad una delle altre due facce laterali del prisma emergendo dalla terza. Il vetro ha indice di rifrazione 1,5.

FISICA

Qual è la deviazione subita dal raggio di luce che attraversa il prisma?

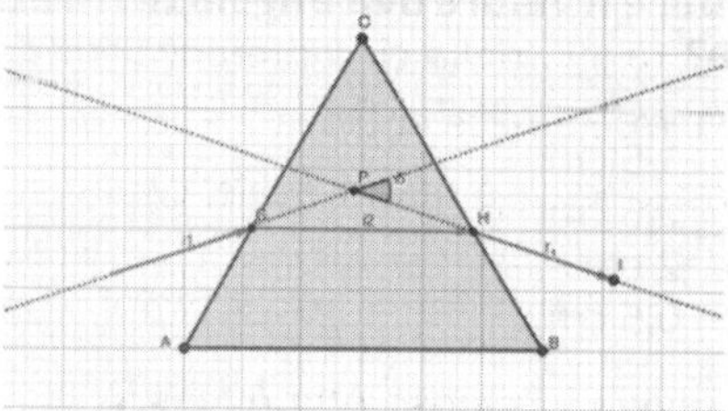

A. arcsen (0,75)
B. 2 arcsen (0,75) - 60°
C. 2 arcsen (0,75) + 60°
D. arcsen (0,75) - 30°
E. 2 arcsen (0,75) - 90°

9. Narciso guarda una sua foto posta ad una distanza di 10 cm da una sfera di cristallo. L'immagine si forma a una distanza di 5 cm dietro la sfera. Qual è il potere diottrico della sfera sapendo che si comporta come una lente biconvessa?
A. 2 cm^{-1}
B. 300 mm^{-1}
C. 1 m^{-1}
D. 0,3 cm^{-1}
E. 0,5 cm^{-1}

10. Una persona che soffre di miopia vede con nitidezza fino a 10 m. Qual è la distanza massima a cui si può porre da uno specchio piano per poter vedere con nitidezza 4 m dietro le proprie spalle?
A. 7 m
B. 3 m
C. 10 m
D. 4 m
E. 5 m

11. Quale fra le seguenti affermazioni riguardanti i difetti refrattivi, quali miopia e ipermetropia, è corretta?
A. Per compensare l'ipermetropia si utilizzano lenti divergenti
B. L'ipermetropia deriva da un difetto nella convergenza da parte di cornea e/o cristallino
C. Per compensare la miopia si utilizzano lenti convergenti
D. Nei soggetti affetti da miopia le immagini si formano sulla retina
E. Nei soggetti affetti da ipermetropia le immagini degli oggetti si formano davanti alla retina

12. Il valore di ingrandimento lineare di un microscopio è di 500, quanto è grande in realtà un oggetto che nella lente appare di 20 mm?
A. 25 mm
B. 40 mm
C. 25 μm
D. 10 mm
E. 40 μm

13. La luce del Sole è composta da onde elettromagnetiche aventi lunghezza d'onda diverse tra loro, il laser invece è uno strumento capace di produrre un fascio di luce monocromatica avente una lunghezza d'onda precisa, cosa di può dire sui fotoni che compongono il fascio di luce del laser ?
A. Sono meno energetici dei fotoni prodotti dal Sole che arrivano sulla Terra
B. Hanno una frequenza indefinita
C. Hanno tutti la stessa energia
D. Sono pericolosi
E. Tutte le risposte sono corrette

CORREZIONE COMMENTATA

1. Bisogna prima di tutto calcolare il fuoco dello specchio, che si trova a metà tra il centro di curvatura e l'asse ottico, e vale quindi la metà del raggio della circonferenza formata dallo specchio. $r = \frac{d}{2} = 2$ m, per cui il fuoco sarà a 1 m. Se Alice si trova a 120 cm dallo specchio, si trova tra il fuoco e il centro. La sua immagine sarà quindi reale, capovolta e ingrandita.
Risposta corretta D.

2. In ottica geometrica, l'angolo di incidenza di un raggio luminoso è quell'angolo piano che viene a formarsi tra il raggio stesso e la normale alla superficie.
Il raggio luminoso a questo punto viene definito raggio incidente, mentre la normale altro non è che un vettore tridimensionale perpendicolare alla superficie piana.
Risposta corretta E.

3. Innanzitutto calcoliamo l'indice di rifrazione relativo grazie alla formula $n_{AB} = \frac{v_1}{v_2}$ e conoscendo il valore noto della velocità della luce nell'aria pari a $3 \cdot 10^8$ m/s → $n_{AB} = \frac{3 \cdot 10^8 \text{ m/s}}{1{,}5 \cdot 10^8 \text{ m/s}} = 2$.
A questo punto, per la risoluzione di questo esercizio, dobbiamo applicare la legge di Snell, la quale mette in relazione l'angolo di incidenza della luce (θ_i) con quello di rifrazione (θ_r) in questo modo: $n_{AB} = \frac{\text{sen}(\theta_i)}{\text{sen}(\theta_r)}$. Proprio da questa formula possiamo ricavare: $\text{sen}(\theta_i) = n_{AB} \cdot \text{sen}(\theta_r) = 2 \cdot \frac{1}{2} = 1$. Pertanto, l'angolo corrispondente a un seno pari a 1 è un angolo di 90°.
Risposta corretta A.

4. La riflessione totale avviene quando l'angolo di incidenza è maggiore dell'angolo limite. Questo fenomeno è alla base del funzionamento delle fibre ottiche, delle vere e proprie "guide di luce", con le quali un segnale luminoso può essere trasportato lungo percorsi non rettilinei. Una fibra ottica è quindi un "conduttore" di luce, composto da un materiale trasparente (per esempio vetro o plastica), nel quale la luce compie più riflessioni totali, restando confinata al suo interno.
Risposta corretta A.

5. Se il raggio colpisce il fluido e forma con la superficie un angolo di 60°, allora l'angolo di incidenza θi, ovvero l'angolo che il raggio forma rispetto alla normale, sarà uguale a 90 - 60 = 30°. Per trovare l'angolo di rifrazione θr, conoscendo l'angolo di incidenza e l'indice di rifrazione relativo, applichiamo la legge di Snell, che ci dice che $n_{AB} = \frac{\text{sen}(\theta i)}{\text{sen}(\theta r)}$. Invertendo la formula troviamo il seno dell'angolo di rifrangenza.

$\text{sen}\theta r = \frac{\text{sen}(\theta i)}{nAB} = \frac{\text{sen}(30°)}{\sqrt{3}/3} = \frac{\frac{1}{2}}{\sqrt{3}/3} = \frac{\sqrt{3}}{2}$. Quindi θr = 60°.
Risposta corretta C.

6. In questo esercizio sulla rifrazione bisogna trovare l'unica affermazione errata, per farlo è richiesta la conoscenza della legge di Snell. Essa descrive la modalità di rifrazione di un raggio luminoso nella transizione tra due mezzi con indice di rifrazione diverso. Siano n_1 ed n_2 gli indici di rifrazione rispettivamente del mezzo di partenza e di arrivo, e siano θ_i l'angolo di incidenza e θ_r l'angolo di rifrazione della luce, la legge di Snell afferma che:
$\sin\theta_i \cdot n_1 = \sin\theta_r \cdot n_2$

Quindi, passando da un mezzo meno denso (minor indice di rifrazione) a uno più denso (maggior indice di rifrazione), l'angolo di rifrazione è minore dell'angolo di incidenza (risposta A errata); al contrario, passando da un mezzo più denso a uno meno denso, l'angolo di rifrazione è maggiore dell'angolo di incidenza (risposta B errata). Si noti come nel caso in cui $\theta_i = 0$, cioè se il raggio è perpendicolare all'interfaccia, si ha $\theta_r = 0$; un raggio che entra in un mezzo perpendicolarmente alla sua superficie non viene rifratto (risposta C errata). Inoltre anche la velocità dell'onda nel mezzo cambia al variare dell'indice di rifrazione, seguendo l'equazione

$$v = \frac{c}{n}$$

Questa legge afferma che maggiore è l'indice di rifrazione, minore è la velocità della luce in un mezzo, quindi queste due grandezze sono inversamente proporzionali (risposta E errata).
La rifrazione non si verifica però a qualsiasi angolo del raggio incidente: esiste un angolo limite che il raggio incidente può formare con l'interfaccia, oltre il quale non si ottiene una rifrazione, ma una riflessione interna totale. L'unica affermazione falsa risulta quindi essere la D.
Risposta corretta D.

7. In un prisma l'angolo di deviazione δ è ottenibile grazie alla formula $\delta = \beta + \gamma - \alpha$., dove β rappresenta l'angolo di incidenza del raggio luminoso, γ l'angolo di uscita e α l'angolo di apertura del prisma. Inserendo i dati dell'esercizio in questa formula otteniamo $\delta = 20 + 40 - 15 = 45°$.
Risposta corretta A.

8. Il prisma è colpito da un raggio monocromatico che subisce una prima rifrazione passando dall'aria al vetro del prisma e una seconda rifrazione passando dal vetro del prisma all'aria. La legge di Snell per la rifrazione afferma che quando un raggio passa da un mezzo trasparente con indice di rifrazione n_i ad un mezzo trasparente con indice di rifrazione n_r, il rapporto tra il seno dell'angolo i che il raggio incidente i forma con la normale alla superficie di separazione tra i due mezzi e il seno dell'angolo r che il raggio rifratto forma con la normale alla superficie di separazione dei due mezzi è una costante pari al rapporto tra l'indice di rifrazione del secondo mezzo e l'indice di rifrazione del primo mezzo. In formule: $\frac{\sin i}{\sin r} = \frac{n_r}{n_i}$. Per risolvere il quesito dalla figura di partenza passiamo alla seguente figura costruendo le rette normali alle superfici di separazione dei mezzi in corrispondenza del punto di incidenza del primo raggio sul prisma e nel punto in cui il raggio rifratto nel prisma emerge e, passando in aria, viene nuovamente rifratto:

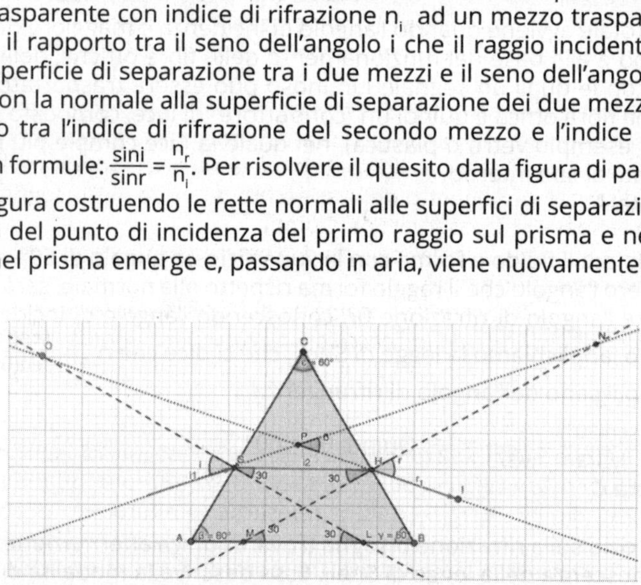

La sezione del prisma è un triangolo equilatero pertanto gli angoli al vertice sono di 60°; i triangoli LAG e BHM sono rettangoli per costruzione (dato che in G ed H ho tracciato le normali alle superfici del prisma); ne deduco che gli angoli HML = GLM = 30°. Dato che il raggio i_2 è parallelo a AB, allora LGH = GHM = 30° perché angoli alterni interni rispettivamente di GLM e di HML.

D'altro canto si può osservare che δ = PGH + PHG, in quanto angolo esterno non adiacente ai vertici G e H del triangolo PGH, e che l'angolo PGH = i - 30° e PHG = r - 30° (per l'uguaglianza di angoli opposti al vertice).
Pertanto, applicando la legge di Snell tra i raggi i_1 e i_2 si ottiene: $\frac{\sin i}{\sin 30°} = \frac{n_{vetro}}{n_{aria}} \rightarrow$ ricordando che n_{aria} = 1 si ottiene: $\sin i = 1{,}5 \cdot \sin 30° = 1{,}5 \cdot \frac{1}{2} = 0{,}75 \rightarrow i = \text{arcsen}\ (0{,}75)$
Ed applicando la legge di Snell tra i raggi i_2 e r_1: $\frac{\sin 30°}{\sin r} = \frac{n_{aria}}{n_{vetro}}$ da cui si ottiene:
$\sin r = 1{,}50 \cdot \frac{1}{2} = 0{,}75 \rightarrow r = \text{arcsen}\ (0{,}75)$
Per le precedenti considerazioni: δ = PGH + PHG = [arcsen (0,75) - 30°] + [arcsen (0,75) - 30°] = 2 arcsen (0,75) - 60°.
Risposta corretta B.

9. Per risolvere questo problema è necessario ricorrere alla legge dei punti coniugati, la quale stabilisce che $\frac{1}{p} + \frac{1}{q} = \frac{1}{f}$ dove $\frac{1}{f}$ è il potere diottrico della lente, mentre p e q rappresentano rispettivamente la distanza dell'oggetto dal centro della lente e la distanza dell'immagine dal centro della lente. Quindi, nel nostro caso: $\frac{1}{f} = \frac{1}{10} + \frac{1}{5} = \frac{3}{10} = 0{,}3\ \text{cm}^{-1}$.
Risposta corretta D.

10. Per poter risolvere questo esercizio è necessario conoscere alcune leggi ottiche sugli specchi.
Procediamo per step:

1. Calcoliamo la distanza tra l'immagine di un oggetto in uno specchio e l'osservatore Questa distanza è formata da due componenti, la prima è distanza dell'osservatore dallo specchio e la seconda è la distanza dell'oggetto dallo specchio. In quanto uno specchio piano non deforma le immagini, allora la distanza tra l'immagine dell'oggetto e lo specchio sarà pari alla distanza tra l'oggetto e lo specchio. Quindi:
   Distanza dell'immagine dall'osservatore =
   Distanza dell'osservatore dallo specchio + Distanza dell'oggetto dallo specchio
2. Osserviamo i dati
   In questo esercizio la distanza dell'immagine dall'osservatore dev'essere di 10 m, poiché è richiesta la massima distanza a cui l'immagine è nitida.
   La distanza dell'osservatore dallo specchio è la nostra incognita x.
   Mentre la distanza dell'oggetto dallo specchio dipende dall'incognita x, in quanto è 4 m dietro le spalle dell'osservatore. Quindi:
   Distanza dell'oggetto dall'osservatore = x + 4
3. Impostiamo l'equazione risolvente
   Distanza dell'immagine dall'osservatore =
   Distanza dell'osservatore dallo specchio + Distanza dell'oggetto dallo specchio
   $10 = x + x + 4 \rightarrow 2x = 10 - 4 \rightarrow 2x = 6 \rightarrow x = 3\ \text{m}$

Risposta corretta B.

11. Un difetto refrattivo è un difetto visivo causato dall'incapacità dell'occhio di mettere perfettamente a fuoco l'immagine di un oggetto o di una persona sul piano retinico. Questi difetti possono avere origine da un'imperfezione anatomica di cornea, cristallino e/o bulbo oculare.
Se la cornea e/o il cristallino presentano un potere di messa a fuoco (convergenza) superiore al normale, l'immagine dell'oggetto osservato sarà focalizzata davanti al piano retinico (risposta D errata); in questo caso si parla di miopia refrattiva e può essere corretta con l'utilizzo di lenti biconcave o divergenti (risposta C errata). Se la cornea e/o il cristallino presentano invece un potere di messa a fuoco inferiore al normale, l'immagine dell'oggetto osservato sarà focalizzata dietro il piano retinico (risposta E errata); allora

si parla di ipermetropia refrattiva e può essere corretta con l'utilizzo di lenti concave o convergenti (risposta A errata).
Risposta corretta B.

12. Il valore di ingrandimento di un microscopio (G) è definito come il rapporto della grandezza dell'immagine A'B' con la grandezza dell'oggetto AB: $G = \frac{A'B'}{AB}$.
Applicando la formula inversa, la grandezza reale dell'oggetto sarà:
$AB = \frac{A'B'}{G} = \frac{20 \text{ mm}}{500} = 0{,}04 \text{ mm} = 40 \text{ μm}$.
Risposta corretta E.

13. L'esercizio riguarda i fotoni e la loro energia.
Come affermato nella domanda la luce del Sole è composta da diversi tipi di onde, quindi sarà composta anche da diversi tipi di fotoni, aventi lunghezze d'onda, e quindi frequenze, diverse tra loro. Il laser invece utilizza luce monocromatica avente una frequenza fissa e ben definita, inoltre è possibile ricavare la lunghezza d'onda della luce attraverso la formula $\lambda = \frac{c}{f}$ dove c è la velocità della luce pari a $3 \cdot 10^8$ m/s, ed f la frequenza (risposta B errata) . L'energia dei fotoni è direttamente proporzionale alla loro frequenza, infatti l'energia di un fotone è data da E = hf dove h è la costante di Planck pari a circa $6{,}6 \cdot 10^{-34}$ J · s, non è detto che i fotoni del laser siano meno energetici di quelli che arrivano sulla Terra dal Sole in quanto non è stato specificato che tipo di laser si intenda e a quali frequenze ci si riferisca (risposta A ed E errate). I laser non sono sempre pericolosi, ad esempio i laser colorati comuni che si utilizzano più spesso non sono pericolosi, poiché lavorano a frequenze basse (risposta D errata).
Risposta corretta C.

FISICA

Appunti

Si ringraziano tutti i membri Testbusters per aver
contribuito alla creazione di questo libro.

Finito di stampare
nel mese di agosto 2023